国家级精品课程配套教材

土木工程材料

主　编　王　冲
副主编　陈寒斌

科学出版社
北　京

内 容 简 介

本书根据高等工科院校土木工程专业本科教学大纲编写，力求涵盖土木工程不同专业的材料共性问题与专业性需求。除绪论外，全书主要分为3个单元，合计18章，第一篇：材料的组成结构与基本性质，包括材料的组成与结构、材料的基本物理性质、材料的力学性能、材料的热工性质、材料的耐久性、材料的安全性；第二篇：土木工程通用材料，包括气硬性胶凝材料、水泥、混凝土与砂浆、金属材料、有机高分子材料、沥青与防水材料、防火材料；第三篇：土木工程专用材料，包括建筑工程专用材料、道路工程专用材料、隧道与地下工程专用材料、水利水电工程专用材料、其他材料。主要介绍材料的组成、类别、性能、应用及主要试验方法。编写过程中注意根据专业方向采用新标准和新规范，力求教材内容与工程实践联系紧密，简化理论分析，突出工程应用。

本书可作为土木工程专业及相近专业学生教材，也可作为工程技术人员拓宽材料知识的参考用书。

图书在版编目(CIP)数据

土木工程材料 / 王冲主编. —北京：科学出版社，2014.8
国家级精品课程配套教材
ISBN 978-7-03-041879-1

Ⅰ.①土… Ⅱ.①王… Ⅲ.①土木工程－建筑材料－高等学校－教材 Ⅳ.①TU5

中国版本图书馆 CIP 数据核字(2014)第 206262 号

责任编辑：贾瑞娜 / 责任校对：张小霞
责任印制：赵 博 / 封面设计：迷底书装

科 学 出 版 社 出版
北京东黄城根北街 16 号
邮政编码：100717
http://www.sciencep.com

北京中石油彩色印刷有限责任公司印刷
科学出版社发行 各地新华书店经销

*

2014 年 8 月第 一 版　　开本：787×1092　1/16
2025 年 1 月第二次印刷　　印张：24 1/2
字数：575 000

定价：79.00 元
(如有印装质量问题，我社负责调换)

《土木工程材料》编委会

主　编　王　冲（重庆大学）

副主编　陈寒斌（解放军后勤工程学院）

参　编
　　　　刘　芳（重庆大学）

　　　　吴建华（重庆大学）

　　　　屈雅安（长安大学）

　　　　熊出华（重庆交通大学）

　　　　王雨利（河南理工大学）

　　　　黄存捍（河南理工大学）

前 言

"土木工程材料"是土木工程专业的一门专业基础课,教学目的是使未来的土木工程师了解和掌握工程中常用材料的基本性能与应用方法,为今后工程实践和科研工作提供必要的基本知识和技能。现在的"土木工程"涵盖了建筑工程、道路工程、桥梁工程、隧道及地下工程和水利水电工程等多个专业,每一专业都有着自己的行业特点和不同的材料要求。现有的绝大部分《土木工程材料》教材沿袭以前的《建筑材料》教学大纲和教学内容,难以满足对土木工程专业本科毕业生"宽口径、厚基础"、"提高综合素质、加强能力培养"等培养要求。本教材根据"大土木专业"指导思想,调整、增加教材内容,以使《土木工程材料》教材更适合土木工程不同专业学生的培养,拓宽学生对不同工程所用材料的认识。

本书在编写过程中,力求涵盖土木工程不同专业对材料的共性要求与专业性需求。除绪论外,主要内容分为 3 个单元:第一篇是所有材料的基础,重点阐述材料的组成结构与基本性质,包括材料的组成与结构、材料的基本物理性质、材料的力学性能、材料的热工性质、材料的耐久性和安全性;第二篇主要是不同土木工程的通用材料,涉及的材料基本与所有土木工程专业有关;第三篇是土木工程专用材料,包括建筑工程专用材料、道路工程专用材料、隧道与地下工程专用材料、水利水电工程专用材料及其他材料。随书附上 11 个实验的指导书。

本教材编写分工如下:由重庆大学王冲担任主编,解放军后勤工程学院陈寒斌担任副主编,王冲负责统稿,并编写绪论,第一篇第 5、6 章,第三篇第 16、17 章,实验 5～实验 10;陈寒斌编写第二篇第 12、13 章,第三篇第 18 章;重庆大学吴建华编写第三篇第 14 章;重庆大学刘芳编写第二篇第 7、8、10、11 章;长安大学屈雅安编写第一篇第 1～4 章,实验 1～实验 4;重庆交通大学熊出华编写第三篇第 15 章和实验 11;河南理工大学王雨利与黄存捍编写第二篇第 9 章。

由于编者采用了与大多数同类型教材完全不同的内容编排方式,很多材料是第一次出现在教材中,同时限于编写水平,书中不妥之处在所难免,敬请广大师生、读者提出宝贵意见。

编 者

2014 年 7 月

目 录

绪论 ··· 1
  0.1 土木工程与材料 ··· 1
      0.1.1 关于土木工程 ··· 1
      0.1.2 关于土木工程材料 ·· 1
      0.1.3 土木工程对材料的基本要求 ··· 1
  0.2 土木工程材料的分类 ··· 1
  0.3 土木工程材料的历史与发展 ·· 2
      0.3.1 土木工程材料的发展历程 ·· 2
      0.3.2 现代土木工程材料的发展方向 ·· 3
  0.4 土木工程材料的技术标准 ··· 3
  0.5 本课程基本概况 ·· 4

第一篇 材料的组成结构与基本性质

第1章 材料的组成与结构 ··· 5
  1.1 材料组成 ·· 5
  1.2 材料结构 ·· 6

第2章 材料的基本物理性质 ··· 8
  2.1 材料的密度、表观密度与堆积密度 ·· 8
  2.2 材料的密实度与孔隙率 ··· 10
  2.3 材料的填充率与空隙率 ··· 11
  2.4 材料的亲水性与憎水性 ··· 12
  2.5 材料的吸水性与吸湿性 ··· 12

第3章 材料的力学性能 ··· 14
  3.1 材料的强度 ··· 14
      3.1.1 强度 ··· 14
      3.1.2 强度等级 ·· 15
      3.1.3 比强度 ··· 15
  3.2 材料的耐水性 ·· 16
  3.3 材料的变形 ··· 16
      3.3.1 材料的弹性和塑性 ·· 16
      3.3.2 材料的脆性与韧性 ·· 17
  3.4 材料的硬度 ··· 17
  3.5 材料的耐磨性 ·· 18

第4章 材料的热工性质 ··· 19
4.1 材料的热容 ··· 19
4.2 材料的导热性 ·· 19
4.3 材料的导温性 ·· 21
4.4 材料的蓄热性能 ·· 21
4.5 材料的热膨胀 ·· 21

第5章 材料的耐久性 ··· 23
5.1 材料耐久性的概念 ··· 23
5.2 耐久性的类型与表征 ·· 23
5.2.1 抗渗性 ··· 23
5.2.2 抗冻性 ··· 24
5.2.3 耐老化性能 ·· 24
5.2.4 抗化学破坏性能 ·· 24
5.3 耐久性的改善 ·· 25

第6章 材料的安全性 ··· 26
6.1 材料的防火性 ·· 26
6.2 材料的放射性 ·· 27
6.3 材料的挥发性 ·· 27
6.4 材料的其他安全性问题 ·· 28

第二篇 土木工程通用材料

第7章 气硬性胶凝材料 ·· 30
7.1 石灰 ·· 30
7.1.1 石灰的生产 ·· 30
7.1.2 石灰的消解与凝结硬化 ·· 31
7.1.3 石灰的技术性质 ·· 31
7.1.4 石灰的分类 ·· 32
7.1.5 石灰的应用 ·· 33
7.2 石膏 ·· 34
7.2.1 石膏分类与石膏生产 ··· 34
7.2.2 建筑石膏的凝结硬化与技术性质 ··························· 35
7.2.3 建筑石膏的应用 ·· 36
7.3 水玻璃 ·· 38
7.3.1 水玻璃的生产 ·· 39
7.3.2 水玻璃的凝结硬化 ·· 39
7.3.3 水玻璃的性质与应用 ··· 39
7.3.4 水玻璃的运输及储存 ··· 40
7.4 镁质胶凝材料 ·· 41

  7.4.1 镁质胶凝材料的生产 ... 41
  7.4.2 菱苦土的凝结硬化 ... 41
  7.4.3 菱苦土的应用 ... 41

第8章 水泥 ... 43
8.1 概述 ... 43
8.2 通用硅酸盐水泥 ... 43
  8.2.1 硅酸盐水泥 ... 44
  8.2.2 其他通用硅酸盐水泥 ... 52
8.3 特性水泥与专用水泥 ... 57
  8.3.1 铝酸盐水泥 ... 57
  8.3.2 硫铝酸盐水泥 ... 58
  8.3.3 抗硫酸盐硅酸盐水泥 ... 59
  8.3.4 白色硅酸盐水泥 ... 60

第9章 混凝土与砂浆 ... 62
9.1 混凝土 ... 62
  9.1.1 概述 ... 62
  9.1.2 普通混凝土的组成材料 ... 63
  9.1.3 普通混凝土的技术性质 ... 76
  9.1.4 混凝土的质量控制和合格评定 ... 90
  9.1.5 普通混凝土的配合比设计 ... 93
  9.1.6 特殊性能混凝土 ... 99
9.2 建筑砂浆 ... 103
  9.2.1 砂浆的组成材料 ... 103
  9.2.2 砂浆的主要技术性质 ... 105
  9.2.3 砂浆种类 ... 107

第10章 金属材料 ... 115
10.1 钢材 ... 115
  10.1.1 钢材的基本知识 ... 115
  10.1.2 钢材的主要技术性能 ... 117
  10.1.3 钢材的冷加工和热处理 ... 121
  10.1.4 土木工程常用钢材 ... 122
  10.1.5 钢材的腐蚀与防护 ... 129
  10.1.6 钢材的防火 ... 131
10.2 铸铁 ... 131
  10.2.1 基本知识 ... 131
  10.2.2 灰铸铁的性能特点 ... 132
  10.2.3 灰铸铁的牌号和应用 ... 133

10.3 铝合金 ·· 133
    10.3.1 基本知识 ·· 133
    10.3.2 铝合金制品 ·· 133

第 11 章 有机高分子材料 ·· 136

11.1 橡胶 ·· 136
    11.1.1 橡胶的分类 ·· 136
    11.1.2 常用橡胶的品种、特性和用途 ·· 137
    11.1.3 橡胶工业制品的种类 ·· 139

11.2 塑料 ·· 139
    11.2.1 建筑塑料的组成 ·· 139
    11.2.2 建筑塑料的主要技术性能 ·· 140
    11.2.3 建筑塑料制品的工程应用 ·· 140

11.3 胶黏剂 ·· 143
    11.3.1 胶黏剂的组成和分类 ·· 143
    11.3.2 胶黏剂的技术要求 ··· 144
    11.3.3 土木工程常用胶黏剂 ·· 145

11.4 涂料 ·· 146
    11.4.1 涂料的组成和分类 ··· 146
    11.4.2 建筑涂料的功能和技术要求 ··· 147
    11.4.3 常用建筑涂料 ··· 148

第 12 章 沥青与防水材料 ·· 152

12.1 沥青 ·· 152
    12.1.1 石油沥青 ··· 152
    12.1.2 煤沥青 ·· 155
    12.1.3 沥青的掺配 ·· 156
    12.1.4 改性石油沥青 ··· 157
    12.1.5 乳化沥青 ··· 159
    12.1.6 使用注意事项 ··· 160

12.2 防水涂料 ·· 160
    12.2.1 防水涂料的组成和分类 ··· 160
    12.2.2 改性沥青基防水涂料 ·· 161
    12.2.3 合成高分子防水涂料 ·· 162
    12.2.4 无机刚性防水涂料 ··· 164

12.3 防水卷材 ·· 165
    12.3.1 沥青基防水卷材 ·· 166
    12.3.2 橡胶基防水卷材 ·· 168
    12.3.3 树脂基防水卷材 ·· 169
    12.3.4 橡塑共混基防水材料 ·· 170

12.4 密封材料 · · · · · · 170
12.4.1 不定型密封材料 · · · · · · 170
12.4.2 定型密封材料 · · · · · · 171

第13章 防火材料 · · · · · · 173
13.1 防火涂料 · · · · · · 173
13.2 防火封堵材料 · · · · · · 175
13.3 防火板 · · · · · · 176
13.4 防火材料发展趋势 · · · · · · 176

第三篇 土木工程专用材料

第14章 建筑工程专用材料 · · · · · · 178
14.1 木材与竹材 · · · · · · 178
14.1.1 木材 · · · · · · 178
14.1.2 竹材 · · · · · · 184
14.2 石材 · · · · · · 186
14.2.1 常用石材的岩石种类 · · · · · · 186
14.2.2 天然石材的技术性质 · · · · · · 186
14.2.3 天然石材的应用 · · · · · · 189
14.2.4 人造石材 · · · · · · 190
14.3 建筑玻璃与建筑陶瓷 · · · · · · 191
14.3.1 建筑玻璃 · · · · · · 191
14.3.2 建筑陶瓷 · · · · · · 196
14.4 墙体材料与屋面材料 · · · · · · 197
14.4.1 砌墙砖 · · · · · · 197
14.4.2 砌块 · · · · · · 202
14.4.3 墙用板材 · · · · · · 203
14.4.4 屋面材料 · · · · · · 205
14.5 保温材料与吸声隔声材料 · · · · · · 207
14.5.1 常用保温隔热材料 · · · · · · 207
14.5.2 常见吸声材料 · · · · · · 213
14.5.3 隔声材料 · · · · · · 216

第15章 道路工程专用材料 · · · · · · 218
15.1 工程用土 · · · · · · 218
15.1.1 土的工程分类 · · · · · · 218
15.1.2 土的技术性质与要求 · · · · · · 222
15.2 无机结合料稳定材料 · · · · · · 228
15.2.1 概述 · · · · · · 228
15.2.2 组成材料要求 · · · · · · 229

15.2.3　无机结合料稳定材料强度 231
　　　15.2.4　无机结合料稳定材料组成设计 232
　15.3　土工合成材料 234
　　　15.3.1　概述 234
　　　15.3.2　土工合成材料的种类 235
　　　15.3.3　土工合成材料的功能 236
　　　15.3.4　土工合成材料的技术性质 237
　15.4　沥青混合料 240
　　　15.4.1　沥青混合料分类 240
　　　15.4.2　组成材料要求 240
　　　15.4.3　沥青混合料结构与性能 243
　　　15.4.4　沥青混合料的技术性质 246
　　　15.4.5　沥青混合料配合比设计 249
　15.5　路面水泥混凝土 255
　　　15.5.1　概述 255
　　　15.5.2　路面混凝土的材料组成 256
　　　15.5.3　路面混凝土的主要技术性质 260
　　　15.5.4　路面混凝土配合比设计 261

第16章　隧道与地下工程专用材料 268
　16.1　注浆材料 268
　　　16.1.1　注浆材料的基本要求 268
　　　16.1.2　注浆材料的分类 269
　　　16.1.3　注浆材料基本性质 276
　16.2　锚喷支护材料 280
　　　16.2.1　锚杆材料 280
　　　16.2.2　喷射混凝土 284
　　　16.2.3　喷射纤维混凝土 285
　16.3　混凝土管片 285
　　　16.3.1　混凝土管片结构型式 286
　　　16.3.2　管片混凝土技术 288

第17章　水利水电工程专用材料 289
　17.1　低热水泥 289
　　　17.1.1　普通低热水泥 289
　　　17.1.2　低热微膨胀水泥 290
　17.2　水工混凝土 291
　　　17.2.1　水工混凝土分类 291
　　　17.2.2　水工混凝土的性能特点 291
　　　17.2.3　水工混凝土主要技术要求 292

17.2.4　水工混凝土材料与配合比的特殊性 ········ 293
　　　17.2.5　特殊水工混凝土品种 ········ 294
　17.3　水工沥青混凝土 ········ 296
　　　17.3.1　水工沥青混凝土的特性 ········ 296
　　　17.3.2　水工沥青混凝土防渗结构的技术特点 ········ 296
　　　17.3.3　水工沥青混凝土分类 ········ 297
　　　17.3.4　水工沥青混凝土对原材料的要求 ········ 298
　　　17.3.5　沥青混凝土防渗结构的应用 ········ 299

第18章　其他材料 ········ 301
　18.1　新型胶凝材料 ········ 301
　　　18.1.1　碱矿渣水泥 ········ 301
　　　18.1.2　地聚合物 ········ 302
　　　18.1.3　磷酸盐水泥 ········ 302
　18.2　工程抢修抢建材料 ········ 303
　　　18.2.1　抢修抢建材料的分类 ········ 303
　　　18.2.2　抢修抢建材料的性能要求 ········ 303
　　　18.2.3　工程抢修抢建特种胶凝材料 ········ 304
　　　18.2.4　工程抢修抢建预制件材料 ········ 306
　18.3　生态环境材料 ········ 307
　　　18.3.1　生态环境材料的含义 ········ 307
　　　18.3.2　材料的环境影响评价 ········ 307
　　　18.3.3　土木工程材料的生态化 ········ 309

土木工程材料实验 ········ 312
　实验1　材料的基本物理性质实验 ········ 312
　实验2　水泥性能实验 ········ 314
　实验3　混凝土用砂、石骨料实验 ········ 323
　实验4　混凝土外加材料实验 ········ 328
　实验5　混凝土性能实验 ········ 332
　实验6　钢筋性能实验 ········ 340
　实验7　沥青性能实验 ········ 342
　实验8　沥青混合料性能实验 ········ 347
　实验9　防水卷材性能实验 ········ 355
　实验10　无机结合料性能实验 ········ 357
　实验11　工程用土性能实验 ········ 363

参考文献 ········ 373

绪 论

0.1 土木工程与材料

0.1.1 关于土木工程

土木工程是建造各类工程设施的科学技术的统称。它既指所应用的材料、设备和所进行的勘测、设计、施工、保养维修等技术活动,也指工程建设的对象。随着科学技术的进步和工程实践的发展,土木工程学科已发展成为内涵广泛、门类众多、结构复杂的综合体系,也已发展出许多专业或分支,如建筑工程、公路工程、铁路工程、桥梁工程、隧道及地下工程、水利水电工程等学科。

土木工程的目的是形成人类生产或生活所需要的、功能良好且舒适美观的空间和通道。它既有物质方面的需要,也有精神象征方面的需求。随着社会、经济与技术的发展,工程结构越来越大型化、复杂化,超高层建筑、特大型桥梁、巨型大坝、复杂的地铁系统不断涌现,以满足人们的生活与工作需求,同时也演变为社会实力的象征。

0.1.2 关于土木工程材料

土木工程材料是土木工程中所使用的各种材料及制品的总称,是土木工程建设的物质基础。不同的土木工程材料,在不同的使用环境条件下的物理力学性能、生产和使用成本及破坏劣化机制各不相同,能否正确选择和合理使用土木工程材料,对工程结构的安全性、适用性、经济性和耐久性有着直接的影响。随着科学技术的快速发展,结构设计和施工工艺日益进步,各种新材料不断涌现,要求土木工程的相关从业人员,必须具备土木工程材料的基本知识,熟悉各类常用土木工程材料的组成结构、技术性能、检测方法和选用规律。

0.1.3 土木工程对材料的基本要求

不同土木工程类型、不同工程部位对材料的结构与性能要求不一。总体而言,土木工程对材料的基本要求主要为以下三点:

(1) 必须具备足够的强度,能够安全地承受设计荷载及自重。
(2) 具有与使用环境相适应的耐久性,以减少维修费用。
(3) 特定功能。用于特殊部位的材料,应具有相应的特殊功能,如屋面材料能隔热、防水,楼板和内墙材料能隔声等;用于装饰的材料,应能美化建筑,产生一定的艺术效果。

0.2 土木工程材料的分类

可用于土木工程的材料来源广泛、组成多样、性质各异、用途不同。为了应用方便,可将土木工程材料按不同方法进行分类。一般按化学成分不同可分为无机材料、有机材料和复合材料三大类,各大类又可进行更细的分类,如图 0-1 所示。

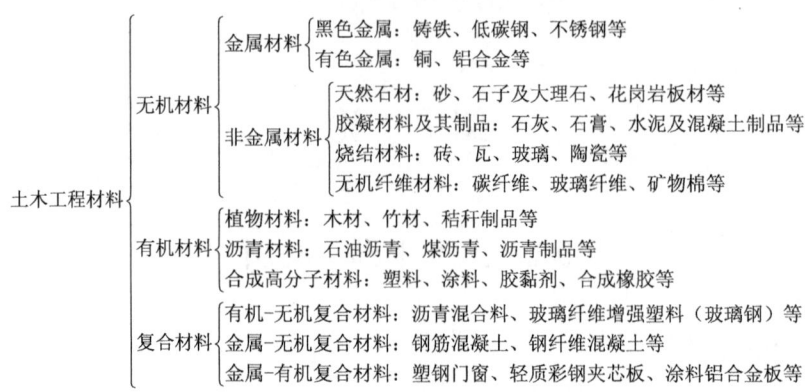

图 0-1 土木工程材料按照化学成分分类

此外,还可以按照使用功能将材料划分为承重材料(建筑工程中的梁、板、柱所用材料,桥梁工程中的桥墩、桥跨等)、非承重材料(建筑工程中的墙体材料、屋面材料,桥梁工程中的护栏等)和功能材料(防排水、保温、装饰材料等)。

按照材料的使用部位可分为建筑工程中的结构材料、墙体材料、屋面材料、装饰材料、地面材料等,道路工程中的路基材料、路面材料、垫层材料等,以及隧道与地下工程中的锚固材料、支护材料等。

0.3 土木工程材料的历史与发展

0.3.1 土木工程材料的发展历程

土木工程材料是随着人类社会生产力和科技水平的提高而逐步发展起来的。

土木工程中人类最先需要的是房屋建筑,人类最初直接从自然界中获取天然材料作为建筑材料,如黏土、石材、木材等。随着社会生产力的发展和人类活动范围的扩大,人类能够利用黏土烧制砖瓦,用岩石烧制石灰、石膏,建筑材料由此进入人工合成阶段,为较大规模建造房屋创造了基本条件。至今世界上仍然保留着许多经典的古建筑,如中国的故宫、布达拉宫,埃及的金字塔,罗马圆剧场等,均显示了古代建筑技术及材料应用方面的辉煌成就。

18~19 世纪,土木工程材料进入了一个全新的发展阶段,人类的工程建设技术也从主要针对建筑工程向着道路桥梁、水港码头、隧道与地下等多方向发展。钢材、水泥、混凝土等相继问世,使人类的工程活动突破了几千年来所受土、木、砖、石的限制,为现代土木工程奠定了基础。特别需要强调的是水泥混凝土与钢材的复合使用,极大地促进了土木工程的整体发展水平。1850 年法国 Lambot 用加钢筋网的方法制作了第一条钢筋混凝土船,1887 年 Koenen 首先发表了钢筋混凝土的计算方法。此后,用钢筋增强增韧混凝土,以弥补混凝土抗拉强度和抗折强度低的缺陷,这种集中配筋的钢筋与混凝土的复合,大大促进了混凝土在工程中的应用,一直到现在,钢筋混凝土仍然是工程结构的主要形式。1928 年法国学者 Freyssinet 提出了混凝土收缩与徐变理论,并采用高强钢丝和锚具制出了预应力钢筋混凝土,为预应力钢筋混凝土的工程应用奠定了基础。预应力钢筋混凝土是混凝土技术的一次飞跃,使得混凝土结构的抗震、防裂性能极大提高,混凝土建筑物可以达到很高的高度。另一种广泛应用的混凝土与钢材复合的结构形式,是钢管混凝土。早在1879年,英国就出现了用钢管混凝土修建的铁路桥桥墩,钢管混凝土已经被广泛应用于桥梁、建筑等工程中。为了改善混凝土的脆性,1907年,苏联的涅克拉索夫(Иекрасов)首先应用钢纤维增强混凝土,由于纤维对混凝土的分散配筋,大大提高了混凝土的抗裂性,增加了混凝土的延性。目前,钢纤维、有机合成纤维、耐碱玻纤等已广泛应用于土木工程中。

进入20世纪后,由于社会生产力发展的突飞猛进,以及材料科学和工程学的形成和发展,土木工程材料不仅性能和质量不断提高,品种不断增加,而且以有机材料为主的合成材料异军突起,一些具有特殊功能的土木工程材料,如绝热材料、吸声隔声材料、装饰材料及最新的纳米材料等应运而生。同时,为节约材料、资源,提高性能,将一些不同组成与结构的材料复合形成的各种新型复合材料,可最大限度地发挥各种材料的优势,如玻璃纤维增强塑料和金属陶瓷等。

0.3.2 现代土木工程材料的发展方向

依靠材料科学和化学等现代科学技术,人们已开发出许多高性能和多功能的新型土木工程材料。而社会进步、环境保护和节能降耗对土木工程材料提出了更高、更多的要求。土木工程材料的发展方向如下:

(1)高性能化。研制轻质、高强、高韧性、高保温性、优异装饰性能和高耐久性的材料,对提高工程结构的安全性、适用性、经济性和耐久性有着非常重要的意义。

(2)多功能化。利用复合技术生产多功能材料、特殊性能材料及智能材料,这对提高土木工程的使用功能和施工效率十分重要。

(3)绿色化。在生产及应用土木工程材料过程中,应该充分利用地方可再生资源和工业废料,减少对环境的污染和对自然生态环境的破坏。土木工程材料的绿色化主要体现在以下几个方面:

① 节约资源。充分利用地方材料,尽量少用天然资源,大量使用尾矿、废渣、垃圾等废弃物作为生产土木工程材料的资源,以保护自然资源和维护生态环境的平衡。

② 节约能源。采用低能耗、无环境污染的生产技术,优先开发、生产低能耗的材料及能降低建筑物使用能耗的节能型材料。

③ 健康。材料生产中尽量不使用有损人体健康的物质,如甲醛、铅、镉、铬及其化合物等。同时要开发对人体健康有益的材料功能,如抗菌、灭菌、除臭、除霉、防火、调温、消磁、防辐射、抗静电等。

④ 再生利用。土木工程材料达到使用寿命后可再生循环和回收利用,无污染性废弃物。

0.4 土木工程材料的技术标准

技术标准是所有工程技术人员在从事相关工作中,所有技术活动的技术依据。绝大多数土木工程材料均由专门的机构制定并颁布了相应的"技术标准"或"技术规范",详尽明确地规定了其质量、规格和验收方法,以其作为有关设计、生产、施工与管理等部门共同遵循的依据。

在我国,土木工程材料的技术标准分为国家标准、行业标准、地方标准和企业标准四级。

(1)国家标准。国家标准是由中国国家质量技术监督局颁布的全国必须执行的指导性文件,分为强制性标准(代号GB)和推荐性标准(代号GB/T)。

(2)行业标准。由各行业主管部门为规范本行业的产品质量而制定的技术标准,也是全国性指导文件。如建材行业标准(代号 JC)、建工行业标准(代号 JG)、交通行业标准(代号 JT)、铁路行业(代号 TB)、水利水电行业(代号 SL、DL)等。

(3)地方标准(DB)。地方主管部门发布的地方性技术指导文件，适合在该地区使用。

(4)企业标准(QB)。仅适用于制定标准的企业。凡没有制定国家标准、行业标准的产品，均应制定相应的企业标准。企业标准的技术要求应高于类似(或相关)产品的国家标准。

标准的标识一般是由标准名称、部门代号、标准编号和颁布年份组成。如《通用硅酸盐水泥》(GB 175—2007)，其中"GB"为国家标准代号，"175"为标准编号，"2007"为标准颁布年份。如《粉煤灰混凝土小型空心砌块》(JC/T 862—2008)是建材行业 2008 年颁布的推荐性标准。

世界各国对材料的标准化都很重视，均制定了各自的标准，如美国材料与试验协会标准"ASTM"、英国标准"BS"、德国工业标准"DIN"、日本工业标准"JIS"，以及世界范围内统一使用的国际标准"ISO"。

0.5 本课程基本概况

土木工程材料课程是土木工程专业的专业基础课，课程教学目的在于使学生掌握主要土木工程材料的性质、用途、制备和使用方法及检测和质量控制方法，了解工程材料性质与材料结构的关系，以及性能改善的途径。通过本课程的学习，学生应能针对不同工程合理选用材料，并能与后续课程密切配合，了解材料与设计参数及施工措施选择的相互关系。学生学习土木工程材料课程，主要是为毕业后从事工程设计、施工、管理工作中了解并掌握各种工程材料的性能与用途。

本教材共分为 3 篇，合计 18 章，第一篇是材料的结构与基本性质，包括材料的组成与结构、材料的基本物理性质、材料的力学性能与变形、材料的热工性质、材料的耐久性和材料的安全性；第二篇是土木工程通用材料，包括气硬性胶凝材料、水泥、混凝土与砂浆、金属材料、有机高分子材料、沥青与防水材料、防火材料；第三篇是土木工程专用材料，包括建筑工程专用材料、道路工程专用材料、隧道与地下工程专用材料、水利水电工程专用材料和其他材料等。

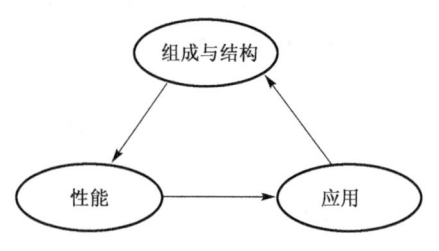

图 0-2　材料组成与结构、性能及应用的关系

本课程的特点是知识点多，学习中要善于归纳总结，理顺课程的知识脉络，抓住贯穿本课程的教学主线：材料的组成、结构、性能与应用之间的关系，见图 0-2。材料的组成与结构决定材料的性能，材料的性能决定材料的应用范围，材料的应用范围又决定了材料应该具备的组成与结构。本课程要求从材料的技术性质来学习材料的合理应用，而且要以材料的性能和合理应用为重点。

要善于类比学习，举一反三。对于同一类属不同品种的材料，除了要学习它们的共性，更要了解各自的特性。如在第 8 章，各种水泥的矿物组成的不同，导致其凝结硬化的速度、水化热和耐腐蚀性等性质各不相同，可以根据具体工程及其环境条件合理选用。

材料实验是学习本课程的重要环节，材料实验的任务是巩固所学的理论知识，通过掌握常用土木工程材料的实验、检测技术，学习对实验数据进行科学的分析和整理，深入理解不同土木工程材料的性能。本教材安排了 11 个实验以供实验教学中教师和学生选择。

第一篇　材料的组成结构与基本性质

材料的组成与结构决定材料的性能，材料的性能决定了其应用范围。因此，了解材料的组成结构与基本性质的含义，对正确使用土木工程材料至关重要。

第1章　材料的组成与结构

材料的组成与结构决定材料的性能。研究材料的组成、结构、性能三者之间的内在逻辑关系，是材料科学与工程的首要任务。要掌握材料的性能，必须以掌握材料的组成、结构与材料性能之间的关系作为切入点。

1.1　材料组成

材料组成是材料性质的基础，它对材料的化学性质、物理力学性质起着重要的影响作用。通常土木工程材料按传统的分类方法分为金属材料、无机非金属材料、有机材料等；从工程应用角度，为满足土木工程材料的选择、应用、分析、检测等的需求，通常将材料的性能作为研究重点。为更直接地建立起材料组成与材料性能之间的关系，将材料的组成分为化学组成、矿物组成和相组成。针对不同类别的材料，采用相应的方法进行材料组成的研究。

1. 化学组成

化学组成是指构成材料的化学元素及化合物的种类和数量，简而言之，就是指材料的化学成分。金属材料，特别是建筑钢材，通常以化学组成作为研究材料组成的方法。钢材所含铁元素、碳元素、有益合金元素(硅、锰、钒、钛、铌等)、有害元素(硫、磷、氧、氮等)及其各自的含量，能够与钢材物理力学性能、工艺性能等建立起良好的相关关系。

2. 矿物组成

无机非金属材料中具有特定的晶体结构和特定物理力学性能的组织结构称为矿物。矿物组成是指构成材料的矿物种类和数量。通用硅酸水泥作为无机胶凝材料的代表，在研究其最主要的组分硅酸盐水泥熟料时，就是以矿物组成作为研究材料组成的方法。硅酸盐水泥熟料中四种矿物组成及其不同含量，赋予水泥具有不同的工程性能(如早强、水化放热低、耐腐蚀等)。通常天然岩石也会以矿物组成表示其材料组成，如石灰岩的主要矿物组成为方解石、白云石。

3. 相组成

材料中结构相近、性质相同的均匀部分称为相。例如，钢材就是由铁素体、珠光体、渗碳体和奥氏体四种不同的相组成的，铁素体和奥氏体为具有中等强度、柔软可延展的相，渗碳体和珠光体为坚硬而脆的相。钢材中四种相的不同比例，使不同钢材的力学性能表现出较大差异。

混凝土作为一种复合材料，其材料组成问题也可以用相组成的方法进行研究。混凝土是由骨料相、水泥石相和界面过渡区相构成的多相材料。界面过渡区相与水泥石相的材料组成相同，但二者的结构、性质大有不同，因此在混凝土的研究领域，通常会将界面过渡区相作为相对薄弱的相，将其作为研究的重点。对于混凝土，可通过改变和控制界面过渡区相及水泥石相，来改善和提高混凝土的力学性能及耐久性。

1.2 材料结构

材料的结构和构造也是决定材料性能的重要因素。例如，硅灰和磨细石英粉的化学组成同为 SiO_2；但是，硅灰的微观结构为表面光滑的玻璃体，磨细石英粉的微观结构为表面粗糙的晶体。这一材料结构的差异直接导致硅灰和磨细石英粉的性能差异明显。

1. 宏观结构

宏观结构是指用肉眼或放大镜就能观察到的粗大组织。土木工程材料的宏观结构，按其孔隙特征分为密实结构、多孔结构、微孔结构等；按其组织构造特征分为堆聚结构、纤维结构、层状结构、散粒结构等。

(1) 密实结构：指具有孔隙率趋近于零、吸水率趋近于零、渗透系数趋近于零的致密结构。建筑钢材、致密的天然石材、玻璃、沥青等材料通常具备上述特征，其力学性能高、耐久性能良好。

(2) 多孔结构：指孔隙率高且孔隙特征为粗大孔隙的结构。如天然浮石、膨胀蛭石、加气混凝土、多孔砖、人造陶粒等。

(3) 微孔结构：指孔隙率高且孔隙特征为微细孔隙的结构。如石膏制品、硅藻土保温材料、聚苯乙烯泡沫塑料板等。

(4) 堆聚结构：利用胶凝材料将散粒材料胶结而成的结构。如混凝土、砂浆、沥青混合料等。

(5) 纤维结构：指由天然纤维或人工合成纤维构成的结构。具有纤维结构的材料，纤维间存在较多的孔隙，通常保温隔热性能好，吸声性好；但是，由于纤维组织具有明显的方向性，这类材料的性能表现为各向异性。如木材、竹、玻璃纤维、矿物棉纤维等。

(6) 层状结构：指天然或人工采用胶合等方法将不同的片材或具有各向异性的片材叠合成层状的结构。通常人工制备的层状材料性能表现为各向同性，综合性能较好。如胶合板、纸面石膏板、岩棉压型钢板复合墙板等。

(7) 散粒结构：指散粒材料呈松散颗粒状的结构。砂、石子等，因其表观密度大、强度高，适合作为普通混凝土骨料、沥青混合料集料；粉煤灰陶粒、浮石、黏土陶粒、页岩陶粒等，因其表观密度小，兼顾强度和保温隔热性能，适合作为轻混凝土骨料；膨胀珍珠岩、膨胀蛭石、聚苯乙烯泡沫颗粒等，因其具有微孔结构，表观密度更小，适合作为保温隔热材料。

2. 亚微观结构

亚微观结构是指用光学显微镜能够观察到的结构，主要用于研究材料内部的晶粒、颗粒的尺寸与形貌、晶界与界面、孔隙与微裂纹等。材料的亚微观结构，只能针对某种具体的土木工程材料来进行分类研究，例如，混凝土可分为水泥石相、骨料相、界面过渡区相；天然岩石可分为矿物、晶体颗粒、非晶体组织；钢铁可分为铁素体、渗碳体、珠光体、奥氏体。

材料亚微观结构层次上的各种组织的特性、数量、分布和界面性质对材料性能有重要影响。如细晶粒钢筋，就是通过冶炼工艺使钢筋组织晶粒细化，获得高强度的同时，提高韧性或保持韧性和塑性基本不降低。

3. 微观结构

材料科学与工程研究领域，所谓还原论，就是将科研对象还原或分解到可能达到的最小单位，进行具体的量化研究。在这一科学思想指导下，提出了材料微观层次的研究。

材料微观结构是指用电子显微镜或 X 衍射来分析研究的原子、分子层次的结构。材料的微观结构决定材料的许多物理性质，如强度、硬度、熔点、导热、导电性等。

按材料组成质点的空间排列或连接方式，材料微观结构可分为晶体、玻璃体和胶体。

1) 晶体

在空间上，质点(离子、原子、分子)按特定的规则、呈周期性排列的固体称为晶体。晶体具有特定的几何外形、固定的熔点和化学稳定性。根据组成晶体的质点及化学键的不同，晶体可分为以下几种。

原子晶体：中性原子以共价键结合而形成的晶体，如石英。

离子晶体：正负离子以离子键结合而形成的晶体，如氯化钠。

分子晶体：以分子间的范德华力即分子键结合而成的晶体，如有机化合物。

金属晶体：以金属阳离子为晶格，由自由电子与金属阳离子间的金属键结合而成的晶体，如铝、钢材、铜等。

从键的结合力来看，共价键和离子键最强，金属键较强，分子键最弱。如纤维状矿物材料玻璃纤维和岩棉，纤维内链状方向上的共价键力要比纤维与纤维之间的分子键结合力大得多，这类材料易分散成纤维，强度具有方向性；云母、滑石等结构层状材料的层间键力是分子力，结合力较弱，这类材料易被剥离成薄片；岛状材料如石英，硅氧原子以共价键结合成四面体，四面体在三维空间形成立体空间网架结构，因此质地坚硬，强度高。

2) 玻璃体

呈熔融状态材料在急速冷却时，其质点来不及或因某种原因不能按规则排列就产生凝固所形成的结构称为玻璃体。玻璃体又称无定形或非晶体，结构特征为质点在空间上呈非周期性排列。

玻璃体是化学不稳定结构，容易与其他物质发生化学作用，具有较高的化学活性。如生产水泥熟料时，硅酸盐从高温水泥回转窑急速落入空气中，急冷过程使得它来不及做定向排列，质点间的能量只能以内能的形式储存起来，具有化学不稳定性，能与水反应产生水硬性；粉煤灰、水淬粒化高炉炉渣、火山灰等玻璃体材料，能与石膏、石灰等激发剂在有水的条件下发生水化反应、凝结硬化，常作为水泥混合材或混凝土矿物掺合料使用。

3) 胶体

胶体是指物质以极微小的质点分散在介质中所形成的结构。由于胶体的分散质与分散介质带相反的电荷，胶体能保持稳定。分散质颗粒细小，使胶体具有吸附性、黏结性。根据分散质与分散介质的相对比例不同，胶体结构分为溶胶、溶凝胶和凝胶。乳胶漆是高分子树脂通过乳化剂分散在水中形成的涂料；道路石油沥青要求高温稳定性、低温柔韧性，需具有溶凝胶结构；硅酸盐水泥水化形成的水化产物中的凝胶将砂和石粘结成一个整体，形成人工石材。

第 2 章 材料的基本物理性质

2.1 材料的密度、表观密度与堆积密度

1. 密度

密度是指材料在绝对密实状态下单位体积的质量，按下式计算：

$$\rho = \frac{m}{V} \tag{2-1}$$

式中，ρ 为密度，g/cm^3；m 为干燥状态下材料的质量，g；V 为绝对密实状态下材料的体积，cm^3。

绝对密实状态下材料的体积是指材料密实固体所占的体积，不包括材料内部开口孔隙、闭口孔隙所占的体积。值得重视的是，在自然状态下，绝大部分材料的内部都存在孔隙，仅由密实固体构成的材料非常少。对于常用土木工程材料(钢材、玻璃除外)，应将其视为含有内部孔隙的材料。

材料的密度试验重点在于测定材料密实固体所占的体积。将材料粉磨成规定细度的细粉，烘干至恒重，用李氏比重瓶测定绝对密实状态下材料的体积。材料磨得越细，利用排液法测得的材料体积越接近真实值，密度测试结果越准确。

材料的密度由其微观结构和组成决定，可以作为材料的基本物理性质，用于鉴别材料、判断材料的密实程度。

岩土工程领域，经常用到比重，即相对密度，是指密度与标准大气压下 4℃纯水密度之比。比重这一指标，无量纲单位，其数值与密度基本相等。

2. 表观密度

表观密度是指材料在自然状态下单位表观体积的质量，俗称"容重"，按下式计算：

$$\rho_0 = \frac{m}{V_0} \tag{2-2}$$

式中，ρ_0 为表观密度，g/cm^3 或 kg/m^3；m 为干燥状态下材料的质量，g 或 kg；V_0 为表观体积，cm^3 或 m^3。

表观体积包括材料密实固体及闭口孔隙所占的体积，但不含开口孔隙所占的体积，如图2-1所示。通常，材料的表观体积采用排液法或水中称重法测量。利用排液置换法测量材料的表观体积就是要将材料的这些开口孔隙排除在外。

岩土工程领域、道路工程领域所用的块状(或散粒)材料，其开口孔隙不仅可吸纳水，还能吸纳一定量的粒径较小的散粒材料、胶浆(如水泥浆、沥青)等，为获得较为准确的开口孔隙体积的相关数据，还提出了体积密度的概念，也称毛体积密度。

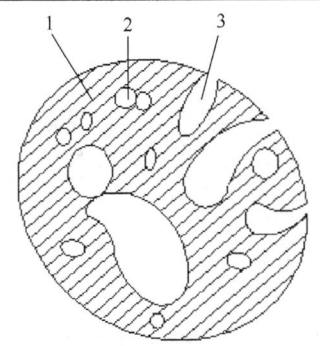 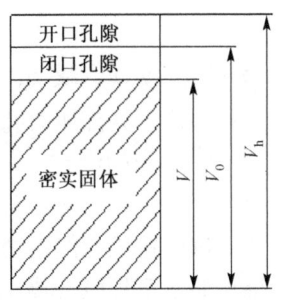

图 2-1 材料的表观体积示意图

1-密实固体；2-闭口孔隙；3-开口孔隙

体积密度是指材料在自然状态下单位体积（包括材料密实固体及其开口孔隙、闭口孔隙）的质量，按下式计算：

$$\rho_h = \frac{m}{V_h} \tag{2-3}$$

式中，ρ_h 为体积密度，g/cm³ 或 kg/m³；m 为干燥状态下材料的质量，g 或 kg；V_h 为材料在自然状态下的体积，包括材料密实固体及其开口孔隙、闭口孔隙，cm³ 或 m³。

对于规则形状材料的体积，可用测量其外形尺寸并计算其体积；对于不规则形状材料的体积，可用蜡封排液法测量。

当材料内部孔隙含水时，其质量将发生变化，因此，当提及材料的表观密度、体积密度这些指标时，应注明材料的含水状态。

3. 堆积密度

散粒状材料在堆积状态下，材料的堆积体积不仅包含颗粒内部的孔隙，还包含颗粒间的空隙体积（图 2-2）。因此，针对散粒状材料，提出了堆积密度的概念。

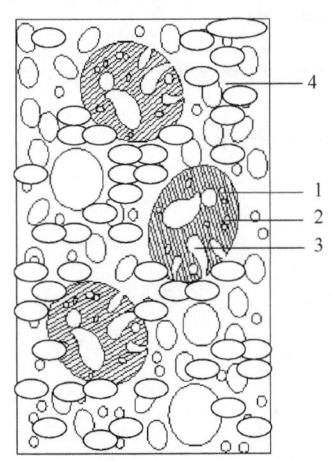

图 2-2 材料的堆积体积示意图

1-密实固体；2-闭口孔隙；3-开口孔隙；4-空隙

堆积密度是指散粒材料，在堆积状态下单位体积的质量，按下式计算：

$$\rho_0' = \frac{m}{V_0'} \tag{2-4}$$

式中，ρ_0' 为堆积密度，g/cm³ 或 kg/m³；m 为干燥状态下材料的质量，g 或 kg；V_0' 为堆积体积，包括材料密实固体、内部所有孔隙体积和颗粒间空隙体积，cm³ 或 m³。

散粒材料的堆积体积的测定，需用到容量筒，容量筒通常依照规范要求具有固定容量体积。散粒材料装入容量筒，其堆积体积就是所用容量筒的体积。这样测得散粒材料的堆积体积就自然包括了散粒材料颗粒间的空隙。

散粒材料堆积的紧密程度对堆积密度的数值影响很大。以常见的散粒材料砂、石子为例，分别测量其自然堆积体积、经振实后的堆积体积，对应得到的是堆积密度、紧密堆积密度。

对散粒材料而言，有密度、表观密度、堆积密度三个物理量，应加以区别。常用土木工程材料的密度、表观密度、堆积密度如表 2-1 所示。

表 2-1 常用土木工程材料的密度、表观密度与堆积密度

材料名称	密度/(g/cm³)	表观密度/(kg/m³)	堆积密度/(kg/m³)
钢材	7.85	7800～7850	—
石灰岩	2.60	1800～2600	—
花岗岩	2.80	2500～2900	—
石灰石(碎石)	2.48～2.76	2300～2700	1400～1700
砂	2.5～2.6	—	1500～1700
水泥	2.8～3.1	—	1600～1800
粉煤灰(气干)	1.95～2.40	—	550～800
实心黏土砖	2.6～2.7	1600～1900	—
空心黏土砖	2.50	1000～1400	—
红松木	1.55～1.60	400～600	—
普通玻璃	2.45～2.55	2450～2550	—
铝合金	2.7～2.9	2700～2900	—
泡沫塑料	—	20～50	—
普通混凝土	—	2000～2800	—
轻骨料混凝土	2.7～2.9	800～1900	—

2.2 材料的密实度与孔隙率

1. 密实度

材料的密实度是指材料体积内被密实固体充实的程度，与孔隙率相对应，按下式计算：

$$D = \frac{V}{V_0} \times 100\% = \frac{\rho_0}{\rho} \times 100\% \tag{2-5}$$

式中，D 为材料的密实度，%。

2. 孔隙率

材料的孔隙率是指材料的体积内，孔隙体积占其自然状态下总体积的百分率，按下式计算：

$$P = \frac{V_0 - V}{V_0} \times 100\% = \left(1 - \frac{\rho_0}{\rho}\right) \times 100\% \tag{2-6}$$

式中，P 为材料的孔隙率，%。

$$D + P = 1 \tag{2-7}$$

通常，以孔隙率或密实度表征材料的密实程度。

孔隙率的大小直接反映材料的致密程度，直接影响材料的诸多性能。孔隙率小的材料，密实度高，承受外力及荷载时有效承载面积大，因此，强度大、抗渗性好、抗冻性好，适宜作为结构材料；孔隙率大的材料，力学性能表现不佳，但在保温隔热能力、吸湿还湿能力、吸声隔声能力等方面表现突出。

孔隙特征是影响材料性能的另一重要因素。材料内部的孔隙特征主要包括孔径尺寸、孔形貌、孔级配、孔分布等。其中孔形貌对材料的物理力学性能将产生重要影响，因此，还需建立闭口孔隙、开口孔隙的概念。通常，常压下水能进入的孔隙称为开口孔隙。

开口孔隙率 P_k、闭口孔隙率 P_b 可按下式计算：

$$P_k = \frac{V_k}{V_0} \times 100\% \tag{2-8}$$

$$P_b = 1 - P_k \tag{2-9}$$

在大气物理环境下，水、侵蚀性介质更容易进入开口孔隙率大的材料内部，材料强度及耐久性降低。因此，限制材料的开口孔隙率是改善和提高材料性能的主要技术路线。

2.3 材料的填充率与空隙率

1. 填充率

材料的填充率是指散粒状材料在自然堆积状态下，堆积体积中被颗粒填充的程度，与空隙率相对应。填充率 D' 按下式计算：

$$D' = \frac{V_0}{V_0'} \times 100\% = \frac{\rho_0'}{\rho_0} \times 100\% = 1 - P' \tag{2-10}$$

2. 空隙率

材料的空隙率是指散粒材料在自然堆积状态下，颗粒间的空隙体积占其堆积体积的百分率，按下式计算：

$$P' = \frac{V_0' - V_0}{V_0'} \times 100\% = \left(1 - \frac{\rho_0'}{\rho_0}\right) \times 100\% \tag{2-11}$$

式中，P' 为材料的空隙率，%。

$$D' + P' = 1 \tag{2-12}$$

通常，以空隙率表征散粒材料的颗粒相互填充的密实程度。

2.4 材料的亲水性与憎水性

水与材料的固体表面相接触时,材料固体表面的表面能降低,水在材料表面铺展开来,这种现象称为润湿。材料表面是否能被水润湿主要取决于材料的分子结构。材料分子与水分子之间的相互吸引力大于水分子间的内聚力,材料具有亲水性;反之,材料分子与水分子之间的相互吸引力小于水分子间的内聚力,材料具有憎水性。

当水与材料接触时,在材料、水和空气的三相交点处,沿水表面的切线与水和固体接触面所形成的夹角 θ,称为润湿角,如图2-3所示。润湿角是材料的亲水性和憎水性的判定依据。当材料的润湿角 $\theta \leq 90°$ 时,属于亲水性材料;当材料的润湿角 $\theta > 90°$ 时,属于憎水性材料。土木工程材料中,亲水性材料所占比例很大,如水泥混凝土、砂浆、砌墙砖、砌块、玻璃、石材等;憎水性材料所占比例较少,如沥青、石蜡、高分子材料等。

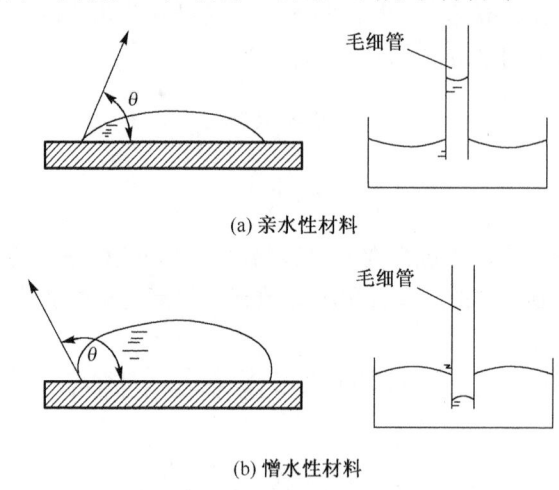

(a) 亲水性材料

(b) 憎水性材料

图 2-3 材料的润湿角

水与亲水性材料接触后,不仅在材料表面铺展开来,发生润湿现象,而且能够通过材料孔隙的毛细管作用自动将水吸入材料内部。憎水性材料在毛细管作用下,水在毛细管中形成凸液面,阻止水进入材料内部。因此,土木工程中防水、防潮失败的工程案例往往与亲水性材料使用比例较大有关。为解决这一工程中的难题,目前通常采用憎水性材料对亲水性材料表面进行憎水处理。

2.5 材料的吸水性与吸湿性

1. 吸水性

材料的吸水性是指材料在水中吸收水分的能力。测定材料吸水性时,要求将材料完全浸没在水中吸水至饱和,用吸水率表示。材料的吸水率有两种表示方法:质量吸水率和体积吸水率,按下式计算:

$$W_{\mathrm{m}} = \frac{m_1 - m}{m} \times 100\% \tag{2-13}$$

$$W_\mathrm{v} = \frac{m_1 - m}{V_0} \times 100\% \qquad (2\text{-}14)$$

式中，W_m 为质量吸水率，%；W_v 为体积吸水率，%；m_1 为材料在吸水饱和状态下的质量，g；m 为材料在干燥状态下的质量，g；V_0 为材料的表观体积，cm^3。

通常材料的吸水率是指材料的质量吸水率。但是，空隙率大、同时具有微小开口且连通孔隙特征的亲水性材料，吸水能力较强，其质量吸水率超过 100%，这类材料的吸水率通常用体积吸水率表示。

2. 吸湿性

材料不仅能在水中吸水，而且可以在潮湿空气中吸水。材料的吸湿性是指材料在潮湿空气中吸收水分的能力，用含水率表示，按下式计算：

$$W' = \frac{m_\mathrm{w} - m}{m} \times 100\% \qquad (2\text{-}15)$$

式中，W' 为材料的含水率，%；m_w 为材料含水时的质量，g 或 kg；m 为材料在干燥状态下的质量，g 或 kg。

值得注意的是，材料的吸水率由材料的组成、结构决定，吸水率是材料自身固有的指标，可以是一固定值；而材料的含水率除了与材料的组成、结构有关，还受到空气湿度的影响。因此，材料的吸湿性用平衡含水率表示更为客观。平衡含水率的计算可参照含水率的计算公式。材料的平衡含水率不是固定值，其数值将与空气的湿度达到动态平衡。

吸湿性的可逆过程是还湿性，从工程应用角度应合理利用。如建筑石膏，属于亲水性材料，空隙率大，具有微小开口且连通孔隙特征，建筑石膏制品可以微调节室内的湿度，即当室内空气干燥时释放水分，而当室内空气潮湿时吸收水分。

无论材料吸水或吸湿的程度如何，水进入材料的内部，对材料性能都有不同程度的影响，应关注其对材料性能的劣化作用。

第3章 材料的力学性能

3.1 材料的强度

3.1.1 强度

在外力(荷载)作用下,材料抵抗破坏的能力称为强度。当材料承受荷载时,材料内部相应产生应力;荷载增加,内应力随之增加;当该应力超过材料内部质点间结合力时,材料发生破坏。此时极限应力值就是材料的强度。

根据荷载施加的方式,强度分为两种:静力强度和动力强度。静力强度是指在匀速加载条件下测定的强度。在土木工程领域,在进行结构计算时主要考虑的是静荷载,因此材料的强度通常就是指静力强度。现行的标准规范中,也特别强调在测定材料的强度时,加载的方式应为匀速加载。值得注意的是,当进行承受动荷载的结构设计时,还应考虑动力强度,如疲劳强度、冲击强度等。

根据外力作用方式不同,材料的强度分为抗压强度、抗拉强度、抗弯强度和抗剪强度等,如图3-1所示。

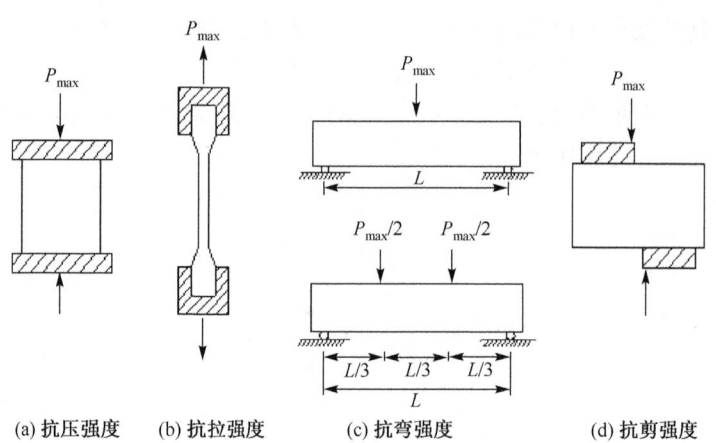

(a) 抗压强度　(b) 抗拉强度　(c) 抗弯强度　(d) 抗剪强度

图3-1 材料受力示意图

材料的抗压强度、抗拉强度和抗剪强度可按下式计算:

$$f = \frac{P_{max}}{A} \tag{3-1}$$

式中,f 为材料的极限抗压(抗拉、抗剪)强度,N/mm^2 或 MPa;P_{max} 为材料破坏时的最大荷载,N;A 为材料的受力面积,mm^2。

材料的抗弯强度与加载的方式有关,对于矩形截面的条形试件,三分点作用两个集中荷载和简支梁中点作用一个集中荷载,可按下式计算:

$$f = \frac{P_{\max}L}{bh^2} \quad \text{(三分点作用两个集中荷载)} \tag{3-2}$$

$$f = \frac{3P_{\max}L}{2bh^2} \quad \text{(简支梁中点作用一个集中荷载)} \tag{3-3}$$

式中，f 为材料的抗弯强度，N/mm² 或 MPa；L 为试件两支点间的距离，mm；b、h 分别为试件截面的宽度、高度，mm。

工程中，土木工程材料首先要保证在外力(荷载)作用下不破坏，即具备足够的强度。材料的强度受其组成和构造的影响很大。不同种类的材料，因其材料的组成不同，强度差异明显；相同种类的材料，因其孔隙率及孔隙特征不同，材料的强度也有较大差异。常用土木工程材料的强度见表 3-1。

表 3-1 常用土木工程材料的强度

材料	抗压强度/MPa	抗拉强度/MPa	抗弯(折)强度/MPa
建筑钢材	240~1500	240~1500	—
普通混凝土	10~60	1~4	1~10
烧结普通砖	7.5~30	—	1.8~4.0
花岗岩	100~250	7~25	10~40
石灰岩	30~250	5~25	2~20
玄武岩	150~300	10~30	—
松木(顺纹)	30~50	80~120	60~100

在生产和使用材料时，为确保产品质量和工程质量，必须通过试验得到强度测试数据，以强度指标作为出厂或验收的依据。需要重点关注的是，试验环境条件(温度、湿度)、试件的含水率、形状、尺寸、表面状况、试验时加荷速度、试验数据的处理等，均会不同程度影响强度的测试结果，因此，对于土木工程材料，必须严格遵照有关标准规范规定的试验方法进行强度试验。

3.1.2 强度等级

在材料生产、设计选用及控制工程质量时，材料的强度作为主控指标，为了便于应用，国家现行规范根据材料强度的大小，将其分为若干等级，即材料的强度等级。

在工程应用领域，强度等级通常作为划分材料产品质量等级标准的依据。例如，普通硅酸盐水泥主要按抗压强度和抗拉强度分为 42.5、42.5R、52.5 和 52.5R 四个等级；普通混凝土按抗压强度分为 C10、C20、⋯、C100 等级；钢筋混凝土用热轧带肋钢筋按屈服强度特征值分为 335、400 和 500 三个等级。砌墙砖按抗压强度分为 MU10、MU15、MU20、MU25、MU30 五个等级。

3.1.3 比强度

比强度是指材料的强度与其表观密度的比值。比强度是判定材料是否具备轻质高强特性的重要指标。

在土木工程领域，在进行结构设计时，结构构件所承受的荷载包括材料自身的荷载。材料的比强度越大，表明材料具备轻质高强的特性，这对保证建筑物的安全可靠度、减少建筑物的自重、提高建筑物的抗震性能都具有重要的现实意义。通常，低碳钢的比强度为 0.054，普通混凝土的比强度为 0.014；作为常用的结构材料，二者的比强度相差两倍，在高耸结构、大跨结构中，建筑钢材的材料性能优势明显，应用较多；混凝土材料若想保住作为结构材料的传统统治地位，提高混凝土的比强度将是面临的主要问题之一。材料发展的趋势之一就是发展轻质高强材料。

3.2　材料的耐水性

材料的耐水性是指材料在长期饱水作用下不破坏、性能不显著降低的性质。广义的耐水性是指材料在长期饱水作用下，如力学性能、光学性能、保温隔热性能，甚至材料的颜色、纹理等，未发生显著劣化。狭义的耐水性关注的是材料在长期饱水作用下，抗压强度的降低程度。通常用软化系数表示材料的耐水性，按下式计算：

$$K_\mathrm{R} = \frac{f_\mathrm{b}}{f_\mathrm{g}} \tag{3-4}$$

式中，K_R 为材料的软化系数；f_b 为材料在吸水饱和状态下的抗压强度，MPa；f_g 为材料在干燥状态下的抗压强度，MPa。

软化系数反映了材料饱水后强度降低的程度。水通过毛细孔进入材料内部，降低了材料内部质点间的结合力，继而导致材料的强度表现出不同程度的降低。更为严重的是，当材料组成中含有可溶性物质时（如水泥石中的氢氧化钙），吸入的水还可能使其溶出，造成材料结构的解体及强度的显著降低。

材料的软化系数波动范围为 0~1，反映出材料的耐水性存在很大差别。从工程应用角度，应根据材料的使用环境及所处的工程部位，将软化系数作为选择材料的重要依据，以确保结构的安全可靠。通常将 $K_\mathrm{R} > 0.85$ 的材料称为耐水性材料，多用于水中或潮湿环境中的重要结构。当用于轻微潮湿环境或次要结构时，要求材料的软化系数不小于 0.75。

3.3　材料的变形

在土木工程中，外力（荷载）作用下材料的断裂就意味着工程结构的破坏，此时材料的极限强度就是确定工程结构承载能力的依据。但是，工程中材料更多时候处于正常使用状态，在外力（荷载）作用下的变形研究应作为材料力学性质的重要研究对象。特别是，有些工程中材料本身并未断裂，但在外力作用下质点间的相对位移或滑动过大也可能使工程结构丧失承载能力或正常使用状态，这种情况下的材料的变形研究更具有工程实际意义。

微观或细观结构类型不同的材料，在外力作用下所产生的变形特性不同，相同材料在承受外力的大小不同时所表现出的变形也可能不同。材料的变形研究从两种最基本的力学变形入手，即弹性变形和塑性变形。

3.3.1　材料的弹性和塑性

材料在外力作用下，产生变形，当外力卸去后，变形随之消失，能够完全恢复至初始形状，该性质称为弹性，这种可完全恢复的变形称为弹性变形，如图 3-2(a)所示。材料在外力作用下，产生变形，当外力消除后，仍能保持变形后的形状和尺寸且不出现裂缝，这种不可恢复的变形称为塑性变形，如图 3-2(b)所示。

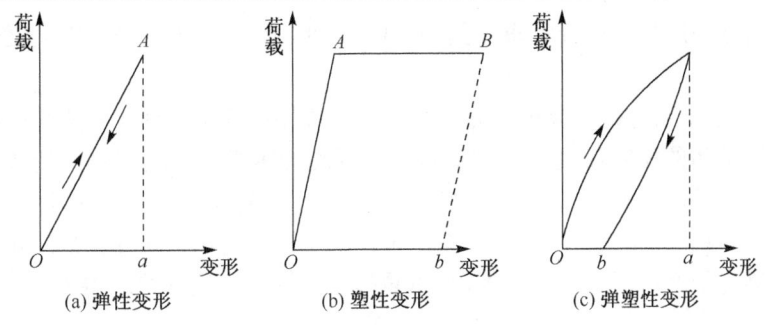

图 3-2　材料的变形曲线

实际上，完全的弹性材料或塑性材料是不存在的，许多材料在受力不大时，仅产生弹性变形，当受力超过一定限度后，便出现塑性变形，如低碳钢。另外，有的材料在受力的初始阶段，弹性变形和塑性变形便同时发生，如图 3-2(c)所示。除去外力后，弹性变形可以恢复 (ab)，而塑性变形(Ob)不会消失。这类材料称为弹塑性材料，如混凝土。

在材料的弹性范围内，弹性变形的大小与其受力的大小成正比，且为一常数，称为弹性模量(E)，按下式计算：

$$E = \frac{\sigma}{\varepsilon} \tag{3-5}$$

式中，E 为弹性模量，MPa；σ 为材料所受的应力，MPa；ε 为应力 σ 作用下的应变。

弹性模量是反映材料抵抗变形能力的一个指标。其值越大，材料越不易变形，即刚度好。弹性模量是结构设计和变形验算时所依据的主要参数。常用低碳钢的弹性模量约为 2.1×10^5 MPa，普通混凝土的弹性模量的一般取值为 $(2.5 \sim 4.5) \times 10^4$ MPa。

3.3.2　材料的脆性与韧性

材料的脆性是指在外力作用下无明显塑性变形而突然破坏的性质。具有这种性质的材料称为脆性材料。脆性材料的特点是塑性变形很小，且抗压强度远大于其抗拉强度，但脆性材料承受冲击或震动荷载的能力很差。如花岗岩、大理石、陶瓷、玻璃、黏土砖、普通混凝土、铸铁等，脆性材料常用于受压的工程部位或用做承压构件。

材料的韧性是指在冲击或震动荷载作用下，能吸收较大能量，产生一定的塑性变形而不发生突然破坏的性质。韧性材料的特点是变形大，特别是塑性变形大，抗拉强度接近或高于抗压强度。如木材、建筑钢材、橡胶等属于韧性材料。

在土木工程中，对于要求承受冲击荷载和有抗震要求的结构，如吊车梁、桥梁、路面等，所用材料均应具有较高的韧性。

3.4　材料的硬度

硬度是指材料表面抵抗硬物压入或刻划的能力。

不同类型的材料，采用不同硬度的测定方法。通常，工程中常用的测定方法有压入法、刻划法、回弹法等。

(1) 压入法。用于测定金属材料、木材等材料的硬度，具体方法包括洛氏硬度(HR，是以金刚石圆锥或圆球的压痕深度计算求得的硬度值)、布氏硬度(HB,是以压痕直径计算求得的硬度值)等。

(2)刻划法。用于天然矿物硬度的划分,常用莫氏硬度表示。具体方法是以两种矿物相互对刻的方法表征矿物的相对硬度,并非材料绝对硬度的等级。其硬度由软到硬分为十级,依次分别为滑石、石膏、方解石、萤石、磷灰石、正长石、石英、黄玉、刚玉、金刚石。

(3)回弹法。用于混凝土、陶瓷、砂浆、橡胶、塑料等的表面硬度表征,并间接推算其强度。混凝土材料的硬度常用肖氏硬度检测(以重锤下落回弹高度计算求得的硬度值)。

3.5　材料的耐磨性

材料的耐磨性是指材料表面抵抗磨损的能力。材料的耐磨性可用磨损率(Q_{ab})表示,可按下式计算:

$$Q_{ab} = \frac{m_1 - m_2}{m_1} \times 100\% \tag{3-6}$$

式中,Q_{ab}为材料的磨损率,%;m_1为材料磨耗前的质量,g;m_2为材料磨耗后的质量,g。

路用颗粒状石料,通过洛杉矶磨耗试验(又称搁板式磨耗试验)测定石料的磨耗率。具体方法为:称取规定质量的石料(按一定规格级配组成)装入带有钢球的金属磨耗鼓(磨耗鼓内带有搁板)内,旋转规定次数后,筛分石料试样,以石料质量损失的百分率表示石料的磨耗率。石料的磨耗率越低,表明石料的耐磨性越好。

对于制品类材料,耐磨试验的具体方法为:首先制备一定形状的试件,选用往复式磨头或回转式磨头对试件表面进行一定次数的摩擦行程后,检查试件表面质量损失程度。土木工程中经常易受磨损的工程部位,如路面、地面等,选择这些部位的材料时,其耐磨性应满足工程的使用寿命要求。

材料的耐磨性与其组成、结构、表面缺陷和硬度等有关。

第4章 材料的热工性质

建筑、市政与地下空间等工程中，土木工程材料除了满足必要的强度和其他性能的要求，为了实现建筑节能以及创造适宜的生活与工作条件，要求所用材料具备一定的热工性质，以维持室内或特定空间温度的舒适性和稳定性。此外，土木工程材料在使用过程中，还需要考虑其经受温度环境变化对其性能的影响，因此需要了解和掌握土木工程材料的热工性质。材料的热工性质包括热容、导热性、热膨胀、导温性和蓄热性能等，是材料的重要物理性能。

4.1 材料的热容

热容是材料的一个重要物理量，材料在温度升高1K时所吸收的热量称为该材料的热容。材料的热容量对保持建筑物内部温度稳定有很大意义，热容量较大的材料或构件，能在热流变动或采暖空调工作不平衡时，减小室内的温度波动。

材料的质量不同，热容量值不同。单位质量材料的热容称为"比热容"，即单位质量的材料在温度升高或降低1K时所吸收或放出的热量，用下式计算：

$$C = \frac{Q}{m(T_1 - T_2)} \tag{4-1}$$

式中，C 为材料的比热容，J/(g·K)；Q 为材料吸收或放出的热量，J；m 为材料质量，g；(T_1-T_2) 为材料受热或冷却前后的温差，K。

4.2 材料的导热性

材料传导热量的能力称为导热性，常用导热系数表示。当固体材料两侧存在温度差时，热量从温度高的一侧向温度低的一侧传导，见图4-1。可用下式计算导热系数：

$$\lambda = \frac{Q\delta}{(T_1 - T_2)At} \tag{4-2}$$

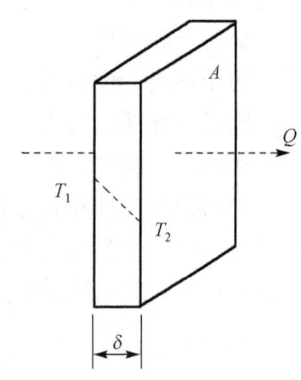

图4-1 材料的热传导

式中，λ 为材料的导热系数，W/(m·K)；Q 为传热量，J；δ 为材料厚度，m；(T_1-T_2) 为材料两侧温差$(T_1>T_2)$，K；A 为传热面积，m²；t 为传热时间，s。

材料的导热系数 λ 越小，则表明材料的导热性能越差，其保温隔热的性能就越好。常将$\lambda < 0.23$W/(m·K)的材料称为绝热材料。

导热系数受材料的组成、密实度、构造特征、环境的温湿度和热流方向的影响。

1) 材料组成与结构影响

不同材料的导热系数是不同的,一般来说,导热系数值以金属最大,非金属次之,液体较小,而气体更小。对于同一种材料,内部结构不同,导热系数也差别很大。一般晶体结构的为最大,微晶体结构的次之,玻璃体结构的最小。但对于多孔的保温隔热,由于孔隙率高,气体(空气)对导热系数的影响起着主要作用,而固体部分的结构无论是晶态或玻璃态,对其影响都不大。

材料组成相同时,晶体材料比非晶体材料的导热系数大些。

2) 孔隙率的影响

由于材料中固体物质的导热能力比空气要大得多,所以表观密度小的材料,因其孔隙率大,导热系数就小。在孔隙率相同的条件下,孔隙尺寸越大,导热系数就越大;互相连通孔隙比封闭孔隙的导热性要高。

对于表观密度很小的材料,特别是纤维状材料(如超细玻璃纤维),当其表观密度低于某一极限值时,导热系数反而会增大,这是由于孔隙增大且互相连通的孔隙大大增多,而使对流作用加强的结果。因此这类材料存在一最佳表观密度,即在这个表观密度时导热系数最小。

3) 材料含水率的影响

材料吸湿受潮后,其导热系数增大,这在多孔材料中最为明显。这是由于当材料的孔隙中有了水分(包括水蒸气)后,则孔隙中蒸汽的扩散和水分子的热传导将起主要传热作用,而水的导热系数是 $0.58W/(m·K)$,比空气的导热系数 $(0.029W/(m·K))$ 大 20 倍左右。如果孔隙中的水结成了冰,由于冰的导热系数是 $2.33W/(m·K)$,则材料导热系数更高(此时不考虑水的对流影响)。故保温隔热材料在应用时必须注意防水避潮。

蒸汽渗透是值得注意的问题。水蒸气能从温度较高的一边渗入材料,当水蒸气在材料孔隙中达最大饱和度时就凝结成水,从而使温度较低的一边表面上出现冷凝水滴,这不仅大大提高了导热性,而且还会降低材料的强度和耐久性。防止的方法是在可能出现冷凝水的界面上,用沥青卷材或铝箔、塑料薄膜等加做隔蒸汽层。

4) 温度的影响

材料的导热系数随温度的升高而增大,因为温度升高时,材料固体分子的热运动增强,同时材料孔隙中空气的导热和孔壁间的辐射作用也有所增加。但这种影响,当温度在 0~50℃ 时并不显著,只有对处于高温或负温下的材料,才要考虑温度的影响。

5) 材料的构造

对于各向异性材料,如木材、竹材等,当热流平行于纤维延伸方向时,热流受到的阻力小,因而导热系数最大;而当热流垂直于材料纤维的延伸方向时,导热系数最小。如当热流垂直于松木木纹时,$\lambda = 0.17W/(m·K)$,当热流平行于松木木纹时,$\lambda = 0.35W/(m·K)$。

材料的导热性和热容量是设计建筑物维护结构(墙体、屋盖)、进行热工计算的重要参数。设计时应选用导热系数较小而热容大的材料,以保持建筑物室内温度的稳定。几种常用典型材料的导热性和比热见表 4-1。

表 4-1 几种典型材料的热工性质指标

材料名称	钢材	混凝土	松木	烧结空心砖	花岗石	密闭空气	水
比热容/(J/(g·K))	0.48	0.84	2.72	0.92	0.92	1.00	4.18
导热系数/(W/(m·K))	58	1.51	0.17~0.35	0.64	3.49	0.023	0.58

4.3 材料的导温性

材料的导温性又称为热扩散系数。材料导热系数的物理意义是指，单位温度梯度下，单位时间内通过单位垂直面积的热量，是衡量热量传递的多少的一个物理量。然而，传递热量的快慢程度，导热系数是反映不出来的，而要用材料的另一物理量——导温系数来衡量。

导温系数表示在冷却或加热过程中各点达到同样温度的速度。导温系数越大，则各点达到同样温度的速度就越快。

材料的导温系数与材料的导热系数成正比，与材料的比热容和容重成反比，即

$$\alpha = \frac{\lambda}{c\rho} \tag{4-3}$$

式中，α 为材料的导温系数，m^2/h；λ 为导热系数，$W/(m·K)$；c 为材料的比热容，$J/(K·g)$；ρ 为材料的容重，kg/m^3。

4.4 材料的蓄热性能

所谓材料的蓄热性能即材料储蓄热量的能力，用蓄热系数表示。蓄热系数是设计维护结构热稳定性的重要物理指标。

材料的蓄热系数 S 取决于导热系数 λ、比热容 c、容重 ρ 及热流波动的周期 T，即

$$S = \frac{2\pi}{T}\lambda c\rho \tag{4-4}$$

当周期 $T=24$ 时，则 $S_{24} = \frac{2\pi}{24}\lambda c\rho = 0.51\lambda c\rho$。

当周期 $T=12$ 时，则 $S_{12} = \frac{2\pi}{12}\lambda c\rho = 0.72\lambda c\rho$。

公式说明，容重大的材料，其蓄热性能好，容重小的材料，其蓄热性能差。因此，轻型围护结构热稳定性差，砖石结构建筑物冬暖夏凉。

材料具有储蓄热流这一事实，使人们能够更合理地利用热量，而且使太阳能的大规模利用具有真正的现实性，如选用热容尽可能大的材料用于蓄热、利用化学反应进行蓄热等。利用化学反应蓄热必须选用可逆反应，当这类蓄热物质被加热时，它吸收大量的热并分解为两部分，然后将这两部分分开储存，当需要热量时，将其放在一起即相互反应产生热量，这种蓄热方法的优点是能量密度高，可以长期储存和进行远距离输送，还可用于发电。

4.5 材料的热膨胀

材料的体积或长度随着温度的升高而增大的现象称为热膨胀。假设材料原来的长度为 l_0，温度升高 Δt 后长度增量为 Δl，它们之间存在如下的关系：

$$\frac{\Delta l}{l} = \alpha \Delta t \tag{4-5}$$

式中，α 为线膨胀系数，也就是温度升高 1K 时材料的相对伸长；Δl 为温度升高 1K 时材料长度增加值；l 为材料的初始长度；Δt 为温度升高值。

实际上固体材料的线膨胀系数 α 值并不是一个常数，而是随温度的不同稍有变化，通常随温度升高而加大，无机材料的线膨胀系数一般不大，数量级为 $10^{-6} \sim 10^{-5} \mathrm{K}^{-1}$。

类似上述的情况，材料体积随温度的增长可表示为

$$\frac{\Delta V}{V} = \beta \Delta t \tag{4-6}$$

式中，β 称为体膨胀系数，相当于温度升高 1K 时材料体积相对增大。

热膨胀系数在土木工程材料中是个重要的性能参数，为保证不同材料之间的协同作用，如窗户型材、密封材料与玻璃之间、外墙装饰材料与基材之间等，其热膨胀系数应尽可能一致或接近。

材料的热膨胀还要考虑在不受其他外力的作用下，仅因温度变化造成开裂和断裂的可能。这是材料在温度作用下产生了很大的内应力，并超过材料的机械强度极限所致。

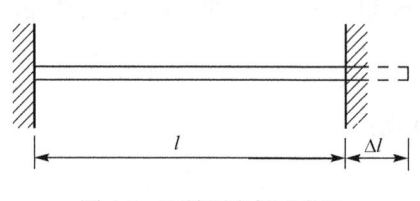

图 4-2　两端固定杆示意图

假如有一各向同性的均质的长为 l 的杆件，当它的温度从 T_0 升到 T' 后，杆件会有 Δl 的膨胀，倘若杆件能够完全自由膨胀，则杆件内不会因热膨胀而产生应力，若杆件的两端是完全刚性约束的(图 4-2)，这样杆件的热膨胀不能实现，而杆件与支撑体之间就会产生很大的应力，杆件所受到的抑制力，就相当于把样品允许自由膨胀后的长度 $(l+\Delta l)$ 仍压缩为 l 时所需的压缩力，因此杆件所承受的压应力正比于材料的弹性模量 E 和相应的弹性应变 $-\Delta l$，因此材料中的应力 σ 可由下式计算：

$$\sigma = E\left(\frac{-\Delta l}{l}\right) = -E\alpha(T'-T_0) \tag{4-7}$$

式(4-7)中的负号是由于习惯上常把这一类张应力定为正值，压应力定为负值。若上述情况发生在冷却状态下，即 $T_0 > T'$，则材料中内应力为张应力。

这种由于材料热膨胀或收缩引起的内应力称为热应力。

土木工程中，因材料的热膨胀引起的破坏问题，包括大体积混凝土因水化热导致内外温差引起的温度裂缝、建筑物阳台钢化玻璃在夏天时因室内外温差过大引起的突然爆裂等，还可能使得建筑物或构筑物在高温下突然降雨、失火时水枪灭火等可能加速材料的破坏。

第5章 材料的耐久性

5.1 材料耐久性的概念

土木工程材料在使用过程中,除内在原因使其组成结构及性能发生变化,还受到使用环境中各种自然因素的作用,包括物理、机械、化学和生物作用。物理作用是材料在光、热、电、温度变化、湿度作用、冻融循环等作用下结构发生变化,内部产生微裂纹或孔隙率增加;机械作用是交变荷载引起的疲劳、冲击、磨损和空蚀等;化学作用是材料在酸、碱、盐作用下的化学腐蚀或氧化;生物作用是材料在菌类、昆虫等侵害下产生腐朽、虫蛀等破坏。实际工程中材料经常受到多种因素的交互作用,如金属材料常因化学和电化学作用引起锈蚀;无机非金属材料常因溶解、冻融、风蚀、摩擦等因素的作用而引起开裂和剥落;有机材料常因生物作用、溶解、化学腐蚀、光、热等作用而引起老化。

土木工程材料在长期使用过程中,抵抗周围各种介质的侵蚀而不破坏的能力,称为耐久性。耐久性是土木工程材料的一项综合性能。

5.2 耐久性的类型与表征

5.2.1 抗渗性

土木工程材料的使用环境主要包括空气、土壤、岩石和水,在这些环境中需要保证材料的抗渗性。抗渗性主要是指材料抵抗压力水渗透的性质。对防水材料,如油毡、瓦、沥青混凝土等,常用渗透系数(K)表示其抗渗性,即

$$K = \frac{Qd}{AtH} \tag{5-1}$$

式中,K 为材料的渗透系数,cm/h;Q 为总透水量,cm^3;d 为材料的厚度,cm;A 为渗水面积,cm^2;t 为渗水时间,h;H 为静水压力水头,cm。

对于建筑工程中大量使用的砂浆、混凝土等材料,其抗渗性能常用抗渗等级或渗水高度来表示。

抗渗等级是以材料所能承受的最大静水压力来确定的,即

$$P = 10H-1 \tag{5-2}$$

式中,P 为抗渗等级;H 为材料透水前所能承受的最大水压力,MPa。如抗渗等级 P_6 表示材料能承受 0.6 MPa 的水压而不渗水。

在水工混凝土中,抗渗等级以 W 表示,其他相同。

渗水高度是以规定压力条件下,在规定时间内水分在试件内渗透的距离来确定。

渗透系数越小或抗渗等级越大,表示材料的抗渗性越好。土木工程材料一般都具有不同

程度的渗透性,当材料两侧存在不同水压时,周围的腐蚀性介质即可进入材料内部,并将所分解的产物溶出,使材料逐渐破坏,如地下建筑、基础、压力管道等经常受到压力水的作用,故所用材料应具有一定的抗渗性。各种防水材料的抗渗性要求则更高。

材料抗渗性的好坏与其孔隙率和孔隙特征有关。绝对密实的材料和具有闭孔的材料,或具有极细孔隙(孔径小于 1μm)的材料,一般认为是不透水的。开口大孔最易渗水,故其抗渗性差。此外,抗渗性还与材料的亲水(或憎水)性有关,亲水性材料的毛细孔由于毛细作用而有利于水的渗透。

5.2.2 抗冻性

材料在吸水饱和状态下,能经受多次冻融循环作用而不破坏,同时也不严重降低强度的性质称为抗冻性。

土木工程材料的抗冻性用抗冻标号或抗冻等级 Fn 表示。抗冻等级是指材料在吸水饱和状态下,经冻融循环作用,强度和质量损失均不超过规定值时所能经受的最大冻融循环次数。如 F25 和 F50 分别表示材料在经受 25 次和 50 次的冻融循环后,材料仍可满足使用要求。抗冻等级越高,材料的抗冻性越好。

在有些试验中,是以材料在吸水饱和状态下,经冻融循环作用,质量损失和动弹性模量损失均不超过规定值时所能经受的最大冻融循环次数作为抗冻标号。

抗冻性主要取决于材料内部孔隙率和孔隙特征,孔隙率小且孔均匀分布及具有适量封闭孔的材料,其抗冻性较好。另外,抗冻性还与材料吸水饱和程度、材料本身的强度及冻结条件(如冻结温度、冻结速度及冻融循环作用的频繁程度)等有关。

5.2.3 耐老化性能

土木工程材料在储存及使用过程中,受到温度、阳光、氧气、干湿、辐射及酸碱盐等因素的长期综合作用,材料的结构与性能逐渐发生变化而导致结构劣化,性能指标下降,这一过程称为材料的老化(有些材料也称为大气稳定性)。

常见的老化试验主要有光照老化、湿热老化、热风老化等。不同材料的耐老化试验方法不同,例如,沥青的耐老化性能试验,是将沥青试件置于专用烘箱中加热,在 156℃温度下让其蒸发 5h,待其冷却后测定质量损失和针入度损失值,以此作为抗老化指标。改性沥青防水卷材和高分子防水卷材的耐老化试验是将试件置于高温下烘烤至规定时间,测试其力学性能、外观尺寸等变化。防水涂料则是将试件置于高温下的同时,还要用氙弧灯照射,来测试拉伸性能的变化。保温材料系统则是高温—淋水—加热—冷冻循环条件作用下进行试验。

老化是有机材料通病,是一种不可逆的变化,但是可以通过对有机材料老化过程的研究,采取适当的防老化措施,提高材料的耐老化性能,延缓老化的速率,以达到延长使用寿命的目的。

5.2.4 抗化学破坏性能

土木工程材料在使用过程中,与环境中的酸、碱、盐等化学物质接触,化学物质在材料表面或迁移进入材料内部,发生化学反应而引起材料的破坏,或者材料内部的化学物质在特定环境条件下相互之间产生化学反应而破坏。

土木工程中的化学破坏最典型的是水泥混凝土材料。空气中的 CO_2、水或土壤中的酸、碱、盐等物质，都会与水泥水化产物产生化学反应而导致结构劣化乃至破坏。甚至在干净的水环境中，水泥混凝土内部的易溶物质的溶出，或水分提供水泥混凝土内部不同物质发生化学反应的条件，都可能会导致结构破坏。钢筋混凝土内部的钢筋也可能因为混凝土不密实、环境中的氯离子等物质迁移进入而导致钢筋锈蚀。

不同土木工程材料的抗化学破坏性能测试方法不同。例如，水泥混凝土材料主要是将试件在规定化学溶液侵蚀条件下，经历规定时间后测试材料的力学性能变化或者外观尺寸变化，以表征其抗化学破坏能力；高分子防水材料和改性沥青防水材料主要是将试件置于规定浓度、规定温度的酸、碱、盐溶液中，测定其力学性能的变化。

5.3 耐久性的改善

土木工程材料的高耐久性具有非常明确的环保意义和经济效益。改善和提高材料的耐久性、使用高耐久材料，虽然会使原材料和制造成本提高，施工费用增加，但因其可以大幅度增加材料的使用寿命，土木工程的有效使用期限大为延长，降低维修与更换费用，最终可以使整体工程的综合费用降低，经济收益增大。同时，因寿命延长，少造成浪费，工程拆迁、维修、维护等产生的废弃物大为降低，也具有重要的环保意义。

从土木工程材料技术发展和工程施工技术发展来看，材料的耐久性越来越受到重视。按材料的耐久性进行工程设计取代按强度进行工程设计，已经成为一种趋势。

改善和提高材料耐久性的技术措施可以考虑以下几个方面：①了解材料的组成与结构特征，注意其使用环境；②提高材料的密实度，改善孔隙结构特征；③有效隔绝水分迁移，排除侵蚀性物质；④适当改变材料组成，优化材料结构，进行憎水、防腐处理等。

第6章 材料的安全性

土木工程在施工与服役期间，除考虑土木工程材料的实用功能，还应保证其对人体、环境无伤害，无污染等安全性。土木工程材料的安全性主要包括防火性、放射性和挥发性。

6.1 材料的防火性

材料的防火性与其燃烧性有关。

1. **材料的燃烧性能分级**

国家标准《建筑材料及制品燃烧性能分级》（GB 8624—2012)将材料燃烧分为：A级不燃性材料，A级又分为A1和A2级；B1级难燃性材料；B2级可燃性材料；B3级易燃性材料。

1) 不燃性材料

在空气中受到火烧或高温作用时不起火、不微燃、不碳化。如花岗石、大理石、水磨石、水泥制品、混凝土制品、石膏板、石灰制品、黏土砖、玻璃、陶瓷、马赛克、钢材、铝合金制品等。

2) 难燃性材料

在空气中受到火烧或高温作用时难起火、难微燃、难碳化，当火源移走后，燃烧或微燃立即停止。如纸面石膏板、水泥刨花板、难燃胶合板、难燃中密度纤维板、难燃木材、硬质PVC塑料地板、酚醛塑料等。

3) 可燃性材料

在空气中受到火烧或高温作用时，立即起火或微燃，而且火源移走以后仍继续燃烧或微燃。如天然木材、木制人造板、竹材、木地板、聚乙烯塑料制品等。

4) 易燃性材料

在空气中受火烧或高温作用时，立即起火，且火焰传播速度很快。如有机玻璃、赛璐珞、泡沫塑料等。

2. **燃烧性能技术指标**

材料的燃烧性能主要针对的是保温材料，因其多使用有机材料，所以特别强调材料的燃烧性能，其性能指标包括可燃性、不燃性、燃烧时热释放速率、热释放量、烟密度和烟毒性等。

1) 可燃性

可燃性指材料遇火或高温作用时，容易引燃起火或微燃，火源消除后仍能继续燃烧的性能。在遇到火源时，材料的可燃性直接影响火势的发展和控制，是其得以安全使用的前提条件。

2) 不燃性

不燃性指材料遇火或高温作用时，不起火、不燃烧、不碳化的性能。材料的不燃性通过不燃性试验评定，以质量损失、试件持续燃烧的时间和温度变化值作为检验指标。

3)热释放速率、点火后 600s 内的热释放量和燃烧增长指数

热释放速率、点火后 600s 内的热释放量和燃烧增长指数反映了火势发展的程度,若土木工程材料热释放速率大、热释放量增加、燃烧增长指数提高,火势发展就越快,灭火难度和造成的损失也就越大。这三个参数可以通过单体热值(单位质量的物质燃烧所产生的热量)试验评价。

4)烟密度

有机类材料着火后,会产生一定量的烟气,降低了可视度,给逃生和救助带来很大困难。为了减少烟气的影响,需要在有机材料使用前对燃烧时产生的烟密度进行测定。烟密度指单位空间所含烟气的质量数,反映火灾场景烟气与材料质量关系的参数。通常采用最大烟密度值和烟密度等级来划分材料的等级。

5)烟毒性

有机类材料着火后,可能会产生一些有毒气体,造成被困人员的伤亡,因此需要对烟气的毒性进行评价。以麻醉性和刺激性皆合格的最高浓度级别判定该材料产烟毒性危险级别。所需产烟浓度越低的材料,其产烟毒性危险越高;所需产烟浓度越高的材料,其产烟毒性危险越低。

6.2 材料的放射性

某些物质的原子核能发生衰变,放出人们肉眼看不见也感觉不到,只能用专门的仪器才能探测到的射线,物质的这种性质叫放射性。在大剂量的射线照射下,人体和动物会受到伤害。

放射性物质广泛存在于自然界各种对象中,建筑工程领域尤其要注意材料的放射性。水泥混凝土、天然石材、陶瓷、墙体材料等无机非金属材料不同程度存在放射性物质。考虑到各种放射性核素在自然界中的存留量、辐射类型及射线粒子的能量等因素,真正需引起警惕的是镭-226、钍-232 和钾-40。其中钍-232 和钾-40 带来的主要是外照射问题,镭-226 的情况比较复杂,它一方面放射较高能量 γ 射线,产生外照射危害,另一方面它衰变后可产生氡气体,产生内照射危害。

我国于 2010 年 9 月 2 日发布的《建筑材料放射性核素限量》(GB 6566—2010)强制性标准中,对建筑主体材料和装修材料的放射性做了明确的规定,要求建筑主体材料的内照射指数 $I_{Ra} \leq 1.0$,外照射指数 $I_r \leq 1.0$,A 类装修材料的内照射指数 $I_{Ra} \leq 1.0$,外照射指数 $I_r \leq 1.3$,B 类装修材料内照射指数 $I_{Ra} \leq 1.3$,外照射指数 $I_r \leq 1.9$,B 类装修材料不可用于住宅、老年公寓、托儿所、医院和学校等民用建筑。

6.3 材料的挥发性

挥发性是指材料中组成与成分由固体或液体变为气体的过程。土木工程材料中挥发出的物质包括甲醛、苯、氨气和挥发性有机物(VOC)。

1)甲醛

甲醛是无色、具有强烈气味的刺激性气体,其 35%~40%的水溶液通称福尔马林。凡是

大量使用胶黏剂的地方，总可能会有甲醛释放。各种人造板材(刨花板、纤维板、胶合板等)、家具制作，墙面、地面的装饰铺设，都要使用胶黏剂。此外，某些化纤地毯、油漆涂料也含有一定量的甲醛。甲醛还可来自化妆品、清洁剂、杀虫剂、消毒剂、防腐剂、印刷油墨、纸张、纺织纤维等多种化工轻工产品。

2) 苯

常温下易挥发，并具有强烈的芳香气味。苯可燃，有毒，为 IARC 第一类致癌物。

土木工程材料中的苯及苯化合物包括毒性相当大的纯苯和甲苯，还包括毒性稍弱的二甲苯，主要来自于涂料、合成纤维、塑料、燃料、橡胶等，隐藏在油漆、各种涂料的添加剂及各种胶黏剂、防水材料中，还可来自燃料和烟叶的燃烧。

3) 氨气

常温下为气体，无色、有刺激性恶臭的气味，极易溶于水。氨的溶解度极高，所以主要对动物或人体的上呼吸道有刺激和腐蚀作用。氨气来源于冬季施工时混凝土尿素类防冻剂等，释放比较慢，因此居室内会较长时间地存在，这种现象在北方比较多见，如北京现代城的氨污染案，就是冬季施工时使用的含尿素的混凝土防冻剂挥发所致。

4) 挥发性有机物

按照世界卫生组织的定义，挥发性有机物指的是，沸点在 50～250℃ 的化合物，室温下饱和蒸汽压超过 0.1mmHg(13.33Pa)，在常温下以蒸汽形式存在于空气中的一类有机物。挥发性有机物的主要成分有烃类、卤代烃、氧烃和氮烃，它包括苯系物、有机氯化物、氟里昂系列、有机酮、胺、醇、醚、酯、酸和石油烃化合物等。

挥发性有机物对人体健康的影响主要是刺激眼睛和呼吸道，使皮肤过敏，使人产生头痛、咽痛与乏力，当居室中挥发性有机物超过一定浓度时，在短时间内人们感到头痛、恶心、呕吐、四肢乏力；严重时会抽搐、昏迷、记忆力减退。挥发性有机物伤害人的肝脏、肾脏、大脑和神经系统。居室内挥发性有机物污染已引起各国重视。

挥发性有机物主要来自油漆、涂料和胶黏剂。

6.4 材料的其他安全性问题

除防火性、放射性和挥发性，土木工程材料领域还有其他需要注意的安全性问题，有些问题已经得到确认，如石棉，而有些问题尚待进一步研究，如纳米材料。

石棉是天然的纤维状的硅酸盐类矿物质的总称，下辖 2 类共计 6 种矿物(有蛇纹石石棉、角闪石石棉、阳起石石棉、直闪石石棉、铁石棉、透闪石石棉等)。石棉由纤维束组成，而纤维束又由很长很细的能相互分离的纤维组成。石棉具有高度耐火性、电绝缘性和绝热性，土木工程中常用于石棉水泥制品，以及防火和保温材料。石棉本身并无毒害，它的最大危害来自于它的纤维，这是一种非常细小、肉眼几乎看不见的纤维，当这些细小的纤维释放以后，会长时间浮游于空气中，容易被人体吸入。石棉粉尘进入人体后，在肺部逐渐沉积，导致肺部组织纤维化，胸膜增厚，称为石棉肺。石棉肺可能会发展到肺癌。许多国家选择了全面禁止使用这种危险性物质。

纳米材料是指由纳米结构单元构成的任何类型的材料，其颗粒尺寸一般介于 0.1～100nm。纳米材料是近年来科学技术发展的主要成就之一，纳米材料在土木工程中已有应用。由于其颗粒尺寸极小，表面能巨大，对人体与环境的影响尚不十分明朗。美国已开展了关于纳米材料对环境和人可能造成危害性的研究,重点研究的五个问题是:皮肤对纳米材料的吸附和对皮肤的毒性;同其他水源污染物相比,纳米颗粒进入饮用水后,是否有毒,如何起毒化作用;纳米颗粒对操作者肺部组织影响的研究;海洋或淡水水域中纳米颗粒沉淀物对环境的影响;以及在什么条件下,纳米颗粒可能吸收和释放环境污染物。国外,曾有研究人员对碳纳米管、纳米聚四氟乙烯和碳颗粒的生理毒性进行了实验,结果表明,长期吸入上述纳米微粒后,在肺部会发生沉积,对健康极其不利。据报道,纳米颗粒可以通过呼吸系统、皮肤接触、食用、注射等途径,进入人体组织内部。纳米颗粒进入人体后,由于其体积小、自由度大、反应活性高等特性,几乎不受任何阻碍就可以进入细胞,与体内细胞发生反应,引起发炎、病变等症状。同时,纳米颗粒也可能进入人的神经系统,影响大脑,导致更严重的疾病发生。纳米颗粒长期停留在人体内,同样会引发病变,类似于停留在肺部的石棉纤维会导致肺部纤维化。

复习思考题

1. 材料的组成与结构如何分类?
2. 当某一建筑材料的孔隙率增大时,材料的密度、表观密度、强度、吸水率、抗冻性及导热性是下降、上升、不变,还是不一定?
3. 材料的孔隙率和空隙率的含义如何?如何测定?了解它们有何意义?
4. 亲水性材料与憎水性材料是怎样区分的?举例说明怎样改变材料的亲水性与憎水性?
5. 塑性材料和脆性材料在外力作用下,其变形性能有何区别?
6. 材料的强度与强度等级的关系如何?影响材料强度测试结果的试验条件有哪些?
7. 材料的耐久性应包括哪些类型?如何改善材料的耐久性?
8. 材料导热系数的影响因素有哪些?
9. 用以表征材料抵抗变形能力的是哪一个指标?具体定义是什么?
10. 建筑物的屋面、外墙、基础所使用的材料各应具备哪些性质?
11. 土木工程材料中的挥发性物质包括哪些?

第二篇 土木工程通用材料

本篇共分为 7 章，包括气硬性胶凝材料、水泥、混凝土与砂浆、金属材料、有机高分子材料、沥青与防水材料、防火材料，将之作为土木工程通用材料，主要是由于这些材料在土木工程不同领域都有可能得到应用。

第 7 章 气硬性胶凝材料

土木工程中，经过一系列物理作用、化学作用，能从浆体变成坚固的石状体，并能将散粒材料(如砂、石等)或块状材料(如砖、砌块、石材等)粘结为一个整体的材料，统称为胶凝材料。

胶凝材料按其化学组成可分为有机胶凝材料和无机胶凝材料两大类。有机胶凝材料以天然的或合成的有机高分子化合物为基本成分，土木工程中常用的有机胶凝材料有沥青、树脂、橡胶等。无机胶凝材料则以无机化合物为基本成分，根据凝结硬化条件的不同，无机胶凝材料可分为气硬性胶凝材料和水硬性胶凝材料两类。气硬性胶凝材料只能在空气中凝结硬化，也只能在空气中保持或继续发展其强度，常用的气硬性胶凝材料有石灰、石膏、水玻璃和镁质胶凝材料等；水硬性胶凝材料则不仅能在空气中，而且能更好地在水中凝结硬化，保持并继续发展其强度，常用的水硬性胶凝材料为各种水泥。气硬性胶凝材料的耐水性很差，只适用于地上或干燥环境，水硬性胶凝材料的耐水性很好，可适用于各种大气环境、潮湿环境或水中的工程。

7.1 石　　灰

石灰是在土木工程中使用较早的气硬性胶凝材料之一。石灰的原料石灰石分布很广，生产工艺简单，成本低廉，在土木工程中应用广泛。

7.1.1 石灰的生产

生产石灰的原料主要是石灰石，或白云石质石灰石、白垩等天然岩石，其主要成分为碳酸钙($CaCO_3$)，经过煅烧，碳酸钙分解成为生石灰(CaO)，同时产生 CO_2 气体。

石灰的煅烧需要足够的温度和时间。正常煅烧温度和煅烧时间所得的石灰具有多孔结构，内部孔隙率大，表观密度较小，晶粒细小，与水反应迅速，这种石灰称为正火石灰。若煅烧温度低或煅烧时间短，石灰的表层部分可能为正火石灰，而内部会有未分解的石灰石核心，称为欠火石灰，含有欠火石灰的石灰块核心不能水化，降低了石灰的利用率。若煅烧温度过高或高温持续时间过长，则会因高温烧结收缩而使石灰内部孔隙率减少，体积收缩，晶粒变得粗大,这种石灰称为过火石灰,过火石灰的结构较致密,与水反应时速度很慢,需要很长的时间才能产生明显的水化效果。

7.1.2 石灰的消解与凝结硬化

1)生石灰的消解(熟化、消化)

石灰的消解(熟化)是指生石灰加水后产生水化反应,并自动松散为粉末或浆体的过程,经过消解的石灰称为消石灰(熟石灰)——氢氧化钙。其反应式如下:

$$CaO + H_2O \longrightarrow Ca(OH)_2 + 64.9 kJ$$

生石灰消解的特点如下:

(1)反应可逆:在常温下反应向右进行。在547℃下,反应向左进行,即$Ca(OH)_2$分解为CaO和H_2O,其水蒸气分解压力可达0.1MPa,为使消化过程顺利进行,必须提高周围介质中的蒸汽压力,并且不要使温度升得过高。

(2)水化热大,水化速度快:生石灰的消化反应为放热反应。由于生石灰结构多孔、CaO的晶粒细小、内比表面积大,所以生石灰消化时不但水化热大,而且放热速度也快。1kg生石灰消化放热1160kJ,它在最初1小时放出的热量几乎是硅酸盐水泥1天放热量的9倍,28天放热量的3倍。过火石灰的结构致密、晶粒大,水化速度慢。当生石灰块太大时,表面生成的$Ca(OH)_2$层厚,易阻碍水分进入,故此时消解需强烈搅拌。

(3)水化过程中体积增大:块状生石灰消化过程中其体积增大1~2.5倍,这一性质易在工程中造成事故,应予重视。但也可加以利用,即由于水化时体积增大,造成膨胀压力,致使石灰块自动分散成粉末,所以可用此法将块状生石灰加工成消石灰粉。

熟化时,煅烧良好、氧化钙含量高的石灰熟化较快,放热量和体积增大较多。

2)石灰的凝结硬化

石灰浆体在空气中逐渐硬化,包括了同时进行的如下两个过程:

(1)结晶作用:随着游离水分的不断减少,石灰浆体溶液中氢氧化钙浓度很快达到过饱和,并不断从溶液中结晶析出。晶体逐渐发育长大,相互交叉搭接形成结晶结构网,不断结晶和长大的晶体,又使结晶结构网被填充和加强,使其逐渐趋于致密,结构强度提高。由于氢氧化钙是可溶于水的晶体,其结晶结构网的接触点溶解度较高,当再次遇水时,会引起强度下降。

(2)碳化作用:氢氧化钙与空气中的二氧化碳化合生成碳酸钙晶体,释放出水分并被蒸发。其反应式为

$$Ca(OH)_2 + CO_2 + nH_2O \Longrightarrow CaCO_3 + (n+1)H_2O$$

碳化作用实际是二氧化碳与水形成碳酸,然后与氢氧化钙反应生成碳酸钙,所以这个作用不能在没有水分的全干状态下进行。而且碳化作用在长时间内只限于表层,随时间增长,表层碳酸钙的厚度逐渐增加。氢氧化钙的结晶作用主要在内部发生。所以,石灰浆体硬化是由表里两种不同的晶体组成的。当材料表面形成碳酸钙达到一定厚度时,碳化作用极为缓慢,而且阻止了内部水分的脱出,使氢氧化钙结晶速度变慢,这是石灰凝结硬化缓慢的主要原因。

7.1.3 石灰的技术性质

1)良好的可塑性和保水性

生石灰熟化成石灰浆时,形成颗粒极细(直径约为1μm)的呈胶体分散状态的氢氧化钙,其表面吸附一层较厚的水膜,使颗粒间的摩擦力减小。由于颗粒数量多、总比表面积大,可

吸附大量的水,这使得石灰浆具有良好的保水性和可塑性。因此,利用这一性质,将其掺入水泥砂浆中,配制成混合砂浆,可显著改善砂浆的保水性,提高其可塑性。

2)凝结硬化慢、强度低

石灰浆的凝结硬化过程包括结晶作用和碳化作用,凝结硬化缓慢,而且硬化速度与环境湿度有关,即使在较干燥环境中,使其达到终凝需要一天以上,基本硬化则需要数天。为了使石灰浆具有一定的可塑性便于应用,同时考虑到一部分水因消化时水化热大而被蒸发掉,实际消化用水量较大,多余的水分在硬化后蒸发,留下大量的孔隙,使硬化石灰体表观密度小,强度低。如按1:3配比的石灰砂浆,28天的抗压强度仅为0.2~0.5MPa。因此,石灰浆硬化体不能作为承重结构的主要材料。

3)耐水性差

硬化后的石灰浆体结构主要是$Ca(OH)_2$晶体和少量的$CaCO_3$晶体。因为$Ca(OH)_2$易溶于水,在潮湿环境中其硬化结构容易被水软化而破坏,甚至产生溃散,所以石灰制品的耐水性很差,其软化系数很低,不宜用于潮湿环境。

4)硬化时体积收缩大

在石灰浆体中,由于$Ca(OH)_2$胶体吸附有较厚的水膜,当石灰浆体结构干燥硬化时,大量的水分蒸发所产生的毛细管张力会引起显著的体积收缩,由于其收缩的不均匀性,导致硬化体结构开裂。因此,石灰浆体不宜单独使用,通常工程施工时掺入一定量的细骨料(砂)或纤维材料(麻刀、纸筋等)。

7.1.4 石灰的分类

工程中石灰按照化学成分,可分为钙质石灰和镁质石灰两类。

(1)钙质石灰:指MgO含量不超过5%的生石灰;或MgO含量不超过4%的消石灰粉。

(2)镁质石灰:指MgO含量大于5%的生石灰;或MgO含量在4%~24%的消石灰粉。

按加工方法,可分为以下几种:

(1)建筑生石灰:由石灰石原料煅烧而得的块状石灰,也是生产其他石灰产品的原料。

(2)建筑生石灰粉:以建筑生石灰为原料,经研磨所得的生石灰粉。一般细度达到0.08mm方孔筛筛余量小于15%。由于其颗粒细小,遇水后可直接消化,多用于石灰制品的生产。

(3)建筑消石灰粉:以建筑生石灰为原料,经消化所制得的消石灰粉。

(4)石灰浆:将生石灰加大量水(为石灰体积的3~4倍)消化而得的可塑性浆体,也称为石灰膏,如果水分加得更多,则呈白色悬浮液,称为石灰乳。

这些不同产品的状态、成分与用途差别见表7-1。

表7-1 不同石灰产品的状态、成分与用途

产品名称	物理状态	有效成分	主要用途
建筑生石灰	灰白色块状	CaO、MgO	生产其他石灰产品
建筑生石灰粉	白色或灰白色粉末	CaO、MgO	生产石灰膏或硅酸盐制品
建筑消石灰粉	白色粉末	$Ca(OH)_2$、$Mg(OH)_2$	制作石灰土、三合土、硅酸盐制品
石灰浆	白色浆体	$Ca(OH)_2$、$Mg(OH)_2$	抹面、刷浆与砌筑胶结材料

按行业标准《建筑生石灰》(JC/T 479—2013)规定,钙质生石灰和镁质生石灰根据化学成分的含量每类可分成各个等级,其代号见表7-2。

表 7-2 建筑生石灰的分类

类别	名称	代号
钙质石灰	钙质石灰 90	CL90
	钙质石灰 85	CL85
	钙质石灰 75	CL75
镁质石灰	镁质石灰 85	ML85
	镁质石灰 80	ML80

7.1.5 石灰的应用

石灰是土木工程中使用面广量大的材料之一，其最常见的用途如下：

1) 用于建筑室内粉刷

建筑室内墙面和顶棚采用消石灰乳进行粉刷。由于石灰乳是一种廉价的涂料，施工方便，且颜色洁白，能为室内添亮，在建筑中应用十分广泛。消石灰乳由消石灰粉或消石灰浆掺大量水调制而成。

用消石灰乳粉刷室内面层时，掺入少量佛青颜料，可抵消因含铁化物杂质而形成的淡黄色，使粉白层呈纯白色。掺入 107 胶可提高粉刷层的防水性，并增加黏结力，不易掉粉。

2) 用于拌制建筑砂浆

消石灰浆和消石灰粉可以单独或与水泥一起配制成砂浆，前者称为石灰砂浆，后者称为混合砂浆。石灰砂浆可用做砖墙和混凝土基层的抹灰，混合砂浆则用于砌筑，也常用于抹灰。

3) 配制三合土和石灰土

三合土是采用生石灰粉（或消石灰粉）、黏土和砂子，按 1:2:3 的比例，再加水拌和夯实而成。石灰土是用生石灰粉和黏土按 1:(2~4) 的比例，再加水拌和夯实而成。三合土和石灰土在强力夯打之下，密实度大大提高，而且黏土中的少量活性氧化硅和氧化铝与 $Ca(OH)_2$ 作用，生成了水硬性矿物，因而具有一定抗压强度、耐水性和相当高的抗渗能力。三合土和灰土主要用于建筑物的基础、路面或地面的垫层。

4) 加固含水的软土地基

生石灰块可直接用来加固含水的软土地基（称为石灰桩）。它是在桩孔内灌入生石灰块，利用生石灰吸水熟化时体积膨胀的性能产生膨胀压力，从而使地基加固。

5) 生产硅酸盐制品

以石灰和硅质材料（如石英砂、粉煤灰等）为原料，加水拌和（或加发泡剂），经成型、蒸养或蒸压处理等工序而成的建筑材料，通称为硅酸盐制品。如蒸压灰砂砖、加气混凝土，主要用做墙体材料。

6) 制造静态破碎剂和膨胀剂

利用过烧石灰水化慢且同时伴随体积膨胀的特性，可用它来配制静态破碎剂和膨胀剂。静态破碎剂的品种较多，随使用温度的不同，其组成亦不同。通常把含有一定量 CaO 晶体、粒径为 $10\sim100\mu m$ 的过烧石灰粉，与 5%~70% 的水硬性胶凝材料及 0.1%~0.5% 的调凝剂混合，可制得静态破碎剂。使用时将它与适量的水混合调成浆体，注入欲破碎物的钻孔中，由于在水硬性胶凝材料硬化后，过烧石灰才水化膨胀，从而对孔壁可产生大于 30MPa 的膨胀压力，使物体破碎。这是一种非爆破性破碎剂，适用于混凝土和钢筋混凝土构筑物的拆除，以及对岩石（花岗岩、大理石等）的破碎和切割。

7)碳化石灰板

碳化石灰板是将磨细生石灰、纤维状填料(如玻璃纤维)或轻质骨料(如矿渣)搅拌成型，然后用二氧化碳进行人工碳化(12～24h)而成的一种轻质板材。为了减轻表观密度和提高碳化效果，多制成空心板。

碳化石灰空心板表观密度为 700～800kg/m³(当孔洞率为 34%～39%时)，抗弯强度为 3～4MPa，抗压强度为 5～15MPa，导热系数小于 0.2W/(m·K)，能锯、能钉，所以这种板适宜做非承重内隔墙板、天花板等。

8)无熟料水泥

石灰在建筑上除以上用途，还可以用来配制无熟料水泥(如石灰矿渣水泥、石灰粉煤灰水泥、石灰火山灰水泥等)。

石灰在运输时要采取防水措施，不准与易燃、易爆及液体物品同时装运。运到现场的石灰产品，不宜长期储存。石灰存放时间过长，会从空气中吸收水分而消解，再与 CO_2 作用，形成碳化层，失去胶凝能力，造成浪费。储运中的石灰遇水，不仅自行消解冲失，还会因体胀破袋，因放热导致易燃物燃烧。熟化好的石灰膏，也不宜长期暴露在空气中，表面应加以覆盖，以防碳化结硬。

7.2 石 膏

石膏的主要成分是硫酸钙($CaSO_4$)。石膏可用做硅酸盐水泥的缓凝剂，也是生产硅酸盐建筑制品、生产膨胀水泥和配制膨胀剂的组成材料。石膏原料经过不同制度的煅烧后可得不同品种的气硬性胶凝材料，所生产的石膏制品具有重量轻、耐火性好、隔热隔声、色白或色淡易装饰性等优点，在土木工程中的应用十分广泛。

7.2.1 石膏分类与石膏生产

石膏原料有天然石膏或含硫酸钙的化工副产品——化学石膏。

工业副产石膏(化学石膏)是指工业生产过程中产生的富含二水硫酸钙($CaSO_4·2H_2O$)的副产品。如对燃料(如煤、油等)燃烧后排放的废气进行脱硫净化处理所得到的以硫酸钙为主的副产品，通常称为脱硫石膏。采用磷矿石为原料，湿法制取磷酸时所得的，以二水硫酸钙为主要成分的副产品为磷石膏；生产硼酸的副产品为硼石膏，生产氢氟酸的副产品为氟石膏。综合利用化学石膏，不仅可以节约能源和资源，而且可以满足土木工程对于石膏建材持续不断的需求，为发展石膏建材开辟充足的原料来源。

二水石膏经不同条件的热处理可制得不同品种的石膏胶凝材料，主要产品包括以下几种。

1)建筑石膏

建筑石膏为天然二水石膏或工业副产石膏在干燥条件下，脱水后所制得的以 β 型半水硫酸钙($\beta\text{-}CaSO_4·\frac{1}{2}H_2O$)为主要成分，不预加任何外加剂或添加物的粉状胶凝材料。其密度为 2.60～2.75g/cm³，松堆积密度为 800～1000kg/m³。按原材料种类分为三类：天然建筑石膏(N)、脱硫建筑石膏(S)、磷建筑石膏(P)。可用来生产抹灰石膏、石膏板、石膏砌块、石膏装饰品等，是土木工程中应用最多的石膏胶凝材料。

《建筑石膏》(GB/T 9776—2008)规定，建筑石膏组成中 β 型半水硫酸钙($\beta\text{-}CaSO_4 \cdot \frac{1}{2}H_2O$)的含量(质量分数)应不小于60.0%。根据建筑石膏按2h强度(抗折)分为3.0、2.0、1.6三个等级，其物理力学性能应满足规定要求，见表7-3。

表7-3 建筑石膏的物理力学性能

等级	细度(0.2mm方孔筛筛余)/%	胶凝时间/min		2h 强度/MPa	
		初凝	终凝	抗折	抗压
3.0	≤10	≥3	≤30	≥3.0	≥6.0
2.0				≥2.0	≥4.0
1.6				≥1.6	≥3.0

2) 高强石膏

高强石膏为天然二水石膏或工业副产石膏经蒸炼脱水而制得的以 α 型半水石膏($\alpha\text{-}CaSO_4 \cdot \frac{1}{2}H_2O$)为主要成分，经磨细制得的白色粉末状胶凝材料。其密度为2.60~2.80g/cm³，松堆积密度为1000~1200kg/m³。高强石膏具有较高的强度和黏结能力，多用于要求较高的抹灰工程、装饰制品和制作石膏板；加入防水剂后还可制成高强防水石膏；加入少量有机胶结材料可使其成为无收缩的胶结剂。

《α 型高强石膏》(JC/T 92038—2010)对 α 型高强石膏的性能要求见表7-4。

表7-4 α 型高强石膏的性能参数

等级	2h 抗折强度/MPa	烘干抗压强度/MPa	初凝时间/min	终凝时间/min	细度(0.125mm方孔筛余量)/%
$\alpha25$	3.5	25.0	≥3	≤30	≤5
$\alpha30$	4.0	30.0			
$\alpha40$	5.0	40.0			
$\alpha50$	6.0	50.0			

3) 无水石膏水泥

将天然二水石膏或工业副产石膏加热至400℃以上(400~750℃)，石膏将完全失去水分，成为不溶性硬石膏，失去凝结硬化能力，但加入适量激发剂混合磨细后，又能产生凝结硬化性能，称为无水石膏水泥。常用的激发剂为：5%硫酸钠或硫酸氢钠与1%的铁矾或铜矾的混合物，1%~5%石灰或石灰与少量半水石膏的混合物，10%~15%碱性粒化高炉矿渣等。加入碱性粒化高炉矿渣还可改善无水石膏水泥的抗水性。

无水石膏水泥适宜用于室内，主要用做石膏板或其他制品，也可以用做室内抹灰。

4) 地板石膏

将二水石膏或无水石膏在800℃以上煅烧，使部分 $CaSO_4$ 分解出 CaO，磨细后的产品称为高温煅烧石膏，此时CaO起碱性激发剂的作用，硬化后有较高的强度和耐磨性，抗水性也较好，也称为地板石膏。地板石膏凝结较慢，加入少量石灰或半水石膏，或加入明矾等促凝剂，可提高其溶解度，从而加速其凝结硬化过程。

7.2.2 建筑石膏的凝结硬化与技术性质

1) 建筑石膏的凝结硬化

半水石膏加水拌和后很快发生水化反应，生成二水石膏，随着反应的进行，浆体逐步失去可塑性(即达到初凝);之后,浆体继续变稠,二水石膏晶体开始生长,晶体之间的摩擦力、黏结力增加,并相互搭接交错,形成结晶结构网,产生结构强度,浆体失去可塑性(即为终凝)。此后,晶体颗粒继续长大并交错共生,直至水分完全蒸发,结构强度得以充分增长,这个过程即硬化过程。

2)建筑石膏的技术性质

(1)凝结硬化快、放热量大。建筑石膏水化迅速,初凝和终凝时间都很短,常温下完全水化所需时间仅为7~12min,浆体凝结硬化很快,由此可使其施工速度快,生产周期短。但为了便于使用仍需降低其凝结速度,常用的缓凝剂有0.1%~0.5%的硼砂、0.1%~0.2%的动物胶(经石灰处理过)、1%的亚硫酸盐酒精废液等。缓凝剂的作用在于降低半水石膏的溶解度和溶解速度。

(2)硬化后孔隙率大、强度低:半水石膏水化反应的理论需水量只占半水石膏重量的18.6%,但建筑石膏的晶体发育不完善,尺寸较小,为鳞片状结构,比表面积较大,为使石膏浆体具有足够的流动性和可塑性,通常加水量达到60%~80%,硬化后,多余水分蒸发,在石膏内部形成大量的孔隙,孔隙率可达50%~60%。因此,建筑石膏制品的表观密度小,强度低。

(3)体积稳定:建筑石膏凝结硬化过程中不会像石灰和水泥那样出现体积收缩,反而略有膨胀(膨胀量约为1%),这种微膨胀性,不仅避免了干缩开裂,还可消除浆体内部的应力集中,使其硬化体具有良好的可加工性,可采用锯、钉、刨、钻、粘等施工工艺。其微膨胀性还可使其硬化体具有很好的装饰性能,使其制品的表面光滑饱满、尺寸准确。建筑石膏制品质地洁白、细腻、平滑,从而可制成图案花型复杂的装饰构件、形状各异的模型或雕塑。

(4)具有一定的调湿作用:由于建筑石膏制品内部大量的毛细孔对空气中水分具有较强的吸附能力,在干燥时又可释放水分,所以当它用于室内工程中时,可对室内空气具有一定的调节湿度的作用。同时,由于石膏制品的孔隙率大,导热系数较小(0.121~0.205W/(m·K)),具有较好的绝热性和吸声性。

(5)防火性能良好:建筑石膏制品在遇火灾时,二水石膏中的结晶水分解蒸发,吸收热量,并在表面形成蒸汽幕和脱水物隔热层,可有效地阻止火焰的蔓延,而且水分蒸发后的石膏制品还能基本保持原来的结构和强度而不会丧失其使用功能,并且无有害气体产生,所以具有较好的防火性能。但建筑石膏制品不宜长期靠近65℃以上的高温部位,以免二水石膏在此温度作用下脱水分解而失去强度。

(6)耐水性差:建筑石膏硬化后有很强的吸湿性,其软化系数仅为0.3~0.45。若长期浸泡在水中,水化生成物二水石膏晶体将逐渐溶解,导致制品破坏。若石膏制品吸水后受冻,会因孔隙中水分结冰膨胀而破坏。所以石膏制品的耐水性和抗冻性差,不宜用于潮湿部位。为提高其耐水性,可加入适量水泥、矿渣等水硬性材料,也可加入氨基、密胺、聚乙烯醇等水溶性树脂,或沥青等有机乳液,以改善石膏制品的孔隙状态和孔壁的憎水性。

建筑石膏在运输及储存时应注意防潮,一般储存3个月后,强度降低30%左右。所以储存期超过3个月应重新进行质量检验,以确定其等级。

7.2.3 建筑石膏的应用

在房屋建筑工程中,建筑石膏是一种应用广泛的工程材料,主要用于配制石膏抹面灰浆、石膏砂浆、石膏混凝土,以及制作各种石膏制品(如石膏墙板、吊顶板、装饰板等)。

1. 抹灰石膏

抹灰石膏是由建筑石膏或建筑石膏与无水石膏($CaSO_4 II$)二者混合后,再加入外加剂、填料等制成的气硬性胶凝材料。按其用途不同可分为面层抹灰石膏(F)、底层抹灰石膏(B)、轻质底层抹灰石膏(L)和保温层抹灰石膏(T)四类。

抹灰石膏既具有建筑石膏快硬早强、尺寸稳定、吸湿、防火、轻质等优点,又克服了建筑石膏现场施工中黏性大、不易抹压等缺点,具有良好的施工性能。利用抹灰石膏进行粉刷施工时易于抹面,且与基底的黏结力较强,可适合于各类墙体的抹面。其面层致密光滑,不开裂、不起灰、硬度高。抹灰石膏还可用于生产石膏制品,其板材的强度可比普通石膏板提高1.2～2.5倍,可直接贴于墙面上。

《抹灰石膏》(GB/T 28627—2012)的标准规定:面层抹灰石膏的细度要求其1.0mm方孔筛筛余量为0%,0.2mm方孔筛筛余量应不大于40%;抹灰石膏的初凝时间应不小于60min,终凝时间应不大于8h;抹灰石膏的强度应不小于表7-5的规定;保温层抹灰石膏的体积密度应不大于500kg/m^3,轻质底层抹灰石膏的体积密度应不大于1000kg/m^3,保温层抹灰石膏的导热系数不大于0.1W(m·K)。

表7-5 抹灰石膏的强度

项目	抹灰石膏的强度/MPa			
	面层抹灰石膏(F)	底层抹灰石膏(B)	轻质底层抹灰石膏(L)	保温层抹灰石膏(T)
抗折强度	≥3.0	≥2.0	≥1.0	—
抗压强度	≥6.0	≥4.0	≥2.5	≥0.6
拉伸黏结强度	≥0.4	≥0.3	≥0.3	—

2. 石膏板

石膏板的品种很多,主要有纸面石膏板、纤维石膏板、石膏孔隙条板、装饰石膏板等。

1) 纸面石膏板

纸面石膏板是以建筑石膏为主要原料,掺入纤维、外加剂(发泡剂、缓凝剂、胶料等)和适量轻质填料,加水拌和而成料浆,浇注在纸面上后再覆以上层面纸制成的板材。在生产过程中,料浆经过凝固形成板芯,再经切断、烘干,使板芯与护面纸牢固地黏结在一起。

纸面石膏板具有轻质高强、尺寸稳定、保温、隔热、防火、抗震等良好的性能,还具有施工方便(可锯、可钉)的优点,尤其适合用做建筑物的隔断、墙面和吊顶等。

由于纸面石膏板具有原料来源广,产品性能优良,生产能耗低,可再生性好等综合优势,使其在房屋建筑工程的装修工程中占有重要的地位,并且也使其成为各国重点发展的轻质墙体材料。

2) 纤维石膏板

纤维石膏板(无纸面石膏板)是以建筑石膏粉为原料,以各种纤维(纸纤维、玻璃纤维等)为增强材料,并掺入适量外加剂制成的石膏板材。当在其芯层中加入矿棉、膨胀珍珠岩等保温材料时,还可加工成三层或多层保温性能的板材。

纤维石膏板综合性能优越,除具有纸面石膏板的优点,还具有很高的抗冲击能力,而且其内部黏结牢固,防火、防潮、保温性能更好。主要用于内墙板、吊顶板、地板垫层,还可用于现浇混凝土的永久性模板,代替木材制作家具等。生产纤维石膏板时不仅对石膏的纯度要求较低,而且所采用的增强用纤维主要是各种工农业废料,因此可以充分利用各种资源。

3) 石膏空心条板

石膏空心条板是以建筑石膏为主要原料,经加水搅拌、浇注、捣实、凝固、养护、抽芯、脱模、烘干制成的断面中部带空心的板材。石膏空心条板中的空心多为圆形空心,为提高其强度、耐水性,降低自重,通常加入适量的改性材料(如硅酸盐水泥、磨细生石灰、粉煤灰、纤维增强材料、膨胀珍珠岩、膨胀蛭石等)。

3. 石膏砌块

石膏砌块是利用石膏为主要原料制作的实心、空心或夹心的砌块。其空心砌块有单排孔和双排孔之分;夹心砌块主要以聚苯乙烯泡沫塑料等轻质材料为芯层材料,以减轻其质量、提高其绝热性能。

石膏砌块具有石膏制品的各种优点,当用做房屋建筑材料时,具有砌筑方便、不用龙骨、墙面平整、保温性好等优点。它不仅具有优良的防火性能,而且其"调湿"功能突出,可营造出比其他墙体材料更加舒适的室内环境。

4. 石膏装饰制品

1) 装饰石膏板

装饰石膏板是以建筑石膏为主要原料,掺加适量纤维增强材料和外加剂等材料后,加水搅拌而成的均匀料浆,再经浇注、干燥模制而成的板材。根据其表面状态及性能的不同,石膏板分为平板、孔板、浮雕板、防潮平板、防潮孔板和防潮浮雕板等多个品种。通常采用的装饰石膏板主要有普通装饰石膏板、嵌装式装饰石膏板、吸声用穿孔石膏板和印花石膏装饰板。它们主要用于室内吊顶,也可用做内墙装饰板。

嵌装式石膏板是在背面四周加厚并带有嵌装企口的装饰石膏板,其正面可为平板、穿孔板和浮雕图案。在安装时,可通过四周的企口与龙骨紧密咬合,无需任何钉固件。

吸声用穿孔石膏板是指以纸面石膏板为基材,经穿孔、切割、背覆吸声材料等工序而成的板材。也可用带有穿透孔洞的嵌装式装饰石膏板作为面板,背面粘合一层吸声材料而制成的嵌装式吸声石膏板。它们均具有较好的吸声功能,而且其穿孔的不同排列组合,也可产生一定的装饰效果。

2) 艺术装饰石膏板

艺术装饰石膏板制品包括浮雕艺术石膏角线、线板、角花、灯圈、壁炉、罗马柱饰、灯座、花饰、雕塑等。它是以建筑石膏为主要原材料,掺入适量外加剂和增强纤维(多用玻璃纤维),并加水拌和成料浆,再经浇注成型和干燥硬化模制而成的石膏制品。其产品形状与花色丰富,仿真效果好,成本低且制作安装方便,可满足建筑物对室内装饰部件的各种外观要求。经过适当的防水处理后,还可制成满足室外装饰要求的各种艺术装饰制品。

7.3 水玻璃

水玻璃俗称泡花碱,是一种能溶于水的碱金属硅酸盐,由不同比例的碱金属氧化物和二氧化硅所组成。优质纯净的水玻璃为无色透明的黏稠液体,当含有杂质时呈淡黄色或青灰色。

其化学组成通式可表示为:$R_2O \cdot nSiO_2$。其中,R_2O 指碱金属氧化物 Na_2O 或 K_2O;n 表示二氧化硅与碱金属的分子数比,称为水玻璃的模数。土木工程中主要使用钠水玻璃。

低模数水玻璃的晶体组分较多,黏结能力较差;模数提高,胶体组分相对增多,黏结能力随之增大。

7.3.1 水玻璃的生产

水玻璃的生产方法分为干法和湿法两种。

干法生产的产品以固体形式出现，主要方法是以纯碱和石英砂为原料，或以元明粉和碳粉加石英砂为原料，经过称量、混料后进入窑炉在 1300～1500℃高温进行熔化，然后成型，形成固体产品。固体产品加水溶解后，形成液体产品。

湿法生产硅酸钠水玻璃时，采用石英砂和液体烧碱在反应釜内通过高温高压的蒸汽加热，并加以搅拌，使其直接反应而成液体水玻璃。

液体水玻璃可以与水按任意比例混合成不同浓度的溶液。同一模数的液体水玻璃，其浓度越稠，则密度越大，黏结力越强。当液体水玻璃浓度太小或太大时，可用加热浓缩或加水稀释的方法来调整。我国生产的水玻璃模数一般在 2.4～3.3，土木工程常用的水玻璃模数为 2.6～2.8，密度为 1.36～1.50g/cm^3。

7.3.2 水玻璃的凝结硬化

液体水玻璃在空气中吸收二氧化碳，形成无定形硅酸，并逐渐干燥而硬化：

$$Na_2O \cdot nSiO_2 + CO_2 + mH_2O \longrightarrow Na_2CO_3 + nSiO_2 \cdot mH_2O$$

这个过程进行很慢，为了加速硬化，可将水玻璃加热或加入硅氟酸钠 Na_2SiF_6 作为促硬剂，促使硅酸凝胶加速析出。硅氟酸钠的适宜掺量为水玻璃用量的 12%～15%，如果用量太少，不但硬化速度缓慢，强度降低，而且未经反应的水玻璃易溶于水，因而耐水性差。但用量过多，又会引起凝结过快，使施工困难，强度很低。

7.3.3 水玻璃的性质与应用

水玻璃硬化后的主要成分为硅酸凝胶和固体，比表面积大，因而具有较高的黏结力，硬化时析出的硅酸凝胶有堵塞毛细孔隙而防止水渗透的作用。水玻璃不燃烧，在高温下硅酸凝胶干燥得更快，形成二氧化硅空间网状骨架，在高温下强度下降很小，甚至有所增加，耐热度可达 1000℃。水玻璃具有高的耐酸性能，由于硬化后的水玻璃的主要成分为 SiO_2，在强氧化性酸中具有较高的稳定性，因此，能抵抗除氢氟酸(HF)、热磷酸和高级脂肪酸以外的大多数无机酸和有机酸的作用。

但水玻璃溶于碱，故水玻璃不能在碱性环境中使用。同样由于 NaF、Na_2CO_3 均溶于水，所以水玻璃不耐水，但可采用中等浓度的酸对已硬化水玻璃进行酸洗处理，提高耐水性。

水玻璃的用途非常广泛，几乎遍及国民经济的各个部门。在土木工程中的主要用途如下：

1) 提高抗风化能力

水玻璃溶液涂刷或浸渍材料后，能渗入缝隙和孔隙中，固化的硅凝胶能堵塞毛细孔通道，提高材料的密度和强度，从而提高材料的抗风化能力。以密度为 1.35g/cm^3 的水玻璃浸渍或涂刷黏土砖、水泥混凝土、硅酸盐混凝土、石材等多孔材料，可提高材料的密实度、强度、抗渗性、抗冻性及耐水性等。但水玻璃不得用来涂刷或浸渍石膏制品。因为水玻璃与石膏反应生成硫酸钠(Na_2SO_4)，在制品孔隙内结晶膨胀，导致石膏制品开裂破坏。

2) 加固土壤

将模数为 2.5～3.0 的液体水玻璃和氯化钠溶液交替灌入土壤中，两种溶液发生化学反应，析出硅酸胶体，将土壤颗粒包裹并填实其空隙。硅酸胶体为一种吸水膨胀的冻状凝胶，因吸收地下水而经常处于膨胀状态，阻止水分的渗透和使土壤固结。水玻璃与氯化钙的反应式为

$$Na_2O \cdot nSiO_2 + CaCl_2 + xH_2O \longrightarrow 2NaCl + nSiO_2 \cdot (x-1)H_2O + Ca(OH)_2$$

用这种方法加固的砂土，抗压强度可达 3～6MPa。

3）配制速凝防水剂

以水玻璃为基料，加入两种、三种或四种矾配制而成，称为二矾、三矾或四矾防水剂。这类防水剂凝结迅速，一般不超过 1 分钟，适用于与水泥浆调和，堵塞漏洞、缝隙等局部抢险；又因为凝结过快，不宜调配水泥防水砂浆，用做屋面或地面的刚性防水层。

4）配制耐酸水泥、耐酸砂浆及耐酸混凝土

耐酸水泥是一种重要的无机胶凝材料，是由耐酸填料（一般采用石英岩、熔融辉绿岩、陶瓷碎片）和硬化剂（一般采用氟硅酸钠），按适当配比共同粉磨制得的一种粉状物料，在使用时用适量的水玻璃拌匀后，能在空气中结硬，并具有较高的耐酸性能，称为水玻璃型耐酸水泥。耐酸水泥可以用来制备耐酸胶泥、耐酸砂浆、耐酸混凝土，广泛用于化工造纸、钢铁工业的耐酸工程中，用于接触酸性介质的各种塔、池、槽、罐和设备衬里。另外，还用于车间铺设耐酸地坪、排酸沟及浇灌设备基础。

5）配制耐热砂浆和耐热混凝土

若选用耐热的砂、石骨料，则可配制耐热砂浆和耐热混凝土。以水玻璃为胶结材料，膨胀珍珠岩或膨胀蛭石为骨料，加入一定量的赤泥或氟硅酸钠，经配料、搅拌、成型、干燥、焙烧而成的制品，是良好的保温绝热材料。

6）防腐工程应用

改性水玻璃耐酸泥是耐酸腐蚀重要材料，主要特性是耐酸、耐温、密实抗渗、价格低廉、使用方便。可拌和成耐酸胶泥、耐酸砂浆和耐酸混凝土，适用于化工、冶金、电力、煤炭、纺织等部门各种结构的防腐蚀工程，是防酸建筑结构储酸池、耐酸地坪及耐酸表面砌筑的理想材料。

7）黏结剂

水玻璃作为黏结剂广泛应用于铸造制型工艺。目前常采用高强度、低黏度的水玻璃和专用酯类固化剂，通过对水玻璃黏结体系进行离子活化处理，使水玻璃砂树脂化，提高了型砂的工艺性能，改善了型（芯）砂的溃散性，实现了旧砂的干法再生回用，改善回用砂的工艺性能，旧砂回用率接近树脂砂的水平。新型水玻璃称为符合可持续发展的绿色环保型铸造黏结剂。

8）修补砖墙裂缝

将水玻璃、粒化高炉矿渣粉、砂及氟硅酸钠按适当比例拌和后，直接压入砖墙裂缝，可起到黏结和补强作用。

9）配制碱矿渣水泥及碱矿渣混凝土

利用水玻璃作为碱性激发剂，激发矿渣等活性矿物掺合料的活性，可配制碱矿渣水泥和碱矿渣混凝土。

7.3.4 水玻璃的运输及储存

水玻璃在运输途中必须用安全牢固的容器装好，一般大量的水玻璃可以用金属槽车来运送。少量的可以用木桶、玻璃瓶或铁桶，不能用镀锌的容器储存，因为水玻璃水解生成的碱，能与锌发生反应产生氢气。

无论采用哪种容器来储运水玻璃,均应注意密封,以防止水玻璃与空气中的 CO_2 反应而分解,防止表面结皮及灰尘的掉入。储存水玻璃的库房温度不宜低于 10℃,以防止冬天水玻璃结冻。

水玻璃在应用过程中往往要加入硬化剂氟硅酸钠,可提高水玻璃的抗水性和强度。氟硅酸钠为白色结晶,有毒,不得与生活用品及食物混用。

7.4 镁质胶凝材料

镁质胶凝材料(俗称菱苦土)是一种白色或浅黄色的粉末,其主要成分是氧化镁(MgO)或氯化镁($MgCl_2$)。

7.4.1 镁质胶凝材料的生产

镁质胶凝材料的主要原料是天然菱镁矿($MgCO_3$),菱镁矿经轻烧、粉磨制成轻烧氧化镁,也可以用蛇纹石($3MgO·2SiO_2·2H_2O$)或冶炼轻质镁合金的熔渣煅烧制得。按照物理化学性能,轻烧氧化镁分为 I 级、II 级和 III 级,其化学组成见表 7-6,物理力学性能需满足表 7-7 的规定。

表 7-6 土木工程用菱苦土的化学组成(JC/T 449—2008)

级别	I 级	II 级	III 级
氧化镁/活性氧化镁(MgO)/%	≥90/70	≥80/55	≥70/40
游离氧化钙($f\text{-}CaO$)/%	≥1.5	≥2.0	≥2.0
烧失量/%	≥6	≥8	≥12

表 7-7 土木工程用菱苦土的细度、凝结时间、强度和安定性(JC/T 449—2008)

等级	凝结时间		安定性	细度(8μm 方孔筛筛余量)/%	抗折强度/MPa		抗压强度/MPa	
	初凝/min	终凝/min			1d	3d	1d	3d
I 级	≥40	≤7	合格	≤10	≥5.0	≥7.0	≥25.0	≥30.0
II 级	≥40	≤7	合格	≤10	≥4.0	≥6.0	≥20.0	≥25.0
III 级	≥40	≤7	合格	≤10	≥3.0	≥5.0	≥15.0	≥20.0

菱苦土运输和储存时应避免受潮,也不可久存,以防菱苦土吸收空气中的水分成为 $Mg(OH)_2$,再碳化成为 $MgCO_3$,失去化学活性。

7.4.2 菱苦土的凝结硬化

用水调拌菱苦土时,将生成 $Mg(OH)_2$,浆体凝结很慢,硬化后强度很低。可用氯化镁($MgCl_2·6H_2O$)、硫酸镁($MgSO_4·7H_2O$)、氯化铁($FeCl_3$)、硫酸亚铁($FeSO_4·H_2O$)等盐类的溶液来调拌。最常用的是氯化镁溶液,硬化后强度最高(可达 40~60MPa),但吸湿性大、耐水性差(水会溶解其中的可溶性盐类)。其硬化后的主要产物为氧氯化镁($xMgO·yMgCl_2·zH_2O$)与 $Mg(OH)_2$。水化产物从溶液中析出、凝聚和结晶,使浆体凝结硬化。提高温度,可使硬化加快。

7.4.3 菱苦土的应用

菱苦土与植物纤维能很好黏结,而且其碱性较弱,对纤维腐蚀性较小。在土木工程中常用来制造菱苦土木屑地面、木屑板和木丝板。

菱苦土木屑地面一般是将菱苦土与木屑按 1:(0.7～4)配合，用相对密度为 1.14～1.24 的氯化镁溶液调制。氯化镁一般采用工业用氯化镁，其中 $MgCl_2$ 含量不应少于 45%，并易溶解于水，沉淀物应予清除。

为了提高地面强度和耐磨性，可掺加适量的滑石粉、石英砂、石屑等做成硬性地面(但会提高地面的导热性和单位质量)。为提高地面的耐水性，可掺加适量的活性混合材料，如磨细碎砖或粉煤灰等。活性混合材料中的 SiO_2 和 Al_2O_3 能与 $Mg(OH)_2$ 作用，生成耐水性较强的物质。

菱苦土木屑板、木丝板和零件还可用做护壁板、窗台、门窗框和楼梯扶手等。

菱苦土的硬化速度，随环境温度的提高而加快，施工时的气温宜为 10～30℃，不得浇水养护。

必须控制氯化镁的用量，氯化镁(以 $MgCl_2 \cdot 6H_2O$)与菱苦土的适宜重量比为 0.55～0.60，氯化镁用量过多，将使浆体凝结硬化过快，收缩过大甚至产生裂缝，且地面吸湿还潮；用量过少，将使硬化太慢，强度降低。同时由于氯化镁具有极易吸湿的特性，使硬化物表面有结露状水滴，严重时氯化镁会通过毛细孔通道迁移到制品的表面而形成白色覆盖物，这种现象称为"返卤"，影响制品外观及耐久性。

菱苦土属气硬性胶凝材料，其制品一般不宜用于室外及多水的地方。研究证明，虽然菱苦土的碱性较弱，但对普通玻璃纤维仍有一定的腐蚀性，所以用玻纤增强时应特别注意其耐久性。

复习思考题

1. 什么是胶凝材料？气硬性胶凝材料与水硬性胶凝材料有何区别？如何正确使用这两类胶凝材料？
2. 分析建筑石膏凝结硬化形成的结构特点，说明石膏为什么强度较低、耐水性差，而绝热性和吸声性较好？
3. 何为欠火石灰、过火石灰？各有何特点？
4. 石灰熟化成石灰浆使用时，一般应在储灰坑中"陈伏"两星期以上，为什么？
5. 过火石灰的膨胀对石灰的使用及工程质量十分不利，而建筑石膏体积膨胀却是石膏的一大优点，这是为什么？
6. 建筑石膏的特性有哪些？土木工程对建筑石膏的主要技术要求是什么？
7. 何谓水玻璃的模数？水玻璃的模数和密度对水玻璃的黏结力有何影响？
8. 生产菱苦土制品时常出现如下问题：①硬化太慢；②硬化过快，并容易吸湿返潮。你认为各是什么原因？如何改善？
9. 某工程采用菱苦土砖砌筑屋面女儿墙，数年后出现大面积破坏，试分析其原因。

第8章 水 泥

8.1 概 述

水泥是水硬性胶凝材料，加入适量水后，成为塑性浆体，既能在空气中硬化，又能更好地在水中硬化并发展强度，将砂、石等材料牢固地胶结在一起。广泛应用于建筑、水利、交通和国防等各项建设中，是土木工程不可缺少的胶凝材料。正确合理地选用水泥将对保证工程质量和降低工程造价起到重要的作用。

水泥品种很多，按其组成主要分为硅酸盐类水泥、铝酸盐类水泥、硫铝酸盐类水泥和磷酸盐类水泥等；按用途和性能可分为通用水泥、专用水泥、特性水泥三大类。

通用硅酸盐水泥是土木工程中用量最大的水泥，包括硅酸盐水泥、普通硅酸盐水泥、矿渣硅酸盐水泥、火山灰质硅酸盐水泥、粉煤灰硅酸盐水泥和复合硅酸盐水泥六个品种；专用水泥是指适应专门用途的水泥，如中低热硅酸盐水泥、道路硅酸盐水泥、砌筑水泥等；特性水泥则是具有比较突出的某种性能的水泥，如快硬硅酸盐水泥、白色硅酸盐水泥、抗硫酸盐水泥、膨胀水泥和自应力水泥等。

8.2 通用硅酸盐水泥

通用硅酸盐水泥是以硅酸盐水泥熟料和适量石膏及规定的混合材制成的水硬性胶凝材料。按混合材的品种和掺量，通用硅酸盐水泥分为硅酸盐水泥、普通硅酸盐水泥、矿渣硅酸盐水泥、火山灰质硅酸盐水泥、粉煤灰硅酸盐水泥和复合硅酸盐水泥。

通用硅酸盐水泥的组分应符合表8-1的规定。

表8-1 通用硅酸盐水泥的组分

品种	代号	组分(质量分数)/%				
		熟料+石膏	粒化高炉矿渣	火山灰质混合材	粉煤灰	石灰石
硅酸盐水泥	P·I	100	—	—	—	—
	P·II	≥95	≤5	—	—	—
		≥95	—	—	—	≤5
普通硅酸盐水泥	P·O	≥80且<95	>5且≤20			
矿渣硅酸盐水泥	P·S·A	≥50且<80	>20且≤50	—	—	—
	P·S·B	≥30且<50	>50且≤70	—	—	—
火山灰质硅酸盐水泥	P·P	≥60且<80	—	>20且≤40	—	—
粉煤灰硅酸盐水泥	P·F	≥60且<80	—	—	>20且≤40	—
复合硅酸盐水泥	P·C	≥50且<80	>20且≤50			

8.2.1 硅酸盐水泥

硅酸盐水泥又分为两个类型：未掺混合材的称为Ⅰ型硅酸盐水泥，代号P·Ⅰ；掺入不超过水泥质量5%的混合材(粒化高炉矿渣或石灰石)的称为Ⅱ型硅酸盐水泥，代号P·Ⅱ。硅酸盐水泥是通用硅酸盐水泥的基本品种。

1. 硅酸盐水泥的生产及矿物组成

1) 硅酸盐水泥的生产

硅酸盐水泥的生产过程可简单概括为四个字，即"两磨一烧"工艺，包括三个环节：生料的配制及磨细、熟料的煅烧和熟料的粉磨，如图8-1所示。

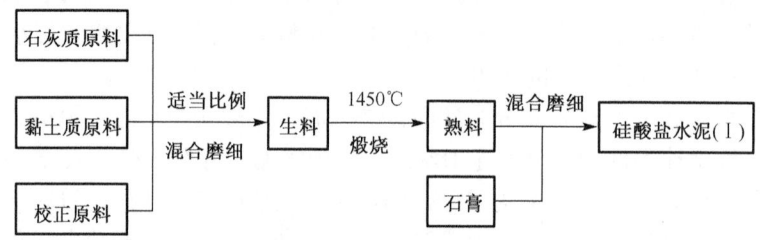

图 8-1 硅酸盐水泥生产工艺流程图

(1) 生料的配制。硅酸盐水泥的原料主要由三部分组成：石灰质原料(如石灰石、凝灰岩、贝壳等，提供CaO)、黏土质原料(如黏土、黄土、页岩、泥岩、砂岩等，主要提供SiO_2、Al_2O_3、Fe_2O_3)、校正原料(如铁矿粉，用以补充原料不足的Fe_2O_3；砂岩，用以补充原料中不足的SiO_2)。

将以上三种原料按适当的比例配合，并将它们在球磨机内研磨到规定细度并均匀混合，这个过程叫做生料配制。生料配制有湿法和干法两种。湿法是将原料加水粉磨成生料浆后，喂入湿法回转窑煅烧成熟料；干法是将原料同时烘干与粉磨或先烘干后粉磨成生料粉，而后喂入干法窑内煅烧成熟料。按煅烧熟料窑的结构分为立窑和回转窑。目前，以悬浮预热和预分解技术为核心的新型干法生产工艺在国内外得到大力发展，它具有节能、产量高、质量稳定、环保、生产率高等特点。

(2) 熟料的煅烧。将配好的生料入窑进行高温煅烧，至1450℃左右生成以硅酸钙为主要成分的硅酸盐水泥熟料。水泥窑型主要有立窑和回转窑。一般立窑适用于小型水泥厂，回转窑适用于大型水泥厂。生料在窑内经过干燥、预热、分解、烧成、冷却五个阶段，发生了一系列物理化学变化而形成了所需要的熟料矿物成分。

(3) 熟料的粉磨。为了调节水泥的凝结时间，将水泥熟料配以适量的石膏(常用二水石膏、天然硬石膏)，并根据要求掺入5%以内或不掺混合材，共同磨至适当的细度，即制成硅酸盐水泥。

2) 硅酸盐水泥熟料的矿物组成

硅酸盐水泥熟料主要由四种矿物组成，其名称、成分、化学式缩写、含量见表8-2。

表 8-2 硅酸盐水泥的成分及含量

矿物名称	化学成分	缩写符号	含量
硅酸三钙	$3CaO \cdot SiO_2$	C_3S	36%~60%
硅酸二钙	$2CaO \cdot SiO_2$	C_2S	15%~36%
铝酸三钙	$3CaO \cdot Al_2O_3$	C_3A	7%~15%
铁铝酸四钙	$4CaO \cdot Al_2O_3 \cdot Fe_2O_3$	C_4AF	10%~18%

水泥熟料中除了上述主要矿物,还含有少量的游离氧化钙(f-CaO)、游离氧化镁(f-MgO)、碱性氧化物(Na_2O、K_2O)和玻璃体等。

2. 硅酸盐水泥的水化和凝结硬化

1)硅酸盐水泥的水化

硅酸盐水泥熟料矿物与水拌和后,会发生水化反应,常温下水泥熟料单矿物的水化反应式如下:

$$2(3CaO \cdot SiO_2) + 6H_2O = 3CaO \cdot 2SiO_2 \cdot 3H_2O + 3Ca(OH)_2$$

$$2(2CaO \cdot SiO_2) + 4H_2O = 3CaO \cdot 2SiO_2 \cdot 3H_2O + Ca(OH)_2$$

$$3CaO \cdot Al_2O_3 + 6H_2O = 3CaO \cdot Al_2O_3 \cdot 6H_2O$$

$$4CaO \cdot Al_2O_3 \cdot Fe_2O_3 + 7H_2O = 3CaO \cdot Al_2O_3 \cdot 6H_2O + CaO \cdot Fe_2O_3 \cdot H_2O$$

为调节水泥的凝结时间,在熟料磨细时应掺加适量石膏,这些石膏与部分水泥水化产物水化铝酸钙反应,生成难溶的高硫型水化硫铝酸钙针状晶体(钙矾石,AFt)并伴有明显的体积膨胀。当进入反应后期时,由于石膏耗尽,水化铝酸钙又会与钙矾石反应生成单硫型水化硫铝酸钙,用 AFm 表示。反应方程式如下:

$$3CaO \cdot Al_2O_3 \cdot 6H_2O + 3(CaSO_4 \cdot 2H_2O) + 19H_2O = 3CaO \cdot Al_2O_3 \cdot 3CaSO_4 \cdot 31H_2O$$

$$3CaO \cdot Al_2O_3 \cdot 6H_2O + CaSO_4 \cdot 2H_2O + 4H_2O = 3CaO \cdot Al_2O_3 \cdot CaSO_4 \cdot 12H_2O$$

综上所述,硅酸盐水泥与水作用后,生成的主要水化产物有水化硅酸钙凝胶(C-S-H)、水化铁酸钙凝胶(C-F-H)、$Ca(OH)_2$、水化铝酸钙(C_3AH_6)和钙矾石(AFt)晶体。在完全水化的水泥石中,C-S-H 凝胶约占 70%,对水泥石的性质影响最大。其次是 $Ca(OH)_2$ 约占 20%,AFt 约占 7%。

2)硅酸盐水泥熟料矿物的特性

硅酸盐水泥熟料的四种主要矿物单独与水作用时所表现的特性是不同的,见表 8-3。

表 8-3 硅酸盐水泥熟料的主要矿物特性

矿物组成	硅酸三钙	硅酸二钙	铝酸三钙	铁铝酸四钙
反应速度	快	慢	最快	快
28d 水化放热量	多	少	最多	中
早期强度	高	低	低	低
后期强度	高	高	低	低
耐腐蚀性	中	良	差	好
干缩性	中	小	大	小

(1)C_3S:水化速度较快,水化热较大,其水化产物主要在早期产生。因此,早期强度最高,且能得到不断增长,是决定水泥强度等级的最主要矿物。

(2)C_2S:水化速度最慢,水化热最小,其水化产物和水化热主要在后期产生。因此,它对水泥早期强度贡献很小,但对后期强度增加至关重要。

(3)C_3A:水化速度最快,水化热最集中,如果不掺加石膏,易造成水泥速凝。它的水化产物大多在三天内就产生,但强度并不大,以后也不再增长,甚至倒缩。硬化时所表现出的体积收缩也最大,耐硫酸盐性能差。

(4)C_4AF:水化速度介于 C_3A 和 C_3S 之间,强度也是在早期发挥,但不大。它的突出特点是抗冲击性能和抗硫酸盐性能好。水泥中若提高它的含量，可增加水泥的抗折强度和耐腐蚀性能。

硅酸盐水泥强度主要取决于四种单矿物的性质。适当地调整它们的相对含量，可以制得不同品种的水泥。例如，提高 C_3S 和 C_3A 含量，可以生产快硬硅酸盐水泥；提高 C_2S 和 C_4AF 的含量、降低 C_3S 和 C_3A 的含量，可以生产低热的大坝水泥；提高 C_4AF 含量则可制得高抗折强度的道路水泥。

3) 硅酸盐水泥的凝结和硬化

与其他矿物胶凝材料一样，硅酸盐水泥加水拌和后成为可塑性的浆体。随着时间的推移，其塑性逐渐降低，直至最后失去塑性，这个过程称为水泥的凝结。随着水化的深入进行，水化产物不断增多，形成的空间网状结构越加密实，水泥浆体便产生强度，即达到了硬化。水泥的凝结硬化是一个连续不断的过程。

4) 硬化水泥浆体结构

硬化水泥浆体是由凝胶体(凝胶和晶体)、未水化的水泥颗粒内核、毛细孔、自由水等组成的多相非匀质体系。水泥浆体随水化反应的不断进行，水化产物逐渐充满原来由水占据的空间，固体粒子逐渐靠近，构成密集的整体。可将水泥石看做由水泥凝胶、吸附在凝胶孔内的凝胶水、$Ca(OH)_2$ 等结晶相、未水化水泥颗粒、毛细孔及毛细孔水所组成。水化反应越完全，水泥石总孔隙率降低，毛细孔减少，凝胶孔相对增加。

各种尺寸的孔也是硬化水泥浆体结构中的一个主要部分，总孔隙率、孔径大小的分布及孔的形态等，都是硬化水泥浆体的重要结构特征。

5) 影响硅酸盐水泥凝结硬化的因素

(1) 水泥矿物组成的影响。从表 8-3 可以看出，硅酸盐水泥熟料的四种矿物组成是影响水泥水化速度、凝结硬化过程和强度发展的主要因素。另外，水泥生产中石膏掺量的多少也非常关键。石膏掺入目的是调节 C_3A 的水化和凝结硬化速度。掺量太少，缓凝作用小；掺量过多，又会使水泥浆在硬化后继续生成过量钙矾石而造成安定性不良。所以，水泥生产中石膏的掺入量必须严格控制。

(2) 水泥细度的影响。水泥颗粒的粗细直接影响水泥的水化、凝结硬化、水化热、强度、干缩等性质。在一定范围内，水泥颗粒越细，其与水接触的表面积越大，水化反应速度越快，水化热越大，凝结硬化越快，早期强度较高。但水泥颗粒太细，在相同的稠度时，单位需水量增多，硬化后，水泥石中的毛细孔增多，干缩增大，反而会影响后期强度；同时，水泥颗粒太细，易与空气中的水分及二氧化碳反应，使水泥不宜久存，而且磨制过细的水泥能耗大、成本高。

(3) 水灰比(W/C)的影响。水灰比是水泥拌和时水与水泥的质量之比。拌和水泥浆体时，为了使其具有一定的塑性和流动性，实际加水量通常要大于水泥水化的理论用水量。水灰比越大，水泥浆越稀，颗粒间的间隙越大，凝结硬化越慢，多余水蒸发后在水泥石内形成的毛细孔越多，结果导致水泥石强度、抗冻性、抗渗性等随之下降，还会造成体积收缩等缺陷。

(4) 养护条件(温度、湿度)的影响。养护温度升高，水泥水化反应速度加快，其强度增长也快，但反应速度太快所形成的结构不密实，反而会导致后期强度下降(当温度达到 70℃以上时，其 28d 的强度下降 10%～20%)；当温度下降时，水泥水化反应速度下降，强度增长缓慢，早期强度较低。当温度接近 0℃或低于 0℃时，水泥停止水化，并有可能在冻结膨胀作用下，造成已硬化的水泥石破坏。因此，冬季施工时，要采取一定的保温措施。通常水泥的养护温度在 5～20℃时有利于强度增长。

水泥是水硬性胶凝材料，水是水泥水化、硬化的必要条件。若环境湿度大，水分不易蒸发，则可保证水泥水化充分进行；若环境干燥，水泥浆体中的水分会很快蒸发，水泥浆体由于缺水，而致使水化不能正常进行甚至停止，强度不再增长，严重的会导致水泥石或混凝土表面产生干缩裂缝。

(5) 养护时间(龄期)的影响。从水泥的凝结硬化过程可以看出，水泥的水化和硬化是一个较漫长的过程，随着龄期的增加，水泥水化更加充分，凝胶体数量不断增加，毛细孔隙减少，密实度和强度增加。硅酸盐水泥在 3～14d 内的强度增长较快，28d 后强度增长趋于缓慢。

3. 硅酸盐水泥的技术性质

根据相应的国家标准《通用硅酸盐水泥》(GB 175—2007)规定，对水泥的技术性质要求如下：

1) 细度

水泥颗粒的粗细对水泥性质有很大影响。颗粒太粗，水化反应速度慢，早期强度低，不利于工程的进度；颗粒太细，水化反应速度快，早期强度高，但需水量大，干缩增大，反而会使后期强度下降，同时能耗增大，成本增高。因此，水泥的细度必须适中，通常水泥颗粒的粒径在 7～200μm。

通用硅酸盐水泥的细度有两种表征方法。硅酸盐水泥和普通硅酸盐水泥的细度采用比表面测定仪(勃氏法)检验，即根据一定量空气通过一定空隙率和厚度的水泥层时，所受阻力的不同而引起流速的变化来测定。国家标准规定：硅酸盐水泥和普通硅酸盐水泥的比表面积应不小于 $300m^2/kg$。其余四种通用硅酸盐水泥的细度用筛析法表示，即采用边长 80μm 的方孔筛对水泥进行筛析试验，用筛余百分数表示水泥的细度。

2) 标准稠度用水量

指水泥加水调制到某一规定稠度净浆时所需拌和用水量占水泥质量的百分数。由于用水量的多少，能直接影响凝结时间和体积安定性等性质的测定，所以，必须在规定的稠度下进行试验。硅酸盐水泥的标准稠度用水量一般在 24%～30%。当水泥熟料矿物的成分和细度不相同时，其标准稠度用水量也不相同。

3) 凝结时间

水泥的凝结时间分为初凝和终凝两种。自加水起至水泥浆体开始失去塑性所需的时间，称为初凝；自加水起至水泥浆完全失去塑性、开始具有一定的结构强度所需的时间，称为终凝。

为使水泥浆在较长时间内保持流动性，以满足施工中各项操作(搅拌、运输、振捣、成型等)所需时间的要求，水泥的初凝时间不宜太短；成型完毕后，又希望水泥尽快硬化，有利于下一步工序的开展，因此水泥的终凝时间不宜过长。

水泥的凝结时间是以标准稠度的水泥净浆在规定温度和湿度下，用凝结时间测定仪测定的。由于用水量对水泥的凝结时间有很大影响，为使所测的结果有可比性，所以试验中必须采用标准稠度的水泥净浆。

国家标准规定：硅酸盐水泥的初凝时间不得小于 45min，终凝时间不得大于 390min。凝结时间不满足要求的为不合格品。

4) 体积安定性

水泥在凝结硬化过程中体积变化的均匀性称为水泥的体积安定性。体积变化不均匀，即所谓的体积安定性不良，会使混凝土结构产生膨胀性裂缝，降低工程质量，严重的还会造成工程事故。引起水泥安定性不良的原因如下：

(1) 熟料中含有过多的游离氧化钙。熟料煅烧时，一部分 CaO 未被吸收成为熟料矿物而形成过烧氧化钙，即游离氧化钙(f-CaO)。它的水化速度很慢，在水泥凝结硬化很长时间后才开始水化，生成 $Ca(OH)_2$ 体积增大。如果水泥熟料中游离氧化钙含量过多，会引起已硬化的水泥石体积发生不均匀膨胀而破坏。

沸煮可加速游离氧化钙的水化，故国家标准《水泥标准稠度用水量、凝结时间、体积安定性检验方法》(GB 1346—2011)规定：用沸煮法检验游离氧化钙引起的水泥安定性不良。测试时又分试饼法和雷氏法，当两种方法发生争议时，以雷氏法为准。

(2) 熟料中含有过多的游离氧化镁。游离氧化镁(f-MgO)也是熟料煅烧时由于过烧而形成，同样也会造成水泥石体积安定性不良。但游离氧化镁引起的安定性不良，只有用压蒸法才能检验出来，不便于快速检验。因此，国家标准规定：硅酸盐水泥中的游离氧化镁的含量不得超过 5.0%，当压蒸试验合格时可放宽到 6.0%。

(3) 石膏掺量过多。在生产水泥时，如果石膏掺量过多，在水泥已经硬化后，多余的石膏会与水泥石中固态的水化铝酸钙继续反应生成高硫型水化硫铝酸钙晶体，体积膨胀 1.5~2.0 倍，引起水泥石开裂。由于石膏造成的安定性不良，需长期在常温水中才能发现，不便于快速检验，因此在水泥生产时必须严格控制。国家标准规定：硅酸盐水泥中的石膏掺量以 SO_3 计，其含量不得超过 3.5%。

体积安定性不符合要求的水泥为不合格品。但某些体积安定性不合格的水泥在存放一段时间后，由于水泥中的游离氧化钙吸收空气中的水而熟化，会变得合格。

5) 强度等级

水泥强度是硅酸盐水泥的一项重要指标，是评定水泥强度等级的依据。

国家标准规定，采用《水泥胶砂强度检验法》(ISO 法)(GB/T 17671—1999)测定水泥强度。该法是将水泥、标准砂和水以规定的质量比例(水泥:标准砂:水=1:3:0.5)按规定的方法搅拌均匀并成型为 40mm×40mm×160mm 的试件，在温度(20±1)℃的水中，养护到一定的龄期(3d、28d)后，测其抗折强度、抗压强度。根据所测的强度值将硅酸盐水泥分为 42.5、42.5R、52.5、52.5R、62.5、62.5R 六个强度等级(符号 R 表示早强型)。各龄期的强度不能低于国家标准的规定，见表 8-4。强度不满足要求的为不合格品。

表 8-4 通用硅酸盐水泥各龄期的强度要求(GB 175—2007)

品种	强度等级	抗压强度/MPa		抗折强度/MPa	
		3d	28d	3d	28d
硅酸盐水泥	42.5	≥17.0	≥42.5	≥3.5	≥6.5
	42.5R	≥22.0		≥4.0	
	52.5	≥23.0	≥52.5	≥4.0	≥7.0
	52.5R	≥27.0		≥5.0	
	62.5	≥28.0	≥62.5	≥5.0	≥8.0
	62.5R	≥32.0		≥5.5	
普通硅酸盐水泥	42.5	≥17.0	≥42.5	≥3.5	≥6.5
	42.5R	≥22.0		≥4.0	
	52.5	≥23.0	≥52.5	≥4.0	≥7.0
	52.5R	≥27.0		≥5.0	
矿渣硅酸盐水泥 火山灰质硅酸盐水泥 粉煤灰硅酸盐水泥 复合硅酸盐水泥	32.5	≥10.0	≥32.5	≥2.5	≥5.5
	32.5R	≥15.0		≥3.5	
	42.5	≥15.0	≥42.5	≥3.5	≥6.5
	42.5R	≥19.0		≥4.0	
	52.5	≥21.0	≥52.5	≥4.0	≥7.0
	52.5R	≥23.0		≥4.5	

6) 水化热

水泥在与水进行水化反应时放出的热量称为水化热(J/g)。水化放热量与放热速度不仅影响水泥的凝结硬化速度，而且由于热量的积蓄还会产生某些效果，如有利于低温环境中的施工，不利于大体积结构的体积稳定等。如对于冬季施工等低温环境工程，宜采用水化热大的水泥，以利用其自身的水化热量来保证混凝土凝结硬化，而对于某些大体积混凝土工程(大型基础、水坝、桥墩等)，水化热积聚在结构内部不易发散，使结构的内外温差可达50～60℃，由此引起较大的应力会导致混凝土开裂等破坏，因此需采用低热水泥或掺入大量矿物掺合料。

水泥水化热的多少不仅取决于其矿物组成，还与水泥细度、混合材掺量等有关。水泥熟料中 C_3A 的放热量最大，其次是 C_3S，C_2S 的放热量最低，而且放热速度也最慢；水泥细度越细，水化反应越容易进行，因此水化放热速度越快，放热量也越大。硅酸盐水泥 3d 龄期内放热量为总量的50%，7d 内放出的热量为总量的75%，3个月内放出的热量可达总热量的90%。表8-5 列出了四种水泥熟料矿物的水化热大小。

表8-5　各种矿物的水化热

矿物名称	各种矿物的水化热/(J/g)				
	3d	7d	28d	90d	365d
C_3A	888	1554	—	1302	1168
C_3S	293	395	400	410	408
C_2S	50	42	108	178	228
C_4AF	120	175	340	400	376

7) 碱含量

水泥中的碱含量按 $Na_2O+0.658K_2O$ 计算值表示。配制混凝土的集料中含有活性 SiO_2 时，若水泥中的碱含量高，就会产生碱-集料反应，使混凝土产生不均匀的体积变化，甚至导致混凝土产生膨胀破坏。使用活性骨料或用户要求提供低碱水泥时，水泥中的碱含量应不大于0.6%，或由供需双方商定。

8) 氯离子含量

水泥混凝土是碱性的(新浇混凝土的 pH 为 12.5 或更高)，钢筋氧化保护膜也为碱性，故一般情况下，在水泥混凝土中的钢筋不致锈蚀。但如果水泥中氯离子含量较高，氯离子会强烈促进锈蚀反应，破坏保护膜，加速钢筋锈蚀。因此，国家标准规定：硅酸盐水泥中氯离子含量应不大于0.06%。氯离子含量不满足要求的为不合格品。

硅酸盐水泥除了上述技术要求，国家标准对硅酸盐水泥还有不溶物、烧失量等要求。

4. 硅酸盐水泥的腐蚀

硅酸盐水泥硬化后，一般有较好的耐久性，但当水泥石所处的环境中含有腐蚀性介质时，水泥石的水化产物就会同周围的腐蚀性物质发生反应，使水泥石遭受破坏，进而引起整个混凝土结构的破坏。

1) 硅酸盐水泥腐蚀的类型

(1) 溶出性腐蚀(软水腐蚀)。

雨水、雪水及许多河水和湖水均属于软水(重碳酸盐含量低的水)。当水泥石与这些水长期接触时，水泥石中的氢氧化钙会溶于水中，在静水及无压的情况下，由于水泥石周围的水易被溶出的氢氧化钙所饱和，使溶解作用终止，所以溶出仅限于水泥石表层，对水泥石内部结构影响不大。但在流水及压力水的作用下,氢氧化钙会被不断溶解流失,使水泥石的碱度降低。同时由于水泥石中的其他水化产物必须在一定的碱性环境中才能稳定存在,氢氧化钙的溶出势必将导致其他水化产物的分解,最终使水泥石破坏。也称为溶出性腐蚀。

当水中含有较多的重碳酸盐时,重碳酸盐会与水泥石中的 $Ca(OH)_2$ 反应,生成不溶于水的碳酸钙,生成的碳酸钙填充于已硬化水泥石的孔隙内,从而阻止外界水分的继续侵入和内部氢氧化钙的扩散析出。所以,含有较多重碳酸盐的水,一般不会对水泥石造成溶出性腐蚀。

(2)溶解性化学腐蚀。

① 碳酸的腐蚀。

在工业污水、雨水及地下水中常含有较多的 CO_2,当含量超过一定值时,将使水泥石发生破坏。其反应如下:

$$Ca(OH)_2 + CO_2 + H_2O = CaCO_3 + 2H_2O$$

$$CaCO_3 + CO_2 + H_2O = Ca(HCO_3)_2$$

反应生成的碳酸氢钙易溶于水,当水中含有较多的 CO_2 时,上述反应向右进行,从而导致水泥石中的微溶于水的氢氧化钙转变为易溶于水的碳酸氢钙而溶失。氢氧化钙浓度的降低又将导致水泥石中其他水化产物的分解,使腐蚀作用进一步加剧。

② 一般酸的腐蚀。

在工业废水、地下水中常含有无机酸或有机酸。这些酸类对水泥石都有不同程度的腐蚀,它们与水泥石中氢氧化钙发生中和反应后的生成物或者易溶于水而流失,或者体积膨胀而在水泥石内造成内应力而破坏。其反应式如下:

$$2HCl + Ca(OH)_2 = \underset{(易溶)}{CaCl_2} + 2H_2O$$

$$H_2SO_4 + Ca(OH)_2 = CaSO_4 \cdot 2H_2O + H_2O$$

硫酸与氢氧化钙反应生成的硫酸钙再与水化铝酸钙反应,生成的水化硫铝酸钙,即"水泥杆菌",体积膨胀 1.5~2 倍,使水泥石产生内应力,导致水泥石的膨胀破坏。

③ 镁盐的腐蚀。

在海水、地下水中常含有大量镁盐,主要是氯化镁和硫酸镁,均可以与水泥石中的氢氧化钙发生置换反应,生成松散且无胶结力的氢氧化镁,以及易溶于水的氯化钙,导致水泥石结构破坏。

$$MgCl_2 + Ca(OH)_2 = \underset{(易溶)}{CaCl_2} + \underset{(无胶结力)}{Mg(OH)_2}$$

当硫酸镁与水泥石接触时,将产生下列反应:

$$MgSO_4 + Ca(OH)_2 + 2H_2O = \underset{(无胶结力)}{Mg(OH)_2} + CaSO_4 \cdot 2H_2O$$

所生成的氢氧化镁松散且无胶结力,而生成的石膏又会进一步对水泥石产生硫酸盐腐蚀,故硫酸镁腐蚀称为双重腐蚀。

(3)膨胀性的化学腐蚀。

当水泥石与含硫酸或硫酸盐的水接触时,可产生膨胀性的化学腐蚀,如硫酸与水泥石中的 $Ca(OH)_2$ 作用:

$$H_2SO_4 + Ca(OH)_2 = CaSO_4 \cdot 2H_2O + 2H_2O$$

生成的 $CaSO_4·2H_2O$ 或直接在水泥石孔隙中结晶膨胀，或再与水泥石中的 C_3AH_6 作用，生成 AFt。

当环境水中含有钠、钾、铵等硫酸盐时，它们能与水泥石中的 $Ca(OH)_2$ 起置换作用，生成的 $CaSO_4$ 再与水泥石中固态的 C_3AH_6 作用，生成比原体积增加 1.5 倍以上的 AFt 晶体，其破坏性更大。

$$4CaO·Al_2O_3·12H_2O+3CaSO_4+20H_2O = 3CaO·Al_2O_3·3CaSO_4·31H_2O+Ca(OH)_2$$

高硫型水化硫铝酸钙呈针状晶体（AFt），俗称"水泥杆菌"，对水泥石的破坏作用极大。

(4) 碱的腐蚀

一般情况下，碱对水泥石的腐蚀作用很小，但当水泥中铝酸盐含量较高时，且在强碱溶液里水泥石也会遭受腐蚀。其反应如下：

$$3CaO·Al_2O_3 + 6NaOH = \underset{\text{（易溶于水）}}{3Na_2O·Al_2O_3} + 3Ca(OH)_2$$

当水泥石被 NaOH 溶液浸透后，又放在空气中干燥，这时水泥石中的 NaOH 会与空气中的 CO_2 作用，生成碳酸钠，反应如下：

$$2NaOH + CO_2 + H_2O = Na_2CO_3 + 2H_2O$$

生成的碳酸钠在水泥石毛细孔中结晶沉积，导致水泥石体积膨胀破坏。

除上述四种主要腐蚀类型，对水泥石可产生腐蚀作用的其他物质还有糖类、氨盐、酒精、动物脂肪等。

2) 水泥石腐蚀的原因

水泥石的腐蚀是一个极为复杂的物理化学过程，在其遭受腐蚀时很少是单一的侵蚀作用，往往是几种同时存在，互相影响。但从水泥石结构本身来说，造成水泥石腐蚀的原因主要有内、外两方面。

(1) 内因：水泥石中存在着易被腐蚀的成分，即氢氧化钙和水化铝酸钙等；水泥石本身不密实，含有大量毛细孔隙，使腐蚀性介质容易通过毛细孔进入其内部。

(2) 外因：水泥石存在的环境中有易引起腐蚀的介质，并且呈溶液状态，浓度在某一最小值以上。此外，较高的环境温度、较快的介质流速、频繁的干湿交替等也都是促进腐蚀的重要因素。

3) 防止水泥石腐蚀的措施

使用水泥时，应根据水泥石的腐蚀原因，针对不同的腐蚀环境，采取以下防止措施。

(1) 根据水泥石侵蚀环境特点，合理选用水泥品种或掺入活性混合材，以提高水泥的抗腐蚀能力。其目的是减少水泥石中易被腐蚀的氢氧化钙和水化铝酸钙含量。

(2) 提高水泥石的密实度可以提高混凝土的抗腐蚀能力。通过减小水灰比、采用优质集料、改善施工操作、掺入外加剂等方法，可以提高水泥石的密实度，从而减少腐蚀性介质进入混凝土的通道，提高混凝土的抗腐蚀能力。

(3) 在水泥石的表面涂抹或敷设保护层，避免外界腐蚀性介质对水泥石产生腐蚀作用。当环境介质的侵蚀作用较强时，或水泥石本身结构难以抵挡其腐蚀作用时，可在水泥石结构表面加做耐腐蚀性强且不易透水的保护层。例如，在水泥石表面涂抹耐腐蚀的涂料（水玻璃、沥青、环氧树脂等），或在水泥石的表面铺贴建筑陶瓷、致密的天然石材等都是防止水泥石腐蚀的有效做法。

5. 硅酸盐水泥的性能及应用

1)硅酸盐水泥的特点

(1)凝结硬化快、强度高，尤其早期强度高：因决定水泥石 28d 以内强度的 C_3S 含量高，以及凝结硬化速率快，同时对水泥早期强度有利的 C_3A 含量也较高。

(2)抗冻性好：硅酸盐水泥比掺大量混合材的水泥硬化后密实度高，故抗冻性好。

(3)水化热大：由水化热大的 C_3S 和 C_3A 含量高所致。

(4)耐腐蚀性差：水泥石中存在很多不耐腐蚀 $Ca(OH)_2$ 和较多的水化铝酸钙，故耐软水侵蚀和耐化学腐蚀性差。

(5)耐高温性能差：水泥石受热到约 300℃时，水泥的水化产物开始脱水，体积收缩，强度开始下降。温度达 700~1000℃时，将引起 $Ca(OH)_2$ 的分解，强度降低很多，甚至完全破坏，故硅酸盐水泥不耐高温。

2)硅酸盐水泥的应用

硅酸盐水泥适用于重要结构的高强混凝土及预应力混凝土工程、早期强度要求高的工程及冬季施工的工程，以及严寒地区、遭受反复冻融的工程及干湿交替的部位。

不宜用于海水和有侵蚀性介质存在的工程、大体积混凝土和高温环境的工程。

3)硅酸盐水泥的存放

运输和储存水泥期间应特别注意防水、防潮。工地储存水泥应有专用仓库，库房要干燥。水泥要按不同品种、强度等级及出厂日期分开存放，袋装水泥存放时，地面垫板要离地 30cm，四周离墙 30cm，堆放高度不应超过 10 袋。水泥的储存应考虑先存先用，防止存放过久。水泥存放期一般不应超过 3 个月，超过 6 个月的水泥必须经试验才能使用。

8.2.2 其他通用硅酸盐水泥

1. 混合材

在生产水泥的过程中掺入的各种人工或天然矿物材料，称为混合材。混合材的掺入不仅可以改善水泥的性能，调节水泥的强度等级，增加水泥产量，降低成本，而且可以大量利用工业废料，利于环保。

混合材按其性能分为活性混合材和非活性混合材两种。

1)活性混合材

本身与水反应很慢，但当磨细并与石灰、石膏或硅酸盐水泥熟料混合，加水拌和后能发生化学反应，在常温下能缓慢生成具有水硬性胶凝物质的矿物材料称为活性混合材。常用的活性混合材有如下几种。

(1)粒化高炉矿渣。

在高炉冶炼生铁时将浮在铁水表面的熔融物经急冷处理后，得到的粒径为 0.5~5mm 的疏松颗粒状材料称为粒化高炉矿渣。由于多采用水淬方法进行急冷处理，故又称水淬矿渣。水淬矿渣为多孔玻璃体结构，玻璃体含量达 80%以上，内部储存有较大的化学潜能。

(2)火山灰质混合材。

火山灰质混合材是用于水泥中的，以活性氧化硅、活性氧化铝为主要成分的矿物材料。按其成因可分为天然和人工两大类。

① 天然火山灰质混合材。包括：火山灰、凝灰岩、浮石、沸石、硅藻土、硅藻石、蛋白石等。

② 人工火山灰质混合材。包括：烧黏土(如碎砖、瓦)、烧页岩、煤矸石、炉渣、煤灰等。
(3) 粉煤灰。

粉煤灰是火力发电厂用收尘器从烟道中收集的灰粉，也称飞灰，为玻璃态实心或空心球状颗粒，表面光滑、色灰。主要化学成分是活性氧化硅和活性氧化铝，两者占 60%以上。就其成分而言，粉煤灰也属于火山灰质混合材，但由于它的产量及用量大，所以将其配制的水泥单独列出。

通常，对粉煤灰质量影响较大的因素包括含碳量和颗粒细度。含碳量越低，活性越高；5～45μm 的细颗粒越多、细小而密实的球形玻璃体含量越高，其活性越高，质量越好。

2) 非活性混合材

不与或几乎不与水泥成分产生化学作用，加入水泥的目的仅是降低水泥强度等级、提高产量、降低成本、减小水化热的这一类矿物材料，称为非活性混合材，也叫做惰性混合材。如磨细的石灰石、石英砂、黏土、慢冷矿渣、窑灰等。

2. 普通硅酸盐水泥

普通硅酸盐水泥代号为 P·O。其中加入了大于 5%且不超过 20%的活性混合材，并允许不超过水泥质量 8%的非活性混合材或不超过水泥质量 5%的窑灰代替部分活性混合材。

1) 普通硅酸盐水泥的技术指标

普通硅酸盐水泥的细度、体积安定性、氧化镁含量、三氧化硫含量、氯离子含量要求与硅酸盐水泥完全相同，烧失量、凝结时间和强度等级技术指标要求不同。

(1) 凝结时间：要求初凝时间不小于 45min，终凝时间不大于 600min。

(2) 强度等级：根据 3d 和 28d 的抗折强度、抗压强度，将普通硅酸盐水泥分为 42.5、42.5R、52.5、52.5R 四个强度等级。各龄期的强度应满足表 8-4 的要求。

掺火山灰质混合材的普通硅酸盐水泥、火山灰质硅酸盐水泥、粉煤灰硅酸盐水泥、复合硅酸盐水泥在进行胶砂强度检验时，其用水量按 0.50 水灰比和胶砂流动度不小于 180mm 来确定。当流动度小于 180mm 时，需以 0.01 的整倍数递增的方法将水灰比调整至胶砂流动度不小于 180mm。

2) 普通硅酸盐水泥的性能及应用

普通硅酸盐水泥由于掺加的混合材较少，其性能与硅酸盐水泥基本相同。只是强度等级、水化热、抗冻性、抗碳化性等比硅酸盐水泥略有降低，耐热性、耐腐蚀性略有提高。其应用范围与硅酸盐水泥大致相同。普通硅酸盐水泥是土木工程中用量最大的水泥品种。

3. 矿渣硅酸盐水泥

矿渣硅酸盐水泥分为两个类型，加入大于 20%且不超过 50%的粒化高炉矿渣的为 A 型，代号 P·S·A；加入大于 50%且不超过 70%的粒化高炉矿渣的为 B 型，代号 P·S·B。其中允许不超过水泥质量 8%的活性混合材、非活性混合材和窑灰中的任一种材料代替部分矿渣。

1) 矿渣硅酸盐水泥的技术指标

矿渣硅酸盐水泥的凝结时间、体积安定性、氯离子含量要求均与普通硅酸盐水泥相同。其他技术要求如下：

(1) 细度：要求 80μm 方孔筛筛余不大于 10%或 45μm 方孔筛筛余不大于 30%。

(2) 氧化镁含量：对于 P·S·A 型，要求氧化镁的含量不大于 6.0%，如果含量大于 6.0%，需进行压蒸安定性试验并合格。对 P·S·B 型不做要求。

(3) 三氧化硫含量：不大于 4.0%。

(4) 强度等级：根据 3d 和 28d 的抗折强度、抗压强度，将矿渣硅酸盐水泥分为 32.5、32.5R、42.5、42.5R、52.5、52.5R 六个强度等级。各龄期的强度不能低于表 8-4 中的规定。

2) 矿渣硅酸盐水泥的水化特点

矿渣硅酸盐水泥的水化分两步进行，即存在二次水化。首先是水泥熟料的水化：与硅酸盐水泥相同，水化生成水化硅酸钙、氢氧化钙、水化铝酸钙、水化铁酸钙等。然后是活性混合材开始水化。熟料矿物析出的氢氧化钙作为碱性激发剂，石膏作为硫酸盐激发剂，促使混合材中的活性氧化硅和活性氧化铝的活性发挥，生成水化硅酸钙、水化铝酸钙和水化硫铝酸钙。

二次水化是掺混合材材料水泥的共同特点。

3) 矿渣硅酸盐水泥的性能及应用

(1) 早期强度发展慢，后期强度增长快。

由于矿渣硅酸盐水泥中的熟料含量较少，所以早期的熟料矿物的水化产物也相应减少，而二次水化又必须在熟料水化之后才能进行，因此凝结硬化速度慢，早期强度发展慢。但后期强度增长快，甚至可以超过同强度等级的硅酸盐水泥，见图 8-2。该水泥不适用于早期强度要求较高的工程，如现浇混凝土楼板、梁、柱等。

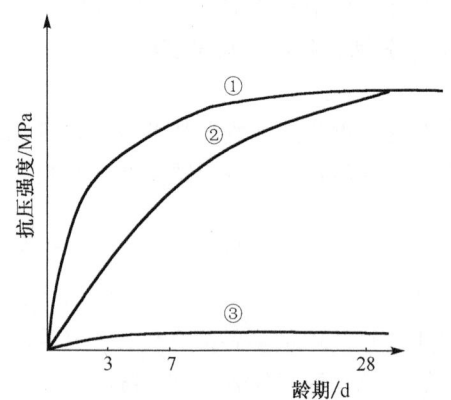

图 8-2 硅酸盐水泥、矿渣硅酸盐水泥、混合材的强度发展特点
①硅酸盐水泥；②矿渣硅酸盐水泥；③活性混合材

(2) 耐热性好。因矿渣本身有一定的耐高温性，硬化后水泥石中的氢氧化钙含量少，所以矿渣水泥适用于高温环境。如轧钢、铸造等高温车间的高温窑炉基础及温度达到 300～400℃ 的热气体通道等耐热工程。

(3) 水化热小。水泥中掺加了大量的混合材，水泥熟料很少，放热量高的 C_3A 和 C_3S 含量少，因此水化放热速度慢、放热量小，可以用于大体积混凝土工程。

(4) 耐腐蚀性好。由于二次水化消耗了大量的氢氧化钙，所以抗软水和海水侵蚀能力增强。可用于海港、水工等受硫酸盐和软水腐蚀的混凝土工程。

(5) 硬化时对温度、湿度敏感性强。当温度、湿度低时，凝结硬化慢，故不适于冬季施工。但在湿热条件下，可加速二次水化反应进行，凝结硬化速度明显加快，28d 的强度可以提高 10%～20%。特别适用于蒸汽养护的混凝土预制构件。

(6) 抗碳化能力差。由于二次水化反应的发生，致使水泥石中 $Ca(OH)_2$ 含量少，碱度降低，在相同的二氧化碳的含量中，碳化进行得较快，碳化深度也较大，因此其抗碳化能力差，一般不用于热处理车间的修建。

(7) 抗冻性差。由于水泥中掺加了大量混合材，使水泥需水量增大，水分蒸发后造成的毛细孔隙增多，且早期强度低，故抗冻性差，不宜用于严寒地区，特别是严寒地区水位经常变动的部位。

(8) 抗渗性差、干缩较大。由于矿渣本身不容易磨细，磨细后又呈多棱角状，且颗粒平均粒径大于硅酸盐水泥粒径，矿渣硅酸盐水泥的保水性差、抗渗性差、泌水通道较多、干缩较大，使用中要严格控制用水量，加强早期养护。

4. 火山灰质硅酸盐水泥、粉煤灰硅酸盐水泥、复合硅酸盐水泥

火山灰质硅酸盐水泥代号为 P·P。其中加入了大于 20%且不超过 40%的火山灰质混合材。

粉煤灰硅酸盐水泥代号为 P·F。其中加入了大于 20%且不超过 40%的粉煤灰。

复合硅酸盐水泥代号为 P·C。其中加入了两种(含)以上大于 20%且不超过 50%的混合材，并允许用不超过水泥质量 8%的窑灰代替部分混合材，所用当混合材材料为矿渣时，其掺加量不得与矿渣硅酸盐水泥重复。

1) 三种水泥的技术指标

这三种水泥的细度、凝结时间、体积安定性、强度等级、氯离子含量要求与矿渣硅酸盐水泥相同。三氧化硫含量要求不大于 3.5%。氧化镁的含量要求不大于 6.0%，如果含量大于 6.0%，需进行压蒸安定性试验并合格。

2) 三种水泥的性能及应用

这三种水泥与矿渣硅酸盐水泥的性质和应用有很多相似之处，如早期强度发展慢，后期强度增长快，水化热小，耐腐蚀性好，温湿度敏感性强，抗碳化能力差，抗冻性差等。但因所加入混合材材料的种类和量不同，这三种水泥也各有其特点。

(1) 火山灰质硅酸盐水泥抗渗性好。

因为火山灰颗粒较细，比表面积大，可使水泥石结构密实，在潮湿环境下使用时，水化中产生较多的水化硅酸钙可增加结构致密程度，故火山灰质硅酸盐水泥适用于有抗渗要求的混凝土工程。但在干燥、高温的环境中，与空气中的二氧化碳反应使水化硅酸钙分解成碳酸钙和氧化硅，易产生"起粉"现象，不宜用于干燥环境的工程，也不宜用于有抗冻和耐磨要求的混凝土工程。

(2) 粉煤灰硅酸盐水泥干缩较小，抗裂性好。

粉煤灰颗粒多呈球形玻璃体结构，比较稳定，表面又相当致密，吸水性小，不易水化，因而粉煤灰硅酸盐水泥干缩较小，抗裂性好，用其配制的混凝土和易性好，但其早期强度比其他掺混合材的水泥低。所以，粉煤灰硅酸盐水泥适用于承受荷载较迟的工程，尤其适用于大体积水利工程。

(3) 复合硅酸盐水泥综合性质较好。

复合硅酸盐水泥由于使用了复合混合材，改变了水泥石的微观结构，促进水泥熟料的水化，因此，其早期强度大于同强度等级的矿渣硅酸盐水泥、粉煤灰硅酸盐水泥、火山灰质硅酸盐水泥。因而复合硅酸盐水泥的用途比硅酸盐水泥、矿渣硅酸盐水泥等更为广泛，是一种大力发展的新型水泥。

5. 水泥的应用与储运

通用硅酸盐水泥是土木工程中广泛使用的水泥品种。为方便查阅与选用，现将其选用原则列于表 8-6，以供参考。

表 8-6 通用硅酸盐水泥的选用

混凝土工程特点及所处环境特点			优先选用	可以选用	不宜选用
普通混凝土	1	在一般环境中的混凝土	普通硅酸盐水泥	矿渣硅酸盐水泥 火山灰质硅酸盐水泥 粉煤灰硅酸盐水泥 复合硅酸盐水泥	
	2	在干燥环境中的混凝土	普通硅酸盐水泥	矿渣硅酸盐水泥	火山灰质硅酸盐水泥 粉煤灰硅酸盐水泥

续表

混凝土工程特点及所处环境特点			优先选用	可以选用	不宜选用
普通混凝土	3	在高温环境中或长期处于水中的混凝土	矿渣硅酸盐水泥 火山灰质硅酸盐水泥 粉煤灰硅酸盐水泥 复合硅酸盐水泥	普通硅酸盐水泥	
普通混凝土	4	厚大体积混凝土	矿渣硅酸盐水泥 火山灰质硅酸盐水泥 粉煤灰硅酸盐水泥 复合硅酸盐水泥		硅酸盐水泥
有特殊要求的混凝土	1	要求快硬、高强（>C40）的混凝土	硅酸盐水泥	普通硅酸盐水泥	矿渣硅酸盐水泥 火山灰质硅酸盐水泥 粉煤灰硅酸盐水泥 复合硅酸盐水泥
有特殊要求的混凝土	2	严寒地区的露天混凝土 寒冷地区处于水位升降范围的混凝土	普通硅酸盐水泥	矿渣硅酸盐水泥（强度等级>32.5）	火山灰质硅酸盐水泥 粉煤灰硅酸盐水泥
有特殊要求的混凝土	3	严寒地区处于水位升降范围的混凝土	普通硅酸盐水泥（强度等级>42.5）		矿渣硅酸盐水泥 火山灰质硅酸盐水泥 粉煤灰硅酸盐水泥 复合硅酸盐水泥
有特殊要求的混凝土	4	有抗渗要求的混凝土	普通硅酸盐水泥 火山灰质硅酸盐水泥		矿渣硅酸盐水泥
有特殊要求的混凝土	5	有耐磨要求的混凝土	硅酸盐水泥 普通硅酸盐水泥	矿渣硅酸盐水泥（强度等级>32.5）	火山灰质硅酸盐水泥 粉煤灰硅酸盐水泥
有特殊要求的混凝土	6	受侵蚀介质作用的混凝土	矿渣硅酸盐水泥 火山灰质硅酸盐水泥 粉煤灰硅酸盐水泥 复合硅酸盐水泥		硅酸盐水泥

水泥在储存和运输中不得受潮和混入杂物。水泥受潮后，颗粒表面会产生水化和碳化，从而丧失胶凝能力，严重降低其强度。即使在良好的储存条件下，水泥也会吸收空气中的水分和二氧化碳，产生缓慢的水化和碳化。一般储存 3 个月的水泥，强度下降 10%～20%；储存 6 个月的水泥，强度下降 15%～30%；储存 1 年后强度下降 25%～40%。水泥有效存放期规定：自水泥出厂之日起，不得超过 3 个月，超过 3 个月的水泥使用时应重新检验，以实测强度为准。对于受潮水泥，可以进行处理，然后再使用。处理方法及适用范围见表 8-7。

表 8-7 受潮水泥的处理与使用

受潮程度	处理办法	使用要求
轻微结块，可用手捏成粉末	将粉块压碎	经试验后根据实际强度使用
部分结成硬块	将硬块筛除，粉块压碎	经试验后根据实际强度使用。用于受力小的部位、强度要求不高的工程或配制砂浆
大部分结成硬块	将硬块粉碎磨细	不能作为水泥使用，可作为混合材掺入新水泥使用（掺量应小于25%）

水泥在运输和储存中，不同品种、不同强度等级的水泥不能混装。对于袋装水泥，水泥堆放高度不能超过 10 包，遵循先来的水泥先用原则。包装袋两侧应印有生产者名称、生产许可证标志(QS)及编号、水泥名称、代号、强度等级、出厂编号、执行标准号、包装日期、净含量。硅酸盐水泥和普通硅酸盐水泥用红色的字样打印在包装袋上，矿渣硅酸盐水泥为绿色字体，粉煤灰硅酸盐水泥、火山灰质硅酸盐水泥、复合硅酸盐水泥均为黑色字体或蓝色字体。

8.3 特性水泥与专用水泥

土木工程中除了上述通用硅酸盐水泥，为了满足某些工程的特殊性能要求，还常采用具有特殊性能的水泥，即特性水泥。主要包括铝酸盐水泥、快硬水泥、膨胀水泥和自应力水泥、抗硫酸盐硅酸盐水泥、白色硅酸盐水泥等。另外对于某些特殊工程还有专用水泥，主要包括道路硅酸盐水泥、水工硅酸盐水泥及砌筑水泥。

8.3.1 铝酸盐水泥

铝酸盐水泥是以铝矾土和石灰石为主要原料，经高温烧至全部或部分熔融所得的以铝酸钙为主要矿物成分的熟料，经磨细得到的水硬性胶凝材料，代号为 CA。由于熟料中氧化铝的成分大于 50%，因此又称高铝水泥。

铝酸盐水泥的水化产物主要是水化铝酸一钙（CAH_{10}）、水化铝酸二钙（C_2AH_8）和铝胶（$Al_2O_3 \cdot 3H_2O$）。CAH_{10} 和 C_2AH_8 是针状和片状晶体，能在早期相互连成坚固的结晶连生体，同时生成的氢氧化铝凝胶填充在晶体的空隙内，形成密实的结构。因此，铝酸盐水泥早期强度增长很快。

CAH_{10} 和 C_2AH_8 是亚稳定型的，随着时间的推移会逐渐转变为稳定的 C_3AH_6，转化过程随着温、湿度的升高而加速。由于 C_3AH_6 本身强度较低，导致水泥石的强度下降。因此，铝酸盐水泥的长期强度是下降的，但这种下降有一定的限制，当下降到某一最低值后就不再下降了，其最终稳定强度值大约为早期强度的 1/2 或更低。对于铝酸盐水泥，由于长期强度下降，应用时要测定其最低稳定值。国家标准规定：铝酸盐水泥混凝土的最低稳定值以混凝土试件脱模后在 (50±2)℃水中养护 7d 和 14d 强度中的最低值来确定。

主要依照熟料中的 Al_2O_3 的含量，铝酸盐水泥分为 CA-50、CA-60、CA-70 和 CA-80 四种类型。细度要求其比表面积不小于 $300m^2/kg$，或 0.045mm 筛余不大于 20%。CA-50、CA-60 和 CA-70 的初凝时间要求不早于 30min，终凝时间不迟于 6h；CA-80 的初凝时间要求不得早于 60min，终凝时间不得迟于 18h。其强度等级应符合表 8-8 的要求。

表 8-8 铝酸盐水泥各龄期的强度要求（GB 201—2000）

水泥类型	抗压强度/MPa				抗折强度/MPa			
	6h	1d	3d	28d	6h	1d	3d	28d
CA-50	20	40	50	—	3.0	5.5	6.5	—
CA-60	—	20	45	85	—	2.5	5.0	10.0
CA-70	—	30	40	—	—	5.0	6.0	—
CA-80	—	25	30	—	—	4.0	5.0	—

铝酸盐水泥的特性及应用如下：

(1) 快硬、早强，高温下后期强度倒缩：1d 的强度可达 3d 强度的 80%以上，适用于紧急抢修工程(筑路、桥)、军事工程、临时性工程和早期强度有要求的工程，不适用于高温、高湿环境，一般施工与使用温度不超过 25℃的环境，也不能进行蒸汽养护，且不宜用于长期承载的工程。

(2) 水化热大，并且集中在早期，一天内可放出水化热 70%~80%，使温度上升很高。因此，铝酸盐水泥适用于寒冷季节的冬季施工工程，但不宜用于大体积混凝土工程。

(3) 其水化后不含氢氧化钙，故适用于耐酸及硫酸盐腐蚀的工程。

(4) 耐热性好：从其水化特征上看，铝酸盐水泥不适用于 30℃ 以上环境的工程。但在 900℃ 以上的高温环境下，却可用于配制耐热混凝土。这是由于铝酸盐水泥在高温下与集料发生固相反应，烧结结合代替了水化结合，而且这种作用随温度的升高而更加明显。因此，铝酸盐水泥可用于拌制 1200~1400℃ 耐热砂浆或耐热混凝土，如窑炉衬砖。

(5) 耐碱性差：铝酸盐水泥的水化产物水化铝酸钙不耐碱，遇碱后强度下降。故铝酸盐水泥不能用于与碱接触的工程，也不能与硅酸盐水泥或石灰等能析出 $Ca(OH)_2$ 的材料接触，否则会发生闪凝，无法施工，且生成高碱性水化铝酸钙，使混凝土开裂破坏，强度下降。

(6) 用于钢筋混凝土时，钢筋保护层的厚度不得低于 60mm，未经试验，不得加入任何外加剂。

8.3.2 硫铝酸盐水泥

以适当的生料，经煅烧所得的以无水硫铝酸钙和硅酸二钙为主要矿物的水泥熟料，掺加不同量的石灰石、适量石膏共同磨细制成的，具有水硬性的胶凝材料。硫铝酸盐水泥分为快硬硫铝酸盐水泥、低碱度硫铝酸盐水泥和自应力硫铝酸盐水泥。

快硬硫铝酸盐水泥定义为由适当成分的硫铝酸盐水泥熟料和少量石灰石、适量石膏共同磨细制成的，具有早期强度高的水硬性胶凝材料。

硫铝酸盐水泥的物理与化学性能指标要求比较特殊，具体指标见表 8-9。

表 8-9 硫铝酸盐水泥的物理、化学指标要求（GB 20472—2006）

项目		指标		
		快硬硫铝酸盐水泥	低碱度硫铝酸盐水泥	自应力硫铝酸盐水泥
比表面积/(m²/kg)		≥350	≥400	≥370
凝结时间/min	初凝	≤25		≤40
	终凝	≥180		≥240
碱度(pH)		—	0.00~0.15	—
自由膨胀率/%	28d 自由膨胀率/%			
	7d	—	—	≤1.30
	28d	—	—	≤1.75
水泥中碱含量(Na₂O+0.658K₂O)/%		—	—	<0.50
28d 自应力增进率/(MPa/d)		—	—	≤0.010

三种硫铝酸盐水泥中，快硬硫铝酸盐水泥和低碱度硫铝酸盐水泥的强度等级以其 7d 的抗压强度为主进行评定，具体指标要求见表 8-10 和表 8-11。

表 8-10 快硬硫铝酸盐水泥的强度要求（GB 20472—2006）

强度等级	抗压强度/MPa			抗折强度/MPa		
	1d	3d	28d	1d	3d	28d
42.5	30.0	42.5	45.0	6.0	5.5	7.0
52.5	40.0	52.5	55.0	6.5	7.0	7.5
62.5	50.0	62.5	65.0	7.0	7.5	8.0
72.5	55.0	72.5	75.0	7.5	8.0	8.5

表 8-11 低碱度硫铝酸盐水泥的强度要求(GB 20472—2006)

强度等级	抗压强度/MPa		抗折强度/MPa	
	1d	3d	1d	3d
32.5	25.0	32.5	3.5	5.0
42.5	30.0	42.5	4.0	5.5
52.5	40.0	52.5	4.5	6.0

自应力硫铝酸盐水泥以其 28d 自应力值大小分级,其 7d 抗压强度要求不小于 32.5MPa,28d 不小于 42.5MPa,具体分级如表 8-12 所示。

表 8-12 自应力硫铝酸盐水泥的分级(GB 20472—2006)

级别	7d	28d	
3.0	≥2.0	≥3.0	≤4.0
3.5	≥2.5	≥3.5	≤4.5
4.0	≥3.0	≥4.0	≤5.0
4.5	≥3.5	≥4.5	≤5.5

硫铝酸盐水泥的特点主要是早强高强和高抗冻性能。

(1) 早强高强性能。不仅有较高的早期强度,而且有不断增长的后期强度。同时具有满足使用要求的凝结时间,随养护龄期的增长,强度不断增长,最高强度可达 100MPa。

(2) 高抗冻性能。硫铝酸盐水泥表现出极好的抗冻性。它具有以下几个特点:

① 在 0~10℃低温下使用,早期强度是硅酸盐水泥的 5~8 倍。

② 在 0~−20℃负温下使用,加入少量防冻剂,混凝土入模温度维持在 5℃以上,则可正常施工。混凝土 3~7d 强度可达设计标号的 70%~80%。

③ 在正负温交替情况下施工,对后期强度增长影响不大。实验室 200 次冻融循环,混凝土强度损失不明显。抗冻标号可达 F200 以上。

(3) 耐蚀性能。硫铝酸盐水泥对海水、氯盐、硫酸盐等,均具有极好的耐蚀性,明显优于抗硫酸盐水泥和高铝水泥。

(4) 高抗渗性能。硫铝酸盐水泥的水泥石结构较致密,因此混凝土抗渗性是同标号硅酸盐水泥混凝土的 2~3 倍。

8.3.3 抗硫酸盐硅酸盐水泥

抗硫酸盐硅酸盐水泥按其抗硫酸盐侵蚀程度分为中抗硫酸盐硅酸盐水泥和高抗硫酸盐硅酸盐水泥两类。

以适当成分的硅酸盐水泥熟料,加入石膏,共同磨细制成的具有抵抗中等浓度硫酸根离子侵蚀的水硬性胶凝材料,称为中抗硫酸盐硅酸盐水泥,简称中抗硫酸盐水泥,代号 P·MSR。中抗硫酸盐水泥中 C_3A 的含量不得超过 5%,C_3S 的含量不得超过 55%。

以适当成分的硅酸盐水泥熟料,加入石膏,磨细制成的具有抵抗较高浓度硫酸根离子侵蚀的水硬性胶凝材料,称为高抗硫酸盐硅酸盐水泥,简称高抗硫酸盐水泥,代号 P·HSR。高抗硫酸盐水泥中 C_3A 的含量不得超过 3%,C_3S 的含量不得超过 50%。

根据国家标准《抗硫酸盐硅酸盐水泥》(GB 748—2005)的规定,抗硫酸盐水泥分为 32.5、42.5 两个强度等级,见表 8-13。

表 8-13　抗硫酸盐硅酸盐水泥各龄期的强度要求（GB 748—2005）

水泥强度等级	抗压强度/MPa		抗折强度/MPa	
	3d	28d	3d	28d
32.5	10.0	32.5	2.5	6.0
42.5	15.0	42.5	3.0	6.5

在抗硫酸盐水泥中，由于限制了水泥熟料中 C_3A、C_4AF 和 C_3S 的含量，使水泥的水化热较低，水化铝酸钙的含量较少，抗硫酸盐侵蚀的能力较强，适用于一般受硫酸盐侵蚀的海港、水利、地下、引水、隧道、道路和桥梁基础等大体积混凝土工程。

8.3.4　白色硅酸盐水泥

白色硅酸盐水泥是以铁含量少的硅酸盐水泥熟料、适量石膏及混合材磨细所得的水硬性胶凝材料，称为白色硅酸盐水泥，简称白水泥，代号 P·W。磨制水泥时，允许加入不超过水泥质量 0~10%的石灰石或窑灰做外加物。水泥粉磨时允许加入不损害水泥性能的助磨剂，加入量不超过水泥质量的 1%。白水泥的生产、矿物组成、性能和普通硅酸盐水泥基本相同。

1. 白色硅酸盐水泥的生产工艺及要求

通用水泥通常由于含有较多的氧化铁而呈灰色，且随氧化铁含量的增多而颜色加深。所以白色硅酸盐水泥的生产关键是控制水泥中的铁含量，通常其氧化铁含量应控制在普通水泥的 1/10。可采取如下方法来达到提高水泥白度的要求：

1）原料选用方面

白水泥生产采用的石灰石及黏土中的氧化铁含量应分别低于 0.1%和 0.7%。为此，采用的石灰质原料多为白垩，黏土质原料主要有高岭土、瓷石、白泥、石英砂等。作为缓凝用的石膏多采用白度较高的雪花石膏。

2）生产工艺方面

在粉磨生料和熟料时，为避免混入铁质，球磨机内壁不可采用钢衬板，而是镶贴白色花岗岩或高强陶瓷衬板，并采用烧结刚玉、瓷球、卵石作为研磨体。

熟料煅烧时应用天然气、柴油、重油作为燃料以防止灰烬掺入水泥熟料。

对水泥熟料进行喷水、喷油等漂白处理，以使色深的 Fe_2O_3 还原成色浅的 FeO 或 Fe_3O_4。

2. 白色硅酸盐水泥的技术指标

(1) 细度：0.08mm 方孔筛筛余量不得大于 10%。

(2) 凝结时间：初凝时间不得早于 45min，终凝时间不得迟于 10h。

(3) 强度等级：根据 3d、28d 的抗压和抗折强度划分为 32.5、42.5、52.5 三个强度等级，各龄期的强度值不得低于表 8-14 的要求。

(4) 白度：将水泥样品放入白度仪中测定其白度，白度值不能低于 87。

(5) 安定性：体积安定性用沸煮法检验必须合格。熟料中 MgO 含量不得超过 5.0%，SO_3 含量不得超过 3.5%。

表 8-14　白水泥各龄期的强度要求（GB/T 2015—2005）

强度等级	抗压强度/MPa		抗折强度/MPa	
	3d	28d	3d	28d
32.5	12.0	32.5	3.0	6.0
42.5	17.0	42.5	3.5	6.5
52.5	22.0	52.5	4.0	7.0

3. 白色硅酸盐水泥的应用

白色硅酸盐水泥主要用于各种装饰混凝土及装饰砂浆，如水刷石、水磨石及人造大理石等。由白色硅酸盐水泥熟料及适量石膏、混合材及着色剂磨细或混合，可制成彩色硅酸盐水泥；颜色较深的彩色硅酸盐水泥也可由硅酸盐水泥熟料制得。彩色硅酸盐水泥的强度等级等主要技术性能与白色硅酸盐水泥基本相同。

复习思考题

1．硅酸盐水泥的主要矿物成分是什么？各有何特性？
2．硅酸盐水泥的主要水化产物是什么？水泥石的组成是什么？
3．制造硅酸盐水泥时为何要加入适量石膏？加多和加少各有何现象？
4．硅酸盐水泥体积安定性不良的原因是什么？如何检验安定性？
5．测定水泥凝结时间、体积安定性时为什么必须采用标准稠度的浆体？
6．影响硅酸盐水泥强度发展的主要因素有哪些？
7．硅酸盐水泥为什么不适用于大体积混凝土工程？当不得不用硅酸盐水泥进行大体积施工时，应采取何措施以保证工程质量？
8．为什么生产硅酸盐水泥时加入适量石膏不会对水泥起破坏作用？而硬化后的水泥石遇到硫酸盐环境时就会受到破坏？
9．什么是活性混合材料？什么是非活性混合材料？它们在水泥中各自起什么作用？常用的水泥混合材料有哪几种？
10．掺混合材水泥和硅酸盐水泥相比性能上有何差异？并请说明原因。
11．现有下列混凝土工程结构，请分别选用合适的水泥品种，并说明理由。
①大体积混凝土工程；②采用湿热养护的混凝土构件；③高强度混凝土工程；④严寒地区受到反复冻融的混凝土；⑤与硫酸盐介质接触的混凝土工程；⑥有耐磨要求的混凝土工程；⑦紧急抢修工程的军事工程或防洪工程；⑧高炉基础；⑨道路工程。
12．某工地材料仓库存放有白色材料，可能是磨细生石灰、石灰石粉、建筑石膏、白色水泥，可用何简便方法加以鉴别？
13．土木工程中哪些水泥具备快凝快硬的性能特点？

第9章 混凝土与砂浆

9.1 混 凝 土

9.1.1 概述

混凝土简称砼，是以胶凝材料、粗骨料、细骨料(必要时掺入各种外加剂和矿物掺合料)和水按适当比例配合，拌制成混合料，浇筑、捣实成型后，经一定时间养护，硬化后具备一定强度和所需性能的人造石材。所用胶凝材料种类非常广泛，如水泥、石灰、石膏、沥青及聚合物、硫黄等。本章内容只涉及以水泥为胶凝材料，在现代土木工程中最为广泛应用的一类建筑材料(以其他胶结材制备的混凝土，通常冠有胶结材的名称，如硫黄混凝土、聚合物混凝土等)。

混凝土是当今世界上用量最大的建筑材料，在工业与民用建筑、给排水工程、道路工程、桥梁工程、水利工程、地下工程、国防工程等方面都有广泛应用。混凝土的应用如此广泛，是由它所具有的以下优点所决定的，即：①与其他结构材料相比，耐久性好，用途广泛；②主要组成材料——骨料和水泥来源丰富，可就地取材；③易成型为形状与尺寸变化范围很大的构件；④生产能耗比钢材低，可大量利用工业废料；⑤可以与钢材复合，制成钢筋混凝土、预应力混凝土，与钢筋有牢固的黏结力，能互补优缺点，扩大使用范围。

当然，混凝土的缺点也很多，主要包括：①硬化较缓慢、施工周期长；②自重大(普通混凝土约为 $2400kg/m^3$)；③抗拉强度低(为抗压强度的 1/10～1/15)，变形性能差，易开裂；④导热系数大(约为 $1.8W/(m·K)$)等。

1. 混凝土的分类

混凝土可按照表观密度的大小、用途、胶凝材料种类、施工工艺、使用特性、掺合料和拌和物的流动性等多种方法进行分类。

1)按表观密度分

按照国家行业标准《普通混凝土配合比设计规程》(JGJ 55—2011)的规定，将混凝土按干表观密度分为普通混凝土、轻混凝土和重混凝土。

(1)普通混凝土。干表观密度为 2000～2800 kg/m^3，是土木工程中常用的承重结构材料。

(2)轻混凝土。干表观密度小于 $2000kg/m^3$，采用陶粒等轻骨料，或用发泡工艺等制备的多孔及大孔混凝土，主要用做轻质结构材料和绝热材料。

(3)重混凝土。干表观密度大于 $2800kg/m^3$ 的混凝土为重混凝土。重混凝土一般采用钡水泥、锶水泥等重水泥与重晶石、铁矿石或钢渣等作骨料配制而成。重混凝土对 X 射线、γ 射线屏蔽能力高，又称防辐射混凝土，主要用于核工业工程的屏蔽结构材料。

2)按用途分

可分为结构混凝土、防水混凝土、耐热混凝土、防辐射混凝土、道路混凝土、大体积混凝土和膨胀混凝土等。

3) 按胶凝材料分

可分为水泥混凝土、硅酸盐混凝土、沥青混凝土、聚合物混凝土、水玻璃混凝土和石膏混凝土等。土木工程中使用最多的是水泥混凝土,道路工程中多使用沥青混凝土。

4) 按生产和施工工艺分

可分为预拌混凝土(商品混凝土)、泵送混凝土、喷射混凝土、碾压混凝土、挤压混凝土和离心混凝土等。

5) 按配筋情况分

可分为素混凝土、钢筋混凝土、纤维混凝土。

另外,混凝土还可按抗压强度分为低强混凝土(<30MPa)、中强混凝土(30~60MPa)和高强混凝土($\geqslant$ 60MPa);按每 m^3 混凝土的水泥用量分为贫混凝土(<170kg)和富混凝土($\geqslant$ 230kg)等。

如无特殊说明,本章下面所指的混凝土均指普通水泥混凝土。

2. 土木工程对混凝土的基本要求

(1) 满足混凝土施工所要求的和易性,以便硬化后能得到均匀密实的混凝土。
(2) 满足混凝土结构设计的强度要求,以保证构筑物能安全地承受各种设计荷载。
(3) 具有与工程环境相适应的耐久性,以保证构筑物在所处环境中的服役寿命。
(4) 满足经济与生态的要求,能源与资源消耗低、环境负荷少等。

3. 混凝土的发展方向

为了适应将来的建筑向高层、超高层、大跨度、大荷载发展,以及人类向地下和海洋开发,要求混凝土今后的发展方向是快硬、高强、轻质、高耐久性、多功能、节能等。

9.1.2 普通混凝土的组成材料

普通混凝土的基本组成材料是水泥、水、砂和石子,有时还掺入适量的掺合料和外加剂。它们在混凝土中分别起着不同的作用。

砂、石是混凝土的骨架,故也称骨料,还可起到抵抗混凝土硬化后的收缩作用。水泥浆在混凝土硬化前起润滑作用,赋予混凝土一定的流动性,便于施工;硬化后起胶结作用,把砂石骨料胶结成具有一定强度的人造石材。各组成材料的体积比例见图 9-1。水泥和水形成水泥浆,包裹在砂粒表面并填充砂粒间的空隙而形成水泥砂浆,水泥砂浆又包裹石子并填充石子间空隙而形成混凝土。

混凝土是一种多孔、多相、非匀质的硬化堆聚结构,见图 9-2,其质量和性能的优劣在很大程度上取决于原材料的性质及其相对比例,应合理地选择原材料以保证混凝土的质量。

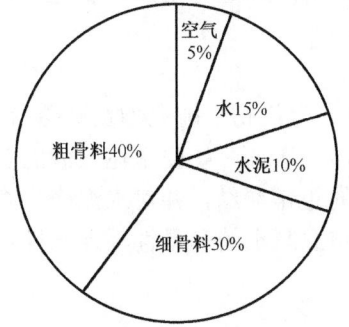

图 9-1 混凝土组成材料的体积比(大约)

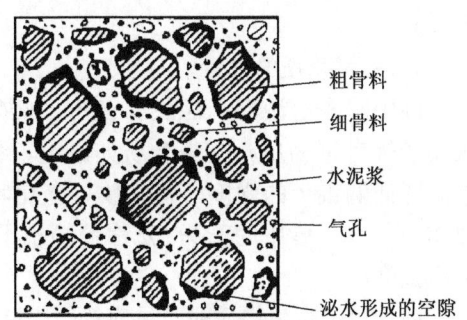

图 9-2 硬化后的混凝土结构

1. 水泥

水泥是混凝土极其重要的组成材料，其详细技术性质见第 8 章有关内容。选用水泥时必须考虑以下几项因素：①水泥强度等级；②在各种温、湿度条件下，水泥早期和后期强度发展的规律；③使用环境中水泥的稳定性；④各种水泥的其他特殊性能。

1) 水泥品种的选择

配制普通混凝土的水泥品种，应根据混凝土的工程特点或所处的环境条件，结合水泥性能，且考虑当地生产的水泥品种情况等，进行合理的选择。

2) 水泥强度等级的选择

水泥强度等级应与混凝土的设计强度等级相适应。用低强度等级的水泥配制高强度等级的混凝土，不仅需增加水泥用量而不经济，还会增大混凝土的收缩和水化热；若用高强度等级的水泥配制低强度等级的混凝土，少量水泥即可满足强度要求，但为了满足拌和物的和易性和混凝土的耐久性，需额外增加水泥用量而造成浪费。根据经验，以水泥强度等级为混凝土强度等级的 1.5～2.0 倍为宜，对于高强混凝土，可取为 0.9～1.5 倍。

2. 骨料

骨料是岩石类材料，包括细骨料和粗骨料。骨料在土木工程中被用于水泥混凝土、沥青混凝土、道路基础、铁路道渣、砂浆等。按照国家标准《建设用砂》(GB/T 14684—2011) 和《建设用卵石、碎石》(GB/T 14684—2011) 规定，细、粗骨料既可来源于天然岩石或卵石，也可来源于矿山尾矿或工业废渣。

在不影响混凝土性能的条件下，在混凝土中尽可能多地加入骨料，一是可以降低混凝土的成本；二是骨料可提供混凝土很好的稳定性和比水泥石更好的耐久性。

1) 细骨料

颗粒粒径小于 4.75mm 的岩石颗粒称为细骨料，即砂。按来源不同分为天然砂和人工砂。

天然砂由岩石经风化等自然条件作用所形成，按产源不同又可分为河砂、海砂及山砂等。河砂来源广泛、洁净且颗粒圆滑，多用做普通混凝土的细骨料；海砂中 Cl^- 含量高，易导致钢筋锈蚀，不能直接用于配制钢筋混凝土，需用淡水冲洗至有害成分降至规定要求以下；山砂是岩石风化后在原地沉积形成，颗粒多棱角，并含有黏土及有机杂质等。

人工砂 (机制砂) 由岩石经破碎、筛选而得，颗粒较洁净、富有棱角，但成本较高。当地缺乏天然砂时，可将天然砂与人工砂混合使用，以充分利用地方资源，降低机制砂的成本。

《建设用砂》(GB/T 14684—2011) 对混凝土用砂规定了具体的技术质量要求，下面做一概括性介绍。

(1) 有害物质的含量。

砂中常含有淤泥、泥块、云母、轻物质 ($\rho_0 < 2000kg/m^3$)、有机物、硫化物及硫酸盐、氯离子等有害物质。这些杂质如淤泥、黏土、云母等黏附在砂的表面，妨碍水泥与砂的黏结，降低混凝土的强度。有机物、硫化物及硫酸盐影响水泥的正常凝结，并对水泥产生腐蚀作用。人工砂中的石粉 (公称粒径小于 75μm) 过量，会影响混凝土的和易性、保水性和抗压强度。

细骨料中有害物质的含量应符合表 9-1 的要求。

表 9-1 砂中有害物质的含量(GB/T 14684—2011)

项目		质量要求		
		I 类	II 类	III 类
天然砂含泥量(按质量计)/%		≤1.0	≤3.0	≤5.0
泥块含量(按质量计)/%		0	≤1.0	≤2.0
机制砂石粉含量(按质量计)/%	MB≤1.40(合格)	≤10.0		
	MB>1.40(不合格)	≤1.0	≤3.0	≤5.0
云母(按质量计)/%		≤1.0	≤2.0	
轻物质(按质量计)/%		≤1.0		
有机物(比色法)		合格		
硫化物及硫酸盐(按 SO_3 质量计)/%		≤0.5		
氯化物(按 Cl^- 质量计)/%		≤0.01	≤0.02	≤0.06

(2) 粗细程度及颗粒级配。

砂的粗细程度和颗粒级配用筛分析法测定。我国国家标准《建设用砂》(GB/T 14684—2011) 规定,采用一套方孔孔径为 4.75mm、2.36mm、1.18mm、600μm、300μm 及 150μm 的 6 个标准筛,将预先通过孔径为 9.50mm 筛的干砂试样 500g 由粗到细依次过筛,然后称量余留在各筛上的砂量,计算各筛上的分计筛余百分率 α_1、α_2、α_3、α_4、α_5、α_6(各筛筛余量占砂样总质量的百分率)及累计筛余百分率 β_1、β_2、β_3、β_4、β_5、β_6(各筛和比该筛粗的所有分计筛余百分率之和)。任意一组累计筛余($\beta_1 \sim \beta_6$)表征一个级配。

累计筛余与分计筛余的关系见表 9-2,测试和计算方法均与此相同。

表 9-2 累计筛余百分率与分计筛余百分率的关系(GB/T 14684—2011)

方筛孔径	分计筛余/%	累计筛余/%
4.75mm	α_1	$\beta_1=\alpha_1$
2.36mm	α_2	$\beta_2=\alpha_1+\alpha_2$
1.18mm	α_3	$\beta_3=\alpha_1+\alpha_2+\alpha_3$
600μm	α_4	$\beta_4=\alpha_1+\alpha_2+\alpha_3+\alpha_4$
300μm	α_5	$\beta_5=\alpha_1+\alpha_2+\alpha_3+\alpha_4+\alpha_5$
150μm	α_6	$\beta_6=\alpha_1+\alpha_2+\alpha_3+\alpha_4+\alpha_5+\alpha_6$

① 粗细程度。

用细度模数(μ_f)表示,其计算公式为

$$\mu_f = \frac{(\beta_2 + \beta_3 + \beta_4 + \beta_5 + \beta_6) - 5\beta_1}{100 - \beta_1} \tag{9-1}$$

砂的细度模数范围一般为 3.7~1.6,细度模数 μ_f 越大,表示砂越粗。国家标准《建设用砂》(GB/T 14684—2011) 规定砂的细度模数共划分为四级:μ_f=3.7~3.1 为粗砂;μ_f=3.0~2.3 为中砂;μ_f=2.2~1.6 为细砂。国家行业标准《普通混凝土用砂、石质量及检验方法标准》(JGJ 52—2006) 也做了同样的规定,且规定 μ_f=1.5~0.7 为特细砂。配制混凝土时宜优先选用中、粗砂。

砂的细度模数只能用来划分砂的粗细程度,并不能反映砂的级配优劣,细度模数相同的砂,其级配不一定相同。

② 颗粒级配。

颗粒级配是指不同粒径的砂粒搭配比例。当砂中含有较多的粗颗粒时,其空隙恰好由适

量的中颗粒填充,中颗粒的空隙恰好由少量的细颗粒填充,如此逐级填充(图9-3),使砂形成最密致的堆积状态,则空隙率和总表面积均较小,不仅水泥用量少,而且可提高混凝土的密实度与强度。

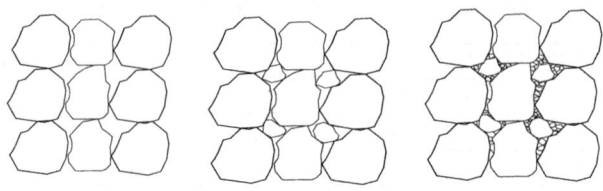

图 9-3 细骨料的颗粒级配

颗粒级配用级配区表示,除特细砂,按600μm筛的累计筛余率的大小,可分为Ⅰ区、Ⅱ区、Ⅲ区三个级配区,见表9-3。级配良好的粗砂应落在Ⅰ区,中砂应落在Ⅱ区,细砂则落在Ⅲ区。某一筛当累计筛余超出5%以上时,说明该砂的级配很差,视为不合格。

表 9-3 建设用砂的颗粒级配(GB/T 14684—2011)

方筛孔径	累计筛余/%		
	Ⅰ区	Ⅱ区	Ⅲ区
4.75mm	10~0	10~0	10~0
2.36mm	35~5	25~0	15~0
1.18mm	65~35	50~10	25~0
600μm	85~71	70~41	40~16
300μm	95~80	92~70	85~55
150μm	100~90	100~90	100~90

注:① 砂的实际颗粒级配与表中所列数字相比,除4.75mm和600μm筛档,可略有超出,但超出总量应小于5%;
② Ⅰ区人工砂中150μm筛孔的累计筛余可放宽到100~85,Ⅱ区人工砂中150μm筛孔的累计筛余可放宽到100~80,Ⅲ区人工砂中150μm筛孔的累计筛余可放宽到100~75。

普通混凝土用砂的颗粒级配宜选用Ⅱ区砂。当采用Ⅰ区砂时,应提高砂率并保持足够的水泥用量,以满足混凝土的和易性。当采用Ⅲ区砂时,宜适当降低砂率,以保证混凝土强度。

以累计筛余百分率为纵坐标,筛孔尺寸为横坐标,根据表9-3的级配区范围可绘制Ⅰ、Ⅱ、Ⅲ级配区的筛分曲线,如图9-4所示。在筛分曲线上可直观地分析砂的颗粒级配优劣。

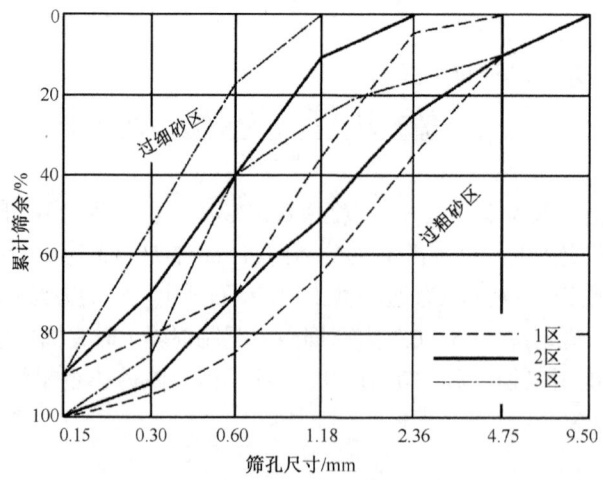

图 9-4 砂的级配曲线

(3)砂的坚固性。

砂的坚固性是指砂在气候、环境变化或其他物理因素作用下抵抗破裂的能力。采用硫酸钠溶液进行检验,经 5 次循环后其质量损失应符合表 9-4 的规定。

表 9-4　砂的坚固性技术要求

类别	Ⅰ类	Ⅱ类	Ⅲ类
质量损失/%	≤8		≤10

机制砂的坚固性除满足表 9-4 的规定,压碎值还要满足表 9-5 的规定。

表 9-5　机制砂压碎值技术要求

类别	Ⅰ类	Ⅱ类	Ⅲ类
单级最大压碎指标/%	≤20	≤25	≤30

2)粗骨料

颗粒粒径大于 4.75mm 的骨料称为粗骨料。普通混凝土常用粗骨料有碎石和卵石。碎石由天然岩石或卵石经破碎、筛分制成。卵石由岩石经自然风化、水流搬运和分选、堆积形成。

配制混凝土的粗骨料主要包括有害杂质含量、最大粒径、颗粒级配、强度、坚固性等方面的技术要求。

(1)有害杂质含量。

粗骨料中有害杂质有泥块、淤泥、硫化物、硫酸盐、氯化物和有机质。它们的危害与在细骨料中的危害相同,其含量应符合表 9-6 的规定。从表 9-6 可以看出,根据其技术指标,将粗骨料分为三类:Ⅰ类,宜用于强度等级大于 C60 的混凝土;Ⅱ类,宜用于强度等级为 C30～C60 及抗冻、抗渗或其他要求的混凝土;Ⅲ类,宜用于强度等级小于 C30 的混凝土和建筑砂浆。

表 9-6　卵石、碎石的技术指标 (GB/T 14685—2011)

项目	质量要求		
	Ⅰ类	Ⅱ类	Ⅲ类
含泥量(按质量计)/%	≤0.5	≤1.0	≤1.5
泥块含量(按质量计)/%	0	≤0.2	≤0.5
针、片状颗粒(按质量计)/%	≤5	≤10	≤15
有机物(比色法)	合格		
硫化物及硫酸盐(按 SO_3 质量计)/%	≤0.5	≤1.0	≤1.0
吸水率/%	≤1.0	≤2.0	≤2.0

(2)颗粒形状及表面特征。

碎石表面粗糙、多棱角,与水泥的黏结强度比卵石高,在相同条件下,碎石混凝土比卵石混凝土强度高 10%左右。但用碎石拌制的混凝土拌和物流动性比用卵石要差。

粗骨料中还含有一些针、片状颗粒。凡颗粒长度大于该颗粒所属粒级的平均粒径 2.4 倍者为针状颗粒。厚度小于该颗粒所属粒级的平均粒径 0.4 倍者为片状颗粒。针、片状颗粒过多将使混凝土拌和物的和易性变差,影响混凝土的强度。针、片状颗粒含量应符合表 9-6 的规定。

(3)最大粒径。

粗骨料公称粒级的上限称为该粒级的最大粒径(D_{max})。当 D_{max} 增大时,孔隙率及总表面积均有减小趋势，包裹其表面所需的水泥浆量减少，可减少收缩及发热量；同时，在一定和易性和水泥用量条件下，能减少用水量而提高强度，对大体积混凝土有利。

最大粒径与水泥用量间的关系见图9-5。条件许可时宜选用较大粒径的骨料，以节约水泥。但对于普通混凝土尤其是高强混凝土，当D_{max}超过40mm后，因黏结面积较小及搅拌均匀性差，可能导致混凝土强度降低。

我国《混凝土结构工程施工质量验收规范》（GB 50204—2002）规定，石子的最大粒径不得超过结构截面最大尺寸的1/4，且不得超过钢筋最小净距的3/4；对于混凝土实心板，石子的最大粒径不宜超过板厚的1/3，且不得超过40mm；对于泵送混凝土，碎石的最大粒径与输送管内径之比，宜小于或等于1:3，卵石的最大粒径宜小于或等于1:2.5。若不遵循上述规定，则会造成混凝土构件的浇筑不密实，如图9-6。

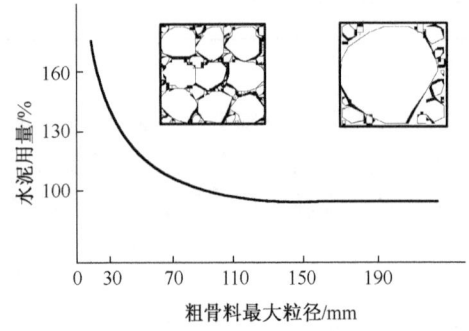

图9-5 粗骨料最大粒径与水泥用量关系

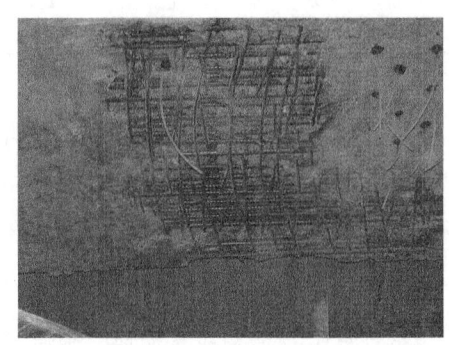

图9-6 粗骨料粒径太大使混凝土浇筑不密实

(4) 颗粒级配。

与细骨料一样，粗骨料也要有良好的颗粒级配，以减少空隙率，增大密实性，从而可以节约水泥，保证混凝土的和易性及混凝土的强度。

粗骨料的级配也通过筛分试验来确定，其方孔标准筛孔径为2.36mm、4.75mm、9.50mm、16.0mm、19.0mm、26.5mm、31.5mm、37.5mm、53.0mm、63.0mm、75.0mm及90.0mm共12个筛子。分计筛余百分率及累计筛余百分率的计算与砂相同。卵石和碎石的级配范围要求相同，应符合表9-7的规定。

表9-7 碎石或卵石的颗粒级配（GB/T 14685—2011）

级配情况	公称粒径/mm	累计筛余/% 筛孔尺寸/mm										
		2.36	4.75	9.50	16.0	19.0	26.5	31.5	37.5	53.0	63.0	75.0	90.0
连续粒级	5～10	95～100	80～100	0～15	0	—	—	—	—	—	—	—	—
	5～16	95～100	85～100	30～60	0～10	0	—	—	—	—	—	—	—
	5～20	95～100	90～100	40～80	—	0～10	0	—	—	—	—	—	—
	5～25	95～100	90～100	—	30～70	—	0～5	0	—	—	—	—	—
	5～31.5	95～100	90～100	70～90	—	15～45	—	0～5	0	—	—	—	—
	5～40	—	95～100	70～90	—	30～65	—	—	0～5	0	—	—	—
单粒粒级	10～20	—	95～100	85～100	—	0～15	0	—	—	—	—	—	—
	16～31.5	—	95～100	—	85～100	—	—	0～10	0	—	—	—	—
	20～40	—	—	95～100	—	80～100	—	—	0～10	0	—	—	—
	31.5～63	—	—	—	95～100	—	—	75～100	45～75	—	0～10	0	—
	40～80	—	—	—	—	95～100	—	—	70～100	—	30～60	0～10	0

粗骨料的级配按供应情况有连续级配和间断级配两种。连续级配是指粗骨料的粒径由小到大各粒级相连（4.75mm 至最大粒径），每级骨料都占有一定比例。这种级配的粗骨料配制的混凝土拌和物的和易性好，不易发生离析。间断级配从 1/2 最大粒径开始至最大粒径，其空隙率大，主要用于组合成要求级配的连续级配，或与连续级配配合使用，以改善级配或配成较大粒级的连续级配。

(5) 强度。

碎石的强度可用岩石抗压强度和压碎值指标两种方法表示，卵石的强度只用压碎值指标表示。

岩石抗压强度检验，是将碎石的母岩制成边长为 5cm 的立方体（或直径与高均为 5cm 的圆柱体）试件，在饱水状态下，测定其极限抗压强度值。岩石的抗压强度应比所配制的混凝土的强度至少高 20%，当混凝土强度大于或等于 C60 时，应进行岩石抗压强度检验。

压碎值指标检验是将一定质量的气干状态粒径为 9.5～19.5mm 的石子装入标准圆模中，在压力机上按 1kN/s 的速度均匀加载至 200kN 并稳定 5s，卸载后称取试样质量 m_0，用孔径 2.36mm 的筛子筛除被压碎的细粒，称出留在筛上的试样质量 m_1，可按下式计算压碎值指标 δ_a：

$$\delta_a = \frac{m_0 - m_1}{m_0} \times 100\% \tag{9-2}$$

压碎值指标 δ_a 越小，表明粗骨料抵抗受压破坏的能力越强。压碎值指标检验实用方便，用于经常性的质量控制。当在选择采石场或对粗骨料有严格要求，以及对质量有争议时，宜采用岩石立方体强度检验。

按照《建设用卵石、碎石》（GB/T 14685—2011）的规定，粗骨料在水饱和时岩石抗压强度：火成岩不小于 80MPa，变质岩不小于 60MPa，水成岩应不小于 30MPa。行业标准《普通混凝土用砂、石质量及检验方法标准》（JGJ 52—2006）规定，岩石抗压强度应比所配制的混凝土强度至少高 20%，不同强度等级混凝土对压碎值的要求也不同，见表 9-8。

表 9-8 卵石、碎石的压碎值指标（JGJ 52—2006）

项目		混凝土强度等级	压碎值指标/%
碎石	沉积岩	C60～C40	≤10
		≤C35	≤16
	变质岩或深层的火山岩	C60～C40	≤12
		≤C35	≤20
	喷出的火山岩	C60～C40	≤13
		≤C35	≤30
卵石		C60～C40	≤12
		≤C35	≤20

(6) 坚固性。

粗骨料的坚固性是指骨料在自然风化和其他物理力学因素作用下抵抗碎裂的能力。骨料越密实，强度越高，吸水率越小，则其坚固性越好；而结构疏松，矿物成分越复杂、不均匀，其坚固性越差。骨料的坚固性采用硫酸钠饱和溶液法试验，试样经 5 次循环浸渍后，因硫酸钠结晶膨胀引起的质量损失应符合表 9-9 的规定。

表 9-9　粗骨料坚固性技术要求

类别	I 类	II 类	III 类
质量损失/%	≤8	≤8	≤10

(7) 骨料的含水状态。

骨料的含水状态可分为干燥、气干、饱和面干和湿润等，如图 9-7 所示。干燥状态的骨料含水率等于或接近于零；气干状态的骨料含水率与大气湿度相平衡；饱和面干状态的骨料内部孔隙含水达到饱和而表面干燥；湿润状态的骨料内部孔隙含水饱和，且表面附着部分自由水。

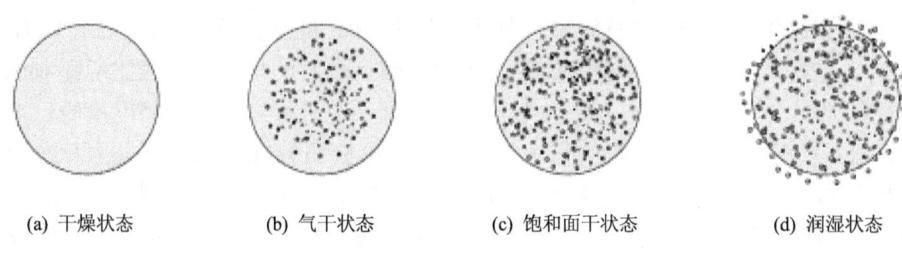

(a) 干燥状态　　(b) 气干状态　　(c) 饱和面干状态　　(d) 润湿状态

图 9-7　骨料的含水状态

饱和面干的骨料既不从混凝土混合料中吸取水分，也不给混合料带入额外的水分，因此在计算混凝土配合比时，按理应以饱和面干的骨料为准。石英砂的饱和面干吸水率在 2% 以内。普通混凝土配合比设计一般以干燥状态的骨料为基准，而一些大型水利工程常以饱和面干的骨料为基准。

3. 混凝土用水

混凝土中拌和水和养护用水应达到以下质量要求：不影响混凝土的凝结和硬化，无损于混凝土强度发展及耐久性，不加快钢筋锈蚀，不引起预应力钢筋脆断，以及不污染混凝土表面等。

我国行业标准《混凝土用水标准》(JGJ 63—2006) 规定，混凝土用水按水源分为：饮用水、地表水、地下水、再生水、混凝土企业设备洗刷水和海水。拌制及养护混凝土宜采用洁净的饮用水。地表水、地下水和经再生工艺处理后的再生水常溶有较多的有机质和矿物盐类，需按标准规定检验合格后方可使用。混凝土企业设备洗刷水不宜用于预应力混凝土、装饰混凝土、加气混凝土和暴露于腐蚀环境的混凝土，不能用于碱活性或潜在碱活性骨料的混凝土。海水不能用于拌制钢筋混凝土、预应力混凝土和饰面混凝土。水中各种有害物质含量限值见表 9-10。

表 9-10　水中有害物质含量限值 (JGJ 63—2006)

项目	预应力混凝土	钢筋混凝土	素混凝土
pH	≥5.0	≥4.5	≥4.5
不溶物/(mg/L)	≤2000	≤2000	≤5000
可溶物/(mg/L)	≤2000	≤5000	≤10000
Cl^-/(mg/L)	≤500	≤1000	≤3500
SO_4^{2-}/(mg/L)	≤600	≤2000	≤2700
碱含量/(mg/L)	≤1500	≤1500	≤1500

注：碱含量按 $Na_2O+0.658K_2O$ 计算值表示，采用非碱活性骨料时，可不检验碱含量。

4. 外加剂

外加剂是一种在混凝土搅拌之前或拌制过程中掺入的,用以改善新拌混凝土和(或)硬化混凝土性能的材料。除特殊情况,掺量一般不超过水泥用量的5%。

外加剂的使用是混凝土技术的重大突破。随着混凝土工程技术的发展,对混凝土性能提出了许多新的要求。如泵送混凝土要求高的流动性,冬季施工要求高的早期强度,高层建筑、海洋结构要求高强和高耐久性。这些性能的实现,需要应用各种性能的外加剂,外加剂已经成为现代混凝土不可缺少的"第五组分"。

1) 外加剂的分类

混凝土外加剂按主要使用功能分为四类。

① 改善混凝土拌和物流变性能的外加剂。包括各种减水剂和泵送剂等。
② 调节混凝土凝结时间、硬化性能的外加剂。包括缓凝剂、早强剂和速凝剂等。
③ 改善混凝土耐久性的外加剂。包括引气剂、防水剂、阻锈剂和矿物外加剂等。
④ 改善混凝土其他性能的外加剂。包括膨胀剂、防冻剂和着色剂等。

土木工程中常用的外加剂主要有减水剂、引气剂、早强剂、缓凝剂、速凝剂和膨胀剂等。

2) 减水剂

减水剂是指在保持混凝土坍落度不变的条件下,能减少拌和用水量的外加剂。

(1) 减水剂的作用机理。

常用减水剂均属表面活性物质,其分子由亲水基团和憎水基团两部分组成,见图9-8。

当水泥加水拌和后,由于水泥颗粒间分子凝聚力的作用而使水泥浆形成絮凝结构,如图9-9(a)所示,将一部分拌和水包裹于絮凝结构中,从而降低了拌和物的流动性。若加入适量的减水剂,则减水剂的憎水基团定向吸附于水泥颗粒表面,使水泥颗粒表面带有相同的电荷,在电斥力作用下使水泥颗粒互相分开,如图9-9(b)所示,絮凝结构解体并释放出游离水。

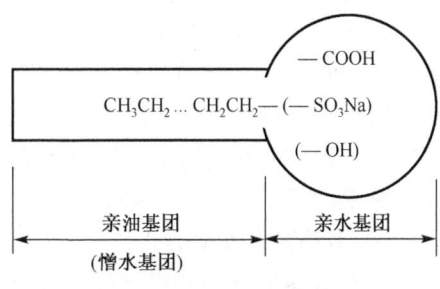

图9-8 常用减水剂结构

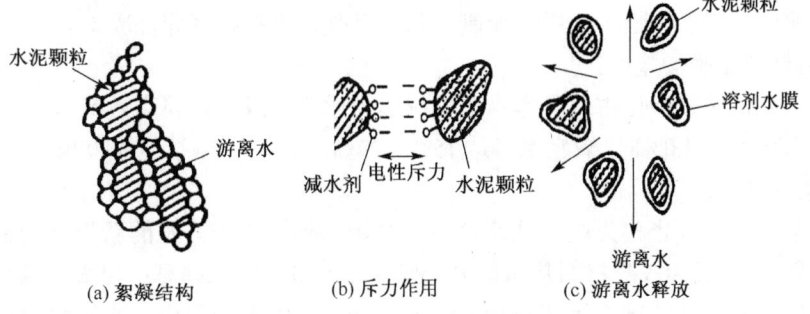

图9-9 水泥浆的絮凝结构和减水剂作用示意图

同时,当水泥颗粒表面吸附足够的减水剂后,在水泥颗粒表面形成一层稳定的溶剂化水膜层,阻止水泥颗粒间的直接接触,并在颗粒间起润滑作用,进一步改善拌和物的和易性,如图9-9(c)所示。此外,由于水泥颗粒被有效分散,颗粒表面被水分充分润湿,增大了水泥颗粒的水化面积,使水化更充分,从而提高了混凝土的强度。

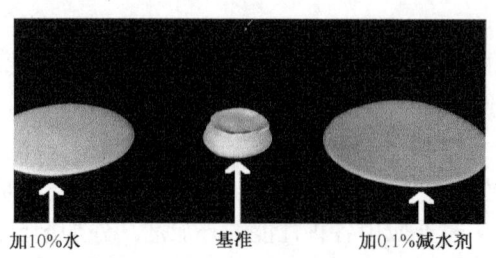

图 9-10　掺入减水剂后水泥净浆流动性变化效果图

(2) 减水剂的作用效果(图 9-10)。

① 减少混凝土拌和物的用水量,提高混凝土的强度。在混凝土拌和物坍落度基本一定的情况下,减少混凝土的单位用水量 5%~25%(普通型 5%~15%,高效型 10%~30%)。

② 提高混凝土拌和物的流动性。在用水量和强度一定的条件下,坍落度可提高 100~200mm。

③ 节约水泥。在混凝土拌和物坍落度、强度一定的情况下,可节约水泥 5%~20%。

④ 改善混凝土拌和物的性能。改善拌和物搅拌的匀质性,延缓拌和物的凝结时间,减缓水泥水化放热速度,显著提高混凝土硬化后的抗渗性和抗冻性。

(3) 常用的减水剂。

常用的减水剂按作用效果分为普通减水剂、高效减水剂和高性能减水剂三类;按凝结时间分为标准型、早强型和缓凝型三类;按是否引气分为引气型和非引气型两类;按化学成分分为木质素磺酸盐类、多环芳香族磺酸盐类、水溶性树脂磺酸盐类和聚羧酸盐类等。

① 木质素磺酸盐类。

有木质素磺酸钙(木钙)、木质素磺酸钠(木钠)等,均属于普通减水剂。木钙是以生产纸浆废液为原料制得的棕黄色粉末,其应用最多。适宜掺量为胶凝材料总量的 0.2%~0.3%,减水率为 10%~15%,混凝土 28d 抗压强度可提高 10%~20%;若不减水,混凝土坍落度可增大 80~100mm;若保持混凝土抗压强度和坍落度不变,可节约水泥 10%左右。木钙对混凝土有缓凝作用,掺量过多或在低温下缓凝作用更显著,还可能使混凝土强度降低。可用于一般混凝土工程,尤其适用于大体积浇筑、滑模施工、泵送及夏季施工混凝土等。不宜单独用于冬季施工、蒸养及预应力混凝土。

② 多环芳香族磺酸盐类。

以萘或萘的同系物经磺化与甲醛缩合而成,属高效减水剂。目前,我国生产的主要有 NNO、NF、FDN、UNF 和 MF 等,大部分为非引气型减水剂。适宜掺量为 0.5%~1.0%,减水率为 10%~25%,混凝土 28d 抗压强度提高 20%以上。这类减水剂的减水增强效果好,对不同品种水泥的适应性较强。适用于配制早强、高强、流态和蒸养混凝土。

③ 水溶性树脂磺酸盐类。

以磺化三聚氰胺、磺化古码隆等水溶性树脂为原料制成,也属高效减水剂。如 SM 树脂减水剂掺量为 0.5%~2.0%时,减水率可达 15%~27%,混凝土 28d 抗压强度可提高 20%~30%。

④ 聚羧酸盐类。

聚羧酸盐类减水剂也称为高性能减水剂,是国内外近年来开发的新型外加剂品种。主要特点是:掺量低(一般为胶凝材料质量的 0.15%~0.25%)、减水率高;混凝土拌和物工作性及工作性保持性较好;外加剂中氯离子和碱含量较低;其配制的混凝土收缩率较小,可改善混凝土的体积稳定性和耐久性;对水泥的适应性好;生产和使用中不污染环境,是环保型的外加剂。

此外,减水剂还有脂肪族类(聚羧酸盐、聚丙烯酸盐、脂肪族羟甲基磺酸盐高缩聚物)和改性木质素磺酸钙、改性丹宁等。

3) 引气剂

混凝土引气剂是指在混凝土搅拌过程中能引入大量均匀分布、稳定而封闭的微小气泡且能保留在硬化混凝土中的外加剂。常用的引气剂有松香树脂类、烷基和烷基芳烃磺酸盐类、脂肪醇磺酸盐类和皂甙类等。

引气剂为表面活性剂，能显著降低水的表面张力和界面能，使水溶液在搅拌过程中极易产生许多微小的封闭气泡(直径 50～250μm)。同时，因引气剂定向吸附在气泡表面，形成较为牢固的液膜，使气泡稳定而不破裂。引入的大量微小气泡的作用有：具有滚珠作用，可改善混凝土拌和物的和易性；其弹性变形能力较大，可缓解水结冰产生的膨胀应力，提高抗冻性；可切断毛细管通道，改善抗渗性；减少混凝土的有效受力面积，强度有所降低。

引气剂可用于抗渗、抗冻混凝土，泌水严重的混凝土，贫混凝土，轻混凝土，以及对饰面有要求的混凝土等，但不宜用于蒸养混凝土及预应力混凝土。

4) 早强剂

早强剂是指能加速混凝土早期强度发展，并对后期强度无显著影响的外加剂。主要有无机盐类(氯盐类、硫酸盐类)和有机胺类及有机-无机的复合物三大类。

(1) 氯盐类早强剂。

以 $CaCl_2$ 应用较多，掺量 0.5%～1.0%能使混凝土 3d 强度提高 50%～100%，7d 强度提高 20%～40%，同时能降低混凝土中水的冰点，防止混凝土早期受冻。采用 $CaCl_2$ 做早强剂的最大问题是引入 Cl^-，会使钢筋锈蚀，并导致混凝土开裂。为了抑制 $CaCl_2$ 对钢筋的锈蚀作用，常将其与阻锈剂 $NaNO_2$ 复合作用。

(2) 硫酸盐类早强剂。

以 Na_2SO_4 应用较多，掺量 1%～1.5%时可使混凝土达到设计强度 70%的时间缩短一半。Na_2SO_4 对钢筋无锈蚀作用，适用于不允许掺氯盐的混凝土。但与 $Ca(OH)_2$ 作用可生成强碱 $NaOH$，为防止碱-骨料反应，严禁用于含有活性骨料的混凝土。此外，掺量若过大可能会引起混凝土结构表面返霜。

(3) 有机胺类早强剂。

以三乙醇胺(简称 TEA)应用较多。三乙醇胺为无色或淡黄色油状液体，呈碱性，能溶于水，掺量为 0.02%～0.05%。对混凝土稍有缓凝作用，掺量过多会造成混凝土严重缓凝和混凝土强度下降。因此三乙醇胺作为早强剂时一般与无机类早强剂复合使用。

早强剂可促进水泥的水化和硬化，提高早期强度，加快施工进度。可在常温、低温和负温(不低于-5℃)条件下加速混凝土的硬化过程，多用于冬季施工和抢修工程。

5) 缓凝剂

缓凝剂是指能延长混凝土凝结时间的外加剂。主要有四类：糖类(糖钙、葡萄糖酸盐)、木质素磺酸盐类(如木钙、木钠)、羟基羧酸及其盐类(如柠檬酸、酒石酸等)和无机盐类(如锌盐、磷酸盐等)。最常用的缓凝剂是糖蜜和木钙，且以糖蜜的缓凝效果最好。

缓凝剂具有缓凝、减水、降低水化热和增强作用，对钢筋也无锈蚀作用。主要用于要求延缓时间的施工，如在气温高、运距长的情况下，可防止混凝土拌和物的坍落度损失。对于分层浇筑的混凝土，可防止出现冷缝。对于大体积混凝土，可延长水泥水化的放热时间，防止出现温度裂缝。

6) 速凝剂

速凝剂是指能使混凝土迅速凝结硬化的外加剂。主要有以铝酸盐、碳酸盐等为主要成分的无机盐类粉状速凝剂和以铝酸盐、水玻璃等为主要成分的液体速凝剂两类。不过，这些都属于高碱性物质，掺入后混凝土后期强度会受到影响，且容易引起碱-骨料反应问题。低碱或无碱速凝剂已开始在工程中得到应用。

速凝剂掺入混凝土后，能使水泥中的石膏转变为 Na_2SO_4 而失去缓凝作用，从而使 C_3A 迅速水化，并在溶液中析出其水化产物晶体，导致水泥浆迅速凝固。速凝剂掺量一般为 2%～8%，能使混凝土在 5min 内初凝，1h 就可产生强度，1d 强度提高 2～3 倍。但速凝剂会使混凝土的后期强度下降，28d 强度为不掺时的 80%～90%。速凝剂主要用于矿山井巷、铁路隧道、引水涵洞和地下工程的喷射混凝土。

7) 膨胀剂

膨胀剂是指在混凝土硬化过程中因化学作用能使混凝土产生一定体积膨胀的外加剂。常用的膨胀剂有硫铝酸钙类、硫铝酸钙-氧化钙类和氧化钙类等。

混凝土中掺入膨胀剂，可防止或减少混凝土中化学收缩和温度裂缝的产生，提高混凝土的自密实能力和抗裂、抗渗能力。膨胀剂可用于配制补偿收缩混凝土、自应力混凝土、灌浆用膨胀砂浆和填充用膨胀混凝土等。

8) 外加剂的选择和使用要点

在混凝土中掺用外加剂，若选择和使用不当，会造成质量事故。应注意以下几点。

(1) 外加剂与水泥的相容性。

作为混凝土的主要原材料，有时候水泥和外加剂的质量都符合国家标准要求，但二者混合使用时混凝土拌和物的性能很差，这就是外加剂的相容性，也称适应性。出现相容性的原因，与水泥及外加剂的组成成分都可能有关系，有时候砂石中的某些组分也会引起相容性问题，应根据工程需要和现场的材料条件，检测外加剂与水泥及其他材料之间的相容性。

(2) 掺量的确定。

各种外加剂均应有适宜掺量。掺量过小往往达不到预期效果，掺量过大则会影响混凝土质量，甚至造成质量事故。尽可能通过试验试配，确定最佳掺量。

(3) 掺加方法。

外加剂的掺量很小，必须保证其均匀分散，一般不能直接加入混凝土搅拌机内。可溶于水的外加剂应先配成一定浓度的溶液，随水加入搅拌机。不溶于水的外加剂则应与适量水泥或砂混合均匀后，再加入搅拌机。另外，按外加剂的掺入时间，减水剂有同掺法、后掺法、分掺法三种方法，其中，后掺法最能充分发挥减水剂的功能。

5. 掺合料

混凝土掺合料是指在配制混凝土拌和物过程中，直接加入的具有一定化学活性的磨细矿物粉料。活性矿物掺合料主要来源于工业废渣，其主要成分为 SiO_2 和 Al_2O_3，在碱性或兼有硫酸盐存在的液相条件下发生水化反应，生成具有固化特性的胶凝物质。掺合料也称为混凝土的"第六组分"。

掺合料用于混凝土中不仅可取代水泥，节约成本，而且可改善混凝土拌和物和硬化混凝土的各项性能。目前，在调配混凝土性能、配制大体积、高强和高性能混凝土等方面，掺合料已成为不可缺少的组成材料。另外，应用掺合料对改善环境、减少二次污染、推动可持续发展的绿色混凝土，具有十分重要的意义。

常用的混凝土掺合料有粉煤灰、矿渣微粉和硅灰等。

1) 粉煤灰

粉煤灰是电厂煤粉炉烟道气体中收集的粉末,是混凝土中使用最广泛的掺合料。粉煤灰颗粒多为球状玻璃体,也有一些是中空的球体,颗粒大小通常在20μm以下,见图9-11(a)。我国《用于水泥和混凝土中的粉煤灰》(GB 1596—2005)规定,按粉煤灰的煤种划分为F类和C类。F类粉煤灰是锻烧无烟煤或烟煤收集的粉煤灰。C类粉煤灰是煅烧褐煤或次烟煤收集的粉煤灰,其氧化钙含量一般大于10%。

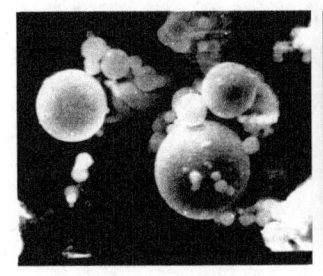 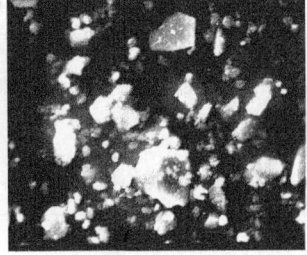 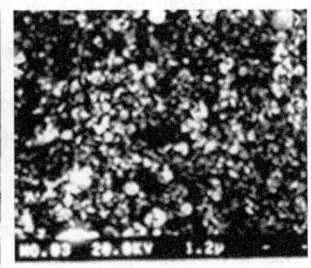

(a) 粉煤灰颗粒放大2000倍　　(b) 磨细矿渣颗粒放大2000倍　　(c) 硅灰颗粒放大16000倍

图9-11　粉煤灰、磨细矿渣、硅灰的扫描电镜(SEM)照片

在混凝土拌和过程中,掺入较好品质的粉煤灰,可显著改善混凝土拌和物的和易性,增加流动性和黏聚性,二次反应可降低水化热。或者使和易性不变,减少用水量,起到减水的效果,混凝土的密实度提高,并促使强度的发展,增强耐久性。拌制混凝土和砂浆用粉煤灰可分为Ⅰ级、Ⅱ级和Ⅲ级三个质量等级,各等级的粉煤灰品质要求见表9-11。

表9-11　拌制混凝土和砂浆用粉煤灰技术要求(GB 1596—2005)

项目		Ⅰ级	Ⅱ级	Ⅲ级
细度(45μm方孔筛筛余)/%	F类、C类	≤12	≤25	≤45
需水量比/%	F类、C类	≤95	≤105	≤115
烧失量/%	F类、C类	≤5	≤8	≤15
含水率/%	F类、C类	≤1		
三氧化硫/%	F类、C类	≤3.0		
游离氧化钙/%	F类	≤1.0		
	C类	≤4.0		
安定性(雷氏夹沸煮后增加距离)/mm	F类、C类	≤5.0		

2) 矿渣微粉

粒化高炉矿渣粉是以高炉矿渣为主要原料,可掺加少量石膏磨制成的一定细度的粉体,又称为矿渣粉,见图9-11(b)。国家标准《用于水泥和混凝土中的粒化高炉矿渣粉》(GB/T 18046—2008)规定,矿渣微粉按活性指数划分为S105、S95和S75三个等级,见表9-12。

表9-12　矿渣粉技术指标和分级(GB/T 18046—2008)

技术要求		质量等级		
		S105	S95	S75
密度/(g/cm³)		≥2.8		
比表面积/(m²/kg)		≥500	≥400	≥300
活性指数/%	7	≥95	≥75	≥55
	28	≥105	≥95	≥75
流动度比/%		≥95		
氯离子/%		≤0.06		

矿渣微粉作为混凝土掺合料，不仅能取代水泥，取得较好的经济效益，而且能显著改善和提高混凝土的综合性能，如改善和易性、降低水化热、提高抗腐蚀能力、提高后期强度等。

由于矿渣微粉对混凝土性能具有良好的技术效果，不仅可用于配制高强、高性能混凝土，也十分适用于中强混凝土、大体积混凝土，以及各类地下和水下混凝土工程。

3) 硅灰

硅灰又称微硅粉，是在冶炼硅铁合金或工业硅时，通过烟道排出的硅蒸汽氧化后，经收尘器收集得到的以无定型 SiO_2 为主要成分的产品。硅灰的颗粒是微细的玻璃球体，见图9-11(c)，其粒径为 0.1~1μm，仅为水泥颗粒粒径的 1/100。硅灰具有很高的活性，其掺量一般为水泥用量的 5%~10%。由于硅灰的比表面积很高，需水量很大，需配合使用高效减水剂以保证混凝土拌和物的和易性。常用硅灰的技术要求见表9-13。

表9-13 硅灰的技术指标

技术要求	烧失量/%	SiO_2/%	细度(45μm 筛余)/%	比表面积/(m²/g)	7d 活性指标/%
指标	≤6	≥85	≤10	≥15	≥85

硅灰作为混凝土掺合料部分取代水泥，能显著改善混凝土拌和物的黏聚性和保水性，增大硬化后混凝土的密实度，提高混凝土抗渗、抗冻和抗侵蚀能力。尤其是混凝土掺入硅灰后，能大幅度提高其早期和后期强度。目前可利用硅灰配制 100MPa 以上的超高强混凝土。

9.1.3 普通混凝土的技术性质

1. 新拌混凝土的和易性

混凝土的各组成材料按一定比例配合、搅拌而成的尚未凝固的混合料，称为混凝土拌和物，又称新拌混凝土。

1) 和易性的概念

和易性（或称工作性）是指混凝土拌和物易于施工操作（搅拌、运输、浇筑、捣实），并能获得质量稳定、整体均匀、成型密实的性能。和易性是一项综合性的技术指标，包括流动性、黏聚性、保水性三方面的性能。流动性是指混凝土拌和物在自重或机械振捣作用下，易于流动并均匀密实地填满模板的性能。黏聚性是指混凝土拌和物组成材料之间有一定的黏聚力，不致产生分层和离析现象。保水性是指混凝土拌和物在施工过程中，具有一定的保持内部水分的能力，不致产生严重的泌水现象。

2) 和易性的测定及评定

目前，还没有能够全面反映混凝土拌和物和易性的简单测定方法。通常通过试验测定流动性，辅以其他方法或经验来评定黏聚性和保水性。我国《普通混凝土拌和物性能》（GB/T 50080—2002）规定，混凝土拌和物的流动性可采用坍落度与坍落扩展法和维勃稠度法两种方法测定。

坍落度试验采用标准坍落圆锥筒测定，如图9-12所示。将搅拌好的混凝土拌和物分三层装入坍落度筒中，每层插捣25次，抹平后垂直提起坍落度筒，则拌和物在自重作用下坍落，以坍落高度（mm）代表拌和物的流动性。坍落度越大，则流动性越好。然后再用捣棒轻击拌和物锥体的侧面，若锥体逐步下沉，表示黏聚性良好；若突然倒塌、部分崩裂或石子离析，则为黏聚性不好的表现。与此同时，观察锥体底部是否有较多的稀浆析出，评定其保水性。

根据坍落度大小不同，混凝土拌和物可分为四级：大流动性混凝土(坍落度>160mm)、流动性混凝土(坍落度为 100～150mm)、塑性混凝土(坍落度为 50～90mm)及低塑性混凝土(坍落度为 10～40mm)。当拌和物的坍落度小于 10mm 时，为干硬性混凝土。坍落度试验仅适用于骨料最大粒径不超过 40mm，坍落度不小于 10mm 的混凝土拌和物。

干硬性混凝土的流动性测定可采用维勃稠度法，如图 9-13 所示。将坍落度筒置于固定于专用振动台上的圆筒中，按坍落度试验方法将拌和物装入坍落度筒内，再提起坍落筒，并在拌和物锥体顶端置一透明圆盘。开启振动台并计时，从开始振动至透明圆盘底面被水泥浆所布满的瞬间为止，所需的振动时间即为拌和物的维勃稠度值(s)。该法仅适用于骨料最大粒径不超过 40mm，维勃稠度在 5～30s 的混凝土拌和物的稠度测定。

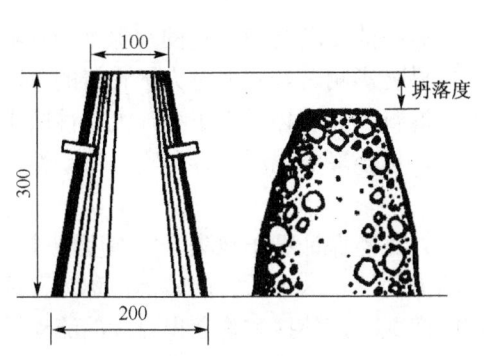

图 9-12　混凝土坍落度测试(单位：mm)

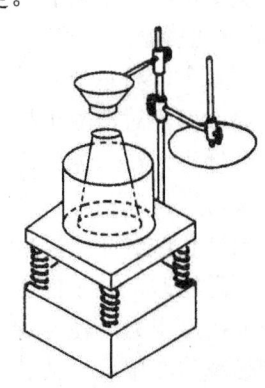

图 9-13　维勃稠度试验示意图

混凝土拌和物的流动性按维勃稠度大小可分为超干硬性混凝土(≥31s)、特干硬性混凝土(21～30s)、干硬性混凝土(11～20s)和半干硬性混凝土(5～10s)四个等级。

3）和易性的选用

混凝土拌和物的坍落度根据施工方法和结构条件，并参考有关资料加以选择。一般在便于操作和保证捣固密实的条件下，尽可能选用较小的坍落度，以节约水泥，提高强度，获得质量合格的混凝土拌和物。具体选择可参考表 9-14。

表 9-14　混凝土坍落度的适宜范围(GB 50204—2002)

项目	结构特点	坍落度/mm
1	无筋的厚大结构或配筋稀疏的构件	10～30
2	板、梁和大型及中型截面的柱子等	35～50
3	配筋较密的结构(薄壁、筒仓、细网等)	55～70
4	配筋特密的结构	75～90

表 9-14 中是指采用机械振捣的坍落度，当采用人工捣实时可适当增大。当采用混凝土泵送混凝土拌和物时，可通过掺入高效减水剂等措施提高流动性，使坍落度达到 80～180mm。

4）影响和易性的主要因素

(1)水泥浆的用量。

水泥浆的用量应以满足流动性的要求为宜。水泥浆赋予混凝土拌和物以流动性。在水灰比(水与水泥用量之比)不变的情况下，水泥浆越多，则拌和物的流动性越大。但若水泥浆过多，会出现流浆现象，将对混凝土的强度与耐久性不利。若水泥浆过少，不能填满骨料间隙或包裹骨料表面，黏聚性变差。

(2)水泥浆的稠度。

当水泥浆用量一定时,水泥浆的稠度决定于水灰比的大小,水灰比越小,水泥浆就越稠。但当水灰比过小时,水泥浆干稠,拌和物流动性过低,给施工造成困难。当水灰比过大时,水泥浆过稀,则容易使拌和物的黏聚性和保水性变差,会产生流浆及离析现象。一般根据混凝土强度和耐久性要求,合理地选取水灰比。

大量的试验表明,在一定的范围内,混凝土拌和物的坍落度只取决于单位体积用水量,而受其他因素的影响较小,这一规律称为固定用水量法则。这个法则用于混凝土的配合比设计是相当方便的,即可通过固定单位用水量,改变水灰比,而得到既满足拌和物和易性要求,又满足强度要求的混凝土配合比。

(3)砂率的影响。

砂的质量占砂石总质量的百分率称为砂率。砂率的变动会使骨料的空隙率和骨料的总表面积有明显改变,对混凝土拌和物的和易性产生显著影响。若砂率过大,骨料的总表面积及空隙率都会增大,在水泥浆含量一定的情况下,混凝土拌和物过于干稠,流动性减小。若砂率过小,又难以保证粗骨料之间有足够的砂浆层,也会降低混凝土拌和物的流动性,并严重影响其黏聚性和保水性,容易造成离析、流浆。

当砂率适宜时,砂不但能填满石子间的空隙,还能保证石子包裹一定厚度的砂浆层,以减小石子间的摩阻力,使混凝土拌和物有较好的流动性。这个适宜的砂率,称为合理砂率。采用合理砂率能在用水量及胶凝材料用量一定的情况下,使拌和物获得最大的流动性,并保持良好的黏聚性和保水性,如图9-14所示;或者,能使混凝土拌和物获得所需的流动性及良好的黏聚性与保水性,而水泥用量最少,如图9-15所示。由此可见,合理砂率的选取对改善混凝土拌和物的和易性以及节约水泥及胶凝材料、降低成本有着重要的作用。

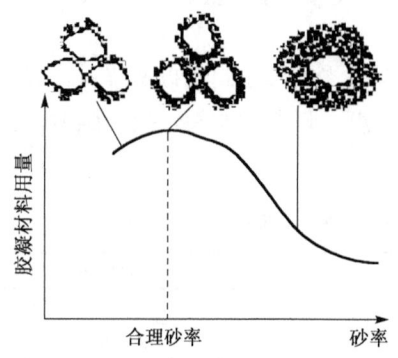

图9-14 砂率与坍落度的关系

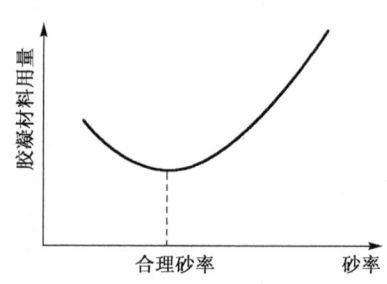

图9-15 砂率与水泥用量的关系

(4)组成材料性质的影响。

水泥对和易性的影响主要表现在水泥的需水量上。需水量大的水泥品种,达到相同的坍落度需要较多的用水量。普通硅酸盐水泥配制的混凝土拌和物的流动性和保水性较好。矿渣硅酸盐水泥配制的混凝土拌和物的流动性较大,但黏聚性差,易泌水。火山灰质硅酸盐水泥需水量大,在相同加水量条件下,流动性显著降低,但黏聚性和保水性较好。

骨料的性质对混凝土拌和物的和易性影响更大。粒径大的骨料的总表面积小,级配良好的骨料的空隙率小,在水泥浆用量一定的情况下,包裹骨料表面的水泥浆较厚,拌和物的流动性较好。卵石比碎石表面光滑,拌和物的流动性也较好。

(5) 外加剂的影响。

外加剂对拌和物的和易性有很大的影响，少量的外加剂能使混凝土拌和物在不增加水泥用量的条件下，获得良好的和易性，不仅流动性显著增加，合理应用还能改善混凝土拌和物的黏聚性和保水性。

(6) 时间和温度的影响。

混凝土拌和物搅拌后随时间延长而逐渐变稠，坍落度降低，和易性变差，这种现象称为坍落度损失。其原因是部分拌和水已与水泥水化、被骨料吸收或已蒸发，同时，水泥的凝聚结构逐渐形成，致使混凝土拌和物的流动性变差。环境温度升高，水分蒸发及水化速度加快，也会使混凝土拌和物的流动性降低。

5) 改善拌和物和易性的措施

在实际施工中，可采取如下措施改善混凝土拌和物的和易性：

① 当拌和物坍落度太小时，保持水灰比不变，增加适量的水泥浆；当坍落度太大时，保持砂率不变，增加适量的砂石。
② 选用适宜的水泥品种及掺合料。
③ 选用级配良好的骨料，并尽可能采用较粗的砂、石。
④ 采用合理砂率。
⑤ 有条件时掺用减水剂或引气剂。

2. 混凝土的强度

强度是混凝土硬化后的主要力学性能，并且与其他性质密切相关。混凝土强度有立方体抗压强度、棱柱体抗压强度、抗拉强度、抗弯强度和抗剪强度等。其中，立方体试件的强度比较稳定，我国以立方体抗压强度作为混凝土强度的特征值。

1) 混凝土的立方体抗压强度与强度等级

(1) 立方体抗压强度 (f_{cu})。

我国《普通混凝土力学性能试验方法标准》(GB/T 50081—2002)规定，按标准方法制作边长为 150mm 的正立方体试件，在标准养护条件下(温度 20±2℃，相对湿度 95%以上)养护至 28d 龄期，按照标准试验方法测得的抗压强度值，称为混凝土立方体试件抗压强度(简称混凝土抗压强度，单位 MPa，以 f_{cu} 表示)。

当混凝土强度等级小于 C60 时，测定抗压强度的试件也可根据工程中所用粗骨料的最大粒径选用非标准尺寸的立方体试件，但应将所得抗压强度乘以尺寸换算系数(表 9-15)，以折算为标准试件的抗压强度。试件尺寸越大，折算系数也越大。这是因为试件的尺寸越大，内部孔隙、缺陷等出现的概率也大，有效受力面积减小及应力集中引起所测强度值偏低。当混凝土强度等级大于 C60 时，宜采用标准试件，若使用非标准试件，尺寸换算系数应经试验确定。

表 9-15 混凝土试件不同尺寸的强度换算系数(GB/T 50081—2002)

骨料最大粒径/mm	试件尺寸/mm×mm×mm	换算系数
<31.5	100×100×100	0.95
<40	150×150×150	1.00
<63	200×200×200	1.05

(2) 强度等级 ($f_{cu,k}$)。

混凝土的强度等级是混凝土结构设计、混凝土配合比设计和质量评定的重要根据。我国

《混凝土结构设计规范》(GB 50020—2010)规定,混凝土的强度等级应按立方体抗压强度标准值确定,以 $f_{cu,k}$ 表示,即用上述标准试验方法测得的具有 95%保证率的立方体抗压强度。混凝土强度等级采用符号"C"和相应的立方体抗压强度标准值(MPa)来表示,划分为 C15、C20、C25、C30、C35、C40、C45、C50、C55、C60、C65、C70、C75 及 C80 14 个强度等级。设计时可按下列范围选用:受弯构件选用 C20~C30,受压构件选用 C30~C40,预应力构件选用 C30~C50,高层建筑底层柱选用 C50 或以上,C60~C80 则属于高强混凝土范畴。

(3)混凝土的轴心抗压强度(f_{cp})。

确定混凝土强度等级采用立方体试件,但实际工程中钢筋混凝土构件大部分是棱柱体形或圆柱体形。为使测得的混凝土强度接近实际情况,轴心受压构件(如柱、桁架腹杆等)在钢筋混凝土结构计算中,均以轴心抗压强度作为设计依据。

轴心抗压强度采用 150mm×150mm×300mm 的棱柱体作为标准试件,如有必要,也可采用非标准尺寸的棱柱体试件,但其高宽比(h/a)应在 2~3。轴心抗压强度比同截面的立方体抗压强度小,且 h/a 越大,轴心抗压强度越小。在立方体抗压强度为 10~55MPa 时,$f_{cp} \approx (0.70 \sim 0.80) f_{cu}$。

2)混凝土的抗拉强度(f_{ts})

混凝土的抗拉强度只有抗压强度的 1/10~1/20,故在结构设计中不考虑混凝土承受拉力,而是在混凝土中配以钢筋,由钢筋来承受拉力。但确定抗裂度时,需考虑抗拉强度,它是结构设计中确定混凝土抗裂度的主要指标。

目前,直接采用轴向拉伸试验很难测定混凝土的抗拉强度,常采用劈裂抗拉试验间接得出抗拉强度,称为劈裂抗拉强度(f_{ts})。采用边长为 150mm 的立方体试件,在两个相对的表面加上垫条,当施加均匀分布的压力时,在外力作用的竖向平面内即可产生均匀分布的拉应力,如图 9-16 所示。该拉应力大小可由弹性理论计算得到。劈裂抗拉强度的计算公式为

$$f_{ts} = \frac{2F}{\pi A} = 0.637 \frac{F}{A} \quad (9-3)$$

试验证明,用轴向拉伸试验测得的混凝土抗拉强度与劈裂抗拉强度之比约为 0.9。而劈裂抗拉强度(f_{ts})与立方体抗压强度(f_{cu})之间的关系可用经验公式表达如下:

$$f_{ts} = 0.35 f_{cu}^{3/4} \quad (9-4)$$

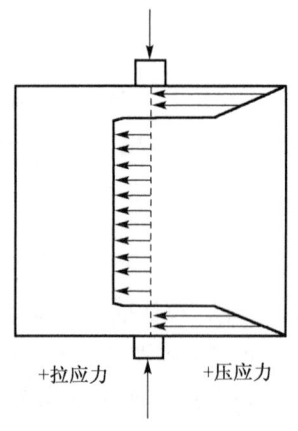

图 9-16 劈裂试验时垂直于受力表面的应力分布

3)影响混凝土强度的主要因素

混凝土强度取决于砂浆基体、粗骨料及其界面过渡区的粘接强度。混凝土在受力前,由于水泥石的化学收缩和物理收缩引起砂浆体积变化,以及由于拌和物泌水而在粗骨料下缘形成水囊等因素,都将在砂浆基体与粗骨料界面过渡区上形成许多原生微裂缝。混凝土在受力时,这些预存的界面微裂缝的扩展,将使混凝土结构丧失连续性而发生破坏。试验也证实,普通混凝土的破坏主要是粗骨料与砂浆基体的界面黏结破坏。混凝土的强度与水泥强度等级、水灰比及骨料性质等因素有关。此外,混凝土的强度还受施工质量、养护条件及龄期的影响。

(1)水泥强度等级和水灰比。

这是决定混凝土强度最主要的因素。水泥是混凝土的活性组成,在水灰比不变时,水泥强度等级越高则水泥石的强度越大,对骨料的胶结力越强,配制的混凝土强度越高。

在水泥强度等级相同的条件下,混凝土的强度主要取决于水灰比。理论上来说,水泥水化所需的结合水一般只占水泥质量的 23%左右,但为获得施工要求的流动性,常需加入较多的水,如塑性混凝土的水灰比在 0.4~0.8。当混凝土硬化后,多余的水分残留在混凝土中或蒸发后形成孔穴或通道,减小了混凝土抵抗荷载的有效截面,且可能在孔隙周围引起应力集中。水灰比越小则水泥石强度越高,与骨料黏结力越大,混凝土强度也越高。但水灰比过小,拌和物过于干稠,难以振捣密实,出现较多的蜂窝、孔洞,混凝土强度反而严重下降,见图 9-17(a)。

1930 年瑞士的鲍罗米通过大量统计分析提出,在材料相同的条件下,当水灰比在 0.33~0.80 变化时,混凝土的 28d 抗压强度与灰水比(C/W)存在如图 9-17(b)所示的线性关系,混凝土的 28d 抗压强度按下式计算:

$$f_{cu} = \alpha_a f_{ce}\left(\frac{C}{W} - \alpha_b\right) \tag{9-5}$$

式中,f_{cu} 为混凝土 28d 抗压强度,MPa;C、W 分别为每 m^3 混凝土中水泥和水的用量,kg;f_{ce} 为水泥的实际强度,MPa;α_a、α_b 为回归系数。

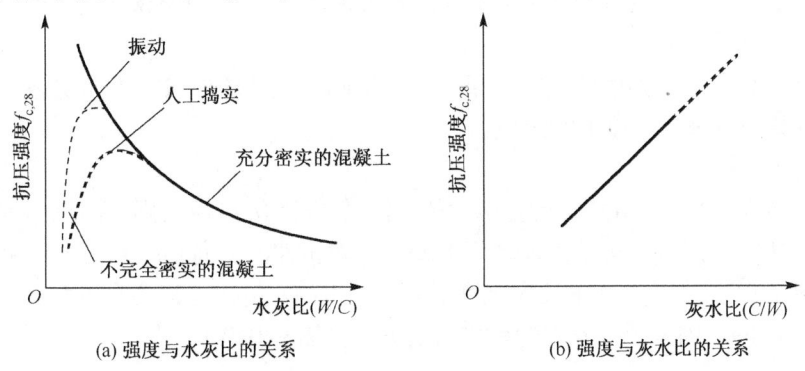

图 9-17 混凝土抗压强度与水灰比、灰水比的关系

根据式(9-5),可按所用的水泥强度和水灰比估算所配制混凝土的强度,也可按水泥强度和要求的混凝土强度等级来计算应采用的水灰比。

(2)骨料的影响。

强度高、级配良好的骨料所拌制的混凝土,强度较高;采用含较多针棒状骨料或卵石拌制的混凝土强度则较低。

(3)养护温度及湿度。

混凝土浇筑成型后,需在一定时间内保持适当的温度和足够的湿度,以使水泥充分水化,即混凝土的养护。养护温度越高,水泥水化速度越快,混凝土的强度发展也越快;反之,在低温下强度发展迟缓。当温度降至冰点以下时,混凝土中的水分结冰,不但水泥停止水化,强度停止发展,而且容易使混凝土容易受到冻害。

同时,只有周围环境的湿度足够,水泥水化反应才能顺利进行,混凝土强度才能得以充分发展。图 9-18 为潮湿养护对混凝土强度的影响,由图可见,若保湿时间不够,混凝土强度将严重下降。

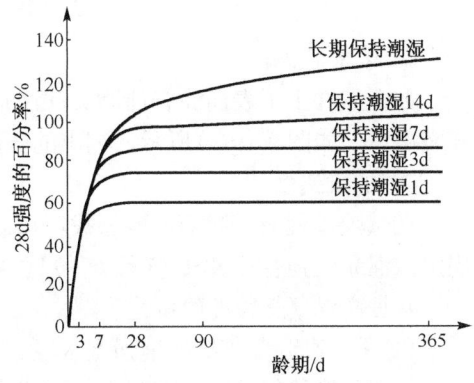

图 9-18 混凝土强度与保湿养护时间的关系

为此，我国《混凝土结构工程施工质量验收规范》(GB 50204—2002)规定，混凝土浇筑成型后，应在12h内覆盖以防水分蒸发。使用硅酸盐水泥、普通硅酸盐水泥和矿渣硅酸盐水泥时，浇水保湿不少于7d；使用火山灰质硅酸盐水泥和粉煤灰硅酸盐水泥，掺用缓凝型外加剂，或混凝土有抗渗要求时，浇水保湿不少于14d。在夏季施工的混凝土，要特别注意保湿养护。

(4)龄期的影响。

龄期是混凝土的正常养护所经历的时间。混凝土的强度随龄期增长而不断发展，最初7～14d内强度发展较快，以后逐渐缓慢。28d后强度仍在发展，其增长过程可延续数十年之久。一般水泥制成的混凝土，标准养护条件下强度大致与龄期的对数成正比：

$$f_n = f_{28} \frac{\lg n}{\lg 28} \tag{9-6}$$

式中，f_n为nd龄期混凝土的抗压强度，MPa，$n \geq 3$；f_{28}为28d龄期混凝土的抗压强度，MPa。

根据式(9-6)，可按所测混凝土的早期强度估算其28d强度，或者由28d强度推算达到某一强度所需养护的天数。但由于影响强度的因素很多，式(9-6)的计算结果只能作为参考。

(5)试验条件的影响。

除了前述试件尺寸对强度的测定结果有一定影响，试件的形状、表面状态及加载速度等试验条件也会影响混凝土强度的测定值。

① 试件的形状。

当试件受压面积($a \times a$)相同而高度(h)不同时，高宽比(h/a)越大则所测抗压强度越小。这是因为试件受压时，混凝土与承压板之间的摩擦力对试件的横向膨胀起约束作用，常称为环箍效应，如图9-19(a)所示。环箍效应有利于强度的提高，越接近试件的端面，环箍效应就越大，距端面约$0.866a$的范围以外则约束作用消失，见图9-19(b)。

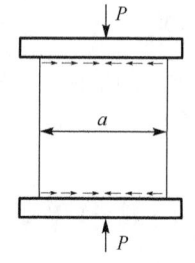
(a) 压板对试件的约束作用

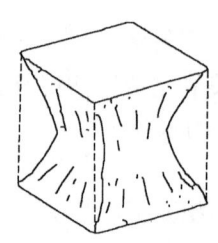
(b) 不涂润滑剂的破坏形式

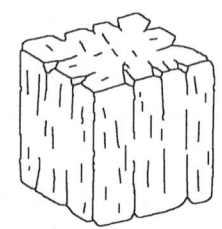
(c) 涂润滑剂的破坏形式

图9-19 受压试件的环箍效应

② 表面状态。

如在试件上下表面涂有油脂类润滑剂时，受压时的环箍效应大为减小，试件将出现竖向开裂破坏，如图9-19(c)所示，测出的强度值也偏低。

③ 加载速度。

在试验过程应连续均匀地加载，加载速度越快，测得的混凝土强度值也越大。我国标准规定，混凝土强度等级>C30且<C60时，加载速度为0.5～0.8MPa/s。

4)提高混凝土强度的措施

(1)采用高强度等级或早强型水泥。

水泥强度等级越高，混凝土的强度也较高。采用早强型水泥可提高混凝土的早期强度，有利于加快施工进度。

(2) 采用低水灰比的干硬性混凝土。

这种混凝土拌和物游离水少，硬化后留下的孔隙也少，混凝土密实度高，强度可显著提高。但水灰比过小，将影响拌和物的流动性，造成施工困难，一般采取掺减水剂的方法，使低水灰比拌和物仍有良好的和易性。

(3) 采用湿热养护。

蒸汽养护是将混凝土放在温度低于 100℃ 的常压蒸汽中养护。一般经 24h 蒸汽养护，强度可达正常养护 28d 强度的 70%，适于掺活性混合材的水泥制备的混凝土。蒸汽养护可加速活性混合材的"二次反应"，混凝土的早期强度和后期强度都有所提高，28d 强度可提高 10%～20%。

对普通硅酸盐水泥和硅酸盐水泥制备的混凝土进行蒸汽养护，也能提高早期强度，但因在水泥颗粒表面过早形成水化产物凝胶膜，阻碍水分继续深入水泥颗粒内部，使后期强度增长速度反而减缓，28d 强度比标准养护时低 10%～15%。不同养护温度下混凝土的强度发展规律见图 9-20。

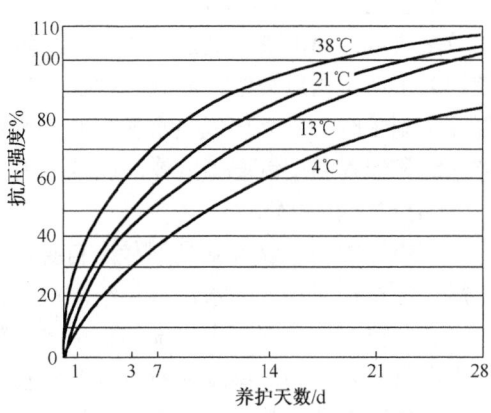

图 9-20　不同养护温度下混凝土的强度发展

(4) 采用机械搅拌和振捣。

机械振捣可使拌和物的颗粒振动，暂时破坏水泥浆体的凝聚结构，降低了水泥浆的黏度和骨料间的摩擦力，提高拌和物的流动性，使其更好地充满模板，从而大幅提高硬化混凝土的密实度和强度。采用高频振动、变频振动及多向振动设备，可获得更佳振捣效果。

(5) 掺入外加剂和掺合料。

在混凝土中掺入早强剂、减水剂均可提高混凝土的强度。而同时掺入(双掺)高效减水剂和磨细矿物掺合料，可显著提高混凝土的强度，可配制出强度等级为 C60～C100 的高强混凝土。

3. 混凝土的变形性能

混凝土的变形包括非荷载作用下的变形和荷载作用下的变形。非荷载下的变形，分为混凝土的化学收缩、干湿变形、温度变形及自干燥收缩。荷载作用下的变形，分为短期荷载作用下的变形及长期荷载作用下的变形——徐变。

1) 非荷载作用下的变形

(1) 化学收缩。

混凝土硬化过程中，由于水泥水化产物的固体体积比反应前的总体积小，从而引起混凝土的收缩，称为化学收缩。化学收缩不能恢复，收缩量随混凝土的龄期延长而增加，一般成型后 40d 内增长较快，以后逐渐趋于稳定。化学收缩值较小，对混凝土结构没有破坏作用，但在混凝土内部可能产生微细裂缝而影响承载状态和耐久性。

(2) 干湿变形。

周围环境湿度的变化会引起混凝土的干湿变形，表现为干缩湿胀。混凝土在干燥过程中，由于毛细水的蒸发而在毛细孔中形成负压，随着空气湿度的降低，负压逐渐增大，产生的收缩力导致混凝土收缩；同时，水泥凝胶体颗粒的吸附水也部分蒸发，凝胶体因失水而产生紧缩。混凝土的这种体积收缩，在重新吸水后大部分可以恢复。

混凝土中过大的干缩会产生干缩裂缝,严重影响混凝土的耐久性。在混凝土结构设计中,混凝土的干缩率取值一般为$(1.5\sim2.0)\times10^{-4}$。干缩主要是水泥石产生的,因此,增加骨料含量、降低水泥用量、减小水灰比及采用湿热养护等措施可有效减小混凝土的干缩。

(3)温度变形。

混凝土随着温度的变化而产生热胀冷缩变形,其温度线胀系数为$(1\sim1.5)\times10^{-5}/℃$。

温度变形对大体积混凝土极为不利,易造成温度裂缝。在混凝土硬化初期,水泥水化放出较多热量,而混凝土又是热的不良导体,散热很慢,造成内外温差很大(可达$50\sim70℃$),使混凝土产生内胀外缩,导致外表面产生很大的拉应力,严重时使混凝土产生裂缝。大体积混凝土施工时,常采用低热水泥、减少水泥用量、掺加缓凝剂,以及采用人工降温、设温度伸缩缝和配置温度钢筋等措施,以减少因温度变形而引起的混凝土质量问题。

(4)自干燥收缩。

混凝土的自干燥收缩是混凝土自身水化引起内部湿度降低导致的收缩。混凝土浇筑成型以后,除搅拌时加入的水,不再给混凝土提供任何附加水分,同时也不让已有水分向环境散失,在此情况下,混凝土内部的自由水分随着水化过程的发展而不断减少,因此,在密封状态下混凝土内部相对湿度随着水分的消耗而减少,这种现象称为混凝土的自干燥。自干燥同样也造成毛细孔中的水分不饱和,形成弯液面而产生毛细管压力差,从而引起自收缩。在水灰比高的普通混凝土中,这部分收缩值较很小;随着高强高性能混凝土的发展,混凝土的水胶比越来越低,胶凝材料用量也相应较多,自收缩问题已比较突出。

2)荷载作用下的变形

(1)短期荷载作用下的变形。

混凝土是一种由水泥石、粗骨料、细骨料、游离水、气泡等组成的不匀质复合材料。砂浆基体和粗骨料界面过渡区上存在界面微裂缝,混凝土在短期荷载作用下的变形,实质上是裂缝的扩大、延长并汇合的衍变过程,可分为四个阶段,见图9-21。

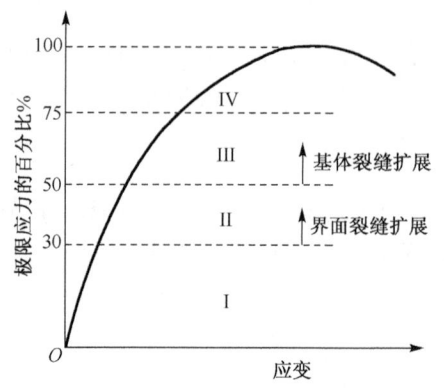

图9-21 混凝土在短期荷载作用下的四个阶段

第Ⅰ阶段($\sigma<30\%f_{cp}$):过渡区的界面微裂缝保持稳定,没有扩展趋势,应力-应变(σ-ε)关系曲线呈线性。

第Ⅱ阶段($30\%f_{cp}<\sigma<50\%f_{cp}$):随着$\sigma$增加,界面裂缝长度、宽度和数量有所增加,且稳定地缓慢扩展,但此时砂浆基体中不产生新裂缝,σ-ε曲线随裂缝的发展逐渐偏离直线。

第Ⅲ阶段($50\%f_{cp}<\sigma<75\%f_{cp}$):界面裂缝逐渐向砂浆基体延伸,同时砂浆中也产生微裂缝,并逐渐增生、扩展,并与界面裂缝搭接。当σ达到$75\%f_{cp}$左右时,整个裂缝体系变得不稳定,此应力水平称为临界应力。

第Ⅳ阶段($\sigma>75\%f_{cp}$):随着σ增加,基体和界面裂缝处于不稳定状态,迅速扩展为连续的裂缝体系,变形急剧增大,σ-ε曲线明显弯曲并趋于水平,直至达到极限应力。

如上所述,过渡区的微裂缝在受力时会逐渐扩展,同时,混凝土孔隙中的水也产生迁移,结果使混凝土产生不可恢复的塑性变形,σ-ε曲线表现为高度非线性,如图9-22所示。在短期荷载作用下,若加载至A点,再卸载则沿AC曲线返回,产生残留的塑性应变。

在 σ-ε 曲线上任一点的 σ 与 ε 的比值，称为混凝土在该应力下的变形模量。在计算混凝土结构的变形、裂缝开展及大体积混凝土的温度应力时，均需知道该混凝土的变形模量。在低应力水平下混凝土的 σ-ε 曲线接近直线，图 9-22 中原点处的切线斜率称为初始切线弹性模量，但该值不易测准，实际意义不大。

在混凝土工艺和混凝土结构设计中，通常采用规定条件下的割线弹性模量。研究表明，在 $\sigma < (0.3 \sim 0.5) f_{cp}$ 时的裂缝稳定扩展阶段，重复加荷-卸载若干次以后，塑性应变将趋于稳定，σ-ε 曲线基本上趋于直线，如图 9-23 所示，此时的直线斜率较易测准。我国《普通混凝土力学性能试验方法标准》（GB/T 50081—2002）规定，采用 150mm×150mm×300mm 的棱柱体作为标准试件，反复加载卸载（即 $\sigma = f_{cp}/3$）三次后，所得的割线弹性模量值作为该混凝土的弹性模量 E_c。

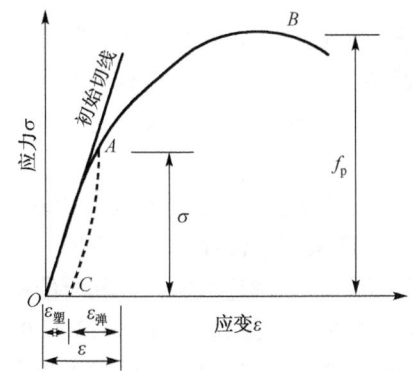 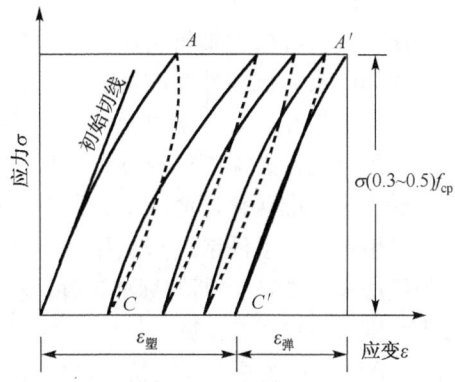

图 9-22 混凝土压力作用下的应力-应变曲线　　图 9-23 低应力下重复荷载的应力-应变曲线

影响混凝土弹性模量的因素很多。一般来说，混凝土的强度越高，其弹性模量越大，当强度等级为 C10～C60 时，其弹性模量为 $(2.5 \sim 4.5) \times 10^4$ MPa。骨料的含量越多、弹性模量越大，则混凝土的弹性模量越高。水灰比较小、养护较好及龄期较长，则弹性模量较大。

（2）长期荷载作用下的变形——徐变。

混凝土在持续荷载作用下，除产生瞬间的弹性变形和塑性变形，还会产生随时间增长的变形，称为徐变，如图 9-24 所示。

在加载的瞬间，混凝土产生瞬时变形，随着时间的延长，又产生徐变变形。在荷载初期，徐变变形增长较快，以后逐渐变慢并稳定下来，最终徐变应变可达 0.3～1.5mm/m。在荷载除去后，一部分变形瞬时恢复，其值小于在加载瞬间产生的瞬时变形。在卸载后的一段时间内变形还会继续恢复，称为徐变恢复。最后残存的不能恢复的变形，称为残余变形。

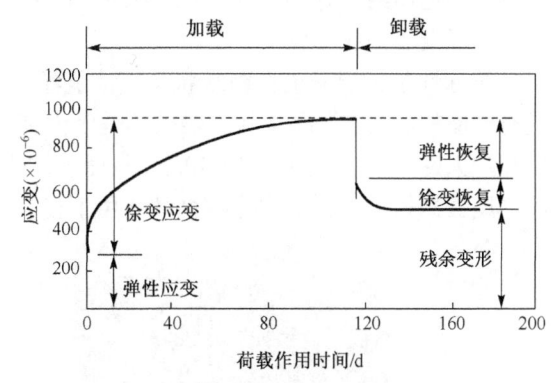

图 9-24 徐变变形与徐变恢复

混凝土产生徐变的原因，一般认为是水泥石凝胶体在长期荷载作用下的黏性流动，使凝胶粒子吸附水向毛细孔内迁移。减小徐变的措施有：降低混凝土的水灰比或在水中养护，尽量减少水泥用量，采用弹性模量较大的骨料以及减小构件内的应力等。

混凝土的徐变对结构物有利的方面是：减弱钢筋混凝土内的应力集中，使应力重新分布而缓解局部应力集中,对大体积混凝土则能减弱温度变形所产生的破坏应力。徐变不利的方面是会引起预应力钢筋混凝土中钢筋的预应力损失。

4. 混凝土的耐久性

混凝土的耐久性是指混凝土抵抗介质作用并长期保持其良好的使用性能和外观完整性,从而维持混凝土结构的安全、正常使用的能力。耐久性差的混凝土结构在达到设计使用期限之前,会出现钢筋锈蚀、混凝土劣化剥落等破坏,需要投资修复乃至拆除重建。我国《混凝土结构设计规范》(GB 50010—2010)将混凝土结构的耐久性设计作为重要内容,高性能混凝土则把耐久性作为首要的技术指标。耐久性是一个综合性的指标,包括抗渗性、抗冻性、抗腐蚀性、抗碳化反应、抗碱-骨料反应及混凝土中的钢筋耐锈蚀等性能。

1) 混凝土的抗渗性

抗渗性是指混凝土抵抗有压介质(水、油等液体)渗透作用的能力。它是决定混凝土耐久性最基本的因素,抗渗性差的混凝土不仅周围液体物质易渗入内部,而且当遇有负温或环境水中含有侵蚀性介质时,混凝土易遭受冰冻或侵蚀作用而破坏。地下建筑、水坝、水池、港工及海工等工程,必须要求混凝土具有一定的抗渗性。

我国国家标准《普通混凝土长期性能和耐久性能试验方法标准》(GB/T 50082—2009)规定,可采用渗水高度法或逐级加压法进行抗水渗透试验,以此来评定混凝土的抗渗性。其中逐级加压法采用 28d 龄期的标准试件,在规定试验方法下进行抗水渗透试验,以其所能承受的最大水压力(MPa)来计算其抗渗等级,见式(9-7)。混凝土的抗渗等级划为 P4、P6、P8、P10、P12 时,分别表示混凝土能抵抗 0.4MPa、0.6MPa、0.8MPa、1.0MPa 和 1.2MPa 的静水压力而不发生渗透。

$$P = 10H - 1 \tag{9-7}$$

式中,P 为混凝土抗渗等级;H 为 6 个试件中有三个试件渗水时的水压力,MPa。

提高混凝土抗渗性的主要措施有:降低水灰比,掺加减水剂、引气剂等防止离析、泌水的发生,选用级配好的骨料、充分振捣和养护等。

2) 混凝土的抗冻性

抗冻性是指混凝土在饱水状态下,能经受多次冻融循环而不破坏,同时也不严重降低所具有性能的能力。混凝土受冻融破坏是因内部孔隙水在负温下结冰膨胀(约 9%),而对孔壁产生相当大的压应力(可达 100MPa),从而使硬化中的混凝土结构遭到破坏,导致混凝土已获得的强度受到损失,在多次冻融循环作用下使裂缝不断扩展直至破坏,如图 9-25 所示。

图 9-25 混凝土冻融破坏实例图

提高抗冻性的关键是提高混凝土密实度,密实度高、具有封闭孔隙的混凝土,其抗冻性较高。掺入引气剂、减水剂和防冻剂等混凝土外加剂,可显著地提高混凝土的抗冻性。

混凝土的抗冻性用抗冻等级来表示。抗冻等级是以 28d 龄期的混凝土标准试件，在饱水后反复冻融循环，以抗压强度损失不超过 25%，且质量损失不超过 5%时，所能承受的最大的循环次数来确定的，共有 F10、F15、F25、F50、F100、F150、F200、F250 和 F300 九个等级，如其中 F10 表示混凝土能承受冻融循环的最多次数不少于 10 次。

3) 混凝土的抗侵蚀性

当混凝土所处环境中含有侵蚀性介质时便会遭受侵蚀，通常有软水侵蚀、硫酸盐侵蚀、镁盐侵蚀、碳酸侵蚀、一般酸侵蚀与强碱侵蚀等，如图 9-26～图 9-28 所示。随着混凝土在地下工程、海岸工程等恶劣环境中的大量应用，对混凝土的抗侵蚀性提出了更高的要求。

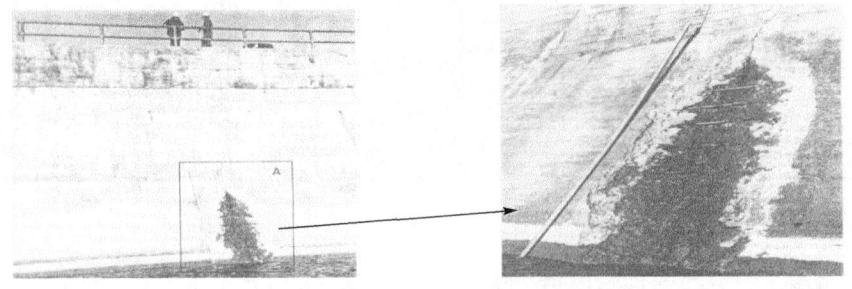

图 9-26　硫酸盐侵蚀

图 9-27　钢筋锈蚀引起的破坏

密实和孔隙封闭的混凝土，环境水不易侵入，抗侵蚀性较强。提高抗侵蚀性的主要措施有：合理选择水泥品种、降低水灰比、提高混凝土密实度和改善孔结构，如图 9-29 所示。

图 9-28　路面受除冰盐破坏　　　　　图 9-29　加引气剂改善混凝土抗冻性

4) 混凝土的碳化

碳化是指混凝土内水泥石中的 $Ca(OH)_2$ 与空气中的 CO_2 发生化学反应，生成 $CaCO_3$ 和水的过程，也称中性化。碳化是 CO_2 由表及里逐渐向混凝土内部扩散的过程，如图 9-30 所示。

碳化对混凝土性能有不利的影响。首先是碱度降低，减弱对钢筋的保护作用。水泥水化生成的 $Ca(OH)_2$ 使钢筋处于碱性环境，表面生成一层钝化膜而不易锈蚀。当碳化深度穿透混凝土保护层达到钢筋表面时，钝化膜被破坏而发生锈蚀，产生的体积膨胀使混凝土保护层开裂，CO_2、O_2、水等有害介质更易侵入，加速钢筋的锈蚀，如图 9-31 所示。另外，碳化会增加混凝土的收缩，降低混凝土的抗拉、抗折强度及抗渗能力。

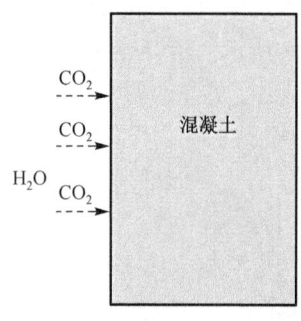

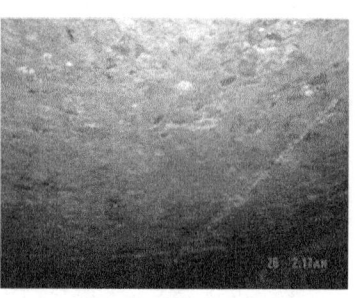

图 9-30　混凝土碳化示意图　　　　　　　　图 9-31　混凝土的碳化腐蚀

碳化对混凝土也有一些有利影响。碳化产生的 $CaCO_3$ 填充了水泥石的孔隙，对提高抗压强度有利。可利用碳化作用来提高混凝土预制桩的表面硬度。

影响碳化速度的主要因素有：CO_2 浓度高则碳化速度快；掺混合材的水泥的碱度较低，碳化速度加快；水灰比小的混凝土较密实，CO_2 和水不易侵入，碳化较慢；环境相对湿度在 50%~75%时，碳化速度最快，相对湿度小于 25%或在水中时，碳化将停止。

为减少碳化对钢筋混凝土结构的不利影响，可采取以下措施：
① 在混凝土结构中采用适当的保护层，使碳化深度在设计年限内达不到钢筋表面。
② 根据工程所处环境及使用条件，合理选择水泥品种。
③ 使用减水剂，改善混凝土的和易性，提高混凝土的密实度。
④ 采用水灰比小、单位水泥用量较大的混凝土配合比。
⑤ 在混凝土表面涂刷保护层，防止 CO_2 侵入。
⑥ 加强施工质量控制，加强养护，保证振捣质量。

5) 碱-骨料反应

碱-骨料反应是指水泥中的碱(Na_2O、K_2O)与骨料中的活性 SiO_2 发生化学反应，在骨料表面生成复杂的碱-硅酸凝胶。这种凝胶吸水后体积可膨胀 3 倍以上，导致混凝土产生膨胀开裂。

混凝土发生碱-骨料反应必须具备三个条件：①泥中碱含量高，$(Na_2O+0.658K_2O)\%$ 大于 0.6%(以及混凝土中的总碱含量过高)；②骨料中含活性 SiO_2 成分的矿物，如蛋白石、玉髓、鳞石英等；③有水存在。

碱-骨料反应过程极慢，有一定潜伏期，往往要经过几年或十几年后才会出现。而一旦发生则造成的危害极大，素有混凝土的"癌症"之称，应以预防为主。

抑制碱-骨料反应的措施有：控制水泥总含碱量不超过 0.6%；选用非活性骨料；降低混凝土的单位水泥用量，以降低混凝土的含碱量；在混凝土中掺入火山灰质掺合料，以减少膨胀值；防止水分侵入，使混凝土处于干燥状态。

6) 提高混凝土耐久性的措施

混凝土所处的环境和使用条件不同，对其耐久性的要求也不同，但影响耐久性的因素有

许多相同之处。混凝土的密实程度是影响耐久性的主要因素,其次是原材料性质、施工质量等。提高混凝土耐久性的主要措施如下:

(1) 合理选择混凝土的组成材料。

① 根据混凝土工程的特点和所处环境条件,合理选择水泥品种。

② 选择质量良好、技术要求合格的骨料。

(2) 提高混凝土制品的密实度。

① 控制水胶比、保证足够胶凝材料用量是提高混凝土耐久性的关键。行业标准《普通混凝土配合比设计规程》(JGJ 55—2011)规定了混凝土的最小胶凝材料用量限值(表 9-16),国家标准《混凝土结构设计规范》(GB 50010—2010)规定了混凝土的最大水胶比限值(表 9-17)。

表 9-16 混凝土的最小胶凝材料用量(JGJ 55—2011)

最大水胶比	最小胶凝材料用量/(kg/m³)		
	素混凝土	钢筋混凝土	预应力混凝土
0.60	250	280	300
0.55	280	300	300
0.50	320		
≤0.45	330		

表 9-17 混凝土耐久性基本要求(GB 50010—2010)

环境类别	条件	最大水胶比	最低强度等级	最大氯离子含量/%	最大碱含量/(kg/m³)
一	室内干燥环境;无侵蚀性静水浸没环境	0.60	C20	0.30	不限制
二 a	室内潮湿环境;非严寒和非寒冷地区的露天环境;非严寒和非寒冷地区与无侵蚀性的水或土壤直接接触的环境;严寒和寒冷地区的冰冻线以下与无侵蚀性的水或土壤直接接触的环境	0.55	C25	0.20	3.0
二 b	干湿交替环境;水位频繁变动环境;严寒和寒冷地区的露天环境;严寒和寒冷地区冰冻线以上与无侵蚀性的水或土壤直接接触的环境	0.50 (0.55)	C30 (C25)	0.15	
三 a	严寒和寒冷地区冬季水位变动区环境;受冰盐影响环境;海风环境	0.45 (0.50)	C35 (C30)	0.15	
三 b	盐渍土环境;受除冰盐作用环境;海岸环境	0.40	C40	0.10	

注:① 氯离子含量是指其占胶凝材料总量的百分比;
② 预应力构件混凝土中的最大氯离子含量为 0.06%,其最低混凝土强度等级宜按表中规定提高两个等级;
③ 素混凝土构件的水胶比及最低混凝土强度等级要求可适当放松;
④ 当有可靠工程经验时,二类环境中的最低混凝土强度等级可降低一个等级;
⑤ 处于严寒和寒冷地区二 b、三 a 类环境中的混凝土应使用引气剂,并可采用括号内的有关参数;
⑥ 当使用非碱活性骨料时,对混凝土的碱含量可不做限制。

② 选择级配良好的骨料及合理砂率,保证混凝土的密实度。

③ 掺入适量减水剂、适量掺合料,提高混凝土的密实度。

④ 严格按操作规程进行施工操作。

(3) 改善混凝土的孔隙结构。

在混凝土中掺入适量引气剂,可改善混凝土内部的孔结构,封闭孔隙的存在,可以提高混凝土的抗渗性、抗冻性及抗侵蚀性。

9.1.4 混凝土的质量控制和合格评定

混凝土的质量是影响混凝土结构可靠性的重要因素,混凝土的生产应按规定的保证率满足设计要求的技术性质,以保证结构的可靠性。混凝土的质量控制应贯穿设计、生产、施工和成品检验的全过程:①生产前的初步控制,包括组成材料的检验、配合比的设计与调整、人员配备和设备调试等内容;②生产过程的控制,包括计量、搅拌、运输、浇筑和养护等内容;③生产后的合格性控制,包括批量划分、确定批取样数、确定检测方法和验收界限等内容。

以上过程的任一步骤(如原材料性能、施工操作、试验条件等)都会使混凝土质量产生波动。在混凝土的质量控制中,由于抗压强度与其他性能有较好的相关性,所以常以其作为评定和控制质量的主要指标。

1. 混凝土的质量控制

1)混凝土强度的波动规律

实践证明,在施工条件基本一致的情况下,同一等级混凝土的强度波动服从正态分布。可用两个特征统计量——强度平均值($\bar{f}_{cu}$)和标准差(σ)来描述。$\bar{f}_{cu}$代表混凝土总体的平均水平,按下式计算:

$$\bar{f}_{cu} = \frac{1}{n}\sum_{i=1}^{n} f_{cu,i} \tag{9-8}$$

式中,n为试件组数;$f_{cu,i}$为第i组试验值。

标准差反映了混凝土强度的离散程度,与生产单位的管理水平有关,按下式计算:

$$\sigma = \sqrt{\frac{\sum_{i=1}^{n} f_{cu,i}^2 - n\bar{f}_{cu}^2}{n-1}} \tag{9-9}$$

在相同生产管理水平下,标准差随强度平均值的提高而增大,强度平均值不同的混凝土质量稳定性可用变异系数(C_v)来比较,按下式计算:

$$C_v = \frac{\sigma}{\bar{f}_{cu}} \tag{9-10}$$

变异系数值越小,说明该混凝土强度质量越稳定。

2)混凝土强度的保证率

混凝土强度的质量控制不仅要保证混凝土强度的稳定性,还要考虑符合设计要求的强度等级的合格率,即强度保证率。它是指在混凝土强度总体中,实测强度达到强度标准值组数的百分率$P(\%)$。如图9-32所示,强度正态分布曲线下面的面积为概率的总和,等于100%。

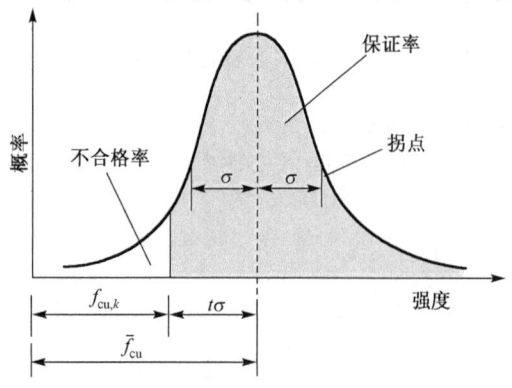

图9-32 混凝土强度正态分布曲线

强度保证率按如下方法计算。

首先,计算出概率度t:

$$t = \frac{\overline{f}_{cu} - f_{cu,k}}{\sigma} \tag{9-11}$$

再根据 t 值，由表 9-18 查得保证率 P。

表 9-18 不同 t 值的保证率

t	0.00	0.50	0.80	0.84	1.00	1.20	1.28	1.40	1.60
P/%	50.0	69.2	78.8	80.0	84.1	88.5	90.0	91.9	94.5
t	1.645	1.70	1.75	1.81	1.88	2.00	2.05	2.33	3.00
P/%	95.0	95.5	96.0	96.5	97.0	97.7	99.0	99.4	99.87

工程中 P 值可根据统计周期内，同批混凝土试件强度不低于强度等级标准值 $f_{cu,k}$ 的组数 N_0 占试件总组数 $N(>25)$ 的百分率求得，即

$$P = \frac{N_0}{N} \times 100\% \tag{9-12}$$

根据计算得出的 P 值，按表 9-19 可确定混凝土生产质量水平。

表 9-19 混凝土生产质量水平 (GB 50164—2011)

评定指标	生产场所	<C20	C20~C40	≥C44
强度标准差 σ/MPa	预拌混凝土搅拌站 预制混凝土构件厂	≤3.0	≤3.5	≤4.0
	施工现场搅拌站	≤3.5	≤4.0	≤4.5
实测强度达到强度标准值组数的百分率 P/%	预拌混凝土厂、预制构件厂及集中搅拌混凝土的施工现场	≥95		

2. 混凝土强度评定

我国《混凝土强度检验评定标准》(GB 50107—2010) 规定，混凝土强度评定可分为统计方法及非统计方法两种。

1) 统计方法评定

由于混凝土生产条件不同，混凝土强度的稳定性也不同，统计方法评定又分为标准差已知和标准差未知两种情形。

(1) 标准差已知。

对于预拌混凝土、预制混凝土构件厂和采用现场集中搅拌混凝土的施工单位，其混凝土的生产条件较长时间内能保持一致，且同一品种混凝土的强度变异性能保持稳定，每批的强度标准差 σ_0 可按常数考虑。应由连续三组试件组成一个验收批，其强度应同时满足下列要求：

$$\overline{f}_{cu} \geq f_{cu,k} + 0.7\sigma_0 \tag{9-13}$$
$$f_{cu,min} \geq f_{cu,k} - 0.7\sigma_0$$

当混凝土强度等级不高于 C20 时，其强度的最小值尚应满足下列要求：

$$f_{cu,min} \geq 0.85 f_{cu,k} \tag{9-14}$$

当混凝土强度等级高于 C20 时，其强度的最小值尚应满足下列要求：

$$f_{cu,min} \geq 0.90 f_{cu,k} \tag{9-15}$$

式中，$\overline{f}_{cu}$ 为同一验收批混凝土立方体抗压强度的平均值，MPa；$f_{cu,k}$ 为验收批混凝土立方体

抗压强度标准值，MPa；$f_{cu,min}$ 为同一验收批混凝土立方体抗压强度的最小值，MPa；σ_0 为验收批混凝土立方体抗压强度的标准差，MPa。

验收批混凝土强度的标准差 σ_0，应根据前一检验期内同一品种混凝土试件的强度数据，按下式计算：

$$\sigma_0 = \frac{0.59}{m}\sum_{i=1}^{m}\Delta f_{cu,i} \tag{9-16}$$

式中，$\Delta f_{cu,i}$ 为第 i 批试件立方体抗压强度最大值与最小值之差，MPa；m 为用以确定验收批混凝土立方体抗压强度标准差的数据总批数，检验期内强度数据的总批数不得少于 15。

(2) 标准差未知。

当生产连续性较差，无法维持基本相同的生产条件；或生产周期较短，无法积累强度数据以计算可靠的标准差时，检验评定只能直接根据每一验收批抽样的样本强度数据确定。为提高可靠性，一个验收批应不少于 10 组试件，其强度应同时满足

$$\begin{aligned}\overline{f}_{cu} - \lambda_1 s_{f_{cu}} &\geq f_{cu,k} \\ f_{cu,min} &\geq \lambda_2 f_{cu,k}\end{aligned} \tag{9-17}$$

式中，$s_{f_{cu}}$ 为同一验收批混凝土强度标准差，MPa；λ_1、λ_2 为合格判定系数，按表 9-20 取用。

表 9-20　混凝土强度的合格判定系数(GB 50107—2010)

试件组数	10～14	15～19	≥20
λ_1	1.00	0.95	0.90
λ_2	0.90	0.85	

验收批混凝土强度的标准差 $s_{f_{cu}}$ 按下式计算：

$$S_{f_{cu}} = \sqrt{\frac{\sum_{i=1}^{n}f_{cu,i}^2 - n\overline{f}_{cu}^2}{n-1}} \tag{9-18}$$

式中，$f_{cu,i}$ 为第 i 组混凝土试件的立方体抗压强度值，MPa；n 为一个试验批组数。

2) 非统计方法评定

对某些小批量零星混凝土的生产，当评定样本试件组数不足 10 组且不少于 3 组时，可采用非统计方法评定混凝土强度，其强度应同时满足下列要求：

$$\begin{aligned}\overline{f}_{cu} &\geq \lambda_3 f_{cu,k} \\ f_{cu,min} &\geq \lambda_4 f_{cu,k}\end{aligned} \tag{9-19}$$

合格判定系数 λ_3、λ_4 按表 9-21 取用。

表 9-21　混凝土强度的合格判定系数(GB 50107—2010)

混凝土强度等级	<C50	≥C50
λ_3	1.15	1.10
λ_4	0.95	0.90

3) 混凝土强度的合格性判定

混凝土强度检验评定应分批进行，当检验结果能满足以上规定时，则该混凝土判为合格，

否则为不合格。不合格批混凝土制成的结构或构件应进行鉴定,可采用从结构或构件中钻取试件的方法或采用非破损检验,对混凝土的强度进行检测,作为混凝土强度处理的依据。

3. 混凝土的非破损检测技术简介

混凝土的非破损检测又称无损检测,可在不破坏混凝土结构的条件下,直接而迅速地测定混凝土强度及确定内部缺陷。常用的检测技术有回弹法、超声法和超声-回弹综合法等。

1) 回弹法

采用回弹仪进行测定,其基本原理是利用有拉簧的金属弹击杆,以一定能量弹击在混凝土表面上,回弹的距离反映被测表面的硬度,进而根据硬度大小与抗压强度之间的关系图表(可查有关资料)推算出混凝土的强度值,其工作原理见图9-33。

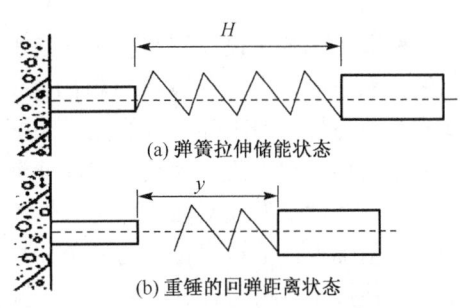

图9-33 回弹仪的工作原理

回弹值的大小取决于混凝土表层的硬度(因此测试时需要考虑混凝土的碳化),故回弹法只能较好地反映混凝土表层2～3cm的质量。而且,还应根据测试方法、水泥品种、养护条件及碳化深度的不同对回弹值予以修正。回弹法是利用回弹值与混凝土强度间的关系来检验混凝土的强度,这种相关性是以基准测强曲线或经验公式的形式给出的,是一种简便、快速的混凝土强度测定方法。

2) 超声波法

采用超声波测定仪进行测定,通过超声波在混凝土中的传播速度来反映混凝土的质量。强度高的混凝土密实度也大,超声波在其中的传播速度较快。测出混凝土的强度及超声波在混凝土中的传播强度,拟合出强度和声波速度的经验关系公式,即可用根据波速测定结果推算出混凝土的强度值。

采用超声波测定混凝土强度的方法,可较好地反映内部的质量情况。在测定混凝土风化、破坏过程和质量变化等方面较合适。但超声波的速度与强度的关系受水灰比、骨料总用量的影响,强度推算结果应考虑配合比的影响。

3) 超声-回弹综合法

超声-回弹综合法是以超声波在混凝土内部传播的波速和混凝土表面的回弹值两项测试指标,综合推定结构混凝土强度的一种无损检测方法。超声法检测混凝土强度充分反映超声波历程上混凝土内部材料的平均强度,回弹法的回弹值仅反映了混凝土表层的材料强度。两种检测混凝土强度方法的测量值互相补偿,可消除碳化因素的影响。

超声-回弹综合法具有检测精度高、适用范围广和测试结果可信度高等优点,在混凝土构件的质量控制及混凝土强度检测中得到广泛的应用。

9.1.5 普通混凝土的配合比设计

配合比设计是指确定混凝土中各组成材料用量的比例。普通混凝土的配合比,根据所用原材料及混凝土的技术要求进行初步计算,并经实验室试配、调整后确定。

水泥混凝土配合比表示方法包括单位用量法和相对用量法。单位用量表示法是以每立方混凝土中各种材料用量表示的,如水泥:砂:石:水=345:630:1240:180(kg/m^3)。相对用量表示法是以水泥质量为1,其他材料用量与水泥用量的比例表示的,如上述配合比可表示为水泥:砂:石=1:1.83:3.59,W/C=0.52。

1. 普通混凝土配合比设计的基本要求

① 达到混凝土结构设计要求的强度等级。
② 满足混凝土施工要求的拌和物和易性。
③ 满足环境和使用要求的混凝土耐久性。
④ 在满足上述要求的前提下节约水泥、降低成本。

2. 混凝土配合比设计的三个重要参数

混凝土配合比设计的实质是确定水泥、水、砂与石子四种基本组成材料用量之间的三个比例关系,即:①水与胶凝材料的比例,用 W/B 表示;②砂与石子的比例,用砂率表示;③水泥浆与骨料的比例,用单位用水量来反映。

合理地确定这三个参数,就能使混凝土满足上述四项基本要求。确定这三个参数的基本原则是:在满足混凝土强度和耐久性的基础上,确定水胶比;在满足施工要求的新拌混凝土和易性基础上,根据粗骨料的种类和规格,确定单位用水量;砂率应以填充石子空隙后略有富余,并按使拌和物有足够黏聚性和保水性的原则来确定。

3. 普通混凝土配合比设计的步骤

首先合理选定原材料品种、检测原材料质量,然后按照混凝土的技术要求进行初步计算,得出计算配合比。经实验室试拌调整,得到基准配合比。然后经强度复核(有抗渗、抗冻等其他性能要求,则需做相应的检验项目),定出满足设计和施工要求并比较经济的实验室配合比。最后依现场砂、石的实际含水率对实验室配合比进行修正,得到施工配合比。

1)确定计算配合比

(1)计算试配强度。

根据国家行业标准《普通混凝土配合比设计规程》(JGJ 55—2011)的规定,当混凝土强度等级小于 C60 时,混凝土的配制强度与设计强度的关系为

$$f_{cu,0} = f_{cu,k} + 1.645\sigma \tag{9-20}$$

式中,σ 为强度标准差,MPa,$f_{cu,0}$ 为配制强度,MPa;$f_{cu,k}$ 为设计强度,MPa。

当混凝土强度等级不小于 C60 时,配制强度($f_{cu,0}$)与设计强度($f_{cu,k}$)的关系为

$$f_{cu,0} = 1.15 f_{cu,k} \tag{9-21}$$

混凝土强度标准差应按下列规定确定:

① 当具有近 1~3 个月的同一品种、同一强度等级混凝土的强度资料,且试件组数不小于 30 时,其混凝土强度标准差。应按下式计算:

$$\sigma = \sqrt{\frac{\sum_{i=1}^{n} f_{cu,i}^2 - n\overline{f_{cu}^2}}{n-1}} \tag{9-22}$$

式中,n 为同一品种混凝土试件组数,$n \geq 25$;$f_{cu,i}$ 为第 i 组试件的强度值,MPa;$\overline{f_{cu}}$ 为 n 组试件强度的平均值,MPa。

对于强度等级不大于 C30 的混凝土,当混凝土强度标准差计算值不小于 3.0MPa 时,应按式(9-22)计算结果取值;当混凝土强度标准差计算值小于 3.0MPa 时,应取 3.0MPa。

对于强度等级大于 C30 且小于 C60 的混凝土,当混凝土强度标准差计算值不小于 4.0MPa 时,应按式(9-22)计算结果取值;当混凝土强度标准差计算值小于 4.0MPa 时,应取 4.0MPa。

② 当没有近期的同一品种、同一强度等级混凝土强度资料时,其强度标准差可按表 9-22 取值。

表 9-22　混凝土 σ 的取值(GB 50204—2002)

混凝土强度等级	<C20	C20～C45	>C50
σ/MPa	4.0	5.0	6.0

(2) 初步确定水胶比(W/B)。

普通混凝土的 W/B 宜根据混凝土强度公式推出:

$$W/B = \frac{\alpha_a f_b}{f_{cu,0} + \alpha_a \alpha_b f_b} \tag{9-23}$$

式中,α_a、α_b 为回归系数,应根据工程所使用的水泥、骨料,通过试验由建立的 W/B 与混凝土强度关系式确定。当不具备试验统计资料时,可按我国《普通混凝土配合比设计规程》(JGJ 55—2011)的规定取值:碎石:α_a=0.53,α_b=0.20;卵石:α_a=0.49,α_b=0.13。f_b 为胶凝材料 28d 抗压强度实测值,MPa。试验方法应按现行国家标准《水泥胶砂强度检验方法(ISO 法)》(GB/T 17671)执行;若无实测值,可按下式计算:

$$f_b = \gamma_f \gamma_s f_{ce} \tag{9-24}$$

式中,γ_f、γ_s 分别为粉煤灰影响系数和粒化高炉矿渣粉影响系数,可按表 9-23 选用;f_{ce} 为水泥 28d 胶砂抗压强度,MPa,可实测,也可按水泥强度等级由下式计算确定:

$$f_{ce} = \gamma_c f_{ce,g} \tag{9-25}$$

其中,γ_c 为水泥强度等级值的富余系数,可按实际统计资料确定;当缺乏实际统计资料时,也可按表 9-24 选用;$f_{ce,g}$ 为水泥强度等级值,MPa。

表 9-23　粉煤灰影响系数(γ_f)和粒化高炉矿渣粉影响系数(γ_s)(JGJ 55—2011)

掺量/%	粉煤灰影响系数	粒化高炉矿渣粉影响系数
0	1.00	1.00
10	0.85～0.95	1.00
20	0.75～0.85	0.95～1.00
30	0.65～0.75	0.90～1.00
40	0.55～0.65	0.80～0.90
50	—	0.70～0.85

注:① 采用 I 级、II 级粉煤灰宜取上限值;
② 采用 S75 级粒化高炉矿渣粉宜取下限值,采用 S95 级粒化高炉矿渣粉宜取上限值,采用 S105 级粒化高炉矿渣粉可取上限值加 0.05;
③ 当超出表中的掺量时,粉煤灰和粒化高炉矿渣粉影响系数应经试验确定。

表 9-24　水泥强度等级值的富余系数

水泥强度等级值	32.5	42.5	52.5
富余系数	1.12	1.16	1.10

为保证混凝土具有足够的密实度和耐久性，计算出的水胶比不得大于规定的最大值，应按表 9-17 的规定进行校核。

(3)用水量和外加剂用量。

① 当混凝土水胶比在 0.40～0.80 时，每立方米干硬性或塑性混凝土的用水量可按表 9-25 和表 9-26 选取；当混凝土水胶比小于 0.40 时，通过试验确定。

表 9-25 干硬性混凝土的用水量（JGJ 55—2011）   （单位：kg/m³）

拌和物稠度		卵石最大公称粒径/mm			碎石最大公称粒径/mm		
项目	指标	10.0	20.0	40.0	16.0	20.0	40.0
维勃稠度/s	16～20	175	160	145	180	170	155
	11～15	180	165	150	185	175	160
	5～10	185	170	155	190	180	165

表 9-26 塑性混凝土的用水量（JGJ 55—2011）   （单位：kg/m³）

拌和物稠度		卵石最大公称粒径/mm				碎石最大公称粒径/mm			
项目	指标	10.0	20.0	31.5	40.0	10.0	20.0	31.5	40.0
坍落度/mm	10～30	190	170	160	150	200	185	175	165
	35～50	200	180	170	160	210	195	185	175
	55～70	210	190	180	170	220	205	195	185
	75～90	215	195	185	175	230	215	205	195

注：① 本表用水量系采用中砂时的取值，当采用细砂时，每立方米混凝土用水量可增加 5～10kg；当采用粗砂时，可减少 5～10kg；
② 掺用矿物掺合料和外加剂时，用水量应相应调整。

② 掺外加剂时，每立方米流动性或大流动性混凝土的用水量可按下式计算：

$$m_{w0} = m'_{w0}(1-\beta) \tag{9-26}$$

式中，m_{w0} 为计算配合比每立方米混凝土的用水量，kg/m³；m'_{w0} 为未掺外加剂时推定的满足实际坍落度要求的每立方米混凝土用水量，kg/m³，以表 9-25 中 90mm 坍落度的用水量为基础，按每增大 20mm 坍落度相应增加 5 kg/m³ 用水量来计算，当坍落度增大到 180mm 以上时，随坍落度相应增加的用水量可减少；β 为外加剂的减水率，%，应经混凝土试验确定。

③ 每立方米混凝土中外加剂用量（m_{a0}）应按下式计算：

$$m_{a0} = m_{b0}\beta_a \tag{9-27}$$

式中，m_{a0} 为计算配合比每立方米混凝土中外加剂用量，kg/m³；m_{b0} 为每立方米混凝土中胶凝材料用量，kg/m³；β_a 为外加剂掺量，%，应经混凝土试验确定。

(4)胶凝材料、矿物掺合料和水泥用量。

每立方米混凝土的胶凝材料用量 m_{b0} 按下式计算：

$$m_{b0} = \frac{m_{w0}}{W/B} \tag{9-28}$$

计算得到的胶凝材料用量应进行试拌调整，在拌和物性能满足的情况下，取经济合理的胶凝材料用量。此外，除配制 C15 及其以下强度等级的混凝土，胶凝材料用量应符合表 9-16 的规定。

每立方米混凝土的矿物掺合料用量应按下式计算：

$$m_{f0} = m_{b0}\beta_f \tag{9-29}$$

式中，m_{f0} 为计算配合比每立方米混凝土中矿物掺合料用量，kg/m³；β_f 为矿物掺合料掺量，%，按照表 9-27 和表 9-28 确定。

表 9-27 钢筋混凝土中矿物掺合料最大掺量（JGJ 55—2011）

矿物掺合料种类	水胶比	最大掺量/%	
		采用硅酸盐水泥时	采用普通硅酸盐水泥时
粉煤灰	≤0.40	45	35
	>0.40	40	30
粒化高炉矿渣粉	≤0.40	65	55
	>0.40	55	45
钢渣粉	—	30	20
磷渣粉	—	30	20
硅灰	—	10	10
复合掺合料	≤0.40	65	55
	>0.40	55	45

表 9-28 预应力混凝土中矿物掺合料最大掺量（JGJ 55—2011）

矿物掺合料种类	水胶比	最大掺量/%	
		采用硅酸盐水泥时	采用普通硅酸盐水泥时
粉煤灰	≤0.40	35	30
	>0.40	25	20
粒化高炉矿渣粉	≤0.40	55	45
	>0.40	45	35
钢渣粉	—	20	10
磷渣粉	—	20	10
硅灰	—	10	10
复合掺合料	≤0.40	55	45
	>0.40	45	35

注：① 当采用其他通用硅酸盐水泥时，宜将水泥混合材掺量 20%以上的混合材量计入矿物掺合料；
② 复合掺合料各组分的掺量不宜超过单掺时的最大掺量；
③ 在混合使用两种或两种以上矿物掺合料时，矿物掺合料总掺量应符合表中复合掺合料的规定；
④ 对基础大体积混凝土，粉煤灰、粒化高炉矿渣粉和复合掺合料的最大掺量可增加 5%。

每立方米混凝土的水泥用量应按下式计算：

$$m_{c0} = m_{b0} - m_{f0} \tag{9-30}$$

式中，m_{c0} 为计算配合比每立方米混凝土中水泥用量，kg/m³。

(5) 选取合理的砂率。

砂率应根据骨料的技术指标、混凝土拌和物性能和施工要求，参考既有历史资料确定。当缺乏砂率的历史资料时，混凝土砂率的确定应符合下列规定：

① 坍落度小于 10mm 的混凝土，其砂率应经试验确定。
② 坍落度为 10~60mm 的混凝土，其砂率可根据粗骨料品种、最大公称粒径及水胶比按表 9-29 选取。
③ 坍落度大于 60mm 的混凝土，其砂率可经试验确定，也可在表 9-29 的基础上，按坍落度每增大 20mm、砂率增大 1%的幅度予以调整。

表 9-29　混凝土的砂率　　　　　　　　　　　　　　　　　(%)

水胶比	卵石最大公称粒径/mm			碎石最大公称粒径/mm		
	10.0	20.0	40.0	16.0	20.0	40.0
0.40	26～32	25～31	24～30	30～35	29～34	27～32
0.50	30～35	29～34	28～33	33～38	32～37	30～35
0.60	33～38	32～37	31～36	36～41	35～40	33～38
0.70	36～41	35～40	34～39	39～44	38～43	36～41

注：① 本表数值系中砂的选用砂率，对细砂或粗砂，可相应地减少或增大砂率；
　　② 当采用人工砂配制混凝土时，砂率可适当增大；
　　③ 当只用一个单粒级粗骨料配制混凝土时，砂率应适当增大。

(6) 计算粗、细骨料的用量 (m_{g0}) 和 (m_{s0})。

粗、细骨料的用量可用质量法或体积法求得。

① 质量法(假定表观密度法)。假定 $1m^3$ 混凝土拌和物的质量(kg)(即表观密度)相对固定，计算公式为

$$\begin{cases} m_{c0} + m_{f0} + m_{g0} + m_{s0} + m_{w0} = m_{cp} \\ \beta_s = \dfrac{m_{s0}}{m_{s0} + m_{g0}} \times 100\% \end{cases} \quad (9\text{-}31)$$

式中，m_{c0}、m_{f0}、m_{g0}、m_{s0}、m_{w0} 分别为 $1m^3$ 混凝土中水泥、矿物掺合料、粗骨料、细骨料、水的用量，kg/m^3；m_{cp} 为 $1m^3$ 混凝土拌和物的假定质量，kg，其值可取 $2350\sim2450 kg/m^3$，β_s 为砂率，%。

② 体积法(绝对体积法)。假定混凝土拌合物的体积等于各组成材料绝对体积和混凝土拌和物中所含空气体积的总和，计算公式为

$$\begin{cases} \dfrac{m_{c0}}{\rho_c} + \dfrac{m_{f0}}{\rho_f} + \dfrac{m_{g0}}{\rho_g} + \dfrac{m_{s0}}{\rho_s} + \dfrac{m_{w0}}{\rho_w} + 0.01\alpha = 1 \\ \beta_s = \dfrac{m_{s0}}{m_{s0} + m_{g0}} \times 100\% \end{cases} \quad (9\text{-}32)$$

式中，ρ_c、ρ_f、ρ_g、ρ_s 分别为水泥、矿物掺合料、粗骨料、细骨料的表观密度，kg/m^3；ρ_w 为水的密度，kg/m^3；α 为混凝土的含气量百分数，在不使用引气型外加剂时，可取 1。

国家行业标准《普混凝土配合比设计规程》(JGJ 55—2011)中并未要求外加剂的用量，但鉴于实际工程中外加剂用量较多时，应该考虑外加剂质量或体积。

通过以上六个步骤，可将水、水泥、砂、石子的用量全部求出。以上混凝土配合比计算公式和表格，均以干燥状态的骨料(含水率小于 0.5%的细骨料或含水率小于 0.2%的粗骨料)为基准。当以饱和面干的骨料为基准进行计算时，应做相应的修正。

2) 配合比的试配、调整和确定

以上求出的各材料用量，是利用经验公式或经验资料获得，因而不一定能够完全符合具体的工程实际，还需对计算配合比进行试配、调整与确定。

按计算配合比称取原材料进行试拌，检查该拌和物的和易性是否符合要求。若流动性太大，可在砂率不变的条件下，适当增加细骨料、粗骨料；若流动性太小，可保持水胶比不变，增加适量的水和胶凝材料；若黏聚性和保水性不良，可适当增加砂率，直至和易性满足要求。经调整和易性可得到混凝土的基准配合比。

3) 实验室配合比的确定

基准配合比虽然达到了施工和易性要求,但是否满足设计强度尚未可知。检验混凝土的强度应至少采用三个不同的配合比,其一是基准配合比,另外两个配合比的水胶比基准配合比分别增、减0.05,用水量与基准配合比相同,砂率可分别增、减1%。制作混凝土试件时,需检验相应配合比的拌和物和易性并测定表观密度($\rho_{c,t}$)以备用。

每个配合比制作一组试件,标准养护28d试压。由试验得出的各水胶比及其对应的混凝土的强度关系,用作图法或计算法求出与混凝土配制强度($f_{cu,0}$)相对应的水胶比。并按下列原则确定1m³混凝土材料用量。

① 用水量(m_w):在基准配合比的用水量基础上,根据制作强度试件时测得的坍落度或维勃稠度进行调整确定。

② 胶凝材料用量(m_b):以用水量乘以选定的胶水比经计算确定。

③ 粗、细骨料用量(m_g、m_s):取基准配合比中的粗、细骨料用量,并按选定的胶水比调整后确定。

至此得到的配合比,还需根据实测的混凝土表观密度($\rho_{c,t}$)做校正,以确定1m³混凝土拌和物各材料的用量。为此,先按下式计算混凝土拌和物的计算表观密度($\rho_{c,c}$):

$$\rho_{c,c} = m_w + m_c + m_f + m_g + m_s \quad (9\text{-}33)$$

再计算混凝土配合比校正系数(δ):

$$\delta = \frac{\rho_{c,t}}{\rho_{c,c}} \quad (9\text{-}34)$$

当混凝土表观密度实测值($\rho_{c,t}$)与计算值($\rho_{c,c}$)之差的绝对值不超过计算值的2%时,以上定出的配合比即确定的设计配合比;当二者之差超过计算值的2%时,应将配合比中的各材料用量均乘以校正系数δ,即确定的实验室配合比。

4) 施工配合比的计算

设计配合比是以干燥材料为基准的,而工地存放的砂、石都含有一定水分。现场材料的称量应按工地砂、石的含水情况进行修正,修正后的配合比称为施工配合比。

设工地测出砂的含水率为$a(\%)$,石子的含水率为$b(\%)$,则将上述实验室配合比换算为施工配合比,其材料用量各为

$$\begin{aligned} m'_c &= m_c \\ m'_f &= m_f \\ m'_s &= m_s(1+a) \\ m'_g &= m_g(1+b) \\ m'_w &= m_w - m_s a\% - m_g b\% \end{aligned} \quad (9\text{-}35)$$

9.1.6 特殊性能混凝土

1. 轻骨料混凝土

用轻粗骨料、轻砂(或普通砂)、水泥和水配制而成的干表观密度不大于1950kg/m³的混凝土,称为轻骨料混凝土。《轻骨料混凝土技术规程》(JGJ 52—2002)按细骨料种类分为:全轻混

凝土(粗、细骨料均为轻骨料)、砂轻混凝土(细骨料全部或部分为普通砂)、大孔轻骨料混凝土(轻粗骨料、水泥和水配成的无砂或少砂混凝土)和次轻混凝土(轻骨料掺适量普通粗骨料)。

轻骨料混凝土所用轻骨料具有孔隙率高、表观密度小、吸水率大及强度低等特点。按来源可分为：天然轻骨料，如浮石、火山渣等；工业废渣轻骨料，如粉煤灰陶粒、自燃煤矸石和膨胀矿渣等；人造轻骨料，如页岩陶粒、黏土陶粒和膨胀珍珠岩等。

1) 轻骨料混凝土的技术特点

与普通混凝土相比，轻骨料混凝土具有如下特点：

① 表观密度：按干表观密度分为 600、700、…、1900 kg/m³ 十四个密度等级。

② 抗压强度：按立方体抗压强度标准值划分为 LC5.0、LC7.5、…、LC60 十三个强度等级。轻骨料混凝土按其用途可分为三大类，见表 9-30。

表 9-30　轻骨料混凝土按用途分类(JGJ 51—2002)

类别名称	强度等级合理范围	密度等级合理范围/(kg/m³)	用途
保温轻骨料混凝土	LC 5.0	≤800	保温的围护结构或热工构筑物
结构保温轻骨料混凝土	LC 5.0～LC 15	800～1400	既承重又保温的围护结构
结构轻骨料混凝土	LC 15～LC60	1400～1900	承重构件或构筑物

③ 弹性模量与变形：轻骨料混凝土的弹性模量一般为同强度等级普通混凝土的 50%～70%，有利于改善建筑物的抗震性能和抵抗动荷载的作用。收缩和徐变比普通混凝土相应大 20%～50%和 30%～60%。

④ 保温性能：轻骨料混凝土具有良好的保温性能，当表观密度为 1000kg/m³ 时，热导率约为 0.28W/(m·K)，当表观密度为 1400kg/m³ 和 1800kg/m³ 时，热导率约为 0.49W/(m·K) 和 0.87 W/(m·K)。

2) 轻骨料混凝土的配合比设计和施工要点

① 轻骨料混凝土的配合比设计与普通混凝土相同，但同时还应满足表观密度的要求。

② 合理使用材料和节约水泥，最高水泥用量不宜超过 550kg/m³。

③ 在设计轻骨料混凝土的配合比时，需考虑轻骨料的附加水量。轻骨料混凝土的用水量为净用水量与附加用水量(被骨料吸收的水量)之和。

④ 轻骨料本身吸水率比较大，需要预湿处理，否则拌和物在运输或浇筑过程中坍落度损失较大。

⑤ 轻骨料易上浮，不宜搅拌均匀，应采用强制式搅拌机，且搅拌时间要比普通混凝土略长一些。

⑥ 为减少轻骨料上浮，施工中最好采用加压振捣，且振捣时间以捣实为准，不宜过长。

⑦ 由于轻骨料吸水能力强，要加强早期养护，浇筑成型应及时覆盖并洒水养护，以防止表面失水太快而产生网状裂缝。

3) 轻骨料混凝土的应用

人造轻骨料的成本高于就地取材的天然骨料，但轻骨料混凝土的表观密度比普通混凝土减少 1/4～1/3，隔热性能改善，可减小结构尺寸，增加使用面积，降低基础工程费用和材料运输费用，其综合效益良好。

轻骨料混凝土主要适用于高层和多层建筑、软土地基、大跨度结构、抗震结构、要求节能的建筑和旧建筑的加层改造等。如珠海国际会议中心 20 层以上部位采用了 LC40 轻骨料混凝土。唐津高速公路永定新河大桥使用 CL40 轻骨料混凝土取代普通混凝土，跨度从原来的 24m 增加到 35m，并且不再铺装沥青层。国内不少地方采用轻骨料混凝土作为房屋墙体和屋面板，也取得了良好的技术经济效益。

2. 纤维混凝土

纤维混凝土是以普通混凝土为基体，掺入各种乱向短切纤维而成的复合材料。纤维的品种有低弹性模量纤维(如尼龙纤维、聚丙烯纤维)和高弹性模量纤维(如钢纤维、碳纤维、玻璃纤维，玻璃纤维使用时要注意其耐碱性不足问题等)两类。为增加基体与纤维的黏结强度，常采用冷拔-切断、熔抽和铣削等制造加工方法将钢纤维加工成波浪形、扭曲型、端钩型和哑铃型等多种几何形状。

纤维的掺量、几何形状及其在基体中的分布状况，对纤维混凝土的性能有重要影响。通常纤维的长径比为 70~120，体积分数为 0.3%~2.0%。纤维在混凝土中起增强、增韧作用，不但能提高混凝土的抗压、抗拉、抗弯强度，更能有效改善混凝土的脆性。混凝土掺入钢纤维对抗压强度提高不大，但破坏后无碎块、不崩裂，有较大的吸收变形能力，是一种良好的抗冲击材料。掺入体积分数为 1.5%的钢纤维，拉伸强度可提高 40%，抗弯强度可提高 1.5 倍，冲击韧性为普通混凝土的 5~10 倍。

纤维混凝土主要用于抗震框架节点、轨枕、机场跑道、高速公路路面、桥面、军事工程等要求高耐磨性、高抗冲击性和抗裂的部位及构件。

3. 泵送混凝土

泵送混凝土是在混凝土泵车上通过混凝土泵和输送管道将混凝土直接送到浇筑部位，同时完成水平和垂直输送的混凝土。与普通混凝土拌和物相比，泵送混凝土具有坍落度大、骨料技术要求高、水泥用量多、含砂率高等特点。

泵送混凝土拌和物应具有良好的可泵性，其配合比应根据原材料质量、压送距离、输送管管径、气候条件、浇筑方法及浇筑部位等确定。骨料级配应良好，粗骨料最大粒径与管内径之比，泵送高度在 50m 以下时，碎石不大于 1:3，卵石不大于 1:2.5。细骨料采用 II 区中砂，通过 0.315m 筛孔的砂量不应少于 15%，砂率值常取 38%~45%。最小水泥用量为 300kg/m^3。掺入粉煤灰并采用复合型减水剂或泵送剂可改善混凝土的和易性。

泵送混凝土施工中应严格控制坍落度损失，避免出现泌水、离析现象，确保混凝土泵的有效工作。泵送过程中断时间不宜超过 60min，当停歇时间超过 30min 时应做间歇振作，防止混凝土在管内离析或堵塞。泵送完毕后，必须认真清洗料斗及输送管道系统。

目前，泵送混凝土广泛应用于高层建筑及大体积混凝土中，可达到提高施工工效、节约施工成本的良好效果。

4. 喷射混凝土

喷射混凝土是以压缩空气将混合料高速喷射到施工面上，在冲击力的作用下达到密实，可在水平或垂直面上浇筑而不下落。为防止粗骨料从施工面上弹落，水泥用量应在 350kg/m^{3}以上并掺适当速凝剂，控制骨料的最大粒径在 9.5mm 以内。为提高混凝土的抗折强度和断裂韧性，可掺入钢纤维或聚丙烯纤维，用于稳定岩石坡面和隧道衬砌中取代钢丝网。

喷射混凝土硬化快，能承受早期应力，与岩石黏结力强(1.0~1.5 MPa)，节省模板。可用于新建筑物的施工，也可用于既有建筑的加固与修复，特别适用于曲面或薄混凝土构筑物及薄层修复等。

5. 透水混凝土

图 9-34　透水混凝土

透水混凝土（也称多孔或无砂混凝土）所用粗骨料级配范围较窄，少或不用细骨料，采用较少量的水泥浆，较低的水灰比和坍落度。粗骨料间以点接触的形式胶结在一起，所得混凝土具有较高的孔隙率（20%～35%）和透水性（图 9-34）。

透水混凝土是一种生态型环保混凝土。既有一定的强度，又具有一定的透水透气性。路面采用透水混凝土，地表水可很快渗入地下，道路在雨天不会积水、反光，解决雨水排出不畅的问题，缓解不透水铺装对环境造成的影响；同时，雨水透过混凝土渗透到地下可补充地下水供应。透水混凝土用于水工建筑做排水介质、道路、停车场等工程。

6. 高性能混凝土

随着现代建筑结构的高度和跨度不断增加，使用的环境条件日益严酷，工程建设对混凝土性能的要求日益提高。1990 年 5 月在美国国家标准和技术研究院 NISF 和美国混凝土协会 ACI 召开会议，首次提出高性能混凝土（HPC）的概念。此后，高性能混凝土成为国际土木工程界的研究热点之一。

高性能混凝土的技术特点包括：拌和物的良好施工性（高流动性、高黏聚性、自密实）、硬化混凝土的高抗渗性（高耐久性的关键）、高体积稳定性（弹性模量高，干缩、徐变小）及适当高的强度。因高性能混凝土的强度较高，所以可减小结构尺寸，减轻结构自重。还具有弹性模量高、结构变形小、抗渗性好、工作寿命长、结构维修和重建费用少等优势。

配制高性能混凝土主要可采用下列方法：

① 掺入与水泥具有相容性的高效减水剂（超塑化剂），以降低水胶比，提高强度并使其具有合适的工作性。

② 掺入一定量的磨细矿物掺合料，如硅灰、磨细矿渣和优质粉煤灰等，利用其微集料效应和火山灰效应增大混凝土的密实性，提高强度。

③ 选用合适的骨料尤其是粗骨料。

7. 活性粉末混凝土

活性粉末混凝土（简称 RPC），是在 20 世纪 90 年代在法国一个实验室开发研究出的新型超高性能材料。

根据其组成和热处理方式的不同，这种混凝土的抗压强度可以达到 200～800MPa；抗拉强度可以达到 20～50MPa；弹性模量为 40～60GPa；断裂韧性高达 40kJ/m^2，是普通混凝土的 250 倍，可与金属铝媲美；氯离子渗透性是高强混凝土的 1/25，抗渗透能力极强；300 次快速冻融循环后，试件未受损，耐久性因子高达 100%；预应力活性粉末混凝土梁的抗弯强度与其自重之比接近于钢梁。

RPC 在工程结构中的应用可以解决目前的高强与高性能混凝土抗拉强度不够高、脆性大、体积稳定性不良等缺点，同时还可以解决钢结构的投资高、防火性能差、易锈蚀等问题。不过，RPC存在的最大问题是制作技术复杂、成本高昂。

8. 智能混凝土

智能混凝土是在混凝土原有组分基础上复合智能型组分，使混凝土具有自感知和记忆、自适应、自修复特性的多功能材料。根据这些特性可以有效地预报混凝土材料内部的损伤，满足结构自我安全检测需要，防止混凝土结构潜在脆性破坏，并能根据检测结果自动进行修复，显著提高混凝土结构的安全性和耐久性。

1) 自感应混凝土

自感应混凝土具有压敏性和温敏性等自感应功能。普通的混凝土材料本身不具有自感应功能，但在混凝土基材中复合部分其他材料组分使混凝土具备了自感应功能，如压敏混凝土、温敏混凝土等。压敏混凝土是在普通混凝土中分散均匀地加入碳纤维等导电材料，利用碳纤维的导电性去探测混凝土在受力时内部微结构的变化；或者，在混凝土结构的关键部位埋入纤维传感器或其阵列，探测混凝土在碳化及受载过程中内部应力、应变变化，并对由于外力、疲劳等产生的变形、裂纹及扩展等损伤进行实时监测。或者利用碳纤维等材料的导电性与温度之间的关系，对混凝土进行温度分布自监控，或根据诊断结果实现混凝土结构的温度自调节，这属于温敏混凝土。

2) 自修复混凝土

自修复混凝土就是模仿生物组织对受创伤部位能自动分泌某种物质，从而使受创伤部位愈合的机理，在混凝土中掺入某些特殊的组分，如内含黏结剂的空心胶囊、空心玻璃纤维或液芯光纤，或形状记忆合金与前三者中的一种复合使混凝土材料在受到损伤时部分空心胶囊、空心玻璃纤维或液芯光纤破裂，黏结剂流到损伤处，使混凝土裂缝重新愈合。

9.2 建筑砂浆

建筑砂浆和混凝土的区别在于不含粗骨料，由胶凝材料、细骨料和水按一定的比例配制而成。砂浆在土木工程中用途广泛，主要用于砌筑、抹面、修补和装饰等工程。在墙面、地板及梁柱结构的表面用砂浆抹面可起防护、垫层和装饰等作用，砂浆用于大型墙、板的接缝和镶贴瓷砖、大理石等，还可用于防水、防腐、保温、吸声及加固修补等。

砂浆按用途分为砌筑砂浆、抹面砂浆和特种砂浆；按所用的胶凝材料分为水泥砂浆、石灰砂浆、石膏砂浆和水泥混合砂浆等。按生产和施工方法分为现场拌制砂浆和预拌砂浆。

9.2.1 砂浆的组成材料

砂浆的组成材料主要有胶凝材料、砂、掺加料、水和外加剂等。

1. 胶凝材料

胶凝材料可选用水泥、石灰、石膏和有机胶凝材料等。应根据砂浆的使用环境和用途合理选择。在干燥条件下使用的砂浆即可选用气硬性胶凝材料(石灰、石膏)，也可选用水硬性胶凝材料(水泥)；若在潮湿环境或水中使用的砂浆则必须选用水泥作为胶结材料。

1) 水泥

配制砂浆的水泥一般指硅酸盐水泥中的普通水泥、矿渣水泥、火山灰水泥，也可用粉煤灰水泥。为合理利用资源，节约原材料，在配制砂浆时要尽量选用中、低强度等级的水泥。水泥砂浆采用的水泥强度等级不宜大于 32.5，水泥混合砂浆采用的水泥强度等级不宜大于 42.5。水泥的品种应根据砂浆的使用环境和用途选择，对于特殊用途的砂浆还可采用专用水泥和特种水泥，如修补裂缝、预制构件的嵌缝等需用膨胀水泥，装饰砂浆采用白色水泥等。

2) 掺加料

为改善砂浆的和易性能，拌制砂浆时常掺入某种混合材料或塑化剂等，如掺入黏土膏、石灰膏或粉煤灰等，可提高砂浆的保水性，调节砂浆的强度等级，降低砂浆成本；掺入膨胀珍珠岩和引气剂等，可提高砂浆的保温性能。

2. 细骨料

应符合混凝土用砂的技术要求，但由于砂浆层一般较薄，砂的最大粒径受灰缝厚度的限制。对于毛石砌体，宜用粗砂，最大粒径应在砂浆层厚度的 1/4～1/5 以下；对于砖砌体宜用中砂，最大粒径应不大于 2.36mm。光滑的抹面及勾缝的砂浆应采用细砂。

砂中的含泥量对砂浆的和易性、强度、变形性能和耐久性等均有影响。因此，对于强度等级在 M5 及以上砂浆用砂，含泥量不应大于 5%；强度等级为 M2.5 的水泥混合砂浆，砂的含泥量不应大于 10%；防水砂浆用砂的含泥量不应大于 3%，砂中硫化物应小于 2%。砂子的含泥量与掺加的黏土是不同的，砂子的含泥是包裹在砂粒表面的泥，而黏土是高度分散的微粒，且微粒表面有一层水膜，可以改善砂浆的和易性。

可采用人工砂、山砂、特细砂、矿渣等作为骨料配制砂浆。对于保温砂浆、吸声砂浆和装饰砂浆，还可采用轻砂（如膨胀珍珠岩）、白色或彩色砂等。耐酸砂浆应采用耐酸细骨料，如陶砖碎粒等。

3. 拌和水

砂浆拌和用水的技术要求与混凝土的要求基本相同。

4. 外加剂

在砂浆拌和物中掺加外加剂是改善砂浆性能的重要措施。常用砂浆外加剂有塑化剂、微沫剂、保水剂、膨胀剂和防水剂等，另外一些新型砂浆添加剂有可再分散乳胶粉、淀粉醚等。

塑化剂主要指能把散体材料胶结成不易散开的可塑性物体的物质。掺入塑化剂可改善低强度等级水泥砂浆或使用级配不良的砂配制的砂浆所产生的分层、离析、泌水、和易性差的问题。引气剂和减水剂对砂浆也有增塑作用。

微沫剂是一种憎水性表面活性物质，加入拌和物中后能吸附在水泥颗粒表面形成皂膜，可降低水的表面张力，使砂浆产生大量高度分散、不破灭的微小气泡，使水泥颗粒之间的摩阻力减小，砂浆的流动性、和易性得到改善。常用的微沫剂有松香皂等。

保水剂能显著减少砂浆泌水，防止离析，并改善砂浆的和易性。常用的保水剂有甲基纤维素、硅藻土等。

可再分散乳胶粉一般用于干粉砂浆，可提高砂浆的黏结强度、拉伸强度和抗折强度，使砂浆具有一定的柔韧性、憎水性，降低砂浆的干缩变形，提高砂浆的抗裂和防水能力，还能增加砂浆对温度的适应性。主要用于建筑外保温黏结剂、抹面砂浆、瓷砖黏结剂、粉刷石膏、内外墙腻子、修补砂浆、自流平砂浆、聚苯颗粒保温浆料等。

淀粉醚可影响掺石膏、水泥和石灰等无机胶凝材料的砂浆稠度，通常和甲基纤维素配合使用，适量的淀粉醚能明显增加砂浆的稠度和黏性，提高砂浆的保水性、抗垂性和抗滑移性。

为改善砂浆的其他性能也可掺入另外一些材料，如掺入膨胀剂可补偿砂浆所产生的体积收缩，掺入纤维材料可改善砂浆的抗裂性，掺入防水剂可提高砂浆的防水性和抗渗性，掺入引气剂可提高保温性能等。

9.2.2 砂浆的主要技术性质

1. 砂浆拌和物的密度

每立方米砂浆拌和物中各组成材料的实际用量，可用砂浆拌和物捣实后的质量密度来确定。砌筑砂浆拌和物的密度规定，水泥砂浆或水泥混合砂浆的密度不应小于1900kg/m³。

2. 砂浆的和易性

新拌砂浆应具有良好的和易性，在运输和施工过程中不致分层、离析，可在砖石砌体及结构表面铺成均匀的薄层，并与基底黏结性良好。砂浆拌和物的和易性包括流动性和保水性两方面。

1）流动性

流动性又称稠度，是指砂浆在自重或外力作用下流动的性能。砂浆应具有适宜的流动性，以便于在构件表面铺成均匀密实的砂浆层或者抹成均匀的薄层。砂浆的流动性可用稠度测定仪(图 9-35)测定其稠度值(即沉入度，mm)来表示。沉入度即标准圆锥体在砂浆内自由沉入 10s 时沉入的深度，沉入度越大，则砂浆的流动性越大。但流动性过大的砂浆易分层、泌水，造成砌筑困难；流动性过小则不便施工操作。

影响砂浆流动性的因素很多，如胶结料的种类和用量、用水量、细骨料的粗细程度、粒形及级配、搅拌时间、外加剂等。

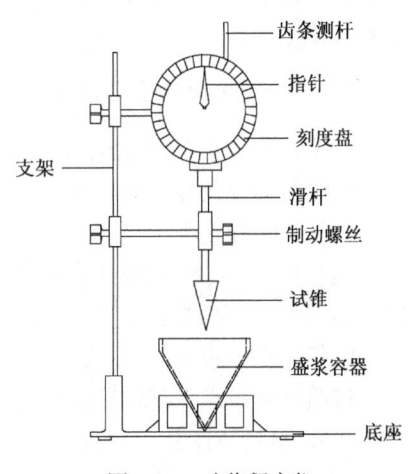

图 9-35　砂浆稠度仪

2）保水性

新拌砂浆保持内部水分不泌出流失的性能称为保水性。保水性不良的砂浆会带来两方面的后果：①砂浆在存放、运输和施工过程中易产生泌水和离析，并且当铺筑于基层后，水分易被基面很快吸走，从而使砂浆干涸，不便于施工，不易铺成均匀密实的砂浆薄层；②水分因被基面吸走，会影响水泥的正常水化和凝结硬化，使强度和黏结力下降。以上两点最终导致砌体质量下降。为使砂浆具有良好的保水性，可加入适量的塑化剂或微沫剂，而不宜采用提高水泥用量的办法。

砌筑砂浆对保水性要求较高，其保水性应符合表 9-31 的规定。

砂浆的保水性可用保水率和分层度表示。砂浆的分层度可用分层度测定仪(图 9-36)测定，以分层度表示。分层度的测定方法是：将测定沉入度后的新拌砂浆装入内径为 150mm、高

300mm 的有底圆筒内静置 30min 后，去掉上部 2/3 厚的砂浆，再测出下部余下砂浆的沉入度，两次沉入度之差即为分层度。保水率是以滤纸吸收砂浆中的水分能力的大小进行计算的。

表 9-31 砌筑砂浆的保水率

砂浆种类	保水率/%
水泥砂浆	≥80
水泥混合砂浆	≥84
预拌砌筑砂浆	≥88

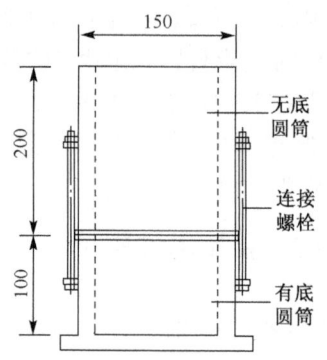

图 9-36 砂浆分层度测定仪（单位：mm）

分层度越小则砂浆保水性越好，但分层度过小(<10mm)，虽然保水性较好，但易产生收缩开裂，影响工程质量；而若分层度过大(>30mm)，保水性差，容易产生泌水、离析，不便于施工和保证工程质量。砂浆的分层度在 10～20mm 为宜，保水性好且硬化后性质也较好。

砂浆的保水性与组成材料有关，胶凝材料、掺和料用量少，则砂浆保水性就不好；若砂粒过粗、易下沉而引起水上浮，则分层度也将增大。为改善砂浆保水性，可在砂浆中掺入微沫剂或塑化剂。

3. *砂浆硬化后的主要性能*

砂浆在砌体中起着黏结块体材料和传递荷载的作用，硬化后的砂浆应具有足够的强度、对基底的黏结力及较小的变形。

1) 强度和强度等级

《建筑砂浆基本性能试验方法》(JGJ 70—2009)规定，砂浆的抗压强度以 6 个边长为 70.7mm 的立方体试件，在标准条件下(20±3℃，相对湿度对水泥混合砂浆为 60%～80%，对水泥砂浆为 90%以上)养护 28d 的抗压强度平均值，用 $f_{m,o}$ 表示。

按照行业标准《砌筑砂浆配合比设计规程》(JGJ/T 98—2010)的规定，砌筑砂浆的强度分为 M2.5、M5、M7.5、M10、M15 和 M20 六个等级；《蒸压加气混凝土用砌筑砂浆与抹面砂浆》(JC 890—2001)规定，该类砌筑砂浆的强度分为 M2.5 和 M5.0 两个等级；《混凝土小型空心砌块和混凝土砖砌筑砂浆》(JC 860—2008)规定，该类砌筑砂浆的强度分为 Mb5、Mb7.5、Mb10、Mb15、Mb20 和 Mb25 六个等级。

砂浆的强度与其组成材料、配合比、养护条件及砌体材料等很多因素有关。

2) 砂浆的黏结强度

由于块状砌体材料是靠砂浆黏结成为整体的，因此黏结强度的大小对砌体的强度、耐久性、抗震性都有较大影响。通常，砂浆的黏结强度随抗压强度的增加而提高，也与砌体材料的表面状态、清洁程度、润湿情况及施工养护条件等有关。粗糙的、润湿的、清洁的表面与砂浆的黏结强度较高，养护良好的砂浆与砌体材料的黏结较好。砌筑砂浆的黏结强度一般应大于 0.2MPa；抹面砂浆的黏结强度对水泥砂浆应大于 0.15MPa，石膏砂浆应大于 0.30MPa。

3) 耐久性

砂浆的耐久性指砂浆在使用条件下经久耐用的性质，包括抗冻性、抗渗性、抗弯性等。

抗冻性指砂浆抵抗冻融循环的能力，以其 N 次冻融循环后的砂浆抗压强度损失率和重量损失率来衡量。影响砂浆抗冻性的因素有砂浆的密实度、内部空隙特征及水泥品种、水灰比等。抗渗性指砂浆抵抗压力水渗透的能力，它与砂浆的密实度及内部空隙的大小和构造有关。

4）变形性

砂浆的变形主要指在承受外力或环境条件变化时，出现收缩的性质。当砂浆的这种收缩过大或者不均匀时，都会降低砌体的整体性，引起沉降和裂缝。若使用轻骨料拌制砂浆或混合料掺量太多，也会引起砂浆收缩变形过大，为了减小收缩，可以在砂浆比例中加入适量的膨胀剂或者纤维材料。

9.2.3 砂浆种类

1. 砌筑砂浆

将砖、石、砌块等黏结成为砌体的砂浆称为砌筑砂浆。它起着传递荷载的作用，是砌体的重要组成部分。水泥砂浆与预拌砌筑砂浆的强度等级分为 M5、M7.5、M10、M15、M20、M25 和 M30，水泥混合砂浆的强度等级分为 M5、M7.5、M10 和 M15。水泥砂浆宜用于砌筑潮湿环境及强度要求较高的砌体；水泥石灰砂浆宜用于砌筑干燥环境中的砌体；多层房屋的墙一般采用强度等级为 M5 的水泥石灰砂浆；砖柱、砖拱、钢筋砖过梁等一般采用强度等级为 M5~M10 的水泥砂浆；砖基础一般采用不低于 M5 的水泥砂浆；低层房屋或平房可采用石灰砂浆；简易房屋可采用石灰黏土砂浆。

砌筑砂浆对流动性要求较高，流动性的选择与砌体材料的类型、施工条件和气候条件有关。一般情况下，多孔吸水的砌体材料和干热天气，砂浆的流动性应大些，稠度一般为 50~100mm，而密实不吸水的材料和湿冷天气，其流动性应小些。砂浆流动性可参考表 9-32 选用。

表 9-32 建筑砂浆流动性选择（JGJ/T 98—2010）

砌体种类	砂浆稠度/mm
烧结普通砖砌体、粉煤灰砖砌体	70~90
混凝土砖砌体、普通混凝土小型空心砌块砌体、灰砂砖砌体	50~70
烧结多孔砖砌体、烧结空心砖砌体、轻集料混凝土小型空心砌块砌体、蒸压加气混凝土砌块砌体	60~80
石砌体	30~50

砌筑砂浆的保水率应符合表 9-33 的要求。

表 9-33 砌筑砂浆保水率

砂浆种类	保水率/%
水泥砂浆	≥80
水泥混合砂浆	≥84
预拌砌筑砂浆	≥88

2. 抹面砂浆

抹面砂浆（又称抹灰砂浆）是指涂抹在建筑物或构件表面的砂浆。对于抹面砂浆，要求其与基底层有足够的黏结力，长期使用不会开裂或脱落，和易性好，容易涂抹成均匀平整的薄层。根据功能不同分为普通抹面砂浆、防水砂浆和装饰砂浆等。

1) 普通抹面砂浆

常用的有水泥砂浆、水泥石灰混合砂浆等。

抹面砂浆应与基面牢固地黏结，要求砂浆应有良好的和易性及较高的黏结力；抹面砂浆与空气、底面的接触比砌筑砂浆要多，水分易丢失，要求有较高的保水性，分层度一般在10～20mm为宜。为提高黏结力，可增加胶凝材料用量，加入适量的水溶性聚合物（如聚氧化乙烯或聚醋酸乙烯）。为提高抗拉强度，防止抹面砂浆开裂，常加入麻刀、纸筋、合成纤维、玻璃纤维等。

抹面砂浆常分两层或三层施工。各层抹面的作用和要求不同，每层所选用的砂浆也不一样。普通抹面砂浆的稠度和砂的最大粒径和应用情况可参考表9-34。

表9-34 抹面砂浆稠度、砂的最大粒径及其应用

抹面层	作用	稠度/mm		砂的最大粒径/mm	应用
		机械施工	手工施工		
底层	黏结	80～90	110～120	2.36	砖墙的底层抹灰常为石灰砂浆或石灰炉灰砂浆，当有防水、防潮要求时，用水泥砂浆；用于混凝土基层的底层抹灰常为水泥石灰混合砂浆
中层	找平	70～80	70～80	2.36	常用石灰砂浆、水泥混合砂浆、麻刀石灰砂浆
面层	装饰	70～80	90～100	1.18	水泥混合砂浆、麻刀灰或纸筋灰；木板条面层，多用纤维材料（合成纤维、玻璃纤维等）增加砂浆的抗拉强度，以防止开裂

抹面砂浆的组成和配合比可根据使用部位及基底材料的性能来确定，常用抹面砂浆的配合比和应用范围可参考表9-35。

表9-35 抹面砂浆的参考配合比和应用范围

材料	配合比（体积比）	应用范围
水泥:砂	1:2～1:1.5	地面、天棚或墙面面层
水泥:砂	1:3～1:2	浴室、潮湿车间等墙裙、勒脚或地面基层
水泥:石灰:砂	1:1:6～1:2:9	檐口、勒脚、女儿墙及比较潮湿的部位
石灰:砂	1:2～1:4	砖、石墙表面
石灰:石膏:砂	1:0.4:2～1:2:4	不潮湿房间的线脚、墙、天花板及其他装饰工程
石灰膏:麻刀(纸筋)	100:1.3（3.8，质量比）	板条天棚面层

2) 防水砂浆

用做防水层的砂浆称为防水砂浆。砂浆防水层（又称刚性防水层）的抗变形能力很小，仅适用于不受振动和具有一定刚度的混凝土或砖石砌体工程的表面。对于变形较大或可能发生不均匀沉降的建筑物，不宜采用刚性防水层。

常用的防水砂浆有普通水泥防水砂浆、掺防水剂的防水砂浆、膨胀水泥和无收缩水泥防水砂浆等。普通水泥防水砂浆由水泥、砂、掺加料和水配制而成。掺防水剂的水泥砂浆是在普通砂浆中掺入一定量的防水剂（氯盐类、金属皂类和水玻璃等）制成的。膨胀水泥和无收缩水泥防水砂浆利用水泥的微膨胀或补偿收缩性能，提高砂浆的密实性和抗渗性。防水砂浆还可采用不同的施工工艺来提高抗渗性，例如，采用喷射法施工可形成密实的刚性防水层，提高其强度和抗渗性；或采用多层抹压法施工（分层铺抹），铺抹时应压实、抹平，最后一层表面应提浆压光。

防水砂浆的参考配合比为：水泥与砂比为 1:2～1:3，水灰比一般为 0.5～0.55，宜选用普通硅酸盐水泥，宜选用中砂。

3）装饰砂浆

装饰砂浆是指涂抹在建筑物内、外墙表面，具有美观装饰效果的抹面砂浆。一般是在普通抹面砂浆做好底层和中层抹灰后施工。

装饰砂浆要选用具有一定颜色的胶凝材料和骨料及采用某种特殊的操作工艺，使表面呈现特殊的表面形式或呈现各种色彩、线条和花纹等。可采用的胶凝材料有石灰、石膏、白水泥、彩色水泥，或在水泥中掺加白色大理石粉。骨料多为白色或彩色的天然砂、彩色大理石或花岗岩碎屑、陶瓷碎粒或特制的塑料色粒，有时可加入云母碎片、玻璃碎粒或长石、贝壳等使表面获得发光效果。

装饰砂浆可手工涂抹，也可机械喷涂施工，并且采用不同的施工工艺，可做成各种各样的装饰面层。常用的施工操作方法有：拉毛、水刷石、干黏石、水磨石、剁斧石、人造大理石、贴花、喷粘彩色瓷粒等。

(1) 拉毛。

先用水泥砂浆做底层，再用水泥石灰砂浆做面层，在砂浆尚未凝结之前用抹刀将表面制成凸凹不平的形状。可用于有音响要求的礼堂、影剧院及会议室等室内墙面，也用在外墙面或围墙等外饰面，起到吸声、声音漫射、仿天然石材等装饰作用。

(2) 水刷石。

以细小的石渣(约 5mm)拌成的砂浆做面层，在水泥浆终凝前喷水冲刷，冲掉表层的水泥浆，使石渣表面外露。常用于建筑物的外墙面，具有一定的质感，且经久耐用。

(3) 水磨石。

用水泥(通用水泥、白水泥、彩色水泥)、有色大理石石渣和水按适当比例加入颜料，经拌和、涂抹、养护、硬化和表面抛光而成。可设计图案色彩，磨平抛光后更具艺术效果。可用水磨石装饰室内外的地面、墙面、台面及柱面等；还可制成预制件或预制块，用于楼梯踏步、窗台板、柱面、台面、踢脚板及地面板等构件。

(4) 剁斧石。

又称斩假石或剁假石，砂浆的配制与水刷石基本一致，待砂浆抹面硬化后，以斧刃将表面剁毛并露出石渣。斩假石的装饰效果与粗面花岗岩相似。

(5) 人造大理石。

以水泥、砂、碎大理石或工业废渣等为原料，经配料、搅拌、成型、加压蒸养、磨光及抛光等工艺制成。

3. 其他特种砂浆

特种砂浆是指具有某种特殊功能的砂浆。常用的特种砂浆有保温砂浆、耐腐蚀砂浆、吸声砂浆、防辐射砂浆等。

1）保温砂浆

以膨胀珍珠岩或膨胀蛭石、胶凝材料为主要成分，掺加其他功能组分制成的用于建筑物墙体绝热的干拌混合物，其外观应为均匀、干燥无结块的颗粒状混合物。保温砂浆具有质轻和良好的保温隔热性能，使用时需加适当面层。我国标准《建筑保温砂浆》(GB/T 20473—2006)规定，按干密度分为Ⅰ型建筑保温砂浆(干密度为 240～300kg/m^3)和Ⅱ型建筑保温砂浆(干密度为310~400kg/m³)。当温度为25℃时，I型建筑保温砂浆的导热系数不大于0.07 W/(m·K)，II型建筑保温砂浆的导热系数不大于0.085W/(m·K)。

常用的保温砂浆有水泥基聚苯颗粒保温砂浆、水泥基无机矿物轻骨料保温砂浆等。

水泥基聚苯颗粒保温砂浆由水泥基胶凝材料、外加剂和具有一定粒径、级配的经表面亲水处理的聚苯颗粒等复合而成。聚苯颗粒体积比不小于80%，最大粒径不小于5mm。使用时加入一定比例的水，搅拌成黏稠膏体，涂抹到工作面上，硬化后形成吸水率小的保温隔热层。主要用做外墙外保温系统，这种保温系统由界面砂浆、水泥基聚苯颗粒保温砂浆保温层、抗裂砂浆薄抹面层和饰面层组成，可分为有涂料饰面(C型)和面砖饰面(T型)两种形式。其中，C型水泥基聚苯颗粒外墙外保温系统的构造如图9-37所示。

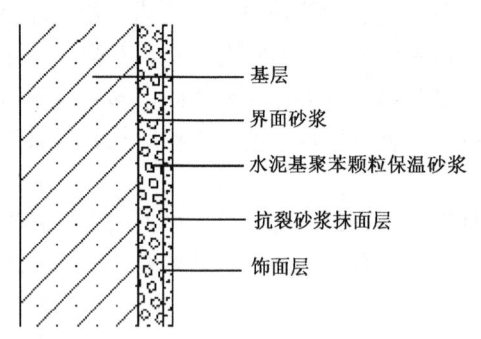

图9-37 水泥基聚苯颗粒保温砂浆外墙外保温系统构造

水泥基无机矿物轻骨料保温砂浆是由水泥基胶凝材料、外加剂和具有一定粒径、级配的无机矿物轻骨料等在工厂复合而成的干拌保温砂浆。常用的无机矿物轻骨料有憎水型膨胀珍珠岩、玻化微珠、闭孔珍珠岩、膨胀蛭石和陶砂等。水泥基无机矿物轻骨料保温砂浆适用于外墙内侧和内隔墙保温系统。

2) 耐腐蚀砂浆

主要有耐酸砂浆、耐碱砂浆和硫黄耐酸砂浆等。耐酸砂浆是用水玻璃、Na_2SiF_6及适量石英岩、花岗岩、铸石、陶砖碎粒等细骨料拌制而成，可用做一般内衬材料、耐酸车间地面及耐酸容器的内壁防护层。耐碱砂浆是用水泥、石灰石、白云石细骨料和粉料等加水拌制而成，可经受一定温度和浓度下的NaOH和$NaAlO_2$溶液的腐蚀。硫黄耐酸砂浆是以硫黄为胶结料，以聚硫橡胶为增塑剂，掺加耐酸粉料和骨料，经加热熬制而成，能经受大多数无机酸、中性盐和酸性盐的腐蚀。

3) 吸声砂浆

由轻质多孔骨料制成的绝热砂浆都具有吸声性能。吸声砂浆还可用水泥、石膏、砂、锯末(其体积比为1:1:3:5)等配制而成；也可在石灰、石膏砂浆中掺入玻璃纤维、矿物棉等松软纤维材料制成。吸声砂浆用于室内墙壁和顶棚的抹灰。

4) 防辐射砂浆

在水泥中掺入高密度的重晶石粉、重晶石砂，可配制成具有防X射线功能的砂浆。其参考配合比为水泥:重晶石粉:重晶石砂=1:0.25:4~5。在水泥浆中掺加硼砂、硼酸等可配制成具有防中子辐射能力的砂浆，可用于核设施工程、实验室、医疗放射室等辐射屏蔽防护工程。

5) CA砂浆

水泥沥青(cement asphalt mortar, CA)砂浆即水泥沥青砂浆，由乳化沥青、水泥、细骨料、水和外加剂经特定工艺搅拌制得的具有特性性能的砂浆。

CA砂浆是高速铁路CRTS型板式无砟轨道的核心技术，是一种由水泥、乳化沥青、细骨料、水和多种外加剂等原材料组成，经水泥水化硬化与沥青破乳胶结共同作用而形成的一种新型有机无机复合材料。CA砂浆是一种利用水泥吸水后水化加速乳化沥青破乳，由水泥水化物和沥青裹砂形成的立体网络。它以乳化沥青和水泥这两种性质差异很大的材料作为结合料，其刚度和强度比普通沥青混凝土高，但是比水泥混凝土低。其特点在于刚柔并济，以柔性为主，兼具刚性。CA 砂浆填充于厚度约为 50mm 的轨道板与混凝土底座之间，作用是支撑轨道板、缓冲高速列车荷载与减震等作用，其性能的好坏对板式无砟轨道结构的平顺性、耐久性和列车运行的舒适性与安全性及运营维护成本等有着重大影响。CA 砂浆已逐渐成为板式无砟轨道道床材料的最佳选择。

(1) 种类。

目前，我国使用的 CA 砂浆有两种，分别是用在 CRTS I 型板式无砟轨道上的 CRTS I 型 CA 砂浆和用在 CRTS II 型板式无砟轨道上的 CRTS II 型 CA 砂浆 (表 9-36)。

表 9-36 CRTS I 型 CA 砂浆和 CRTS II 型 CA 砂浆的比较

砂浆类型	有机物含量	组成	乳化沥青	性能特点
CRTS I 型	30%	水泥和乳化沥青的用量相当	阳离子型	强度、弹性模量低；环境敏感度高
CRTS II 型	≤15%	以无机材料为主	阴离子型	强度弹性模量高；性能主要是水泥的基本特征

(2) 主要性能。

CA 砂浆有三大性能：工作性能、力学性能和耐久性。其中工作性能的优劣主要体现在流动度、扩展度和可工作时间三个方面；力学性能则通过测量其抗折强度、抗压强度和弹性模量来衡量；而评价耐久性的指标是抗冻性和耐疲劳性能。

在工程应用中，测试的内容主要有干料的扩展度、干料的抗压强度和 CA 砂浆的膨胀率、扩展度、流动度、分离度、含气量、力学性能、抗冻融性、抗疲劳性等性能。

(3) 应用。

总体来说我国 CA 砂浆研究仍处于起步阶段，在 CA 砂浆耐久性、力学性能等方面研究不足，虽然提出了一些 CA 砂浆的性能指标，但国内参与 CA 砂浆研制和技术开发的单位总体不多，而且技术水平参差不齐，国内 CA 砂浆设计技术和国际水平无论在理论研究还是实践工程应用都存在一定差距。目前国内所用 CA 砂浆的技术要求见表 9-37 和表 9-38。

表 9-37 CRTS I 型 CA 砂浆的技术要求

序号	项目		单位	指标要求
1	砂浆温度		℃	5~40
2	流动度		s	18~26
3	可工作时间		min	≥30
4	含气量		%	8~12
5	表观密度		kg/m^3	>1300
6	抗压强度	1d	MPa	>0.10
		7d		>0.70
		28d		>1.80
7	弹性模量(28d)		MPa	100~300
8	材料分离度		%	<1.0
9	膨胀率		%	1.0~3.0
10	返浆率		%	0
11	抗冻性		\multicolumn{2}{l	}{300 次冻融循环试验后，相对动弹模量不得小于 60%，质量损失率不得大于 5%}
12	耐候性		\multicolumn{2}{l	}{无剥落、无开裂、相对抗压强度不低于 70%}

表 9-38　CRTS II 型 CA 砂浆技术要求

序号	项目		单位	性能指标要求
1	拌合物温度		℃	5~35
2	扩展度		—	D5≥280mm 和 t280≤16s D30≥280mm 和 t280≤22s
3	流动度		s	80~120
4	分离度		%	≤3.0
5	含气量		%	≤10.0
6	单位容积质量		kg/m³	≥1800
7	膨胀率		%	0~2.0
8	抗折强度	1d	MPa	≥1.0
		7d		≥2.0
		28d		≥3.0
9	抗压强度	1d	MPa	≥2.0
		7d		≥10.0
		28d		≥15.0
10	弹性模量(28d)		MPa	7000~10000
11	抗冻性(28d)		—	外观无异常，剥落量不大于 2000g/m，相对动弹模量不小于 60%
12	抗疲劳性(28d)		—	10000 次不断裂

6) 预拌砂浆

预拌砂浆是指由专业生产厂生产的湿拌砂浆和干混砂浆，其中，干混砂浆也称干拌砂浆。预拌砂浆在材料方面是一次技术革新。为改善性能、节约成本和保护环境，常用粉煤灰、磨细矿渣、石粉等掺加料代替水泥和细骨料；通过掺加增塑剂、保水剂和引气剂来改善砂浆的和易性。

湿拌砂浆是指将水泥、细骨料、外加剂、水及根据性能确定的各种组分，按一定比例，在搅拌站经计量、拌制后，采用运输车运至使用地点，放入专用容器储存，并在规定时间内使用完毕的湿拌拌和料。按照行业标准《预拌砂浆》(GB/T 25181—2010)规定，湿拌砂浆按用途可分为湿拌砌筑砂浆(WM)、湿拌抹灰砂浆(WP)、湿拌地面砂浆(WS)和湿拌防水砂浆(WW)。湿拌砂浆的性能应符合表 9-39 的要求。

表 9-39　湿拌砂浆性能指标(GB/T 25181—2010)

项目	湿拌砌筑砂浆(WM)	湿拌抹灰砂浆(WP)	湿拌地面砂浆(WS)	湿拌防水砂浆(WW)
强度等级	M5、M7.5、M10、M15、M20、M25、M30	M5、M10、M15、M20	M15、M20、M25	M10、M15、M20
稠度/mm	50、70、90	70、90、110	50	50、70、90
凝结时间/h	≥8、≥12、≥24	≥8、≥12、≥24	≥4、≥8	≥8、≥12、≥24
抗渗等级	—			P6、P8、P10

干混砂浆是指经干燥筛分处理的骨料与水泥及根据性能确定的各种组分，按一定比例在专业生产厂混合而成，在使用地点按规定比例加水或配套液体拌和使用的干混拌和物。干混砂浆可分为袋装和散装，散装干混砂浆采用罐装车运至工地加水即可使用。干混砂浆按用途可分为普通干混砂浆和特种干混砂浆。其中，普通干混砂浆的性能指标应符合表 9-40 的要求，特种干混砂浆的性能指标可参见有关标准。

表 9-40 普通干混砂浆性能指标(GB/T 25181—2010)

项目	干混砌筑砂浆		干混抹灰砂浆		干混地面砂浆	干混普通防水砂浆
	普通砌筑砂浆	薄层砌筑砂浆	普通砌筑砂浆	薄层砌筑砂浆		
强度等级	M5、M7.5、M10、M15、M20、M25、M30	M5、M10、	M5、M10、M15、M20	M5、M10	M15、M20、M25	M10、M15、M20
抗渗等级	—	—	—	—	—	P6、P8、P10

与传统现场拌制砂浆相比，预拌砂浆可集中配制生产和供应，配料科学、计量精确、品种多样；具有优良的黏结性、保水性及施工性，大幅度提高施工效率；可按需定量购买，不会制造明显的建筑垃圾，推动了建筑业的可持续发展。

复习思考题

1. 混凝土组成材料有哪些？它们在混凝土凝结硬化前后各起什么作用？
2. 混凝土和易性包括哪些内容？如何判断混凝土和易性？
3. 进行混凝土抗压试验时，在下述情况下，试验值将有无变化？如何变化？
①试件尺寸加大；②试件高宽比加大；③试件受压表面加润滑剂；④试件位置偏离支座中心；⑤加荷速度加快。
4. 影响混凝土流动性与强度的主要因素包括哪些方面？
5. 现场浇筑混凝土时，严禁施工人员随意向新拌混凝土中加水，试从理论上分析加水对混凝土质量的危害。它与混凝土成型后的洒水养护有无矛盾？为什么？
6. 何谓混凝土的干缩变形、徐变？它们可能受哪些因素的影响？
7. 提高混凝土抗渗性的措施有哪些？
8. 什么是混凝土的碳化？碳化对钢筋混凝土性能有何影响？
9. 何谓碱-骨料反应？产生碱-骨料反应的条件是什么？防止措施有哪些？
10. 何谓混凝土减水剂？简述减水剂的作用机理和种类。
11. 水泥混凝土常见的耐久性问题有哪些？提高混凝土的耐久性应采用哪些主要措施？
12. 某施工单位在夏季正午铺筑路面水泥混凝土，选用缓凝减水剂。浇筑完后表面未及时覆盖，后发现混凝土表面形成众多表面微细龟裂纹，请分析原因。
13. 某混凝土搅拌站原使用砂的细度模数为 2.5，后改用细度模数为 2.1 的砂。改砂后原混凝土配方不变，发觉混凝土坍落度明显变小。请分析原因。
14. 混凝土为什么成为现今用量最大、用途最广泛的建筑材料？
15. 粗骨料颗粒的最大粒径、粒形和级配怎样影响混凝土的质量？
16. 对混凝土用砂为何要提出级配和细度要求？两种砂的细度模数相同，其级配是否相同？反之，如果级配相同，其细度模数是否相同？
17. 在测定新拌混凝土的和易性时，可能会出现以下四种情况：①流动性比所要求的较小；②流动性比所要求的较大；③流动性比所要求的较小且黏聚性较好；④流动性比所要求的较大且黏聚性、保水性也差。试问对这四种情况分别采取哪些措施来解决或调整才能满足要求？
18. 高效减水剂和普通减水剂的作用差别在哪里？为什么说应用高效减水剂是混凝土技术的一个重大突破？
19. 综述混凝土中掺入减水剂可获得的技术经济效果。

20．解释关于混凝土抗压强度的几个名词：①立方体抗压强度；②抗压强度代表值；③立方体抗压强度标准值；④强度等级；⑤配制强度；⑥设计强度；⑦轴压强度。

21．配合比设计的目的何在？进行设计的依据有哪些？需要通过哪几个步骤？

22．为什么人们通常用抗压强度来评价混凝土承载能力？

23．现有一组 200mm×200mm×200mm 的混凝土试块，标准养护 7d 后做抗压强度试验，得到破坏荷载分别为 720kN、700kN、590kN，试评定该组混凝土的强度。若该混凝土强度等级要求为 C25，则该组混凝土能否满足配制强度要求？

24．某钢筋混凝土工程，混凝土设计强度等级为 C25，该工程不受冻害作用，也不受地下水作用，采用机械振捣，坍落度为 30~50mm，水泥为 42.5 等级普通硅酸盐水泥，密度为 3100kg/m³。细骨料采用中砂，表观密度为 2620kg/m³，粗骨料为碎石，最大粒径为 40mm，表观密度为 2650kg/m³。

要求：①试用体积法设计该混凝土的初步配合比；②当施工现场实测砂的含水率为 3.5%，石子的含水率为 1%时，试求施工配合比。

25．配制砂浆时，为什么除水泥外还要加入一定量的其他胶凝材料？

26．新拌砂浆的和易性的含义是什么？怎样才能提高砂浆的和易性？

27．什么是预拌砂浆？预拌砂浆的发展前景如何？

第10章 金属材料

金属材料分为黑色金属和有色金属两大类。黑色金属主要有钢材、铸铁等。有色金属有铝、铜、铅、锌等金属及合金。

钢材是最重要的土木工程材料之一，被广泛应用于建筑工程、市政工程、桥梁工程及铁路建设中。而铝、铜及其合金等主要用于建筑安装及装饰工程中。

10.1 钢 材

10.1.1 钢材的基本知识

土木工程中所用钢材主要是指用于钢结构中的各种型钢(如角钢、工字钢、槽钢、H型钢和T型钢等)、钢板、钢管和用于钢筋混凝土结构中的钢筋、钢丝、钢绞线及钢纤维等。

钢材的品质均匀、密实，强度高，塑性、韧性和加工性好，能焊接、铆接和切割，便于装配，因此在土木工程中获得广泛应用，但对工程不利的性质主要是易锈蚀。

1. 钢的冶炼

钢和铁的主要化学成分都是铁和碳，两者的主要区别是含碳量。钢是含碳量小于2%的铁碳合金，而含碳量大于2%的为生铁(又称铸铁)。

生铁的冶炼是将铁矿石、石灰石(溶剂)、焦炭(燃料)和少量锰矿石按一定比例投入高炉，在高温条件下经还原反应和其他的化学反应，将铁矿石中的氧化铁还原成金属铁，然后再吸收碳而形成生铁，原料中的杂质则和石灰石等化合成高炉矿渣。

钢由生铁冶炼而成。钢的冶炼是把熔融的生铁中的杂质进行氧化，使其中碳的含量降低到预定范围，同时其他硫、磷等杂质含量也降低到允许范围之内。

常用的炼钢方法有三种。

① 转炉法：用高压纯氧(99.5%)吹入熔融的铁水中，使多余的碳和杂质(磷、硫等)迅速氧化除去，目前是一种最主要的炼钢方法。

② 电炉法：主要用废钢返回熔炼获得各种特殊钢。

③ 平炉法：以煤气或重油作燃料，原料为铁液(固体生铁)、废钢铁和适量铁矿石，利用空气或氧气，使杂质氧化而被除去。因为生产效率低，目前这种方法已基本淘汰。

钢材是将生铁经过冶炼，浇铸成钢锭或钢坯，再经轧制、锻压等加工工艺制成的成品材料。

2. 钢的分类

钢的分类常根据不同的需要而采用不同的分类方法。

按化学成分可分为碳素钢和合金钢。碳素钢主要化学成分是铁，其次是碳，故也称铁碳合金，其含碳量低于2.06%，此外还含有少量的硅、锰、磷、硫等元素。

碳素钢根据碳的含量可分为低碳钢(含碳量小于0.25%)、中碳钢(含碳量为0.25%~0.6%)、高碳钢(含碳量大于0.6%)。

合金钢是在炼钢过程中，为改善钢材的性能而特意加入某些合金元素，如锰、硅、钒、钛等而制得的一种钢。合金钢根据合金元素的含量可分为低合金钢(合金含量小于5%)、中合金钢(合金含量为5%～10%)、高合金钢(合金含量大于10%)。合金元素为锰、硅、钒、钛等。钢中含有一种或多种特意加入的合金元素或碳素钢中的合金钢元素超过限量均称为合金钢。

按冶炼时脱氧程度可分为沸腾钢、半镇静钢、镇静钢和特殊镇静钢。沸腾钢代号"F"，含氧量较高，浇铸后钢液在冷却和凝固的过程中氧化铁和碳发生化学反应，产生 CO 气体逸出，气泡从钢液中冒出呈"沸腾"状，故称沸腾钢。镇静钢代号"Z"，在浇铸时钢液平静地冷却凝固，含有较少的有害氧化物杂质，而且氮多以氮化物的形式存在。特殊镇静钢代号"TZ"，脱氧程度充分彻底，适用于特别重要的结构工程。半镇静钢代号"b"，脱氧程度介于沸腾钢和镇静钢之间。

按钢中有害杂质的含量，将工业用钢分为普通钢、优质钢和高级优质钢。

按钢材的用途可分为结构钢、工具钢和特殊性能钢。

建筑工程中常用的钢材是普通碳素钢中的低碳钢和普通合金钢中的低合金钢。

3. 钢的化学成分及其对钢材性能的影响

钢中除基本元素铁和碳，常有硅、锰、硫、磷、氧、氮、氢等元素存在。这些元素来自炼钢原料、炉气及脱氧剂，在冶炼时无法除净。各种元素对钢的性能都有一定的影响，为保证钢的质量，在国家标准中对各类钢的化学成分都做了严格的规定。

① 碳(C)：碳主要以碳化物形式存在于所有的钢材中，是影响钢材性能的主要元素。当含碳量小于0.8%时，随着含碳量的增加，钢的强度、硬度增加，塑性和韧性降低。当含碳量大于1%时，随着含碳量的增加，钢材的强度反而下降，钢的冷脆性和时效敏感性增大，耐腐蚀性和可焊性变差(含碳量大于0.3%的钢材，可焊性显著下降)。

② 硅(Si)：硅是炼钢时为脱氧而加入的元素。当钢中含硅量在1%以内时，它能增加钢的强度、疲劳极限、耐腐蚀性及抗氧化性，对塑性和韧性影响不大，但对可焊性和冷加工性能有不良影响。当钢中含硅量超过0.5%时，硅就成为合金元素，用以提高合金钢的强度。

③ 锰(Mn)：锰是炼钢时为脱氧除硫而加入的元素。它能提高钢的强度和硬度，还能减轻硫和氧所引起的热脆现象，使钢的热加工性能和可焊性得到改善。当含量超过1.0%时，锰就成为合金元素，用以提高合金钢的强度。

④ 硫(S)：硫是钢中极有害的元素，使钢材的热脆性增加，热加工性和可焊性明显下降，还使钢的冲击韧性、疲劳强度及耐腐蚀性降低。

⑤ 磷(P)：磷是钢中的有害元素，使钢材的冷脆性显著增加，同时使钢材的可焊性、抗冲击性下降。

⑥ 氧(O)：氧是钢中的有害元素。含氧量增加，能使钢材强度、塑性特别是韧性降低，促进时效作用，同时使钢的热脆性增加，焊接性能变差。

⑦ 氮(N)：氮是炼钢过程中由空气带入钢中残留下来的，也是一种有害元素。氮能使钢的强度提高，使塑性特别是韧性显著降低，还会加剧钢的时效敏感性和冷脆性，使可焊性变差。

⑧ 铝(Al)、钒(V)、钛(Ti)、铌(Nb)：它们都是炼钢时的强脱氧剂，也是最常用的合金元素。适量加入钢内能改善组织，细化晶粒，显著提高强度及改善韧性。

10.1.2 钢材的主要技术性能

钢材作为主要的工程结构材料,不仅需要一定的力学性能,同时还要求具有容易加工的工艺性能。其主要的力学性能有抗拉性能、抗冲击韧性、耐疲劳性能及硬度,而冷弯性能和可焊性则是其重要的工艺性能。

1. 钢材的力学性能

1) 抗拉性能

抗拉性能是钢材最主要的技术性能,通过拉伸试验可测得屈服强度、抗拉强度和伸长率等重要技术性能指标。

图 10-1 为建筑用普通低碳钢标准试件在材料试验机上进行拉伸试验所得的应力-应变(σ-ε) 图。从图中可看出钢材受力的四个阶段及强度、塑性等几项性能指标。

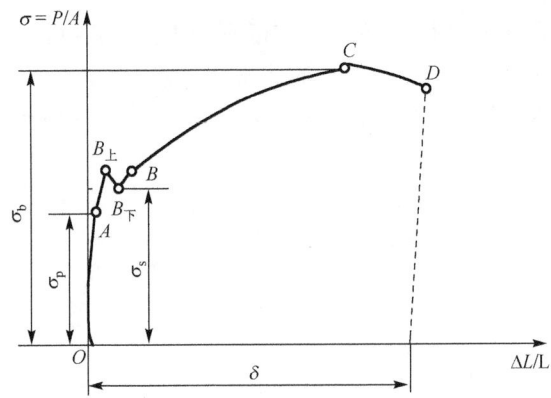

图 10-1 低碳钢的应力-应变图

I 弹性阶段:即图中 OA 段。该阶段的特点是随着荷载的增加,应力-应变呈线性变化。在该阶段的任意一点卸荷,变形消失,试件能完全恢复原状,这种性质称为弹性。该阶段的应力最高点称弹性极限,用 σ_p 表示。该阶段应力与应变的比值为常数,即弹性模量 $E(=\sigma/\varepsilon)$,弹性模量反应钢材抵抗弹性变形的能力,是钢材在受力条件下计算结构变形的重要指标。碳素结构钢 Q235 的弹性模量 $E=(2.0\sim2.1)\times10^5$ MPa。

II 屈服阶段:即图中 AB 段。该阶段的特点是应变增长的速度大于应力增加的速度,开始出现塑性变形,此阶段卸去外力,试件上存在不能消失的塑性变形。当应力达 $B_上$ 点(屈服上限)后,瞬时下降到 $B_下$ 点(屈服下限),变形迅速增加,而此时外力则大致在恒定的位置上波动,直到 B 点,这就是所谓的"屈服现象",与 $B_下$ 点(此点较稳定,易测得)对应的应力称为屈服点(屈服强度),用 $R_{eL}(\sigma_s)$ 表示,设计中 R_{eL} 是设计强度取值的依据。碳素结构钢 Q235 的 $B_下$ 应不小于 235MPa。

III 强化阶段:即图中 BC 段。该阶段表示经过屈服阶段后,钢材内部组织中的晶格发生了畸变,阻止了晶格进一步滑移,钢材得以强化,钢材抵抗塑性变形的能力又重新提高,故称为强化阶段。该阶段的应力最高点(C 点)称为极限抗拉强度,其值用 $R_m(\sigma_b)$ 表示。R_{eL}/R_m 称为屈强比,屈强比越小,说明钢材受力超过屈服点工作时的可靠性越大,因而结构的安全性越高。但屈强比太小,则钢材性能不能被充分利用。钢材的屈强比一般不应大于 0.85。

Ⅳ 颈缩阶段：即图中 CD 段。试件受力达到最高点后，其抵抗变形的能力明显降低，变形迅速发展，应力逐渐下降，试件被拉长，在试件薄弱处急剧缩小，直到断裂，故 CD 段称为颈缩阶段(图 10-2)。将拉断后的试件拼合，测得标距范围内的长度 L_u，L_u 与试件原标距长度 L_0 之差为塑性变形(即伸长值)，它与 L_0 之比称为伸长率 A，即

$$A = \frac{L_u - L_0}{L_0} \times 100\% \tag{10-1}$$

式中，L_0 为试件原标距长度；L_u 为试件拉断后标距长度。

标准试件一般取 $L_0 = 5d_0$(短试件)或 $L_0 = 10d_0$(长试件)，所得伸长率用 A 表示。伸长率 A 是衡量钢材塑性的一个重要指标，在建筑工程中具有重要意义。塑性大，钢质软，结构塑性变形大，影响使用；塑性小，钢质硬脆，超载后易断裂破坏。塑性良好的钢材，偶尔超载，会产生一定的塑性变形，使工程结构构件内部产生应力重新分布，不致由于应力集中而发生脆断。

高碳钢与中碳钢拉伸时的应力-应变曲线与低碳钢不同，其抗拉强度高，塑性变形小，没有明显的屈服现象。这类钢材由于没有明显的屈服点，故规范规定以产生 0.2% 残余变形时的应力值作为屈服极限，称为条件屈服点，用 $\sigma_{0.2}$ 表示，如图 10-3 所示。

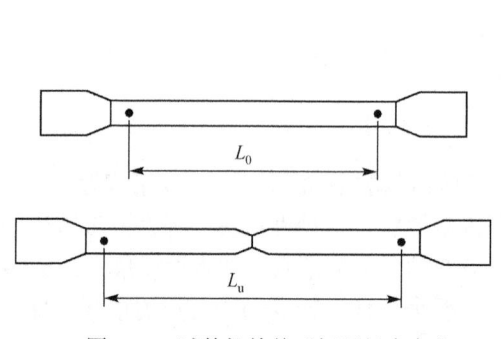

图 10-2 试件拉伸前后标距长度变化

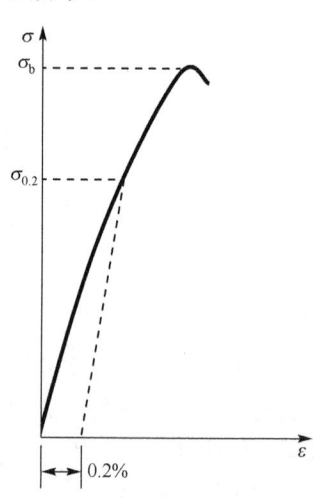

图 10-3 中、高碳钢的应力-应变图

2) 冲击韧性

冲击韧性是指钢材抵抗冲击荷载作用的能力。钢材的冲击试验如图 10-4 所示。冲击韧性用标准试件(中部加工成 V 形或 U 形缺口)，在冲击试验机的一次摆锤冲击下，以破坏后缺口处单位面积所消耗的功 α_k 来表示，即

$$\alpha_k = \frac{w}{A} \tag{10-2}$$

式中，α_k 为钢材的冲击韧性，J/cm^2，α_k 值越大，冲击韧性越好；w 为摆锤所做的功，J；A 为试件断口处的最小横截面面积，cm^2。

影响钢材冲击韧性的因素很多，当钢材内硫、磷的含量高，存在化学偏析，含有非金属夹杂物及焊接形成的微裂缝时，钢材的冲击韧性都会显著降低。

同时环境温度对钢材的冲击韧性影响也很大。试验证明，冲击韧性随温度的降低而下降，

开始时下降缓慢,当达到一定温度范围时,突然下降很多而呈脆性,这种性质称为钢材的冷脆性。此时的温度称为脆性转变温度(图10-5),其数值越低,钢材的低温冲击韧性越好。因此,在负温下使用的结构(如北方寒冷地区),应选用脆性转变温度低于使用温度的钢材。由于脆性转变温度的测定较复杂,规范中通常是根据气温条件规定-20℃或-40℃的负温冲击韧性指标。

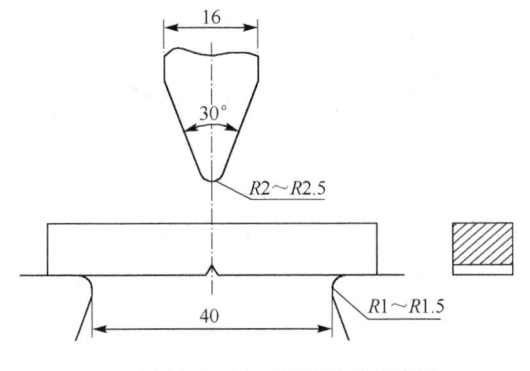

图10-4 冲击韧性试验示意图

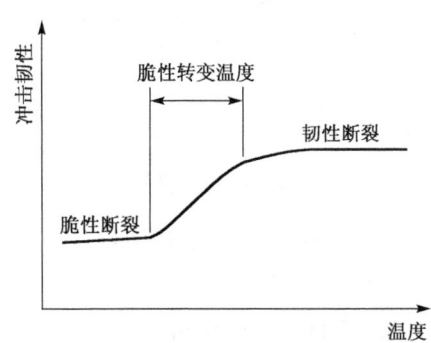

图10-5 钢材冲击韧性与温度的关系

3) 耐疲劳性

钢材在交变荷载反复作用下,在应力远小于其抗拉强度时突然发生脆性断裂而破坏的现象,称为疲劳破坏。钢材的疲劳破坏是在低应力状态下突然发生的,所以危害极大,往往造成灾难性的工程事故。

疲劳破坏的危险应力用疲劳极限或疲劳强度表示。它是指钢材在交变荷载作用下,在规定的周期基数内(一般为 2×10^6 循环次数)不发生断裂所能承受的最大应力,见图10-6。疲劳强度是衡量钢材耐疲劳性的指标。在设计承受交变荷载作用且需进行疲劳验算的结构时,应当了解所用钢材的疲劳强度。

钢材的疲劳破坏是由于在长期交变应力作用下,在应力较高的点或材料有缺陷的点,逐渐形成微细裂纹,裂纹尖端严重的应力集中,致使裂纹逐渐扩大,而发生突然断裂。从端口处可明显分辨出疲劳裂纹扩散区和残留部分的瞬时断裂区。

钢材耐疲劳强度的大小与内部组织、成分偏析及各种缺陷有关,同时钢材表面质量、截面变化和受腐蚀程度等都影响其耐疲劳性能。一般认为,钢材的疲劳破坏是由拉应力引起的,因此,钢材的疲劳极限与其抗拉强度有关,一般抗拉强度越高,其疲劳极限也越高。

4) 硬度

钢材硬度是指抵抗外物压入钢材表面产生塑性变形的能力,是衡量钢材软硬程度的一个指标。钢材的硬度和强度成一定的关系,故测定钢材的硬度后可间接求得其强度。测定硬度的方法很多,常用的硬度指标为布氏硬度值。

布氏硬度试验,是用一定直径(D)的硬质合金钢球,在规定荷载(P)作用下压入试件表面(图10-7)并保持规定的时间,然后卸去荷载,用压痕单位球面积上所承受的荷载大小作为所测金属材料的硬度值,称为布氏硬度,用符号 HB 表示。

$$\text{HB} = \frac{P}{F} = \frac{2P}{\pi D(D - \sqrt{D^2 - d^2})} \quad (\text{MPa}) \tag{10-3}$$

式中,P 为钢球上加的荷载,N;F 为被试金属表面压痕球面积,mm^2;D 为钢球直径,mm;d 为压痕直径,mm。

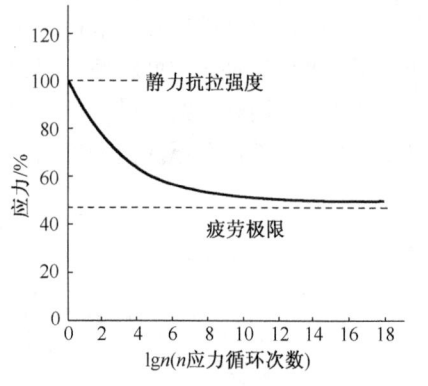

图 10-6　钢材的疲劳曲线

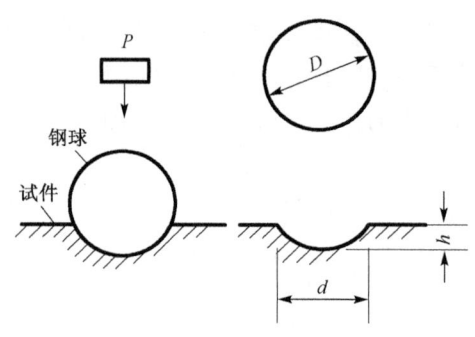

图 10-7　布氏硬度试验原理图

2. 钢材的工艺性能

1) 冷弯性能

冷弯性能是指钢材在常温下承受弯曲变形的能力,也是钢材的主要工艺性能。

冷弯性能指标,以试件被弯曲的角度(α = 90°/180°)及弯心直径 d 对试件厚度或直径 d_0 的比值来表示,见图 10-8。试件按规定弯曲角和弯心直径进行试验,检验试件弯曲处的外拱面和两侧面,若无裂纹、起层及断裂现象,则表示钢材冷弯试验合格。

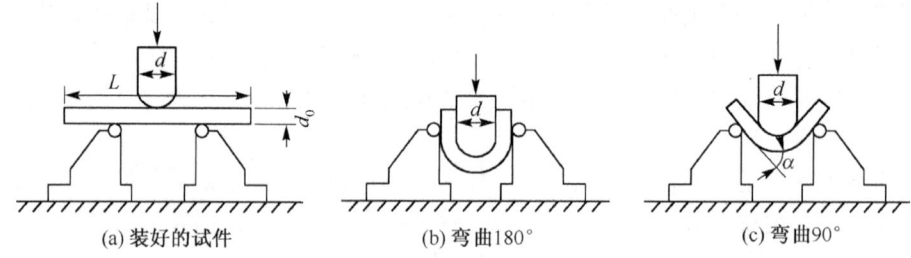

图 10-8　试件冷弯示意图

冷弯是钢材处于不利变形条件下的塑性,与钢材在均匀变形下的塑性不同,在一定程度上冷弯更能反映钢的内部组织是否均匀、是否存在内应力及夹杂物等缺陷。在工程中,冷弯试验还被用做对钢材焊接质量进行严格检验的一种手段。一般来说,钢材的塑性越大,其冷弯性能越好。

2) 可焊性

焊接是钢结构、钢筋、预埋件等主要的联结方式,因此要求钢材具有良好的可焊性。可焊性是指钢材焊接后的焊缝处的性质与母材性质相近,焊接牢固可靠。

钢材的可焊性主要受化学成分含量的影响。含碳量越高,其硬脆性增加,可焊性降低,含碳量在 0.12%~0.20% 的碳素钢,可焊性最好。硫、磷及气体杂质会使可焊性降低,钢材中加入过多的合金元素(如硅、锰、钒、钛等),将增大焊接处的硬脆性,降低可焊性。

土木工程中的焊接结构用钢,应选用含碳量低的氧气转炉或平炉生产的镇静钢,结构焊接用电弧焊,钢筋连接用接触对焊。

10.1.3 钢材的冷加工和热处理

1. 钢材的冷加工

将钢材在常温下进行冷加工(冷拉、冷拔或冷轧)使之产生塑性变形,强度和硬度明显提高,塑性、韧性和弹性模量则有所降低,这个过程称为钢材的冷加工。

冷拉是在常温下将热轧钢筋用冷拉设备进行强力张拉,应力超过屈服强度,但远小于抗拉强度时再卸荷的加工方法。图 10-9 中 $OBCD$ 为未经冷拉和时效的试件应力-应变曲线,冷拉加工就是将钢筋拉至强化阶段的某一点 K,然后卸去荷载,在卸荷过程中,由于试件已产生塑性变形,所以曲线沿 KO' 下降,KO' 大致与 BO 平行,OO' 为残余变形。

此时如果立即重新拉伸,则钢筋的应力应变沿 $O'K$ 发展,原来的屈服阶段不再出现,屈服下限提高至 K 点附近,再继续张拉,则曲线沿 KCD 发展至 D 而破坏。可见,钢筋经冷拉以后,屈服点提高而抗拉强度基本不变,塑性和韧性相应降低。

如在 K 点卸荷后,不立即拉伸,将试件进行自然时效或人工时效,然后再拉伸,则其屈服下限将提高至 K_1 点附近。继续拉伸,曲线将沿 $K_1C_1D_1$ 发展。可见,钢筋经冷拉时效以后,屈服点和抗拉强度都得到提高,塑性和韧性则进一步降低。

冷拔加工是强力拉拔钢筋,使其通过截面小于其截面积的拔丝模,如图 10-10 所示。冷拔作用比纯拉伸的作用强烈,钢筋不仅受拉,同时受到挤压作用。经过一次或多次冷拔后,钢筋的屈服点可有较大提高(提高 40%~60%),但已失去塑性和韧性。

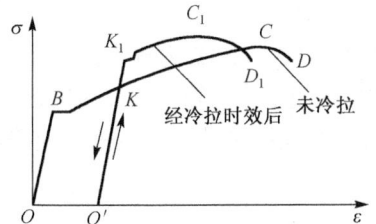

图 10-9 钢筋经冷拉时效后应力-应变图

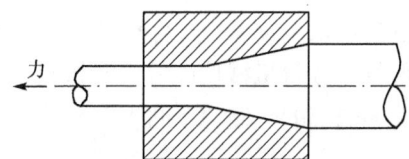

图 10-10 冷拔经过示意图

冷轧是将圆钢在轧钢机上轧成断面按一定规律变化的钢筋,可提高其强度和与混凝土间的握裹力。钢筋在冷轧时,纵向和横向同时产生变形,因而能较好地保持塑性和内部结构的均匀性。

产生冷加工强化的原因是:钢材在冷加工变形时,晶粒产生扭曲变形,晶粒间已产生滑移,对进一步的变形及滑移造成阻力,这就意味着屈服强度有所提高,但由于减少了可利用的滑移面,所以塑性和韧性降低。另外,在塑性变形过程中产生内应力,故钢材的弹性模量降低。

2. 钢材的时效处理

钢材经冷加工后,随着时间的延长,钢材的屈服强度和抗拉强度逐渐提高,而塑性和韧性逐渐降低的现象,称为应变时效,简称时效。

将经过冷拉的钢筋于常温下存放 15~20d,或加热到 100~200℃并保持一段时间,这个过程称为时效处理。前者称为自然时效,后者称为人工时效。

冷拉以后再经时效处理的钢筋,其屈服点进一步提高,极限抗拉强度稍有增长,塑性继续降低。由于时效过程中内应力消减,弹性模量可基本恢复。

采用冷拉与时效处理可取得显著的经济效益,可使钢筋的屈服强度提高 20%~50%,或节约钢材 20%~30%。

3. 钢材的热处理

热处理是将钢材在固态范围内进行加热、保温和冷却,以改变其组织,从而获得所需性能的一种工艺过程。热处理的方法有退火、正火、淬火和回火。建筑工程所用钢材一般只在生产厂进行热处理并以热处理状态供应。在施工现场,有时需对焊接件进行热处理。

1) 退火和正火

退火是将钢材加热到一定温度,保温后缓慢冷却(随炉冷却)的一种热处理工艺,按加热温度可分为低温退火和完全退火两种。低温退火的加热温度在基本组织转变温度以下,完全退火的加热温度在 800~850℃。通过退火达到减少加工中产生的缺陷、减轻晶格畸变、消除内应力,从而达到改变组织并改善性能的目的。例如,含碳量较高的高强度钢筋焊接中容易形成很脆的组织,必须紧接进行完全退火以消除这一不利的转变,保证焊接质量。

正火是退火的一种特例,二者仅冷却速度不同,正火是在空气中冷却。与退火相比,正火后钢的硬度、强度提高,而塑性下降。正火的主要目的是细化晶粒、消除组织缺陷等。

2) 淬火和回火

淬火和回火通常是两道相连的处理过程。淬火的加热温度在基本组织转变温度以上,保温使组织完全转变,马上投入选定的冷却介质(如水或矿物油等)中急冷,使之转变为不稳定组织的一种热处理操作。淬火的目的是得到高强度、高硬度的组织,但钢材的塑性和韧性显著降低。

淬火结束后,随后进行回火,加热温度在转变温度以下(150~650℃内选定),保温后按一定速度冷却至室温。其目的是促进不稳定组织转变为需要的组织,消除淬火产生的内应力,降低脆性,改善机械性能等。我国目前生产的热处理钢筋,即采用中碳低合金钢经油浴淬火和铅浴高温(500~650℃)回火制得的。

10.1.4 土木工程常用钢材

1. 土木工程中常用钢材的主要类别

土木工程中常用钢材主要由碳素结构钢、低合金高强度结构钢和优质碳素结构钢三类加工而成。

1) 碳素结构钢

碳素结构钢是碳素钢中的一类,可加工成各种型钢、钢筋和钢丝,适用于一般工程结构。构件可进行焊接、铆接和栓接。

牌号:碳素结构钢的牌号由四部分组成,依次为:代表屈服强度的字母 Q、屈服强度数值、质量等级符号(A、B、C、D)、脱氧程度符号(F、b、Z、TZ)。如 Q235-A·F,Q 为钢材屈服点代号,235 为屈服点数值,A、B、C、D 为质量等级代号,F 为沸腾钢。

碳素结构钢的质量等级随 A、B、C、D 的顺序质量逐级提高。在牌号组成表示方法中,"Z"与"TZ"符号予以省略。根据国家标准《碳素结构钢》(GB/T 700—2006)规定,拉伸性能应符合表 10-1 的规定,弯曲试验应符合表 10-2 的规定。

同一种钢,平炉钢和氧气转炉钢质量优于空气转炉钢,特殊镇静钢优于镇静钢,镇静钢优于沸腾钢；随牌号增加，强度和硬度增加，塑性、韧性和可加工性能逐步降低；同一牌号内质量等级越高，钢的质量越好，如 Q235C、D 级优于 A、B 级，可作为重要结构使用。

表 10-1 碳素结构钢的技术性能（GB/T 700—2006）

牌号	质量等级	$R_{eL}(\sigma_s)$/(N/mm²) 厚度或直径/mm						$R_m(\sigma_b)$/(N/mm²)	$A(\delta_5)$/% 厚度或直径/mm				
		≤16	16~40	40~60	60~100	100~150	150~200		≤40	40~60	60~100	100~150	150~200
Q195	—	≥195	≥185	—	—	—	—	315~430	≥33	—	—	—	—
Q215	A	≥215	≥205	≥195	≥185	≥175	≥165	335~450	≥31	≥30	≥29	≥27	≥26
	B												
Q235	A	≥235	≥225	≥215	≥215	≥195	≥185	370~500	≥26	≥25	≥24	≥22	≥21
	B												
	C												
	D												
Q275	A	≥275	≥265	≥255	≥245	≥225	≥215	410~540	≥22	≥21	≥20	≥18	≥17
	B												
	C												
	D												

表 10-2 碳素结构钢的冷弯试验和试样方向（GB/T 700—2006）

牌号	试样方向	冷弯试验（180°，$B=2d_o$）	
		钢材厚度或直径/mm	
		≤60	>60~100
		弯心直径 d	
Q195	纵	0	—
	横	$0.5d_o$	
Q215	纵	$0.5d_o$	$1.5d_o$
	横	d_o	$2d_o$
Q235	纵	d_o	$2d_o$
	横	$1.5d_o$	$2.5d_o$
Q275	纵	$1.5d_o$	$2.5d_o$
	横	$2d_o$	$3d_o$

注：① B 为试样宽度，d_o 为钢材厚度或直径；
② 钢材厚度大于 100 mm 时，弯曲试验由双方协商确定。

碳素结构钢力学性能稳定、塑性好，在各种加工过程中敏感性较小（如轧制、加热或迅速冷却），构件在焊接、超载、受冲击和温度应力等不利的情况下能保证安全。而且，碳素结构钢冶炼方便，成本较低，目前在建筑工程的应用中还占相当大的比重。

2）低合金高强度结构钢

低合金高强度结构钢是脱氧完全的镇静钢，是在碳素结构钢的基础上加入总量小于 5% 的合金元素而形成的钢种。常用的合金元素有硅、锰、钛、钒、铬、镍和铜等，这些合金元素不仅可以提高钢的强度和硬度，还能改善塑性和韧性。

牌号：由代表屈服强度的字母 Q、屈服强度数值、质量等级符号（A、B、C、D、E）三个部分按顺序组成。如 Q345A，Q 为钢材屈服点代号，345 为屈服强度数值，A 为质量等级代号。

根据国家标准《低合金高强度结构钢》（GB/T 1591—2008）规定，低合金高强度结构钢共有五个牌号。低合金高强度结构钢的力学性能应满足表 10-3 的规定。

表 10-3 低合金高强度结构钢的力学性能（GB/T 1591—2008）

牌号	质量等级	下屈服强度 $R_{eL}(\sigma_s)$/MPa 公称厚度（直径、边长）									抗拉强度 $R_m(\sigma_b)$/MPa 公称厚度（直径、边长）						断后伸长率 A/% 公称厚度（直径、边长）					
		≤16mm	16~40mm	40~63mm	63~80mm	80~100mm	100~150mm	150~200mm	200~250mm	250~400mm	≤40mm	40~63mm	63~80mm	80~100mm	100~150mm	150~250mm	250~400mm	≤40mm	40~63mm	63~100mm	100~150mm	150~250mm	250~400mm
Q345	A B C D E	≥345	≥335	≥325	≥315	≥305	≥285	≥275	≥265	≥265	470~630	470~630	470~630	470~630	450~600	450~600	450~600	≥20	≥19	≥19	≥18	≥17	—
Q390	A B C D E	≥390	≥370	≥350	≥330	≥330	≥310	—	—	—	490~650	490~650	490~650	490~650	470~620	—	—	≥21	≥20	≥20	≥19	≥18	—
Q420	A B C D E	≥420	≥400	≥380	≥360	≥360	≥340	—	—	—	520~680	520~680	520~680	520~680	500~650	—	—	≥20	≥19	≥19	≥18	—	—
Q460	C D E	≥460	≥440	≥420	≥400	≥400	≥380	—	—	—	550~720	550~720	550~720	550~720	530~700	—	—	≥19	≥18	≥18	≥16	—	—
Q500	C D E	≥500	≥480	≥470	≥450	≥450	—	—	—	—	610~770	600~760	590~750	540~730	—	—	—	≥17	≥16	≥17	—	—	—
Q550	C D E	≥550	≥530	≥520	≥500	≥500	—	—	—	—	670~830	620~810	590~790	590~780	—	—	—	≥17	≥17	≥16	—	—	—
Q620	C D E	≥620	≥600	≥590	≥570	—	—	—	—	—	710~880	690~880	670~860	—	—	—	—	≥16	≥16	≥15	—	—	—
Q690	C D E	≥690	≥670	≥660	≥640	—	—	—	—	—	770~940	750~920	730~900	—	—	—	—	≥15	≥15	≥14	—	—	—

低合金高强度结构钢除强度高,还有良好的塑性和韧性、硬度高、耐磨性好、耐腐蚀性能强、耐低温性能好。一般情况下,其含碳量不大于0.2%,因此仍具有较好的可焊性。冶炼碳素钢的设备可用来冶炼低合金高强度结构钢,故冶炼方便,成本低。

采用低合金高强度结构钢,在相同使用条件下,可比碳素结构钢节约用钢(20%~25%),对减轻结构自重有利,使用寿命又可增加,经久耐用。

3) 优质碳素结构钢

优质碳素结构钢对有害杂质含量(S<0.035%,P<0.035%)严格控制,质量稳定,性能优于碳素结构钢。按冶炼质量等级分为优质钢、高级优质钢和特级优质钢。按含锰量的不同分为普通含锰量(0.35%~0.80%)和较高含锰量(0.70%~1.20%)两大类。

优质碳素结构钢的牌号以平均含碳量的万分数来表示。若是含锰量较高的钢,则在表示牌号的数字后面加注"Mn";若是沸腾钢,则在数字后加注"F";若是高级优质钢,则在数字后加注"A";若是特级优质钢,则在数字后加注"E"。例如,45号钢——表示平均含碳量为0.45%的镇静钢;45Mn——表示含锰量较高的45号钢;15F——表示含碳量为0.15%的沸腾钢。

优质碳素结构钢的性能主要取决于含碳量,含碳量高则强度高,但塑性和韧性降低。

根据国家标准《优质碳素结构钢》(GB/T 699—1999)规定,共有31个牌号,由平炉、氧气碱性转炉和电弧炉冶炼,除三个牌号是沸腾钢,其余都是镇静钢。

优质碳素结构钢成本高,主要用于重要结构的钢铸件及高强螺栓等,常用30~45号钢。在预应力钢筋混凝土中用45号钢作锚具,生产预应力钢筋混凝土用的碳素钢丝、刻痕钢丝和钢绞线用65~80号钢。优质碳素结构钢一般经热处理后再使用,也称为"热处理钢"。

2. 钢结构用钢材

钢结构用钢材主要有热轧型钢、冷弯薄壁型钢、钢管和钢板等。

1) 热轧型钢

常用的热轧型钢有角钢、工字钢、槽钢、H型钢和部分T型钢,见图10-11。

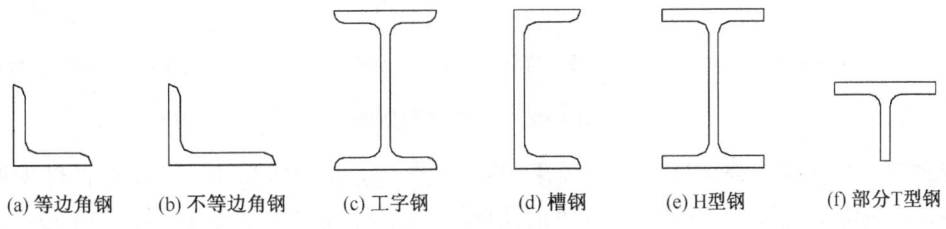

(a) 等边角钢　(b) 不等边角钢　(c) 工字钢　(d) 槽钢　(e) H型钢　(f) 部分T型钢

图10-11　热轧型钢

角钢:分为等边角钢和不等边角钢两种。等边角钢(也叫等肢角钢)的规格用符号"L"和肢宽×肢厚的毫米数表示,如L100×10为肢宽100mm、肢厚10mm的等边角钢。不等边角钢(也叫不等肢角钢)的型号用符号"L"和长肢宽×短肢宽×肢厚的毫米数表示。如L100×80×8表示长肢宽100mm、短肢宽80mm、肢厚8mm的不等边角钢。目前国内生产的最大等边角钢的肢宽为200mm,最大不等边角钢的两个肢宽为200mm×125mm。角钢的长度一般为3~19m(规格小者短,大者长)。

工字钢:有普通工字钢(I)和轻型工字钢(QI)之分,规格代表截面高度的毫米数。20和32号以上的普通工字钢,同一号数中又分a、b和a、b、c类型,其腹板厚度和翼缘宽度均分别递增2mm,如I36a表示截面高度为360mm、腹板厚度为a类的普通工字钢。工字钢宜尽量选用腹板厚度最薄的 a 类,因其重量轻,而截面惯性矩相对较大。轻型工字钢的翼缘相对于普通工字钢的宽而薄,故回转半径相对较大,可节省钢材。我国生产的最大普通工字钢为 63 号,轻型工字钢为 70 号,长度为 5～19m。工字钢由于宽度方向惯性矩和回转半径比高度方向的小得多,所以在应用上有一定的局限性,一般宜用于单向受弯构件。

槽钢:也分普通槽钢([)和轻型槽钢(Q[)两种,规格也代表截面高度的厘米数。14 和 25 号以上的普通槽钢同一号数中又分 a、b 和 a、b、c 类型,其腹板厚度和翼缘宽度均分别递增 2 mm。如[36a 表示截面高度为 360mm、腹板厚度为 a 类的普通槽钢。我国生产的最大槽钢为 40 号,长度为 5～19 m。同样,轻型槽钢的翼缘相对于普通槽钢的宽而薄,故较经济。

H 型钢:分为宽翼缘 H 型钢(HW)、中翼缘 H 型钢(HM)和窄翼缘 H 型钢(HN)三类。规格以公称高度的毫米数表示,其后标注 a、b、c,表示该公称高度下的相应规格。也可采用"高度×宽度×腹板厚度×翼缘厚度"的毫米数表示。如 HW320a 或 HW305×203×7.8×13.0 表示公称高度为 320mm、a 类规格的宽翼缘 H 型钢,其高度为 305mm,宽度为 203mm,腹板厚度为 7.8mm,翼缘厚度为 13.0mm。H 型钢翼缘较宽阔且等厚,宽度方向的惯性矩和回转半径都大为增加。由于截面形状合理,使钢材能更高地发挥效能,且其内、外表面平行,便于和其他构件连接。常用于要求承载能力大,截面稳定性好的大型建筑(如厂房、高层建筑),以及桥梁、设备基础、支架、基础桩等。

部分 T 型钢:由对应的 H 型钢沿腹板中部对等割分而成。表示方法与 H 型钢类同,也分为三类:宽翼缘部分 T 型钢(TW)、中翼缘部分 T 型钢(TM)和窄翼缘部分 T 型钢(TN)。

2)冷弯薄壁型钢

建筑工程中使用的冷弯薄壁型钢常用厚度为 1.5～6mm 薄钢板或钢带(一般采用碳素结构钢或低合金结构钢)经冷轧(弯)或模压而成。部分截面形式如图 10-12 所示。

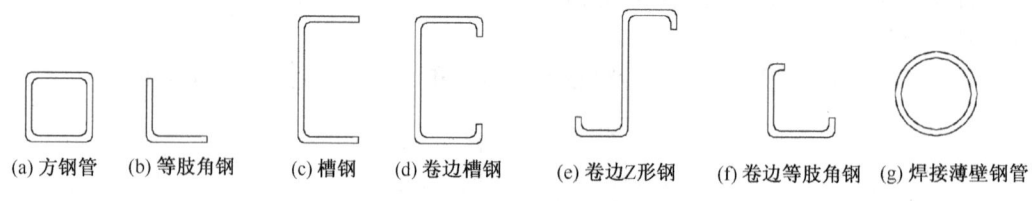

(a) 方钢管　(b) 等肢角钢　(c) 槽钢　(d) 卷边槽钢　(e) 卷边Z形钢　(f) 卷边等肢角钢　(g) 焊接薄壁钢管

图 10-12　冷弯薄壁型钢

建筑用压型钢板是冷弯薄壁型钢的另一种形式,它是用厚度为 0.4～2mm 的薄钢板、镀锌钢板、彩色涂层钢板(表面覆盖有彩色油漆)经冷轧(压)成的波形板材,见图 10-13。压型钢板具有成型灵活、施工速度快、外观美观、重量轻、易于工业化生产等特点,广泛用做屋面及墙面围护材料。

图 10-13　压型钢板

3)钢板和钢管

钢板是宽厚比很大的矩形板。按轧制工艺不同分热轧钢板和冷轧钢板两大类。按其公称厚度划分,有薄板(0.1～4mm)、中板(4～20mm)、厚板(20～60mm)和特厚板($\geq$ 60mm)。常用的钢板有热轧钢板、热轧花纹钢板、冷轧钢板、钢带等,以及镀层薄钢板,如镀锡钢板(旧称马口铁)、镀锌薄板(俗称白铁皮)、镀铝钢板、镀铅锡合金钢板等。

热轧钢板：施工图纸中钢板用"厚×宽×长"（mm）前面附加钢板横断面的方法表示，如–12×800×2100等。其尺寸、外形、允许偏差和材质要求可参见国家标准《热轧钢板和钢带的尺寸、外形、重量及允许偏差》（GB/T 709—2006）。

冷轧钢板：以热轧钢和钢带为原料，在常温下轧制而成。与热轧钢板比较，冷轧钢板厚度更加精确，而且表面光滑、美观，同时还具有各种优越的机械性能，特别是加工性能方面。其尺寸、外形、允许偏差和材质要求可参见国家标准《冷轧钢板和钢带的尺寸、外形、重量及允许偏差》（GB/T 708—2006）。

热轧花纹钢板：由普通碳素结构钢经热轧、矫直和切边而成，表面带有菱形或突棱的钢板。花纹主要起防滑、节约金属量及美化外观等作用。规格以基本厚度(突棱的厚度不计)表示，有2.5～8mm10余种规格。花纹钢板主要用于建筑平台、过道及楼梯等的地面铺设。

钢带：厚度较薄、宽度较窄、以卷材供应的钢板。钢带主要用做弯曲型钢、焊接钢管、制作五金件的原料，直接用于各种结构及容器等。

钢管：分为无缝钢管和焊接钢管两类。无缝钢管是经热轧、挤压、热扩或冷拔、冷轧而制成的周边无缝的管材。无缝钢管以外径×壁厚表示规格。焊接钢管由钢板(钢带)卷焊而成，在工程中用量最大，分为单、双直缝焊钢管和螺旋焊钢管三类。

3. 钢筋混凝土用钢材

钢筋混凝土结构用钢材主要有热轧钢筋、冷轧带肋钢筋、其他预应力筋和钢纤维等。

1) 热轧钢筋

热轧钢筋是建筑工程中用量最大的钢材品种之一，主要用于钢筋混凝土结构的配筋。包括热轧光圆钢筋和热轧带肋钢筋。

热轧光圆钢筋由碳素结构钢轧制而成，其牌号由HPB(hot rolled plain bars)和屈服强度特征值构成，分为HPB235和HPB300两个等级。热轧光圆钢筋强度低，但具有塑性好、伸长率高、便于弯折成形、易焊接等特点。可用做中小型钢筋混凝土结构的主要受力钢筋、构件箍筋及钢、木结构的拉杆等，也可作为冷轧带肋钢筋的原材料，盘条可作为冷拔低碳钢丝的原材料。

热轧带肋钢筋是用低合金钢轧制而成，分为普通热轧钢筋和细晶粒热轧钢筋。其牌号由HRB(hot rolled bars)、HRBF(hot rolled bars of fine grains)和屈服强度特征值构成。热轧带肋钢筋的强度、塑性、焊接性能均较好，钢筋表面带有纵肋和横肋（图10-14），从而加强了钢筋与混凝土之间的握裹力。主要用做钢筋混凝土结构的受力钢筋，比使用热轧光圆钢筋节省40%～50%。

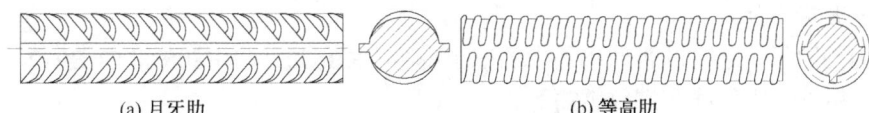

(a) 月牙肋　　　　　　　　　　　(b) 等高肋

图10-14　热轧带肋钢筋

根据国家标准《钢筋混凝土用钢 热轧光圆钢筋》（GB 1499.1—2008）和国家标准《钢筋混凝土用钢 热轧带肋钢筋》（GB 1499.2—2007）的规定，各个等级热轧钢筋的机械性能应符合表10-4的规定。

表 10-4 热轧钢筋的力学性能和工艺性能(GB1499.1—2008,GB1499.2—2007)

表面形状	牌号	公称直径 d/mm	$R_{eL}(\sigma_s)$/MPa	$R_m(\sigma_b)$/MPa	$A(\delta_5)$/%	冷弯 弯曲角度	冷弯 弯心直径	主要用途
光圆	HPB235	8~22	≥235	≥370	≥25	180°	d	非预应力
光圆	HPB300	8~22	≥300	≥420	≥25	180°	d	非预应力
带肋	HRB335 HRBF335	6~25	≥335	≥455	≥17	180°	$3d$	非预应力
带肋	HRB335 HRBF335	28~40	≥335	≥455	≥16	180°	$4d$	非预应力
带肋	HRB335 HRBF335	>40~50	≥335	≥455	≥15	180°	$5d$	非预应力
带肋	HRB400 HRBF400	6~25	≥400	≥540	≥16	180°	$4d$	非预应力
带肋	HRB400 HRBF400	28~40	≥400	≥540	≥15	180°	$5d$	非预应力
带肋	HRB400 HRBF400	>40~50	≥400	≥540	≥14	180°	$6d$	非预应力
带肋	HRB500 HRBF500	6~25	≥500	≥630	≥15	180°	$6d$	非预应力
带肋	HRB500 HRBF500	28~40	≥500	≥630	≥14	180°	$7d$	非预应力
带肋	HRB500 HRBF500	>40~50	≥500	≥630	≥13	180°	$8d$	非预应力

2) 冷轧带肋钢筋

热轧圆盘条经冷轧后,在其表面带有沿长度方向均匀分布的二面或三面横肋的钢筋。冷轧带肋钢筋(cold rolled ribbed bar)的牌号由 CRB 和钢筋的抗拉强度最小值构成,分为 CRB550、CRB650、CRB800 和 CRB970 四个牌号。其中,CRB550 为普通混凝土用钢筋,其他牌号为预应力混凝土用钢筋。根据国家标准《冷轧带肋钢筋》(GB 13788—2008)的规定,其机械性能要求见表 10-5。

冷轧带肋钢筋的公称直径一般为 4~12mm。适用于中、小型预应力钢筋混凝土构件和普通钢筋混凝土构件,也可用于焊接网片。

表 10-5 冷轧带肋钢筋的力学性能和工艺性能指标(GB 13788—2008)

牌号	$R_{P0.2}$/MPa,≮	$R_m(\sigma_b)$/MPa,≮	伸长率/%,≮ $A_{11.3}(\delta_{10})$	伸长率/%,≮ $A_{100mm}(\delta_{100})$	弯曲试验 180°	反复弯曲次数	应力松弛($\sigma_{con}=0.7R_m(\sigma_s)$) 1000h 松弛率/%,≯
CRB550	500	550	8	—	$D=3d$	—	—
CRB650	585	650	—	4.0		3	8
CRB800	720	800	—	4.0		3	8
CRB970	875	970	—	4.0		3	8

注:表中 D 为弯心直径,d 为钢筋公称直径。

3) 其他预应力筋

预应力筋除了上述冷轧带肋钢筋中的三个牌号 CRB650、CRB800 和 CRB970,常用的预应力筋还有钢丝、钢绞线和螺纹钢筋等。

预应力混凝土用钢丝:用优质碳素结构钢冷拉或再经回火等工艺处理制成的高强度钢丝,抗拉强度高达 1470~1770MPa。按加工状态分为冷拉钢丝(WCD)和消除应力钢丝两类,消除应力钢丝按松弛性能又分为低松弛级钢丝(WLR)和普通松弛级钢丝(WNR)。按外形可分为光圆钢丝(P)、螺旋肋钢丝(H)、刻痕钢丝(I)三种。经低温回火消除应力后,钢丝的塑性比冷拉钢丝要高。刻痕钢丝是经压痕轧制而成,刻痕后与混凝土握裹力大,可减少混凝土裂缝。钢丝的力学性能要求应符合国家标准《预应力混凝土用钢丝》(GB/T 5223—2002)的规定。

预应力混凝土用钢绞线：它是用 2 根、3 根或 7 根 2.5～5.0 mm 的高强碳素钢丝经绞捻后消除内应力而制成。钢绞线的机械性能要求应符合国家标准《预应力混凝土用钢绞线》(GB/T 5224—2003)的规定。

预应力混凝土用钢丝和钢绞线具有强度高、柔性好、无接头等优点，且质量稳定、安全可靠，施工时不需冷拉和焊接，主要用做大跨度梁、大型屋架、吊车梁、电杆等预应力钢筋。

预应力混凝土用螺纹钢筋：它是一种热轧成带有不连续的外螺纹的直条钢筋，该钢筋在任意截面处，均可用带有匹配形状的内螺纹的连接器或锚具进行连接和锚固。其公称直径有 18mm、25mm、32mm、40mm、50mm 等规格，强度等级有 PSB785、PSB830、PSB930 和 PSB1080 四个等级。其各项力学性能应符合国家标准《预应力混凝土用螺纹钢筋》(GB/T 20065—2006)的规定。

4) 混凝土用钢纤维

以碳素结构钢、合金结构钢和不锈钢为原料，采用钢丝切断、薄板剪切、熔融抽丝和铣削等方式可制备出乱向短纤维。表面粗糙或表面刻痕、形状为波形或扭曲形、端部带钩或端部有大头的钢纤维与混凝土的黏结较好，有利于混凝土增强。钢纤维直径应控制在 0.3～1.2 mm，长径比控制在 30～100。增大钢纤维的长径比，可提高混凝土的增强效果，但过于细长的钢纤维容易在搅拌时结团而失去增强作用。钢纤维按抗拉强度分为 1000、600 和 380 三个等级，如表 10-6 所示。

在混凝土中掺入钢纤维，能大大提高混凝土的抗冲击强度和韧性，显著改善其抗裂、抗剪、抗弯、抗拉、抗疲劳等性能。

表 10-6 钢纤维的强度等级

强度等级	1000 级	600 级	380 级
抗拉强度 $f/(N/mm^2)$	>1000	$600<f\leqslant 1000$	$380<f\leqslant 600$

10.1.5 钢材的腐蚀与防护

钢材在使用中，表面与周围介质接触，其中的铁与介质产生化学反应，逐步被破坏，导致钢材腐蚀，亦称为锈蚀。影响钢材锈蚀的主要因素有环境中的湿度、氧气，介质中的酸、碱、盐，钢材的化学成分及表面状况等。一些卤素离子，特别是 Cl^- 能破坏保护膜，促进锈蚀反应，使锈蚀迅速发展。

腐蚀不仅使钢材有效截面积减小，还会产生局部锈坑，引起应力集中，会显著降低钢的强度、塑性、韧性等力学性能。尤其在冲击荷载、循环交变荷载作用下，将产生锈蚀疲劳现象，使钢材的疲劳强度大为降低，甚至出现脆性断裂。钢材腐蚀时，伴随体积增大(可达原体积的 6 倍)，在钢筋混凝土中会使周围的混凝土胀裂，影响钢筋混凝土结构的使用寿命。

钢材受腐蚀的原因很多，可根据其与环境介质的作用分为化学腐蚀和电化学腐蚀两类。

1. 钢材腐蚀的两种作用

1) 化学腐蚀

化学腐蚀是指钢材与周围介质(如 O_2、CO_2、SO_2 和水等)直接发生化学反应，生成疏松的氧化物而引起的腐蚀。在常温下，钢材表面形成一薄层钝化能力很弱的氧化保护膜(FeO)，这层保护膜结构疏松，易破裂，有害介质可进一步进入而发生反应，造成腐蚀。在干燥环境下，腐蚀发展缓慢，但在温度和湿度较高时，锈蚀则发展迅速。

2) 电化学腐蚀

钢材本身组成上的原因和杂质的存在，在表面介质的作用下，各成分电极电位不同，形成许多微小的局部原电池而产生电化学腐蚀。水是弱电解质溶液，而溶有 CO_2 的水则成为有效的电解质溶液，从而加速电化学腐蚀过程。铁元素失去了电子成为 Fe^{2+} 进入介质溶液，与溶液中的 OH^- 离子结合生成 $Fe(OH)_2$。

钢材在大气中的腐蚀，实际上是化学腐蚀和电化学腐蚀共同作用所致，但以电化学腐蚀为主。

2. 钢材的防腐措施

钢材的腐蚀既有材质的原因，也有使用环境和接触介质等的原因。要防止或减少钢材腐蚀，可从改变钢材本身的易腐蚀性、改变钢材表面的电化学过程或隔离环境中的侵蚀性介质三方面入手。

1) 采用耐候钢

耐候钢即耐大气腐蚀钢，是在碳素钢和低合金钢中加入少量的铜、镍、铬等合金元素而制成的。这种钢在大气作用下，能在表面形成一种致密的防腐保护层，起到耐腐蚀作用，同时保持钢材具有良好的可焊性。

耐候钢的强度级别与常用碳素钢和低合金钢一致，技术指标也相近，但耐腐蚀能力却高出数倍，是介于普通钢和不锈钢之间的价廉物美的低合金钢系列。耐候钢的牌号、化学成分、力学性能和工艺性能可参见国家标准《耐候结构钢》(GB 4171—2008)。

2) 金属覆盖

用耐腐蚀性好的金属，以电镀或喷镀的方法覆盖在钢材表面，提高钢材的耐腐蚀能力。常用的方法有镀锌(如白铁皮)、镀锡(如马口铁)、镀铜和镀铬等。根据防腐的作用原理可分为阴极覆盖和阳极覆盖。阴极覆盖采用电位比钢材高的金属覆盖，如镀锡，所覆金属膜仅为机械的保护钢材，当保护膜破裂后，反而会加速钢材在电解质中的腐蚀。阳极覆盖采用电位比钢材低的金属覆盖，如镀锌，所覆金属膜因电化学作用而保护钢材。

3) 非金属覆盖

在钢材表面用非金属材料作为保护膜，使其与环境介质隔离而避免或减缓腐蚀，如喷涂涂料、搪瓷和塑料等。钢结构防止腐蚀用得最多的方法是表面油漆。涂料通常分为底漆、中间漆和面漆。底漆要求有比较好的附着力和防锈能力，中间漆为防锈漆，面漆要求有较好的牢度和耐候性。常用底漆有红丹底漆、环氧富锌漆、云母氧化铁底漆、铁红环氧底漆等。中间漆有红丹防锈漆、铁红防锈漆等。面漆有灰铅漆、醇酸磁漆和酚醛磁漆等。

4) 混凝土用钢筋的防锈

正常的混凝土的 pH 约为 12，这时在钢材表面能形成碱性氧化膜(钝化膜)，对钢筋起保护作用。混凝土碳化后，由于碱度降低会失去对钢筋的保护作用。此外，混凝土中 Cl^- 达到一定浓度，也会严重破坏表面的钝化膜。一般混凝土配筋的防锈措施有保证混凝土的密实度、保证钢筋保护层的厚度、限制氯盐外加剂的掺量或使用防锈剂等。预应力混凝土用钢筋由于易被腐蚀，所以应禁止在混凝土中使用氯盐类外加剂。

10.1.6 钢材的防火

1. 钢材的耐高温性能

钢是不燃性材料,但这并不表明钢材能够抵抗火灾。耐火试验与火灾案例表明:以失去承载能力为标准,无保护层时钢柱和钢屋架的耐火极限只有 0.25h,裸露钢梁的耐火极限为 0.15h。

温度在 200℃以内,可认为钢材的性能基本不变。超过 300℃以后,弹性模量、屈服点和极限强度均开始显著下降,应变急剧增大,500℃时的强度为常温时的 60%~70%,至 600℃时钢材进入塑性状态而失去承载能力。因此,当有防火要求时,需按相应的规定隔热保护。

2. 钢结构的防火措施

钢结构防火保护的基本原理是采用绝热或吸热材料,阻隔火焰和热量,降低钢结构的升温速率。防火方法以包覆法为主,即以防火涂料、不燃性板材或混凝土和砂浆等将钢构件包裹起来。

1) 防火涂料

防火涂料按受热时的变化分为膨胀型(薄型)和非膨胀型(厚型)两种。

膨胀型防火涂料的涂层厚度一般为 2~7mm,附着力较强,有一定的装饰效果。由于其内含膨胀组分,遇火后会膨胀增厚 5~10 倍,形成多孔结构,从而起到良好的隔热防火作用,根据涂层厚度可使构件的耐火极限达到 0.5~1.5h。

非膨胀型防火涂料的涂层厚度一般为 8~50mm,呈粒状面,密度小、强度低,喷涂后需再用装饰面层隔护,耐火极限可达 0.5~3.0h。为使防火涂料牢固地包裹钢构件,可在涂层内埋设钢丝网,并使钢丝网与钢构件表面的净距保持在 6mm 左右。

2) 不燃性板材

常用的不燃性板材有石膏板、硅酸钙板、蛭石板、珍珠岩板、矿棉板和岩棉板等,可通过黏结剂或钢钉、钢箍等固定在钢构件上。

许多钢结构建筑原已考虑到防火问题,为此在钢材表面涂防火涂料层。但已涂覆防火涂料的美国世贸大厦遇袭后短时间内即坍塌。因此,解决此类问题不应仅着眼于防火涂料的改进,还可考虑钢材本身性能的改进,如通过与无机非金属材料的复合,提高钢结构材料本身的防火等方面的能力。还可研究材料或结构本身的自灭火性能,或者考虑如何综合多因素选用建筑材料,以增强重要建筑的防火、防袭的能力等。

10.2 铸 铁

10.2.1 基本知识

黑色金属材料中含碳量大于 2.06%的铁碳合金称为生铁。铸铁是由新生铁、废钢铁、回炉铁、铁合金等各种金属炉料进行合理搭配熔制出的,是一系列主要由铁、碳和硅组成的合金的总称。在这些合金中,碳含量超过了在共晶温度时能保留在奥氏体固溶体中的量,工业和生活用铸铁含碳量常在 2.5%~4.0%。铸铁中还有少量的碳、硅、锰、磷、硫。

铸铁的分类方法较多，主要有以下几种：
(1) 按铸铁的断口特征分类为：灰口铸铁(灰铸铁)、白口铸铁、麻口铸铁。
(2) 按铸铁的石墨形态分类为：灰铸铁、蠕墨铸铁、球墨铸铁、可锻铸铁。
(3) 按铸铁的化学成分分类为：普通铸铁、合金铸铁。
(4) 按铸铁的共晶度分类为：亚共晶铸铁、共晶铸铁、过共晶铸铁。
(5) 按铸铁的特殊性能分类为：耐磨铸铁、抗磨铸铁、耐蚀铸铁、耐热铸铁、无磁性铸铁等。

此外，还可按铸铁的基体组织分类(如铁素体球墨铸铁、珠光体球墨铸铁、贝氏体球墨铸铁等)；按铸铁的制取工艺分类(如孕育铸铁、冷硬铸铁等)；按铸铁的合金成分分类(如铝铸铁、镍铸铁、铬铸铁、钨铸铁、硼铸铁等)。

常用的断口呈灰色，称灰铸铁或简称为铸铁。铸铁中碳、硅、锰是调节组织的元素，磷是控制使用的元素，硫是应限制的元素，目前生产中，灰铸铁的化学成分范围一般为：碳 2.7%～3.6%，硅 1.0%～2.5%，锰 0.5%～1.3%，磷 ≤0.3%，硫 0.15%。

灰铸铁中的碳组分主要以片状石墨形式出现，基体形式为铁素体、珠光体、珠光体加铁素体。

由于灰铸铁具有一定的强度和良好的减震性、耐磨性，以及优良的切削加工性和铸造工艺性，并且生产简便、成本低，因此在工业生产和民用生活中得到最广泛的应用。

10.2.2 灰铸铁的性能特点

1. 力学性能

灰铸铁的抗拉强度、塑性、韧性和弹性模量远比相应基体的钢低，石墨片的数量越多，尺寸越粗大，分布越不均匀，对基体的割裂作用和应力集中现象越严重，则铸铁的强度、塑性与韧性就越低，由于灰铸铁的抗压强度、硬度与耐磨性主要取决于基体，石墨的存在对其影响不大，故灰铸铁的抗压强度一般是其抗拉强度的 3～4 倍。同时，珠光体基体比其他两种基体的灰铸铁具有较高的强度、硬度与耐磨性。

2. 其他性能

石墨虽然会降低铸铁的抗拉强度、塑性和韧性，但也正是由于石墨的存在，使铸铁具有一系列其他优良性能。

(1) 铸造性能良好：由于灰铸铁的碳当量接近共晶成分，故与钢相比，不仅熔点低，流动性好，而且铸铁在凝固过程中要析出比容较大的石墨，部分地补偿了基体的收缩，从而减小了灰铸铁的收缩率，所以灰铸铁能浇铸形状复杂与壁薄的铸件。

(2) 减摩性好：减摩性是指减少设备被磨损的性能。灰铸铁中石墨本身具有润滑作用，而且当它从铸铁表面掉落后，所遗留下的孔隙具有吸附和储存润滑油的能力，使摩擦面上的油膜易于保持而具有良好的减摩性，所以承受摩擦的机床导轨、汽缸体等零件可用灰铸铁制造。

(3) 减振性强：铸铁在受震动时，石墨能阻止震动的传播，起缓冲作用，并把震动能量转变为热能，灰铸铁减震能力约比钢大 10 倍，故常用做承受压力和震动的机床底座、机架、机床床身和箱体等零件。

(4) 切削加工性良好：由于石墨割裂了基体的连续性，使铸铁切削时容易断屑和排屑，且石墨对刀具具有一定的润滑作用，故可使刀具磨损减少。

(5)缺口敏感性小:钢常因表面有缺口(如油孔、键槽、刀痕等)造成应力集中,使力学性能显著降低,故钢的缺口敏感性大。灰铸铁中石墨本身已使金属基体形成了大量缺口,致使外加缺口的作用相对减弱,所以灰铸铁具有小的缺口敏感性。由于灰铸铁具有以上一系列的优良性能,而且价廉,易于获得,所以在目前工业生产中,它仍然是应用最广泛的金属材料之一。

10.2.3 灰铸铁的牌号和应用

灰铸铁的牌号以其力学性能来表示。灰铸铁的牌号以"HT"起首,其后以三位数字来表示,其中"HT"表示灰铸铁,数字为其最低抗拉强度值。例如,HT200,表示以ϕ30mm单个铸出的试棒测出的抗拉强度值大于200MPa(但小于300MPa)。

灰铸铁性脆,无塑性,抗压强度较高,抗拉和抗弯强度不高,不适用于结构材料。土木工程中常用于排水沟、地沟、窨井等的盖板、铸铁水管、暖气片及零部件、门、窗、栏杆、栅栏等。

灰铸铁冶炼容易,成本低,铸造性能良好,应用广泛。

10.3 铝 合 金

10.3.1 基本知识

铝是地壳中储量最大的一种金属元素,居四大金属元素之首(铝8.2%、铁5.1%、镁2.1%、钛0.6%)。生产铝的原料主要为铝矾土,另外还有高岭土、矾土岩石、明矾石等。首先从原料中提取Al_2O_3,然后从Al_2O_3中电解得到金属铝,金属铝为有色金属中的轻金属。

纯铝为银白色,密度为$2.7g/cm^3$,熔点低(660℃),具有良好的导电、导热性能,易加工,可焊接,但强度和硬度很低,塑性较大,不适合用于土木工程,需加入合金元素锰、镁、硅、铜、锌等制成铝合金,既保持原有的特点,又具有更优良的物理性质,提高了使用价值。

铝合金的加工方式分为铸造铝合金钢和变形铝合金。土木工程中主要用四种变形铝合金。

(1)防锈铝合金钢:简称防锈铝(LF),是Al-Mn系或Al-Mg系合金。主要用于受力不大、要求耐腐蚀、表面光洁的构件和管道。

(2)硬铝合金:简称硬铝(LY),是Al-Mg-Si合金及Al-Cu-Mg合金,主要用于门窗、货架、柜台等型材。

(3)超硬铝合金:简称超硬铝(LC),是Al-Zn-Mg-Cu合金,可用于承重构件和高荷载零件。

(4)锻铝合金:简称锻铝(LD),是Al-Mg-Si-Cu合金,可用于中等荷载的构件。

变形铝合金可进行热轧、冷轧、冲压、挤压、弯曲、卷边等加工,制成不同形状和不同尺寸的型材、线材、管材、板材等。

10.3.2 铝合金制品

1. 铝合金门窗

铝合金门窗用经表面处理过的型材和配件组合装配而成。主要有推拉窗(门)、平开窗(门)、固定窗、百叶窗、悬挂窗、回转窗(门)等。与普通门窗相比,铝合金门窗质量轻,气密性、水密性和隔声性能好，色泽美观，不锈蚀、不褪色，零配件使用寿命长，经久耐用，维修费用低，有利于工业化生产。

2. 铝合金装饰板

铝合金装饰板具有质量轻、不燃烧、耐久性好、施工方便、装饰效果好、防潮、防腐蚀，以及反射阳光能力强等优点，适用于公共建筑室内外墙面和柱面的装饰。颜色有本色、金黄色、古铜色、茶色等。

铝合金装饰板是选用纯铝或铝合金为原料，经辊压冷加工而形成的饰面板材。分为以下几种。

(1)花纹板。采用防锈铝、纯铝或硬铝，用表面具有特制花纹的轧辊轧制而成，花纹美观大方、纹高适中(大于 0.5～0.8mm)、不易磨损、防滑性能好、防腐能力强、易于清洗。

(2)铝制波纹板和压型板。采用纯铝或铝合金平板经机械加工而成异型断面板材，由于截面形式的变化，增加了其刚度，具有质量轻、外形美观、色彩丰富、耐腐蚀、利于排水、安装容易、施工进度快等优点。

(3)铝及铝合金穿孔吸声板。为满足室内吸声的功能要求，在铝或铝合金板材上用机械加工的方法冲出孔径大小、形状、间距不同的孔洞而制成的功能、装饰性合一的板材，除具有吸声、降噪的声学功能，还具有质量轻、强度高、防火、防潮、耐腐蚀、化学稳定好等特点。使用在建筑中造型美观、色泽幽雅、立体感强，同时组装简便、维修容易。被广泛应用于宾馆、饭店、观演建筑、播音室和中高级民用建筑及各类厂房、机房、人防地下室的吊顶作为降噪、改善音质的措施。

(4)蜂窝芯铝合金复合板。外表层为 0.2～0.7mm 的铝合金薄板，中心层用铝箔、玻璃布或纤维制成蜂窝结构，铝板表面喷涂以聚合物着色保护涂料——聚偏二氟乙烯，在复合板的外表面覆以可剥离的塑料保护膜，以保护板材表面在加工和安装过程中不致受损。

蜂窝芯铝合金复合板具有精度高、外观平整、强度高、重量轻、隔声、防震、保温隔热、色泽鲜艳、持久不变、易于成型、用途广泛等特点，可作为高级饰面材料，可用于各种建筑的幕墙系统，也可用于室内墙面、屋面、天棚、包柱等工程部位。

3. 铝合金龙骨

铝合金龙骨是以铝合金挤压而成的顶棚骨架支撑材料，其断面为 T 形。按其位置和功能可分为 T 形主龙骨、次龙骨(横撑龙骨)、边龙骨、异型龙骨和配件。

铝合金龙骨一般与轻钢龙骨(大龙骨)组合使用。即主要承重龙骨为轻钢龙骨(根据荷载大小可分别选取 38、50、60 系列轻钢龙骨)，然后铝合金主龙骨按一定间距吊钩与轻钢主龙骨挂接(吊钩下端穿入 T 形主龙骨的安装孔内)。T 形龙骨上可插接或浮摆饰面板材，使龙骨明露或暗设，形成不同风格的吊顶平面，若为不上人型吊顶，也可不用轻钢主龙骨而采用钢丝直吊的方法，即直接用钢丝穿于 T 形主龙骨的安装孔内吊于结构层下。

合金龙骨具有自重轻、防火、抗震、外观光亮挺括、色调美观、加工和安装方便等特色，适用于医院、会议室、办公室、走廊等吊顶工程，长于小幅面石膏装饰板或岩棉(矿棉)吸声板配用。

复习思考题

1. 钢和生铁在化学成分上有何区别？钢按化学成分不同可分为哪些种类？土木工程中主要用哪些钢种？

2. 钢的主要技术性能有哪些？

3. 什么是钢材的屈强比？其大小对钢材的使用性能有何影响？

4. 解释$\sigma_{0.2}$的含义。

5. 画出低碳钢拉伸时的应力(σ)-应变(ε)曲线，并在图中标出弹性极限σ_p、屈服点σ_s和抗拉强度σ_b。试解释低碳钢受拉过程中出现屈服阶段和强化阶段的原因。

6. 何谓钢材的冷加工强化和时效处理？钢材经冷加工及时效处理后，其机械性能有何变化？工程中对钢筋进行冷拉、冷拔或时效处理的主要目的是什么？

7. 低合金高强结构钢与碳素结构钢有哪些不同？试述低合金高强度结构钢的优点？

8. 钢筋混凝土用热轧钢筋分为几级？其性能如何？

9. 钢材是如何锈蚀的？如何防止锈蚀？

10. 铝合金的分类？铝合金在建筑上的主要用途？

第 11 章 有机高分子材料

有机高分子材料是由高分子化合物组成的材料，高分子化合物是一类分子量很大的化合物，也称为聚合物或高聚物，高分子化合物是由低分子化合物聚合而成的，这种低分子化合物称为单体，聚合物是由这些单体通过化学键相互结合起来形成的。

高分子材料与其他建筑材料相比，具有质量轻、导热系数小、化学稳定性好、电绝缘性好、功能可调性强、加工性能和装饰性能好等优点，但同时具有耐热性差、可燃性及毒性等缺点。有机高分子材料是继水泥、钢材、木材之后发展迅速的又一大类建筑材料，已在土木工程中得到广泛应用。目前普遍使用的有橡胶制品、塑料门窗、黏结剂、涂料和密封剂、防水材料、装饰材料等。

11.1 橡　　胶

橡胶与塑料、纤维并称为三大合成材料，是一种高弹性的高分子化合物(分子量一般在10万以上)，具有其他材料所没有的高弹性。

橡胶的分子结构具有如下特性：①其分子是由重复单元(链节)构成的长链分子，分子链柔软的链段有高度的活动性，玻璃化转变温度低于室温；②其分子间的吸引力(范德华力)较小，在常态(无应力)下是非晶态，分子彼此间易于相对运动；③其分子之间有一些部位可以通过化学交联或由物理缠结相连接，形成三维网状分子结构，以限制整个大分子链的大幅度的活动性。

橡胶的最大特征首先是弹性模量非常小，而伸长率很高，耐各种曲挠、弯曲变形；其次是它具有相当好的透气性及耐各种化学介质和电绝缘的性能。特种合成橡胶还具有良好的耐油性、耐温性，耐寒可低到$-80 \sim -60$℃，耐热可高到$+180 \sim +350$℃。同时橡胶能与多种材料并用、共混、复合，通过改性，获得良好的综合性能。

11.1.1 橡胶的分类

按原材料来源与方法，橡胶可分为天然橡胶和合成橡胶两大类，其中天然橡胶的消耗量占 1/3，合成橡胶的消耗量占 2/3；按橡胶的外观形态，橡胶可分为固态橡胶(又称干胶)、乳状橡胶(简称乳胶)、液体橡胶和粉末橡胶四大类。

按性能和用途，除天然橡胶，合成橡胶可分为通用合成橡胶、半通用合成橡胶、专用合成橡胶和特种合成橡胶。

根据橡胶的物理形态，橡胶可分为硬胶和软胶、生胶和混炼胶等。

根据橡胶种类及交联形式，在工业使用上，橡胶又可按如下分类：一类按耐热及耐油等功能分为普通橡胶、耐热橡胶、耐油橡胶及耐天候老化橡胶、耐特种化学介质橡胶等；另一类按橡胶的软硬程度划分为一般橡胶、硬橡胶、半硬质胶、硬质胶、微孔胶、海绵胶、泡沫橡胶等。

具体分类方法见表 11-1。

表 11-1 橡胶的分类

分类方法	分类名称	分 类 说 明
根据橡胶的来源分类	天然橡胶	天然橡胶由天然或人工种植的橡胶树经过割胶、过滤清洗、干燥等工序加工而成。其主要成分是橡胶烃及聚异戊二烯
	合成橡胶	合成橡胶由人工合成方法而制得，采用不同的原料(单体)可以合成出不同种类的橡胶。按照合成橡胶的用途可将其分为通用合成橡胶和特种合成橡胶
根据橡胶的性能和用途分类	通用橡胶	它是指产量大、应用广、在使用上一般无特殊性能要求的通用橡胶。主要有天然橡胶、丁苯橡胶、丁腈橡胶、顺丁橡胶、异戊橡胶、氯丁橡胶、丁基橡胶 7 大品种
	特种橡胶	它是指用于特殊用途中，如耐油、耐酸碱、耐高温、耐低温、耐辐射等橡胶。主要有乙丙橡胶、氯磺化聚乙烯橡胶、氯化聚乙烯橡胶、丙烯酸酯橡胶、聚氨酯橡胶、硅橡胶、氟橡胶、氯醚橡胶、聚硫橡胶等
根据橡胶的物理形态分类	生橡胶	简称生胶，是指由天然采集、提取或人工合成、未加配合剂而制成的原始胶料，为较硬的大块。生胶是一种不饱和的橡胶烃，未经配合的生胶性能较差，不能直接使用
	软橡胶	是指在生胶中加入各种配合剂，经过塑炼、混炼、硫化等加工过程而制成的具有高弹性、高强度和其他实用性能的橡胶产品
	硬橡胶	又称硬质橡胶，它与软橡胶的不同之处是含有大量硫黄(25%～50%)的生胶经过硫化而制成的硬质制品。这种橡胶具有较高的硬度和强度、优良的电气绝缘性及对某些酸、碱和溶剂的高度稳定性。广泛用于制作电绝缘制品和耐化学腐蚀制品
	混炼胶	在生胶中加入各种配合剂，经过炼胶机的混合作用后，使其具有所需要物理机械性能的半成品，俗称胶料
	再生胶	再生胶是以废轮胎和其他废旧橡胶制品为原料，经过一定的加工过程而制成的具有一定塑性的循环可利用橡胶。它是橡胶工业中的主要原料之一，可以部分地代替生胶，节约生胶

11.1.2 常用橡胶的品种、特性和用途

工程中常用橡胶的品种、特性和用途见表 11-2。

表 11-2 常用橡胶的品种、特性和用途

橡胶品种	化学组成	性能特点	主要用途
天然橡胶(NR)	以橡胶烃(聚异戊烯)为主，含少量蛋白质、水分、树脂酸、糖类和无机盐等	弹性大，定伸强度高，抗撕裂性和电绝缘性优良，耐磨性和耐旱性良好，加工性能，易与其他材料黏合。缺点是耐氧化性差，容易老化变质；耐油和耐溶剂性不好，抗酸碱腐蚀能力低；耐热性不高。使用温度为 -60~$+80$℃	制作轮胎、胶鞋、胶管、胶带、电线电缆的绝缘层和护套及其他通用制品。特别适用于制造扭振消除器、发动机减震器、机器支座、橡胶-金属悬挂元件、膜片、模压制品
丁苯橡胶(SBR)	丁二烯和苯乙烯的共聚体	性能接近天然橡胶，是目前产量最大的通用合成橡胶，耐磨性、耐老化性和耐热性超过天然橡胶，质地也比天然橡胶均匀。缺点是弹性较低，抗屈挠、抗撕裂性能较差；加工性能差，特别是自黏性差、生胶强度低。使用温度为 -50~$+100$℃	主要用以代替天然橡胶制作轮胎、胶板、胶管、胶鞋及其他通用制品
顺丁橡胶(BR)	由丁二烯聚合而成的顺式结构橡胶	具有特别优异的耐寒性、耐磨性、弹性及耐老化性，但抗撕裂性及湿滑性能较差。使用温度为 -60~$+100$℃	多和天然橡胶或丁苯橡胶并用，主要制作轮胎胎面、运输带和特殊耐寒制品
异戊橡胶(IR)	由异戊二烯单体聚合而成的一种顺式结构橡胶	具有良好的弹性、耐磨性、耐热性和化学稳定性。异戊橡胶生胶(未加工前)强度显著低于天然橡胶，但质量均匀性和加工性均优于天然橡胶。使用温度为 -50~$+100$℃	可代替天然橡胶制作轮胎、胶鞋、胶管、胶带及其他通用制品

续表

橡胶品种	化学组成	性能特点	主要用途
氯丁橡胶(CR)	由氯丁二烯做单体乳液聚合而成。	这种橡胶分子中含有氯原子，所以与其他通用橡胶相比，它具有优良的抗氧、抗臭氧性，不易燃，着火后能自熄，耐油、耐溶剂、耐酸碱及耐老化、气密性好等优点；其物理机械性能也比天然橡胶好，故可用做通用橡胶，也可用做特种橡胶。主要缺点是耐寒性较差，比重较大、相对成本高，电绝缘性不好，加工时易粘滚、易焦烧及易粘模。此外，生胶稳定性差，不易保存。使用温度为-45~+100℃	主要用于制造要求抗臭氧、耐老化性高的电缆护套及各种防护套、保护罩；耐油、耐化学腐蚀的胶管、胶带和化工衬里；耐燃的地下采矿用橡胶制品，以及各种模压制品、密封圈、垫、黏结剂等
丁基橡胶(IIR)	是异丁烯和少量异戊二烯或丁二烯的共聚体	气密性、耐臭氧性、耐老化性、耐热性较高，长期工作温度可在130℃以下；能耐无机强酸（如硫酸、硝酸等）和一般有机溶剂，吸振和阻尼特性良好，电绝缘性也非常好。缺点是弹性差，加工性能差，硫化速度慢，黏着性和耐油性差。使用温度为-40~+120℃	主要用于内胎、水胎、气球、电线电缆绝缘层、化工设备衬里及防震制品、耐热运输带、耐热老化的胶布制品
丁腈橡胶(NBR)	丁二烯和丙烯腈的共聚体	特点是耐汽油和脂肪烃油类的性能特别好，仅次于聚硫橡胶、丙烯酸酯和氟橡胶，而优于其他通用橡胶。耐热性好，气密性、耐磨及耐水性等均较好，黏结力强。缺点是耐寒及耐臭氧性较差，强力及弹性较低，耐酸性差，电绝缘性不好，耐极性溶剂性能也较差。使用温度为-30~+100℃	主要用于制造各种耐油制品，如胶管、密封制品等
氢化丁腈橡胶(HNBR)	丁二烯和丙烯腈的共聚体	它是通过全部或部分氢化NBR的丁二烯中的双键而得到的。其特点是机械强度和耐磨性高，用过氧化物交联时耐热性比NBR好，其他性能与丁腈橡胶一样。缺点是价格较高。使用温度为-30~+150℃	主要用于耐油、耐高温的密封制品
乙丙橡胶(EPM\EPDM)	乙烯和丙烯的共聚体，一般分为二元乙丙橡胶和三元乙丙橡胶	特点是抗臭氧、耐紫外线、耐天候性和耐老化性优异，电绝缘性、耐化学性、冲击弹性很好，耐酸碱，比重小，可进行高填充配合。耐热可达150℃，耐极性溶剂（酮、酯等）但不耐脂肪烃和芳香烃。缺点是自黏性和互黏性很差。使用温度为-50~+150℃	主要用于化工设备衬里、电线电缆包皮、蒸汽胶管、耐热运输带、汽车用橡胶制品及其他工业制品
硅橡胶(Q)	为主链含有硅、氧原子的特种橡胶，其中起主要作用的是硅元素	既耐高温（最高300℃）又耐低温（最低-100℃），是目前最好的耐寒、耐高温橡胶；电绝缘性优良，对热氧化和臭氧的稳定性很高。缺点是机械强度较低，耐油、耐溶剂和耐酸碱性差，较难硫化、价格较贵。使用温度为-60~+200℃	主要用于制作耐高低温制品（胶管、密封件等）、耐高温电线电缆绝缘层，由于其无毒无味，还用于食品及医疗工业
氟橡胶(FPM)	是由含氟单体共聚而成的有机弹性体	特点是耐温高可达300℃，耐酸碱，耐油性是耐油橡胶中最好的，抗辐射、耐真空性能好；电绝缘性、机械性能、耐化学腐蚀性、耐臭氧、耐大气老化性均优良。缺点是加工性差、价格昂贵耐寒性差、弹性透气性较低。使用温度为-20~+200℃	主要用于国防工业制造飞机、火箭上的耐真空、耐高温、耐化学腐蚀的密封材料、胶管或其他零件及汽车工业
聚氨酯橡胶(AU\EU)	有聚酯（或聚醚）与二异氰酸酯类化合物聚合而成的弹性体	特点是耐磨性好，在各种橡胶中是最好的；强度高、弹性好、耐油性优良。耐臭氧、耐老化、气密性等也优异。缺点是耐温性能较差，耐水和耐碱性差，耐芳香烃、氯化烃及酮、酯、醇类等溶剂性较差。使用温度为-30~+80℃	制作轮胎紧揳由零件、垫圈、防震制品，以及耐磨、高强度和耐油的橡胶制品
丙烯酸酯橡胶(ACM\AEM)	它是丙烯酸乙酯或丙烯酸丁酯的聚合物	特点是兼有良好的耐热、耐油性能，在含有硫、磷、氯添加剂的润滑油中性能稳定。同时耐老化、耐氧和臭氧、耐紫外线、气密性优良。缺点是耐寒性差，不耐水，不耐蒸汽及有机和无机酸、碱。在甲醇、乙二醇、酮酯等水溶性溶液内膨胀严重。同时弹性和耐磨性差，电绝缘性差，加工性能较差。使用温度为-25~+150℃	可用于制造耐油、耐热、耐老化的制品，如密封件、胶管、化工衬里等
氯磺化聚乙烯橡胶(CSM)	它是聚乙烯经氯化和磺化处理后，所得到具有弹性的聚合物	耐臭氧紧揳老化性优良，耐候性优于其他橡胶。阻燃、耐热、耐溶剂性及耐大多数化学药品和耐酸碱性能较好。电绝缘性尚可，耐磨性与丁苯橡胶相似。缺点是抗撕裂性能差，加工性能不好。使用温度为-20~+120℃	可用于臭氧发生器上的密封材料，制造耐油密封件、电线电缆包皮及耐油橡胶制品和化工衬里

续表

橡胶品种	化学组成	性能特点	主要用途
氯醚橡胶 (CO\ECO)	由环氧氯丙烷均聚或由环氧氯丙烷与环氧乙烷共聚而成的聚合物	特点是耐脂肪烃及氯化烃溶剂、耐碱、耐水、耐老化性能极好、耐臭氧性、耐候性紧挨热性、气密性高。缺点是强力较低、弹性较差、电绝缘性不良。使用温度为−40~+140℃	可用于胶管、密封件、薄膜和容器衬里、油箱、胶辊、制造油封、水封等
氯化聚乙烯橡胶 (CM 或 CPE)	是聚乙烯通过氯取代反应制成的具有弹性的聚合物	性能与氯磺化聚乙烯橡胶接近，其特点是流动性好，容易加工；有优良的耐天候性、耐臭氧性和耐电晕性，耐热、耐酸碱、耐油性良好。缺点是弹性差、压缩变形较大，电绝缘性较低。使用温度为−20~+120℃	可用于电线电缆护套、胶管、胶带、胶辊化工衬里等

11.1.3 橡胶工业制品的种类

橡胶工业制品主要包括轮胎、胶管、胶带等橡胶，除此之外，应用于土木工程中的橡胶制品包括以下几类：

(1)橡胶密封制品：包括 O 型橡胶密封圈、旋转轴唇形密封件(油封)、复合密封、异形断面橡胶密封件、橡胶密封条、橡胶防尘套(罩)、水封制品、吸水膨胀橡胶、桥面橡胶伸缩缝等。

(2)橡胶减震制品：包括橡胶减震器、可屈挠橡胶接头、橡胶轨枕垫、桥梁橡胶支座等。

(3)硬质橡胶。是生胶与高剂量硫黄经硫化所得之产品，质地坚硬。

(4)橡胶海绵制品：利用发泡剂、发泡助剂、硫化剂、硫化助剂使橡胶制品发泡可制得橡胶海绵。

(5)胶板与防水卷材：以橡胶为主体材料(可含有织物、金属薄板等增强材料)，经硫化而制得的具有一定厚度和较大面积的片状产品，简称胶板。

橡胶防水卷材的主体材料可用 CR、IIR、EPDM 和 CPE 等，也可以几种橡胶并用或橡胶、塑料并用。一般用压延或挤出成型，并卷曲成卷，用硫化罐硫化或鼓式硫化机连续硫化、辊压连续蒸汽硫化法。

11.2 塑 料

塑料是以高分子化合物为基本材料，加入各种填充料和改性添加剂，在一定温度和压力下塑制成型。用于建筑上的塑料制品统称为建筑塑料，常用做装修材料、绝热材料、防水与密封材料、管道及卫生洁具等。

11.2.1 建筑塑料的组成

建筑塑料由多种组分组成，基本成分是合成树脂(占 30%~60%，甚至更多)，再加入填充剂(占 40%~70%)、固化剂、增塑剂、润滑剂等制成。

合成树脂起胶结作用，其种类、性质和用量决定了塑料的物理力学性质，故常以塑料所含合成树脂的名称来命名。按受热时形态性能变化的不同，合成树脂可分为热塑性树脂和热固性树脂两类。由热塑性树脂组成的塑料称为热塑性塑料；由热固性树脂组成的塑料称为热固性塑料。

热塑性塑料受热后软化，逐渐熔融，冷却后重新硬化，其软化和硬化过程可重复进行，对其性能和外观无重大影响。优点是加工成型简便，机械性能较高。缺点是耐热性、刚性较差。

热固性塑料在加工时受热软化，形成聚合物交联而逐渐硬化成型，再次受热则不软化或变形，只能塑化成型一次。其耐热性和刚性较高，但机械性能较差。

为改善塑料的某些性能，还可根据塑料品种和使用要求添加稳定剂、着色剂、阻燃剂、发泡剂、抗静电剂等。建筑塑料的各组分作用及常用原料见表11-3。

表11-3 建筑塑料的组成及其常用原料

组成	作用	常用原料	
合成树脂	胶结作用，决定塑料的硬化性质	热固性树脂	聚乙烯、聚丙烯、聚氯乙烯和聚苯乙烯等
		热塑性树脂	酚醛树脂、环氧树脂、脲醛树脂和有机硅树脂等
填充剂(填料)	提高强度、耐热性、抗冲击性、耐老化性，降低成本	滑石粉、玻璃纤维、云母、木粉、棉布、石棉、石灰石粉和铝粉等	
固化(交联)剂	使聚合物交联成体型高聚物	胺类、酸酐类、高分子类	
着色剂	使塑料具有鲜艳的色彩和光泽	染料、颜料	
增塑剂	增加可塑性、柔软性、弹性、耐寒性	邻苯二甲酸酯、二苯甲酮和樟脑等	
稳定剂	防止和缓解老化，延长塑料使用寿命	炭黑、亚磷酸三癸酯等	
阻燃剂	又称防火剂，提高阻燃性和自熄性	氢氧化铝、三氧化锑、十溴联苯醚、林反丁烯二酸等	
润滑剂	防止粘模，使制品表面光洁	硬脂酸、石蜡和有机硅等	

11.2.2 建筑塑料的主要技术性能

建筑塑料与传统建材相比，其主要性能具有以下特点：

(1)密度低，自重轻。塑料的密度为 $0.8 \sim 2.2 \text{g/cm}^3$，约为铝的1/2，钢筋混凝土的1/3，钢材的1/4。塑料的比强度却接近甚至超过钢材和混凝土制品，是一种轻质高强的材料。

(2)保温节能、吸声性好。塑料导热系数小，特别是泡沫塑料的导热性更小，是理想的保温隔热和吸声材料。

(3)优良的加工性能。可采用多种加工工艺制成各种形状、厚薄的塑料制品，与金属加工相比，塑料的成型加工能耗低，加工方便，效率高。

(4)装饰性好。通过现代加工技术(如着色、印刷、压花、电镀等)可制得具有优异装饰性能的各种塑料制品。

(5)绝缘性能优异。塑料对热、电、声具有绝缘性，是良好的绝缘材料。

(6)耐化学腐蚀性好。一般塑料对酸、碱和有机溶剂等的抗腐蚀能力好，适用于化工建筑的特殊需要。

塑料虽有上述诸多优点，也存在着易老化、易燃、耐热性、刚性差等方面的缺点，对建筑塑料的使用带来了一定的局限性，但这些缺点在制造和应用中，可采取相应的技术措施加以改进。

11.2.3 建筑塑料制品的工程应用

塑料可用于建筑物的各个部位，美化室内环境，提高建筑功能，同时还具有一定的节能意义。各种组成的建筑塑料品种很多，常用的主要有聚氯乙烯(PVC)、聚乙烯(PE)、聚丙烯(PP)、聚苯乙烯(PS)、环氧树脂(EP)、酚醛树脂(PF)和聚氨酯(UP)等。常用建筑塑料的性能、特性及主要用途见表11-4。

表 11-4 常用建筑塑料的性能、特征及主要用途

塑料种类		相对密度/(g/cm³)	线膨胀系数/(10⁵/℃)	耐热温度/℃	抗拉强度/MPa	延伸率/%	抗压强度/MPa	耐燃性	特性	主要用途
热塑性塑料	聚氯乙烯(PVC)	1.3～1.7		65～80	7～25	200～400	7～12.5	缓燃-自熄	质地柔软，强度低	薄板、薄膜、壁纸、墙布、地毯等
	聚乙烯(PE)	0.92	16～18	100	11～13	200～500		易	耐水，强度低	薄板、薄膜、管道、电绝缘材料等
	聚丙烯(PP)	0.90～0.91	10.8～11.2	30～39	30～39	>200	39～56	易	抗拉强度大、延性大、耐热、不耐磨	纤维、化工管道、耐腐蚀衬板等
	聚苯乙烯(PS)	1.04～1.07	6～8	65～95	35～63	1～3.6	80～110	易	透光、耐水，耐热性低，脆性大	装饰透明零件、灯罩、泡沫保温材料等
	聚甲基丙烯酸甲酯(PMMA)	1.18～1.20	5～9	100～120	40～77	2～10	84～126	易	表面硬度大、透光性极佳，脆性大	有机玻璃、板、管材、盥洗池等
热固性塑料	环氧(EP)	1.12-1.15	1.1～3.0	150～260	70.3		168	自熄	耐水、强度高，尺寸稳定性好	黏结剂、玻璃钢等
	酚醛(PF)	1.25-1.30	2.5～6.0	120	49～56	1.0～1.5	70～120	很慢	耐水、耐光、耐热、耐霉、强度较高	电工器材、黏结剂、涂料等
	聚氨酯(PU)	0.03～0.05		85	0.1	30～40		自熄	质轻、绝缘性能	保温泡沫、包装、减震材料、涂料
	有机硅(IS)	1.65～2.00	5～5.8	<250	18～30		110～170		耐高温、耐寒、耐水性好	高级绝缘材料、防水材料
	不饱和聚酯(UP)	1.10～1.45	5.5～10	120	42～70	<5	90～255	自熄	绝热、透光	管道、玻璃钢等

建筑塑料制品按形态可分为薄膜、板材、管材、异型材、泡沫塑料和溶液等；按用途可分为装饰材料、防水材料、门窗材料、墙体屋面材料、隔热材料和给排水管材等。

1. 塑料门窗

塑料门窗主要是指由 UPVC 中空异型材，经切割、焊接、拼装修整而成的门窗制品。与传统的钢、木门窗相比，塑料门窗具有美观、耐用、安全、节能等优点。为增强塑料门窗的抗弯强度和刚度，常在异型材的空腔内嵌入型钢而成为复合塑料门窗，又称塑钢门窗。塑料门窗作为一种符合建筑节能要求的新型化学建材，其用量日益增大。

塑料门窗的技术优势如下：

(1) 隔热、隔声性能好。塑料门窗主要由 UPVC 中空异型材拼装而成，门窗的密封性好，且 UPVC 的导热系数较低（0.11～0.025W/(m·K)），故塑料门窗的保温隔热及隔声性能都比较理想。

(2) 防火安全系数较高。UPVC 具有较好的阻燃和自熄性能，防火安全系数较高。

(3) 耐水、耐腐蚀性能强。受潮后不变形和霉腐，化学稳定性好，若有污渍，也可用清洁剂清洗。

(4) 装饰性好。表面无需涂漆，可通过本体着色，模仿各种其他材料的纹理，装饰效果较好。

2. 塑料管材

塑料管材是指采用塑料为原料，经挤出、注塑、焊接等工艺成型的管材和管件。塑料管材具有明显的技术优势和多种类型。与传统金属管材相比，塑料管材重量轻，耐腐蚀性能好，不生锈、不结垢，耐化学腐蚀性好，适于输送具有腐蚀性的液体和气体。管壁光滑，流体阻力小，相同条件下输水能耗是铸铁管的50%，输送效率高。

塑料管材按材质分为 UPVC 管、PE 管、PP 管、ABS 管，以及不同塑料复合或塑料与金属复合(如铝塑复合)管。按塑料管的可挠性分为塑料硬管和可挠管(如波纹管)。

塑料管材是目前建筑塑料制品中用量最大的品种，占建筑塑料产量的40%以上，可根据具体的使用环境选用。常用的塑料管材如下：

(1) 硬质聚氯乙烯(UPVC)管：PVC 具有较大的极性、刚性和自熄性能，但也存在热稳定性欠佳，受冲击易脆裂的缺点。UPVC 管是未加或加少量增塑剂的 PVC 管，具有良好的耐热性和抗冲击性能，适用于给水、排水、供气和电缆套管等。UPVC 管使用温度不宜超过 60℃，不能作为热水管道。

(2) 聚乙烯(PE)管：以 PE 为主要原料，加入抗氧化剂及着色剂等制成。具有质轻、韧性好、无毒、耐腐蚀、低温性能较好等特点，用做给水管道时，冬季不易冻裂。广泛用于工业与民用建筑的上、下水管道，天然气管道，工业耐腐蚀管道等。经改性制得的交联聚乙烯(PEX)管，其耐压、耐腐、耐热等性能进一步提高。

(3) 聚丙烯(PP)管：以丙烯-乙烯共聚物为原料，加入稳定剂，经挤出成型而成。比 PE 管还轻，且强度高、耐化学腐蚀性能好。耐热性比 PVC、PE 好，在 100~120℃温度下仍保持一定机械强度，适于用做热水管。新近开发的改性无规共聚 PP-R 塑料，其强度、耐热、卫生等各项性能更佳。

(4) ABS 管：综合丙烯腈、丁二烯和苯乙烯三者的特点，具有优良的韧性、坚固性和耐腐蚀性，是理想的下水、排污、放空管道。

(5) 铝塑复合管：复合了多层材料，中间层是薄壁铝管骨架，内外层是 PE 塑料，塑料与铝合金间采用亲和热熔助剂，通过高温高压的复合工艺制成。具有复合的致密性、极强的复合力，集金属与非金属的特点于一体，其综合性能优于其他塑料管道。

3. 塑料贴面装饰板

以三聚氰胺甲醛树脂(MF)渍过的印有各种色彩、图案的纸作为面层，以酚醛树脂(PF)浸过的牛皮纸为里层，经干燥后叠合在一起热压而成。表面光滑或略有凹凸，极易清洗，用于板材表面装饰，可节约优质木材。塑料贴面厚度很薄(在0.8~1.5mm)，通常不能单独使用，必须粘贴在基材上，才能获得装饰效果。常用的基材有胶合板、刨花板、纤维板等。

4. 铝塑板

铝塑板是由经过表面处理并用涂层烤漆的铝合金板材作为表面，PE 塑料作为芯层，高分子黏结膜经过一系列工艺加工复合而成的新型材料。它既保留了原组成材料(铝合金板、非金属聚乙烯塑料)的主要特性，又克服了原组成材料的不足，进而获得了众多优异的材料性质。产品具有艳丽多彩的装饰性、耐候、耐蚀、耐撞击、防火、防潮、隔音、隔热、抗震性、质轻、易加工成型、易搬运安装等特性。

5. PVC 装饰板

以 PVC 为基料，加入稳定剂、增塑剂、填料和着色剂等，经捏和、混炼、拉片、切粒、挤压或压铸而成。按配料中掺与不掺增塑剂可分为软、硬两种产品。硬 PVC 塑料机械强度较高、抗老化性好，并易熔接及黏合。但使用温度低（60℃以下）、线膨胀系数大、成型加工性差。软 PVC 质柔软耐摩擦和挠曲、弹性好、耐寒性好。破裂时延伸率较高，抗弯强度及冲击韧性均比硬 PVC 低，使用温度在$-15 \sim 55℃$。

PVC 装饰板表面光滑、色泽鲜艳、防水和耐腐蚀，适用于室内装修、家具台面的装饰和铺设等。

6. 塑料壁纸

塑料壁纸是以纸为基层，PVC 薄膜为面层，经复合印花、压花等工序而制成的壁纸。可分为普通壁纸、发泡壁纸和特种壁纸三类。

(1) 普通壁纸：又称纸基涂塑壁纸，以 $800g/m^2$ 的纸为基材，涂以 PVC 糊状树脂，经印花、压花而成。普通壁纸有单色压花壁纸、印花压花壁纸、有光印花壁纸和平光印花壁纸。这种壁纸花色多、适用面广、价格低廉，广泛用于一般住宅、公共建筑的内墙、柱面和顶棚的装饰。

(2) 发泡壁纸：又称浮雕壁纸，以 $100g/m^2$ 的纸为基材，涂塑掺有发泡剂的 PVC 糊状物，印花后经加热发泡而成。发泡壁纸表面呈凹凸花纹，是一种装饰、吸声、隔热多功能的壁纸，常用于影剧院、会议室、讲演厅和住宅天花板等处的装饰。

(3) 特种壁纸：以特种纤维为基层或对基层、面层做特殊处理而成。用于有特殊要求场合，如以玻璃纤维毡为基材的耐水壁纸可用于卫生间、浴室等墙面装饰；以石棉纸为基材并掺入阻燃剂的防火壁纸可用于防火要求高的建筑装饰。此外，还有防菌壁纸、防霉壁纸、吸湿壁纸、防静电壁纸和吸味壁纸等。

11.3 胶 黏 剂

胶黏剂是一种能在两种物体的表面间形成薄膜，并能将它们紧紧黏结在一起的材料，又称黏结剂或黏合剂。胶黏剂在土木工程中主要用于室内装修、预制构件组装、室内设备安装等，此外，还可用于混凝土裂缝和破损的修补加固工程，已成为土木工程材料中不可缺少的组成部分。

11.3.1 胶黏剂的组成和分类

1. 胶黏剂的组成

胶黏剂由黏结物质、固化剂、增塑剂、稀释剂及填料等配制而成。其黏结性能取决于黏结料的特性，不同种类的胶黏剂，黏结强度和适用条件不尽相同。

对胶黏剂的基本要求是：具有足够的流动性，能充分浸润被黏物表面，黏结强度高，胀缩变形小，易于调节其黏结性和硬化速度，不易老化失效。

各组分的作用及常用原料见表 11-5。

表 11-5 胶黏剂的组成及常用原料

组成	作用	常用原料
黏结物质	产生胶结强度、耐热性、韧性、耐介质性等	热固性树脂、热塑性树脂和合成橡胶类等
固化剂	促使黏结物质的化学反应，加速固化或硫化	胺类或酸酐类
增塑剂	提高胶层的柔韧性，提高抗剥离、抗冲击能力	邻苯二丁酯、邻苯二甲酸二辛酯
稀释剂	降低黏度，改善施工性能，增加浸润能力	丙酮、甲乙酮、乙酸乙酯、苯、甲苯和酒精等
填料	增加强度，提高耐热性，减少收缩，降低成本	石棉粉、铝粉、磁性铁粉、石英粉和滑石粉等

2. 胶黏剂的分类

胶黏剂的分类方法很多，常用的有以下几种。

(1) 按黏结料性质可分为有机胶黏剂和无机胶黏剂两大类，其中有机类中又可再分为天然有机类和人工合成有机类，具体分类见图 11-1。

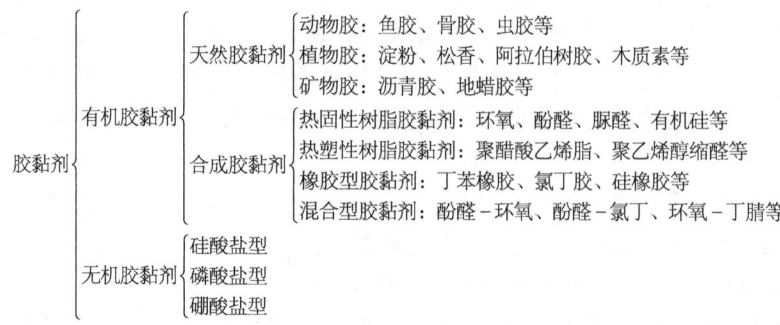

图 11-1 胶黏剂分类

(2) 按用途可分为结构胶黏剂、非结构胶黏剂和特种用途胶黏剂。结构胶黏剂的胶结强度较高，与被胶结物本身的材料强度相当，同时对耐油、耐热和耐水性等都有较高要求，常用的是环氧树脂胶黏剂。非结构胶黏剂要求有一定的强度，但不能承受较大的力，仅起定位作用，如聚醋酸乙烯酯等。

(3) 按所用黏料的不同，可将胶黏剂分为热固型、热塑型、橡胶型和混合型四种类型。

11.3.2 胶黏剂的技术要求

1. 黏结力的来源

人们从不同角度对胶黏剂的黏结机理进行了研究，得出以下几种理论：

1) 机械连接理论

被黏物表面是粗糙的、有些是多孔的，胶黏剂在黏合时不发生化学反应，而是能够渗透到被黏物表面的孔隙中去，硬化后就形成了许多微小的机械联结。黏结力来源于机械力，机械力对黏结强度的贡献与被黏物的表面状态有关。

2) 物理吸附理论

胶黏剂分子和材料分子间存在物理吸附力，即范德华力将材料黏结在一起。虽然范德华力能量较低，但由于原子和分子的数目相当多，所以这种物理吸附作用还是很大的。黏合剂分子与被黏材料表面分子之间在产生物理吸附的同时，还会发生互相扩散。分子相互扩散的结果增加了它们的物理吸附作用。

3) 化学黏结理论

某些胶黏剂分子与被黏物分子表面之间能发生化学反应形成化学键，将被黏物黏结在一起。化学键力结合强度很高，对抵抗破坏环境的侵蚀能力也很强。

2. 胶黏剂的技术要求

建筑胶黏剂应具备下列技术要求：①在室温下或者通过加热、加溶剂或加水而具有适宜的黏度，易流动；②具有良好的浸润性，能充分浸润被黏物的表面，均匀地铺展和填没被黏物表面；③在一定的温度、压力和时间等条件下，可通过物理和化学作用而固化；④足够的强度和较好的其他物理力学性质；⑤无毒环保，甲醛、甲苯、二甲苯等有害物质含量少。

11.3.3 土木工程常用胶黏剂

胶黏剂品种很多，现将常用胶黏剂的性能及用途列于表 11-6 中。

表 11-6 土木工程常用胶黏剂的性能及用途

名称		性能	用途
热塑性树脂胶黏剂	聚醋酸乙烯胶黏剂	黏合力强，无毒、无味、快干、耐油、施工简易、安全。价格较贵，耐水性、耐热性差，易蠕变	黏结墙纸、水泥增强剂、防水涂料、木材黏结剂
	聚乙烯醇缩甲醛胶黏剂	较高的黏结强度和较好的耐水、耐老化性，还能和水泥复合使用	可用来胶结塑料壁纸、墙布、瓷砖等，常用的有 107 胶、801 胶等
	丙烯酸酯胶黏剂	黏结强度高，成膜性好，快速固化，抗腐蚀性、耐老化等性能优良	用于金属和非金属的黏结
热固性树脂胶黏剂	环氧树脂胶黏剂	黏合力强，收缩小、化学稳定性好、耐热、电绝缘、柔软，适用于水中作业和耐酸碱场合	广泛用于金属、非金属及建筑物的修补，有万能胶之称，常见有 501 胶、502 胶
	酚醛树脂(PF)胶黏剂	黏附性、耐热性、耐水性好 缺点是胶层较脆	改性后可广泛用于金属、木材、塑料、等材料的黏结
	聚氨酯胶黏剂	黏合力强，胶膜柔软，耐溶剂、耐油、耐热性、耐水性好，能在室温固化	黏结木材、塑料、皮革、玻璃、金属等
合成橡胶胶黏剂	氯丁橡胶胶黏剂	弹性高、柔软性好、耐热性、耐燃性、耐油性和耐候性均较好。固化速度快	用于金属和非金属的黏结，常用于水泥砂浆墙面或地面上粘贴橡胶和塑料制品
	丁腈橡胶胶黏剂	黏合力强，耐溶剂、耐油性好，不易剥离	适合于耐油、防腐部件的黏结或涂层

1. 瓷砖、大理石类胶黏剂

具有黏结强度高、防水性好，还具有耐水、耐化学侵蚀、操作方便、价格低等特点，适用于大理石、花岗岩、陶瓷锦砖等与水泥基层的黏结。主要用于厨房、卫生间等长期受水浸泡或其他化学侵蚀部位的装饰施工。常用品种有 AH-93 大理石胶黏剂、SG-8407 内墙瓷砖胶黏剂、TAM 型通用瓷砖胶黏剂、TAS 型高强耐水瓷砖胶黏剂和 TAG 型瓷砖勾缝剂等。

2. 塑料管材胶黏剂

(1) 硬质 PVC 管 816 胶黏剂：具有黏结强度高，耐湿热性、抗冻性、耐介质性好，干燥速度快，施工方便，价格便宜等特点。

(2) 硬质 PVC 管 901 胶黏剂：具有较好的黏结能力和防霉、防潮性能，适用于黏结各种硬质塑料管材、板材。

(3) 聚乙烯烃基塑料 ME 型热熔胶：以 EVA（乙烯-醋酸乙烯共聚物）为主体的单组分胶，具有耐酸、耐碱、耐老化、固化快、强度高等特点。主要用于 PP、PE 管材、板材的黏结。

(4) 玻璃钢管道修补胶：主要用于玻璃钢管道裂纹、漏洞的快速修补，耐油、耐水性好。

3. 玻璃、有机玻璃专用胶黏剂

(1) AE 丙烯酸酯胶：无色透明的黏稠液体，能在室温下快速固化，无毒性。
(2) 聚乙烯醇缩丁醛胶黏剂：耐水、耐腐蚀、黏结力强，且透明度高、耐老化、耐冲击。
(3) WH-2 型胶黏剂：无色透明胶状液体，耐水、耐油、耐碱、耐弱酸、耐盐雾腐蚀等。
(4) 506 胶黏剂：具有耐酒精、汽油、海水、耐腐蚀、耐磨耗等优点。

11.4 涂　　料

涂料是指涂敷于物体表面，能与基体材料很好黏结，并形成完整而坚韧保护膜的材料。按照组成不同，可用于建筑装饰、防水及防火等不同工程。

早期的涂料是以天然植物油脂、天然树脂如亚麻子油、桐油、松香、生漆等为主要原料，通称油漆。如今随着合成技术的发展，合成树脂已在很大范围内取代天然树脂，我国已正式命名为涂料，油漆仅指其中的油性涂料。现在通常将以合成树脂（包括高分子材料）为主要成膜物质的称为涂料，而将以天然油脂、树脂为主要成膜物质或经合成树脂改性的称为油漆。

建筑涂料是指用于建筑物或构筑物起装饰作用、保护作用及其他特殊功能作用的一类涂料。用于建筑物及构筑物表面的建筑涂料色彩鲜艳、造型丰富、质感与装饰效果好，品种多样，可满足各种不同需求。此外，还具有省工省料、造价低、自重轻、适应性强、维修更新方便等优点，在建筑、地下空间、桥梁等工程的表面装饰中应用广泛。

11.4.1　涂料的组成和分类

1. 基本组成

涂料由主要成膜物质、次要成膜物质和辅助物质（稀释剂和助剂等）组成。主要成膜物质包括基料、胶黏剂和固着剂，有机涂料中的主要成膜物质为各种油脂和树脂，起到黏结作用，附着在基层表面形成连续均匀、坚韧的保护膜。基料的性质直接决定涂膜的硬度、柔性、耐水性和耐腐蚀性等，同时决定涂料的施工性质及涂料的使用范围。对基料的基本要求是：常温下能固化成膜，有较好的耐碱性、耐水性、耐候性，资源丰富，价格低廉。次要成膜物质包括颜料和填料，以微细粉状均匀分散于涂料介质中，是构成涂膜的组成部分，但不能单独成膜。挥发物质，又称稀释剂、溶剂，是溶剂型涂料的重要组成部分，既能溶解油料、树脂，又易于挥发，使树脂成膜。各组分的作用及常用原料见表 11-7。

2. 建筑涂料的分类

建筑涂料的品种多，适用范围广，分类方法不尽相同。按主要成膜物质的化学成分可分为有机涂料、无机涂料和复合涂料三大类，有机涂料按使用的稀释液不同分为溶剂型、水溶性和乳胶涂料三种。按使用部位可分为墙面涂料、地面涂料、顶棚涂料和屋面涂料。按使用功能可分为防火涂料、防水涂料、防霉涂料和防雾涂料等。按涂层结构可分为薄涂料、厚涂料和复层涂料。

表 11-7 涂料各组成部分的作用及常用原料

组成		作用	原料
主要成膜物质	油脂	形成涂膜，提高坚韧性、耐磨性、耐候性及化学稳定性	动物油：鲨鱼肝油、牛油等；　植物油：桐油、豆油、蓖麻油等
	树脂		天然树脂：虫胶、松香等；合成树脂：酚醛、醇酸、氨基酸、有机硅等
次要成膜物质	颜料	赋予涂膜色彩、质感，提高遮盖力，提高强度、抗老化性、耐候性等	无机颜料：钛白、铬黄、铁蓝、炭黑等；有机颜料：甲苯胺红、酞菁蓝等；防锈颜料：红丹、锌铬黄等
	填料		清石粉、碳酸钙、硫酸钡等
挥发物质	稀释剂	降低黏度，改善施工性能，改善与基面的黏结能力	石油溶剂、苯、松节油、乙醇、水等
辅助成膜物质	助剂	改善涂料的某些性能	增韧剂、催干剂、固化剂、乳化剂、稳定剂等

11.4.2 建筑涂料的功能和技术要求

1. 建筑涂料的功能

建筑涂料具有保护、装饰建筑物及改善建筑构件的功能。建筑涂料的防锈性、耐水性、防腐蚀、耐候性等，可提高建筑构件表面抵抗日光、大气、水分及有害介质侵蚀的能力。建筑涂料赋予建筑物以色彩、光泽、花纹、美术图案或立体感，美化建筑物外观，改善人居环境。具有特殊的功能，如具有阻燃防火、防水、隔热保温、防止结露、防霉、杀虫防蛀和夜光标志等可改善建筑构件的功能。

2. 建筑涂料的技术要求

建筑涂料的一般技术要求包括以下几个：

(1)遮盖。反映涂料对基层颜色的遮盖能力，把涂料均匀地涂刷在物体表面上，使其底色不再呈现的最小用量。通常用能使规定的黑白格遮盖所需的涂料量表示，需要量越多，遮盖力越小。遮盖力的大小与涂料中颜料的着色力及含量有关。

(2)涂膜附着力。表征涂料与基层的黏结力。通常用划格法测定，即在涂料表面用特殊的划刀划出 100 个方格，切口穿透整个涂膜，然后用软毛刷沿格子对角线方向前后各刷 5 次，检查掉下小方格的数目。附着力的大小与涂料中成膜物质的性质及基层的性质和处理方法有关。

(3)黏度。黏度的大小影响施工性能，不同的施工方法要求涂料有不同的黏度。黏度主要取决于涂料内的固体成分，即成膜物质和填料的性质及含量。

(4)细度。细度的大小影响涂膜表面平整性和光泽。用刮板细度计测定，用微米数表示。

3. 建筑涂料的特殊性能要求

1)耐污染性

耐污染性对于外墙涂料特别重要。采用白度受污损失百分数表示，用1∶1的粉煤灰水反复污染涂层一定的次数后，其白度损失率越小，则耐污染性越好。

2)耐久性

耐久性包括以下三方面的内容：

(1)耐冻融性。外墙涂料的涂层表面毛细管内吸收水分，在冬季可能发生冻融破坏，使涂层脱落、开裂或起泡。耐冻融性是使涂层经 20℃、23℃和 50℃处理，各 3h 为一次冻融循环，经多次循环后不出现涂层开裂或脱落，循环的次数越多，则耐冻融性越好。

(2) 耐洗刷性。表示外墙涂料受雨水冲刷时的性能。用浸过皂水的棕毛刷反复刷一定重量的涂层，外墙涂料经刷擦的次数要求达到 1000 次以上。

(3) 耐老化性。涂膜受大气中光、热、臭氧等因素的作用会发生分子的降解或交联，使涂层发黏或变脆，失去原有强度和柔性，从而造成涂层开裂、脱落、粉化。老化也包括涂层的变色、褪色。耐老化性通常用氙灯老化仪人工加速老化法测定。在一定光照强度、温湿度条件下处理一定时间后检查涂层有无起泡、剥落、裂纹、粉化和变色等现象。

3) 耐碱性

建筑涂料大多以水泥、混凝土、含石灰抹灰材料等碱性材料为装饰对象。耐碱性差的涂料受碱性的影响会使涂层剥离脱落，或变色、褪色。耐碱性的测定方法是把涂层浸入氢氧化钙饱和溶液中一定时间后，检查有无起泡、皱褶、剥落、变色或光泽消失等现象。

4) 最低成膜温度

涂料形成涂膜只有在某一最低温度以上时才能实现，这一最低的温度为最低成膜温度。建筑涂料只有在高于这一温度的条件下才能施工。一般乳液型涂料的最低成膜温度都在 10℃以上。

11.4.3 常用建筑涂料

1. 外墙涂料

外墙涂料的主要功能是装饰和保护建筑物的外墙面，使建筑物外貌整洁美观，从而达到美化城市环境的目的。同时能够起到保护建筑物外墙的作用，延长其使用的时间。

1) 外墙涂料的特点

为获得良好的装饰与保护效果，外墙涂料一般应具有以下特点：①色彩丰富，保护性好，能长时间保持良好的装饰性能；②外墙面暴露于大气中，经常受到雨水冲刷，应有很好的耐水性；③耐沾污性好，不易沾污大气中的灰尘及其他物质，或沾污后易清除；④耐候性良好，经受日光、雨水、风沙和冷热变化等作用，在规定的年限内不发生破坏；⑤施工及维修容易，建筑物外墙面积很大，要求施工操作简便，为保持良好的装饰效果，要求重涂施工容易。

2) 常用的外墙涂料

常用的外墙涂料主要有溶剂型外墙涂料、合成树脂乳液外墙涂料、复层建筑涂料和无机外墙涂料等。

(1) 溶剂型外墙涂料：以合成树脂溶液为主要成膜物质，有机溶剂为稀释剂，加入适量的颜料、填料及助剂，经混合溶解、研磨后配制而成。具有较好的硬度、光泽、耐水性、耐酸碱性及良好的耐候性、耐污染性等特点。目前使用较多的有丙烯酸酯外墙涂料和聚氨酯系外墙涂料。

(2) 合成树脂乳液外墙涂料：以水为分散介质，以高分子合成树脂乳液为主要成膜物质的乳液型外墙涂料。涂料中不含有机溶剂，不会对环境造成污染，施工方便，透气性好，耐候性好。常用的有乙丙乳液涂料、苯丙乳液涂料和聚丙烯酸酯乳液涂料等。

(3) 复层建筑涂料：也称凹凸花纹涂料或浮雕涂料、喷塑涂料，由底涂层、主涂层和罩面层三部分组成。按主涂层主要成膜物质的不同，可分为聚合物水泥系复层涂料(CE)、硅酸盐系复层涂料(Si)、合成树脂乳液系复层涂料(E)、反应固化型合成树脂乳液系复层涂料(RE)四大类。

(4) 无机外墙涂料：以碱金属硅酸盐或硅溶胶为主要成膜物质，加入填料、颜料、助剂等配制而成，主要成膜物质有碱金属硅酸盐和硅溶胶。这种涂料广泛用于各类外墙装饰，也可用于内墙和顶棚等的装饰。

2. 内墙涂料

内墙涂料的主要功能是装饰及保护室内墙面，使其美观整洁，让人们处于优越的居住环境之中。

1) 内墙涂料的特点

为了获得良好的装饰效果，内墙涂料应具有以下特点：①颜色一般应浅淡、明亮，内墙涂层与人们的距离比外墙涂层近，要求涂层质地平滑、细洁，色彩调和；②墙面基层常有碱性，涂料的耐碱性应良好，室内湿度一般比室外高，同时为清洁内墙，涂层常要与水接触，要求涂料具有一定的耐水性及耐刷洗性；③透气性好，室内常有水汽，透气性不好的墙面易结露，使人们居住有不舒服感；④为保持优雅的居住环境，内墙面翻修次数较多，要求涂刷施工方便。

2) 常用的内墙涂料

(1) 溶剂型内墙涂料：与溶剂型外墙涂料基本相同。光洁度好，易冲洗，耐久性好。但透气性差，易结露，施工时有大量溶剂挥发。较少用于住宅内墙，可用于厅堂、走廊等。常用的有过氯乙烯墙面涂料、聚乙烯醇缩丁醛墙面涂料、氯化橡胶墙面涂料、丙烯酸酯墙面涂料、聚氨酯系墙面涂料等。

(2) 水溶性内墙涂料：以水溶液性化合物为基料，加入一定量的填料、颜料和助剂，经过研磨、分散后而成。《室内装饰装修材料 内墙涂料中有害物质限量》(GB 18582—2008)对水溶性内墙涂料中有害物质含量做了严格的限制，规定苯、甲苯、乙苯、二甲苯含量总和不超过300mg/kg，游离甲醛含量不超过100mg/kg，挥发性有机化合物(VOC)的含量不超过12 0g/L。可分为Ⅰ类和Ⅱ类。其中Ⅰ类用于涂刷浴室、厨房内墙，Ⅱ类用于涂刷建筑物内的一般墙面。常用的有聚乙烯醇水玻璃内墙涂料、聚乙烯醇缩甲醛内墙涂料等。

(3) 合成树脂乳液内墙涂料：又称乳胶漆，以合成树脂乳液为成膜物质的薄型内墙涂料。施工时有无机溶剂析出，可防止火灾。透气性好，可避免涂膜内外湿度差而鼓泡。目前，常用的品种有苯丙乳胶漆、乙丙乳胶漆和聚醋酸乙烯乳胶涂料等。

(4) 其他内墙涂料：主要有多彩涂料、幻彩涂料、彩砂涂料、仿瓷涂料和天然真石漆等。

多彩涂料是一种新颖的内墙涂料，它由水、油两相组成，其特点是涂层色泽优雅，富有立体感，装饰效果好；涂膜质地较厚，具有弹性，类似壁纸，整体性好；涂膜耐油、耐水、耐腐、耐涂刷、耐久性好。多彩涂料经一次喷涂即可获得具有多种色彩的立体涂膜。适用于建筑物内墙和顶棚水泥、混凝土、砂浆、石膏板、木材、钢、铝等多种基面的装饰。

幻彩涂料是用特种树脂乳液和有机、无机颜料制成的水性涂料。具有无毒、无味、无接缝、不起皮等优点，并具有优良的耐水性、耐碱性和耐洗刷性，主要用于办公、住宅、宾馆、商店、会议室等的内墙、顶棚等的装饰。是目前较为流行的一种装饰性内墙高档涂料。

彩砂涂料由合成树脂乳液、彩色石英砂、着色颜料及各种助剂组成。这种涂料无毒、不燃、附着力强，保色性及耐候性好，耐水性、耐酸碱腐蚀性也较好。彩砂涂料的立体感较强，色彩丰富，适用于各种场所的室内外墙面装饰。

仿瓷涂料又称瓷釉涂料，是一种质感与装饰效果酷似陶瓷釉面层的装饰涂料。可用于公共建筑内墙、住宅内墙、厨房、卫生间等处，还可用于电器、机械及家具的表面防腐与装饰。

天然真石漆是以天然石材为原料，经特殊加工而成的高级水溶性涂料。具有阻燃、防水、环保等特点，基层可以是混凝土、砂浆、石膏板、木材、玻璃、胶合板等。以防潮底漆和防水保护膜为配套产品，天然真石漆在室内外装饰、工艺美术、城市雕塑上有广泛的使用前景。

3. 地面涂料

1）地面涂料的特点

地面涂料的主要功能是装饰与保护室内地面，使地面清洁美观，与室内墙面及其他装饰相适应，让居住者处于优雅和谐的环境中。地面涂料要求具有良好的耐磨性、耐碱性、耐水性和抗冲击性，同时施工方便，重涂容易，价格便宜。

2）常用的地面涂料

（1）过氯乙烯地面涂料：干燥快，耐水性、耐磨性、耐化学腐蚀性、重涂性好，施工方便。室内施工时注意通风、防火、防毒，要求基层含水不大于 8%。

（2）聚氨酯弹性地面涂料：涂层有弹性，步感舒服，与地面黏结力强，耐磨、耐油、耐水、耐酸、耐碱。色彩丰富，重涂性好。但施工较复杂，施工中应注意通风、防毒，价格较贵。

（3）环氧树脂厚质地面涂料：涂层坚硬、耐磨，有韧性，有良好的耐化学腐蚀性，耐油、耐水。黏结力强，耐久性好，可涂刷成各种图案。施工较复杂，注意通风、防火，要求地面含水率不大于 8%。

（4）聚合物-水泥地面涂料：由水溶性树脂或聚合物乳液与水泥组成的有机-无机复合涂料。涂层坚硬、耐磨、耐腐蚀、耐水。

4. 油漆涂料

1）油漆涂料的特点

油漆涂料简称油漆，分为天然漆和人工合成漆两大类。天然漆性能好，但产量有限，施工较麻烦，工程中常采用人工合成漆。

2）常用的油漆涂料

（1）天然漆：包括生漆和熟漆两种。生漆由漆树取得的液汁，以部分脱水、过滤而得。漆膜坚硬，黏合力强，耐磨、耐久、耐油、耐水、耐腐蚀、绝缘、耐热。但黏度大，不易施工，不耐阳光直射，抗碱性差，有毒，对人体的皮肤有刺激性。熟漆由生漆熬炼而成，或经改性制成各种精制漆。漆膜坚韧，装饰性好，耐水、耐热、耐候、耐腐蚀性好。

（2）调和漆：在熟干油中加入颜料、溶剂和催干剂等调和而成。漆膜遮盖力强，耐晒、耐腐蚀、耐久性好，油漆质地均匀，施工方便。

（3）清漆：包括油质清漆和醇质清漆两种。油质清漆由合成树脂、干性油、溶剂、催干剂等配制而成，具有琥珀色彩，装饰性强。醇质清漆由天然树脂溶于酒精而成，漆膜透亮，易干、耐酸、耐油，施工时可喷、可刷、可烤。耐候性较差。

（4）光漆：硝化纤维素加入天然树脂及溶剂等配制而成，漆膜干燥迅速，无色透明，坚硬耐磨，光泽高，可以涂蜡打光，耐烫、耐水、耐候、耐久性好，属高级油漆。

（5）磁漆：由油质清漆加入无机颜料配制而成，漆膜坚硬、平滑、光亮，附着力强，干燥快。

(6) 喷漆：由硝化纤维、合成树脂、颜料、溶剂、增塑剂等配制而成，漆膜干燥快，光亮平滑，坚硬耐久，色泽鲜艳。可采用机械喷涂。

(7) 防锈漆：采用精炼的桐油、亚麻仁油等加入装饰性颜料(红丹、黄丹等)配制而成。红丹漆对钢铁的防锈效果最好，是工程中使用最广泛的防锈底漆；黄丹漆能抵抗海水的侵蚀作用。

复习思考题

1. 有机高分子材料与其他建筑材料相比有何特点？
2. 与传统材料相比，建筑塑料有何优缺点？
3. 常用的建筑塑料制品有哪些？
4. 何谓热塑性塑料？何谓热固性塑性？各有何特点？
5. 外墙涂料应具有哪些特性？为什么内墙涂料不能用于外墙？
6. 建筑上常用的胶黏剂有哪几种？简述其使用特点。
7. 试述涂料的组成成分及它们所起的作用。
8. 简述内墙涂料与外墙涂料在功能与性能特点上的异同。

第 12 章　沥青与防水材料

　　结构防水是土木工程，包括房屋、市政、隧道与地下等诸多结构使用功能中的一项最基本的要求。防水材料是土木工程结构内部空间免受雨水、地下水与其他水分侵蚀、渗透的重要材料，在建筑、公路、桥梁、水利等土木工程中有着广泛的应用，是土木工程中不可缺少的材料之一。

　　防水材料具有防潮、防渗、防漏的功能，同时，防水材料还应具有良好的变形性能和耐老化性能，具有与基材协同工作的能力。防水材料的性能和质量及施工质量的好坏对建筑物防水功能起着决定性的作用，直接影响建筑物的装饰效果、使用功能、使用寿命及人们的居住环境、卫生条件等。

　　防水材料根据变形性能分为刚性防水材料和柔性防水材料两类。刚性防水材料主要包括各类防水剂和防水堵漏材料(无机防水堵漏材料、堵漏剂、止水条和注浆材料)；柔性防水材料主要由沥青和合成高分子材料制成，根据材料品种有防水卷材、防水涂料和密封材料三大类。

　　现有工程中所用的防水材料，主要以改性沥青为主。除广泛用于建筑、地下与隧道工程等防水材料外，沥青也大量用于道路工程的路面材料及水工结构的抗渗体。

12.1　沥　　青

　　沥青是一种有机胶结材料，是由一些极其复杂的高分子的碳氢化合物及这些碳氢化合物的一些非金属(氧、硫、氮等)的衍生物所组成的混合物。它能溶于二硫化碳等有机溶剂中；在常温下呈固体、半固体或液体状态；颜色为褐色或黑褐色。

　　沥青材料常分为两大类：地沥青及焦油沥青。

　　地沥青按产源可分为天然沥青和石油沥青。天然沥青是指存在于自然界的天然沥青或从含有沥青的岩石中提炼的产品。我国天然沥青产源较少，故工程应用很少。石油沥青是石油工业的副产品。随着石油工业的飞速发展，石油沥青的产量日益增多，故在工程中应用较广。

　　焦油沥青俗称柏油，是干馏煤、木材、油母页岩、泥炭等有机材料所得的副产品。按干馏的原料不同，焦油沥青可分为煤沥青、木沥青、页岩沥青、泥炭沥青等。其中煤沥青是炼焦或制造煤气的副产品，随着我国钢铁工业的发展，产量增多，应用也日益广泛。

　　页岩沥青按其产源属于焦油沥青类，但其建筑性质与石油沥青相似，故也可将它单独列为一类。但页岩沥青的质量比石油沥青差。

　　沥青材料具有良好的憎水性、黏结性和塑性，能抵抗酸碱侵蚀，抗冲击性能较好。因此沥青材料广泛应用于土木工程的防水、防潮、防腐及道路路面、灌注伸缩缝等。

12.1.1　石油沥青

　　石油沥青按制造工艺不同，可分为直馏沥青、氧化沥青及裂化沥青三种。

　　石油经加热蒸馏，提出汽油、煤油、柴油及润滑油后，所得的残留物称为渣油或直馏沥青。将渣油加热至250~300℃，并吹入空气，使沥青中各种分子缩合成更高的分子，而得黏度较高的产品，称为氧化沥青。为了提高汽油、煤油的产量，采用热裂装置进行化学分裂炼制石油，用此方法所得的残留物称为裂化灌油或裂化沥青。

石油沥青按常温下的黏稠程度分为黏稠石油沥青及液体石油沥青。我国目前主要生产黏稠石油沥青。液体石油沥青一般多在现场自行配制。

1. 石油沥青的组成

石油沥青是由许多分子量不同的碳氢化合物所组成的复杂混合物。通常将这些碳氢化合物，按照其化学成分及物理性质分为组，称为化学组丛。各化学组丛的含量不同，直接影响石油沥青的技术性质。石油沥青的各化学组丛及其特性如下：

(1) 油分：为沥青中分子量最小的黏性液体，比重小于1，含量为40~60%，它使沥青具有流动性。

(2) 沥青脂胶：为沥青中分子量比油分大的黏稠物质，比重稍大于1，其中分子量较低的，易受热熔化而使黏滞性降低；分子量较高的则较难熔化。在石油沥青中沥青脂胶含量为15~30%，其中绝大部分属于中性脂胶，它使沥青具有良好的塑性和黏结性。另有少量(约1%)酸性脂胶，称为地沥青酸及酸酐，是沥青中的表面活性物质，能增强沥青与矿物质材料的黏结力。

(3) 地沥青质：为分子量较大的固体物质，比重大于1，受热时不熔化，含量为10~30%。它能提高沥青的黏滞性和耐热性，但含量增多时将降低沥青的塑性。

(4) 沥青碳和似碳物：为沥青中分子量最大的固体物质，比重大于1，正常沥青中含量不多，约为2%，它们都会降低石油沥青的黏结性。

(5) 固体石蜡：是沥青中的有害成分，一般不列入组丛。

石油沥青是胶体物质，具有复杂的胶体结构，它随着各化学组丛的含量及温度而变化，因此使石油沥青形成了不同类型的胶体结构。这些结构赋予石油沥青各种不同的技术性质。

石油沥青的结构状态，随温度不同而改变。当温度升高时，固体石油沥青中易熔成分逐渐转变为液体，因此使原来的凝胶结构状态逐渐转变为溶胶结构状态。但当温度下降时，它又可以恢复为原来的结构状态。在浇筑或捣实过程中还可以采用振动作用来改变沥青的结构状态。

2. 石油沥青的主要技术性质

1) 防水性

石油沥青是憎水性材料，几乎不溶于水，而且本身构造致密，加之它与矿物材料表面有很好的黏结力，能紧密黏附于矿物材料表面，同时，它还具有一定的塑性，能适应材料或构件的变形，所以石油沥青具有良好的防水性，广泛用于土木工程的防潮、防水材料。

2) 黏滞性

石油沥青的黏滞性是指沥青在外力作用下抵抗变形的性能。

石油沥青的黏滞性与其各化学组丛的含量及胶体结构特征有关。当其中地沥青质含量较多时，黏滞性较大；将石油沥青加热，则黏滞性随之降低。

黏稠石油沥青的黏滞性常用针入度指标来评定。沥青针入度的测定，通常是在25℃的条件下，以重为100g的标准针，经5s插入沥青试样中的深度(1/10mm为1度)来表示。针入度数值较小者，表示黏滞性较高。

液体石油沥青的黏滞性用黏滞度指标来评定。黏滞度用将液体沥青在规定温度(25℃或

60℃)下通过规定孔径(3mm、5mm 或 10mm)流出 50 毫升沥青所需的时间(s)来表示。常以符号 C_t^d 表示黏滞度,其中 d 为孔径(mm),t 为试验时沥青的温度(℃)。黏滞度小,表示液体沥青黏滞性低。

3) 塑性

石油沥青的塑性表示其在外力作用下变形能力的大小。在常温下塑性好的沥青,对裂缝有自行愈合能力,故塑性反映了沥青抵抗开裂和开裂后裂缝的愈合能力。塑性对冲击荷载有缓冲作用,还能减少摩擦噪声,所以沥青是良好的柔性防水材料,也是良好的柔性道路路面材料。

石油沥青的塑性与其化学组丛、温度等因素有关。当组丛中沥青脂胶含量较多时,其塑性较好。温度降低,沥青的塑性将随之降低。

石油沥青的塑性可用延度来评定。将沥青制成∞字形标准试件,在规定温度(25℃)和规定速度(5cm/min)的条件下拉伸,当试件拉断时,被拉伸的长度即为延度,以厘米数来表示。延度数值越大,表示沥青的塑性越好。

4) 耐热性及温度稳定性

耐热性是石油沥青在高温下不软化、不流淌的性能。黏稠沥青的耐热性,通常以软化点表示。软化点是指沥青受热由固态转变为一定流动状态的温度。软化点越高,表示沥青耐热性越高。

软化点一般采用"环球法"测定。即将沥青注入小铜环内,表面放置一个重为 3.5g 的小钢球,以每分钟 5℃的速度加热使沥青软化下垂,当沥青下降到与底板接触时的温度即为软化点。

温度稳定性是表示沥青的黏滞性和塑性随温度升降而不致产生较大变化的性能。温度稳定性越高的石油沥青,其随温度升降而产生的黏滞性和塑性的变化越小,在使用时可以保证沥青夏天不软化、冬天不脆裂。

石油沥青的温度稳定性与其化学组丛及结构特征有关。当地沥青质、沥青碳等含量较多时,其温度稳定性较高。石蜡含量增加,会大大降低沥青的温度稳定性。

5) 大气稳定性

大气稳定性是指石油沥青在热、氧气、阳光等因素的长期综合作用下,性能不显著降低的性质。在上述各因素作用下,石油沥青中各化学组丛将不断转变,首先一部分油分挥发,由于油分、沥青脂胶的含量逐渐减少,地沥青质等固体组丛的含量逐渐增多,而使石油沥青的塑性降低、脆性增加、黏结力减低,这种现象称为石油沥青的"老化"。

石油沥青的大气稳定性,常用蒸发减量试验及残渣针入度试验来评定。即将沥青试样加热到 160℃,经 5h 的蒸发后,用其重量损失的百分数及针入度降低的百分数来表示。如重量损失及针入度降低都小,则表示沥青"老化"较慢,大气稳定性较高。

以上是石油沥青的主要技术性质。针入度、延度和软化点是黏稠石油沥青划分牌号的主要依据。通常称为沥青的三大技术指标。

为了保证质量和安全施工,在鉴定石油沥青品质时,还应当了解石油沥青的下述性质:溶解度,指沥青在有机溶剂中能溶解的有效物质的含量;闪点,指沥青加热时遇火闪火的温度,它是保证安全施工所需的指标;含水量,指沥青中所含水量的百分率。沥青中若含有水分,当加热溶化时,水分形成泡沫,泡沫体积随温度增高而增大,常使沥青溢出熔锅,使材料受到损失,还容易引起火灾。

石油沥青是一种良好的防水材料，憎水性强，又不溶解于水；组织密实，又无毛细管孔隙，所以水不能通过毛细管孔隙进入沥青。但是，水会以扩散的方式进入沥青内部，特别是在沥青与黏结物的界面上更为明显，这是在使用时应注意的问题。

3. 石油沥青的技术标准及应用

石油沥青按用途分为道路石油沥青、建筑石油沥青和普通石油沥青等。在工程中使用的主要是道路石油沥青和建筑石油沥青。

我国道路石油沥青和建筑石油沥青的技术标准见表12-1。

表 12-1 道路石油沥青和建筑石油沥青技术标准

质量指标	道路石油沥青(NB/SH/T 0522—2010)					建筑石油沥青(GB/T 494—2010)		
	200 号	180 号	140 号	100 号	60 号	10 号	30 号	40 号
针入度(25℃,100g,5s)/(1/10mm)	201~300	150~200	110~150	80~110	50~80	10~25	26~35	36~50
针入度(0℃,200g,5s)/(1/10mm,≮)	未要求					3	6	6
延度(25℃,5cm/min)/(cm,≮)	20	100	100	90	70	1.5	2.5	3.5
软化点(环球法)/℃	30~48	35~48	38~51	42~55	45~58	≮95	≮75	≮60
溶解度/%,≮	99.0					99.0		
蜡含量/%,≯	4.5					未要求		
质量变化/%,≯	1.3	1.3	1.3	1.2	1.0	65	65	65
闪点(开口)/℃,不低于	180	200	230			260		

道路石油沥青和建筑石油沥青都根据针入度的大小划分牌号，并以针入度的平均值命名。每一牌号的沥青还应保证相应的延度、软化点、溶解度、蒸发损失、蒸发后针入度比、闪点等。道路石油沥青分为200号、180号、140号、100号、60号五个牌号；建筑石油沥青分为40号、30号、10号三个牌号。在同一品种的石油沥青中，随着牌号减小，针入度和延伸度逐渐减小，而软化点相应提高。所以高牌号的石油沥青容易软化，但塑性良好，质地柔软；而低牌号的石油沥青的性能恰好相反。

为了有效地使用沥青，一般应根据当地的气候条件、工程性质及工程的具体部位，妥善选用沥青的品种和牌号。

道路石油沥青适用于铺筑道路及建筑工程的防水填缝材料或黏结剂。工程上选用沥青时，对于一般温热地区及易受日晒或受热部位，为了防止受热过分软化，应选用牌号较小的沥青。在寒冷地区，夏季受晒冬季受冻部位，不仅要考虑受热软化，还应考虑低温脆裂，故应选用中等牌号沥青。对于一些不易受温度影响的部位，可选用牌号较大的沥青。当缺乏所需要牌号的沥青时，可用不同牌号的沥青互相掺配，也可在牌号较大的道路石油沥青中掺入建筑石油沥青。

建筑石油沥青的主要特点为黏滞性高，耐热性好，所以主要用于屋面工程、制造油毡、油纸或做防水涂料及黏结剂等。

12.1.2 煤沥青

由烟煤炼制焦炭或制取煤气时，从干馏所挥发的物质中可冷凝出一部分黑色黏性液体即为煤焦油。煤焦油继续蒸馏而得到轻油、中油、重油、蒽油和煤沥青。根据蒸馏程度不同分为软煤沥青和硬煤沥青。软煤沥青是蒸馏只进行到一定程度，还保留一部分油分，所得液体或半固体的产品。硬煤沥青是蒸馏出全部油分后所得到的固体残渣。硬煤沥青的脆性大，不能直接应用于工程，需要与蒽油、重油等回配后才能使用。回配后的煤沥青称为合成煤沥青。

煤沥青的主要化学成分为未饱和的碳氢化合物及非金属衍生物的复杂混合物。也可分为油分、脂胶(固体和液体脂胶两种)、游离碳等化学组丛。煤沥青中还含有少量酸碱物质，它们都属于表面活性物质，酸性物质主要是酚，碱性物质为吡啶基和喹啉基类等。

煤沥青与石油沥青的化学组丛不同，所以煤沥青的技术性质有以下特点：

① 煤沥青的大气稳定性较差。这是由于煤沥青中含有较多的未饱和的碳氢化合物，所以容易老化变质，使用寿命较短。

② 煤沥青的温度稳定性较差。这是由于煤沥青中可熔性树脂较多，所以受热容易软化。

③ 煤沥青的塑性较差。这是由于煤沥青中含有较多的游离碳，所以使用时容易开裂。

④ 煤沥青与矿质材料的黏结性较好。这是由于煤沥青含有的酸、碱物质都是表面活性物质。

⑤ 煤沥青有毒性和臭味。这是由于煤沥青中含有酚、蒽油等有毒成分，所以防腐性较好。煤沥青中的酚可溶解于水，对植物及鱼类有害。蒽油的蒸汽和尘粒，可致癌，特别在阳光作用下危害更大，因此施工时应特别注意防护措施。

⑥ 煤沥青比重大于石油沥青，一般为 1.10～1.25。

由上可知，煤沥青的主要技术性质，都比石油沥青差，所以工程中应用较少。但煤沥青的防腐性较好，特别适用于地下防水层或做防腐材料。

石油沥青与煤沥青掺混时，将发生沉渣变质现象而失去胶凝性，故不宜掺混使用。二者简易鉴别方法见表 12-2。

表 12-2　煤沥青与石油沥青简易鉴别方法

鉴别方法	石油沥青	煤沥青
密度法	近似于 1.0g/cm³	大于 1.10g/cm³
锤击法	声哑，有弹性、韧性感	声脆，韧性差
燃烧法	烟无色，基本无刺激性臭味	烟呈黄色，有刺激性臭味
溶液比色法	用 30～50 倍汽油或煤油深解后，将溶液滴于滤纸上，斑点呈棕色	溶解方法同左。斑点有两圈，内黑外棕

12.1.3　沥青的掺配

目前国内生产的沥青品种和牌号，常常不能完全满足各种条件、各类工程的全部技术要求，所以在施工时常采用掺配的方法来调整。在进行掺配时，为了不使掺配后的沥青胶体结构破坏，应选用表面张力相近和化学性质相似的沥青。实践证明同产源的沥青容易保证掺配后的沥青胶体结构的均匀性。所谓同产源是指同属石油沥青，或同属煤沥青(或煤焦油)。

用同一种类的沥青互相掺配比较简单，如果需要将较硬的石油沥青调制成较软的沥青，通常可掺用牌号较大的石油沥青或者用含蜡量较少的重质石油类产品(如重燃料油或重柴油等)，进行调制。当需要提高石油沥青的软化点时，可加入适量牌号小而软化点较高的石油沥青。当两种不同软化点的沥青掺配时，可按下式估算二者的大致比例：

$$Q_1 = \frac{T_2 - T}{T_2 - T_1} \times 100\% \tag{12-1}$$

$$Q_2 = 1 - Q_1 \tag{12-2}$$

式中，Q_1 为较软石油沥青用量，%；Q_2 为较硬石油沥青用量，%；T 为掺配后的石油沥青软化点，℃；T_1 为较软石油沥青软化点，℃；T_2 为较硬石油沥青软化点，℃。

以估算的掺配比例和其邻近的比例(±5%～±10%)进行试配(混合熬制均匀)，测定掺配后沥青的软化点，然后绘制掺配比-软化点关系曲线，即可从曲线上确定出所要求的掺配比例。同样地也可采用针入度指标按上述方法估算及试配。

当沥青过于黏稠影响使用时，可以加入溶剂进行稀释，但必须采用同一产源的油料作稀释剂。如石油沥青应采用汽油、煤油、柴油等石油产品系统的轻质油料作稀释溶剂，而煤沥青则采用煤焦油、重油、蒽油等煤产品系统的油料作稀释溶剂。

但是对同一种类而不同生产方式的沥青，例如，当直馏沥青和氧化沥青互相掺配时，二者比例不一定是直线关系，因此要通过试验求得。选取几组不同比例的掺配沥青，分别测定其针入度(或软化点)，绘制掺配比例与针入度(或软化点)的关系曲线，根据要求的针入度(或软化点)数值，即可在曲线图上确定两种沥青的掺配比例。

为了改善沥青的性能，有时采用两种不同种类的沥青互相掺配，称为混合沥青。

例如，石油沥青和煤沥青互相掺配而成的混合沥青，可以得到较为满意的性能。煤沥青掺入石油沥青后，可以提高石油沥青与矿质材料的黏结性，同时使煤沥青的温度稳定性、大气稳定性及低温塑性等都得到改善。但是这两种沥青由于表面张力及比重不同，如果两种沥青的牌号及配合比选择不当，掺混后常常发生互不溶合或产生沉淀变质的现象。一般认为比重相近的两种沥青，则较易掺配好。例如，黏滞度小的煤沥青与较黏稠的石油沥青比重较为接近，就容易掺配。但掺配比例也有一定限度，如果超过限度，反而产生不良影响，所以掺配比例应通过试验确定，一般石油沥青占 75%～80%，煤沥青占 20%～25%。掺混时还需进行加热并采用高速搅拌等方法，将两种沥青强制混合。

12.1.4 改性石油沥青

建筑中使用的沥青要求其具有以下性能：在低温下应有良好的柔韧性；在高温下要有足够的稳定性；在加工和使用条件下具有抗"老化"能力；应与各种矿物材料和基体表面有较强的黏附力；对构件变形有良好的适应性和耐疲劳性等。但通常石油加工厂生产的沥青不一定能全面满足这些要求，一般只控制了耐热性(软化点)，其他方面就很难达到要求，致使目前沥青防水工程渗漏现象严重，使用寿命短。为此在发展各种高性能新型防水材料的同时，大量采用改性沥青生产防水制品。最早使用的改性材料是各种矿物填料，而近年来以高分子合成材料来改性沥青效果更好，其防水制品有防水卷材、防水涂料和嵌缝油膏等。

1. 矿物填料改性沥青

在沥青中加入一定数量的矿物填充料，可以提高沥青的黏性和耐热性，减小沥青的温度敏感性，同时也减少了沥青的耗用量，主要适用于生产沥青胶。

1)常用矿物填料

矿物填料有粉状和纤维状两种，常用的有滑石粉、石灰石粉、硅藻土、石棉绒和云母粉等。滑石粉的主要化学成分是含水硅酸镁，它亲油性好，易被沥青润湿，可直接混入沥青中，以提高沥青的机械强度和抗老化性能，常用来生产具有耐酸、耐碱、耐热和绝缘性能好的沥青制品。石灰石粉与沥青有较强的物理吸附力和化学吸附力，故是较好的矿物填充料。

硅藻土是软而多孔的轻质材料，易磨成细粉，耐酸性强，是制作轻质、绝热、吸音沥青制品的主要填料。另外，膨胀珍珠岩有类似的性质，也可用做沥青制品的矿物填充料。云母粉具有优良的耐热性、耐酸性、耐碱性和电绝缘性，一般用于屋面防护层时，有反光作用，可降低屋表面温度，反射紫外线，防止老化，延长沥青使用寿命。

石棉绒或石棉粉的主要组成为钠、钙、镁、铁的硅酸盐，呈纤维状，富有弹性，具有耐酸、耐碱和耐热性能，是热和电的不良导体，内部有很多微孔，吸油（沥青）量大，掺入后可提高沥青的抗拉强度和热稳定性。

2) 矿物填充料改性机理

掺入沥青中的矿物填充料，能被沥青包裹而形成稳定的混合物的前提是：沥青能润湿矿物填充料；并且沥青与矿物填充料之间具有较强的吸附力，并不为水所剥离。

一般具有共价键或分子键结合的矿物属憎水性（即亲油性）的材料，如滑石粉等，对沥青的亲和力大于对水的亲和力，故滑石粉颗粒表面所包裹的沥青即使在水中也不会被水所剥离。另外，具有离子键结合的矿物如碳酸盐、硅酸盐、云母等，属亲水性矿物，不亲油。但是，因沥青中含有酸性树脂，它是一种表面活性物质，能够与矿物颗粒表面产生较强的物理吸附作用。如石灰石粉颗粒表面上的钙离子和碳酸根离子对树脂的活性基团有较大的吸附力，还能与沥青酸或环烷酸发生化学反应，形成不溶于水的沥青酸钙或环烷酸钙，从而产生了化学吸附力，故石灰石与沥青也可形成稳定的混合物。

从以上分析可以认为：由于沥青对矿物填充料的润湿和吸附作用，沥青可以单分子状态排列在矿物颗粒（或纤维）表面，形成结合力牢固的沥青薄膜，称为"结构沥青"。结构沥青具有较高的黏性和耐热性等，但是矿物填充料的掺入量要适当，一般掺量为 20%~40%时，可以形成恰当的结构沥青膜层。

2. 树脂改性沥青

用树脂改性沥青，可以改善沥青的耐寒性、耐热性、黏结性和不透气性。在生产卷材、密封材料和防水涂料等产品时均有应用。

由于石油沥青中含芳香性化合物较少，使得树脂和石油沥青的相溶性较差，所以可用的树脂品种较少。常用的树脂有古马隆树脂、聚乙烯、聚丙烯、酚醛树脂及天然松香等。

古马隆树脂呈黏稠液体或固体状，浅黄色至黑色，易溶于氯化烃、酯类、硝基苯等，属热塑性树脂。将沥青加热熔化脱水，在 150~160℃情况下，把古马隆树脂加入熔化的沥青中，并不断搅拌，再把温度升至 185~190℃，保持一定时间，使之充分混合均匀，即得到古马隆树脂改性沥青。树脂掺量约 40%，这种沥青的黏性较大。

将沥青加热熔化脱水再加入高密度聚乙烯，并不断搅拌达 30min，温度保持在 140℃左右，即可得到均匀的聚乙烯树脂改性沥青。用直馏沥青 28%、氧化沥青 39%、聚乙烯树脂 3%、渣油 5%、矿粉填料 25%，可制得具有自黏性的混合物。

此外，用聚丙烯（APP）石油沥青改性做涂层材料，用聚酯无纺布和玻璃纤维做基胎，则可制成具有良好的弹塑性、耐高温性和抗老化性的 APP 改性沥青卷材。用聚氯乙烯改性焦油沥青，可制得耐低温油毡，其特点是具有优良的耐热和耐低温性能，施工最低开卷温度比一般油毡降低 25℃。用煤焦油和聚氯乙烯可制成广泛应用的聚氯乙烯嵌缝油膏。

3. 橡胶改性沥青

橡胶是石油沥青的重要改性材料，它与石油沥青有很好的混溶性，能使沥青兼具橡胶的很多优点。如高温变形性小，低温柔性好，克服了传统纯沥青热淌冷脆的缺点，提高了材料的强度、延伸率和耐老化性。由于橡胶的品种不同，掺入的方法也有差异，所以各种橡胶沥青的性能也不一样。

12.1.5 乳化沥青

乳化沥青是将黏稠沥青加热至流动状态，再经高速离心、搅拌及剪切等机械作用，使沥青形成细小的微粒($2\sim5\mu m$)，且以此状态均匀分散在含有乳化剂和稳定剂的水中，形成水包油(O/W)型沥青乳液。其外观为茶褐色，在常温下具有较好的流动性。

1. 乳化沥青的组成材料

乳化沥青主要由沥青、乳化剂、稳定剂和水等组成。
1)沥青
沥青是乳化沥青组成的主要材料，占 55%～70%，沥青的性质直接决定乳化沥青成膜性能和路用性质。相同油源和工艺的沥青，针入度大者易于形成乳液。沥青酸总量大于 1%的沥青，易于形成乳化沥青。
2)乳化剂
乳化沥青的性质极大程度上依赖乳化剂的性能，是乳化沥青形成的关键材料。它是"两亲性"分子，分子的一部分具有亲水性质，而另一部分具有亲油性质，这两个基团有使互不相溶的沥青与水连接起来的特殊性能。
3)稳定剂
主要采用无机盐类和高分子化合物，用于防止已经分散的沥青乳液在储存期彼此凝聚，以及保证在施工喷洒或拌和的机械作用下有良好的稳定性。
4)水
水是乳化沥青的主要组成部分，在乳化沥青中起着润湿、溶解及化学反应的作用。要求纯净，不含其他杂质。水的用量一般为 30%～70%。

2. 乳化沥青的应用

乳化沥青用于修筑路面，不论是阳离子型乳化沥青或阴离子型乳化沥青，均有两种施工方法。①洒布法，如透层、黏层、表面处治或贯入式沥青碎石路面；②拌和法，如沥青碎石或沥青混合料路面。

各种牌号乳化沥青的用途见表 12-3。

表 12-3 几种牌号乳化沥青的用途

类型	阳离子乳化沥青(C)	阴离子乳化沥青(A)	用途
洒布型(P)	PC-1	PA-1	表面处治或贯入式路面及养护
	PC-2	PA-2	透层油用
	PC-3	PA-3	黏结层用
拌和型(B)	BC-1	BA-1	拌制沥青混凝土或沥青碎石
	BC-2	BA-2	拌制加固土
	BC-3	BA-3	

12.1.6 使用注意事项

沥青材料在储存与运输过程中，要防止砂、土和水分等杂质的混入。目前液体或半固体沥青材料一般均用铁桶装运，固体沥青材料多用竹篓衬纸包装。堆放沥青材料的地方，最好搭棚遮蔽，使沥青不受大气、雨水和阳光等的直接影响。桶装的应直立放置，以免沥青流失。

沥青材料的加热温度不能太高，以满足施工要求最小流动性为宜。加热时间不能过长，一般以不超过 6~8h 为好，以免影响沥青的质量。加热过程中为了排除沥青中的水分，熔化锅中不能装得太满，以免沥青溢出锅外。

沥青材料是易燃物质，在运输、储存和施工中，都应十分注意防火。

煤沥青有毒，在搬运和使用时，必须采用防护措施，严格遵守操作规程，穿戴防护用具，外露皮肤必须涂敷防毒药膏。勿使煤沥青的蒸气或尘粒与皮肤直接接触，以保护工人健康，防止中毒事故。

12.2 防水涂料

防水涂料是将呈黏稠液状态的物质涂布在基体表面，经溶剂或水分挥发，或各组分间的化学变化，形成具有一定弹性的连续薄膜，使基层表面与水隔离，并能抵抗一定的水压力，从而起到防水和防潮作用。

12.2.1 防水涂料的组成和分类

防水涂料是具有防水功能的特殊涂料，在防水结构表面，能形成柔软、耐水、抗裂和富有弹性的防水涂膜，隔绝外部的水分子向基层渗透。在原材料的选择上，主要采用憎水性强、耐水性好的有机高分子材料。常用的主体材料有聚氨酯、氯丁胶、再生胶、SBS 橡胶和沥青及它们的混合物，辅助材料主要有固化剂、增韧剂、增黏剂、防霉剂、填充料、乳化剂、着色剂等。防水涂料的生产工艺和成膜机理与普通建筑涂料基本相同。

防水涂料按成膜物质的不同主要分为沥青类、聚合物改性沥青类和合成高分子类三类；按液态类型分为溶剂型、水乳型和反应型三种。

1. 溶剂型

在这类涂料中，作为主要成膜物质的高分子溶解于有机溶剂中，成为溶液。高分子材料以分子状态存在于溶液(涂料)中。该类涂料的特点如下：

(1)通过溶剂挥发，经过高分子物质分子链接触、搭接等过程而结膜。
(2)涂料干燥快，结膜较薄而致密。
(3)生产工艺较简易，涂料储存稳定性较好。
(4)易燃、易爆、有毒，生产、储运及使用时应注意安全。
(5)由于溶剂挥发，施工时对环境有一定污染。

2. 水乳型

在这类涂料中，作为主要成膜物质的高分子材料以极微小的颗粒(而不是呈分子状态)稳定悬浮(而不是溶解)在水中，成为乳液状涂料。该类涂料的特点如下：

(1)通过水分蒸发，经过固体微粒接近、接触、变形等过程而结膜。

(2) 涂料干燥较慢，一次成膜的致密性比溶剂型涂料低，一般不宜在5℃以下施工。
(3) 储存期一般不超过半年。
(4) 可在稍微潮湿的基层上施工。
(5) 无毒、不燃、生产、储运、使用比较安全；操作简便，不污染环境。
(6) 生产成本较低。

3. 反应型

在这类涂料中，作为主要成膜物质的高分子材料是以预聚物液态形式存在的，多以双组分或单组分构成涂料，几乎不含溶剂。该类涂料的特点如下：

(1) 通过液态的高分子预聚物与相应物质发生化学反应，变成固态物(结膜)。
(2) 可一次结成较厚的涂膜，无收缩，涂膜致密。
(3) 双组分涂料需现场配料准确，搅拌均匀，才能确保质量。
(4) 价格较贵。

不同介质的防水涂料的性能特点见表12-4。

表12-4 溶剂型、水乳型和反应型防水涂料的性能特点

项目	溶剂型防水涂料	水乳型防水涂料	反应性防水涂料
成膜机理	通过溶剂的挥发、高分子材料的分子链接触、缠结等过程成膜	通过水分子的蒸发，乳胶颗粒靠近、接触、变形等过程成膜	通过预聚体与固化剂发生化学反应成膜
干燥速度	干燥快、涂膜薄而致密	干燥较慢，一次成膜的致密性较低	可一次形成致密的较厚的涂膜，几乎无收缩
储存稳定性	储存稳定性较好，应密封储存	储存期一般不宜超过半年	各组分应分开密封存放
安全性	易燃、易爆、有毒，应注意安全使用，注意防火	无毒、不燃，生产使用比较安全	有异味，生产、运输和使用过程中应注意防火
施工情况	施工时应通风良好	施工较安全，操作简单，可在较潮湿的找平层上施工，施工温度不宜低于5℃	按照规定配方配料，搅拌均匀

传统的以沥青为主要成分的防水涂料，受沥青的性能限制，使用寿命较短。目前应用较广的主要是聚合物改性沥青基防水涂料和高分子防水涂料。高分子防水涂料价格较高，但其弹性好、防水效果好，近年来发展迅速。

12.2.2 改性沥青基防水涂料

沥青防水涂料是以沥青为基料，加入稀释剂和改性材料制成的涂料。按稀释剂种类不同，分为溶剂型涂料(如用汽油、煤油、甲苯等溶解沥青配制而成的冷底子油)、水乳型涂料(以水为稀释剂)；按照改性材料品种不同，分为氯丁橡胶沥青涂料(溶剂型或水乳型)、再生橡胶沥青涂料、鱼油改性沥青防水涂料和掺入树脂的沥青涂料等。经改性的沥青防水涂料，比沥青冷底子油的防水性能好、耐化学腐蚀性强、抗冲击韧性高，以及抗裂性、完整性均好。在建筑工程中用于屋面、墙面、沟槽等处有较好的防水、防潮、防腐、抗大气等作用。

目前改性沥青涂料主要有水性沥青基防水涂料、橡胶沥青防水涂料、SBS改性沥青防水涂料。

改性沥青防水涂料按其所能溶的介质类型分为溶剂型和乳液型两类，溶剂型的黏结性较好，但污染环境，对人体有害；乳液型的价格较便宜且使用方便，但黏结性差些。从环境友好的角度，乳液型的防水涂料更容易被人们接受。

1. 水性沥青基防水涂料

水性沥青基防水涂料是以乳化沥青为基料的防水涂料。《路桥用水性沥青基防水涂料》(JT/T 535—2004)规定,按采用的化学乳剂不同,水性沥青基防水涂料分为氯丁胶乳沥青防水涂料(AE-1)和用其他化学乳化剂配制的乳化沥青防水涂料(AE-2)。按其质量又分为Ⅰ型和Ⅱ型。Ⅰ型适用于热拌沥青混凝土路桥面,Ⅱ型适用于沥青玛蹄脂路桥面。

氯丁胶乳防水涂料的特点是成膜性能好,有足够的强度,耐热性能优良,低温柔性好。延伸性好,能充分适应基材变化、耐臭氧、耐老化、抗腐蚀、不透水,是一种低毒安全的防水涂料。除用于路桥面,还适用于各种屋面防水、地下防水、补漏、防腐蚀;也可用于沼气池提高抗渗性和气密性。

2. 橡胶沥青防水涂料

橡胶沥青防水涂料是以沥青为基料,加入改性材料橡胶和稀释剂及其他助剂等而制成的黏稠液体。其中以溶剂(苯、甲苯、汽油等)为稀释剂的称为溶剂型涂料,主要有氯丁橡胶沥青防水涂料和再生橡胶沥青防水涂料。

以水为稀释剂的称水乳型涂料,主要有水乳型再生橡胶沥青防水涂料和阳离子氯丁胶乳沥青防水涂料。这类涂料无有机溶剂挥发,不污染环境,节约大量溶剂,成本低,而且克服了溶剂涂料不能在潮湿基层上直接施工的缺点,因而应用越来越广。

橡胶沥青防水涂料的特点是耐水性强。由于橡胶的加入改善了沥青涂膜的性质,所以在水的长期作用下,涂膜不脱落、不起皮,抗渗性好,抗裂性优异,有较好的弹性和延伸性,尤其是低温下的抗裂性能更好,适用于基层易开裂的屋面防水层。又因其耐化学腐蚀性好,也可作为木材、金属管道等的防腐涂层。

3. SBS改性沥青防水涂料

SBS改性沥青防水涂料有水乳型和溶剂型。水乳型是以石油沥青为基料,添加SBS丁苯热塑性弹性体等高分子材料制成的。该涂料的优点是低温柔韧性好、抗裂性强、黏结性能优良、耐老化性能好,与玻纤布等增强胎体复合,能用于任何复杂的基层,防水性能好,可冷施工,是较为理想的中档防水涂料。

溶剂型是以石油沥青为基料,添加SBS热塑性弹性体做改性剂,配以适量的辅助剂、防老剂等制成的,具有优良的防水性、黏结性、弹性和低温柔性。广泛应用于各种防水防潮工程,如屋面防水、地下及海底设施的防水、防潮工程等。

其他改性沥青防水涂料还有丁苯胶乳沥青防水涂料、再生沥青防水涂料、聚合物复合改性沥青防水涂料等。

12.2.3 合成高分子防水涂料

合成高分子防水涂料是以合成橡胶或合成树脂为主要成膜物质,加入其他辅料配制而成的单组分或多组分防水材料。按其形态分为乳液型、溶剂型和反应型。乳液型的特点是经液状高分子材料中的水分蒸发而成膜;溶剂型的特点是经溶剂挥发而成膜;反应型则是由液状高分子材料作为主剂与固化剂进行固化反应而成膜。合成高分子涂料的品种很多,常见的有硅酮、氯丁橡胶、聚氯乙烯、聚氨酯、丙烯酸酯、丁基橡胶、氯磺化氯乙烯、偏二氯乙烯及它们的混合物等。

1. 硅橡胶防水涂料

硅橡胶防水涂料是以硅橡胶胶乳及其他乳液的复合物为主要基料,掺入无机填料及各种助剂配制而成的乳液型防水涂料。它固化后形成网状结构的高聚物膜层,具有良好的防水、耐候、弹性、耐老化性及耐高温和低温等性能,无毒无味,在干燥的混凝土基层上,渗透深度达0.2~0.3mm,与基层黏结牢固。有机硅涂料含固量高(达50%),因此只需涂刷一道即可,且膜层较厚。其延伸率高,可达700%,故抗裂性很好。这种涂料施工时需做基层表面处理,适当打底,以提高涂料对基层的黏结力。可用于混凝土、砂浆、钢材等表面防水或防腐,也可用于修补工程,用于修补时需涂刷四遍。

2. 聚氨酯(PU)防水涂料

聚氨酯防水涂料是由含异氰酸基(—NCO)的聚氨酯预聚物(甲组分)和由含多羟基(—HO)或氨基(—NH$_2$)的固化剂及填充料、增韧剂、防霉剂和稀释剂(乙组分)按一定比例混合所形成的一种反应型涂膜防水涂料。甲、乙两组分按一定比例配合拌匀涂于基层后,在常温下即能交联固化,形成具有柔韧性、富有弹性、耐水、抗裂的整体防水厚质涂层。

《聚氨酯防水涂料》(GB/T 19250—2013)将聚氨酯防水涂料分为单组分型和双组分型,又进一步按拉伸强度分为Ⅰ型和Ⅱ型,它们的拉伸强度分别不低于1.90MPa和2.45MPa,断裂伸长率不低于450%。单组分Ⅰ型的断裂伸长率则不低于550%。Ⅰ型和Ⅱ型聚氨酯防水涂层的撕裂强度分别不低于12N/mm和14N/mm。聚氨酯防水涂料使用温度范围宽,为-30~80℃。耐久性好,当涂膜厚为1.5~2.0mm时,耐用年限在10年以上。聚氨酯涂料对材料具有良好的附着力(与潮湿基面黏结强度不低于0.5MPa),因此与各种基材如混凝土、砖、岩石、木材、金属、玻璃及橡胶等均能黏结牢固,且施工操作较简便。

聚氨酯防水涂膜固化时无体积收缩,它具有优异的耐候、耐油、耐臭氧、不燃烧等特性,是目前世界各国最常用的一种树脂基防水涂料,它可在任何复杂的基层表面施工,适用于各种基层的屋面、地下建筑、水池、浴室、卫生间等工程的防水。其缺点是不易维修,完全固化前变形能力较差,施工中易受损伤。

3. 丙烯酸酯防水涂料

丙烯酸酯防水涂料是以丙烯酸酯共聚乳液为基料配制成的水乳型单组分料,其涂膜具有一定的柔韧性和耐候性。

丙烯酸酯防水涂料的最大优点是具有优良的耐候性、耐热性和耐紫外线性。在-30~80℃内性能基本无变化。延伸性能好,延伸率可达250%。一般为白色,故易配制成多种颜色的防水涂料,使防水层兼有装饰和隔热效果。适用于各类建筑防水工程,也可做防水层的维修或保护层。缺点是易沾灰,耐水性不足。

4. 聚合物水泥类防水涂料

聚合物水泥类防水涂料也称JS复合防水涂料,是近年来发展较快、应用广泛的新型建筑防水涂料。它是由有机液体料(如聚丙烯酸酯、聚醋酸乙烯乳液及各种添加剂组成)和无机粉料(如高铝高铁水泥、石英粉及各种添加剂组成)复合而成的双组分防水涂料,是一种既有有机材料弹性高又有无机材料耐久性好等优点的新型防水材料。聚合物水泥类防水涂料的技术指标要求应满足《聚合物水泥防水涂料》(GB/T 23445—2009)。

JS复合防水涂料相对于单纯的高分子涂料,具有以下特点:

(1)涂料与基面的亲和性提高。防水层的基面一般为水泥基，水泥与高分子乳液都是易黏结材料，对基面的适应性大大提高，可在潮湿的多种材质的基面上直接施工。

(2)聚合物弥补了水泥结晶过程中产生的各种孔隙，提高了水泥砂浆的防水性能，涂层致密。

(3)水泥的加入，涂膜的弯折柔性略有下降，但刚性明显增加，涂层坚韧高强，耐水性、耐久性优异。

(4)抗紫外线性能、耐候性能、抗老化性能良好，可用于外露式屋面防水。

(5)无毒、无味、无污染、施工简便、工期短，可用于饮水工程。

(6)在立面、斜面和顶面上施工不流淌，适用于有饰面材料的外墙、斜屋面防水，表面不沾污。

(7)根据需要掺加颜料，可以配制成各种彩色涂层。

对于 JS 防水涂料，聚灰比(聚合物与水泥质量比)是一个重要指标，根据这一指标的不同，此类产品可以分为高聚灰比和低聚灰比两大类，既有以水泥为主的聚合物改性水泥基刚性防水涂料，又有以聚合物乳液为主，适当加入水泥的复合型防水涂料。

5. 聚合物乳液建筑防水涂料

丙烯酸弹性防水涂料是聚合物乳液建筑防水涂料中一种常用涂料，是以丙烯酸为主料，配以助剂、填料等优质材料复合而成的一种水乳型、不含有机溶剂、无毒、无味、无污染的单组分建筑防水涂料，能在多种材质表面直接施工，涂覆后可形成具有高弹性、坚韧、无接缝、耐老化、耐候性优异的防水涂膜，并可根据需要加入颜料配制成彩色涂层，美化环境。该涂料的特点如下：

(1)能在潮湿、多种材质的基面上直接施工。

(2)涂层弹性高，较大的伸长率，耐水性、耐久性优异。

(3)可加颜料制成彩色罩面层。

(4)无毒、无味、无污染、施工简便、工期短。

(5)在立面、斜面和顶面施工不流淌。

(6)具有反射光线能力和耐候性，可用于外露面层防水等。

6. 丙烯酸丁酯-丙烯腈-苯乙烯屋面隔热防水涂料

我国产丙烯酸丁酯-丙烯腈-苯乙烯(AAS)绝热防水涂料，目前应用较广，它由面层涂料和底层涂料复合组成，其中面层涂料以 AAS 共聚乳液为基料，再掺入高反射的氧化钛白色颜料及玻璃粉填料而配成。底层涂料由水乳型再生橡胶乳液掺入一定量碳酸钙和滑石粉等配制而成。这种复合涂料对阳光的反射率可高达 70%，故将其涂于屋面具有良好的绝热性，可比黑色屋面降低温度 25~30℃。

AAS 防水绝热涂料具有良好的耐水、耐碱、耐污染、耐老化、抗裂、抗冻等性能，且无毒、无污染，冷作业，施工方便。加入颜料则可制成彩色防水涂料。主要适用于混凝土、金属等屋面，起防水、防腐、降温等作用，也适用于厨房、厕所中防水隔汽。当喷涂于石油储罐、油船、冷冻车船等表面时，既可起防锈降温作用，又可减少石油蒸发损耗，以及降低制冷能耗。另外，由于 AAS 涂料黏结力强、耐磨性好，它还可涂于路面用做道路的标志。

12.2.4 无机刚性防水涂料

目前，无机刚性防水涂料正成为一个研究的热点。它不仅价格低廉，且无任何公害，是 21 世纪环保型材料发展的重点之一。

1. 黏性防水粉

此类材料一般为水泥基粉状黏性的防水涂料，具有水硬性能，如防水宝系列产品。

防水宝系列涂料主要以水泥为原材料，辅以成膜组分、憎水组分、催化剂等，以一定的配合比(0.3~0.4)与水混合后，即可形成胶凝性很强的浆体，直接涂刷于混凝土基体的表面。由于涂料本身与水泥、混凝土基体性能上的相似性，所以当在表面分三次涂刷至涂层厚度达到1.5~3mm时，即可很快在表面形成致密坚硬的防水涂层。

防水宝系列涂料的防水机理是以水泥为主要黏结材料，其中的成膜、憎水组分等在催化剂的作用下，与水泥一起，共同在基体表面形成结构致密的薄膜，封闭表面的裂缝、孔隙，从而堵塞水的通道；并且材料自身所具有的憎水特性，可以大大提高新生表面的表面张力，降低水的润湿能力，从而提高处理表面的防水性。

防水宝系列涂料为冷施工，对施工面要求不高，只要表面无油污、粉尘、松散物即可，湿基面施工，表面需充分湿润，否则干后涂层将粉化或脱落。这种材料干固快，强度高，抗渗性好，黏结力强，无毒无味，有一定的耐碱、耐老化性能，可广泛应用于一切新旧混凝土、房屋楼宇、地道隧道、水池的抗渗、深度地下工程设施，功能尤为独特。

2. 水泥基渗透结晶型防水涂料

水泥基渗透结晶型防水材料是以硅酸盐水泥、石英砂等为基材，多种活性化学成分配制而成的一种粉状新型刚性防水材料。按照国家标准《水泥基渗透结晶型防水材料》（GB 18445—2012)的规定，水泥基渗透结晶型防水材料分为两类：一种是作为涂料，经与水拌和可调配成刷涂或喷涂在水泥混凝土表面的浆料，也可将其以干粉撒覆并压入未完全凝固的水泥混凝土表面；另一种是作为防水剂，掺入混凝土内部的粉状材料，与水泥水化产物发生反应达到防水目的。

水泥基渗透结晶型防水涂料与水作用后，材料中含有的活性化学物质通过载体向混凝土内部渗透，与混凝土中各种氧化物反应，在混凝土中形成不溶于水的结晶体，堵塞毛细孔道，从而使混凝土致密、防水，属典型的涂布型结构防水材料，是靠增加结构本身的水密性，来达到防水效果的高性能防水涂料。

水泥基渗透结晶型防水材料具有抗渗性能与自愈性能好、黏结力强、防钢筋锈蚀、对人体无害、易于施工等特点，广泛应用于地下工程、水利工程、蓄水池、污水处理等结构防水中。

今后我国防水涂料的发展方向是：以水乳型取代溶剂型；厚质防水涂料取代薄质防水涂料；浅色、彩色防水涂料取代深色防水涂料；多功能复合防水涂料取代单一功能的防水涂料。今后将发展兼具装饰、防辐射、反光等功能的防水涂料。

12.3 防水卷材

防水卷材是一种可卷曲的片状防水材料，是建筑工程防水材料的重要品种之一，广泛用于屋面、地下和构筑物等的防水中，根据主要防水组成材料可分为沥青防水卷材、高聚物改性沥青防水卷材和合成高分子防水卷材三类。第一类是传统的防水卷材，但其胎体材料已有很大的发展，目前在我国仍被广泛应用；后两类防水卷材性能优异，代表了新型防水卷材的发展方向。

防水卷材的品种很多，性能和特点各异，但作为防水卷材，应满足防水工程的要求，且均应具备以下性能：

(1) 防水性：指在水的作用下卷材的性能基本不变，在压力水作用下不透水的性能，常用不透水性、抗渗透性等指标表示。

(2) 机械力学性能：指在一定荷载、应力或一定变形的条件下卷材不断裂的性能，常用拉力、拉伸强度和断裂伸长率等指标表示。

(3) 温度稳定性：指在高温下卷材不流淌、不滑动、不起泡，在低温下不脆裂的性能，即在一定的温度变化下，保持防水性能的能力，常用耐热度、耐热性、脆性温度等指标表示。

(4) 大气稳定性：指在阳光、热、水分和臭氧等的长期综合作用下卷材抵抗老化的性能，常用耐老化性、老化后性能保持率等指标表示。

(5) 柔韧性：指在低温条件下卷材保持柔韧、易于施工的性能，对保证施工质量十分重要，常用柔度、低温弯折性、柔性等指标表示。

12.3.1 沥青基防水卷材

沥青具有较好的防水性能，而且资源丰富、成本较低，因此沥青防水卷材的应用在我国占主导地位。但是沥青材料的拉伸强度和延伸率低，低温柔性差，温度敏感性强，在大气作用下易老化，使用年限较短，属于低档的防水卷材。近年来，通过对油毡胎体材料加以改进、开发，已由最初的纸胎油毡发展成为玻璃布胎沥青油毡等一大类沥青防水卷材，材料的性能也不断地得到改善，广泛用于地下、水下、工业与民用建筑，尤其用于屋面防水工程。

凡用原纸或玻璃布、石棉布、棉麻织品等胎料浸渍石油沥青(或焦油沥青)制成的卷状材料，称为浸渍卷材(有胎卷材)。将石棉、橡胶粉等掺入沥青材料中，经碾压制成的卷状材料称为辊压卷材(无胎卷材)。这两种卷材通称沥青防水卷材。

1. 塑性体改性沥青防水卷材(APP 卷材)

APP 卷材是以聚酯毡或玻纤毡为胎基，无规聚丙烯(APP)或聚烯烃类聚合物(APAO、APO)作改性剂，两面覆以隔离材料所制成的防水卷材的统称。其上表面材料有聚乙烯膜(PE)、细砂(S)与矿物粒(片)料(M)三种，下表面隔离材料有细砂(S)、聚乙烯膜(PE)两种，胎基分为聚酯毡(PY)、玻纤毡(G)、玻纤增强聚酯毡(PYG)三种。我国标准《塑性体改性沥青防水卷材》(GB 18243—2008)将塑性体改性沥青防水卷材按物理力学性能(可溶物含量、不透水性、拉力、延伸率、低温柔度等)分为Ⅰ型和Ⅱ型，如表 12-5 所示。

表 12-5 APP 防水卷材性能等级

性能等级	Ⅰ	Ⅱ
胎基材料	PY、G	PY、G、PYG
上表面材料	PE、S、M	
下表面隔离材料	PE、S	

APP 改性沥青防水卷材的特点如下：

(1) 高性能：对静态和动态撞击及撕裂具有非凡的抵抗能力(如聚酯胎基)，在弹性沥青配合下，聚酯胎基可使防水卷材承受支撑物的重复性运动而不产生永久变形。

(2) 耐老化性：材料以塑性为主，对恶劣气候和老化作用具备强有效的抵抗力，确保在各种气候下工程质量的永久性。

(3) 美观性：除抵御外界破坏(紫外线污染)的保护作用，还可生产各种颜色的产品，能够完美地与周围环境融为一体。

APP改性沥青卷材广泛用于工业与民用建筑的屋面和地下防水工程，以及道路、桥梁建筑的防水工程。APP改性沥青卷材最突出的特点是耐高温性能好，150℃高温下不流淌，尤其适用于高温或有强烈太阳辐照地区的建筑物防水。温度适应范围为–15～130℃，耐腐蚀性好，自燃点较高(265℃)。

另外，APP改性沥青卷材热熔性非常好，特别适合热熔法施工，也可用冷黏法施工。

2. 弹性体改性沥青防水卷材(SBS卷材)

弹性体改性沥青防水卷材是以聚酯毡或玻纤毡为胎基，苯乙烯-丁二烯-苯乙烯(SBS)热塑性弹性体作改性剂，两面覆以隔离材料所制成的建筑防水卷材，简称SBS卷材。根据《弹性体改性沥青防水卷材》(GB 18242—2008)，SBS卷材也分为Ⅰ型和Ⅱ型，并分为6个品种，与表12-5 APP卷材品种相同，卷材规格也与APP卷材相同。

SBS是对沥青改性效果最好的高聚物，是一种热塑性弹性体，是塑料、沥青等脆性材料的增韧剂，加入沥青中的SBS(添加量一般为沥青的10%～15%)与沥青相互作用，使沥青产生吸收、膨胀，形成分子键合牢固的沥青混合物，从而改善沥青的弹性、延伸率、高温稳定性和低温柔韧性、耐疲劳性和耐老化等性能。SBS卷材的延伸率可达150%，对结构变形有很高的适应性；有效使用温度为–38～119℃；疲劳循环1万次以上仍无异常；它的耐撕裂强度比玻璃纤维胎油毡大15～17倍，耐刺穿性大15～19倍，可用氯丁黏合剂进行冷粘贴施工，也可用汽油喷灯进行热熔施工。

SBS改性沥青防水卷材的特点如下：

(1) 可熔物含量高，可制成厚度大的产品，具有塑料和橡胶的特性。

(2) 聚酯胎基有很高的延伸率、拉力、耐穿刺能力和耐撕裂能力；玻纤毡成本低，尺寸稳定性好，但拉力和延伸率低。

(3) 具有良好的耐高温和耐低温性能，能适应建筑物因变形等产生的应力，抵抗防水层断裂。

(4) 优良的耐水性，由于改性沥青防水卷材采用的胎基以聚酯毡、玻纤毡为主，吸水性很小，涂盖材料延伸率高、厚度大，可以承受较高的水压力，因而耐水性好，具有优良的耐老化性和耐久性，耐酸、耐碱及微生物腐蚀。

(5) 施工方便，可以选用冷黏接、热黏接、自黏接，可以叠层施工，厚度大于4mm的可以单独施工；厚度大于3mm的可以热熔施工。

(6) 可选择性、配套性强，生产厚度为1.5～5mm，不同涂盖料、不同的胎基和覆面料，具有不同的特点和功能，可根据需要合理选择与搭配。

(7) 卷材表面可以撒布彩砂、板岩、反光铝膜等，既增加抗紫外线的耐老化性，又美化环境。

APP卷材和SBS卷材均适用于工业与民用建筑的屋面、地下室、卫生间等的防水防潮，以及桥梁、停车场、游泳池、隧道、蓄水池等建筑物的防水。前者尤其适用于高温或有强烈太阳辐照地区的建筑物防水；后者更适用于寒冷地区和结构变形频繁的建筑物防水。

3. 改性沥青聚乙烯胎防水卷材

改性沥青聚乙烯胎防水卷材是以改性沥青为基料，以高密度聚乙烯膜为胎体，以聚乙烯膜或铝箔为上表面覆盖材料，经滚压、水冷、成型制成的防水卷材。《改性沥青聚乙烯胎防水卷材》(GB 18967—2009)将改性沥青聚乙烯胎防水卷材按物理力学性质分为Ⅰ型和Ⅱ型，并按基料分为改性沥青防水卷材、丁苯橡胶改性氧化沥青防水卷材、高聚物(APP、SBS等)改性沥青防水卷材三类。卷材品种见表12-6。

高聚物改性沥青防水卷材具有高强度、高弹性和延展性，综合性能优异，对基层伸缩和局部变形的适应能力强，适用于建筑物屋面、地下室、立交桥、水库、游泳池等工程的防水、防渗和防潮。

表 12-6　改性沥青聚乙烯胎防水卷材品种

上表面覆盖材料	基料		
	改性氧化沥青	丁苯橡胶改性沥青	高聚物改性沥青
聚乙烯膜	OEE	MEE	PEE
铝箔		MEAL	PEAL

12.3.2　橡胶基防水卷材

橡胶是有机高分子化合物的一种，具有高聚物的特征与基本性质，其最主要的特性是在常温下具有极高的弹性。在外力作用下很快发生变形，变形可达百分之数百，但当外力除去后，又会恢复到原来的状态，而且保持这种性质的温度区间范围很大。橡胶分天然橡胶和合成橡胶两种。

工程中常用的合成橡胶有氯丁橡胶(CR)、丁苯橡胶(SBR)、丁基橡胶(IIR)、乙丙橡胶(EPM)、三元乙丙橡胶(EPDM 或 EPT)、丁腈橡胶(NBR)和再生橡胶等。

橡胶基防水材料是高分子防水卷材中发展最快的一类防水材料。与其他防水材料，特别是沥青基防水材料相比，橡胶基防水材料具有更优异的耐化学腐蚀性、耐水性、耐候性、弹性、抗拉强度、抗老化性能及更长的使用寿命，因此是目前室外使用的最好的防水卷材。

橡胶基防水卷材以橡胶为主体原料，再加入硫化剂、软化剂、促进剂、补强剂和防老剂等助剂，经过密炼、拉片、过滤、挤出(或压延)成型、硫化、检验和分卷等工序而制成。橡胶基防水卷材是单层防水，其搭接处用氯丁橡胶或聚氨酯橡胶等黏合剂进行冷黏，施工工艺简单。下面是其主要品种。

1. 三元乙丙橡胶防水卷材

三元乙丙橡胶防水卷材是以三元乙丙橡胶为主体制成的，是目前耐老化性能最好的一种卷材，使用寿命可达 30 年以上。它的耐候性、耐臭氧性、耐热性和低温柔性超过氯丁与丁基橡胶，比塑料优越得多。它还具有质量轻、抗拉强度高、延伸率大和耐酸碱腐蚀等特点。它对煤焦油不敏感，但遇机油时将产生溶胀。

三元乙丙橡胶防水卷材国内产品的主要技术性能为：低温冷脆温度-46.7℃；抗拉强度 7.5 MPa；断裂伸长率 450%；直角撕裂强度高于 245 N/cm^2；经 80℃、168 h 热老化后，其抗拉强度和伸长率的保持率分别为 80%和 70%。

三元乙丙橡胶防水卷材的适用范围非常广，可用于屋面、厨房、卫生间等防水工程；也可用于桥梁、隧道、地下室、蓄水池、电站水库、排灌渠道及污水处理等需要防水的部位。

三元乙丙橡胶卷材防水性能虽然很好，但工程造价较贵，是二毡三油防水做法造价的 2～4 倍，目前在我国属高档防水材料。但从综合经济分析，应用经济效益还是十分显著的。目前在美、日等国，其用量已占合成高分子防水卷材总量的 60%～70%。

2. 氯丁橡胶防水卷材

氯丁橡胶防水卷材是以氯丁橡胶为主要原料制成的，它的抗拉强度达 12.4 MPa 以上，伸长率达 300%以上。断裂永久变形为 5%，-40℃时冷脆性合格。同时其耐油性、耐日光、耐臭氧，耐候性等均好。与三元乙丙橡胶卷材相比，除耐低温性稍差，其他性能基本类似。其使用年限可达 20 年以上。

3. EPT/IIR 防水卷材

EPT/IIR 防水卷材是以三元乙丙橡胶与丁基橡胶为主要原料制成的。配以丁基橡胶的主要目的是降低成本但又能保持原来良好的性能。它的抗拉强度达 7.5 MPa 以上，伸长率达 450% 以上，低温冷脆温度达-53℃，各项性能与三元乙丙橡胶基本类似。这种卷材除了应用于高级建筑和高层建筑的防水工程，目前在普通工业与民用建筑中也开始推广应用。

4. 丁基橡胶防水卷材

丁基橡胶防水卷材是以丁基橡胶为主要原料制成的。其中加入很少的异戊二烯(0.5%～3%)，目的是使分子链上带有少量的不饱和双键以便于硫化，而对耐候性影响不大。这种卷材的最大特点是耐低温性特好，特别适用于严寒地区的防水工程及冷库防水工程。

其他橡胶基防水卷材还有自黏型彩色三元乙丙复合防水卷材、再生橡胶防水卷材等。

12.3.3 树脂基防水卷材

树脂基防水材料是一种高分子化合物，以树脂为基料，其主要品种有聚氯乙烯防水卷材、氯化聚乙烯防水卷材等。

1. 聚氯乙烯(PVC)防水卷材

聚氯乙烯防水卷材是以聚氯乙烯树脂为基料，掺入一定量的助剂和填充料而制成的柔性卷材。助剂中软化剂(煤焦油)、增塑剂(邻苯二甲酸二辛酯)的存在，使卷材的变形能力和低温柔性大大提高。填充料铝矾土为活性氧化物，除起填充作用，特别能吸收聚氯乙烯中分解出的氯化氢，阻止其降解反应。同时铝矾土在制品中还起光屏蔽剂作用，防止聚氯乙烯分子链老化断裂。故活性氧化物填充料的加入，能大幅度地提高制品的耐热性和耐老化性能。

根据《聚氯乙烯(PVC)防水卷材》(GB 12952—2011)，PVC 防水卷材按有无复合层分类，无复合层的为 N 类，用纤维单面复合的为 L 类，织物内增强的为 W 类。每类产品按理化性能分为 I 型和 II 型。N 类卷材的拉伸强度高于 12.0MPa，断裂伸长率大于 200%，剪切状态下的黏合性大于 3.0 N/mm。L 类和 W 类卷材的拉力大于 100 N/cm，断裂伸长率大于 150%，剪切状态下的黏合性分别高于 3.0 N/mm 和 6.0 N/mm。

聚氯乙烯防水卷材的特点如下：
(1)拉伸强度高，伸长率好，热尺寸变化率低。
(2)抗撕裂强度高，能提高防水层的抗裂性能。
(3)低温柔性好。
(4)耐渗透，耐化学腐蚀，耐老化，延长防水层使用寿命。
(5)良好的水汽扩散性，冷凝物易排释，留在基层的湿气易排出；可焊性好，即使经数年风化，也可焊接，在卷材正常使用范围内，焊缝牢固可靠。
(6)施工操作简便、安全、清洁、快速。
(7)原料丰富，防水卷材价格合理，易于选用。

聚氯乙烯防水卷材适用于各种工业与民用新建或翻修建筑物、构筑物屋面外露或有保护层的工程防水,以及地下室、隧道、水库、水池、堤坝等土木工程防水。与三元乙丙橡胶防水卷材相比,PVC防水卷材性能稍差,但其优势是原材料丰富,价格比合成橡胶便宜。

2. 氯化聚乙烯(CPE)防水卷材

CPE防水卷材的主体材料为氯化聚乙烯树脂。氯化聚乙烯是由氯取代聚乙烯分子中部分氢原子而制成的无规氯化聚合物。聚乙烯经氯化改性后,其耐候性、耐臭氧性和耐热老化性均明显提高,物理机械性能明显改善,还提高了阻燃性及与其他高聚物的相容性。

按《氯化聚乙烯防水卷材》(GB 12953—2003),CPE防水卷材的分类与PVC卷材相同。N类卷材的拉伸强度高于5.0MPa,断裂伸长率大于200%,剪切状态下的黏合性大于3.0 N/mm。L类和W类卷材的拉力大于70 N/cm,断裂伸长率大于125%,剪切状态下的黏合性分别高于3.0 N/mm和6.0 N/mm。

由于CPE卷材的耐磨性十分优良,除用于防水工程,还可作为室内地面材料,兼有防水与装饰效果。

12.3.4 橡塑共混基防水材料

这一类防水卷材兼有塑料和橡胶的优点,弹塑性好,耐低温性能优异。主要品种有氯化聚乙烯-橡胶共混型防水卷材、聚氯乙烯-橡胶共混型防水卷材等。氯化聚乙烯卷材不仅具有氯化乙烯特有的高强度和优异的耐臭氧、耐老化性能,还具有橡胶类材料所具有的高弹性、高延伸性及良好的低温柔性。该类防水卷材使用范围广,可用于各类工程的防水、防潮、防渗和补漏。

12.4 密封材料

密封材料是指能承受位移以达到气密、水密的目的而嵌入结构及构造接缝中的材料,又称嵌缝材料。密封材料分为不定型密封材料和定型密封材料两大类。定型密封材料是指具有特定形状的密封衬垫(如密封条、密封带、密封垫等);不定型密封材料是指一种黏稠状的材料(俗称密封膏或嵌缝膏)。密封材料应具有良好的黏接性、耐老化和对高、低温度的适应性,能长期经受被黏接构件的收缩与振动而不破坏,可同时起到防水、防尘、隔汽与隔声等作用。

12.4.1 不定型密封材料

不定型材料为胶泥状物质,具有很好的黏结性和延伸性,用来密封结构中各种接缝。按其性能可分为塑性密封膏、弹性和弹塑性密封膏或嵌缝膏。传统的不定型材料(嵌缝油膏)是改性沥青基的,属于塑性油膏,弹性较差,延伸率也较差,价格低。用高分子材料制得的油膏为弹性油膏(如硅酮、聚氨酯、聚硫、丙烯酸酯密封膏等),延伸大,黏接性好,耐低温性能好,价格较贵,代表了今后密封材料的发展方向。

1. 沥青嵌缝油膏

以石油沥青为基料,加入改性材料、稀释剂及填充料混合制成的冷用膏状密封材料。主要用于各种混凝土屋面板、墙板等建筑构件节点的防水密封。沥青嵌缝膏约占建筑密封膏总量的10%以上。

2. 硅酮密封胶

以有机硅氧烷为主体,加入适量硫化剂、硫化促进剂、增强填充料和颜料等组成。硅酮密封胶因具有良好的抗老化性能、变形性能、压缩循环性能及耐热、耐寒性可用做耐候密封胶和结构密封胶，用于铝合金、玻璃、石材等的嵌缝，建筑门窗密封及玻璃幕墙结构中玻璃与铝合金构件、玻璃板与玻璃板等之间的黏结密封。

3. 聚氨酯密封膏

以聚氨酯聚合物为主要成分的双组分反应固化型密封材料，具有模量低、延伸率大、弹性高、黏结力强、耐低温性能突出、低温柔软性好、耐油、耐酸碱、耐老化、抗疲劳等优良性能，但耐热性稍差。它与多种土木工程材料(如木材、金属、玻璃、塑料等)有很强的黏结力。适用于装配式建筑的屋面板、外墙板的接缝密封；混凝土建筑物的沉降缝、伸缩缝的密封；阳台、窗框、卫生间等部位接缝防水密封；给排水管道、蓄水池、水塔等工程的接缝密封与渗漏的修补等。使用前必须对接缝进行清理。玻璃和金属材料的接缝表面应用丙酮除去油污。

4. 聚硫建筑密封膏

以液态聚硫橡胶为基料，加入各种填充料、硫化剂等配制而成的弹性体密封膏。具有良好的耐老化、耐水、耐湿热性，温度敏感性较大，与钢、铝等金属材料及其他各种土木工程材料都有良好的黏结性，适用于金属幕墙、预制混凝土、玻璃窗、窗框四周、游泳池、储水槽、地坪及构筑物接缝的防水处理及黏结。

5. 丙烯酸酯建筑密封膏

把表面活性剂、增塑剂等化学助剂在高速搅拌下均匀地分散在丙烯酸酯乳液中，然后把粉状填充料掺入混合乳液再经研磨制成的黏稠状膏体。具有良好的黏结性、耐老化性、耐化学腐蚀及防水性，但其弹性和延伸性较小，不宜用在伸缩较大的接缝中。施工时需打底，可用于潮湿基面，但雨天不可施工。施工湿度要求在5℃以上，如施工温度超过40℃，应用水冲刷冷却，待稍干后再施工。

12.4.2 定型密封材料

定型材料(嵌缝条)是采用塑料或橡胶经挤出成型制成的一类软质带状制品，所用材料有软质聚氯乙烯、氯丁橡胶、EPDM、丁苯橡胶等，嵌缝条主要用于伸缩缝和施工缝的密封。

1. 丁基密封腻子

由丁基橡胶、填充剂、增塑剂及其他特种助剂在橡胶炼胶机上混炼，再经挤出机挤出成型的一种新型橡胶带材。具有良好的耐水黏结性和耐候性，带水堵漏效果好，使用温度范围宽(−40～100℃)，能与不同材质(如混凝土、金属、塑料)的清洁干燥界面黏结，它不仅能充填混凝土气孔、缝隙，而且在一定压力下，与混凝土有良好的黏结力，使其与混凝土联为一体，起到防水止水的作用，采用冷施工，使用方便。

2. 止水带

是处理建筑物或地下构筑物的接缝(伸缩缝、施工缝、沉降缝)，能起到防水密封作用的一种接缝密封材料，主要有塑料止水带和橡胶止水带两类。

塑料止水带是由聚氯乙烯树脂与各种添加剂，经混合、造粒、挤出等工序而制成的止水材料。它利用弹性体材料具有的弹性变形特性在建筑构造接缝中起到防漏、防渗作用，且具有耐腐蚀、耐久性好的特点。塑料止水带主要用于混凝土浇筑时设置在施工缝及变形缝内与混凝土构成为一体的基础工程。如隧道、涵洞、引水渡槽、拦水坝、储液构筑物、地下设施等。塑料止水带接头可利用黏接、热焊接等方法，保证接头牢固。

橡胶止水带是以天然橡胶或合成橡胶为主要原料，掺入各种助剂和填料模压而成的。利用橡胶的高弹性和压缩变形性，在各种荷载下产生弹性变形，从而起到紧固密封，有效地防止建筑构件的漏水、渗水，并起到减震缓冲作用，从而确保工程建筑物的使用寿命。其使用温度一般在$-40 \sim 40℃$，适用于建筑工程、水利工程、地下工程等的变形缝防水。最常用的品种有氯丁橡胶止水带、天然橡胶止水带、丁苯橡胶止水带等。

止水带在施工过程中要保证与混凝土界面贴合平整，接头部分黏接紧固，浇埋过程中要充分振捣混凝土，使其与混凝土结合良好，以获得最佳的止水效果。

从防水材料的发展趋势看，防水材料正向橡胶基和树脂基防水材料或高聚物改性沥青系列发展；油毡的胎体由纸胎向玻纤胎或化纤胎方向发展；密封材料和防水涂料由低塑性的产品向高弹性、高耐久性产品的方向发展；防水层的构造亦由多层向单层防水发展；施工方法则由热熔法向冷粘贴法发展。近年来，我国的防水材料发展很快，国内外出现了许多新型的防水材料，突破了我国防水材料品种单一的状况，使防水材料向中、高档方向迈进了一大步。其中，合成高分子材料因高弹性、大延伸、耐老化、冷施工及单层防水等诸多优点，已成为新型防水材料发展的主导方向。

复习思考题

1．试述石油沥青的三大组分及其特性。石油沥青的组分与其性质有何关系？

2．石油沥青的老化与组分有何关系？沥青老化过程中性质发生哪些变化？老化对工程有何影响？

3．与石油沥青相比，煤沥青在外观、性质和应用方面有何不同？某工地运来两种外观相似的沥青，已知其中有一种是煤沥青，为了不造成错用，请用两种以上方法进行鉴别？

4．在建筑屋面防水工程中，选用石油沥青的原则是什么？建筑屋面多层防水施工时，能用煤沥青粘贴石油沥青油毡吗？为什么？

5．工程中常用防水涂料有哪些类型？各自有何特点？

6．土木工程中对防水卷材有何要求？

7．工程中常用改性沥青防水卷材有哪两类？各自的性能特点是什么？

8．试述橡胶基和树脂基防水卷材的主要品种、特性和应用。

9．什么是密封材料，有哪些类型？

第13章 防火材料

防火材料是添加了某种具有防火特性基质的合成材料或构件，或者本身就具有耐高温、耐热、阻燃特性的材料或构件。常用的防火材料可分为防火涂料、防火封堵材料、防火膨胀密封材料、防火玻璃等。在钢结构与混凝土结构中防火涂料的使用最为广泛。

13.1 防火涂料

建筑防火涂料是施用于可燃性基材表面，能降低被涂材料表面的可燃性、阻滞火灾的迅速蔓延，或施用于建筑构件上，用以提高构件的耐火极限的一种特种涂料。

防火涂料涂覆在基材表面，除具有阻燃作用，还具有防锈、防水、防腐、耐磨、耐热及涂层坚韧性、着色性、黏附性、易干性和一定的光泽等性能。

防火涂料本身是不燃的或难燃的，不起助燃作用。防火涂料的防火类型大致可分为以下五点：

(1)防火涂料本身具有难燃性或不燃性，使被保护基材不直接与空气接触，延迟物体着火和减少燃烧的速度。

(2)防火涂料除本身具有难燃性或不燃性，还具有较低的导热系数，可以延迟火焰温度向被保护基材的传递。

(3)防火涂料受热分解出不燃惰性气体，冲淡被保护物体受热分解出的可燃性气体，使之不易燃烧或燃烧速度减慢。

(4)含氮的防火涂料受热分解出 NO、NH_3 等基团，与有机游离基化合，中断连锁反应，降低温度。

(5)膨胀型防火涂料受热膨胀发泡，形成碳质泡沫隔热层封闭被保护的物体，延迟热量与基材的传递，阻止物体着火燃烧或因温度升高而造成的强度下降。

归纳起来，防火涂料的基本原理是涂层能使底材与火(热)隔离，从而延长了热侵入底材和到达底材另一侧所需的时间，即延迟和抑制火焰的蔓延作用。侵入底材所需的时间越长，涂层的防火性能越好，因此，防火涂料的主要作用应是阻燃，在起火的情况下，防火涂料就能起防火作用。

1. 按防火机理分类

按防火机理，防火涂料可分为膨胀型防火涂料和非膨胀型防火涂料。

(1)膨胀型防火涂料。受热膨胀发泡，形成碳质泡沫隔热层，封闭被保护的物体，延迟热量向基材的传递，阻止物体着火燃烧或因温度升高而造成的强度下降。

(2)非膨胀型防火涂料。是一种由难燃性或不燃性的树脂及难燃剂、防火填料等组成的，涂层具有较好的难燃性，能阻止火焰蔓延的特种建筑涂料。

2. 按涂覆部位和功能分类

按涂覆部位和功能分类,防火涂料又有饰面防火涂料、木材防火涂料、钢结构防火涂料、混凝土结构防火涂料、隧道防火涂料、电缆防火涂料等。

1)钢结构防火涂料

施涂于建筑物及构筑物的钢结构表面,能形成耐火隔热保护层以提高钢结构耐火极限的涂料。钢结构防火涂料的类型、标记、涂层厚度要求和使用场所要求见表13-1。

表13-1 钢结构防火涂料

涂料类型	标记	涂层厚度	使用场所
室内超薄型钢结构防火涂料	NCB	涂层厚度小于或等于3mm	用于建筑物室内或隐藏工程的钢结构表面
室外超薄型钢结构防火涂料	WCB	涂层厚度小于或等于3mm	用于建筑物室外或露天工程的钢结构表面
室内薄型钢结构防火涂料	NB	涂层厚度大于3mm且小于或等于7mm	用于建筑物室内或隐藏工程的钢结构表面
室外薄型钢结构防火涂料	WB	涂层厚度大于3mm且小于或等于7mm	用于建筑物室外或露天工程的钢结构表面
室内厚型钢结构防火涂料	NH	涂层厚度大于7mm且小于或等于45mm	用于建筑物室内或隐藏工程的钢结构表面
室外厚型钢结构防火涂料	WH	涂层厚度大于7mm且小于或等于45mm	用于建筑物室外或露天工程的钢结构表面

(1)超薄型钢结构防火涂料。超薄型钢结构防火涂料是指涂层厚度在3mm(含3mm)以内,装饰效果较好,高温时能膨胀发泡,耐火极限一般在2h以内的钢结构防火涂料。该类钢结构防火涂料一般为溶剂型体系,具有优越的黏结强度、耐候耐水性好、流平性好、装饰性好等特点;在受火时缓慢膨胀发泡形成致密坚硬的防火隔热层,该防火层具有很强的耐火冲击性,延缓了钢材的温升,有效保护钢构件。它主要是以特殊结构的聚甲基丙烯酸酯或环氧树脂与氨基树脂、氯化石蜡等复配作为基料黏合剂,附以高聚合度聚磷酸铵、双季戊四醇、三聚氰胺等为防火阻燃体系,添加钛白粉、硅灰石等无机耐火材料,以溶剂油为溶剂复合而成。各种轻钢结构、网架等多采用该类型防火涂料进行防火保护。由于该类防火涂料涂层超薄,其使用量比厚型、薄型钢结构防火涂料大大减少,从而降低了工程总费用,又使钢结构得到了有效的防火保护,防火效果很好。

(2)薄型钢结构防火涂料。薄涂型钢结构防火涂料是指涂层厚度大于3mm,小于或等于7mm,有一定装饰效果,高温时膨胀增厚,耐火极限在2h以内的钢结构防火涂料。这类钢结构防火涂料一般是用合适的水性聚合物作基料,再配以阻燃剂复合体系、防火添加剂、耐火纤维等组成,其防火原理同超薄型。对这类防火涂料,要求选用的水性聚合物必须对钢基材有良好的附着力、耐久性和耐水性。其装饰性优于厚型防火涂料,逊色于超薄型钢结构防火涂料,一般耐火极限在2h以内。因此常用在小于2h耐火极限的钢结构防火保护工程中。在一个时期占有很大的比例,但随着超薄型钢结构防火涂料的出现,其市场份额逐渐被替代。

(3)厚型钢结构防火涂料。厚型钢结构防火涂料是指涂层厚度大于7mm,小于或等于45mm,呈粒状面,密度较小,热导率低,耐火极限在2h以上的钢结构防火涂料。由于厚型防火涂料的成分多为无机材料,因此其防火性能稳定,长期使用效果较好,但其涂料组分的颗粒较大,涂层外观不平整,影响建筑的整体美观,因此大多用于结构隐蔽工程。该类防火涂料在火灾中利用材料粒状表面,密度较小,热导率低或涂层中材料的吸热性,延缓了钢材的温升,保护钢材。这类防火涂料是用合适的无机胶结料(如水玻璃、硅溶胶、磷酸铝盐、耐火水泥等),再配以无机轻质绝热骨料材料(如膨胀珍珠岩、膨胀蛭石、海抱石、漂珠、粉煤灰等)、防火添加剂、化学药剂和增强材料(如硅酸铝纤维、岩棉、陶瓷纤维、玻璃纤维等)及填料等混合配制而成,具有成本较低的优点。适用于耐火极限要求在 2h 以上的室内外隐蔽钢结构、高层全钢结构及多层厂房钢结构。

2) 混凝土结构防火涂料

涂覆在工业与民用建筑物内,以及公路、铁路隧道等混凝土表面,能形成耐火隔热保护层以提高其结构耐火极限的防火涂料。混凝土结构防火涂料的分类与特性等见表 13-2。

表 13-2 混凝土结构防火涂料

涂料类型	标记	特性	使用场所
膨胀型混凝土构件防火涂料	PH	高温时涂层膨胀发泡,形成耐火隔热保护层	用于建筑物内混凝土结构件的表面
非膨胀型混凝土构件防火涂料	FH	涂层密度较小,高温时耐火隔热	用于建筑物内混凝土结构件的表面
隧道防火涂料	SH	涂层密度较小,高温时耐火隔热	用于公路、铁路隧道混凝土结构的表面,其特性为非膨胀性

混凝土结构防火涂料类似于钢结构防火涂料,但在性能要求上有所不同,由于涂料应用在有碱性的混凝土表面,所以,要求涂料有好的耐碱性或在使用时预先涂刷抗碱封闭底漆。

3) 饰面型防火涂料

涂覆于可燃基材(如木材、纤维板、纸板及其制品)表面,能形成具有防火阻燃保护及一定装饰作为涂膜的防火涂料。

饰面型防火涂料要求耐燃时间在 15min 以上。

13.2 防火封堵材料

具有防火、防烟功能,用于密封或填塞建筑物、构筑物及各类设施中的贯穿孔洞、环形缝隙及建筑缝隙,便于更换且符合有关性能要求的材料,称为防火封堵材料;由多种防火封堵材料及耐火隔热材料共同构成的用以维持结构耐火性能,且便于更换的组合系统,称为防火封堵组件。

防火封堵材料的分类与使用等要求见表 13-3。

表 13-3 防火封堵材料

防火封堵材料类型	产品标记	特征及应用
柔性有机堵料	DR	以有机材料为黏结剂,使用时具有一定柔韧性或可塑性
无机堵料	DW	以无机材料为主要成分的粉末状固体,与外加剂调和使用时,具有适当的和易性
阻火包	DB	将防火材料包装制成的包状物体,适用于较大孔洞的防火封堵或电缆桥架的防火分隔
阻火模块	DM	用防火材料制成的具有一定形状和尺寸规格的固体,可以方便地切割和钻孔,适用于孔洞或电缆桥架的防火封堵
防火封堵板材	DC	用防火材料制成的板材,可方便地切割和钻孔,适用于大型孔洞的防火封堵
泡沫封堵材料	DP	注入孔洞后可以自行膨胀发泡并使孔洞密封的防火材料
防火密封胶	DJ	具有防火密封功能的液态防火材料
缝隙封堵材料	DF	置于缝隙内,用于封堵固定或移动缝隙的固体防火材料
阻火包带	DT	用防火材料制成的柔性可缠绕卷曲的带状产品,缠绕在塑料管道外表面,并用钢带包覆或其他适当方式固定,遇火后膨胀挤压软化的管道,封堵塑料管道因燃烧或软化而留下的孔洞

13.3 防 火 板

1. 纤维增强硅酸钙板

以粉煤灰、电石泥等工业废料为主，采用天然矿物纤维和其他少量纤维材料增强，以圆网抄取法生产工艺制坯，经高压釜蒸养而制成的轻质、防火建筑板材。

特点：纤维分布均匀、密实性好；较好的防火、隔热、防潮性能，不腐烂变质，不变形，耐老化；表面平整光洁，加工方便。

广泛用于工业和民用建筑的吊顶、隔墙级墙裙装饰，也可用于列车箱、船舶隔舱、隧道、地铁和其他地下工程的吊顶、隔墙、护壁等。

2. 泰柏板

以强化钢丝焊接而成的三维笼为构架，阻燃 EPS 泡沫塑料芯材组成。重量轻、强度高；防火、抗震、隔热、隔声、抗风化，耐腐蚀的优良性能；组合性强、易于搬运，适用面广，施工简便。广泛适用于高层多层工民建筑物。

3. 矿棉防火装饰吸音板

以不燃材料矿棉(岩棉)为主要原料，加入适当的黏结剂、防潮剂、防腐剂、增加剂等，采用湿法生产，经烘干加工而成。化学稳定性好，无毒；防虫蛀，不易腐蚀，不吸潮；保湿隔热，阻止火灾蔓延。广泛适用于工业与民用建筑需要安装吊顶的场所。

4. 膨胀珍珠岩装饰吸声板

以珍珠岩为原材料，进行单独膨化，加入氟硅酸、水玻璃等添加剂，然后加压、干燥制成。质轻、吸音；耐水耐火，经久耐用；憎水、防潮、施工方便。广泛适用于影剧院、礼堂、多功能厅、舞厅、客厅、写字楼、教室、车站、码头、候机楼、商场、宾馆、电子机房等建筑吊顶，具有吸声、防火作用。

13.4 防火材料发展趋势

1. 纳米技术

采用物理、化学方法，将固体阻燃剂分散成 1~100nm 大小微粒的方法，称纳米技术。物理方法有蒸发冷凝法、机械破碎法；化学方法有气相反应法、液相法。例如，使 Sb_2O_3 穿过等离子弧的尾气反应蒸发区蒸发，然后进入冷凝室进行急冷，能得到 0.275μm 的 Sb_2O_3 粒子。阻燃剂超细处理技术，不仅可以提高阻燃效率，降低阻燃剂用量，同时对于改善阻燃剂的发烟性、耐候性、着色性都会产生很大影响。

2. 微胶囊技术

即把阻燃剂微粒包裹起来。例如，用硅烷、钛酸酯对 $Al(OH)_3$、$Mg(OH)_2$ 进行表面处理；或者将阻燃剂吸附在无机物载体的空隙中，形成蜂窝状微胶囊阻燃剂。这样可以改善阻燃剂与高聚物的相溶性。硅烷分子、钛酸酯分子在 $Al(OH)_3$、$Mg(OH)_2$ 颗粒表面形成"分子膜层"，在阻燃剂与高聚物之间搭起了"桥键";若用的包裹物是硅酸盐、有机硅树脂,可以使易热分解的有机阻燃剂被很好地保护起来,从而改善阻燃剂的热稳定性。

3. 辐射交联技术

高聚物在高能射线（γ 射线、β 射线或 X 射线）作用下,引起电离,激发分子和自由基。这些活性粒子在分子内部或分子之间,互相结合产生"桥架"或"交连键",使聚合物具有三维网状结构,从而改善材料的耐热性、阻燃能力、力学性能和化学稳定性。

4. 复配技术

在对材料进行阻燃处理过程中,已经发现某些阻燃剂同时使用会取得很好的协同效应,获得 1+1>2 的阻燃效果。如磷+卤、锑+卤、磷+氮、磷+结晶水化合物等。

复习思考题

1. 建筑防火材料的防火机理。
2. 常用建筑防火材料有哪些？
3. 什么是防火封堵材料？有哪些类型？
4. 钢结构防火涂料有哪些？各用于哪些场所？
5. 隧道工程所用防火材料最好选用哪种？为何？

第三篇 土木工程专用材料

土木工程专业方向不同，材料的使用环境、使用目的与工程结构特点等皆有所不同，对材料的结构与性能要求也不同。本篇主要针对建筑工程、道路工程、隧道与地下工程及水利水电工程，分别对其工程中的专用材料进行总结。需要说明的是，有些材料虽非土木工程通用材料，但也不是个别工程独用材料。例如，石材等并非建筑工程独用；土工合成材料在道路工程、隧道与地下工程及水利水电工程中皆有应用；沥青混凝土既可用于道路路面，也在水利工程中作为防渗体使用，不同行业对其技术要求各有不同。

第 14 章 建筑工程专用材料

本章主要内容是建筑工程中用于装饰、围护、防水、防火等其他目的的材料，包括木材、竹材、石材、玻璃、陶瓷、墙体材料与屋面材料等。

14.1 木材与竹材

木材在人类生活中起着很大的作用。根据木材不同的性质特征，将它们用于不同途径。

木材作为一种工程材料，有其显著的特性：强度高，表观密度小，轻质高强；弹性、韧性好，具有很好的抗冲击性能、抗震性及特殊的刚性；导热性能低，隔热、隔声、绝热性能好；易加工，易胶合；纹理美观、色调温和、风格典雅，装饰效果好；有一定的抗蚀性和良好的耐久性。木材的缺点为：构造不均匀、各向异性；自然缺陷多，影响了材质和使用率；湿胀干缩，使用不当易产生干裂和翘曲；养护不当易腐朽、霉烂和蛀虫；耐火性差、易燃烧等，但这些缺陷经过适当的处理与加工，可以得到相当程度的减轻。

竹的茎部为木质，竹材的利用有原竹利用和加工利用两类。在建筑工程中两类竹材均有不同的利用情况。随着我国天然林禁伐和退耕还林政策的实施，木材供需矛盾日益紧张，在部分领域实施"以竹代木"切实可行。作为建筑用材，每 60 根竹子便可代替 1 立方米木材。以竹代木主要是大量生产竹质人造板，代替各类木质板材，主要产品有竹编胶合板、竹材层积板、竹材旋切板、贴面装饰板、竹拼花地板、竹木复合板、竹篾层压板、竹材碎料板、竹质刨花板、竹材瓦楞板及竹材纤维板等。竹质人造板材质细密，不易开裂、变形，具有抗压、抗拉、抗弯等优点，各项性能指标均高于常用木材。

14.1.1 木材

1. 木材的分类

按树种分为软木材和硬木材两类。针叶树（软木材），如杉木、红松、白松、黄花松等，输液细长，大部分为常绿树。其树干通直而高大，纹理平顺，材质较均匀，易于加工，木质较软，故称为软木。其强度较高，表观密度小，胀缩变形小，乃腐蚀性较强，是建筑工程中的主要用材，广泛用做承重构件。阔叶树(硬木材)，如桦木、榆木、柞木、水曲柳等，树叶宽大呈片状，大多数为落叶树。树干通直部分较短，材质较硬，加工较难，故称为硬(杂)木材。其表观密度较大，强度高，纹理显著，胀缩变形较大，易翘曲、开裂。常用做室内装饰、次要的承重构件、胶合板等。

按用途和加工分为原条和原木两类。原条是指已经去皮、根、树梢，但尚未加工成规定尺寸的木料；原木是指由原条按一定尺寸加工成规定直径和长度的木材，分为直接使用原木和加工使用原木。

按材质分为实木板、人造板两类。采用实木的越来越少，多用人造板。人造板根据加工又分为密度板、刨花板、胶合板、细木工板、装饰面板、防火板等。

2. 木材的物理力学性质

1) 密度、表观密度

木材的密度各树种相差不大，一般在 $1.48 \sim 1.56 \text{g/cm}^3$。木材的表观密度，即使是同种木材，也随木材孔隙率、含水量及一些其他因素的变化而不同。一般有气干表观密度、绝干表观密度和饱水表干密度之分。木材的表观密度越大，其湿胀干缩率也越大。

2) 含水率、吸湿性

木材的含水率是指木材中所含水的质量占干燥木材质量的百分数。含水率的大小对木材的湿胀干缩性能和强度影响很大。新伐木材的含水率常在 35%以上，风干木材的含水率在 15%～25%，室内干燥木材的含水率在 8%～15%。

木材中水分存在的状态分为自由水(毛细管水)、吸附水和化合水三种。自由水是指存在于木材的细胞腔、细胞间隙和纹孔腔这类大毛细管中；吸附水是指吸附在细胞壁微纤丝之间的水分；化合水是指细胞壁物质组成的结合水。自由水的变化只影响木材的表观密度、燃烧性和抗腐蚀性，而吸附水的变化是影响木材强度和胀缩变形的主要因素，结合水在常温下不发生变化。

木材的纤维饱和点：当木材中无自由水，而细胞壁内充满吸附水并达到饱和时的含水率为木材的纤维饱和点。纤维饱和点是木材物理力学性质发生变化的转折点，其值随树种而异。一般介于 23%～32%，通常取 30%。

木材的平衡含水率：木材中所含的水分是随着环境的温度和湿度的变化而改变的，当木材长时间处于一定温度和湿度的环境中时，木材中的含水量最后会达到与周围环境湿度相平衡，这时木材的含水率称为平衡含水率。木材的平衡含水率是木材进行干燥时的重要指标。木材的平衡含水率随其所在地区的不同而异，我国北方为 12%左右，南方约为 18%，长江流域一般为 15%。

3) 变形性能(湿胀干缩)

木材的纤维细胞组织构造使木材具有显著的湿胀干缩变形的特征。

木材的纤维饱和点是木材发生湿胀干缩变形的转折点。当木材含水量大于纤维饱和点时，表示木材的含水率除吸附水达到饱和，还有一定数量的自由水，此时，木材如受到干燥或受潮，只是自由水改变，故不会引起湿胀干缩。当含水率小于纤维饱和点时，能引起木材的湿胀干缩，对木材的强度和体积有影响；当木材的含水率大于纤维饱和点时，含水量对木材的强度和体积无影响。

由于木材构造的不均匀性，沿不同方向的干缩值也不同。一般顺纹方向干缩最小，径向干缩较大,径向干缩最大。因此,湿材干燥后其截面尺寸和形状发生明显的变化。干缩对木材的使用影响很大,它会使木材产生裂纹或翘曲变形,以致引起木结构的接合松弛或凸起等。为了避免这种不利的影响,通常的措施是在加工制作前,将木材进行干燥处理,使其含水率达到其使用环境湿度相适应的平衡含水率。

4) 强度

木材作为一种非均质的、各向异性的天然高分子材料,许多性质都有别于其他材料,而其力学性质更是与其他均质材料有着明显的差异。例如,木材所有力学性质指标参数因其含水率(纤维饱和点以下)的变化而产生很大程度的改变;木材会表现出介于弹性体和非弹性体之间的黏弹性,会发生蠕变现象,并且其力学性质还会受荷载时间和环境条件的影响。

木材的强度包括抗压强度、抗拉强度、抗弯强度和抗剪强度,由于木材是各向异性的,又分为顺纹与横纹。

(1) 抗压强度。

顺纹抗压强度指受力方向平行于木材纤维方向时的强度,这种受压破坏是因细胞壁失去稳定而非纤维的断裂。我国木材的顺纹抗压强度平均值为 45MPa。横纹抗压强度是指压力的作用方向垂直于纤维方向时的强度,这种破坏是由细胞腔被压扁产生极大变形而造成的。

木材的横纹抗压强度比顺纹抗压强度低得多,一般针叶树横纹抗压强度约为顺纹抗压强度的 10%,阔叶树的比值为 15%~20%。

(2) 抗拉强度。

顺纹抗拉强度是指拉力方向与纤维方向一致时的强度,这种破坏往往不是纤维被拉断而是纤维间被撕裂。顺纹抗拉强度是木材所有强度中最高的,但在实际应用中,由于木材存在各种缺陷(如木节、斜纹、裂缝等),对其影响极大。

木材抵抗垂直于纹理拉伸的最大应力称为横纹抗拉强度。木材横纹抗拉强度的值通常很低,且在干燥过程中常常会发生开裂,导致木材横纹抗拉强度完全丧失。因此,在任何木结构部件中都要尽量避免产生横纹拉伸应力。

横纹抗拉强度值很低,通常仅为顺纹抗拉强度的 1/10~1/65。有时,横纹抗拉强度可以作为预测木材干燥时开裂易否的重要指标。

(3) 抗弯强度。

木材受弯时内部应力十分复杂,构件上部为顺纹受压,下部为顺纹抗拉,水平面内则有剪切力。当木材受弯破坏时,首先是受压区达到强度极限,产生大量变形,但构件仍能继续承载,随后受拉区也达到强度极限,纤维间的连接被撕裂及纤维的断裂导致最终破坏。

木材抗弯强度介于顺纹抗拉强度和顺纹抗压强度之间,各树种的平均值约为 90MPa,针叶树材中最大的为长苞铁杉(122.7MPa),最小的为柳杉(53.2MPa);阔叶树材中最大的为海南子京(183.1MPa),最小的为兰考泡桐(28.9MPa)。径向和弦向抗弯强度间的差异主要表现在针叶树材上,弦向比径向高出 10%~12%;阔叶树材两个方向上差异一般不明显。

(4) 抗剪强度。

当木材受剪切作用时,因剪切面和剪切方向的不同,分为顺纹剪切、横纹剪切和横纹切断三种。

当木材用做结构材时,常常承受剪切力,例如,当梁的高度大、跨度短,承受中央荷载时,产生大的水平剪应力;木材接榫处产生平行或垂直于纤维的剪应力;螺栓联结木材时也产生平行和垂直于纤维的剪应力。胶合板和层积材常在胶结层产生剪应力。顺纹抗剪强度是剪切强度中最小的。

以木材顺纹抗压强度为1，木材各种强度之间的比例关系见表14-1。

表14-1 木材强度之间的关系

抗压		抗拉		抗弯	抗剪	
顺纹	横纹	顺纹	横纹		顺纹	横纹
1	1/10~1/3	2~3	1/20~1/3	1.5~2	1/7~1/3	1/2~1

(5) 影响木材强度的主要因素。

① 含水率。

当木材的含水率在纤维饱和点以上时，自由水虽然充满导管、管胞和木材组织其他分子的大毛细管，但只浸入木材细胞腔内部和细胞间隙，同木材的实际物质没有直接相结合，所以对木材的力学性质几乎没有影响，木材强度呈现出一定的值。当含水率处在纤维饱和点以下时，结合水吸着于木材内部表面上，随着含水率的下降，木材发生干缩，胶束之间的内聚力增大，内摩擦系数增高，密度增大，因而木材力学强度急剧增加。

在含水率从纤维饱和点起下降至零的范围内，除抗拉强度，其他强度都会显著地增大。例如，含水率每降低1%，顺纹抗拉强度增加约1%，横纹抗拉强度增加约1.5%，抗弯强度增加约5%，顺纹抗剪强度增加约3%。

根据我国木材物理力学试验方法规定，木材强度值都应调整到含水率12%时的强度值，所以，测定木材强度时，为了测定结果的准确，必须注意含水率的影响，必要时需做含水率的修正。可利用下式进行换算：

$$\sigma_{12} = \sigma_w \cdot [1 + \alpha(W - 12)] \tag{14-1}$$

式中，σ_{12} 为含水率为12%时的木材强度，MPa；σ_w 为含水率为 W 时的木材强度，MPa；W 为试验时的木材含水率，%；α 为含水率校正系数，当木材含水率在9%~15%时，按表14-2取值。

表14-2 木材含水率校正系数 α 取值表

强度类型	抗压强度		顺纹抗拉强度		抗弯强度	顺纹抗剪强度
	顺纹	横纹	阔叶树材	针叶树材		
α 值	0.05	0.045	0.015	0	0.04	0.03

② 环境温度。

木材的强度随环境温度的升高而降低。当温度由25℃升到50℃时，针叶树抗拉强度降低10%~15%，抗压强度降低20%~24%。若木材长期处于60~100℃，会引起木材中水分及所含挥发物的蒸发，强度下降，变形增大，颜色呈暗褐色；若温度超过100℃以上，木材中部分组织会分解、挥发，颜色逐渐变黑，强度明显下降。因此，长期处于50℃以上的建筑物不宜采用木结构。

③ 荷载持续时间。

荷载持续时间会对木材强度有显著的影响。木材在长期荷载作用下不致引起破坏的最大强度，称为持久强度。由于木材受力后将产生塑性流变，使木材强度随荷载时间的增长而降低。木材的持久强度比其极限强度小得多，一般为极限强度的50%~60%。在设计木结构时，应考虑负荷时间对木材强度的影响。

④ 木材的缺陷。

木材在生长、采伐、储存、加工和使用过程中会产生一些缺陷(疵病)，如节子、裂纹、夹皮、斜纹、弯曲、伤疤、腐朽和虫害等。这些缺陷不仅降低木材的力学性能，而且影响木材的外观质量。其中节子、裂纹和腐朽对材质的影响最大。

节子：埋藏在树干中的枝条称为节子。活节由活枝条所形成，与周围木质紧密连生在一起，质地坚硬，构造正常。死节由枯死枝条所形成，与周围木质大部或全部脱离，质地坚硬或松软，在板材中有时脱落而形成空洞。材质完好的节子称为健全节，腐朽的节子称为腐朽节，漏节不但节子本身已经腐朽，而且深入树干内部，引起木材内部腐朽。木节对木材质量的影响随木节的种类、分布位置、大小、密集程度及木材的用途而不同。健全活节对木材力学性能无不利影响，死节、腐朽节和漏节对木材力学性能和外观质量影响最大。

裂纹：木材纤维与纤维之间分离所形成的隙缝称为裂纹。在木材内部，从髓心沿半径方向开裂的裂纹称为径裂，沿年轮方向开裂的称为轮裂。纵裂是沿木身顺纹理方向、由表及里的径向裂纹。木材裂纹主要是在立木生长期因环境或生长应力等因素或伐倒木因不合理干燥而引起的。裂纹破坏了木材的完整性，影响木材的利用率和装饰价值，降低木材的强度，也是真菌侵入木材内部的通道。

裂纹、腐朽、虫害等缺陷，不仅会造成木材结构的不连续和破坏其组织，严重影响木材的力学性能，有时甚至使木材完全失去使用价值。

3. 木材的防腐与防火

木材作为工程材料有两大缺点：一是易腐朽；二是易燃。易腐朽使得其耐久性差，特别是在干湿交替的环境里，尤其容易腐朽，降低其耐久性。木材经过防护处理，其耐久性可大大超过现今可供采伐和使用的木材，特别是人工木材的天然耐久性。

1) 木材的腐朽与防腐

木材的腐朽主要是真菌侵害所致。木材中常见的真菌有霉菌、变色菌和腐朽菌三种。霉菌生长在木材表面，变色菌以木材细胞腔内含物为养料，它们不破坏细胞壁，只会使木材变色，影响外观，不影响木材的强度。腐朽菌通过分泌酶将木材细胞壁物质分解为其所需养料，使木材腐朽破坏。

真菌在木材中的生存和繁殖必须同时具备三个条件：适当的水分、温度和空气。最适宜腐朽菌繁殖的条件是：木材的含水率为35%～50%，温度为25～30℃，而木材中有一定量的空气存在。要达到防腐的目的只要破坏其中一个条件就可以，例如，使木材的含水率低于20%，或将木材深埋地下，或完全浸入水中，则会隔绝空气，使真菌不能生存。

木材还有另一个腐朽源就是昆虫，如白蚁、天牛、蠹虫等。

木材防腐、防虫通常采用的方法如下：

(1)干燥法：将木材干燥至较低的含水率。

(2)防腐剂法：通过涂刷或浸渍防腐剂使木材含有有毒物质，使真菌无法寄生。常用的防腐剂有水剂(如氯化钠、氯化锌、硫酸铜、硼酚合剂)、油剂(如林丹五氯酚合剂)和乳剂(如氟化钠沥青膏浆)。防腐剂注入方法主要有表面喷涂法、常温浸渍、冷热槽浸渍和压力浸渍法等。

(3)涂料覆盖：涂刷于木材表面的涂料能形成完整而坚韧的保护膜，达到隔绝空气和水分的目的，从而阻止真菌和昆虫的侵入。

2) 木材的防火

木材属易燃烧物质。木材的防火就是将木材经过具有阻燃性能的化学物质处理而变成难燃材料，以达到遇小火能自熄、遇大火能延缓或阻滞燃烧蔓延的目的。

木材防火处理方法有表面处理法(物理阻燃法)和溶液浸注法两种。

表面处理法(物理阻燃法)是采用不燃性材料覆盖在木材的表面，阻止木材直接与火焰接触，同时也起到防腐和装饰的作用。这类材料包括金属、水泥砂浆、石膏及防火涂料。

溶液浸注法是将阻燃剂注入木材内，分为常压浸注法和加压浸注法，与注入防腐剂类似。

4. 木材在建筑工程中的应用

1) 天然木材的直接利用

建筑工程中常用木材按其用途和加工程度分为原条、原木、锯材和枕木四类。

原条是指除去皮、根、树梢，但尚未按一定尺寸加工成规定直径和长度的木料。主要用于建筑工程的脚手架、建筑用材和家具等。

原木是指已除去皮、根、树梢，并已按一定尺寸加工成规定直径和长度的木料。主要用于建筑工程的屋架、檩、椽等，也可用做桩木、电杆、坑木等。对原木加工后可制成胶合板、建筑模型等。

锯材是指已加工锯解成材的木料，凡宽度为厚度的 3 倍或 3 倍以上的，称为板材，不足 3 倍的称为方材。板材中厚度为 12～21mm 的称为薄板，用于门芯板、隔断、木装修等；厚度为 25～30mm 的称为中板，用于屋面板、装修、地板等；厚度为 40～60mm 的称为厚板，用于门窗。

枕木是指按枕木断面和长度加工而成的材料，主要用于铁路工程。

2) 人造木材的利用

(1) 胶合板。

胶合板是用原木旋切成薄片，经干燥后用胶黏剂以奇数层数及各层纤维互相垂直的方向黏合，热压制成，构造木片层数为奇数，一般为 3～15 层。装饰中常用的是三合板、五合板。建筑工程中常用的是三合板和五合板。我国胶合板主要采用水曲柳、椴木、桦木、马尾松及部分进口原木制成。胶合板具有如下特点：板材幅面大，易于加工；板材纵、横向强度均匀，使用适用性强；板面平整、收缩小、避免了木材开裂、翘曲等缺陷；板材厚度可按需要选择，木材利用率较高。胶合板广泛用于建筑室内隔墙板、护壁板、顶棚板、门面板及各种家具和装修。

国家标准《胶合板》(GB/T 9846.3—2004)规定，普通胶合板分为三类：I 类胶合板，为耐候胶合板，供室外条件下使用，能通过煮沸试验；II 类胶合板，为耐水胶合板，供潮湿条件下使用，能通过 63±3℃热水浸渍试验；III 类胶合板，为不耐潮胶合板，供干燥条件下使用，能通过干状试验。室内使用的胶合板的甲醛释放量限值需达到国家标准要求。

(2) 细木工板。

细木工板在北方俗称"大芯板"，是一种特殊的胶合板。是用木板条拼接成芯条，两个表面为胶贴木质单板的实心板材。

细木工板的特点：具有质轻、易加工、握钉力好、不变形、强度高、吸声、绝热等优点，是室内装修和高档家具制作的理想材料。室内用细木工板需要限制甲醛释放量。

细木工板多用于隔墙板、顶棚板、门板、家具制作及室内装修等。

(3) 纤维板。

纤维板是将木材加工下来的板皮、刨花、树枝等废料，经破碎浸泡、碾磨成木浆，再加入一定的胶黏剂，经过热压成型、干燥处理而成的人造板材，分硬质纤维板、半硬质纤维板和软质纤维板三种。生产纤维板可以使木材的利用率达 90%以上。

纤维板的特点：材质构造均匀、各向强度一致，抗弯强度高，耐磨，绝热性好，不易涨缩和翘曲变形，不腐朽、无木节、虫眼等缺陷。在建筑中应用最广，它可替代木板，通常在板表面施以仿木纹油漆处理，可达到以假乱真的效果。

主要用于室内壁板、门板、地板、家具等。硬质纤维板俗称高密板，其密度不小于800kg/m³。具有强度高、材质构造均匀、质地坚密、吸水性和吸湿率低、不易干缩和变形、耐磨等特点。通常代替木板用于室内隔墙板、门芯板、家具等。半硬质纤维板表观密度为 400~800kg/m³，常制成带有一定孔型的盲孔板，板表面常施以白色涂料，这种板兼具吸声和装饰作用，多用于宾馆等室内顶棚材料。软质纤维板表观密度小于 400/m³，适合做保温隔热材料。

(4) 刨花板。

刨花板是以刨花木渣为原料，经干燥后拌入胶料，再经热压制成的人造板。

刨花板的特点：表观密度较小，强度较低，主要用于绝热和吸声材料。其表面可粘贴塑料贴面或胶合板作饰面层，既增加了板材的强度又使板材具有装饰性。

刨花板主要用于吊顶、隔墙、家具等材料。

(5) 木质地板。

木地板是由软木树材(如松、杉等)和硬木树材(如水曲柳、榆木、橡木、枫木、樱桃木等)，经加工处理而制成的木板拼铺而成的。木地板分为条木地板、拼花木地板、漆木地板、复合地板等。

条形木地板：是一块块呈长形单一的木地板，按一定的走向、图案铺设于地面。条形地板长短不一，种类也各有不同。

拼花形木地板：是事先按一定图案、规格，在设备良好的车间里，将几块(一般为四块)短条形木地板拼装完毕，呈正方形。有的还可以涂以漆料。施工时，即可将拼花形的板块再拼铺在地面上。

硬木地板：一般是指用阔叶树材制作的地板。具有较高的强度和优良的耐久性。

软木地板：一般是指用针叶树材制作的地板块。具有弹性。

复合木地板：用经特殊处理的木材按合理的结构组合，再经高温高压制成，强度较高，不易收缩开裂和翘曲变形。

拼花木地砖：是用优质的山毛榉等硬杂木材加工成细木条，用胶黏剂拼粘成块形，经刨平、打磨、着色、刷高级耐磨漆而制成。

精竹地板：是用优质天然竹料加工成竹条，经特殊处理后，在压力下拼成不同宽度和长度的长条，然后刨平、开槽、打光、着色、上多道耐磨漆制成的带有企口的长条地板。

14.1.2 竹材

竹材在土木建筑工程中有广泛应用。我国 2000 多年前，即已广泛用于房屋的建造。在庭园中以竹建亭榭和走廊相连，更有东方别致之感。在国外一些盛产竹材的国家，如孟加拉国农村房屋 90%用竹材建造。竹材在土建工程中用途很多，大致可分为以下几类：基柱、建筑推架、脚手架、地面材料(地板)、屋面材料(竹瓦)、墙壁(竹板墙、篱笆墙)、桁架、土竹结构、室内装饰、竹水管、竹筋混泥土等。

1. 竹材的性能

1)竹材的物理力学性质

密度：竹材的密度因竹龄(成熟的密度较大)、竹的部位(梢段或秆壁外缘密度较大)和竹种而异，平均约为 640kg/m³。

含水率：竹材中水分重量与绝对干竹材重量之比称为竹材含水率，一般与竹龄、部位和季节有关。

2)竹材的干缩率

鲜竹在干燥过程中逐渐失去水分而引起收缩，竹材的收缩率小于木材，但不同方向有显著不同，一般是弦向大，纵向小，因此失水收缩时竹竿变细而不变短。干燥时失水快而不匀，容易径裂；气干竹材吸水性强。

3)竹材的强度

竹材的顺纹抗拉强度较高，平均约为木材的 2 倍，单位重量的抗拉强度为钢材的 3~4 倍，顺纹抗剪强度低于木材。强度从竹竿基部向上逐渐提高，并因竹种、年龄和立地条件而异。抗压强度为木材的 1.5~2 倍。表 14-3 为竹材各种强度。

表 14-3　竹材各种力学强度　　　　　　　　　　　　(单位：MPa)

项目	顺纹					横纹			横纹挤压		
	抗拉	抗压	挤压	径向抗压	劈裂	径向抗压	弦向抗压	抗弯	切向	径向内边	径向外边
强度	150	65	59	11.5	2.3	10.6	20	1157	22.6	154	22.8

2. 竹材制品的综合利用

从用途和结构上看，主要是将竹材加工成板材使用，竹材制品分类归纳见图 14-1。

常用竹材制品的特点与应用途径如下：

(1)竹编胶合板。竹编胶合板是将竹材劈篾、编席、涂胶、热压胶合而成的一种竹材人造板，表面平整度较差，但具有质轻、柔韧性及抗冲击性好等性能，在预制房屋建造中可代替石棉、钢材和石膏等材料作为屋顶及墙体材料。竹编胶合板分为薄板和厚板，薄板用于包装箱板、室内顶板、侧壁板等，厚板用于建筑模板。

(2)竹材胶合板。竹材胶合板是竹材经过热处理后，经展平、刨削、干燥、涂胶、组坯、热压胶合而成的一种竹材人造板，具有强度高、刚性好、自重轻等特点，可作为墙体、天花饭和门板材料，也可作为建筑模板的基板使用。

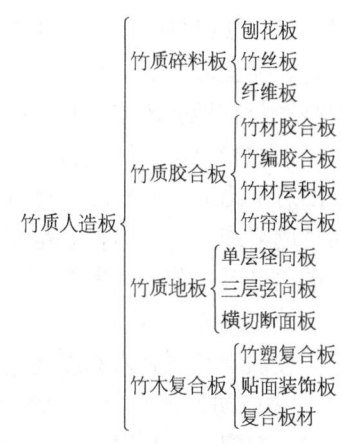

图 14-1　竹质板材分类

(3)竹帘胶合板。竹帘胶合板是以竹席为面层材料，以纵横交错组坯的竹帘为芯层材料，经干燥、浸胶、组坯、热压胶合而成的一种竹材人造板，具有强度高、韧性好、幅面宽、拼缝少、表面光滑、耐水、耐热、不变形、周转次数高等特点，可作为屋顶、墙体及隔断材料，也可作建筑模板使用。

(4)竹材层积板。竹材层积板是用一定规格的竹篾，经干燥、浸胶、干燥、组坯、热压胶合而成的一种竹材人造板，纵向强度和刚度很高，但横向强度和刚度很低。竹材层压板可用于横梁、柱体、门板、楼梯扶手和承重墙体等所受荷载较大或要求较高部件的制造。

(5)竹材碎料板。竹材碎料板是以竹质碎料为主要原料，经干燥、施胶、铺装成型、热压而成的一种竹材人造板，具有较高的强度及较低的吸湿膨胀性，可代替木材人造板和夹心板作为预制房屋墙体、隔断和门板的较好材料，并可用于屋顶材料及天花板的制造。

14.2 石　　材

石材可加工成板材，作为一种高档建筑装饰材料广泛应用于室内外装饰设计、幕墙装饰和公共设施建设，或者加工成块状作为砌筑材料；此外，将石材破碎成碎石或机制砂，可作为混凝土的原材料。目前市场上常见的石材主要分为天然石和人造石。人造石按工艺分为水磨石、合成石。水磨石是以水泥、混凝土等原料配制而成的；合成石是以天然石的碎石为原料，加上黏合剂等经加压、抛光而成的。此外，还有经高温焙烧而成的烧结型人造石材。

14.2.1　常用石材的岩石种类

岩石按其形成的条件分为岩浆岩、沉积岩和变质岩三大类。

1) 岩浆岩

岩浆岩也称火成岩，是来自地球内部的熔融物质，在不同地质条件下冷凝固结而成的岩石。熔浆由火山通道喷溢出地表凝固形成的岩石，称喷出岩或称火山岩。常见的火山岩有玄武岩、安山岩和流纹岩等。当熔岩上升未达地表而在地壳一定深度凝结而形成的岩石称侵入岩，按侵入部位不同又分为深成岩和浅成岩。花岗岩、辉长岩、闪长岩是典型的深成岩。花岗斑岩、辉长玢岩和闪长玢岩是常见的浅成岩。火成岩占地壳体积的 64.7%。

2) 沉积岩

沉积岩也称水成岩，是在地表常温、常压条件下，由风化物质、火山碎屑、有机物及少量宇宙物质经搬运、沉积和成岩作用形成的层状岩石。常见的沉积岩有砂岩、凝灰质砂岩、砾岩、黏土岩、页岩、石灰岩、白云岩、硅质岩、铁质岩、磷质岩等。沉积岩占地壳体积的 7.9%，但在地壳表层分布甚广，约占陆地面积的 75%，而海底几乎全部被沉积物所覆盖。

沉积岩有两个突出特征：一是具有层次，称为层理构造，层与层的界面叫层面，通常下面的岩层比上面的岩层年龄古老；二是许多沉积岩中有"石质化"的古代生物的遗体或生存、活动的痕迹——化石，它是判定地质年龄和研究古地理环境的珍贵资料，被称为纪录地球历史的"书页"和"文字"。

3) 变质岩

变质岩是原有岩石经变质作用而形成的岩石。根据变质作用类型的不同，可将变质岩分为 5 类：动力变质岩、接触变质岩、区域变质岩、混合变质岩和交代变质岩。常见的变质岩有糜棱岩、碎裂岩、角岩、板岩、千枚岩、片岩、片麻岩、大理岩、石英岩、角闪岩、片粒岩、榴辉岩、混合岩等。变质岩占地壳体积的 27.4%。

火成岩、沉积岩、变质岩三者可以互相转化。火成岩经沉积作用成为沉积岩，经变质作用成为变质岩。变质岩也可再次成为新的沉积岩，沉积岩经变质作用成为变质岩，沉积岩、变质岩可被熔化，再次成为火成岩。

14.2.2　天然石材的技术性质

天然石材的技术性质，可分为物理性质、力学性质和工艺性质。

1) 物理性质

表观密度：表观密度的大小常间接反映石材的致密程度与孔隙的多少。在通常情况下，同种石材的表观密度越大，则抗压强度越高，吸水率越小，耐久性越好，导热性越好。

天然石材根据表观密度大小可分为：①轻质石材，其表观密度不大于 $1800kg/m^3$，主要用于墙体材料；②重质石材，其表观密度大于 $1800kg/m^3$，多用于基础、桥涵、挡土墙和道路等工程。

吸水性：石材的吸水性对其强度与耐水性有很大影响。石材吸水后，会降低颗粒之间的黏结力，从而使强度降低。有些岩石还容易被水溶蚀，因此，吸水性强与易溶的岩石，其耐水性较差。

石材的吸水性还影响其他性能，如石材的导热性、抗冻性等。

耐水性：石材的耐水性确定其在建筑中的使用部位。吸水性大的石材，耐水性差。石材的耐水性用软化系数表示。

根据软化系数大小，可将石材分为高、中、低三个等级。软化系数大于 0.90 的为高耐水性，软化系数在 0.75~0.90 的为中耐水性，软化系数在 0.60~0.75 的为低耐水性，软化系数小于 0.60 者，则不允许用于重要建筑物中。

抗冻性：抗冻性是指抵抗冻融破坏的能力，用石材在水饱和状态下按规范要求所能经受的冻融循环次数(在-15℃的温度下冻结，再在 20℃的水中融化为一个循环)的多少来表示。冻融循环的次数越多，表明抗冻性越好。抗冻性与耐水性一样与石材的吸水性有密切关系，吸水率大的石材，其抗冻性差。一般情况下，吸水率低于 0.5%的石材认为是抗冻的，可以不进行抗冻性实验检测。

耐热性：石材的耐热性与其化学组成和矿物组成有关。不同的化学组成和矿物组成所能承受的温度有很大的区别。如含有石膏的石材，在 100℃以上时就开始破坏；含有碳酸镁的石材，温度高于 725℃会发生破坏；含有碳酸钙的石材，温度达 827℃时开始破坏。由石英与其他矿物所组成的结晶石材，如花岗岩等，当温度达到 700℃以上时，由于石英受热发生膨胀，强度迅速下降。

导热性：石材的导热性与表观密度大小及内部孔隙的状态有关，用导热系数表示，反映传递热量的能力。重质石材的导热系数可达到 $2.91~3.49W/(m·K)$，轻质石材的导热系数则为 $0.23~0.70W/(m·K)$。

2) 力学性质

天然石材的力学性质主要包括抗压强度、冲击韧性、硬度及耐磨性等。

抗压强度：矿物组成对石材的有一定的影响。例如：花岗岩的主要矿物成分为石英，是很坚硬的矿物，其含量越高则强度也越大，云母由片状矿物组成，易分裂成柔软的薄片，则云母含量越多其强度越低；沉积岩的强度还与胶结物的成分有关，硅质胶结物的抗压强度高于石灰质胶结物，而泥质胶结物的抗压强度最低。

相同的组成、不同的结构和构造特征，其抗压强度也会不同，结晶质石材的强度高于玻璃质石材，等粒状结构石材的强度大于斑状石材，构造致密的石材强度高于疏松多孔的石材，层状、片状或带状构造的石材，其垂直于层理方向的抗压强度高于平行于层理方向的强度。

石材的抗压强度以三个边长为 70mm 的立方体试块的抗压破坏强度的平均值表示。根据抗压强度值的大小，石材共分九个强度等级：MU100、MU80、MU60、MU50、MU40、MU30、MU20、MU15、和 MU10。抗压试件也可采用表 14-4 所列各种边长尺寸的立方体，但应对其试验结果乘以相应的换算系数。

表 14-4 石材强度等级的换算系数

立方体边/mm	200	150	100	70	50
换算系数	1.43	1.28	1.14	1.00	0.86

冲击韧性：天然石材为典型的脆性材料，其冲击韧性较差。石材的冲击韧性取决于岩石的矿物组成与构造。石英岩、硅质砂岩脆性较大。含暗色矿物较多的辉长岩、辉绿岩等具有较高的韧性。通常，晶体结构的岩石比非晶体结构的岩石具有较高的韧性。

硬度：由致密、坚硬矿物组成的石材，其硬度就高。岩石的硬度以莫氏硬度表示，见表 14-5。

表 14-5 石材的莫氏硬度表

1级	2级	3级	4级	5级	6级	7级	8级	9级	10级
滑石	石膏	方解石(大多数的大理石)	萤石	磷灰石	长石(花岗岩)	石英(花岗岩)	黄玉	刚玉	金刚石

莫氏硬度表用来测量石材耐磨的程度。当沉积物或沙砾比石材表面硬时，就会刮伤石材。例如，硬塑料硬度等级大约为 2.0，它不会刮伤等级为 3 的方解石(大理石)；硬度为 6 级的沙子会刮伤 3 级的方解石，但不会刮伤 7 级的石英石即花岗岩。硬度等级越高，就越耐磨。建筑物中外来沉积物硬度测量值为 3.0~7.0。

耐磨性：耐磨性是指石材在使用条件下抵抗摩擦、边缘剪切及冲击等复杂作用的能力。石材的耐磨性包括耐磨损与耐磨耗两方面。凡是用于可能遭受磨损作用的场所(如台阶、人行道、地面、楼梯踏步等)和可能遭受磨耗作用的场所(如道路路面的碎石等)，应采用具有高耐磨性的石材。

3) 工艺性质

石材的工艺性质，主要指其开采和加工过程的难易程度及可能性，包括加工性、磨光性与抗钻性等。

加工性：石材的加工性，主要是指对岩石开采、锯解、切割、凿琢、磨光和抛光等加工工艺的难易程度。凡强度、硬度、韧性较高的石材，不易加工；质脆而粗糙，有颗粒交错结构，含有层状或片状构造，以及业已风化的岩石，都难以满足加工要求。

磨光性：指石材能否磨成平整光滑表面的性质。致密、均匀、细粒的岩石，一般都有良好的磨光性，可以磨成光滑亮洁的表面。疏松多孔、有鳞片状构造的岩石，磨光性不好。

抗钻性：指石材钻孔时，其难易程度的性质。影响抗钻性的因素很复杂，一般石材的强度越高、硬度越大，越不易钻孔。

由于用途和使用条件的不同，对石材的性质及其所要求的指标均有所不同。工程中用于基础、桥梁、隧道及石砌工程的石材，一般规定其抗压强度、抗冻性与耐水性必须达到一定指标。

建筑工程中常用天然石材的技术性能可参见表 14-6。

表 14-6 建筑中常用天然石材的性能及用途

名称	主要质量指标		主要用途
	项目	指标	
花岗岩	表观密度/(kg/m³)	2500~2700	基础、桥墩、堤坝、拱石、阶石、路面、海港结构、基座、勒脚、窗台、装饰石材、混凝土骨料等
	强度/MPa 抗压	120~250	
	抗折	8.5~15.0	
	抗剪	13~19	
	吸水率/%	<1	

续表

名称	主要质量指标		主要用途
	项目	指标	
花岗岩	膨胀系数/(10^{-6}/℃)	5.6~7.34	基础、桥墩、堤坝、拱石、阶石、路面、海港结构、基座、勒脚、窗台、装饰石材、混凝土骨料等
	平均韧性/cm	8	
	平均质量磨耗率/%	11	
	耐用年限/年	75~200	
石灰岩	表观密度/(kg/m³)	1000~2600	墙身、桥墩、基础、阶石、路面、石灰、混凝土骨料、粉刷材料的原料等
	强度/MPa 抗压	22.0~140.0	
	强度/MPa 抗折	1.8~20	
	强度/MPa 抗剪	7.0~14.0	
	吸水率/%	2~6	
	膨胀系数/(10^{-6}/℃)	6.75~6.77	
	平均韧性/cm	7	
	平均质量磨耗率/%	8	
	耐用年限/年	20~40	
砂岩	表观密度/kg/m³	2200~2500	基础、墙身、衬面、阶石、人行道、纪念碑及其他装饰石材等
	强度/MPa 抗压	47~140	
	强度/MPa 抗折	3.5~14	
	强度/MPa 抗剪	8.5~18	
	吸水率/%	<10	
	膨胀系数/(10^{-6}/℃)	9.02~11.2	
	平均韧性/cm	10	
	平均质量磨耗率/%	12	
	耐用年限/年	20~200	
大理石	表观密度/(kg/m³)	2500~2700	装饰材料、踏步、地面、墙面、柱面、柜台、栏杆、电气绝缘板等
	强度/MPa 抗压	47~140	
	强度/MPa 抗折	2.5~16	
	强度/MPa 抗剪	8~12	
	吸水率/%	<1	
	膨胀系数/(10^{-6}/℃)	6.5~11.2	
	平均韧性/cm	10	
	平均质量磨耗率/%	12	
	耐用年限/年	30~100	

14.2.3 天然石材的应用

1. 常用天然石材

建筑工程中常使用的天然石材常加工为散粒状、块状，形状规则的石块、石板，形状特殊的石制品等。

毛石：是指在采石场爆破后直接得到的形状不规则的石块。按其表面的平整程度分为乱毛石和平毛石两类。建筑用毛石，一般要求石块中部厚度不小于150mm，长度为300~400mm，质量为20~30kg，其强度不宜小于10MPa，软化系数不应小于0.75。常用于砌筑基础、勒脚、墙身、堤坝、挡土墙等，也可配制片石混凝土等。

料石：是指用毛料加工成较为规则的，具有一定规格的六面体石材。按料石表面加工的平整程度可分为以下四种：毛料石、粗料石、半细料石和细料石。料石常用致密的砂岩、石灰岩、花岗岩等开采凿制，至少应有一个面的边角整齐，以便相互合缝。料石常用于砌筑墙身、地坪、踏步、拱和纪念碑等；形状复杂的料石制品可用于柱头、柱基、窗台板、栏杆和其他装饰品等。

大理石板材：是用大理石荒料经锯切、研磨、抛光等加工后的石板。大理石板材主要用于建筑物室内饰面。当用于室外时，因大理石抗风化能力差，易受空气中二氧化硫的腐蚀，而使表面层失去光泽，变色并逐渐破损。通常，只有汉白玉、艾叶青等少数几种致密、质纯的品种可用于室外。

花岗岩板材：是由火成岩中的花岗岩、闪长岩、辉长岩、辉绿岩等荒料加工而成的石板。该类板材的品种、质地、花色繁多。由于花岗岩板材质感丰富，具有华丽高贵的装饰效果，且质地坚硬、耐久性好，所以是室内外高级饰面材料。可用于各类高级建筑物的墙、柱、地、楼梯、台阶等的表面装饰及服务台、展示台、家具等。

2. 天然石材的选用

要考虑石材在建筑设计和施工中，根据适用性和经济性等原则选用石材。

适用性：主要考虑石材的技术性能是否能满足使用要求。可根据石材在建筑物中的用途和部位及所处环境，选定其主要技术性质能满足要求的岩石。

经济性：天然石材的密度大、运输不便、运费高，应综合考虑地方资源，尽可能做到就地取材。难以开采和加工的石料，将使材料成本提高，选材时应加注意。

安全性：天然石材是构成地壳的基本物质，因此可能存在含有放射性的物质。石材中的放射性物质主要是指镭、钍等放射性元素，在衰变中会产生对人体有害的物质。

3. 天然石材的防护

天然石材在长期使用过程中，受到周围环境因素(空气、水分中的有害物质，以及光、热，外力等的作用)的影响，而产生物理的或化学的变化，发生风化而逐渐破坏。其风化速度取决于石材的矿物组成及岩石本身的结构和构造。为了减轻与防止石材的风化破坏，除合理选用石材，还常采用表面处理的方法来隔绝有害介质的浸入。表面涂刷的材料有金属皂、石蜡、甲基硅醇钠、水玻璃等。

14.2.4 人造石材

人造石材是以大理石、花岗石碎料、石英砂、石渣等为骨料，树脂或水泥等为胶结料，经拌和、成型、聚合或养护后，研磨抛光、切割而成。常用的人造石材有人造花岗石、大理石和水磨石三种。它们具有天然石材的花纹、质感和装饰效果，而且花色、品种、形状等多样化，并具有质量轻、强度高、耐腐蚀、耐污染、施工方便等优点。

目前常用的人造石材有下述四类。

水泥型人造石材：以白色、彩色水泥或硅酸盐、铝酸盐水泥为胶结料，砂为细骨料，碎大理石、花岗石或工业废渣等为粗骨料，必要时再加入适量的耐碱颜料，经配料、搅拌、成型和养护硬化后，再进行磨平抛光而制成。如各种水磨石制品。

聚酯型人造石材：以不饱和聚酯为胶结料，加入石英砂、大理石渣、方解石粉等无机填料和颜料，经配制、混合搅拌、浇注成型、固化、烘干、抛光等工序而制成。

目前，国内外人造大理石、花岗石以聚酯型为多，该类产品光泽好、颜色浅，可调配成各种鲜明的花色图案。由于不饱和聚酯的黏度低，易于成型，且在常温下固化较快，便于制作形状复杂的制品。与天然大理石相比，聚酯型人造石材具有强度高、密度小、厚度薄、耐酸碱腐蚀及美观等优点。但其耐老化性能不及天然花岗石，故多用于室内装饰。

复合型人造石材：该类人造石材，是由无机胶结料和有机胶结料共同组合而成的。例如，可在廉价的水泥型板材上复合聚酯型薄层，组成复合型板材，以获得最佳的装饰效果和经济指标；也可将水泥型人造石材浸渍于具有聚合性能的有机单体中并加以聚合，以提高制品的性能和档次。有机单体可用苯乙烯、甲基丙烯酸甲酯、醋酸乙烯、丙烯氰、二氯乙烯、丁二烯等。

烧结型人造石材：这种石材是把斜长石、石英、辉石石粉和赤铁矿及高岭土等混合成矿粉，再配以40%左右的黏土混合制成泥浆，经制坯、成型和艺术加工后，再经1000℃左右的高温焙烧而成。如仿花岗石瓷砖，仿大理石陶瓷艺术板等。

目前较为流行的烧结型人造石主要是石英石和微晶石。

石英石属于合成石的一种，是一种由90%以上的石英晶体加上树脂及其他微量元素人工合成的一种新型石材。它是通过特殊的机器在一定的物理、化学条件下压制而成的大规格板材。它的主要材料是石英。石英石无辐射、硬度高，造就了石英石台面刮不花(莫氏硬度7)、污不染(真空制造、致密无孔)、烫不坏(石英材料，可耐温300℃)、用不旧(30道抛光工艺无需维护)、无毒无辐射(NSF认证，不含重金属，可与食品直接接触)。石英石台面色彩多样，戈壁系列、水晶系列、麻石系列、闪星系列更具特色，可以广泛应用于厨房台面、洗脸台、厨卫墙面、餐桌、茶几等领域，是一种无放射性污染、可重复利用的环保、绿色新型建筑室内装饰材料。需要指出的是，石英石的质量好坏与树脂的含量多少有直接的关系。石英石中石英的含量越高、树脂量越低，质量就越好，越接近天然，越不易变形。专家指出，当石英石中树脂的含量大于10%时，其相应技术指标就会随之下降。

14.3 建筑玻璃与建筑陶瓷

玻璃、陶瓷在建筑工程中用做功能材料或装饰材料。

14.3.1 建筑玻璃

玻璃是以石英砂、纯碱、长石和石灰石等为主要原料，经1550~1600℃高温下烧至熔融，急冷固化而成的非结晶无机固体材料。

建筑玻璃即建筑用的玻璃。建筑玻璃的功能除满足采光要求，还具有能调节光线、保温隔热、安全(防弹、防盗、防火、防辐射、防电磁波干扰)、艺术装饰等特性。

1. 玻璃的分类及特性

玻璃的分类方法较多，简单归纳见图14-2。

硅酸盐玻璃应用最广，也就是常用的建筑玻璃。

按生产工艺分为平板玻璃、深加工玻璃。平板玻璃主要分为三种：引上法平板玻璃(分有槽和无槽两种)、平拉法平板玻璃和浮法玻璃。

建筑玻璃分为平板玻璃、钢化玻璃、中空玻璃、夹层玻璃、压花玻璃、节能玻璃、玻璃砖等。

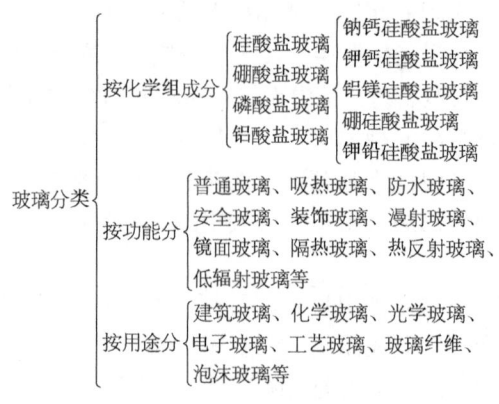

图 14-2 玻璃分类

玻璃的特性如下：

各向同性：玻璃的分子排列是无规则的，其分子在空间中具有统计上的均匀性。在理想状态下，均质玻璃的物理、化学性质（如折射率、硬度、弹性模量、热膨胀系数、导热率、电导率等）在各方向都是相同的。

无固定熔点：玻璃由固体转变为液体是在一定温度区域（即软化温度范围）内进行的，它与结晶物质不同，没有固定的熔点。

介稳性：玻璃态物质一般由熔融体快速冷却而得到，从熔融态向玻璃态转变时，冷却过程中黏度急剧增大，质点来不及做有规则排列而形成晶体，没有释出结晶潜热，因此，玻璃态物质比结晶态物质含有较高的内能，其能量介于熔融态和结晶态之间，属于亚稳状态。从力学观点看，玻璃是一种不稳定的高能状态，如存在低能量状态转化的趋势，即有析晶倾向，所以，玻璃是一种亚稳态固体材料。

渐变性与可逆性：玻璃态物质从熔融态到固体状态的过程是渐变的，其物理、化学性质的变化也是连续的和渐变的。这与熔体的结晶过程明显不同，结晶过程必然出现新相，在结晶温度点附近，许多性质会发生突变。而玻璃态物质从熔融状态到固体状态是在较宽温度范围内完成的，随着温度逐渐降低，玻璃熔体黏度逐渐增大，最后形成固态玻璃，但是过程中没有新相形成。相反玻璃加热变为熔体的过程也是渐变的。

2. 玻璃的性质

(1) 密度：玻璃可以认为是致密的材料，内部几乎没有孔隙，密度与化学成分有关，含重金属离子时密度大，建筑玻璃的表观密度为 2.5~2.6g/cm³。

(2) 光学性质：玻璃具有优良的光学性能，广泛用于建筑物的采光、装饰及光学仪器和日常器皿。当光线入射玻璃时，玻璃会对其产生吸收、反射、透射三种作用。采光部位要求玻璃具有较高的透光率，如优质 2mm 厚窗用玻璃的透光率可达到 90%。兼有隔热要求的部位，要求具有较高的反射率，热反射玻璃的反射率可达 40%以上。用于隔热、防眩的部位，则要求具有较高的光线吸收率和透射性。

(3) 热学性质：普通玻璃的热导率为 0.75~0.92W/(m·K)，厚度为 3~5mm 窗玻璃能起到较好的保温隔热作用。由于玻璃具有较低的热导率,而弹性模量很高(48～83GPa),一旦表面经受温度骤变,易导致玻璃的破坏,所以玻璃的热稳定性很差。

(4) 力学性质：普通玻璃的抗压强度高达 600～1200MPa,抗拉强度为 40～80MPa,属典型的脆性材料,这也是玻璃的主要缺点。此外,玻璃具有较高的硬度、耐划性和耐磨性(莫氏硬度为 6～7),可经受长期使用不致因磨损而失去透明性。

(5) 化学稳定性：玻璃具有较高的化学稳定性,可抵抗除氢氟酸、磷酸外其他酸类的侵蚀,但其耐碱性较差,当长期受碱液侵蚀时,玻璃中的 SiO_2 会溶于碱液中而使玻璃受到侵蚀。

3. 建筑玻璃制品

1) 平板玻璃

平板玻璃也称白片玻璃或净片玻璃,属于钠钙硅酸盐玻璃,它具有透光、透明、保温、隔声、耐磨、耐气候变化等性能。平板玻璃主要物理性能指标：折射率约 1.52；透光度 85%以上(厚 2mm 的玻璃,有色和带涂层者除外)；软化温度 650～700℃；导热系数 0.81～0.93W/(m·K)；膨胀系数 $9～10×10^{-6}$/K；密度约 2.5g/m³；抗弯强度 16～60MPa。

平板玻璃按公称厚度分为 2mm、3mm、4mm、5mm、6mm、8mm、10mm、12mm、15mm、19mm、22mm、25mm。平板玻璃的质量应符合国家标准《平板玻璃》(GB 11614—2009)的规定。

2) 钢化玻璃

钢化玻璃是经热处理工艺之后的玻璃。其特点是在玻璃表面形成压应力层,机械强度和耐热冲击强度得到提高,并具有特殊的碎片状态。钢化处理后的玻璃不能再进行切割和加工,只能在钢化前就对玻璃进行加工至需要的形状,再进行钢化处理；另外,钢化玻璃强度虽然比普通玻璃高,但是钢化玻璃在温差变化大时有自爆的可能性,而普通玻璃不存在自爆的可能性。对其自爆性有所改善的玻璃叫均质钢化玻璃。

3) 中空玻璃

两片或多片玻璃以有效支撑均匀隔开并周边粘接密封,使玻璃层间形成有干燥气体空间的制品为中空玻璃。可采用浮法玻璃、夹层玻璃、钢化玻璃、幕墙用钢化玻璃和半钢化玻璃、着色玻璃、镀膜玻璃和压花玻璃,以及其他品种的玻璃制得。是一种良好的隔热、隔声、美观适用、并可降低建筑物自重的新型建筑材料。主要用于需要采暖、空调、防止噪声或结露及需要无直射阳光和特殊光的建筑物上。在中空玻璃内安装遮阳装置的制品叫内置遮阳中空玻璃制品。

4) 真空玻璃

真空玻璃是将两片平板玻璃四周密闭起来,将其间隙抽成真空并密封排气孔,两片玻璃之间的间隙为 0.1～0.2mm。真空玻璃的两片一般至少有一片是低辐射玻璃,这样就将通过真空玻璃的传导、对流和辐射方式散失的热降到最低,其工作原理与玻璃保温瓶的保温隔热原理相同。

中空玻璃与真空玻璃的区别见表 14-7。

表 14-7 中空玻璃与真空玻璃的区别

玻璃品种	间隙/mm	间隙介质	密封方式	导热系数/(W/m·K)	隔声量/dB
真空玻璃	0.1～0.2	真空	玻璃熔封	0.4～0.8	37～45
中空玻璃	6～12	气体	树脂胶粘接	1.5～2.9	24～27

5）夹层玻璃

夹层玻璃属于安全玻璃，是由两片或多片玻璃之间夹了一层或多层有机聚合物中间膜，经过特殊的高温预压(或抽真空)及高温高压工艺处理后，使玻璃和中间膜永久黏合为一体的复合玻璃产品。常用的夹层玻璃中间膜有 PVB、SGP、EVA、PU 等。此外，还有一些比较特殊的，如彩色中间膜夹层玻璃、SGX 类印刷中间膜夹层玻璃、XIR 类 LOW-E 中间膜夹层玻璃等。还有内嵌装饰件(金属网、金属板等)夹层玻璃、内嵌 PET 材料夹层玻璃等装饰及功能性夹层玻璃。

夹层玻璃即使碎裂，碎片也会被粘在薄膜上，破碎的玻璃表面仍保持整洁光滑。

6）夹丝玻璃

夹丝玻璃又称防碎玻璃。它是将普通平板玻璃加热到红热软化状态时，再将预热处理过的铁丝或铁丝网压入玻璃中间而制成。它的特性是防火性优越，可遮挡火焰，高温燃烧时不炸裂，破碎时不会造成碎片伤人。另外还有防盗性能，玻璃割破还有铁丝网阻挡。主要用于屋顶天窗、阳台窗。

7）压花玻璃

压花玻璃是采用压延方法制造的一种平板玻璃，制造工艺分为单辊法和双辊法。单辊法是将玻璃液浇注到压延成型台上，台面可以用铸铁或铸钢制成，台面或轧辊刻有花纹，轧辊在玻璃液面碾压，制成的压花玻璃再送入退火窑。双辊法生产压花玻璃又分为半连续压延和连续压延两种工艺，玻璃液通过水冷的一对轧辊，随辊子转动向前拉引至退火窑，一般下辊表面有凹凸花纹，上辊是抛光辊，从而制成单面有图案的压花玻璃。压花玻璃的理化性能基本与普通透明平板玻璃相同，仅在光学上具有透光不透明的特点，可使光线柔和，并具有隐私的屏护作用和一定的装饰效果。压花玻璃适用于建筑的室内间隔、卫生间门窗及需要阻断视线的各种场合。

8）磨砂玻璃

磨砂玻璃是用普通平板玻璃经机械喷砂、手工研磨或氢氟酸溶蚀等方法将表面处理成均匀表面制成。由于表面粗糙，光线产生漫反射，透光而不透视，它可以使室内光线柔和而不刺目。常用于需要隐蔽的浴室、卫生间、办公室的门窗及隔断。使用时应将毛面向窗外。

9）镀膜玻璃

镀膜玻璃也称反射玻璃。镀膜玻璃是在玻璃表面涂镀一层或多层金属、合金或金属化合物薄膜，以改变玻璃的光学性能，满足某种特定要求。镀膜玻璃按产品的不同特性，分为热反射玻璃、低辐射玻璃(Low-E)。

热反射玻璃又叫阳光控制玻璃，对波长为 350～1800nm 的太阳光具有一定控制作用的镀膜玻璃，与普通玻璃比降低了遮阳系数，即提高了遮阳性能，但对传热系数改变不大。

低辐射玻璃，是一种对波长为 4.5～25μm 的远红外线有较高反射比的镀膜玻璃。对可见光有较高的透射率，对红外线有很高的反射率，具有良好的隔热性能，一般制成中空玻璃使用，而不单独使用。

在寒冷的北方，最佳的组合是外片采用透明的玻璃与采用离线磁控溅射法镀 Low-E 涂层的内片玻璃组合成的中空玻璃，能够保证冬季阳光中的近红外尽可能透入，而室内的物体吸热后发出的二次热辐射能够再次被玻璃"反射"回来；如果对于又要考虑在夏季让玻璃阻挡一定的近红外，则双银 Low-E 中空玻璃是一个更好的选择，因为，在红外吸收谱线可以看到双银 Low-E 也有很好的反射。

在炎热的南方气候，外片选择高透型双银 Low-E 或者具有遮阳功能的吸热玻璃并镀有 Low-E 涂层，内片可以是简单的透明玻璃组合而成的中空玻璃。

典型玻璃的光学热工参数如表 14-8 所示。

表 14-8 典型玻璃的光学热工参数

玻璃品种		可见光透射比 τ	太阳光总透射比 g_g	遮阳系数 SC	传热系数/($W/(m^2·K)$)
透明玻璃	3mm	0.83	0.87	1.00	5.8
	6mm	0.77	0.82	0.93	5.7
	12mm	0.65	0.74	0.84	5.5
吸热玻璃	5mm 绿色	0.77	0.64	0.76	5.7
	6mm 蓝色	0.54	0.62	0.72	5.7
	5mm 茶色	0.50	0.62	0.72	5.7
	5mm 灰色	0.42	0.60	0.69	5.7
热反射玻璃	6mm 高透光	0.56	0.56	0.64	5.7
	6mm 中等透光	0.40	0.43	0.49	5.4
	6mm 低透光	0.15	0.26	0.30	4.6
	6mm 特低透光	0.11	0.25	0.29	4.6
单片 Low-E	6mm 高透光	0.61	0.51	0.58	3.6
	6mm 中等透光型	0.55	0.44	0.51	3.5
中空玻璃	6 透明+12 空气+6 透明	0.71	0.75	0.86	2.8
	6 绿色吸热+12 空气+6 透明	0.66	0.47	0.54	2.8
	6 灰色吸热+12 空气+6 透明	0.38	0.45	0.51	2.8
	6 中等透光热反射+12 空气+6 透明	0.28	0.29	0.34	2.4
	6 低透光热反射+12 空气+6 透明	0.16	0.16	0.18	2.3
	6 高透光 Low-E+12 空气+6 透明	0.72	0.47	0.62	1.9
	6 中透光 Low-E+12 空气+6 透明	0.62	0.37	0.50	1.8
	6 较低透光 Low-E+12 空气+6 透明	0.48	0.28	0.38	1.8
	6 低透光 Low-E+12 空气+6 透明	0.35	0.20	0.30	1.8
	6 高透光 Low-E+12 氩气+6 透明	0.72	0.47	0.62	1.5
	6 中透光 Low-E+12 氩气+6 透明	0.62	0.37	0.50	1.4

10) 玻璃砖

玻璃砖是用透明或颜色玻璃制成的块状、空心的玻璃制品或块状表面施釉的制品，不承受建筑构件负荷。其品种主要有玻璃饰面砖、玻璃锦砖(玻璃马赛克)及空心玻璃砖等。

玻璃饰面砖：饰面砖又叫做"三明治瓷砖"，它采用两块透明的聚合材料制成的抗压玻璃板做"面包"中间的夹层可以随意搭配，放入其他材料，这样，整个饰面砖就活了起来，特别适合设计师的自由发挥。

玻璃锦砖(玻璃马赛克)：玻璃马赛克属于各种颜色的小块玻璃质镶嵌材料。分为熔融玻璃马赛克、烧结玻璃马赛克和金星玻璃马赛克，金星玻璃马赛克的金星分布闪烁面积应占总面积 20%以上，且显星部分分布均匀。

玻璃马赛克一般为正方形，常用尺寸有 20mm×20mm、25mm×25mm、30mm×30mm，其他规格尺寸由供需双方协商。厚度为 4~6mm。

玻璃马赛克具有耐酸碱、耐腐蚀、不褪色的特点，外观有无色透明的，着色透明的，半透明的，带金、银色斑点、花纹或条纹的，表面光泽滑润细腻，有极好的装饰性能。

空心玻璃砖：空心玻璃砖是一种隔声、隔热、防水、节能、透光良好的非承重装饰材料，由两块半坯在高温下熔接而成，可依玻璃砖的尺寸、大小、花样、颜色来做不同的设计表现。依照尺寸的变化可以在家中设计出直线墙、曲线墙及不连续墙的玻璃墙。

11）智能调光玻璃

智能调光玻璃属特种建筑装饰玻璃，又称电致变色玻璃，它通过电流变换可控制玻璃变色和颜色深浅度，控制及调节阳光照入室内的强度，使室内光线柔和舒适。用于建筑物门窗，既可自如变换光透过率，又可省却设置窗帘的机构及空间。由其制成的窗玻璃类似有电控装置的窗帘，主要用于需要保密或隐私防护的建筑场所。

14.3.2 建筑陶瓷

陶瓷是陶器和瓷器的总称。陶瓷材料大多是氧化物、氮化物、硼化物和碳化物等。常见的陶瓷材料有黏土、氧化铝、高岭土等。陶瓷材料一般硬度较高，但可塑性较差。除了在食器、装饰的使用上，在科学、技术的发展中亦扮演重要角色。

用于建筑工程中的陶瓷制品称为建筑陶瓷。因其坚固耐久、色彩鲜明、防火防水、耐磨耐蚀、易清洗、维修费用低等优点，成为现代建筑工程的主要装饰材料之一。

1. 陶瓷分类

陶瓷制品根据其致密程度分为陶质、瓷质、炻质三大类。

陶质制品多为多孔结构，通常吸水率较大，断面粗糙无光，敲击时声音粗哑，有无釉和施釉两种制品。根据其原材料杂质含量不同，又分为粗陶和精陶两种。粗陶不施釉，建筑上常用的烧结砖瓦就是最普通的粗陶制品，精陶一般施有釉，建筑饰面用的釉面砖及卫生陶瓷和彩陶等均属于此类。

瓷质制品结构致密，吸水率小，有一定的透明度，表面通常均施釉。根据其化学原料的化学成分与工艺制作不同，分为粗瓷和细瓷两种，瓷质制品多为日用茶具、陈设瓷、电瓷及美术用品等。

炻质制品是介于陶质和瓷质之间的一类陶瓷制品，也称半瓷。其构造比陶质致密，一般吸水率较小，但不如瓷质那么洁白，其坯体多带有颜色，且无半透明性。按其坯体的细密程度分为粗炻器和细炻器。建筑饰面用的外墙砖、地砖和陶瓷锦砖等均属于炻器。

2. 常用建筑陶瓷

常用的建筑陶瓷有陶瓷砖、陶瓷板、陶瓷锦砖、建筑琉璃制品等。

1）陶瓷砖

陶瓷砖是用于墙、地面等贴面的薄片或薄板状陶瓷质装修材料，也可用于炉灶、浴池、洗濯槽等贴面材料。有内墙面砖、外墙面砖、地面砖、陶瓷锦砖和陶瓷壁画等。用于装饰与保护建筑物、构筑物的墙面和地面。

根据国家标准《陶瓷砖》（GB/T 4100—2006），陶瓷砖的分类见表14-9。

内墙面砖：也称釉面砖，用精陶质材料制成，制品较薄，坯体气孔率较高，正表面上釉，以白釉砖和单色釉砖为主要品种，并在此基础上应用色料制成各种花色品种。

外墙面砖：由半瓷质或瓷质材料制成，分为有釉和无釉两类，均饰以各种颜色或图案。釉面一般为单色、无光或弱光泽。具有经久耐用、不退色、抗冻、抗蚀和依靠雨水自洗清洁的特点。

表 14-9 陶瓷砖的分类

成型方法	I 类 $E\leqslant 3\%$	II a 类, $3\%<E\leqslant 6\%$	II b 类 $6\%<E\leqslant 10\%$	III 类 $10\%<E$
A(挤压)	AI 类	AIIa1 类	AIIb1 类	AIII 类
		AIIa2 类	AIIb2 类	
B(干压)	BIa 类 瓷质砖 $E\leqslant 0.5\%$	BIIa 类 细炻砖	BIIb 类 炻质砖	BIII 类 陶质砖
	BIb 类 炻瓷砖 $0.5\%<E\leqslant 3\%$			
C(其他)	CI 类	CIIa 类	CIIb 类	CIII 类

注：E 为质量吸水率，%。

地面砖：用半瓷质材料制成，分为有釉和无釉两种，均饰以单色、多色、斑点和各种花纹图案。

陶瓷锦砖：也称马赛克，是用于地面或墙面的小块瓷质装修材料。可制成不同颜色、尺寸和形状，并可拼成一个图案单元，粘贴于纸或尼龙网上，以便于施工，并分为有釉和无釉两种。

2) 陶瓷壁画

陶瓷壁画为贴于内外墙壁上的艺术陶瓷。用于外墙的由半瓷质或瓷质材料制成，用于内墙的可由精陶材料制成。特点是经久耐用，永不退色。一般以数十甚至数千块白釉内墙砖拼成，用无机陶瓷颜料手工绘画烧制成画面。还有运用磁州窑特殊装饰工艺，制成特殊风格的花釉画面。

3) 建筑琉璃制品

建筑琉璃制品是用于建筑物的瓦类、脊类、饰件类的陶瓷制品，主要用于古建筑修复和园林建筑的装饰装修。

4) 陶管

用于民房、工业和农田建筑给水、排水系统的陶质管道，有施釉和不施釉两种，采用承插方式连接。陶管具有较高的耐酸碱性，管内表面有光滑釉层，不会附生藻类而阻碍液体流通。

14.4 墙体材料与屋面材料

建筑中，墙体具有承重、围护和分隔及保温、隔声的作用。在混合结构建筑中，墙体材料约占建筑总重的 50%，因此合理选用墙体材料，对建筑物的功能、安全及造价等均具有重要意义。我国建筑用墙体材料主要有砖、砌块和板材三大类。

屋面是建筑物最上层的防护结构，起着防风雨、保温隔热等作用，屋面材料主要有各类瓦材和轻型板材。

14.4.1 砌墙砖

砌墙砖按生产工艺分为烧结砖、蒸养(压)砖、免烧(蒸)砖。

按原料分为黏土砖(N)、页岩砖(Y)、灰砂砖、粉煤灰砖(F)、煤矸石砖(M)、煤渣砖等。

按孔洞率的大小分为：实心砖，孔洞率小于 25%；多孔砖，孔洞率小于 25%，孔的尺寸小数量多；空心砖，孔洞率不小于 40%，孔的尺寸大数量少。

1. 烧结砖

通过焙烧工艺而制成的砌墙砖为烧结砖。

1) 烧结普通砖生产与分类

以烧结黏土砖为例，砖的生产工艺是将原材料和黏土，经配料、制坯、干燥、焙烧而成的烧结普通砖，简称黏土砖(符号为 N)。

烧结黏土砖有红砖和青砖两种。若焙烧窑中为氧化气氛，黏土中的铁被氧化成红色的 Fe_2O_3，则砖为红砖；若焙烧窑中为还原气氛，红色的 Fe_2O_3 被还原为青色的 FeO，则所烧得的砖呈现青色。青砖比红砖强度高，耐久性较好。

由于砖在焙烧时窑内温度分布(火候)难于绝对均匀，除了合格的正火砖，还常出现欠火砖和过火砖。欠火砖色较浅，敲击声发哑，强度低，耐久性差。过火砖色深，敲击时声音清脆，有弯曲变形。欠火砖和过火砖均属不合格产品。

2) 烧结普通砖的技术性能指标

国家标准《烧结普通砖》(GB 5101—2003)中对烧普通结砖的尺寸偏差、外观质量、强度等级、抗风化性质等主要技术性能指标做了具体规定。

(1) 尺寸规格和质量等级。

烧结普通砖的标准尺寸是 240mm×115mm×53mm。4 块砖长、8 块砖宽、16 块砖厚，再加上砌筑 10mm 灰缝，长度均为 1m，因此 $1m^3$ 砖砌体需要用砖 512 块。标准规定尺寸偏差和抗风化性能合格的砖，根据外观质量、泛霜和石灰爆裂三项指标，分为优等品(A)、一等品(B)、合格品(C)三个等级。优等品可用于装饰墙和清水墙，一等品和合格品可用于混水墙。不得使用欠火砖、酥砖、螺纹砖。

酥砖是指砖坯被雨水淋、受潮、受冻，或在焙烧过程中受热不均等原因，从而产生大量的网状裂纹的砖，这种现象会使砖的强度和抗冻性能严重降低。螺纹砖是指从挤泥机挤出的砖坯上存在螺旋纹的砖，这些螺旋纹在烧结时不易消除，导致砖受力时产生应力集中，使砖的强度下降。

(2) 强度等级。

烧结普通砖按抗压强度分为 MU30、MU25、MU20、MU15 和 MU10 五个强度等级。其评定方法为：根据烧结普通砖 10 块砖样的抗压强度，当强度变异系数 $\delta \leq 0.21$ 时，采用抗压强度平均值和标准值进行评定；当强度变异数 $\delta > 0.21$ 时，采用抗压强度平均值和最小值进行评定。烧结普通砖的强度等级见表 14-10。

表 14-10 烧结普通砖强度等级

强度等级	抗压强度平均值 $\bar{f}$ /MPa	变异系数 $\delta \leq 0.21$	变异系数 $\delta > 0.21$
		强度标准值 f_k/MPa	单块最小抗压强度值 f_{min}/MPa
MU30	≥30.0	≥22.0	≥25.0
MU25	≥25.0	≥18.0	≥22.0
MU20	≥20.0	≥14.0	≥16.0
MU15	≥15.0	≥10.0	≥12.0
MU10	≥10.0	≥6.5	≥7.5

烧结普通砖的抗压强度标准值 f_k 按下式计算：

$$f_k = \bar{f} - 1.8S \tag{14-2}$$

式中，$\bar{f}$ 为10块砖的抗压强度平均值，MPa；S 为10块砖的抗压强度标准差，MPa。

变异系数 δ 的计算方法为

$$\delta = S / \bar{f} \tag{14-3}$$

(3)抗风化性能。

抗风化性能是指在干湿交替、温度变化、冻融循环等物理因素作用下，材料不破坏并长期保持原有性能的能力，是材料耐久性的重要内容之一。砖的抗风化性能越好，其使用寿命越长。在国家标准《烧结普通砖》(GB 5101—2003)中规定，严重风化区中的东北三省及内蒙古、新疆地区用砖应进行冻融试验，其他地区用砖可用沸煮吸水率与饱和系数指标表示其抗风化性能。其指标要求见表 14-11。

表 14-11 烧结普通砖的吸水率、饱和系数

砖种类	严重风化区				非严重风化区			
	5h 沸煮吸水率/%		饱和系数		5h 沸煮吸水率/%		饱和系数	
	平均值	单块最大值	平均值	单块最大值	平均值	单块最大值	平均值	单块最大值
黏土砖	≤18	≤20	≤0.85	≤0.87	≤19	≤20	≤0.88	≤0.90
粉煤灰砖	≤21	≤23			≤23	≤25		
页岩砖	≤16	≤18	≤0.74	≤0.77	≤18	≤20	≤0.78	≤0.80
煤矸石砖								

注：①当粉煤灰掺入量(体积比)小于30%时，抗风化性能指标按黏土砖规定；
②饱和系数为常温24h吸水量与沸煮5h吸水量之比。

(4)泛霜。

泛霜是指砖中可溶性盐类随砖内水分蒸发而在砖或砌块表面的析出现象，一般呈白色粉末、絮团或絮片状。这些结晶的粉状物不仅有损于建筑物的外观，而且结晶膨胀也会引起砖表层的酥松，同时破坏砖与砂浆间的黏结，造成粉刷层的剥落。中等泛霜砖不得用于结构潮湿部位。标准规定优等品应无泛霜，一等品不允许出现中等泛霜，合格品不得严重泛霜。

(5)石灰爆裂。

石灰爆裂是由于生产烧结普通砖的原料中夹杂着石灰石，焙烧时被烧成生石灰块，在使用过程中会吸水熟化成消石灰，体积膨胀产生内应力导致砖块裂缝，严重时甚至使砖块砌体强度降低，直至破坏。

3)烧结普通砖的应用

烧结普通砖具有一定的强度，较好的耐久性及隔热、隔声、价格低廉等优点，加之原料广泛、工艺简单，所以是我国应用最久、范围最广的墙体材料。可用来砌筑柱、拱、烟囱、地面及基础等。还可与轻骨料混凝土、加气混凝土、岩棉等复合砌筑成各种体中配置适合钢筋或钢丝网制作柱、过梁等，可代替钢筋混凝土柱、过梁使用。

2. 烧结空心砖和空心砌块

以黏土、页岩、煤矸石为主要原料，经焙烧而成的孔洞率较大的砖。其孔尺寸大而数量少，且平行于大面和条面。烧结空心砖和空心砌块也是直角六面体，见图 14-3。按国家标准《烧结空心砖和空心砌块》(GB 13545—2003)规定，烧结空心砖和空心砌块的孔洞率不小于40%。

空心砖的质量等级：根据孔洞排列及结构、尺寸偏差、外观质量、泛霜和石灰爆裂、吸水率分为优等品(A)、一等品(B)和合格品(C)三个质量等级。

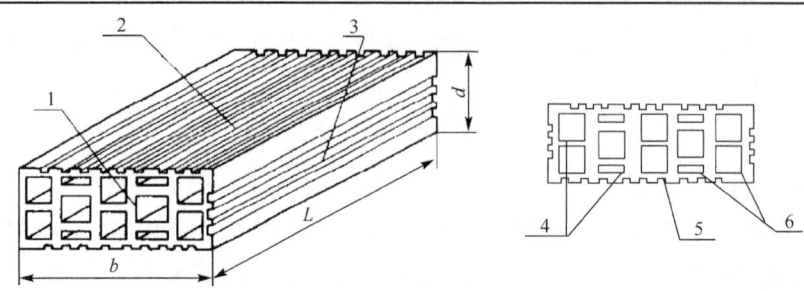

图 14-3 烧结空心砖各部位名称

1-顶面；2-大面；3-条面；4-肋；5-凹线槽；6-外壁；L-长度；b-宽度；d-高度

密度等级：根据五块砖的平均密度值分为 800、900、1000 和 1100 四个密度等级。

强度等级：按 10 块砖的大面抗压强度划分为 MU10、MU7.5、MU5.0、MU3.5、MU2.5 五个强度等级，具体指标见表 14-12。

表 14-12 烧结空心砖和空心砌块的强度等级

强度等级	大面抗压强度/MPa			密度等级 /(kg/m³)
	抗压强度平均值 $\bar{f}$/MPa	变异系数 $\delta \leqslant 0.21$	变异系数 $\delta > 0.21$	
		强度标准值 f_k/MPa	单块最小抗压强度值 f_{min}/MPa	
MU10	≥10	≥7.0	≥8.0	≤1100
MU7.5	≥7.5	≥5.0	≥5.8	
MU5.0	≥5.0	≥3.5	≥4.0	
MU3.5	≥3.5	≥2.5	≥2.8	
MU2.5	≥2.5	≥1.6	≥1.8	≤800

烧结空心砖和空心砌块的自重较轻，强度较低，多用于建筑物的非承重部位墙体，如多层建筑内隔墙或框架结构的填充墙等，各种类型的砖在使用时均要注意耐久性。

3. 烧结多孔砖和多孔砌块

烧结多孔砖为大面有孔的直角六面体，孔多而小，孔洞垂直于受压面。国家标准《烧结多孔砖和多孔砌块》(GB 13544—2011)规定，根据砖的抗压强度平均值和标准值分为 MU30、MU25、MU20、MU15、MU10 五个强度等级；根据砖的干燥表观密度平均值分为 1000、1100、1200、1300 四个密度等级。对砖的尺寸、外观质量、孔型、孔结构及孔洞率、泛霜、石灰爆裂、抗风化性能、放射性核素限量均做出相应规定要求。

烧结多孔砖具有一定的孔洞率，使砖受压时有效受压面积减小，但制坯时受到较大的压力，砖孔壁密实度较高，故砖的抗压强度较高。主要用于砌筑六层以下建筑物的承重墙或者高层框架结构的填充墙。由于其多孔构造，不宜用于基础墙、地面以下或室内防潮层以下的建筑部位。

4. 非烧结砖

不经焙烧而制成的砖均为非烧结砖，如蒸养(压)砖、混凝土砖、碳化砖等。目前，应用较广的是蒸养(压)砖。这类砖是以含钙材料(石灰、电石渣等)和含硅材料(砂子、粉煤灰、煤矸石灰渣、炉渣等)与水拌和，经压制成型，在自然条件下或人工水热合成条件(蒸养或蒸压)

下，反应生成以水化硅酸钙、水化铝酸钙为主要胶结料的硅酸盐建筑制品。主要品种有蒸压灰砂砖、粉煤灰砖、炉渣砖、混凝土多孔砖和实心混凝土砖等。

1) 蒸压灰砂砖

以石灰、天然砂为原料，经拌和、压制成型、蒸压养护（175～191℃，0.8～1.2MPa 的饱和蒸汽）而制成，原料中石灰占 10%～20%。表观密度为 1800～1900kg/m³，导热系数约 0.61W/(m·K)。尺寸规格与烧结普通砖相同，为 240mm×115mm×53mm。国家标准《蒸压灰砂砖》(GB 11945—1999) 规定，按照尺寸偏差和外观分为优等品(A)、一等品(B) 和合格品(C) 三个质量等级。根据浸水 24h 后的抗压强度和抗折强度分为 MU25、MU20、MU15 和 MU10 四个强度等级。

MU15、MU20、MU25 的砖可用于基础及其他建筑；MU10 的砖仅可用于防潮层以上的建筑。蒸压灰砂砖中的某些产物不耐酸，也不耐热，因此，蒸压灰砂砖不得用于长期受热（200℃以上）、受急冷急热和有酸性介质侵蚀的建筑部位，也不宜用于有流水冲刷的部位。

2) 粉煤灰砖

以粉煤灰、石灰或水泥为主要原料，掺加适量石膏、外加剂、颜料和集料等，经坯料制备、成型、常压或高压蒸汽养护而制成的实心粉煤灰砖。砖的颜色分为本色(N) 和彩色(Co) 两类。其外形尺寸同普通砖完全相同，表观密度约为 1500 kg/m³。我国行业标准《粉煤灰砖》(JC 239—2001) 规定，按抗压强度和抗折强度分为 MU30、MU25、MU20、MU15 和 MU10 五个强度等级。

粉煤灰砖可用于工业与民用建筑的墙体和基础。但用于基础或易受冻融和干湿交替作用的建筑物部位，必须使用 MU15 及以上强度等级的砖。粉煤灰砖不得用于长期受热（200℃以上）、受急冷急热和有酸性介质侵蚀的建筑部位。为避免或减少收缩裂缝的产生，用粉煤灰砖砌筑的建筑物，应适当增设圈梁及伸缩缝。

3) 炉渣砖

炉渣砖是以煤燃烧后的残渣为主要原料，掺入适量的石灰（水泥、电石渣）、石膏，经混合、压制成型、蒸养或蒸压养护而成的实心砖。

炉渣砖的尺寸规格与烧结普通砖相同，呈黑灰色，表观密度为 1500～2000kg/m³，吸水率为 6%～19%。我国行业标准《炉渣砖》(JC/T 525—2007) 规定，按抗压强度分为 MU25、MU20 和 MU15 三个强度等级。干燥收缩率应不大于 0.06%。耐火极限不小于 2.0h。用于清水墙的砖，还要求抗渗性指标——三块中任一块的水面下降高度不大于 10mm。

炉渣砖可用于一般工程的墙体和建筑基础，但不得用于受高温、受急冷急热交替作用或有酸性介质侵蚀的部位。

4) 混凝土多孔砖

是以水泥为胶结材料，以砂、石等为主要集料，加水搅拌、成型、养护制成的一种多排小孔的混凝土砖，混凝土多孔砖的孔洞率应不小于 30%。

混凝土多孔砖的长度、宽度、高度应符合 290mm、240mm、190mm、180mm；240mm、190mm、115mm、90mm；115mm、90mm 的尺寸要求。最小外壁厚度不小于 15mm，最小肋厚不应小于 10mm。根据行业标准《混凝土多孔砖》(JC 943—2004) 的规定，按尺寸偏差、外观质量，混凝土多孔砖分为一等品(B) 和合格品(C) 两个质量等级；根据 10 块砖的抗压强度划分为 MU10、MU15、MU20、MU25 和 MU30 五个强度等级。

混凝土多孔砖具有制作简单、强度高、耐久性好等优点。缺点是自重大、表面不平整、尺寸误差较大及干燥收缩大。主要用于工业与民用建筑结构的承重墙，应用时注意运输堆放要采取防雨措施，施工技术要求参照普通混凝土小型空心砌块。

14.4.2 砌块

砌块是尺寸较大的墙体材料，一般为直角六面体。按产品主规格的尺寸，可分为大型砌块（高度>980mm）、中型砌块（高度为380～980mm）和小型砌块（高度为115～380mm）。砌块高度一般不大于长度或宽度的6倍，长度不超过高度的3倍。根据需要也可生产各种异形砌块。

砌块按用途可分为承重砌块和非承重砌块；按有无孔洞可分为实心砌块（无孔洞或空心率<25%）和空心砌块（空心率≥25%）；按材质可分为蒸压加气混凝土砌块、粉煤灰混凝土小型空心砌块、普通混凝土小型空心砌块、轻集料混凝土小型空心砌块和泡沫混凝土砌块等。

1）蒸压加气混凝土砌块

以钙质材料（水泥、石灰等）和硅质材料（砂、矿渣、粉煤灰等）及加气剂（铝粉）等，经配料、搅拌、浇筑、发气（由化学形成孔隙）、预养切割、蒸汽养护等工艺过程制成。

国家标准《蒸压加气混凝土砌块》（GB/T 11968—2006）规定，按抗压强度划分为A1.0、A2.0、A2.5、A3.5、A5.0、A7.5和A10.0七个级别。按砌块的表观密度划分为B03、B04、B05、B06、B07和B08六个级别。按尺寸偏差与外观质量、体积密度和抗压强度分为优等品（A）和合格品（B）两个质量等级。

蒸压加气混凝土砌块具有体积密度小、保温隔热性能好、防火、可加工性能好等特性，广泛用于工业与民用建筑物的内外墙体。可用于多层建筑物的承重墙和非承重墙及隔墙，体积密度级别低的砌块可用于屋面保温。但砌块干燥收缩较大，不得用于长期浸水或经常干湿交替的部位，也不得用于受酸侵蚀的部位，当用于外墙时，应进行饰面处理或憎水处理，防止因风化、日晒雨淋等使蒸压加气混凝土砌块产生开裂。

2）粉煤灰混凝土小型空心砌块

以粉煤灰、水泥、集料和水等为主要组分（也可加入外加剂等）制成的混凝土小型空心砌块。其主规格尺寸为390mm×190mm×190mm。

行业标准《粉煤灰混凝土小型空心砌块》（JC/T 862—2008）规定，按密度分为600、700、800、900、1000、1200和1400七个级别。按5块试件的抗压强度分为MU3.5、MU5.0、MU7.5、MU10.0、MU15和MU20六个等级。

粉煤灰混凝土小型空心砌块属硅酸盐类制品，其干缩值比水泥混凝土大，弹性模量低于同强度的水泥混凝土制品。适用于一般工业与民用建筑的墙体和基础。但不宜用于长期受高温（如炼钢车间）和经常受潮湿的承重墙，也不宜用于有酸性介质侵蚀的建筑部位。

3）普通混凝土小型空心砌块

以普通混凝土拌和物为原料，经成型、养护而成的空心块体墙材。有承重砌块和非承重砌块两类。为减轻自重，非承重砌块可用炉渣或其他轻质骨料配置。主规格尺寸为390mm×190mm×190mm，其他规格尺寸可由供需双方协商。砌块的最小外壁厚应不小于30mm，最小肋厚应不小于25mm。空心率应不小于25%。

根据外观质量和尺寸偏差，分为优等品（A）、一等品（B）和合格品（C）三个质量等级。其强度等级分为MU3.5、MU5.0、MU7.5、MU10.0、MU15.0和MU20.0六级。

这类小型砌块适用于地震设计烈度为8度和8度以下地区的一般民用与工业建筑物的墙体。对用于承重墙和外墙的砌块，要求干缩率小于0.5mm/m；对于非承重或内墙用的砌块，干缩率应小于 0.6mm/m。砌块堆放运输及砌筑时应有防雨措施，砌块装卸时，严禁碰撞、扔摔，应轻拿轻放，不许反斗倾卸。砌块应按等级分批分别堆放，不得混杂。

4) 轻集料混凝土小型空心砌块

以浮石、火山渣陶粒等轻骨料为骨料制成的混凝土小型空心砌块，主规格尺寸为 390×390×190mm。由于原料来源广泛、工艺简单、自重轻、导热系数小，利于节能降耗，资源的可持续发展。

根据国家标准《轻集料混凝土小型空心砌块》(GB/T 15229—2002) 的规定，轻集料混凝土小型空心砌块按尺寸偏差和外观质量分为一等品(B)和合格品(C)两个质量等级。依据表观密度分为八个密度等级；按照抗压强度分为六个强度等级。

轻集料混凝土小型空心砌块具有自重轻，保温隔热性能好，抗震性强，防火、吸声、隔声性能良好，施工方便的优点，在有保温隔热要求的维护结构上，得到了广泛应用。但要注意其吸水率大、强度低的缺点。

5) 泡沫混凝土砌块

是用物理方法将泡沫剂水溶液制备成泡沫，再将泡沫加入由水泥基胶凝材料、集料、掺合料、外加剂和水等制成的料浆中，经混合搅拌、浇注成型、自然或蒸汽养护而成的轻质多孔混凝土砌块。也称发泡混凝土砌块。

我国行业标准《泡沫混凝土》(JC/T 1062—2007) 规定，其规格尺寸为长度 400mm、600mm；宽度 100mm、150mm、200mm、250mm；高度 200mm、300mm，其他规格尺寸可由供需双方协商。按尺寸偏差和外观质量分为一等品(B)和合格品(C)两个质量等级。按砌块的抗压强度分为 A0.5、A1.0、A1.5、A2.5、A3.5、A5.0 和 A7.5 七个强度等级。按砌块的干表观密度分为 B03、B04、B05、B06、B07、B08、B09 和 B10 八个等级。泡沫混凝土砌块的碳化系数应不小于 0.80。有抗冻性要求的泡沫混凝土砌块，其冻后质量损失应不小于 5%，强度损失应不小于 20%。

与加气混凝土通过化学反应发泡而形成气孔不同，泡沫混凝土是通过机械制泡将泡沫加入混凝土浆体形成气孔。其突出特点是轻质性，干表观密度为 $200\sim700kg/m^3$，只相当于普通水泥混凝土的 $1/5\sim1/10$，导热系数只有 $0080\sim0.135W/(m\cdot K)$。

泡沫混凝土砌块主要用于有保温隔热要求的工业与民用建筑物的墙体和屋面、框架结构的填充墙等。

6) 石膏砌块

石膏砌块是利用石膏为主要原料，经加水搅拌、浇筑成型和干燥制成的建筑石膏制品，其外形为长方体，纵横边缘分别设有榫头和榫槽，生产中允许加入纤维增强材料，也可以加入发泡剂、憎水剂等。它具有隔声防火、施工便捷等多项优点，是一种低碳环保、健康、符合时代发展要求的新型墙体材料。

按照行业标准《石膏砌块》(JC/T 698—2010) 的规定，石膏砌块按结构类型分为实心砌块(代号 S)和空心砌块(代号 K)，按防潮性能，将成型过程中未做防潮处理的砌块称为普通石膏砌块(代号 P)，将成型过程中做了防潮处理，具有防潮性能的称为防潮石膏砌块(代号 F)。

14.4.3 墙用板材

墙用板材是框架结构建筑的组成部分，起围护和分隔的作用。墙用板材面积大、自重轻，具有便于工业化生产、安装快、施工效率高的优势，同时还可提高建筑物的抗震性能，增加建筑物的使用面积，节省生产和使用能耗，是近年来发展迅速的墙体材料。墙用板材品种很多，大体上分为薄板材、墙用条板、新型复合墙板三类。

1. 石膏板

石膏板在我国轻质墙板的使用中占很大比重，石膏板有纸面石膏板、纤维石膏板、石膏空心条板、装饰石膏板等多种板材，在气硬性胶凝材料——石膏中有讲述，这里不再细讲。

2. 水泥基墙用板材

水泥基墙用板材具有较好的力学性能和耐久性，生产技术成熟，产品质量可靠。

1) 预应力混凝土空心墙板

是用低松弛预应力钢绞线、早强水泥及砂、石为原材料，经张拉、搅拌、挤压、养护、放张、切割而成的混凝土板材。

预应力混凝土空心墙板使用时可按要求配以保温层、外饰面层和防水层等。该类板材板面平整，误差小，施工便利，可减少湿作业，加快施工进度。可用于承重或非承重外墙板、内墙板、楼板、屋面板和阳台板等。

2) 玻璃纤维增强水泥(GRC)空心轻质墙板

以低碱水泥为胶结料，抗碱玻璃纤维或其网格布为增强材料，膨胀珍珠岩为骨料(也可用炉渣、粉煤灰等)，并配以发泡剂和防水剂等，经配料、搅拌、浇注、振动成型、脱水、养护而成。

国家标准《玻璃纤维增强水泥轻质多孔隔墙条板》(GB/T 19631—2005)规定，按板厚分为 90 型和 120 型；按板型分为普通版(PB)、门框板(MB)、窗框板(CB)、过梁板(LB)；按外观质量、尺寸偏差及物理力学性能分为一等品(B)、合格品(C)。

GRC 空心轻质墙板的特点是质轻、强度高、隔热、隔声、不燃，加工方便等。可用于工业和民用建筑的内隔墙及复合墙体的外墙面。

3) 纤维增强水泥平板(TK 板)

以低碱水泥、耐碱玻璃纤维为主要材料，加水混合成浆，经圆网机抄取制坯、压制、蒸养而成的薄型平板。其长度为 1200~3000mm，宽度为 800~900mm，厚度为 4mm、5mm、6mm、8mm。

TK 板的表观密度约为 1750kg/m^3，抗折强度可达 15MPa，抗冲击强度为 0.25J/cm^2。其质量轻、强度高、防潮、防火、不易变形，可加工性(锯、钻、钉及表面装饰等)好。适用于各类建筑物的复合外墙和内隔墙，特别是高层建筑有防火、防潮要求的隔墙。

除上述水泥基板墙，还有钢丝网水泥板、水泥木屑板、纤维增强硅酸钙板、维纶纤维增强水泥平板等，它们均可用于墙体或复墙板的组合板材。

上述水泥基墙用板材可用于承重墙、外墙和复合墙板的外层面。其主要缺点是表观密度大、抗拉强度低(大板在起吊的过程中易受损)。生产中可制作预应力空心板材，以减轻自重和改善隔声热性能，也可制作以纤维等增强的薄型板材，还可在水泥基板材上制作成具有装饰效果的表面层(如花纹线条装饰、露骨料装饰、着色装饰等)。

3. 复合墙板

复合墙板是将两种或两种以上不同功能的材料组合而成的墙板。其优势在于充分发挥所用材料各自的特长，改善使用功能，以满足不同的需要。常用的复合墙板主要由承受外力的结构层(混凝土板或金属板)和保温层(矿棉、泡沫塑料、加气混凝土等)及面层(装饰性好的轻质薄板)组成。常用的复合墙板有混凝土夹心板、泰柏板、复合夹心板等。

1)纤维水泥夹心复合墙板

以玻璃纤维为增强材料,以硅酸盐水泥(或硅酸钙)等胶凝材料制成的薄板为面层,以水泥(硅酸钙、石膏)聚苯颗粒或膨胀珍珠岩等轻集料混凝土、发泡混凝土、加气混凝土为心材,两种或两种以上不同功能材料复合而成的实心墙板。

纤维水泥夹心复合墙板厚度一般为90mm、120mm,可用于分室隔墙、分户外墙和内墙保温。

2)泰柏板

以钢丝焊接成的三维钢丝网骨架与高热阻自熄性聚苯乙烯泡沫塑料组成的芯材板,两面喷涂水泥砂浆而成。泰柏板具有轻质高强、隔热、隔声、防火、防潮、防震、耐久性好、易加工、施工方便等特点。适用于自承重外墙、内隔墙、屋面板、3m跨内的楼板等。

3)其他复合夹心板

除了上述纤维水泥夹心复合墙板,还有以其他轻质高强的薄板(不锈钢板、彩色涂层钢板、铝合金板等)为面层,以轻质保温隔热材料(岩棉、玻璃棉、矿渣棉毡、阻燃型发泡聚苯乙烯、阻燃型发泡硬质聚氨酯等)为心材组成的复合夹心墙板。

该类复合墙板的性能及适用范围与泰柏板基本相同。

14.4.4 屋面材料

屋面材料主要起到防水、隔热保温、防渗漏等作用。随着建筑物多种功能的需要和材料技术的发展,屋面材料已由过去较单一的烧结瓦,向多种材质的大型水泥类瓦材发展。随着大跨建筑物的兴建,屋面承重结构也由过去主要以预应力混凝土大型屋面板的形式,向承重、保温、防水三合一的轻型钢板结构转变。

1. 瓦

瓦是传统的屋面材料,烧结黏土瓦是使用历史最为悠久的屋面材料,在此基础上相继产生琉璃瓦、混凝土平瓦、玻璃纤维增强水泥波瓦、钢丝网水泥大波瓦、普通玻璃钢波形瓦和玻纤胎沥青瓦等屋面瓦材,常用瓦材的组成、性能和工程应用见表14-13。

表14-13 常用屋面瓦的组成、性能及其应用

	品种及标准	组成材料与成型方法	主要性能	工程应用
烧结类瓦材	烧结瓦 (GB/T 21149—2007)	以杂质少、塑性好的黏土为主要原料,经成型、干燥、焙烧而成	常用,自重大,易脆裂	民用建筑坡屋面防水。由于生产中破坏耕地,能耗大,生产和施工效率均不高,已渐被其他品种瓦材取代
	琉璃瓦 (JC/T 765—2006)	用难熔黏土制坯,经干燥、上釉后焙烧而成	表面光滑、质地密实、色彩美丽,富有传统民族特色、耐久性好,但成本较高	古建筑修复、纪念性建筑及园林建筑的亭、台、楼、阁
水泥类瓦材	混凝土瓦 (JC/T 476—2007)	混凝土中加入耐碱颜料,制成的彩色瓦材	成本低、耐久性好,但自重大于黏土瓦	应用范围同黏土瓦
	玻璃纤维增强水泥瓦 (JC/T 567—2008)	以耐碱玻璃纤维、快硬硫铝酸盐水泥或低碱度硫铝酸盐水泥制成	强度较高、耐水、不燃、易加工	房屋建筑的屋面、内外墙及轻型复合屋顶的承重板
	钢丝网石棉水泥小波瓦 (JC/T 851—2008)	以温石棉、硅酸盐水泥或普通硅酸盐水泥、低碳钢丝梯形网加工而成	覆盖面积大、承重能力高、防水性好、施工方便	用于工业、民用及公共建筑物的屋面

续表

品种及标准		组成材料与成型方法	主要性能	工程应用
高分子类复合瓦材	玻璃纤维增强聚酯波纹板（GB/T 14206—2005）	以不饱和聚酯树脂和玻璃纤维为原料，经人工糊制而成	质轻、强度高、耐冲击、耐腐蚀、透光率高、制作简单	各种建筑的遮阳及车站月台、售货亭、凉棚等的屋面
	玻纤胎沥青瓦（GB/T 20474—2006）	以玻璃纤维薄毡为胎料，用改性沥青涂敷而成	质轻、黏结性强、抗风化能力好、施工方便	一般民用建筑的坡屋面

作为防水、保温、隔热的屋面材料，黏土瓦是我国使用较多、历史较长的屋面材料。但黏土瓦同黏土砖一样破坏耕地、浪费资源，逐步被大型水泥类瓦材和高分子复合类瓦材取代。

2. 屋面用轻型板材

在大跨度结构中，长期使用的钢筋混凝土大板屋盖自重达 $300kg/m^2$ 以上，且保温性能差，并需另设防水层。目前，随着我国彩色涂层钢板、超细玻璃纤维和自熄性泡沫塑料的出现，轻型保温的大跨度屋盖得以迅速发展。

1) 膨胀聚苯乙烯板（EPS）

以 0.5～0.75mm 厚的彩色涂层钢板为面材，自熄聚苯乙烯为心材，用热固化胶在连续成型及内加热、加压复合而成的超轻型板材。这种板材自重仅为混凝土屋面的 1/20～1/30，保温隔热性好，导热系数小于 $0.034W/(m·K)$。施工简便，集承重、保温、防水、装饰于一体，可制成平面形或曲面形板材，适合多种屋面形式。可用于大跨度屋面结构，如体育馆、展览厅、冷库等。

2) 金属面硬质聚氨酯夹心板

以彩色涂层钢板为面材，阻燃型硬质聚氨酯泡沫为心材，复合而成的夹心板。面材需采用镀锌钢板，硬质聚氨酯泡沫塑料表观密度不小于 $30kg/m^3$。

我国行业标准《金属面硬质聚氨酯夹心板》（JC/T 868—2000）规定，这种板材的规格尺寸为：厚度有 30mm、40mm、50mm、60mm、80mm、100mm 和 120mm，宽度为 1m，长度小于 12m。面材和心材的黏结强度不小于 0.9MPa。夹心板燃烧性能应达到 B1 级。当挠度为 $L_0/100$ 时，抗弯承载力应不小于 $0.5kN/m^2$。

金属面硬质聚氨酯夹心板的面密度为 $7.3～13.2kg/m^2$，导热系数一般低于 $0.022W/(m·K)$，当板厚为 40mm 时，其平均隔声量为 25dB。这种屋面板材具有质量轻、保温、隔声效果好、色彩丰富及施工简便等特点，并可集承重、保温、防水于一体。可用于大型工业厂房、仓库、公共设施等大跨度建筑和高层建筑的屋面。

3. 其他形式的屋面

1) 种植屋面

是在具有防水层的钢筋混凝土屋面上铺设陶粒排水层，然后铺 100～150mm 厚的种植土，即可种植花草类植物。

种植屋面起到了隔热和绿化的效果，如在高温季节，室内温度能大幅度降低，改善居住的舒适度，有利于美化和改善环境，使建筑与自然和谐共存。但种植屋面会增加屋面荷载，成本有所提高。可用于大型高层公寓性建筑或与公共建筑相连的多层停车场结构的屋面（形成空间花园以增加高层建筑中人们的活动空间）等。

2) 刚性蓄水屋面

刚性蓄水屋面直接利用水泥混凝土作为刚性防水层，利用水的热容量大的特点，用水吸热以缓解室内的温升。其构造为屋顶水池结构，水池底部与池壁一次浇成，振捣密实，初凝后即逐步加水养护。蓄水深度 h 应按当地降雨量和蒸发量综合考虑，以 400～600mm 为宜，若养殖，则深度按实际情况决定。

刚性蓄水屋面可充分发挥水硬性胶凝材料的特点，防水抗渗性强，还可有效改善屋面热工性能，是建筑节能的有效措施。但蓄水后屋面结构的荷载大，将增加结构的造价。

14.5 保温材料与吸声隔声材料

保温绝热材料是用于减少结构物与环境热交换的一种功能材料，是保温材料和隔热材料的总称，其显著特点是轻质、多孔。在建筑中，把用于控制室内温度外流的材料称为保温材料，把防止室外热量进入室内的材料称为隔热材料。绝热材料是对热流具有显著阻抗性能的材料或材料复合体。保温、绝热材料合称为节能材料。保温和隔热良好的建筑物，可以大大降低能量消耗。

14.5.1 常用保温隔热材料

保温隔热材料按化学成分可分为有机、无机和复合型保温隔热材料三大类；按材料的构造可分为纤维状、松散粒状和多孔组织材料三种；按形态可分为纤维状、微孔状、气泡状、膏(浆)状、复合增强型、层(片)状与块状等。通常可制成板、片、卷材或管壳等多种形式的制品。一般来说，无机保温隔热材料的表观密度较大，但不易腐朽，不会燃烧，有的能耐高温；有机保温隔热材料质轻，保温隔热性能好，但耐热性较差。建筑工程上使用的绝热材料一般要求导热系数(λ)值小于 $0.23W/(m \cdot K)$，热阻(R)值大于 $4.35(m^2 \cdot K/W)$，表观密度不大于 $600kg/m^3$，抗压强度大于 0.3MPa。下面简单介绍一些建筑上常用的保温隔热材料。

1. 无机纤维状保温隔热材料

无机纤维状保温隔热材料主要是指岩棉、矿棉、玻璃棉等人造无机纤维状材料。该类材料在外观上具有相同的纤维状形态和结构，具有密度小、绝热效果好、不燃烧、耐腐蚀、化学稳定性强、吸声性能好及价格便宜、施工简便等优点，广泛用于住宅建筑和热工设备。

1）矿棉及其制品

矿棉一般包括矿渣棉和岩石棉。矿渣棉所用原料有高炉硬矿渣、铜矿渣和其他矿渣等，另加一些调整原料(含氧化钙、氧化硅的原料)。岩石棉的主要原料是玄武岩、辉绿岩等天然岩石，经熔融后吹制而成。矿渣棉和岩石棉的生产工艺和成品性能相近，所以统称为矿物棉或矿棉。

矿棉中岩石棉最高使用温度为 700℃，矿渣棉为 600℃。矿棉使用时易被压实，保温性能有所降低。因此，多制成 8～10mm 的矿棉粒填充在坚固外壳(如空心墙或楼板)中。

矿棉具有质轻、不燃、绝热和电绝缘等性能，且原料来源丰富，成本较低。在矿棉中加入其他具有各种特殊物理性能的胶黏剂，可制成各种矿棉制品，如矿棉保温板、矿棉防水毡、矿棉保温管、矿棉保温带、矿棉吸声带及矿棉装饰吸声板等。矿棉制品用于石油、电力、冶金、纺织、化工等行业的保温材料，同时也可用于建筑行业的隔声、吊顶及内外墙的保温和吸声、大型管道罐体及异形的工业设备保温隔热、高温管道保温隔热。

(1)矿棉板。用酚醛树脂为黏结剂成型的矿棉板，表观密度小于 $150kg/m^3$，导热系数低于

0.046W/(m·K)，抗折强度为 0.2MPa。板的耐火性高，吸湿性小，可代替高级软木板用于冷藏库及建筑物的隔热，广泛应用于工业保温和建筑物保温隔热。

(2)矿棉毡。矿棉毡是在熔融体形成纤维时，将熔融沥青喷射在纤维表面，再经加压而成。矿棉毡表观密度为 $135\sim160kg/m^3$，导热系数为 $0.048\sim0.052W/(m·K)$，最高使用温度为250℃，适用于墙体及屋面的保温。

2)玻璃棉及其制品

玻璃棉是由石灰石、石块、石英粉等矿物质在熔炉中熔化后经高速离心或喷制而成的直径在 6μm 以下、长度在 150mm 以下或更短的人造无机纤维，组织蓬松，类似棉絮。

玻璃棉质感轻柔、色泽美观、富有弹性，表观密度为 $100\sim150kg/m^3$，导热系数为 $0.035\sim0.041W/(m·K)$，其保温效果好，防潮不燃、施工方便、无渣球、使用中无刺痛感，是一种价廉物美的保温、隔热、阻燃材料，同时又是一种良好的吸声装饰材料。

玻璃棉用于保温隔热材料，常制成絮状、毡状或条带状的制品，主要品种有玻璃棉毡、玻璃棉板、玻璃棉管套及一些异形制品等。玻璃棉制品可用石棉线、玻璃线或软铁丝缝缀，也可用黏结材料将玻璃纤维黏结，制成需要的形状。

玻璃棉制品主要用于温度在 45℃以下的重要工业设备和管道的表面隔热，也可用于运输工具、工业和民用建筑中作为围护结构的隔热材料或吸声材料，特别应用于宾馆、饭店、体育馆、电视台及冷藏、冷冻仓库等公用设施的保温、隔热、吸声、防火。

(1)玻璃棉毡。玻璃棉毡是玻璃棉添加黏合剂，经加温、固化成型的毡状材料，是一种经济、轻型、易于安装的隔声、隔热材料，具有优良的吸声、降噪及良好回弹性能。玻璃棉毡可用做防水和增强介质，也可用做固定层或隔离层及电绝缘和隔声产品。玻璃棉毡具有所期望的尺寸稳定性、防火性、耐久性和刚度，主要适用于写字楼、酒店、娱乐场所、室内墙体屋面等，以及空调机房、冷库工程的保温、保冷、隔声、隔热。

(2)玻璃棉板。玻璃棉板为超细棉毡添加酚醛树脂等黏合剂加压加温固化成型的板状材料，表面可粘贴 PVC 膜面料，也可粘贴铝箔。玻璃棉板是一种高密度、高效能隔热、隔声材料，具有良好的弹性，抗压抗拉强度极佳，吸声系数大，阻燃，有极好的化学稳定性。玻璃棉板主要用于屋顶保温、保冷、吸声材料，建筑物保温、保冷、娱乐场所影剧院、电视台、广播电台、实验室吸声的处理。

(3)玻璃棉管。玻璃棉管是超细玻璃棉添加树脂黏合剂加温固化成管状的保温材料，表面可粘贴铝箔。玻璃棉管具有轻质、隔热、隔声、防潮、防辐射、经济、易于安装等特点，主要适用于通风、工业供热、民用供热及各种加热冷却管道、风道、空调系统等管道保温、隔热、隔声、保冷。

3)硅酸铝纤维及其制品

硅酸铝纤维也叫耐火纤维，又称陶瓷纤维，在结构形态上，它属于非晶质(玻璃态)纤维。硅酸铝纤维是以硬质黏土熟料或工业氧化铝粉与硅石粉合成料为原料，经喷吹(或甩丝法)成纤而制成的人造无机纤维，化学组成主要为三氧化二铝(30%～55%)和二氧化硅。硅酸铝纤维具有质量轻、耐高温(熔温在 2000℃左右)、抗热震好、热容小、保温性能好、化学稳定性好等优点。我国目前主要有普通硅酸铝纤维、高纯硅酸铝纤维、高铝纤维和含铝纤维及制品。

硅酸铝纤维可再加工成毯、毡、板、纸、绳等制品及各种预制块等。硅酸铝纤维制品可直接用于以油、气、电为能源的各种工业窑炉的炉衬及热力管道的隔热保温材料，一般可节约能源 15%～30%。目前，硅酸铝纤维制品被广泛用于热电、化工、船舶、军工、冶金、建筑、电子、机械、空调及制冷等工业部门，做保温、隔热、防火、防潮、防腐、吸声用。

2. 无机多孔状保温隔热材料

1）膨胀蛭石及其制品

蛭石是一种层状的含水镁铝硅酸盐矿物，经850～1000℃煅烧，体积急剧膨胀(可膨胀5～20倍)而成为金黄色或灰白色的松散颗粒，其堆积密度为80～200 kg/m³，导热系数为0.046～0.070W/(m·K)，可在1000～1100℃下使用，用于填充墙壁、楼板及平屋顶，保温效果佳。但因其吸水性大，使用时应注意防潮。

通常，膨胀蛭石以松散颗粒状态使用，填充于墙壁、楼板和屋面等夹层中，用于隔热、隔声，也可用水泥、水玻璃等胶凝材料将膨胀蛭石胶结，浇制成板，用于墙体、楼板和屋面等构件的隔热。膨胀蛭石也可与水泥、水玻璃等胶凝材料配合，制成砖、板、管壳等用于围护结构及管道保温。水泥膨胀蛭石堆积密度为300～500kg/m³，导热系数为0.08～0.10W/(m·K)，耐热温度为600℃。水玻璃膨胀蛭石制品由膨胀蛭石、水玻璃和适量氟硅酸钠配制而成，其表观密度为300～400kg/m³，导热系数为0.079～0.084W/(m·K)，耐热温度可达900℃。

2）膨胀珍珠岩及其制品

膨胀珍珠岩是由天然珍珠岩、黑曜岩或松脂岩为原料，经破碎、预热、焙烧膨胀得到的多孔轻质粒状材料，呈蜂窝泡沫状的白色或灰白色颗粒，其堆积密度为40～300 kg/m³，导热系数为0.047～0.070W/(m·K)，耐热温度为800℃，具有吸湿性小、无毒、无味、无腐、不燃烧、抗菌、吸声强、施工方便等特点。建筑上广泛用于围护结构、低温及超低温保冷设备、热工设备等处的保温绝热，也用于制作吸声材料。

膨胀珍珠岩制品是以膨胀珍珠岩为骨料，配以适量胶凝材料，经拌和、成型、养护(或干燥、或焙烧)后而制成的板、砖、管等产品。目前国内主要产品有水泥膨胀珍珠岩制品、水玻璃膨胀珍珠岩制品、磷酸盐膨胀珍珠岩制品及沥青膨胀珍珠岩制品等。

3）硅藻土及其制品

硅藻土由水生硅藻类生物的残骸堆积而成，是一种生物成因的硅质沉积岩，主要成分是SiO_2，还含有少量的Al_2O_3、Fe_2O_3、CaO、MgO等。硅藻土的颜色为白色、灰白色、灰色和浅灰褐色等，导热系数为0.060W/(m·K)左右。

硅藻土具孔隙率高、密度低、比表面积大、吸附性能强、悬浮性能好、物化性能稳定、隔声隔热、耐磨、耐酸、无毒和无味等特殊性能。因此，硅藻土及其制品在工业上广泛用做污水处理剂；功能性填料；催化剂载体；有害有毒、危险液体的地面吸附剂；固液分离过程中的助滤剂；锅炉、蒸馏器、热处理炉、干燥器的保温材料及轻质保温板、保温砖、保温管等。此外，硅藻土在建筑上还可作为颜料、油漆、纸张、沥青、塑料、橡胶等的填料及普通水泥混凝土的混合材等。

4）微孔硅酸钙及其制品

微孔硅酸钙是一种新型绝热材料，用65%的硅藻土、35%的石灰，再加入前两者总重5%的石棉、水玻璃和水，经拌和、成型、蒸压处理和烘干等工艺过程而制成，可用于建筑工程的围护结构及管道的保温，其效果比水泥膨胀珍珠岩和水泥膨胀蛭石好。这种制品的表观密度为250kg/m³，导热系数为0.047～0.056W/(m·K)，抗压强度为0.5MPa，使用温度达650℃。

5) 加气混凝土

加气混凝土由水泥、石灰、粉煤灰和发气剂(铝粉)配制而成，是一种保温绝热性能良好的轻质材料。加气混凝土的表观密度小，导热系数值比黏土砖小许多，是迄今为止能够同时满足墙材革新和节能 50%要求的唯一单一的墙体材料。加气混凝土具有材料来源广泛、材质稳定、强度较高、质轻、易加工、施工方便、造价较低、保温、隔热、隔声、耐火性能好等优点。

加气混凝土与泡沫混凝土有相似的外观结构，主要物理力学性能及热工性能与泡沫混凝土相似，主要区别是气孔在制品内形成的方式不同。加气混凝土是在料浆里掺入发气剂，利用化学反应产生气体使料浆膨胀，经硬化后形成多孔结构，而泡沫混凝土是将物理机械作用下产生的泡沫掺入料浆中混合均匀，经硬化后形成多孔结构。

6) 泡沫混凝土

泡沫混凝土是用物理方法将泡沫剂水溶液制备成泡沫，再将泡沫加入由水泥基胶凝材料、集料、掺合料、外加剂和水等制成，既可现浇施工，也可作为砌块使用。

泡沫混凝土属于气泡状绝热材料，其突出特点是在混凝土内部形成封闭的泡沫孔，使混凝土轻质化和保温隔热化。泡沫混凝土砌块的导热系数在 0082～0.186W/(m·K)。

与加气混凝土通过化学反应发泡而形成气孔不同，泡沫混凝土是通过机械制泡将泡沫加入混凝土浆体形成气孔。其突出特点是轻质性，干表观密度为 200～700kg/m³，只相当于普通水泥混凝土的 1/5～1/10，可有效减轻建筑物的荷载。

7) 无机保温砂浆

无机保温砂浆是以各种轻质材料(玻化微珠、膨胀珍珠岩等)为骨料，以水泥为胶凝料，掺和一些改性添加剂，经搅拌混合而制成的一种砂浆。用于构筑建筑表面保温层的一种建筑材料，具有节能利废、保温隔热、防火防冻、耐老化的优异性能及价格低廉等特点，有着广泛的市场需求。其导热系数可以达到 0.085W/(m·K)以下。

8) 泡沫玻璃

泡沫玻璃是采用碎玻璃加入 1%～2%发泡剂(石灰石或碳化钙)，经粉磨、混合、装模，在 800℃下烧成后形成含有大量封闭不相连通的气泡(直径 0.1～5 mm)的制品。它具有导热系数小、抗压强度和抗冻性高、耐久性好等特点，且易于进行锯切、钻孔等机械加工，为高级保温材料，也常用于冷藏库保温隔热。

9) 泡沫陶瓷

泡沫陶瓷是一种具有热传导率低、抗热震(使用温度：常温～1600℃)性能优良的多孔陶瓷材料。其气孔率在 20%～95%，重量仅为普通陶瓷砖的 1/5～1/3，可长期漂浮于水面上，是一种理想的轻质、保温、隔热材料，而且具有防火、防水、耐酸碱、抗风化等性能。它很好地弥补了现有外墙保温材料现场作业量大、施工复杂、造价高，以及防水防火性能差、不耐老化、抗紫外线照射和耐冻融性差、易降解、变形系数大、稳定性差、易燃烧等不足，显著提高了建筑保温节能的实质性效果和建筑物的寿命。可广泛应用于大型建筑、公寓、别墅等内外墙、顶层的隔热及居家装饰，达到一种自然和谐的艺术效果。

3. 泡沫塑料

泡沫塑料是以合成树脂为基料，加入一定剂量的发泡剂、催化剂、稳定剂等辅助材料经加热发泡而制成的轻质保温、防震材料。目前我国生产的泡沫塑料有聚苯乙烯、聚氯乙烯、聚氨酯及脲醛树脂等。泡沫塑料的种类很多，均以所用树脂命名。通过选择不同的发泡剂和掺加量，制得气孔率不同的发泡材料，以适应不同场合的应用。泡沫塑料内部具有无数小孔，毛体积密度很小。它具有导热系数低，隔热、隔声性能好，加工成型方便等优点，用做建筑保温时，常填充在围护结构中或夹在两层其他材料中间做成夹心板（复合板）。这类材料造价高，且具有可燃性，因此应用上受到一定限制。

1) 聚苯乙烯泡沫塑料（EPS）

聚苯乙烯泡沫塑料是以聚苯乙烯树脂为主要原料，经发泡剂发泡而制成的。聚苯乙烯泡沫塑料内部含有大量微细封闭气孔，孔隙率可达98%；质轻，其表观密度为 $10\sim20kg/m^3$；此外，聚苯乙烯泡沫塑料还具有绝缘、吸水性小、耐低温性好等特点。聚苯乙烯泡沫塑料按性质分为普通型和滞燃型；按形状分为板材、圆管、箱类和包装衬垫；按用途分为建筑保温板、防冻保暖管、保鲜保温箱和各种防震包装材料。该材料广泛使用于建筑业的保温、隔热、隔声、墙体隔断，包装业的防震保护。

(1) 聚苯乙烯泡沫塑料板。聚苯乙烯泡沫塑料板是采用可发性聚苯乙烯颗粒为原料，经加热预发泡后在模具中加热成型的板材，有普通型和阻燃型。聚苯乙烯泡沫塑料板具有轻质、隔热、吸水性小、耐低温等优点，主要用于建筑屋面保温、冷库保温等。

(2) 挤塑聚苯乙烯保温板。挤塑聚苯乙烯保温板，是以聚苯乙烯树脂为主要原料，由特殊工艺连续挤出发泡成型的硬质板材。挤压过程形成的均匀表层及闭孔式蜂窝结构组织令保温板具有优越的保温隔热性能，良好的抗湿防潮性能和高抗压性能及抗老化性能。与聚苯乙烯泡沫塑料板相比，挤塑聚苯乙烯保温板的强度、保温、吸水率、抗水汽渗透等性能有较大提高，在浸水条件下，仍能完整地保持其保温性能和抗压强度，特别适合应用于建筑物的隔热、保温、防潮处理。

(3) 聚苯颗粒保温浆料。聚苯颗粒保温浆料是一种新型墙体保温材料，由聚合物保温胶粉凝结材料和聚苯颗粒（轻骨料，也可以采用废旧聚苯保温板经机械破碎后的颗粒）经加水搅拌成的膏状抹灰干混砂浆，涂抹于墙体形成良好的保温隔热层，可用于各种楼房的外墙、内墙保温工程。对有缺陷的墙体，施工时墙面不需修补找平，直接用保温浆料找补即可。聚苯颗粒保温浆料具有质轻、保温隔热、防火阻燃、耐磨、抗风压、透气、耐腐蚀、韧性大、抗裂性能好等特点，是一种理想的墙体保温材料。

2) 硬质聚氨酯泡沫塑料（PU）

硬质聚氨酯泡沫塑料是一种有着无数微小封闭的泡孔结构的高分子合成材料，是集防水、保温隔热于一体的新型材料。具有密度轻、比强度高、热导率极小的特点。现场喷涂是聚氨酯硬泡体成型的重要生产工艺之一，能够在任何复杂的表面上进行施工，且施工面积大，整体性、密封性好，效率高。成型的聚氨酯硬泡体具有良好的绝热、防水、抗老化性，对混凝土、木材等有着良好的黏附力。因此，聚氨酯硬泡体被广泛应用于高级住宅、宾馆、冷库、仓库等大型建筑的屋面、内外墙的绝热保温等方面。

3) 聚氯乙烯泡沫塑料（PVC）

聚氯乙烯泡沫塑料是以聚氯乙烯树脂与适量发泡剂、稳定剂、溶剂等，经过捏合、球磨、成型、发泡而制成的一种闭孔的泡沫塑料，按产品软硬性能不同，可制成软质和硬质两种，泡沫孔也可制成开口孔和闭口孔两种。硬质聚氯乙烯泡沫塑料一般为均匀闭孔结构。

聚氯乙烯泡沫塑料具有质轻、不吸水、不燃烧（遇火能自行熄灭）、保温隔热性能良好、隔声、防震及耐酸碱、耐油性能好等特点，建筑上用做保温隔热、隔声及防震材料。

4) 酚醛泡沫塑料(PF)

酚醛泡沫塑料是以酚醛树脂为主要原料，以及阻燃剂、抑烟剂、固化剂、发泡剂等多种物质，在室温及较低温度下，经过机械发泡或化学发泡而制成的一种保温、隔热、吸声材料。

酚醛泡沫材料具有难燃、低烟、导热系数小、防潮、保温、绝热、无毒、抗压、轻质、抗腐蚀抗老化、吸声性能优良等特性。酚醛泡沫材料尺寸稳定性好，可模制，亦可机械加工，制品有板、管壳、型钢套板及各种异形产品，广泛应用于中央空调风管、冷热输送管道、洁净厂房、商场、活动板房、冷库、宾馆及娱乐包厢等需要使用防火、质轻、保温、隔声、洁净、防潮材料的地方。

酚醛泡沫塑料板主要适用于建筑隔墙、外墙复合板、吊顶天花板、吸声板、冷库、冷藏及各种建筑墙体保温、防火、绝热，是一种难燃烧、耐高温、无毒的优质保温材料。

5) 脲醛泡沫塑料

脲醛泡沫塑料又名氨基泡沫塑料，是以脲醛树脂为主要原料经发泡制得的一种闭孔硬质泡沫塑料。它具有质轻、表观密度小、导热系数小、价格较低等优点，但缺点是吸水性强、机械强度低。脲醛泡沫塑料在建筑工程中用于夹层中做填充保温隔热及吸声材料。

4. 反射型保温隔热材料

目前，我国对建筑工程的保温隔热，普遍利用多孔保温材料和在结构中设置空气层的做法，这对改善结构的性能有较好的作用。但对于较薄的维护结构，设置保温层和空气层则较困难，而采用反射型保温隔热材料往往会有较理想的保温隔热效果。反射型保温隔热材料目前主要有铝箔波形纸保温隔热板、玻璃棉制品铝箔复合材料、反射型保温隔热卷材、热发射玻璃等。

5. 其他保温隔热材料

1) 软木板

软木也叫栓木，软木板是用栓皮栎树皮或黄菠萝树皮为原料，经破碎后与皮胶溶液拌和，再加压成型，在80℃的干燥室中干燥一昼夜而制成。软木板具有表观密度小、导热性低、抗渗和防腐性能高等特点。常用热沥青错缝粘贴，用于冷藏库隔热。

2) 蜂窝板

蜂窝板是由两块较薄的面板，牢固地黏结在一层较厚的蜂窝状芯材两面而制成的板材，也称蜂窝夹层结构。蜂窝状心材是用浸渍过合成树脂(酚醛、聚酯等)的牛皮纸、玻璃布和铝片等，经加工黏合成六角形空腹(蜂窝状)的整块心材。心材的厚度可根据使用要求而定，孔腔的尺寸在 10 mm 以上。常用的面板为浸渍过树脂的牛皮纸、玻璃布或不经树脂浸渍的胶合板、纤维板、石膏板等。面板必须采用合适的胶黏剂与心材牢固地黏合在一起，才能显示出蜂窝板的优异特性，即具有比强度大、导热性低和抗震性好等多种功能。

3) 纤维板

采用木质纤维或稻草等草质纤维经物理化学处理后，加入水泥、石膏等胶结剂，再经过压制等工艺而制成。可用于建筑物的墙壁、地板、顶棚等，也可用于包装箱、冷藏库等。

4) 吸热玻璃

在普通的玻璃中加入氧化亚铁等能吸热的着色剂或在玻璃表面喷涂氧化锡可制成吸热玻璃。这种玻璃与相同厚度的普通玻璃相比，其热阻挡率可提高 2.5 倍，我国生产的茶色、灰色、蓝色等玻璃即此类玻璃。

5) 热反射玻璃

在平板玻璃表面涂敷金属或金属氧化膜，可制得热反射玻璃。该玻璃的热反射率可达 40%，从而可起绝热作用。热反射玻璃多用于门、窗、橱窗上，近年来广泛用做高层建筑的幕墙玻璃。

6) 中空玻璃

中空玻璃是由两层或两层以上平板玻璃或钢化玻璃、吸热玻璃及热反射玻璃，以高强度气密性的密封材料将玻璃周边加以密封，而玻璃之间一般留有 10～30mm 的空间并充入干燥空气而制成。如中间空气层厚度为 10mm 的中空玻璃，其导热系数为 0.100W/(m·K)，而普通玻璃的导热系数为 0.756W/(m·K)。

7) 真空玻璃

不同于已广泛应用的中空玻璃，真空玻璃是利用真空杜瓦瓶保温瓶原理拓展而来的新型透明保温玻璃制品。将两片干净的玻璃板(可以是浮法玻璃、夹丝玻璃、钢化玻璃或各种镀膜玻璃等)之间安放支撑物，加热后在四周用焊接玻璃封边，用真空泵从合适位置的抽气孔抽真空形成真空玻璃。玻璃之间形成真空层，导热系数比中空玻璃更小，节能效果更好。隔声性能、透光折减系数均优于中空玻璃。

8) 窗用绝热薄膜

窗用绝热薄膜是以聚酯薄膜经紫外线吸收剂处理后，在真空中蒸镀金属粒子沉积层，然后与有色透明塑料薄膜压制而成，表面常涂以丙烯酸或溶剂基胶黏剂，使用时只要用水润湿即可粘贴在需要绝热的玻璃上，使用寿命 5～10 年。该薄膜的阳光反射率最高可达 80%，可见光的透过率可下降 70%～80%。其性能和外观基本上与热反射玻璃相同，而价格只有热反射玻璃的 1/6。

表 14-14 列出了常用保温绝热材料的导热系数。

表 14-14 常用保温绝热材料导热系数

名称	导热系数/(W/(m·K))	名称	导热系数/(W/(m·K))
聚苯乙烯泡沫塑料	0.038～0.047	泡沫玻璃	0.058～0.128
聚氯乙烯泡沫塑料	0.045～0.031	岩棉及矿棉	0.044～0.049
聚氨酯泡沫塑料	0.035～0.042	玻璃棉	0.035～0.041
硅藻土	0.060	中空玻璃	0.100
膨胀蛭石	0.046～0.070	纤维板	0.058～0.307
膨胀珍珠岩	0.047～0.070	软木板	0.044～0.079
微孔碳酸钙	0.047～0.056	泡沫混凝土	0.082～0.186
加气混凝土	0.093～0.164	陶瓷纤维	0.044～0.049
聚苯颗粒保温浆料	<0.07	保温砂浆	≤0.085

14.5.2 常见吸声材料

1. 多孔吸声材料

多孔性吸声材料是比较常用的一种吸声材料。其吸声性能与下列因素有关。

1) 材料的表观密度

对同一种多孔材料(如超细玻璃纤维)而言，当其表观密度增大(即孔隙率减小)时，对低频的吸声效果有所提高，而对高频的吸声效果则有所降低。

2) 材料的孔隙特征

孔隙越多越细小，吸声效果越好。如果孔隙太大，则效果就差。如果材料中的孔隙大部分为单独的封闭的气泡（如聚氯乙烯泡沫塑料），则因声波不能进入，从吸声机理上来讲，就不属多孔性吸声材料。当多孔材料表面材料吸湿或涂刷油漆时，则因材料的孔隙被水分或涂料所堵塞，其吸声效果也将大大降低。

3) 材料的厚度

增加多孔材料的厚度，可提高对低频的吸声效果，而对高频则没有多大的影响。材料的厚度增加到一定程度后，吸收效果的变化则不再明显。

4) 背后空气层的影响

大部分吸声材料都固定在龙骨上，安装在离墙面 5～15 mm 处。材料背后空气层的作用相当于增加了材料的厚度，吸声效能一般随空气层厚度增加而提高。当材料离墙面的安装距离（即空气层厚度）等于 1/4 波长的奇数倍时，可获得最大的吸声系数。根据这个原理，通过调整材料背后空气层厚度的办法，可达到提高吸声效果的目的。

5) 表面特征的影响

吸声材料表面的空洞和开口孔隙对吸声是有利的。当材料吸湿或表面喷涂油漆、孔口充水或堵塞时，会大大降低吸声材料的吸声效果。

许多多孔吸声材料与多孔保温隔热材质相同，但对气孔特征的要求不同。保温隔热要求气孔封闭，不相连通，可以有效地阻止热对流的进行；这种气孔越多，绝热性能越好。而吸声材料则要求气孔开放，互相连通，且气孔越多，吸声性能越好。这种材质相同而气孔结构不同的多孔材料的制得，主要取决于原料组分的某些差别及生产工艺中的热工制度和压力不同等来实现。

2. 薄板振动吸声结构

特点：薄板振动吸声结构的特点是具有低频吸声特性，同时还有助声波的扩散。

常用产品：建筑中常用胶合板、薄木板、硬质纤维板、石膏板、石棉水泥板或金属板等，把它们周边固定在墙或顶棚的龙骨上，并在背后留有空气层，即成薄板振动吸声结构。

吸声机理：薄板振动吸声结构是在声波作用下发生振动，板振动时由于板内部和龙骨间出现摩擦损耗，使声能转变为机械振动，而起吸声作用。由于低频声波比高频声波容易激起薄板产生振动，所以具有低频吸声特性。建筑中常用的薄板振动吸声结构的共振频率在 80～300Hz，在此共振频率附近吸声系数最大，为 0.2～0.5，而在其他频率附近的吸声系数就较低。

3. 共振吸声结构

结构：共振吸声结构具有封闭的空腔和较小的开口，很像个瓶子。

共振吸声器：当瓶腔内空气受到外力激荡时，会按一定的频率振动，这就是共振吸声器。

吸声机理：每个单独的共振器都有一个共振频率，在其共振频率附近，由于颈部空气分子在声波的作用下像活塞一样进行往复运动，因摩擦而消耗声能。若在腔口蒙一层细布或疏松的棉絮，可以加宽和提高共振范围的吸声量。为了获得较宽频带的吸声性能，常采用组合共振吸声结构或穿孔板组合共振吸声结构。

4. 穿孔板组合共振吸声结构

特性：穿孔板组合共振吸声结构具有适合中频的吸声特性。

结构：这种吸声结构与单独的共振吸声器相似，可看做多个单独共振器并联而成。

穿孔板厚度、穿孔率、孔径、孔距、背后空气层厚度及是否填充多孔吸声材料等，都直接影响吸声结构的吸声性能。这种吸声结构由穿孔的胶合板、硬质纤维板、石膏板、石棉水泥板、铝合板、薄钢板等，将周边固定在龙骨上，并在背后设置空气层而构成。这种吸声结构在建筑中使用比较普遍。

5. 柔性吸声材料

结构：具有密闭气孔和一定弹性的材料，如聚氯乙烯泡沫塑料。

吸声机理：表面仍为多孔材料，但因具有密闭气孔，声波引起的空气振动不易直接传递至材料内部，只能相应地产生振动，在振动过程中由于克服材料内部的摩擦而消耗了声能，引起声波衰减。

特性：这种材料的吸声特性是在一定的频率范围内出现一个或多个吸收频率。

6. 悬挂空间吸声体

吸声机理：悬挂于空间的吸声体，由于声波与吸声材料的两个或两个以上的表面接触，增加了有效的吸声面积，产生边缘效应，加上声波的衍射作用，大大提高实际的吸声效果。实际使用时，可根据不同的使用地点和要求，设计成各种形式的悬挂在顶棚下的空间吸声体。空间吸声体有平板形、球形、圆锥形、棱锥形等多种形式。

7. 帘幕吸声体

帘幕吸声体是用具有通气性能的纺织品。安装在离墙面或窗洞一定距离处，背后设置空气层。这种吸声体对中、高频都有一定的吸声效果。帘幕的吸声效果尚与材料种类和褶裥有关。帘幕吸声体安装、拆卸方便，兼具装饰作用，应用价值较高。

常见吸声材料或构造示于表 14-15。

表 14-15 几种吸声结构的构造示意图及材料

类别	多孔吸声材料	薄板振动吸声结构	共振吸声结构	穿孔板组合吸声结构	特殊吸声结构
构造图例					
举例	玻璃棉、矿棉、木丝板、半穿孔纤维板	胶合板硬质纤维板、饰面水泥板石膏板	共振吸声器	穿孔胶合板、穿孔铝板、微穿孔板	空间吸声体、帘幕等

常用吸声材料的吸声系数见表 14-16。

表 14-16 常用材料的吸声系数

名称	厚度/cm	各种频率下的吸声系数						装置情况
		125	250	500	1000	2000	4000	
（Ⅰ）无机材料								
吸声砖	6.5	0.05	0.07	0.10	0.12	0.16	—	
石膏板(有花纹)	—	0.03	0.05	0.06	0.09	0.04	0.06	贴实
水泥蛭石板	4.0	—	0.14	0.46	0.78	0.50	0.60	贴实
石膏砂浆(掺水泥、玻璃纤维)	2.2	0.24	0.12	0.09	0.30	0.32	0.83	墙面粉刷
水泥膨胀珍珠岩板	5	0.16	0.46	0.64	0.48	0.56	0.56	
水泥砂浆	1.7	0.21	0.16	0.25	0.40	0.42	0.48	
砖(清水墙面)	—	0.02	0.03	0.04	0.04	0.05	0.05	

续表

名称	厚度/cm	各种频率下的吸声系数						装置情况
		125	250	500	1000	2000	4000	
(Ⅱ)木质材料								
软木板	2.5	0.05	0.11	0.25	0.63	0.70	0.70	贴实
木丝板	3.0	0.10	0.36	0.62	0.53	0.71	0.90	钉后留10mm空气层
三夹板	0.3	0.21	0.73	0.21	0.19	0.08	0.12	钉后留5mm空气层
穿孔五夹板	0.5	0.01	0.25	0.55	0.30	0.16	0.19	钉后留5~15mm空气层
木丝板	0.8	0.03	0.02	0.03	0.03	0.04	—	钉后留5mm空气层
木质纤维板	1.1	0.06	0.15	0.28	0.30	0.33	0.31	钉后留5mm空气层
(Ⅲ)泡沫材料								
泡沫玻璃	4.4	0.11	0.32	0.52	0.44	0.52	0.33	贴实
脲醛泡沫塑料	5.0	0.22	0.29	0.40	0.68	0.95	0.94	贴实
泡沫水泥(外面粉刷)	2.0	0.18	0.05	0.22	0.48	0.22	0.32	紧靠粉刷
吸声蜂窝板	—	0.27	0.12	0.42	0.86	0.48	0.30	
泡沫塑料	1.0	0.03	0.06	0.12	0.41	0.85	0.67	
(Ⅳ)纤维材料								
矿棉板	3.13	0.10	0.21	0.60	0.95	0.85	0.72	贴实
玻璃棉	5.0	0.06	0.08	0.18	0.44	0.72	0.82	贴实
酚醛玻璃纤维板	8.0	0.25	0.55	0.80	0.92	0.98	0.95	贴实
工业毛毡	3.0	0.10	0.28	0.55	0.60	0.60	0.56	紧靠墙面

14.5.3 隔声材料

要隔绝的声音,按传播的途径可分为空气声(由于空气的振动)和固体声(由于固体的撞击或振动)两种。对空气声的隔声,根据声学中的"质量定律",墙或板传声的大小,主要取决于其单位面积质量,质量越大,越不易振动,则隔声效果越好,对此必须选用密实、沉重的材料(如黏土砖、钢板、钢筋混凝土)作为隔声材料。对固体声的隔声,最有效的措施是采用不连续的结构处理,即在墙壁和承重梁之间、房屋的框架和隔墙及楼板之间加弹性衬垫,如毛毡、软木、橡皮等材料,或在楼板上加弹性地毯。

目前大部分建筑均采用框架的结构形式,为了减少结构的自重,建筑中非承重墙多采用轻质隔墙。轻质隔墙的重量比较轻,根据质量定律,其隔声性能不会太理想。另外,轻质隔墙的面密度一般在40~80kg/m^2,其临界频率多位于400~1250Hz,所以受吻合效应的影响较大。因此,大多数轻质隔墙的隔声量都不太高,但由于轻质隔墙具有质量轻、荷载小、安装简便等其他优点,在各类建筑中被广泛应用,所以需要提高轻质隔墙的隔声量,其方法主要是采用复合墙体结构,通过不同材料的组合和隔声构造,可以有效地提高轻质隔墙的隔声效果。

现在建筑中经常使用的轻质隔墙材料有纸面石膏板、石膏条板和砌块、加气混凝土、陶粒混凝土、纤维增强水泥板、钢丝网架夹心复合板、彩色钢板夹心复合板等。

特别注意吸声材料与隔声材料的区别。吸声材料因其多孔、疏松、质轻而隔声性能不好,根据质量定律,材料单位面积的质量越大,越不易振动,则隔声效果就好,如密实沉重的黏土砖、钢筋混凝土等材料的隔声效果比较好,但其吸声效果不佳。

复习思考题

1. 名词解释:木材的纤维饱和点、平衡含水率、持久强度。
2. 木材含水率的变化对木材性质有何影响?

3. 影响木材强度的主要因素有哪些？怎样影响的？
4. 目前所用的墙体材料有哪几类？各有何特点？
5. 多孔砖和空心砖有何不同？分别依据什么划分强度等级？
6. 什么是砌块？常用的砌块有哪几类？
7. 如何根据工程的特点，合理地选用墙体材料？
8. 保温隔热材料为什么总是轻质的？使用时为什么一定要注意防潮？
9. 当材料的导热系数（λ）值为多少时，才被称为绝热材料？试列举五种常用的保温隔热材料，并指出它们各自的用处。
10. 选用保温隔热材料有哪些基本要求？
11. 何谓吸声系数？它有何物理意义？试述影响多孔性吸声材料吸声效果的主要因素。
12. 试述多孔材料、穿孔材料及薄板共振结构的吸声原理。随着材料的表观密度和厚度的增加，材料吸声性能有何变化？
13. 试述吸声材料的选用原则。吸声材料在施工安装时应注意哪些事项？可以在多孔吸声材料表面满刷油漆吗？为什么？
14. 材料的吸声系数为多少时被列为吸声材料？试列举五种常用的吸声材料或吸声结构。
15. 为什么不能简单地将一些吸声材料作为隔声材料来使用？
16. 吸声材料和保温隔热材料在构造特征上有何异同？泡沫玻璃是一种强度较高的多孔结构材料，但不能用做吸声材料，为什么？

第 15 章 道路工程专用材料

15.1 工程用土

15.1.1 土的工程分类

1. 分类依据

按照公路工程分类标准《公路土工试验规程》(JTG E40—2007)，土的工程分类依据包括土颗粒组成特征、土的塑性指标和土中有机质存在情况。

土的颗粒组成特征评价指标为不均匀系数(C_u)和曲率系数(C_c)。不均匀系数C_u反映粒径分布曲线上的土粒分布范围，曲率系数C_c反映粒径分布曲线上的土粒分布形状，计算公式分别为

$$C_u = \frac{d_{60}}{d_{10}} \tag{15-1}$$

$$C_c = \frac{d_{30}^2}{d_{10} \times d_{60}} \tag{15-2}$$

式中，d_{10}、d_{30} 和 d_{60} 为特征粒径，分别指土的粒径分布曲线上，小于该粒径的土粒质量分别为总土质量的 10%、30%、60%。

上述指标可通过筛分法试验确定，土的粒组划分如表 15-1 所示。

表 15-1 土的粒组划分表

200		60		20		5		2		0.5		0.25		0.075		0.002 (mm)
巨粒组							粗粒组								细粒组	
漂石(块石)		卵石(小块石)		砾(角砾)				砂						粉粒		黏粒
				粗	中	细		粗		中		细				

土的塑性指标包括液限 w_L、塑限 w_P 和塑性指数 I_P，上述指标可通过液塑限联合测定法试验确定。

2. 土的种类

根据上述分类指标，公路工程用土可分为巨粒土、粗粒土、细粒土和特殊土。土的分类总体系见图 15-1。

3. 土类的名称和代号

土的成分、级配、液限和特殊土等基本代号见表 15-2，土类的名称和代号见表 15-3。
土类名称可用一个基本代号表示。当由两个基本代号构成时，第一个代号表示土的主成

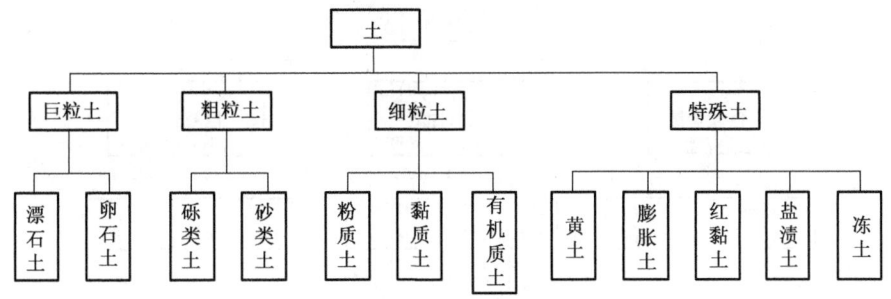

图 15-1 土的分类总体系

分，第二个代号表示土的副成分（土的液限或土的级配）。当由三个基本代号构成时，第一个代号表示土的主成分，第二个代号表示液限的高低（或级配的好坏），第三个代号表示土中所含次要成分。

表 15-2 土的成分、级配、液限和特殊土的基本代号

成分代号	成分	漂石	块石	卵石	小块石	砾	角砾	砂	粉土	黏土	细粒土（C 和 M 合称）	（混合）土（粗、细粒土合称）	有机质土
	代号	B	B_a	C_b	C_{ba}	G	G_a	S	M	C	F	Sl	O
级配代号	级配	级配良好							级配不良				
	代号	W							P				
液限高低代号	液限	高液限							低液限				
	代号	H							L				
特殊土代号	特殊土	黄土		膨胀土		红黏土		盐渍土			冻土		
	代号	Y		E		R		S_t			F_t		

表 15-3 土类的名称和代号

名称	代号	名称	代号	名称	代号
漂石	B	级配良好砂	SW	含砾低液限黏土	CLG
块石	B_a	级配不良砂	SP	含砂高液限黏土	CHS
卵石	C_b	粉土质砂	SM	含砂低液限黏土	CLS
小块石	C_{ba}	黏土质砂	SC	有机质高液限黏土	CHO
漂石夹土	BSl	高液限粉土	MH	有机质低液限黏土	CLO
卵石夹土	C_bSl	低液限粉土	ML	有机质高液限黏土	MHO
漂石质土	SlB	含砾高液限粉土	MHG	有机质低液限黏土	MLO
卵石质土	SlC_b	含砾低液限粉土	MLG	黄土（低液限黏土）	CLY
级配良好砾	GW	含砂高液限粉土	MHS	膨胀土（高液限黏土）	CHE
级配不良砾	GP	含砂低液限粉土	MLS	红土（高液限粉土）	MHR
细粒质砾	GF	高液限黏土	CH	红黏土	R
粉土质砾	GM	低液限黏土	CL	盐渍土	S_t
黏土质砾	GC	含砾高液限黏土	CHG	冻土	F_t

4. 巨粒土分类

试样中巨粒组质量多于总质量 50%的土称巨粒土。巨粒土分类体系见图 15-2。

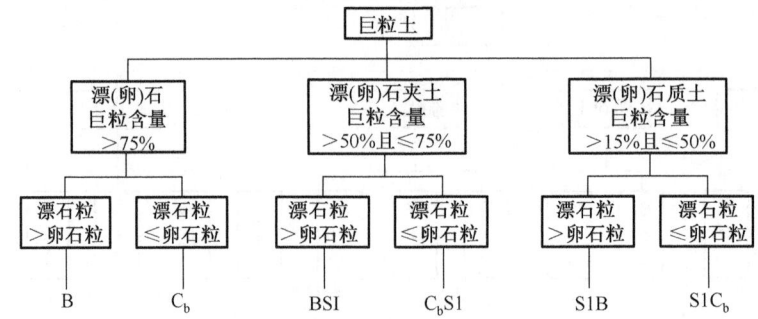

图 15-2 巨粒土分类体系

巨粒土分类体系中的漂石换成块石,B 换成 B_a,即构成相应的块石分类体系;巨粒土分类体系中的卵石换成小块石,C_b 换成 Cb_a,即构成相应的小块石分类体系

5. 粗粒土分类

试样中巨粒组土粒质量小于或等于总质量 15%,且巨粒组土粒与粗粒组土粒之和多于总土质量 50% 的土称粗粒土。粗粒土中砾粒组质量多于砂粒组质量的土称为砾类土。砾类土根据其中细粒含量和类别及粗粒组的级配进行分类,分类体系见图 15-3。

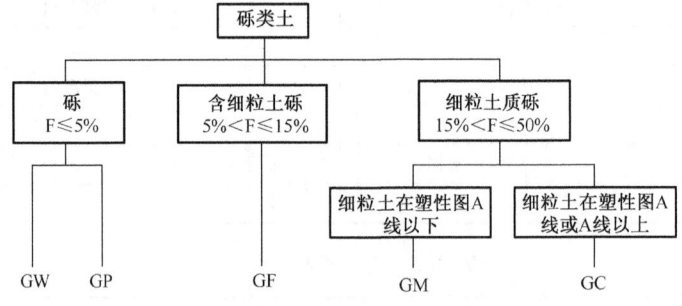

图 15-3 砾类土分类体系

砾类土分类体系中的砾石换成角砾,G 换成 Ga,即构成相应的角砾土分类体系

粗粒土中砾粒组质量少于或等于砂粒组质量的土称为砂类土。砂类土根据其中细粒含量和类别及粗粒组的级配进行分类,分类体系见图 15-4。

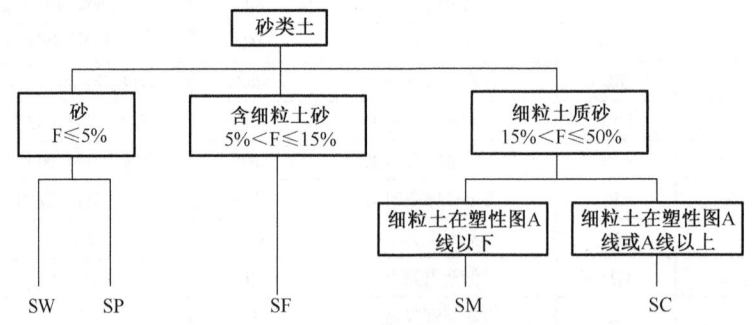

图 15-4 砂类土分类体系

需要时,砂可进一步分为粗砂、中砂和细砂。粗砂:粒径大于 0.5mm 颗粒多于总质量 50%;中砂:粒径大于 0.25mm 颗粒多于总质量 50%;细砂:粒径大于 0.075mm 颗粒多于总质量 75%

6. 细粒土分类

试样中细粒组土粒质量多于或等于总质量 50%的土称细粒土。细粒土根据塑性图分类，分类体系见图 15-5，塑性图见图 15-6。

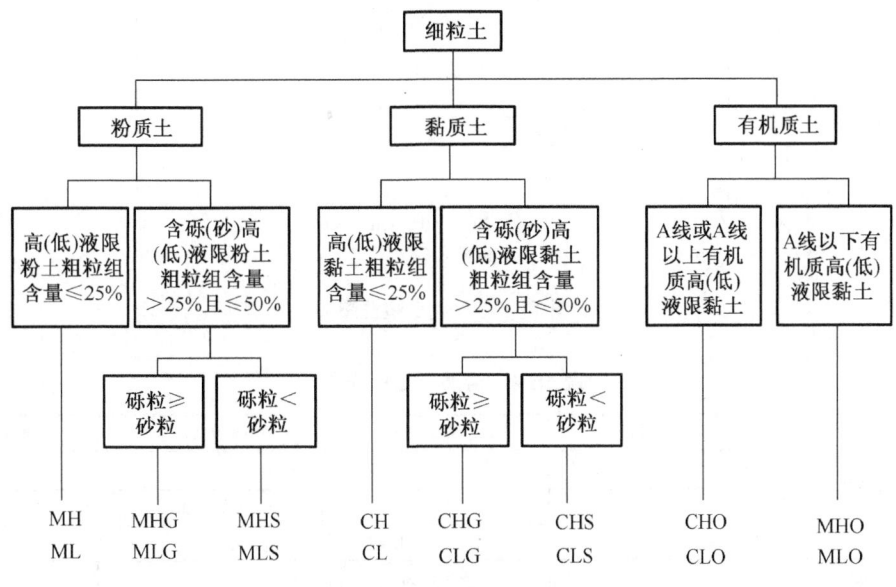

图 15-5　细粒土分类体系

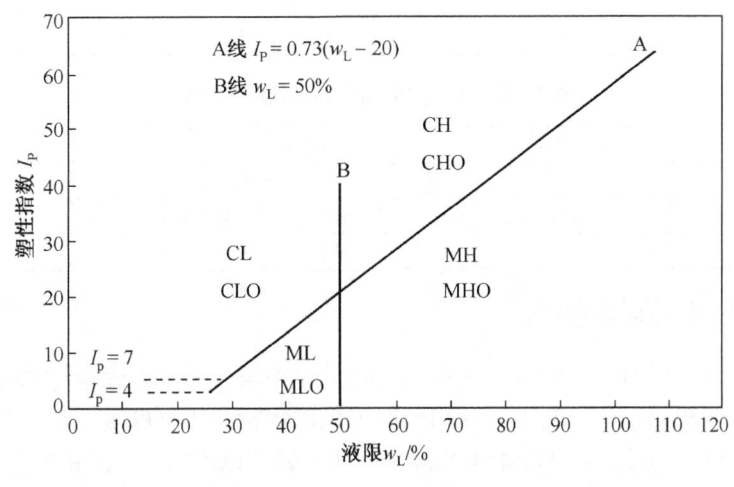

图 15-6　塑性图

7. 特殊土分类

特殊土主要指黄土、膨胀土、红黏土、盐渍土和冻土。黄土、膨胀土、红黏土按图 15-7 定名。

黄土属低液限黏土(CLY)，分布范围大部分在 A 线以上，$w_L<40\%$；膨胀土属高液限黏土 (CHE)，大部分在 A 线以上，$w_L>50\%$；红黏土属高液限粉土(MHR)，大部分在 A 线以下，$w_L>55\%$。

盐渍土按照土中所含盐的种类和质量百分率进行分类，见表 15-4，冻土根据冻结状态持续时间的长短，可分为多年冻土、隔年冻土和季节冻土，见表 15-5。

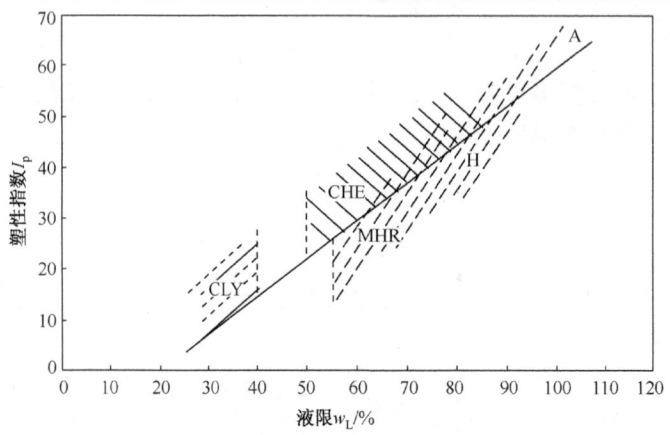

图 15-7 特殊土塑性图

表 15-4 盐渍土工程分类

土的名称	氯盐渍土	亚氯盐渍土	亚硫酸盐渍土	硫酸盐渍土
	Cl^-/SO_4^{2-} 比值			
	>2.0	1.0～2.0	0.3～1.0	<0.3
	土层中平均总盐量/%			
弱盐渍土	0.3～1.5	0.3～1.0	0.3～0.8	0.3～0.5
中盐渍土	1.5～5.0	1.0～4.0	0.8～2.0	0.5～1.5
强盐渍土	5.0～8.0	4.0～7.0	2.0～5.0	1.5～4.0
过盐渍土	>8.0	>7.0	>5.0	>4.0

表 15-5 冻土按冻结状态持续时间分类

类型	持续时间 t/年	地面温度特征/℃	冻融特征
多年冻土	$t \geq 2$	年平均地面温度≤0	季节融化
隔年冻土	$2 > t \geq 1$	最低月平均地面温度≤0	季节冻结
季节冻土	$t < 1$	最低月平均地面温度≤0	季节冻结

15.1.2 土的技术性质与要求

土是地壳表面的岩石经过物理、化学和生物风化作用，形成以固相(土颗粒)、液相(水)和气相(气体)的三相集合体。其中，固相包括无机矿物颗粒和有机质，其中次生矿物和有机质对土的工程性质影响较大；液相指土孔隙中的水，通常以固态、液态和气态三种形态存在；气相主要指孔隙中的空气，其中 CO_2 和 N_2 较多。当土中固相、液相和气相三者的体积和质量比例按照不同关系变化时，土的工程性质也随之改变。土的技术性质包括物理性质、水理性质、力学性质和化学性质，具体内容如表 15-6 所示。

表 15-6 土的工程性质

工程性质	主要内容
物理性质	含水率、密度、土粒比重、级配、砂的相对密度
水理性质	塑性(界限含水率)、渗透性、湿化性、毛细性、稠度
力学性质	击实性、承载比、无侧限抗压强度、抗剪强度、回弹模量、压缩性、固结性、黄土湿陷性
化学性质	酸碱度、烧失量、有机质含量、易溶盐总量、中溶盐石膏、难溶盐碳酸钙、阳离子交换量、矿物成分

1. 物理性质

含水率是土的基本物理指标之一,它反映土的状态。随着含水率的变化,土的一系列力学性质随之改变。同时,含水率也是计算土的干密度、孔隙比、饱和度等指标的依据,是检测土工构筑物施工质量的重要指标。含水率 w 是指土中水的质量与土颗粒质量的比值,以百分率表示,即

$$w = \frac{m_w}{m_s} \times 100\% \quad (15\text{-}3)$$

式中,w 为含水率,%;m_w 为土中水的质量,g;m_s 为土颗粒的质量,g。

密度是土的基本物理性质指标之一,它可以换算土的干密度、孔隙比、孔隙率、饱和度等指标。无论在室内试验或野外勘查及施工质量控制中,均需测定密度。土的密度 ρ 指单位体积土的质量,一般在 $1.6 \sim 2.2 \text{g/cm}^3$,计算公式为

$$\rho = \frac{m}{V} \quad (15\text{-}4)$$

式中,ρ 为土的湿密度,g/cm^3;m 为土的质量,g;V 为湿土的体积,cm^3。

土粒比重是土的基本物理性质指标之一,是计算孔隙比和评价土类的主要指标。土粒比重 G_s 指土颗粒的质量与同体积 4℃ 蒸馏水的质量的比值。一般参考值在 $2.65 \sim 2.76$,计算公式为

$$G_s = \frac{m_s}{V_s \rho_w} \quad (15\text{-}5)$$

式中,G_s 为土粒比重;m_s 为土颗粒的质量,g;V_s 为土颗粒的体积,cm^3;ρ_w 为 4℃ 蒸馏水的密度,g/cm^3。

土的级配是土的物理性质之一,它与土的许多力学性质紧密相关,也为土的分类、命名和工程应用提供依据。级配是指土中各粒组的相对含量,通常采用不均匀系数 C_u 和曲率系数 C_c 评价土的颗粒粒径分布曲线形态。

2. 水理性质

含水率对于黏性土的物理状态和工程性质有很大的影响。当黏性土中含水率较高时,土呈黏滞流动液体的状态,此时土的抗剪强度极低;当含水率逐渐降低至某一个值时,土开始具备一定的抗剪强度并发生塑性变形,即表现为塑性体特征。土从液体状态向塑性状态过渡的界限含水率称为液限 w_L。随着含水率继续降低,土的抗剪强度逐步增大,进而表现为脆性的固体特征。土从塑性状态向脆性固体状态过渡的界限含水率称为塑限 w_P。液限和塑限是黏性土的重要水理性质指标,它用于划分土类、计算天然稠度和塑性指数,供公路工程设计和施工使用。

液限与塑限之差即为塑性指数 I_P,它是表征黏性土塑性大小的指标。塑性指数越大,土的塑性越大。此外,使用液性指数 I_L 表征土中天然含水率与界限含水率的关系,用于区分土所处的状态。当液性指数为 1 时,土处于液限;当液性指数为 0 时,土处于塑限

$$I_L = \frac{w - w_P}{w_L - w_P} \tag{15-6}$$

式中，I_L 为液性指数；w 为天然含水率。

当粗粒土或细粒土中两点存在水位差时，水就通过土中孔隙从高水位向低水位点流动，这种现象称为渗透。土的渗透性对土体、路基等的强度和稳定性具有较大影响，采用渗透系数进行表征。渗透系数 k_{20} 指土中水渗流呈层流状态时，其流速与作用水力梯度成正比关系的比例系数。渗透系数越大，土体稳定性越差。计算公式为

$$k_{20} = \frac{QL}{AHt} \tag{15-7}$$

式中，k_{20} 为标准水温（20℃）时的渗透系数，cm/s；Q 为时间 t 内的渗透水量，cm³；L 为两测压孔中心间距，L=10cm；A 为土样断面积，cm²；H 为平均水位差，cm；t 为时间，s。

土体遇水后发生崩解的现象称为土的湿化。土体的湿化性会对土体和路基的强度、稳定性带来一定的负面影响。土体的湿化性可作为湿法填筑路堤设计和施工中取舍料场的依据。通常采用湿化崩解量 A_t 进行表征。湿化崩解量越大，土体越不稳定。计算公式为

$$A_t = \frac{R_t - R_0}{100 - R_0} \times 100\% \tag{15-8}$$

式中，A_t 为时间 t 时的崩解量，%；R_t 为时间 t 时浮筒水面刻度，ml；R_0 为浮筒水面刻度的瞬间稳定读数，ml。

3. 力学性质

土体通过人工或机械的夯实作用重新排列紧密的特性称为击实性。土的击实性与土体的强度和稳定性密切相关。当击实性一定时，颗粒间的气体被排出，同时克服其内摩阻力和黏结力，土颗粒之间互相靠近而密实，土体的抗剪强度和稳定性随之增大。因此，土的击实性可为填土压实、软弱地基强夯及换土碾压等提供施工依据。采用最佳含水率和最大干密度进行表征。最佳含水率 w_0 和最大干密度 ρ_{dm} 分别指在一定击实功作用下达到最大密实程度对应的含水率和干密度。计算公式为

$$\rho_{dm} = \frac{\rho}{1 + 0.01w_0} \tag{15-9}$$

式中，ρ_{dm} 为最大干密度，g/cm³；ρ 为湿密度，g/cm³；w_0 为最佳含水率，%。

路基路面的强度直接影响路面的使用性能。承载比（简称 CBR）是指试料在贯入相同变形量（2.5mm）时单位压力与标准碎石对应压力的比值，可反映土基和路面材料的强度。因此，国外将 CBR 作为柔性路面设计的主要参数之一，国内将其作为路基路面施工控制指标。承载比越大，路基和路面材料的强度则越高。

$$CBR = \frac{P}{P_s} \times 100\% \tag{15-10}$$

式中，CBR 为承载比，%；P 为土基或路面材料在某一贯入量时的单位压力，kPa；P_s 为标准碎石在上述相同贯入量时的单位压力，kPa。

标准荷载与贯入量之间的关系见表 15-7。

表 15-7 不同贯入量时的标准荷载强度和标准荷载

贯入量/mm	标准荷载强度/kPa	标准荷载/kPa
2.5	7000	13.7
5.0	10500	20.3
7.5	13400	26.3
10.0	16200	31.8
12.5	18300	36.0

回弹模量反映土基在瞬时荷载作用下的可恢复变形性质，是评价路基土和各种路面材料强度的重要指标，直接影响着路基的使用质量和寿命。因此，回弹模量是我国公路路面设计必不可少的重要参数之一。回弹模量越大，表明路基或路面材料的刚度越大

$$E_0 = \frac{\pi D(1-\mu_0^2)}{4} \times \frac{\sum p_i}{\sum l_i} \tag{15-11}$$

式中，E_0 为土基的回弹模量，MPa；μ_0 为泊松比，一般可取 0.35；D 为承载板直径，cm；P_i 为承载板压力，MPa；l_i 为相对于各级荷载 P_i 的回弹变形，cm。

4. 技术要求

1) 路基工程的路床用土或路堤用土

路床指路面底面以下 0.8m 范围内的路基部分，分为上路床（0～0.3m）和下路床（0.3～0.8m）两层。路床土应均匀、密实，并符合表 15-8 的规定；路床土最大粒径应小于 100mm。路床应根据土质、降水量、地下水类型及埋藏深度、加固材料来源等，经比选采用就地碾压、换土或土质改良、加强地下排水、设置土工合成材料等加固措施。

表 15-8 路床土最小强度和压实度要求

项目分类	路面底面以下深度/m	填料最小强度(CBR)/%			压实度/%		
		高速公路、一级公路	二级公路	三、四级公路	高速公路、一级公路	二级公路	三、四级公路
填方路基	0～0.3	8	6	5	≥96	≥95	≥94
	0.3～0.8	5	4	3	≥96	≥95	≥94
零填及挖方路基	0～0.3	8	6	5	≥96	≥95	≥94
	0.3～0.8	5	4	3	≥96	≥95	—

注：①压实度系《公路土工试验规程》中重型击实试验求得的最大干密度的压实度；
②当三、四级公路铺筑沥青混凝土和水泥混凝土路面时，其压实度应采用二级公路的规定值。

路堤指高于原地面的填方路基，分上路堤（路面底面以下 0.8～1.5m 范围的填方部分）和下路堤（上路堤以下的填方部分）。填方路基应优先选用级配较好的砾类土、砂类土等粗粒土，最大粒径应小于 150mm；泥炭、淤泥、冻土、强膨胀土、有机质土及易溶盐超过允许含量的土等，不得直接用于填筑路基，冰冻地区的路床及浸水部分的路堤不应直接采用粉质土填筑；当采用细粒土填筑时，路堤填料最小强度应符合表 15-9 的规定，液限大于 50%、塑性指数大

于26、含水率不适宜直接压实的细粒土,不能直接作为路堤填料;浸水路堤应用渗水性好的材料填筑,当采用细砂、粉砂作为填料时,应考虑振动液化的影响;桥涵台背和挡土墙墙背应优先选用渗水性良好的填料,如当采用细粒土填筑时,宜用石灰、水泥、粉煤灰等无机结合料进行处治。

表 15-9 路堤填料最小强度要求

项目分类	路面底面以下深度	填料最小强度(CBR)/%		
		高速公路、一级公路	二级公路	三、四级公路
上路堤	0.8～1.5m	4	3	3
下路堤	1.5m 以下	3	2	2

2) 无机结合料稳定材料用土

对于路面基层用水泥稳定类、石灰稳定类、石灰工业废渣稳定类用土,其颗粒级配非常重要。根据土中单个颗粒的粒径大小和组成,将土分为细粒土、中粒土和粗粒土。细粒土指颗粒最大粒径小于 9.5mm,且其中小于 2.36mm 的颗粒含量不少于 90%的土;中粒土指颗粒最大粒径小于 26.5mm,且其中小于 19mm 的颗粒含量不少于 90%的土;粗粒土指颗粒最大粒径小于 37.5mm,且其中小于 31.5mm 的颗粒含量不少于 90%的土。

对于二级和二级以下的公路,水泥稳定土所用的粗粒土、中粒土、细粒土应满足以下要求。

(1)用做底基层时,土中单个颗粒的最大粒径不应超过 53mm(方孔筛),颗粒组成应满足表 15-10 所列范围,土的不均匀系数应大于 5。细粒土的液限不应超过 40,塑性指数不应超过 17。对于中粒土和粗粒土,如土中小于 0.6mm 的颗粒含量在 30%以下,塑性指数可稍大。实际工作中,宜选用不均匀系数大于 10、塑性指数小于 12 的土。塑性指数大于 17 的土,宜采用石灰稳定,或用水泥和石灰综合稳定。

(2)用做基层时,土中单个颗粒的最大粒径不应超过 37.5mm,颗粒组成应满足表 15-11 所列范围。集料中不宜含有塑性指数的土。对于二级公路宜按接近级配范围的下限组配混合料或采用表 15-12 中的 2 号级配。

表 15-10 用做底基层时水泥稳定土的颗粒组成范围

筛孔尺寸/mm	53	4.75	0.6	0.075	0.002
通过质量百分率/%	100	50～100	17～100	0～50	0～30

表 15-11 用做基层时水泥稳定土的颗粒组成范围

筛孔尺寸/mm	通过质量百分率/%	筛孔尺寸/mm	通过质量百分率/%
37.5	90～100	2.36	20～70
26.5	66～100	1.18	14～57
19	54～100	0.6	8～47
9.5	39～100	0.075	0～30
4.75	28～84		

表 15-12 水泥稳定土的颗粒组成范围

项目		编号		
		1	2	3
		质量百分率/%		
筛孔尺寸/mm	37.5	100	100	
	31.5		90～100	100
	26.5			90～100
	19		67～90	72～89
	9.5		45～68	47～67
	4.75	50～100	29～50	29～49
	2.36		18～38	17～35
	0.6	17～100	8～22	8～22
	0.075	0～30	0～7	0～7
液限/%				<28
塑性指数				<9

对于高速公路和一级公路，水泥稳定土所用的粗粒土和中粒土应满足以下要求。

(1)用做底基层时，土中单个颗粒的最大粒径不应超过 37.5mm，颗粒组成应满足表 15-12 中 1 号级配范围，土的不均匀系数应大于 5。细粒土的液限不应超过 40，塑性指数不应超过 17。对于中粒土和粗粒土，若土中小于 0.6mm 的颗粒含量在 30%以下，塑性指数可稍大。实际工作中，宜选用不均匀系数大于 10、塑性指数小于 12 的土。塑性指数大于 17 的土，宜采用石灰稳定，或用水泥和石灰综合稳定。对于中粒土和粗粒土，宜采用表 15-12 中 2 号级配，但小于 0.075mm 的颗粒含量和塑性指数可不受限制。

(2)用做基层时，土中单个颗粒的最大粒径不应超过 31.5mm，颗粒组成应满足表 15-12 中 3 号级配范围。集料中不宜含有塑性指数的土。对于二级公路宜按接近级配范围的下限组配混合料或采用表 15-12 中的 2 号级配。

有机质含量超过 2%的土，必须先用石灰进行处理，闷料一夜后再用水泥稳定。硫酸盐含量超过 0.25%的土，不应用水泥稳定。

石灰稳定土宜采用塑性指数为 15～20 的黏性土及含有一定数量黏性土的中粒土和粗粒土。塑性指数在 15 以上的黏性土更适宜用石灰和水泥综合稳定。塑性指数在 10 以下的亚砂土和砂土用石灰稳定时，应采取适当的措施或采用水泥稳定。塑性指数偏大的黏性土，应粉碎至最大尺寸不大于 15mm。

用做高速公路和一级公路的底基层时，石灰稳定土单个颗粒的最大粒径不应超过 37.5mm；用做其他等级公路的底基层时，颗粒的最大粒径不应超过 53mm。用做基层时，颗粒的最大粒径不应超过 37.5mm。

硫酸盐含量超过 0.8%的土和有机质含量超过 10%的土，不宜用石灰稳定。

石灰工业废渣稳定土宜采用塑性指数为 12～20 的黏性土(亚黏土)。土块的最大粒径不应大于 15mm。有机质含量超过 10%的土不宜选用。二灰稳定的中粒土和粗粒土不宜含有塑性指数的土。

用做高速公路和一级公路的二灰稳定土应符合以下要求：①用做底基层时，土中碎石、砾石颗粒的最大粒径不应超过 37.5mm，各种细粒土、中粒土和粗粒土都可用二灰稳定后用做底基层；②用做基层时，二灰的质量应占 15%，最多不超过 20%，石料颗粒的最大粒径不应超过 31.5mm，其颗粒组成宜符合表 15-13 或表 15-14 中 2 号级配的范围，粒径小于 0.075mm 的颗粒含量宜接近 0。

表 15-13　二灰级配沙砾中集料的颗粒组成范围

筛孔尺寸/mm	编号	
	1	2
	质量百分率/%	
37.5	100	
31.5	85～100	100
19.0	65～85	85～100
9.50	50～70	55～75
4.75	35～55	39～59
2.36	25～45	27～47
1.18	17～35	17～35
0.6	10～27	10～25
0.075	0～15	0～10

表 15-14　二灰级配沙砾中集料的颗粒组成范围

筛孔尺寸/mm	编号	
	1	2
	质量百分率/%	
37.5	100	
31.5	90～100	100
19.0	72～90	81～98
9.50	48～68	52～70
4.75	30～50	30～50
2.36	18～38	18～38
1.18	10～27	10～27
0.6	6～20	6～20
0.075	0～7	0～70

用做二级及二级以下公路的二灰稳定土应满足以下要求：①用做底基层时，石料颗粒的最大粒径不应超过 53mm；②用做基层时，石料颗粒的最大粒径不应超过 37.5mm；碎石、砾石或其他粒状材料的质量宜占 80%以上，并符合表 15-13 或表 15-14 的级配范围。

15.2　无机结合料稳定材料

15.2.1　概述

在粉碎或原状松散的材料(包括各种粗、中、细粒土)中，掺入足量的无机结合料(如石灰、水泥、粉煤灰等)和水，经拌和得到的混合料，在压实和养生后，当其抗压强度符合规定的要求时，称为无机结合料稳定材料。无机结合料稳定材料具有强度高、稳定性好、抗冻性强等特性，但其耐磨性较差，广泛用于修筑路面结构的基层、底基层或垫层。

按照结合料的品种分类，无机结合料稳定材料分为水泥稳定类、石灰稳定类、综合稳定类和石灰工业废渣稳定类。其中，综合稳定类同时采用水泥和石灰；石灰工业废渣稳定类同时采用石灰和粉煤灰或煤渣。

按照土中单个颗粒的粒径大小和组成分类，无机结合料稳定材料分为稳定细粒土、稳定中粒土和稳定粗粒土。细粒土是指混合料中颗粒的最大粒径小于 9.5mm，且其中小于 2.36mm 的颗粒含量不少于 90%；中粒土是指混合料中颗粒的最大粒径小于 26.5mm，且其中小于 19mm 的颗粒含量不少于 90%；粗粒土是指混合料中颗粒的最大粒径小于 37.5mm，且其中小于 31.5mm 的颗粒含量不少于 90%。

按照土中矿质粒料含量分类，上述稳定材料可分为悬浮式稳定粒料和骨架密实式粒料。悬浮式稳定粒料中含沙砾或碎石不超过 50%，骨架密实式粒料中含沙砾或碎石在 80% 以上。

无机结合料稳定材料种类较多，其物理、力学性质各有特点，使用时应根据结构要求、掺加剂和原材料的供应情况及施工条件进行综合技术、经济比较后选定。

由于无机结合料稳定材料的刚度介于柔性路面材料和刚性路面材料之间，常称为半刚性材料。以此修筑的基层或底基层亦称为半刚性基层或半刚性底基层。在我国已建成的高速公路和一级公路中，大多数路面采用了无机结合料稳定类基层。近几十年来，不少国家也越来越多地采用水硬性无机结合料处治粒料和处治土作为沥青路面的基层和底基层，其原因主要有：①车辆轴载增大和交通量增加对路面的承载能力要求越来越高，无机结合料处治基层的沥青路面更能适应现代重型交通的需要；②优质石料的料源日益减少。用无机结合料处治材料时，可以使用原先不能应用的质量较低的石料，甚至使用当地的土。这样可以避免远运优质石料，从而节约大量投资成本。

15.2.2 组成材料要求

1. 水泥稳定材料

水泥稳定材料包括水泥稳定级配碎石（岩石碎石、矿渣碎石、破碎砾石）、未筛分碎石、沙砾、碎石土、沙砾土、煤矸石和各种粒状矿渣等。水泥稳定材料可适用于各级公路的基层和底基层，但水泥稳定细粒土不得用于二级和二级以上公路高级路面的基层。

水泥稳定材料所用水泥可采用普通硅酸盐水泥、矿渣硅酸盐水泥和火山灰质硅酸盐水泥，但应选用初凝时间 3h 以上和终凝时间较长（宜在 6h 以上）的水泥。不应使用快硬水泥、早强水泥及已经受潮变质的水泥。宜采用 32.5 或 42.5 等级的水泥。水泥稳定中粒土和粗粒土用做基层时，水泥剂量不宜超过 6%。

对于二级和二级以下的公路，水泥稳定土用做底基层时，宜选用最大粒径不超过 53mm，有一定级配（表 15-10），且均匀系数大于 5 的土。实际工程通常选用均匀系数大于 10、塑性指数小于 12 的土。当土的塑性指数大于 17 时，宜采用石灰稳定，或用水泥和石灰综合稳定。水泥稳定土用做基层时，宜选用最大粒径不超过 37.5mm，有一定级配（表 15-11）的土。

对于高速公路和一级公路，水泥稳定土用做底基层时，宜选用最大粒径不超过 37.5mm，有一定级配（表 15-12），且均匀系数大于 5 的土。实际工程通常选用均匀系数大于 10、塑性指数小于 12 的土。当土的塑性指数大于 17 时，宜采用石灰稳定，或用水泥和石灰综合稳定。水泥稳定土用做基层时，宜选用最大粒径不超过 31.5mm，有一定级配（表 15-12）的土。

对于二级和二级以下公路，水泥稳定土中碎石或砾石的压碎值应不大于 35%（基层）和 40%（底基层）。对于高速公路和一级公路，水泥稳定土中碎石或砾石的压碎值应不大于 30%。

有机质含量超过 2%的土，必须先用石灰进行处理，闷料一夜后再用水泥稳定。硫酸盐含量超过 0.25%的土，不应用水泥稳定。

2. 石灰稳定材料

石灰稳定材料包括石灰稳定级配碎石、未筛分碎石、沙砾、碎石土、沙砾土、煤矸石和各种粒状矿渣等。石灰稳定材料适用于各级公路的底基层，以及二级和二级以下公路的基层，但石灰稳定细粒土不得用于二级公路的基层和二级以下公路高级路面的基层。

石灰稳定材料所用石灰应符合表 15-15 的规定。应尽量缩短石灰的存放时间。当石灰在野外堆放时间较长时，应覆盖防潮。对于高速公路和一级公路，宜采用磨细生石灰粉。

石灰稳定土用做底基层时，宜选用最大粒径不超过 37.5mm（高速公路和一级公路）或 53mm（其他等级公路）的土；用做基层时，宜选用最大粒径不超过 37.5mm 的土。塑性指数在 15～20 的黏性土及含有一定数量黏性土的中粒土和粗粒土均适宜用石灰稳定。塑性指数偏大的黏性土，应加强粉碎，粉碎后土块的最大尺寸不应大于 15mm。有机质含量超过 10%的土不宜选用。

表 15-15　石灰的技术指标

项目		钙质生石灰			镁质生石灰			钙质消石灰			镁质消石灰		
		等级											
		Ⅰ	Ⅱ	Ⅲ	Ⅰ	Ⅱ	Ⅲ	Ⅰ	Ⅱ	Ⅲ	Ⅰ	Ⅱ	Ⅲ
有效钙加氧化镁含量/%		≥85	≥80	≥70	≥80	≥75	≥65	≥65	≥60	≥55	≥60	≥55	≥50
未消化残渣含量/%		≤7	≤11	≤17	≤10	≤14	≤20						
含水量/%								≤4	≤4	≤4	≤4	≤4	≤4
细度	0.9mm 方孔筛筛余/%							≤0	≤1	≤1	≤0	≤1	≤1
	0.125mm 方孔筛筛余/%							≤13	≤20	—	≤13	≤20	—
氧化镁含量/%		≤5			>5			≤4			>4		

3. 石灰工业废渣稳定材料

石灰工业废渣稳定材料包括石灰粉煤灰类（简称二灰）和石灰其他废渣类（煤渣、高炉矿渣、钢渣等）。石灰工业废渣稳定材料适用于各级公路的基层和底基层，但二灰、二灰土和二灰砂不得用做二级和二级以上公路高级路面的基层。

石灰工业废渣稳定材料所用石灰质量应符合表 15-15 规定的 Ⅲ 级生石灰或消石灰。应尽量缩短石灰的存放时间，如果存放时间过长，应采取覆盖封存措施，妥善保管。

粉煤灰中 SiO_2、Al_2O_3、Fe_2O_3 的总含量应大于 70%，粉煤灰的烧失量不应超过 20%，粉煤灰的比表面积宜大于 2500cm^2/g（或 90%通过 0.3mm 筛孔，70%通过 0.075mm 筛孔）。干粉煤灰和湿粉煤灰都可以应用，湿粉煤灰的含水量不宜超过 30%。煤渣的最大粒径不应大于 30mm，颗粒组成宜有一定级配，且不宜含杂质。

二灰稳定土用做底基层时，宜选用最大粒径不超过 53mm（二级及二级以下公路）或 37.5mm（高速公路和一级公路）的石料颗粒；用做基层时，宜选用最大粒径不超过 37.5mm（二级及二级以下公路）或 31.5mm（高速公路和一级公路）的石料颗粒。宜采用塑性指数 12～20 的黏性土，土块的最大粒径不应大于 15mm。二灰稳定的中粒土和粗粒土不宜含有塑性指数的土。二灰稳定土用做基层时，碎石、砾石或其他粒状颗粒应有一定级配，如表 15-13 所示。

对于高速公路和一级公路底基层，石灰稳定土中碎石或砾石的压碎值应不大于 30%（基层）

或 35%(底基层)；对于二级和二级以下公路，石灰稳定土中碎石或砾石的压碎值应不大于 35%(基层)或 40%(底基层)。所用碎石或砾石，应预先筛分成 3~4 个不同粒级，然后再配成具有一定级配的混合料，如表 15-14 所示。

15.2.3 无机结合料稳定材料强度

1. 水泥稳定土的强度

水泥稳定土中，水泥、土和水之间发生了多种复杂的作用，使土的性能发生了明显的变化。但由于水的用量很少，水泥的水化完全是在土中进行的，所以作用速度比在水泥混凝土中进行得缓慢。水泥在稳定土中的作用，从工程观点来看，一是改变了土的塑性，二是增加了土的强度和稳定性。作用的形式归纳起来主要包括：①水泥的水化作用；②离子交换作用；③化学激发作用；④碳酸化作用。

2. 二灰稳定土的强度

在工程中石灰粉煤灰常简称为"二灰"，二灰稳定土即石灰粉煤灰稳定类混合料。用二灰稳定细粒土，简称为二灰土；用二灰稳定砂砾、碎石、矿渣、煤矸石等，简称为二灰稳定集料或二灰稳定粒料。

二灰稳定土的强度形成与机械压实、离子交换反应、氢氧化钙结晶和碳酸化反应，以及火山灰反应等一系列复杂交织的物理化学作用过程有关。

3. 强度的影响因素

1) 土质

土的类别和性质是影响水泥稳定土强度的重要因素。凡是能被经济地粉碎的土，都可用水泥稳定，但稳定效果不同。实践证明，用水泥稳定级配良好的碎(砾)石和沙砾，效果最好，不但强度高，而且水泥用量少；其次是砂性土；再次是粉性土和黏性土。一般土的塑性指数不应超过 17，实际工作中往往选用塑性指数小于 12 的土。重黏土由于难以粉碎和拌和，不宜单独用水泥稳定，有机质含量超过 2%或硫酸盐含量超过 0.25%的土，不应用水泥稳定。

2) 水泥品种及剂量

普通硅酸盐水泥、矿渣硅酸盐水泥和火山灰质硅酸盐水泥都可用于稳定土。通常情况下，硅酸盐类水泥的稳定效果较好，铝酸盐水泥虽可用于稳定但效果较差。终凝时间较长(6h 以上)的低强度水泥应优先选用。

水泥稳定土的强度随水泥剂量的增加而增长，不存在最佳剂量。但过多的水泥用量，虽获得强度的增加，但经济上不一定合理，且容易开裂。试验和研究证明，水泥剂量为 4%~8%较为合理。

3) 施工及养生

首先要保证稳定土一定的含水量，既要达到最佳密实度的含水量，又能满足水泥完全水化和水解作用的需要；其次是混合料需拌和均匀并充分压实。水泥土从开始加水拌和到完成压实的延迟时间要尽可能的短，一般要在 6h 以内。若时间过长，水泥开始凝结，碾压时不但达不到压实度要求，而且会破坏已结硬水泥的胶凝作用，反而使水泥稳定土强度下降。

一定的水分是水泥稳定土形成强度的必要条件,湿法养生可满足水泥水化形成强度的需要。而养生温度越高,强度增长得越快。

15.2.4 无机结合料稳定材料组成设计

1. 水泥稳定土组成设计

水泥稳定土混合料组成设计思路是,以强度标准作为设计依据,通过试验选取最适宜的土,确定必需的水泥剂量和混合料的最佳含水量,在需要改善混合料的物理力学性质时,还应确定掺加料的比例。

1) 水泥稳定土的强度标准

各级公路用水泥稳定土的 7d 浸水无侧限抗压强度应符合表 15-16 的规定。

表 15-16 水泥稳定土的抗压强度标准

公路等级	二级和二级以下公路	高速公路和一级公路
基层/MPa	2.5~3	3~5
底基层/MPa	1.5~2.0	1.5~2.5

2) 原材料试验

选取有代表性土样进行以下试验:颗粒分析、液限和塑性指数、相对密度、击实试验、碎石或砾石的压碎值、有机质含量和硫酸盐含量(必要时)。对于级配不良的碎石、碎石土、沙砾、沙砾土、砂等,宜改善其级配。应检验水泥的强度等级和终凝时间。

3) 水泥稳定土组成设计步骤

(1) 分别按下列 5 种水泥剂量制备同一种土样。水泥剂量是指水泥质量占土的干质量的百分率。

用做基层时,中粒土和粗粒土:3%、4%、5%、6%、7%;塑性指数小于 12 的细粒土:5%、7%、8%、9%、11%;其他细粒土:8%、10%、12%、14%、16%。

用做底基层时,中粒土和粗粒土:3%、4%、5%、6%、7%;塑性指数小于 12 的细粒土:4%、5%、6%、7%、9%;其他细粒土:6%、8%、9%、10%、12%。

(2) 确定各种混合料最佳含水率和最大干密度。至少应做三个不同水泥剂量混合料的击实试验,即最小剂量、中间剂量和最大剂量。其他两个剂量混合料的最佳含水量和最大干密度可用内插法确定。

(3) 按规定压实度分别计算不同水泥剂量的试件应有的干密度。

(4) 按最佳含水量和计算得到干密度制备试件,然后将试件在规定温度下保湿养生 6d 和浸水 1d 后进行无侧限抗压强度试验,计算强度结果的平均值和偏差系数。

(5) 根据设计抗压强度标准选定合适的水泥剂量,强度结果的平均值 $\overline{R}$ 应符合式(15-12)的要求。

$$\overline{R} \geqslant \frac{R_d}{1-Z_a C_v} \quad (15-12)$$

式中,$\overline{R}$ 为无侧限抗压强度平均值,MPa;R_d 为设计抗压强度,MPa;C_v 为试验结果的偏差系数,以小数计;Z_a 为保证率系数,取 1.645(高速公路和一级公路)或 1.282(其他公路)。

(6) 工地实际采用的水泥剂量应比室内试验剂量增加 0.5%(集中厂拌法)或 1%(路拌法)。同时,水泥剂量还应符合规范最小剂量的要求,如表 15-17 所示。

表 15-17 水泥的最小剂量

拌和方法	路拌法	集中厂拌法
中粒土和粗粒土	4%	3%
细粒土	5%	4%

2. 石灰稳定土组成设计

石灰稳定土混合料组成设计思路是，以强度标准作为设计依据，通过试验选取最适宜的土，确定必需的或最佳的石灰剂量和混合料的最佳含水量，在需要改善混合料的物理力学性质时，还应确定掺加料的比例。

1) 石灰稳定土的强度标准

各级公路用石灰稳定土的 7d 浸水无侧限抗压强度应符合表 15-18 的规定。

表 15-18 石灰稳定土的抗压强度标准

公路等级	二级和二级以下公路	高速公路和一级公路
基层/MPa	≥0.8	—
底基层/MPa	0.5~0.7	≥0.8

2) 原材料试验

选取有代表性土样进行以下试验：颗粒分析、液限和塑性指数、击实试验、碎石或砾石的压碎值、有机质含量和硫酸盐含量（必要时）。如果碎石、碎石土、沙砾、沙砾土等的级配不好，宜先改善其级配。应检验石灰的有效钙和氧化镁含量。

3) 石灰稳定土组成设计步骤

(1) 按下列 5 种石灰剂量制备同一种土样。石灰剂量是指石灰质量占干土质量的百分率。用做基层时，沙砾土和碎石土：3%、4%、5%、6%、7%；塑性指数小于 12 的黏性土：10%、12%、13%、14%、16%；其他黏性土：5%、7%、9%、11%、13%。

用做底基层时，塑性指数小于 12 的土：8%、10%、11%、12%、14%；其他黏性土：5%、7%、8%、9%、11%。

(2) 确定各种混合料的最佳含水率和最大干密度。至少应做三个不同石灰剂量混合料的击实试验，即最小剂量、中间剂量和最大剂量。其他两个剂量混合料的最佳含水量和最大干密度可用内插法确定。

(3) 按规定压实度分别计算不同石灰剂量的试件应有的干密度。

(4) 按最佳含水量和计算得到干密度制备试件，然后将试件在规定温度下保湿养生 6d 和浸水 1d 后进行无侧限抗压强度试验，计算强度结果的平均值和偏差系数。

(5) 根据设计抗压强度标准选定合适的水泥剂量，强度结果的平均值 $\bar{R}$ 应符合下式的要求

$$\bar{R} \geqslant \frac{R_d}{1 - Z_a C_v} \tag{15-13}$$

式中，$\bar{R}$ 为无侧限抗压强度平均值，MPa；R_d 为设计抗压强度，MPa；C_v 为试验结果的偏差系数，以小数计；Z_a 为保证率系数，取 1.645（高速公路和一级公路）或 1.282（其他公路）。

(6) 工地实际采用的石灰剂量应比室内试验剂量增加 0.5%（集中厂拌法）或 1%（路拌法）。

3. 石灰工业废渣稳定土组成设计

石灰工业废渣稳定土组成设计思路是,以强度标准为设计依据,通过试验选取最适宜的土,确定石灰与粉煤灰或煤渣的比例,确定石灰粉煤灰与干土的质量比例,确定混合料的最佳含水量。

1) 石灰工业废渣稳定土的强度标准

各级公路用二灰混合料的 7d 浸水无侧限抗压强度应符合表 15-19 的规定。

表 15-19　二灰混合料的抗压强度标准

公路等级	二级和二级以下公路	高速公路和一级公路
基层/MPa	0.6～0.8	0.8～1.1
底基层/MPa	≥0.5	≥0.6

2) 原材料试验

选取有代表性土样进行以下试验:颗粒分析、液限和塑性指数、石料的压碎值、有机质含量(必要时)。应检验石灰的有效钙和氧化镁含量,粉煤灰的化学成分、细度和烧失量。

3) 二灰稳定土组成设计步骤

(1) 制备不同比例的石灰粉煤灰混合料(如 10:90、15:85、25:75、30:70、35:65、40:60、45:55、50:50),确定其各自的最佳含水量和最大干密度,确定同一龄期和同一压实度试件的抗压强度,选用强度最大的石灰粉煤灰比例。

(2) 根据上述所得的二灰比例,制备同一种土样的 4～5 种不同配比的二灰土或二灰级配集料。采用二灰土做基层或底基层时,石灰与粉煤灰的比例可用 1:2～1:4(对于粉土,以 1:2 为宜),石灰粉煤灰与细粒土的比例可以是 30:70～90:10;采用二灰级配集料做基层时,石灰与粉煤灰的比例可用 1:2～1:4,石灰粉煤灰与集料的比例应为 20:80～15:85。

(3) 确定各种二灰土或二灰级配集料的最佳含水率和最大干密度(重型击实法)。

(4) 按规定压实度分别计算不同配比二灰土、二灰级配集料试件应有的干密度。

(5) 按最佳含水率和计算得到干密度制备试件,然后将试件在规定温度下保湿养生 6d 和浸水 1d 后进行无侧限抗压强度试验,计算强度结果的平均值和偏差系数。

(6) 根据设计抗压强度标准选定合适的混合料配比,强度试验结果的平均值 $\bar{R}$ 应符合下式的要求:

$$\bar{R} \geqslant \frac{R_\mathrm{d}}{1 - Z_\mathrm{a} C_\mathrm{v}} \tag{15-14}$$

式中,$\bar{R}$ 为无侧限抗压强度平均值,MPa;R_d 为设计抗压强度,MPa;C_v 为试验结果的偏差系数,以小数计;Z_a 为保证率系数,取 1.645(高速公路和一级公路)或 1.282(其他公路)。

15.3　土工合成材料

15.3.1　概述

土工合成材料是以人工合成的聚合物(如塑料、化纤、合成橡胶等)为原料制成的各类产品,用于岩土体或其他工程结构内部、表面或结构层之间,具有加强、保护或其他功能的一种新型工程材料。土工合成材料具有强度高、柔性大、耐腐蚀、运输和施工方便、适应性好、造价低等技术经济优势，因此在边坡、堤坝、挡土墙、软土地基处治、公路和铁路地基、机场跑道等工程中广泛应用。目前，土工合成材料已经发展为继钢材、水泥、木材之后的第 4 大类土木工程材料。土工合成材料已在我国公路、铁路、城市建设等工程建设中发挥着不可或缺的作用。

15.3.2 土工合成材料的种类

土工合成材料发展至今品种繁多，主要包括土工织物、土工膜、土工格栅、土工网和土工膜袋等，具体分类见图 15-8。

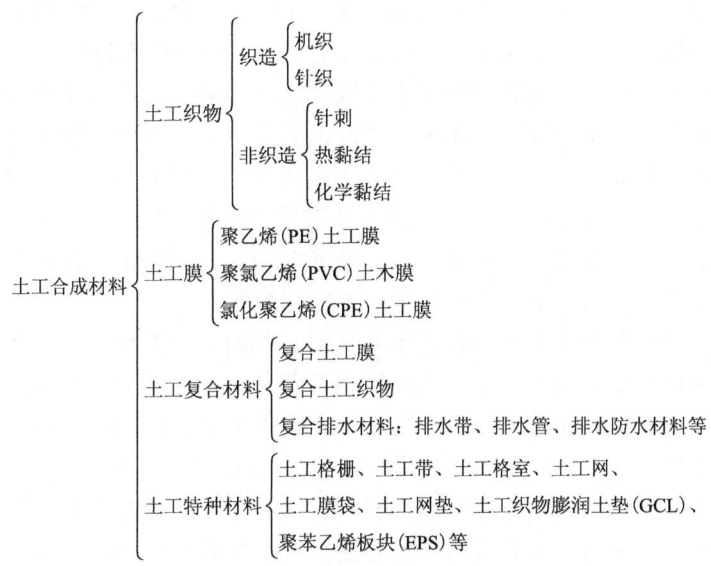

图 15-8 土工合成材料分类

1. 土工织物

土工织物是指机织、针织或非织造的可渗透的聚合物材料，是一种透水性土工合成材料，呈布状(俗称土工布)。按照制造方法分类，土工织物分为有纺(织造)和无纺(非织造)。有纺土工织物是最早发明的土工织物，它是由纤维纱或长丝按一定方向排列机织而成的，其主要性能表现为强度具有方向性。例如，经纬丝方向强度高，而与经纬丝斜交方向强度较低。无纺土工织物是利用热熔、挤压、喷丝、铺网再进行针刺、热或化学黏合而成，其主要特点在于强度没有明显的方向性，对变形的适应性较大，目前使用的 80%的土工织物都属于这种类型。土工织物具有明显的优缺点，其突出的优点是质量轻、整体性好(可做成大面积)、施工方便、抗拉强度高、耐腐蚀及微生物性好，同时孔径小、渗滤性好、质地柔软、与土的结合性好；其缺点是直接暴露条件下容易老化、耐久性较差。目前，土工织物主要用于不同材料之间的隔离、软基加固、反滤和排水。

2. 土工膜

土工膜是由聚合物或沥青制成的一种相对不透水的薄膜，是一种起防水作用的极低渗透性的土工合成材料。土工膜一般分为沥青和聚合物两类，每类根据工程需要又进一步分为加筋、不加筋或组合类型。含沥青的土工膜主要为复合型(含编织型或无纺型),聚合物土工膜根据主材种类分为塑性土工膜、弹性土工膜和组合型土工膜。土工膜主要优点是透水性极低(渗透系数为 $1\times10^{-11}\sim1\times10^{-12}$cm/s),弹性和适应变形的能力很强,对工程的适用性很好,耐老化,在水中或水下土工膜的耐久性更为突出。目前,土工膜主要用于防渗和防水工程。

3. 土工复合材料

土工复合材料是由两种或两种以上的土工合成材料组合而成的,其目的在于联合发挥不同土工合成材料的性能优势,以便更好地满足工程的多方面要求,如过滤、排水、隔离、加筋、防渗和防护等。土工复合材料主要包括复合土工膜、复合土工织物和复合排水材料等。由于土工复合材料品种繁多,下面主要介绍复合土工膜和复合排水材料。

复合土工膜是土工织物或其他材料与土工膜结合而成的一种不透水性材料。按照功能分类,复合土工膜分为加筋型和横向排水型。加筋型复合土工膜强度和模量高、能够满足工程防渗和受力的要求;横向排水型一般由无纺土工织物与土工膜复合而成,常见的有"一布一膜"或"两布一膜",其中无纺土工织物一方面具有横向排水作用,另一方面对土工膜起到保护作用。复合土工膜具有强度高、延伸性好、变形模量大、耐腐蚀、耐老化、防渗性能好等特点,主要用于堤坝、排水沟渠等工程的防渗或防污处理。

复合排水材料是以薄型土工织物包裹不同材料制成的不同形状的芯材组合而成的一种复合型排水产品。这种产品克服了土工织物沿织物平面方向排水能力小的缺点,可以沿产品水平方向芯材的排水管道通畅排水,而外包的土工织物作为滤层以阻止土颗粒堵塞排水通道。按照横断面尺寸分类,复合排水材料分为排水带(宽度10cm)、排水管(宽度1m)等。

排水带是由不同形状的塑料条带排水芯材外包无纺土工织物制成的,其截面形状较多,我国大多采用口琴式。塑料排水带具有质量容易控制、成本低、施工方便等特点,主要用于软土地基工程中进行竖向排水固结处理。排水管主要有排水软管和排水塑料管两种。排水软管用于深软土路基底横向排水,有地下水出露的陡坡路堤地段的路基处理,以及盲沟排水、滑坡治理、墩台背排水等。

15.3.3 土工合成材料的功能

1. 过滤作用

土工织物置于土体表面或土层之间,一方面能够阻止土颗粒通过,避免因土体流失而造成的破坏;另一方面允许水或空气自由通过,以免孔隙水压力过高造成土体失稳。土工织物可用于土石坝、堤坝或混凝土护坡的滤层、挡土墙回填土排水系统的滤层、排水暗道周边或碎石排水暗沟周边的滤层等。

2. 排水作用

较厚的针刺型无纺织物和某些较多孔隙的复合型土工合成材料可以利用自身排水通道,把土中的水分汇集起来,沿着材料的平面向外排出,以消除孔隙水压力。它们可适用于土坝内垂直或水平排水、土坝或土堤中的防渗土工膜后面或混凝土护面下部的排水、软基中垂直排水、挡土墙后面的排水、隧洞周边渗水等。

3. 隔离作用

土工织物和土工膜置于不同层次之间,能够把两种不同粒径的土、砂、石料,或把土、砂、石料与地基或其他建筑物隔离开,以免造成混杂影响材料和结构的连续性和完整性,或发生土粒流失现象。它们可用于道路基层与路基之间、路基与地基之间的隔离层,在土石混合坝中隔离不同的筑坝材料,用做坝体与地基之间的隔离体等。

4. 加筋作用

土工织物、土工格栅、土工网及一些特种或复合型的土工合成材料埋在土体中,可以起到分布土体压力、增加土体模量、传递拉应力、限制土体侧向位移、增加土体和其他材料之间的摩擦力等作用,从而增加土体及有关建筑物的稳定性。它们可用于软土地基、边坡、挡土墙回填土中,加固柔性路面防止反射裂缝等。

5. 防渗作用

土工膜和复合型土工合成材料可以防止液体渗漏、气体挥发,保护环境或建筑物的安全。它们可用于土石坝和库区的防渗、渠道防渗、隧道和涵管周围防渗和修筑施工围堰等。

6. 防护作用

多种土工合成材料置于土体或水表面,可以防止河岸或海岸被冲刷、防止水面蒸发或空气灰尘污染水面、防止水体发生冻害等。

土工合成材料的以上功能分为主要功能和次要功能。选择土工合成材料时,应结合工程要求和土工合成材料的性能特点,才能选择适宜的土工合成材料,以确保实现主要功能。

15.3.4 土工合成材料的技术性质

土工合成材料的性质主要有物理性质、力学性质、水力学性质、土工合成材料与土的相互作用及耐久性等。

1. 物理性质

土工合成材料的物理性质包括单位面积质量、厚度、孔隙率、孔径等。物理性质能够反映出不同产品之间的性能差异,可用于选材和判断工程的适用性。

单位面积质量是土工合成材料单位面积的质量,是土工合成材料的主要物理性质之一。土工合成材料单位面积质量能够反映土工合成材料的均匀性,并与材料的抗拉强度、顶破强度等力学性能及孔隙率、渗透性等水力学性能有很大关系。单位面积质量计算公式为

$$M = \frac{m}{A} \tag{15-15}$$

式中,M 为单位面积质量,g/m^2;m 为试样质量,g;A 为试样面积,m^2。

土工织物和土工膜的单位面积质量受原材料密度的影响,同时受厚度、含水率和外加剂的影响。常用的土工织物单位面积质量一般为 $50 \sim 1200 \ g/m^2$。

土工合成材料厚度是指承受一定压力(一般为 2kPa)下织物上下两个平面之间的距离,厚度变化对织物的孔隙率、透水性和过滤性等水力学特性有很大的影响。常用土工合成材料的厚度:土工织物一般为 $0.1 \sim 5mm$,土工膜一般为 $0.25 \sim 0.75mm$,复合型土工合成材料最薄可达 0.1mm,土工格栅的厚度随部位不同而异,其肋厚一般为 $0.5 \sim 15mm$。

孔径是土工合成材料的一个重要特征指标,可反映材料的透水性能和保持土颗粒的能力。孔径以符号 O 表示(单位为 mm),并用下标表示织物孔径的分布情况,如 O_{95} 表示材料中 95% 的孔径低于该值。

孔隙率是指土工合成材料中,其孔隙体积占总体积的比值,是无纺织物的主要物理性质之一。孔隙率的计算公式为

$$n = \left(1 - \frac{m}{\rho\delta}\right) \times 100\% \tag{15-16}$$

式中,n 为孔隙率,%;m 为单位面积质量,g/m²;ρ 为材料的密度,g/m³;δ 为织物的厚度,m。

2. 力学性质

土工合成材料的力学性质指标主要有抗拉强度、握持强度、撕裂强度、顶破强度、刺破强度、穿透强度及蠕变特性等。

土工合成材料属于柔性材料,在实际应用中多数承受拉应力,因此抗拉强度是土工合成材料的主要力学指标。土工合成材料种类不同,其抗拉强度的计算公式不同。

对于土工织物或小孔径土工网,其抗拉强度计算公式为

$$T_f = \frac{P_f}{B} \tag{15-17}$$

式中,T_f 为抗拉强度,N/m 或 kN/m;P_f 为测读的最大拉力,N 或 kN;B 为试样宽度度,mm;对于土工格栅或大孔径土工网,其抗拉强度计算公式为

$$T_s = \frac{P_f \times n}{n_1} \tag{15-18}$$

式中,T_s 为抗拉强度,N/m 或 kN/m;P_f 为测读的最大拉力,N 或 kN;n 为 1m 范围内格栅的肋数或网孔的孔数,个或根/m;n_1 为试样宽度范围内格栅的肋数或网孔的孔数,个或根。

土工合成材料的伸长率是指试样长度的增加值与试样初始长度的比值,其计算公式为

$$\varepsilon = \frac{L_f - L_0}{L_0} \tag{15-19}$$

式中,ε 为延伸率,%;L_f 为对应最大拉力时的试样长度,mm;L_0 为初始长度,mm。

土工合成材料的抗拉强度和伸长率的影响因素主要有原材料的种类、结构、试样宽度和拉伸速率等。此外,由于土工合成材料的各向异性,沿不同方向拉伸也会获得不同的效果。

土工织物和土工膜在铺设和使用过程中,常常会有不同程度的破损,因此撕裂强度是土工合成材料应用中的重要力学指标。撕裂强度是指试样抵抗扩大破损裂口的能力,可评价不同土工织物和土工膜扩大破损的难易。土工织物梯形撕裂强度一般为 0.15~30kN,不加筋土工膜的梯形撕裂强度一般为 0.03~0.4kN。

工程应用时,土工织物和土工膜受到底层粒料的顶压作用,而且受到抛填粒料的法向荷载。根据粒径大小和形状,土工织物和土工膜的受力状态可分为顶破、刺破和穿透等。顶破强度是指土工织物和土工膜抵抗垂直材料平面的法向压力的能力。刺破强度反映土工织物和

土工膜在小面积上受到法向集中荷载直到刺破所能承受的能力。穿透强度是指土工织物和土工膜抵抗工程施工中一些尖角石块或其他锐利物穿透的能力。

3. 水力学性质

土工织物、细孔土工网等某些土工合成材料由于特有结构特点具有排水和过滤作用，从而满足工程要求并得到广泛应用。土工合成材料的水力学性质主要包括两方面：一是透水性；二是阻止颗粒流失的能力。水力学性质与土工合成材料的孔隙率、孔径及分布情况、渗透特性等有关。

土工织物的透水性主要用渗透系数来表示，其计算公式为

$$k_n = \frac{v}{i} = \frac{v\delta}{\Delta h} \quad (15\text{-}20)$$

式中，k_n 为渗透系数，cm/s；v 为渗流速度，cm/s；i 为渗流水力坡降；δ 为土工织物的厚度，mm；Δh 为土工织物上下面测压管水位差，cm。

土工织物的透水性受多种因素影响，除取决于织物本身的材料、结构、孔隙的大小和分布，还与实际应用中织物平面所受的法向应力、水质、水温和水中含气量等有关。

土工织物的渗透系数为 $8\times10^{-4}\sim 5\times10^{-1}$ cm/s，其中无纺织物的渗透系数为 $4\times10^{-3}\sim 5\times10^{-1}$ cm/s。土工膜渗透系数很小。

4. 土工合成材料和土的相互作用

土工合成材料和土的相互作用特性分为两类：淤堵特性和界面摩擦特性。

淤堵特性是指土工合成材料用做过滤材料时，渗流将被保护土中的细颗粒逐渐堆积和聚集于滤层的表面或内部，使透水性不断下降，甚至使滤层失效。织物的淤堵主要取决于织物的孔径分布和土颗粒的级配。如果土颗粒均匀且大于织物的等效孔径，或者虽不均匀但在水流作用下能形成稳定的反滤拱架结构，则一般不会发生淤堵；相反地，则容易形成淤堵。此外，水流条件也对淤堵有一定的影响，单一水流比多向往复水流易形成淤堵。

当土工合成材料作为加筋材料埋在土中，或作为滤层铺设于土坡上时，将与周围土体形成复合体系。当两种材料在荷载及自重作用下产生变形时，将沿其界面发生相互作用。根据土工合成材料工程应用实践中的位移分析可知，土工合成材料与土的相互作用形式为沿着界面的相互摩擦或材料从土中被拔出。

土工合成材料与土的界面摩擦特性可用黏着力 c_a 和摩擦角 δ 来表示。织物与土之间的黏着力很小，可忽略不计，而土工格栅与土之间的咬合力较大。土与土工合成材料之间的摩擦角与表土颗粒的粒径、形状、紧密程度和织物种类、孔径及厚度等有关，也受试验时正压力大小影响。

5. 耐久性

土工合成材料的耐久性是指材料在使用过程中，对光、热、水、化学与生物及机械磨损等外界条件具有足够的抵抗能力，并保持物理、化学性质及使用性能不下降。土工合成材料的耐久性与聚合物的种类、添加剂的种类和性质有关。

土工合成材料耐久性主要包括抗老化性能和抗磨损能力。抗老化性能与氧化作用、化学腐蚀、生物侵蚀、温度等影响有关。抗磨损能力与材料的运输、储存、铺设过程等有关。

15.4 沥青混合料

15.4.1 沥青混合料分类

沥青混合料是由矿料(包括粗集料、细集料及填料)与沥青结合料拌和而成的混合料的总称。其中,粗、细集料起骨架作用,沥青与填料起胶结和填充作用。沥青混合料经摊铺、碾压成型后成为沥青路面,是现代道路路面结构的主要形式之一。沥青路面施工便利、开放交通快、行车舒适、晴天少尘雨天少雾,且具有足够的强度、抗滑性能和耐久性。

按照沥青结合料类型分类,沥青混合料分为石油沥青混合料和焦油沥青混合料。

按照施工温度分类,沥青混合料分为热拌热铺沥青混合料和常温沥青混合料。热拌热铺沥青混合料以石油沥青为结合料,混合料的拌和、摊铺和碾压工艺都需加热到一定温度;常温沥青混合料以乳化沥青或液态沥青为结合料,并在常温条件下完成碾压成型。

按照混合料空隙率大小分类,沥青混合料分为密级配、半开级配和开级配沥青混合料。密级配沥青混合料按密实级配原理设计而成,其设计空隙率为 3%~6%,这类混合料主要有沥青混凝土(AC)、沥青稳定碎石(ATB)和沥青玛蹄脂碎石(SMA)。开级配沥青混合料主要由粗集料嵌挤而成,细集料和填料较少,其设计空隙率在 18%以上,这类混合料包括排水式沥青磨耗层(OGFC)和排水式沥青碎石基层(ATPB)。半开级配沥青混合料由适当比例的粗集料、细集料及少量填料组成,其空隙率在 6%~12%,这类混合料的代表是沥青碎石(AM)。

按照矿料级配分类,沥青混合料分为连续级配和间断级配。连续级配沥青混合料中的矿料级配包括连续分布的不同粒径的颗粒,典型代表有 AC 和 ATB;间断级配混合中矿料级配缺少 1 个或几个粒径档次(或用量很少),典型代表有 SMA、OGFC 和 ATPB。

按照集料公称最大粒径分类,沥青混合料分为特粗式(公称最大粒径为 53mm)、粗粒式(公称最大粒径为 37.5mm 或 31.5 mm)、中粒式(公称最大粒径为 26.5mm 或 19mm)、细粒式(公称最大粒径为 16.0mm 或 13.2 mm)和砂粒式(公称最大粒径为 9.5mm)沥青混合料。

15.4.2 组成材料要求

1. 沥青

道路工程中,石油沥青的技术性质主要包括黏滞性、延性、感温性(温度敏感性)、黏附性和耐久性。沥青的黏滞性受沥青组分和温度影响,沥青质含量高、温度降低时沥青黏滞性增加;延性与沥青路面的低温抗裂性密切相关;沥青的感温性与沥青路面施工和使用期间性能密切相关,当沥青感温性较大时,沥青混合料易于施工,但沥青路面使用期间容易发生车辙和开裂。

沥青克服外界不利影响因素(如水、光、热)集料表面的附着能力称为沥青的黏附性,受沥青性质和集料亲水程度影响,当沥青较硬或沥青中活性物质(如沥青酸)较多,使用憎水的碱性集料(如石灰岩)时,沥青与集料之间的黏附性增强。

沥青在施工(储运、加热、拌和、摊铺、碾压)和使用(交通荷载、自然环境)期间的各因素的综合作用下,会发生一系列物理化学变化,从而使沥青逐渐改变原有性能而变硬变脆,沥青的路用性能随之变差,这种变化称为沥青的老化。沥青的老化受光、热、氧、水、渗流等影响，热、氧、渗流通过组分挥发、组分渗流和化学反应等方式导致沥青组分比例失调，光、水则会催化加速沥青组分比例失调，引起沥青路面开裂等病害。

各个沥青等级的适用范围应符合表 15-20 的规定。道路沥青的质量应满足第 12 章表 12-1 的要求。

表 15-20 道路用石油沥青的适用范围

沥青等级	适 用 范 围
A 级	各个等级的公路，适用于任何场合和层次
B 级	高速公路、一级公路沥青下面层及以下的层次、二级及二级以下公路的各个层次；用做改性沥青、乳化沥青、改性乳化沥青、稀释沥青的基质沥青
C 级	三级及三级以下公路的各个层次

沥青路面采用的沥青标号，应根据公路等级、气候条件、交通条件、路面类型、结构层位及受力特点、施工方法等，结合当地的使用经验综合确定。对于高速公路、一级公路，夏季温度高、高温持续时间长、重载交通、山区及丘陵区上坡路段、服务区、停车场等行车速度慢的路段，尤其是汽车荷载剪应力大的层次，宜采用稠度大的沥青；对于冬季寒冷的地区或交通量小的公路、旅游公路，宜选用稠度小、低温延度大的沥青；对于温度日温差、年温差大的地区，宜选用针入度指数大的沥青。当高温要求与低温要求发生矛盾时，应优选考虑满足高温性能的要求。

2. 粗集料

沥青层用粗集料，可以采用碎石、破碎砾石、筛选砾石、钢渣、矿渣等。但高速公路和一级公路不得使用筛选砾石和矿渣。粗集料必须由具有生产许可证的采石场生产或施工单位自行加工。

粗集料应洁净、干燥，表面粗糙，有一定的颗粒级配，其质量应符合表 15-21 的要求。当单一规格集料的质量不满足规范要求，而按照集料配合比计算满足要求时可在工程中使用。对于受热易变质的集料，宜使用经拌和及烘干后的集料进行检验。

表 15-21 沥青混合料用粗集料质量技术要求

指标	高速公路及一级公路		其他等级公路
	表面层	其他层次	
石料压碎值/%，≯	26	28	30
洛杉矶磨耗损失/%，≯	28	30	35
表观相对密度，≮	2.60	2.50	2.45
吸水率/%，≯	2.0	3.0	3.0
坚固性/%，≯	12	12	—
软石含量/%，≯	3	5	5

抗滑表层沥青混合料用粗集料，应选用坚硬、耐磨、韧性好的碎石或碎砾石。如果坚硬石料来源缺乏，允许掺加部分较小粒径的磨光值达不到要求的粗集料，其最大掺加比例由石料磨光值试验确定。

经检验属于酸性岩石的石料，如花岗岩、石英岩等，应使用针入度较小的沥青，并采用掺加 1%～2% 的消石灰、水泥作为填料的一部分或用饱和石灰水处理粗集料后使用，必要时可同时在沥青中掺加耐热、耐水、长期性能好的抗剥落剂；也可采用改性沥青，使沥青混合料的水稳定性检验达到要求。

3. 细集料

沥青路面的细集料包括天然砂、机制砂和石屑。细集料也必须由具有生产许可证的采石场、采砂场生产。

细集料应洁净、干燥、无风化、无杂质，并有适当的颗粒级配，其质量符合表 15-22 的要求。细集料的洁净程度，天然砂以小于 0.075mm 含量的百分数表示，石屑和机制砂以砂当量(适用于 0～4.75mm)或亚甲蓝值(适用于 0～2.36mm 或 0.15mm)表示。

表 15-22　沥青混合料用细集料质量技术要求

指标	高速公路及一级公路	其他等级公路
表观相对密度，≮	2.50	2.45
坚固性/%，≮	12	—
含泥量/%，≯	3	5
砂当量/%，≮	60	50
亚甲蓝值/(g/kg)，≯	25	—
棱角性/s，≮	30	—

天然砂可采用河砂或海砂，通常采用粗、中砂，其规格应符合表 15-23 的规定。砂的含泥量超过规定时应水洗后使用，海砂中的贝壳类材料必须筛除。热拌密级配沥青混合料中天然砂的用量通常不宜超过集料总量的 20%，SMA 和 OGFC 混合料不宜使用天然砂。

表 15-23　沥青混合料用天然砂规格

筛孔尺寸/mm	筛孔通过质量百分率/%		
	粗砂	中砂	细砂
9.5	100	100	100
4.75	90～100	90～100	90～100
2.36	65～95	75～90	85～100
1.18	35～65	50～90	75～100
0.6	15～30	30～60	60～84
0.3	5～20	8～30	15～45
0.15	0～10	0～10	0～10
0.075	0～5	0～5	0～5

机制砂宜选择优质石料采用专用的制砂机制造，其级配应符合表 15-24 的要求。石屑是采石场破碎石料时通过 4.75 mm 或 2.36 mm 的筛下部分，其规格也应符合表 15-24 的要求。

表 15-24　沥青混合料用机制砂或石屑规格

规格	筛孔通过质量百分率/%							
	9.5	4.75	2.36	1.18	0.6	0.3	0.15	0.075
S15	100	90～100	60～90	40～75	20～55	7～40	2～20	0～10
S16	—	100	80～100	50～80	25～60	8～45	0～25	0～15

4. 填料

沥青混合料的矿粉必须采用石灰岩或岩浆岩中的强基性岩石等憎水性石料经磨细得到的矿粉,原石料中的泥土杂质应除净。矿粉应干燥、洁净,能自由地从矿粉仓流出,其质量符合表 15-25 的要求。

表 15-25　沥青混合料用矿粉质量要求

指标	高速公路及一级公路	其他等级公路
表观密度/(g/cm³),≮	2.50	2.45
含水量/%,≯	1	1
外观	无团粒结块	—
亲水系数	<1	—
塑性指数/%	<4	—

拌和机的粉尘可作为矿粉的一部分回收使用。但每盘用量不得超过填料总量的 25%,掺有粉尘填料的塑性指数不得大于 4%。

粉煤灰作为填料时,用量不得超过填料总量的 50%,粉煤灰的烧失量应小于 12%,与矿粉混合后的塑性指数小于 4%,其余质量要求同矿粉。高速公路、一级公路的沥青面层不宜采用粉煤灰作为填料。

5. 纤维稳定剂

在沥青混合料中掺合的纤维稳定剂有木质素纤维、矿物纤维等。木质素纤维的质量应满足表 15-26 的要求。矿物纤维宜采用玄武岩等矿石制造,易影响环境及造成人体伤害的石棉纤维不宜直接使用。

表 15-26　木质素纤维质量要求

项目	指标要求
纤维长度/mm,≯	6
灰分含量/%	18±5
pH	7.5±1.0
吸油率,≮	纤维质量的 5 倍
含水率/%,≯	5

纤维应在 250℃的干拌温度下不变质、不发脆,使用纤维必须符合环保要求,不危害身体健康。纤维必须在混合料拌和过程中能充分分散均匀。

纤维稳定剂的掺量以沥青混合料总量的质量百分率计算,通常情况下用于 SMA 路面的木质素纤维不宜低于 0.3%,矿物纤维不宜低于 0.4%,必要时可适当增加纤维用量。纤维掺量的容许误差不宜超过±5%。

15.4.3　沥青混合料结构与性能

1. 沥青混合料的组成结构

沥青混合料是由粗集料、细集料、矿粉与沥青及外加剂组成的一种复合材料。粗集料分布在沥青与细集料形成的沥青砂中,细集料又分布在沥青与矿粉形成的沥青胶浆中,共同形成具有一定内摩阻力和黏结力的多级网络结构。由于各组成材料用量比例的不同，压实后沥青混合料内部矿料颗粒的分布状态、剩余空隙率也呈现出不同的特征，形成不同的组成结构。而具有不同组成结构特征的沥青混合料在使用时则表现出不同的性能。按照沥青混合料的矿料级配组成特点，将沥青混合料分为悬浮密实结构、骨架空隙结构和骨架密实结构，其组成结构示意图见图15-9。

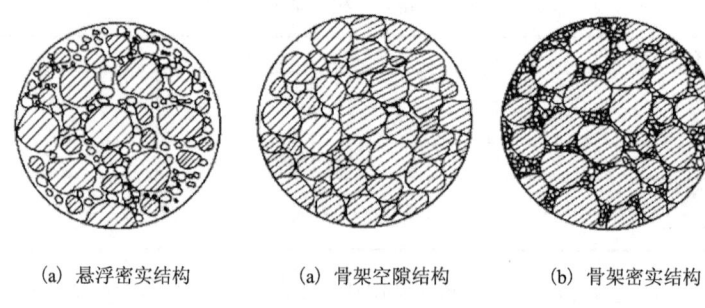

(a) 悬浮密实结构　　(a) 骨架空隙结构　　(b) 骨架密实结构

图15-9　沥青混合料的组成结构

1) 悬浮密实结构

是由连续级配矿质混合料组成的密实混合料。由于材料从大到小连续存在，并且各有一定数量，实际上同一档较大颗粒都被较小的一档颗粒挤开，大颗粒以悬浮状态处于较小的颗粒之中。这种结构通常按最佳级配原理进行设计，虽具有较高黏聚力 c；但内摩阻角 φ 低，因而高温稳定性较差。

2) 骨架空隙结构

粗集料彼此紧密相接，较细的粒料数量较少，不足以充分填充空隙。混合料的空隙率较大，粗集料能充分形成骨架。这种结构的沥青混合料虽具有较高的内摩阻角 φ，但黏聚力 c 较低。

3) 骨架密实结构

混合料中既有较多数量的粗集料可形成空间骨架，同时又有相当数量的细集料可填密骨架的空隙，形成较高的密实度。间断级配即按此原理形成。这种结构的沥青混合料不仅具有较高的黏聚力 c，而且具有较高的内摩阻角 φ。

2. 沥青混合料的强度和变形

沥青混合料在常温和较高温度下，会由于沥青的黏结力不足而产生变形或由于抗剪强度不足而破坏；在低温下则由于抗拉强度不足或变形能力较差而产生裂缝现象。目前道路工程中要求沥青混合料在高温时必须具有一定的抗剪强度和抵抗变形的能力。沥青抗剪强度和变形的影响因素较多，主要包括以下几个。

1) 沥青结合料的黏度

矿质集料由沥青胶结为一个整体，就沥青本身而言，沥青的黏度是影响黏结力 c 的重要因素。黏度反映沥青在外力作用下抵抗变形的能力。黏度越大，抵抗变形的能力越强，可以保持矿质集料的相对嵌锁作用，黏度随着温度发生变化，沥青的化学组分和结构不同，黏度随温度而变化的斜率是不同的，同一标号的沥青在高温时可以呈现不同的黏度。沥青混合料受到剪切作用时，特别是受到短暂的瞬时荷载时，具有高黏度的沥青能赋予沥青混合料较大的黏滞阻力，因而具有较高的抗剪强度。

2) 沥青与矿料化学性质

有研究认为：沥青与矿料交互作用后，沥青产生化学组分的重新排列，在矿粉表面形成一层厚度为 δ_0 的扩散溶剂化膜，如图 15-10(a) 所示。膜内的沥青称为"结构沥青"，膜外的沥青称为"自由沥青"。

如果矿粉颗粒间的接触处由结构沥青联结，如图 15-10(b) 所示，这样促成沥青具有更高的黏度和更大的扩散溶剂化膜的接触面积，因而可以获得更大的黏聚力。反之，如果颗粒间接触处是由自由沥青联结，如图 15-10(c) 所示，则黏聚力较小。

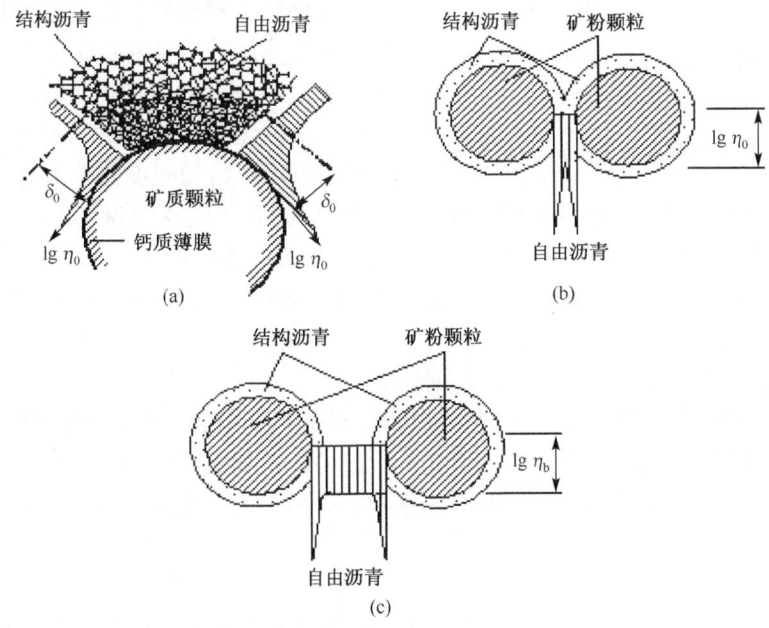

图 15-10 沥青与矿粉的交互作用示意图

图(a)为沥青与矿粉交互作用形成结构沥青；图(b)为矿粉颗粒之间为结构沥青联结，其黏聚力为 $\lg \eta_a$；图(c)矿粉颗粒之间为自由沥青联结，其黏聚力为 $\lg \eta_b$（$\lg \eta_b < \lg \eta_a$）

沥青与矿料相互作用不仅与沥青的化学性质有关，还与矿粉的性质有关。矿粉性质不同，在其表面上形成的吸附溶剂化膜的组成结构和厚度也不同。如在石灰石矿粉表面形成较为发育的吸附溶化膜，而在石英石矿粉表面则形成发育较差的吸附溶化膜。当沥青混合料中采用石灰石矿粉时，矿粉之间更有可能通过结构沥青来联结，从而获得较高的黏聚力。

3) 矿料的比表面积

结构沥青的形成主要是矿料与沥青的交互作用而引起沥青化学组分在矿料表面的重分布，所以当沥青用量相同时，与沥青产生交互作用的矿料表面积越大，则形成的沥青膜越薄，则在沥青中结构沥青所占的比率越大，因而沥青混合料的黏结力也越高。通常在工程上，以单位质量集料的总表面积来表示表面积的大小，称为"比表面积"。矿粉的比表面积占矿质混合料总表面积的 80% 以上，所以矿粉的性质和用量对沥青混合料的抗剪强度影响很大。沥青混合料中矿粉达到一定的数量，对于减薄沥青膜厚度，增加"结构沥青"的比例有重要作用。

4) 沥青用量

在沥青和矿料的质量一定的条件下，沥青与矿料的比例（即沥青用量）是影响沥青混合料抗剪强度的重要因素。不同沥青用量的沥青混合料的 c、φ 变化趋势如图 15-11。

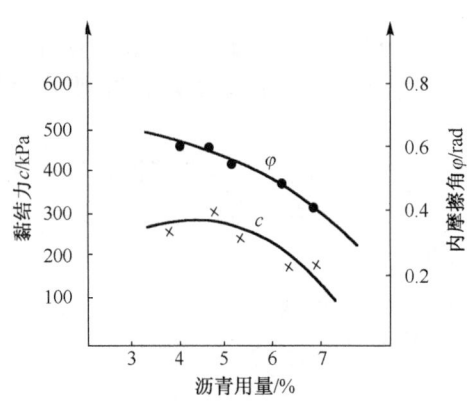

图 15-11　沥青用量对沥青混合料 c、ϕ 的影响

当沥青用量很少时,沥青不足以形成结构沥青的薄膜来黏结矿料颗粒。用量增加,结构沥青逐渐形成,沥青更为完整地包裹在矿料表面,使沥青与矿料间的黏附力随着沥青用量的增加而增大。当沥青用量足以形成薄膜并充分黏附矿粉颗粒表面时,沥青胶浆具有最优的黏结力。此后如果沥青用量继续增加,则过多的沥青逐渐将矿料颗粒推开,在颗粒间形成未与矿粉交互作用的"自由沥青",沥青胶浆的黏结力随着自由沥青的增加而降低。当沥青用量增至一定后,沥青混合料的黏聚力主要取决于自由沥青,所以抗剪强度几乎不变。

沥青用量同时影响着混合料的黏聚力和内摩擦角。通常当沥青薄膜达最佳厚度(即主要以结构沥青黏结)时,黏聚力最大。但随着沥青用量的增加,沥青从仅起黏结剂的作用,过渡到起着黏结剂、润滑剂的双重作用,降低了粗集料的相互密排作用,因而沥青混合料的内摩擦角逐渐降低。

5)矿质混合料的级配类型、粒度、表面性质

沥青混合料的抗剪强度与矿质集料在沥青混合料中的分布情况有密切关系,所以矿料级配类型是影响沥青混合料抗剪强度的因素之一。此外,矿质集料的粗度、形状和表面粗糙度对沥青混合料的抗剪强度都具有极为明显的影响。采用粗大、均匀的颗粒可获得具有较大内摩擦角的矿质混合料。

6)温度

沥青混合料是一种热塑性材料,其抗剪强度 τ 随着温度 T 的升高而降低。在材料参数中,黏聚力 c 值随温度升高而显著降低,但是内摩擦角 φ 受温度变化的影响较少。

7)变形速率

沥青混合料属于黏弹性材料,其抗剪强度 τ 与变形速率 $d\tau/dt$ 有密切的关系。在其他条件相同的情况下,变形速率对沥青混合料的内摩擦角影响较小,而对黏结力影响较为显著。随着变形速率的增加,φ 值变化较小,而 c 值显著提高。

15.4.4　沥青混合料的技术性质

1. 高温稳定性

沥青混合料是一种典型的流变性材料,它的强度和劲度模量随着温度的升高而降低。夏季高温时,沥青混凝土路面在重交通荷载的重复作用下,由于交通的渠化,在轮迹带逐渐形成变形下凹、两侧鼓起的所谓"车辙",这是高等级沥青路面最常见的病害。

沥青混合料高温稳定性,是指沥青混合料在夏季高温(通常为 60℃)条件下及外荷载长期作用下不发生严重变形或流淌的性质。我国采用马歇尔稳定度试验(包括稳定度、流值、马歇尔模数)来评价沥青混合料高温稳定性;对于高速公路、一级公路、城市快速路、主干路用沥青混合料,还应通过动稳定度试验检验其抗车辙能力。

1)马歇尔稳定度

马歇尔稳定度的试验方法由马歇尔提出,迄今已半个多世纪,经过许多研究者的改进,

目前普遍是测定马歇尔稳定度 MS(kN)、流值 FL(以 0.1 mm 计)和马歇尔模数 T(kN/mm)三项指标。稳定度是指标准尺寸试件在规定温度和加载速度下，在马歇尔仪中最大的破坏荷载；流值是达到最大破坏荷载时试件的垂直变形；而马歇尔模数为稳定度除以流值的商，即

$$T = \frac{MS \cdot 10}{FL} \qquad (15\text{-}21)$$

爱德华兹研究认为，马歇尔模数 T 与车辙深度 RD 有一定的相关性，马歇尔模数越大，车辙深度越小。但是对这一结论也有不同的看法。

2) 车辙试验

车辙试验是用标准成型方法，制成 300 mm×300 mm×50 mm 的沥青混合料试件，在 60℃的温度条件下，以一定荷载的轮子在同一轨迹上做一定时间的反复行走，形成一定的车辙深度，然后计算试件变形 1 mm 所需试验车轮行走次数，即为动稳定度，计算公式为

$$DS = \frac{(t_2 - t_1) \times 42}{d_2 - d_1} c_1 c_2 \qquad (15\text{-}22)$$

式中，DS 为沥青混合料动稳定度，次/mm；d_1、d_2 分别为时间 t_1 和 t_2 时的变形量，mm；42 为每分钟行走次数，次/min；c_1、c_2 为试验机及试样修正系数。

影响沥青混合料高温稳定性的主要因素是沥青的黏度、沥青与集料相互作用的特性及矿料的级配等。为获得好的高温稳定性，需采用较高黏度的沥青，严格控制沥青用量。现常采用橡胶、树脂等外掺剂，以改善沥青的温度稳定性，提高沥青混合料的黏结力；或采用适当的矿料级配，增加粗骨料含量，以提高矿料骨架的内摩阻力。

2. 低温抗裂性

沥青混合料产生裂缝的原因很复杂，一般有两种类型：一种是重复荷载下产生的疲劳开裂；另一种是温度裂缝。由于沥青混合料在高温时塑性变形能力较强，而低温时较脆硬，变形能力差，所以裂缝多在低温条件下发生，特别是在气温骤降时，沥青面层受基层和周围材料的约束而不能自由收缩，因而产生很大的拉应力，超过了沥青混合料的允许应力值，就会产生开裂。因此要求沥青混合料具有一定的低温抗裂性能。

低温条件下产生裂缝的原因主要是沥青混合料抗拉强度和变形能力问题。目前用于研究和评价沥青混合料的低温抗裂性的方法可分为三类：预估沥青混合料的开裂温度；评价沥青混合料的低温变形能力或应力松弛能力；评价沥青混合料断裂能。相关试验主要包括：等应变加载的破坏试验，如间接拉伸试验、直接拉伸试验；低温收缩试验；低温蠕变弯曲试验；受限试件温度应力试验；应力松弛试验等。

3. 耐久性

沥青混合料的耐久性是指其抵抗长时间自然因素(风、日光、温度、水分等)和外荷载反复作用的能力。沥青混合料在使用中，长期受自然因素的作用，为保证结构物具有较长的使用年限，必须具备较好的耐久性。

影响沥青混合料耐久性的因素包括沥青的化学性质、矿料的矿物成分、沥青混合料的组成结构(残留空隙、沥青填隙率)等。

沥青混合料空隙率的大小与矿质集料的级配、沥青材料的用量及压实程度有关。从耐久

性角度出发，希望沥青混合料空隙率尽量减少，以防止水的渗入和日光紫外线对沥青的老化作用等。但是一般沥青混合料中均应残留3%～6%的空隙，以备夏季沥青材料膨胀。

沥青混合料空隙率影响其水稳定性。空隙率大且沥青与矿料黏附性差的混合料，在饱水后，石料与沥青黏附力降低，易发生剥落，同时颗粒相互推移产生体积膨胀及出现力学强度显著降低等现象，引起结构物早期破坏。

沥青混凝土的使用寿命还与混合料中的沥青含量有关。当沥青用量比正常用量减少时，沥青膜变薄，混合料的延伸能力降低，脆性增加；如沥青用量偏少，将使混合料的空隙率增大，沥青膜暴露较多，加速了老化，同时渗水率增加，加强了水对沥青的剥落作用。有研究认为，沥青用量比最佳沥青用量少0.5%的混合料能使路面寿命减少一半以上。

我国现行规范采用空隙率、饱和度(即沥青填隙率)和残留稳定度等指标来表征沥青混合料的耐久性。

4. 抗滑性

沥青混合料的抗滑性与矿质混合料的微表面性质、混合料的级配组成及沥青用量等因素有关。为保证路面长期高速行车的安全，配料时要特别注意粗集料的耐磨光性，应选择硬质有棱角的集料。硬质集料往往属于酸性集料，与沥青的黏附性差，为此，在沥青混合料施工时，必须采用在当地产的软质集料中掺加外运来的硬质集料组成复合集料和掺加抗剥剂等措施。我国现行国标《沥青路面施工及验收规范》(GB 50092—1996)对抗滑层集料提出了磨光值、道端磨耗值和冲击值三项指标。

抗滑性对沥青用量的影响非常敏感。沥青用量超过最佳用量的0.5%即可使抗滑系数显著降低；含蜡量明显影响沥青混合料的抗滑性。

5. 抗渗性

抗渗性是指沥青混凝土抵抗水渗透的能力，用渗透系数表示，单位为mm/s。渗透系数值越小，表明沥青混凝土的抗渗性能越好。用于水工结构防渗层的沥青混凝土通常要考虑其抗渗性能。通常防渗层密级配沥青混凝土的渗透系数一般为 10^{-6}～10^{-9} mm/s；排水层开级配沥青混凝土的渗透系数可达1.0～0.1 mm/s。

影响抗渗性的因素有骨料级配、沥青用量及沥青混凝土的压实程度。可用沥青混凝土的孔隙率来评定。当孔隙率小于4%时，渗透系数可小于 10^{-6} mm/s。

6. 施工和易性

沥青混合料应具备良好的施工和易性，使混合料易于拌和、摊铺和碾压。影响沥青混合料施工和易性的因素很多，如当地气温、施工条件及混合料性质等。

从混合料材料性质来看，影响施工和易性的是混合料的级配和沥青用量。如果粗细集料的颗粒大小相差过大，缺乏中间尺寸，混合料容易分层层积(粗粒集中表面，细粒集中底部)；如果细集料太少，沥青层就不容易均匀地分布在粗颗粒表面；细集料过多，则使拌合困难。当沥青用量过少，或矿粉用量过多，混合料容易产生疏松不易压实。反之，如果沥青用量过多，或矿粉质量不好，则容易使混合料黏结成团块，不易摊铺。另外，沥青的黏度对混合料的和易性也有较大的影响，采用黏度过大的沥青(如一些改性沥青)将给拌和、摊铺和碾压造成困难。因此应控制沥青135℃的运动黏度值并制定相应的施工操作规程。

此外，施工条件、拌和设备、摊铺机械和压实工具都对沥青混合料的施工和易性有一定影响。应结合具体条件考虑。

15.4.5 沥青混合料配合比设计

沥青混合料配合比设计包括目标配合比设计、生产配合比设计和生产配合比验证三个阶段，通过配合比设计决定沥青混合料的材料品种、矿料级配及沥青用量。本节以密级配沥青混合料为例，主要着重介绍室内目标配合比设计。密级配沥青混合料的技术标准见表 15-27。

表 15-27 密级配沥青混凝土混合料马歇尔试验技术指标

(适用于公称最大粒径不超过 26.5mm 的密级配沥青混凝土混合料)

试验指标		单位	高速公路、一级公路				其他等级公路	行人道路
			夏炎热区(1-1、1-2、1-3、1-4 区)		夏热区及夏凉区(2-1、2-2、2-3、2-4、3-2 区)			
			中轻交通	重载交通	中轻交通	重载交通		
击实次数(双面)		次	75				50	50
试件尺寸		mm	$\phi 101.6\ mm \times 63.5\ mm$					
空隙率 VV	深约 90mm 以内	%	3~5	4~6	2~4	3~5	3~6	2~4
	深约 90mm 以下	%	3~6		2~4	3~6	3~6	-
稳定度 MS，≮		kN	8				5	3
流值 FL		mm	2~4	1.5~4	2~4.5	2~4	2~4.5	2~5
矿料间隙率 VMA/%，≮	设计空隙率/%	相应于以下公称最大粒径(mm)的最小 VMA 及 VFA 技术要求/%						
		26.5	19	16	13.2	9.5	4.75	
	2	10	11	11.5	12	13	15	
	3	11	12	12.5	13	14	16	
	4	12	13	13.5	14	15	17	
	5	13	14	14.5	15	16	18	
	6	14	15	15.5	16	17	19	
沥青饱和度 VFA，%			55~70		65~75		70~85	

注：①对空隙率大于 5%的夏炎热重载交通路段，施工时应至少提高压实度 1 个百分点；
②当设计的空隙率不是整数时，由内插确定要求的 VMA 最小值；
③对于改性沥青混合料，马歇尔试验的流值可适当放宽。

1. 目标配合比设计

1) 矿质混合料的组成设计

设计目的是让各种矿料以最佳比例相混合，从而在加入沥青后，使沥青混合料既密实又有一定的空隙，以供夏季沥青的膨胀。矿质混合料的组成设计按下列步骤进行。

(1)确定沥青混合料类型。
(2)确定矿料的最大粒径。
(3)确定矿质混合料的级配范围。根据工程的性能、使用部位和结构要求确定，确定沥青混合料类型，查阅规范推荐的矿质混合料级配范围表(表 15-28)，即可确定所需的级配类型和范围。

表 15-28　沥青混合料级配及沥青用量范围(方孔筛)(JTG F40—2004)

级配类型		通过下列筛孔的质量百分率(%)												
		53.0	37.5	31.5	26.5	19.0	16.0	13.2	9.5	4.75	2.36	1.18	0.6	0.3	0.15	0.075
粗粒	AC-25			100	90~100	75~90	65~83	57~76	45~65	24~52	16~42	12~33	8~24	5~17	4~13	3~7
中粒	AC-20				100	90~100	78~902	62~80	50~72	26~56	16~44	12~33	8~24	5~17	4~13	3~7
	AC-16					100	90~100	76~92	60~80	34~62	20~48	13~36	9~26	7~18	5~14	4~8
细粒	AC-13						100	90~100	68~85	38~68	24~50	15~38	10~28	7~20	5~15	4~8
	AC-10							100	90~100	45~75	30~58	20~44	13~32	9~23	6~16	4~8
砂粒	AC-5								100	90~100	55~75	35~55	20~40	12~28	7~18	5~10

(4)矿质混合料配合比例计算。

① 组成材料的原始数据测定：根据现场取样，对粗、细集料和矿粉进行筛析试验。按筛析结果分别绘出各组成材料的筛分曲线，同时测出各组成材料的相对密度，以供物理常数计算备用。

② 计算组成材料的配合比：根据各组成材料的筛析试验资料，采用图解法或电算法，计算符合要求级配范围的各组成材料用量比例。

③ 调整配合比：计算得的合成级配应根据下列要求做必要的配合比调整。

(a)通常情况下，合成级配曲线宜尽量接近设计级配中限，尤其应使 0.075 mm、2.36 mm 和 4.75 mm 筛孔的通过量尽量接近设计级配范围中限。

(b)对于高速公路、一级公路、城市快速道路、主干道路等交通量大、轴载大的道路，宜偏向级配范围的下(粗)限；对于一般道路、中小交通量或人行道路等，宜偏向级配范围的上(细)限。

(c)合成的级配曲线应接近连续或有合理的间断级配，不得有过多的犬牙交错。当经过再三调整，仍有两个以上的筛孔超过级配范围时，必须对原材料进行调整或更换原材料重新设计。

2)确定沥青混合料的最佳沥青用量

沥青混合料的最佳沥青用量(OAC)可通过各种理论计算方法求得，但误差较大，故一般采用试验方法求得。目前我国采用马歇尔试验法来确定沥青最佳用量。

(1)制备试件。

① 按确定的矿质混合料配合比计算各种矿质材料的用量。

② 以预估的油石比为中值，按一定间隔(对密级配沥青混合料通常为 0.5%，对沥青碎石混合料可适当缩小间隔为 0.3%~0.4%)，取 5 个或 5 个以上不同的油石比分别成型马歇尔试件。

(2)测定物理指标。

① 毛体积相对密度。

沥青混合料的压实试件的毛体积相对密度，可以采用表干法、体积法、封蜡法、水中重法(配合比设计时不得采用)等方法测定。通常采用表干法测定毛体积密度，计算公式为

$$\rho_f = \frac{m_a}{m_f - m_w} \times \rho_w \tag{15-23}$$

式中，ρ_f 为用表干法测定的试件毛体积密度，g/cm³；m_a 为干燥试件的空中质量，g；m_f 为试件的表干质量，g；m_w 为试件的水中质量，g；ρ_w 为常温水的密度，约等于 1 g/cm³。

② 矿料的合成毛体积相对密度 γ_{sb}。

第 15 章 道路工程专用材料

$$\gamma_{sb} = \frac{100}{\dfrac{P_1}{\gamma_1} + \dfrac{P_2}{\gamma_2} + \cdots + \dfrac{P_n}{\gamma_n}} \tag{15-24}$$

式中，P_1、P_2、$\cdots$、P_n 为各种矿料成分的配合比，其和为 100；γ_1、γ_2、$\cdots$、γ_n 为各种矿料相应的毛体积相对密度。

③ 矿料的合成表观相对密度 γ_{sa}。

$$\gamma_{sa} = \frac{100}{\dfrac{P_1}{\gamma_1'} + \dfrac{P_2}{\gamma_2'} + \cdots + \dfrac{P_n}{\gamma_n'}} \tag{15-25}$$

式中，P_1、P_2、$\cdots$、P_n 为各种矿料成分的配合比，其和为 100；γ_1'、γ_2'、$\cdots$、γ_n' 为各种矿料按试验规程方法测定的表观相对密度。

④ 预估的最佳油石比 P_a 或沥青用量 P_b。

$$P_a = \frac{P_{a1} \times \gamma_{sb1}}{\gamma_{sb}} \tag{15-26}$$

$$P_b = \frac{P_a}{100 + \gamma_{sb}} \times 100\% \tag{15-27}$$

式中，P_a 为预估的最佳油石比（与矿料总量的百分比），%；P_b 为预估的最佳沥青用量（占混合料总量的百分数），%；P_{a1} 为已建类似工程沥青混合料的标准油石比，%；γ_{sb} 为集料的合成毛体积相对密度；$\gamma_{s_{b1}}$ 为已建类似工程集料的合成毛体积相对密度。

⑤ 矿料的有效相对密度。

非改性沥青混合料采用真空法实测最大相对密度，由下式反算合成矿料的有效相对密度：

$$\gamma_{se} = \frac{100 - P_b}{\dfrac{100}{\gamma_t} - \dfrac{P_b}{\gamma_b}} \tag{15-28}$$

式中，γ_{se} 为合成矿料的有效相对密度；P_b 为试验采用的沥青用量（占混合料总量的百分数），%；γ_t 为试验沥青用量条件下实测得到的最大相对密度，无量纲；γ_b 为沥青的相对密度（25℃/25℃），无量纲。

改性沥青及 SMA 等难以分散的混合料，有效相对密度宜直接由矿料的合成毛体积相对密度与合成表观相对密度按下式计算确定

$$\gamma_{se} = C \times \gamma_{sa} + (1 - C) \times \gamma_{sb} \tag{15-29}$$

其中沥青吸收系数 C 值根据材料的吸水率由下式求得

$$C = 0.033 w_x^2 - 0.293 w_x + 0.9339 \tag{15-30}$$

材料的合成吸水率按下式计算：

$$W_x = \left(\frac{1}{\gamma_{sb}} - \frac{1}{\gamma_{sa}} \right) \times 100 \tag{15-31}$$

式中，γ_{se} 为合成矿料的有效相对密度；w_x 为合成矿料的吸水率，%；γ_{sb} 为矿料的合成毛体积相对密度，无量纲；γ_{sa} 为矿料的合成表观相对密度，无量纲。

⑥ 沥青混合料的最大理论相对密度。

对非改性的普通沥青混合料，在成型马歇尔试件的同时，用真空法实测各组沥青混合料的最大理论相对密度 γ_{ti}。当只对其中一组油石比测定最大理论相对密度时，也可按下式计算其他不同油石比时的最大理论相对密度 γ_{ti}。

$$\gamma_{ti} = \frac{100+P_{ai}}{\frac{100}{\gamma_{se}}+\frac{P_{ai}}{\gamma_b}} \tag{15-32}$$

$$\gamma_{ti} = \frac{100}{\frac{P_{si}}{\gamma_{se}}+\frac{P_{bi}}{\gamma_b}} \tag{15-33}$$

式中，γ_{ti} 为相对于计算沥青用量 P_{bi} 时沥青混合料的最大理论相对密度，无量纲；P_{ai} 为所计算的沥青混合料中的油石比，%；P_{bi} 为所计算的沥青混合料的沥青用量，$P_{bi}=P_{ai}/(1+P_{ai})$，%；P_{si} 为所计算的沥青混合料的矿料含量，$P_{si}=100-P_{bi}$，%；γ_{se} 为矿料的有效相对密度，无量纲；γ_b 为沥青的相对密度（25℃/25℃），无量纲。

对改性沥青或SMA混合料宜按式(15-32)或式(15-33)计算各个不同沥青用量混合料的最大理论相对密度。

⑦ 空隙率VV、矿料间隙率VMA、有效沥青的饱和度VFA。

压实沥青混合料试件的空隙率根据毛体积相对密度和最大理论相对密度由下式计算

$$VV = \left(1-\frac{\gamma_f}{\gamma_t}\right)\times 100\% \tag{15-34}$$

矿料间隙率是指压实沥青混合料试件内，矿料部分以外体积占试件总体积的百分率，按下式计算

$$VMA = \left(1-\frac{\gamma_f}{\gamma_{sb}}\times P_s\right)\times 100\% \tag{15-35}$$

有效沥青饱和度（又称沥青填隙率）是指压实沥青混合料中，沥青部分体积占矿料骨架以外的空隙部分体积的百分率，按下式计算：

$$VFA = \frac{VMA-VV}{VMA}\times 100\% \tag{15-36}$$

式中，VV 为试件的空隙率，%；VMA 为试件的矿料间隙率，%；VFA 为试件的有效沥青饱和度（有效沥青含量占 VMA 的体积比例），%；γ_f 为试件的毛体积相对密度，无量纲；γ_t 为沥青混合料的最大理论相对密度，无量纲；%；P_s 为各种矿料占沥青混合料总质量的百分率之和，即 $P_s=100-P_b$；γ_{sb} 为矿料混合料的合成毛体积相对密度。

(3) 测定力学指标。

为确定沥青混合料的沥青最佳用量，应测定沥青混合料的下列力学指标。

① 马歇尔稳定度(MS)：按标准方法制备的试件，在60℃的条件下，保温45min，然后将试件放置于马歇尔稳定度仪上，以50±5mm/min的形变速度加荷，直至试件破坏时的最大荷载(kN)。

② 流值(FL)：在测定稳定度的同时，测定试件的流动变形，当达到最大荷载的瞬间，试件所产生的垂直流动变形值(以 0.1mm 计)。

在有 X-Y 记录仪的马歇尔稳定度仪上，可自动绘出荷载 P 与变形 F 的关系曲线，如图 15-12 所示。

在图 15-12 中，曲线的峰值 P_m 即马歇尔稳定度 MS。而流值可以有三种不同的计算方法：F_1 为直线流值；F_x 为中间流值；F_m 为总流值。通常采用 F_x 作为测定流值。

③ 马歇尔模数：通常用马歇尔稳定度 MS 与流值 FL 之比表示沥青混合料的视劲度，称为马歇尔模数。

(4) 马歇尔试验结果分析。

① 绘制沥青用量与物理力学指标关系图。以沥青用量为横坐标，以毛体积密度、空隙率、矿料的间隙率、有效沥青饱和度、稳定度、流值为纵坐标，将试验结果绘制成沥青用量与各项指标的关系曲线，如图 15-13 所示。

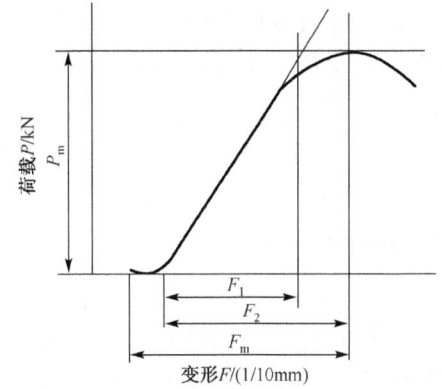

图 15-12 马歇尔稳定度试验荷载与变形曲线

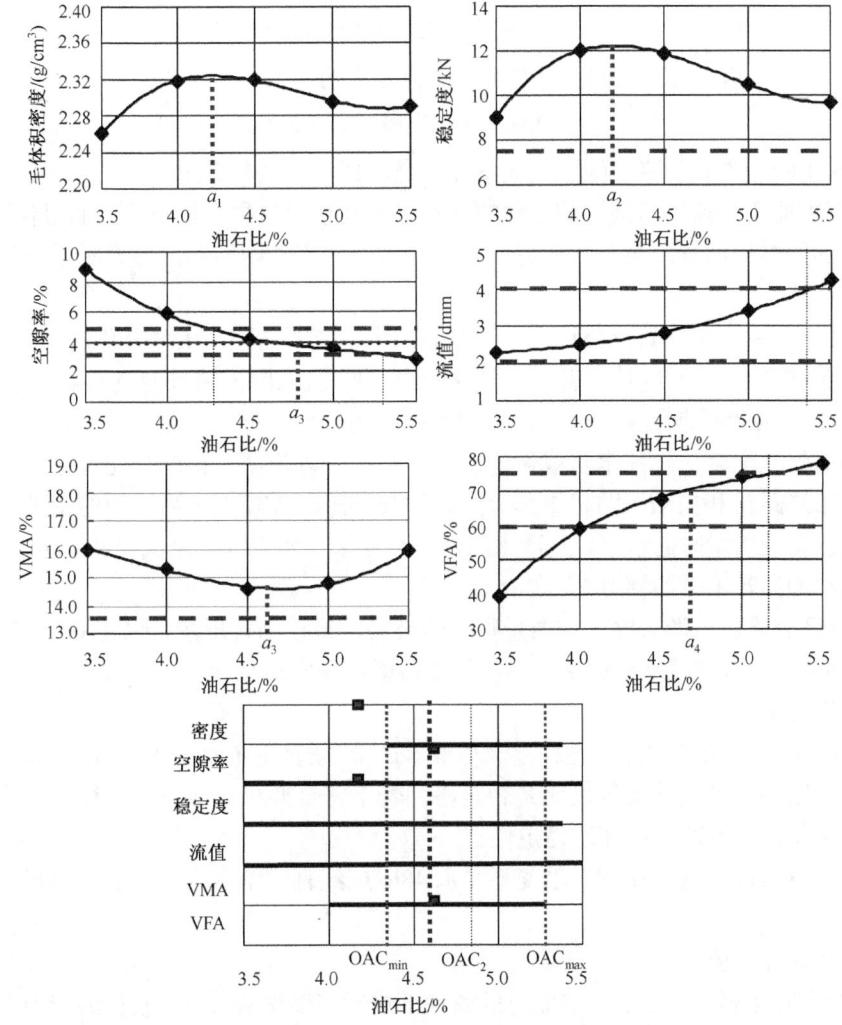

图 15-13 马歇尔试验结果示例

图中 a_1=4.2%，a_2=4.25%，a_3=4.8%，a_4=4.7%，OAC_1=4.49%(由 4 个平均值确定)，OAC_{min}=4.3%，OAC_{max}=5.3%，OAC_2=4.8%，OAC=4.64%。此例中相对于空隙率 4%的油石比为 4.6%

② 从图 15-13 中求取相应于密度最大值、稳定度最大值、目标空隙率(或中值)、沥青饱和度范围的中值的沥青用量 a_1、a_2、a_3、a_4，求取四者平均值作为最佳沥青用量的初始值 OAC_1，即

$$OAC_1=(a_1+a_2+a_3+a_4)/4 \tag{15-37}$$

③ 如果在所选择的沥青用量范围未能涵盖沥青饱和度的要求范围，按式(15-40)求取三者的平均值作为 OAC_1，即

$$OAC_1=(a_1+a_2+a_3)/3 \tag{15-38}$$

④ 对于所选择试验的沥青用量范围，当密度或稳定度没有出现峰值(最大值经常在曲线的两端)时，可直接以目标空隙率所对应的沥青用量 a_3 作为 OAC_1，但 OAC_1 必须介于 OAC_{min}~OAC_{max}，否则应重新进行配合比设计。

⑤ 以各项指标均符合技术标准(不含 VMA)的沥青用量范围 OAC_{min}~OAC_{max} 的中值作为 OAC_2，即

$$OAC_2=(OAC_{min}+OAC_{max})/2 \tag{15-39}$$

(5)通常情况下取 OAC_1 及 OAC_2 的中值作为计算的 OAC，即

$$OAC=(OAC_1+OAC_2)/2 \tag{15-40}$$

(6)根据实践经验和公路等级、气候条件、交通情况，调整确定 OAC。

① 调查当地各项条件相接近的工程的沥青用量及使用效果，论证适宜的最佳沥青用量。检查计算得到的最佳沥青用量是否相近，若相差太远，应查明原因，必要时重新调整级配，进行配合比设计。

② 对炎热地区公路及高速公路、一级公路的重载交通路段，山区公路的长大坡度路段，当预计有可能产生较大车辙时，宜在空隙率符合要求的范围内将计算的最佳沥青用量减少 0.1%~0.5%作为设计沥青用量。此时，除空隙率外的其他指标如有超出马歇尔试验配合比设计技术标准的，在配合比设计报告或设计文件中必须予以说明，但配合比设计报告必须要求采用重型轮胎压路机和振动压路机组合等方式加强碾压，以使施工后路面的空隙率达到未调整前的原最佳沥青用量时的水平，且渗水系数符合要求。如果试验段试拌试铺达不到此要求，宜调整所减小的沥青用量的幅度。

③ 对寒区公路、旅游公路、交通量很少的公路，最佳沥青用量可以在 OAC 的基础上增加 0.1%~0.3%，以适当减小设计空隙率，但不得降低压实度要求。

3)水稳定性检验

按 OAC 制作马歇尔试件，进行浸水马歇尔试验(或真空饱水马歇尔试验)和冻融劈裂试验，检验其残留稳定度及残留强度比是否合格。若不符合要求，应重新进行配合比设计，或者采用掺加抗剥剂的方法来提高水稳定性。

残留稳定度是标准试件在规定温度下浸水 48h(或经真空饱水后，再浸水 48h)，测定其浸水残留稳定度。

4)高温稳定性检验

按 OAC 制作车辙试验试件，在规定的条件下进行车辙试验，检验设计沥青混合料的高温抗车辙能力。当其动稳定度不符合规定时，应对矿料级配或沥青用量进行调整，重新进行配合比设计。

5)低温抗裂性检验

对公称最大粒径等于或小于 19 mm 的混合料,按规定方法进行低温弯曲试验,其破坏应变宜符合规范要求。否则应对矿料级配或沥青用量进行调整,必要时更换改性沥青品种重新进行配合比设计。

6)渗水系数检验

利用轮碾机成型的车辙试件进行渗水试验,检验的渗水系数宜符合规范要求。

当 OAC 与两个初始值 OAC_1、OAC_2 相差甚大时,宜将 OAC 与 OAC_1(OAC_2)分别制作试件,进行上述性能检验,并根据试验结果对 OAC 进行适当调整。

2. 生产配合比设计

在目标配合比确定之后,应利用实际施工的拌和机进行试拌以确定施工配合比。试验前,应首先根据级配类型选择振动筛筛号,使几个热料仓的材料不致相差太多,最大筛孔应保证使超粒径料排出,各级粒径筛孔通过量符合设计范围要求。试验时,按实验室配合比设计的冷料比例上料、烘干、筛分,然后取样筛分,与实验室配合比设计一样进行矿料级配计算,得出不同料仓及矿料用量比例,接着按此比例进行马歇尔试验。规范规定试验油石比可取实验室配合比得出的最佳油石比及其±0.3%三档试验,从而得出最佳油石比,供试拌试铺使用。

3. 生产配合比验证阶段

此阶段即试拌试铺阶段。施工单位进行试拌试铺时,应报告监理部门及业主、工程指挥部会同设计、监理、施工人员一起进行鉴别。用拌和机按照生产配合比结果进行试拌,首先由在场人员对混合料级配及油石比发表意见。如果有不同意见,应适当调整再进行观察,力求意见一致。然后用此混合料在试验段上试铺,进一步观察摊铺、碾压过程和成型混合料的表面状况,判断混合料的级配和油石比。如果不满意,也应适当调整,重新试拌试铺,直至满意。另一方面,实验室密切配合现场指挥在拌合厂或摊铺机房采集沥青混合料试样,进行马歇尔试验,检验是否符合标准要求。同时还应进行车辙试验及浸水马歇尔试验,验证其高温稳定性和水稳定性。

在试铺试验时,实验室还应在现场取样进行抽提试验,再次检验实际级配和油石比是否合格。同时按照规范规定的试验段铺设要求,钻芯取样观察空隙率大小,进行压实度等各种试验。当全部满足要求时,便可进入正常生产阶段。

15.5 路面水泥混凝土

15.5.1 概述

水泥路面具有强度高、耐久性好、稳定性好、养护费用低等优点,因此成为我国公路路面的主要类型之一。

路面水泥混凝土是指满足路面摊铺工作性、弯拉强度、表面功能、耐久性与经济性要求的水泥混凝土材料,是由水泥、粗集料、细集料、水按适当比例混合,必要时掺加适宜外加剂和掺合料配制而成的人造石。根据材料组成分类,路面水泥混凝土分为普通路面混凝土(也称素混凝土)、钢筋混凝土、预应力混凝土、钢纤维混凝土和碾压混凝土等。

15.5.2 路面混凝土的材料组成

1. 水泥

水泥是路面混凝土的重要组成部分,直接影响混凝土的强度、早期干缩、温度变形和耐磨性。选择混凝土组成材料时,适宜的水泥品种和强度等级对路面混凝土的路用品质尤为重要。具体来说,除了考察水泥的化学成分、物理性质和力学强度,同时应结合路面混凝土的弯拉强度、工作性和耐久性等综合确定。

对于极重、特重、重交通荷载等级的水泥混凝土路面,应优先选择旋窑生产的道路硅酸盐水泥、硅酸盐水泥和普通硅酸盐水泥;中、轻交通荷载等级公路路面可使用矿渣硅酸盐水泥。低温天气施工或有快通要求的路段可采用 R 型早强水泥,此外宜采用普通型水泥。在满足工程的前提下,可选择价格较低的水泥品种,以节约工程造价。

道路硅酸盐水泥(简称道路水泥)是由道路硅酸盐水泥熟料、适量石膏,以及规定的混合材料混磨制成的一种水硬性胶凝材料,代号 P·R。道路水泥具有抗折强度高、干缩小、耐磨、抗冻等特点,因此主要用于铺筑水泥混凝土路面。道路水泥的主要技术指标要求如下:

(1)细度:比表面积为 $300\sim450m^2/kg$。

(2)凝结时间:初凝时间不得早于 1.5h,终凝时间不得迟于 10h。

(3)体积安定性:沸煮法检验必须合格。熟料中 MgO 不得超过 5.0%,SO_3 含量不得超过 3.5%。

(4)干缩性:根据国家标准规定水泥的干缩性试验方法,28d 的干缩率不得大于 0.10%。

(5)耐磨性:根据国家标准规定试验方法,28d 的磨耗量不得大于 $3.00kg/m^2$。

(6)强度等级:道路硅酸盐水泥分为 32.5、42.5、52.5 三个强度等级,各龄期的强度值不得低于表 15-29 中的要求。

表 15-29 道路硅酸盐水泥各龄期的强度要求(GB 13693—2005)

强度等级	抗压强度/Mpa		抗折强度/MPa	
	3d	28d	3d	28d
32.5	16.0	32.5	3.5	6.5
42.5	21.0	42.5	4.0	7.0
52.5	26.0	52.5	5.0	7.5

水泥的强度等级应与路面混凝土的强度等级相匹配,即低强度等级的水泥配制较低弯拉强度等级的路面混凝土,高强度等级的水泥配制较高弯拉强度等级的路面混凝土。如果水泥强度等级选择不当(如偏高或偏低),很大可能会影响到拌和物的工作性及混凝土的强度、耐久性和成本。

2. 掺合料

使用道路硅酸盐水泥或硅酸盐水泥时,可在混凝土中掺入适量的粉煤灰;使用其他水泥时,不应掺入粉煤灰。

面层水泥混凝土可单独或复配掺用符合规范要求的粉状低钙粉煤灰、矿渣粉或硅灰等掺合料,不得掺用结块或潮湿的粉煤灰、矿渣粉或硅灰。粉煤灰质量不应低于《公路水泥混凝土路面施工技术细则》(JTG/T F30—2014)要求的Ⅱ级粉煤灰要求,不得掺用高钙粉煤灰或Ⅲ

级及Ⅲ级以下的低钙粉煤灰。掺加于面层水泥混凝土中的矿渣粉、硅灰的质量应符合规范的要求,使用矿渣硅酸盐水泥时不得再掺加矿渣粉。高温期施工时,不宜掺用硅灰。

3. 粗集料

粗集料也是路面混凝土的主要组成材料,同时是影响混凝土强度、收缩、耐磨性的重要因素之一。粗集料应具备良好的物理、力学和化学稳定性,且不与水泥发生有害反应。

路面混凝土所用粗集料应使用坚硬、耐久、洁净的碎石、碎卵石和卵石。极重、特重、重交通荷载等级公路路面混凝土用粗集料质量不应低于表 15-30 中 Ⅱ 级的要求;中、轻交通荷载等级公路路面混凝土可使用 Ⅲ 级粗集料。

表 15-30 路面混凝土使用的碎石、碎卵石和卵石质量要求

项目	技术标准		
	Ⅰ级	Ⅱ级	Ⅲ级
碎石压碎值/%	≤18.0	≤25.0	≤30.0
卵石压碎值/%	≤21.0	≤23.0	≤26.0
坚固性/%	≤5.0	≤8.0	≤12.0
针片状颗粒含量/%	≤8.0	≤15.0	≤20.0
含泥量/%	≤0.5	≤1.0	≤2.0
泥块含量/%	≤0.2	≤0.5	≤0.7
吸水率/%	≤1.0	≤2.0	≤3.0
有机质含量(比色法)	合格	合格	合格
硫化物及硫酸盐(按 SO_3 质量计)/%	≤0.5	≤1.0	≤1.0
洛杉矶磨耗损失/%	≤28.0	≤32.0	≤35.0
岩石抗压强度	火成岩不应小于100MPa;变质岩不应小于80MPa;水成岩不应小于60MPa		
表观密度/(kg/m³)	≥2500		
松散堆积密度/(kg/m³)	≥1350		
空隙率/%	≤47		
磨光值	≥35.0		
碱活性反应	不得有碱活性反应或疑似碱活性反应		

中、轻交通荷载等级公路路面混凝土可用再生粗集料,其质量应符合表 15-31 的要求。再生粗集料可单独或掺配新集料后使用。

表 15-31 再生粗集料质量要求

项目	技术标准		
	Ⅰ级	Ⅱ级	Ⅲ级
压碎值/%	≤21.0	≤30.0	≤43.0
坚固性/%	≤5.0	≤10.0	≤15.0
针片状颗粒含量/%	≤10.0	≤10.0	≤10.0
微粉含量/%	≤1.0	≤2.0	≤3.0
泥块含量/%	≤0.5	≤0.7	≤1.0
吸水率/%	≤3.0	≤5.0	≤8.0
硫化物及硫酸盐(按 SO_3 质量计)/%	≤2.0	≤2.0	≤2.0

续表

项目	技术标准		
	I 级	II 级	III 级
洛杉矶磨耗损失/%	≤35.0	≤40.0	≤45.0
杂物含量/%	≤1.0		
氯化物含量/%	≤0.06		
表观密度/(kg/m³)	≥2500		
空隙率/%	≤47		

粗集料与再生粗集料应根据混凝土配合比的公称最大粒径分为 2~4 个单粒级的集料，并掺配使用。粗集料与再生粗集料的合成级配及单粒级级配范围宜符合表 15-32 的要求，不得使用不分级的统料。

表 15-32 粗集料与再生粗集料的级配范围

方孔筛尺寸/mm		2.36	4.75	9.5	16.0	19.0	26.5	31.5	37.5
级配类型		累计筛余(以质量计)/%							
合成级配	4.75~16.0	95~100	85~100	40~60	0~10	—	—	—	—
	4.75~19.0	95~100	85~95	60~75	30~45	0~5	0	—	—
	4.75~26.5	95~100	90~100	70~90	50~70	25~40	0~5	0	—
	4.75~31.5	95~100	90~100	75~90	60~75	40~60	20~35	0~5	0
单粒级级配	4.75~9.5	95~100	80~100	0~15	0	—	—	—	—
	9.5~16.0	—	95~100	80~100	0~15	0	—	—	—
	9.5~19.0	—	95~100	85~100	40~60	0~15	0	—	—
	16.0~26.5	—	—	95~100	55~70	25~40	0~10	0	—
	16.0~31.5	—	—	95~100	85~100	55~70	25~40	0~10	0

不同类型的面层水泥混凝土所有的粗集料与再生粗集料公称最大粒径宜符合表 15-33 的要求。

表 15-33 粗集料与再生粗集料的公称最大粒径 （单位：mm）

交通荷载等级		极重、特重、重		中、轻	
面层类型		普通混凝土	纤维混凝土、配筋混凝土	普通混凝土	碾压混凝土、砌块混凝土
最大公称粒径	碎石	26.5	16.0	31.5	19.0
	碎卵石	19.0	16.0	26.5	19.0
	卵石	16.0	9.5	19.0	16.0
	再生粗集料	—	—	26.5	19.0

4. 细集料

细集料应采用质地坚硬、耐久、洁净的天然砂、机制砂或混合砂，不宜使用再生细集料。极重、特重、重交通荷载等级公路路面混凝土用天然砂质量不应低于表 15-34 中 II 级的要求；中、轻交通荷载等级公路路面混凝土可使用 III 级天然砂。

表 15-34 天然砂的质量要求

项目	技术标准		
	I 级	II 级	III 级
坚固性/%	≤6.0	≤8.0	≤10.0
含泥量/%	≤1.0	≤2.0	≤3.0
泥块含量/%	≤0	≤0.5	≤1.0
氯离子含量/%	≤0.02	≤0.03	≤0.06
云母含量/%	≤1.0	≤1.0	≤2.0
硫化物及硫酸盐(按 SO_3 质量计)/%	≤0.5	≤0.5	≤0.5
轻物质含量/%	≤1.0	≤1.0	≤1.0
吸水率/%	≤2.0	≤2.0	≤2.0
表观密度/(kg/m³)	≥2500		
松散堆积密度/(kg/m³)	≥1400		
空隙率/%	≤45		
有机质含量(比色法)	合格		
碱活性反应	不得有碱活性反应或疑似碱活性反应		
结晶态二氧化硅含量/%	≥25.0		

天然砂的级配范围宜符合表 15-35 的规定。面层水泥混凝土使用的天然砂细度模数宜在 2.0~3.7。

表 15-35 天然砂的推荐级配范围

砂分级	细度模数	方孔筛尺寸/mm							
		9.5	4.75	2.36	1.18	0.60	0.30	0.15	0.075
		通过各筛孔的质量百分率/%							
粗砂	3.1~3.7	100	90~100	65~95	35~65	15~30	5~20	0~10	0~5
中砂	2.3~3.0	100	90~100	75~100	50~90	30~60	8~30	0~10	0~5
细砂	1.6~2.2	100	90~100	85~100	75~100	60~84	15~45	0~10	0~5

机制砂宜采用碎石作为原料,并用专用设备生产。极重、特重、重交通荷载等级公路面层水泥混凝土用机制砂的质量不应低于表 15-36 中 II 级的要求。中、轻交通荷载等级公路面层水泥混凝土可使用 III 级机制砂。

表 15-36 机制砂的质量要求

项目		技术标准		
		I 级	II 级	III 级
机制砂母岩的抗压强度/Mpa		≥80.0	≥60.0	≥30.0
机制砂母岩的磨光值		≥38.0	≥35.0	≥30.0
机制砂单粒级最大压碎指标/%		≤20.0	≤25.0	≤30.0
坚固性/%		≤6.0	≤8.0	≤10.0
石粉含量/%	MB 值<1.40 或合格	≤3.0	≤5.0	≤7.0
	MB 值≥1.40 或合格	≤1.0	≤3.0	≤5.0
泥块含量/%		≤0	≤0.5	≤1.0
氯离子含量/%		≤0.01	≤0.02	≤0.06

续表

项目	技术标准		
	I级	II级	III级
云母含量/%	≤1.0	≤2.0	≤2.0
硫化物及硫酸盐(按SO_3质量计)/%	≤0.5	≤0.5	≤0.5
轻物质含量/%	≤1.0	≤1.0	≤1.0
吸水率/%	≤2.0	≤2.0	≤2.0
表观密度/(kg/m³)	≥2500		
松散堆积密度/(kg/m³)	≥1400		
空隙率/%	≤45		
有机质含量(比色法)	合格		
碱活性反应	不得有碱活性反应或疑似碱活性反应		

机制砂的级配范围宜符合表 15-37 的规定。面层水泥混凝土使用的机制砂细度模数宜在 2.3～3.1。采用机制砂时，外加剂宜采用引气高效碱水剂或聚羧酸高性能减水剂。

表 15-37 机制砂的推荐级配范围

砂分级	细度模数	方孔筛尺寸/mm						
		9.5	4.75	2.36	1.18	0.60	0.30	0.15
		通过各筛孔的质量百分率/%						
I砂	2.3～3.1	100	90～100	80～95	50～85	30～60	10～20	0～10
II、III砂	2.8～3.9	100	90～100	50～95	30～65	15～29	5～20	0～10

5. 水

可直接使用饮用水作为混凝土搅拌和养生用水。如果采用非饮用水，应进行水质检验、凝结时间和水泥胶砂强度对比试验。与蒸馏水进行对比，水泥的初凝与终凝时间差均不应大于 30min，水泥胶砂 3d 和 28d 强度不低于蒸馏水配制的水泥胶砂强度的 90%。

6. 外加剂

路面水泥混凝土常用的外加剂包括减水剂、引气剂、缓凝剂、抗冻剂等，主要作用在于减少用水量、提高抗弯拉强度、延长凝结时间、提高早期强度、改善耐久性等。

面层水泥混凝土外加剂质量应符合国家和行业标准及国家标准《混凝土外加剂》(GB 8076)的要求。滑模摊铺施工的水泥混凝土面层宜采用引气高效减水剂，当高温施工混凝土拌和物的初凝时间短于 3h 时，宜采用缓凝引气高效减水剂，当低温施工混凝土拌合物凝结时间长于 10h 时，宜采用早强引气高效减水剂。当有抗冰冻、抗盐冻要求时，各级公路水泥混凝土面层及暴露结构物混凝土应掺入引气剂，无抗冻要求地区的二级及二级以上公路水泥混凝土路面宜掺入引气剂。

15.5.3 路面混凝土的主要技术性质

1. 工作性

施工的温湿度环境等对混凝土的工作性影响很大。道路工程一般处于空旷的野外，当环境温度较高、湿度较小、风速较大时，水泥水化速度和水分蒸发加快，从而导致坍落度迅速降低。随着时间延长,由于自由水不断蒸发、集料吸水和水泥早期水化,混凝土拌和物的坍落度逐渐减小,这一现象称为坍落度损失。坍落度损失程度与混凝土材料性质和外界环境等因素有关。采取合理选材及优化配比,加强振捣,掺加适宜外加剂等措施可改善混凝土拌和物的工作性。拌和物中掺加少量外加剂(如减水剂、引气剂)时,能够有效改善和易性,提高强度和耐久性。

2. 力学性质

路面混凝土在使用过程需承受各种应力作用,因此必须具备足够的力学强度,主要包括抗弯拉强度、立方体抗压强度、抗剪强度、劈裂抗拉强度等。其中,抗弯拉强度是道路混凝土配合比设计的强度依据。

3. 耐久性

路面混凝土的耐久性主要有抗渗性、抗冻性和耐磨性。

水泥混凝土抵抗一定水压力的能力称为抗渗性。混凝土在使用期间,环境水分及溶于其中的腐蚀介质经由渗透进入混凝土内部,从而导致混凝土出现强度降低、开裂、钢筋锈蚀等问题。混凝土抗渗性主要与其孔结构有关,当孔隙率、毛细孔及连通孔增加时,混凝土抗渗性逐步降低。

混凝土抵抗冻融循环作用的能力称为抗冻性。当路面混凝土孔隙中含有一定量的水时,随着气温降低,水结冰引起的体积膨胀会对孔隙产生应力,而随着温度升高,该应力又会消失,这种冻融循环作用如反复施加直到某种程度,可能会导致混凝土开裂、强度降低甚至结构破坏。影响混凝土抗冻性的因素主要包括孔结构、孔隙水饱和程度、水溶液冰点及混凝土强度等。当孔隙率、毛细孔及非连通孔较多时,混凝土抗冻性较差;当孔隙水饱和程度较低、冰点降低及混凝土强度较高时,混凝土抗冻性较好。抗冻性的评价指标包括相对动弹性模量、质量损失率和相对耐久性指数。

水泥混凝土抵抗轮胎磨损的能力称为耐磨性。混凝土路面在使用期间,在车辆的反复摩擦和撞击作用下不断磨损,可能引起路面外观受损、抗滑性能及强度下降等。影响耐磨性的因素主要为强度。混凝土的强度越高,其耐磨性越好。评价耐磨性的指标为单位面积的磨损量。单位面积的磨损量 G_c 是指试件承受一定的磨耗作用后的单位面积的质量损失量。G_c 越大,表明耐磨性越差。

15.5.4 路面混凝土配合比设计

1. 设计要求

混凝土配合比设计应满足工作性、强度、耐久性和经济性四方面的要求。

1)设计弯拉强度要求

道路、桥面、机场等路面的水泥混凝土强度以 28d 龄期的弯拉强度控制。当混凝土浇筑后 90d 内不开放交通时,可采用 90d 龄期的弯拉强度。各交通等级要求的混凝土弯拉强度标准值 f_r 不得低于表 15-38 的要求。

配合比设计时以 28d 龄期设计弯拉强度为基础,结合考虑机械装备和施工控制水平,选用 28d 龄期配制弯拉强度的均值进行试配,以满足设计弯拉强度要求。

表 15-38　混凝土弯拉强度标准值

交通等级	特重	重	中等	轻
弯拉强度标准值 f_r/MPa	5.0	5.0	4.5	4.0

2) 工作性要求

滑模摊铺机前拌和物最佳工作性及允许范围应符合表 15-39 的规定。

表 15-39　混凝土路面滑模摊铺最佳工作性及允许范围

界限＼指标	坍落度 S_L/mm		振动黏度系数 $\eta/(N·s/m^2)$
	卵石混凝土	碎石混凝土	
最佳工作性	20～40	25～50	200～500
允许波动范围	5～55	10～65	100～600

注：① 滑模摊铺机适宜的摊铺速度应控制在 0.5～2.0m/min；
② 本表适用于设超铺角的滑模摊铺机；对不设超铺角的滑模摊铺机，最佳振动黏度系数为 250～600N·s/m²；最佳坍落度：卵石为 10～40mm，碎石为 10～30mm；
③ 滑模摊铺时的最大单位用水量：卵石混凝土不宜大于 155kg/m³；碎石混凝土不宜大于 160kg/m³。

轨道摊铺机、三辊轴机组、小型机具摊铺的路面混凝土坍落度及最大单位用水量，应满足表 15-40 的规定。

表 15-40　不同路面施工方式混凝土坍落度及最大单位用水量

摊铺方式	轨道摊铺机摊铺		三辊轴机组摊铺		小型机具摊铺	
出机坍落度/mm	40～60		30～50		10～40	
摊铺坍落度/mm	20～40		10～30		0～20	
最大单位用水量/(kg/m³)	碎石 156	卵石 153	碎石 153	卵石 148	碎石 150	卵石 145

注：① 表中的最大单位用水量系采用中砂、粗细集料为风干状态的取值，采用细砂时，应使用减水率较大的(高效)减水剂；
② 使用碎卵石时，最大单位用水量可取碎石与卵石中值。

3) 耐久性要求

根据当地路面无抗冻性、有抗冻性或有抗盐冻性要求及混凝土最大公称粒径，路面混凝土含气量宜符合表 15-41 的规定。

表 15-41　路面混凝土含气量及允许偏差

最大公称粒径/mm	无抗冻性要求/%	有抗冻性要求/%	有抗盐冻要求/%
19.0	4.0±1.0	5.0±0.5	6.0±0.5
26.5	3.5±1.0	4.5±0.5	5.5±0.5
31.5	3.5±1.0	4.0±0.5	5.0±0.5

各交通等级路面混凝土满足耐久性要求的最大水灰(胶)比和最小单位水泥用量应符合表 15-42 的规定。最大单位水泥用量不宜大于 420kg/m³；使用掺合料时，最大单位胶材总量不宜大于 450kg/m³。

表 15-42　混凝土满足耐久性要求的最大水灰(胶)比和最小单位水泥用量

公路技术等级	高速公路、一级公路	二级公路	三、四级公路
最大水灰(胶)比	0.44	0.46	0.48

续表

公路技术等级		高速公路、一级公路	二级公路	三、四级公路
抗冰冻要求最大水灰(胶)比		0.42	0.44	0.46
抗盐冻要求最大水灰(胶)比		0.40	0.42	0.44
最小单位水泥用量/(kg/m³)	52.5级	300	300	290
	42.5级	310	310	300
	32.5级	—	—	315
抗冰(盐)冻时最小单位水泥用量/(kg/m³)	52.5级	310	310	300
	42.5级	320	320	315
	32.5级	—	—	325
掺粉煤灰时最小单位水泥用量/(kg/m³)	52.5级	250	250	245
	42.5级	260	260	255
	32.5级	—	—	265
抗冰(盐)冻掺粉煤灰最小单位水泥用量/(kg/m³)	52.5级	265	260	255
	42.5级	280	270	265

注：① 处在除冰盐、海风、酸雨或硫酸盐等腐蚀性环境中或在大纵坡等加减速车道上，最大水灰(胶)比宜比表中数值降低0.01～0.02。

② 掺粉煤灰，并有抗冰(盐)冻要求时，面层不应使用32.5级水泥。

严寒地区路面混凝土抗冻标号不宜小于F250，寒冷地区不宜小于F200。

在海风、酸雨、除冰盐或硫酸盐等腐蚀环境影响范围内的混凝土路面和桥面，在使用硅酸盐水泥时应掺加粉煤灰、磨细矿渣或硅灰掺合料，不宜单独使用硅酸盐水泥，可使用矿渣水泥或普通水泥。

4) 经济性要求

在满足设计弯拉强度、工作性和耐久性要求的前提下，设计时应采取相应措施以最大限度地降低混凝土成本，从而提高经济效益。如合理降低水泥用量、尽量使用地方材料或掺入工业废渣等。

2. 设计步骤

公路面层水泥混凝土设计包括目标配合比设计和施工配合比设计两个阶段，通过配合比设计确定水泥用量、集料用量、水灰(胶)比、外加剂掺量等。本节重点介绍室内目标配合比设计。

1) 确定配制弯拉强度

为满足设计弯拉强度要求，并充分考虑机械装备和施工控制水平，配合比设计时选用配制弯拉强度的均值进行试配。配制弯拉强度的均值 f_c 应按下式计算：

$$f_c = \frac{f_r}{1-1.04c_v} + ts \tag{15-41}$$

式中，f_c 为配制 28d 弯拉强度的均值，MPa；f_r 为设计弯拉强度标准值，MPa；s 为弯拉强度试验样本的标准差，MPa，可使用已有试验样本的数据或查表 15-43 确定；t 为保证率系数，应按表 15-44 确定；c_v 为弯拉强度变异系数，应按统计数据在表 15-45 的规定范围内取值；在无统计数据时，弯拉强度变异系数应按设计取值；如果施工配制弯拉强度超过设计给定的弯拉强度变异系数上限，则必须改进机械装备和提高施工控制水平。

表 15-43　各级公路水泥混凝土面层弯拉强度试验样本的标准差 s

公路等级	高速	一级	二级	三级	四级
目标可靠度/%	95	90	85	80	70
目标可靠指标	1.64	1.28	1.04	0.84	0.52
样本的标准差/MPa	$0.25 \leqslant s \leqslant 0.50$		$0.45 \leqslant s \leqslant 0.67$	$0.40 \leqslant s \leqslant 0.80$	

表 15-44　保证率系数 t

公路技术等级	判别概率 p	样本数 n/组				
		3	6	9	15	20
高速公路	0.05	1.36	0.79	0.61	0.45	0.39
一级公路	0.10	0.95	0.59	0.46	0.35	0.30
二级公路	0.15	0.72	0.46	0.37	0.28	0.24
三、四级公路	0.20	0.56	0.37	0.29	0.22	0.19

表 15-45　各级公路混凝土路面弯拉强度变异系数 c_v

公路技术等级	高速公路	一级公路	二级公路		三、四级公路	
混凝土弯拉强度变异水平等级	低	低	中	中	中	高
弯拉强度变异系数 c_v 允许变化范围	0.05~0.10	0.05~0.10	0.10~0.15	0.10~0.15	0.10~0.15	0.15~0.20

2) 计算水灰（胶）比

根据粗集料类型，水灰比 $\dfrac{W}{C}$ 可分别按照下式计算。

碎石（或碎卵石）混凝土：

$$\frac{W}{C} = \frac{1.5684}{f_c + 1.0097 - 0.3595 f_s} \tag{15-42}$$

卵石混凝土：

$$\frac{W}{C} = \frac{1.2618}{f_c + 1.5492 - 0.4709 f_s} \tag{15-43}$$

式中，$\dfrac{W}{C}$ 为水灰比；f_c 为配制 28d 弯拉强度的均值，MPa；f_s 为水泥实测 28d 抗折强度，MPa。

当掺用粉煤灰、硅灰、矿渣粉等掺合料时，应计入超量取代法中代替水泥的那一部分掺合料用量（代替砂的超量部分不计入），用水胶比 $\dfrac{W}{C+F}$ 代替水灰比 $\dfrac{W}{C}$。

应在满足弯拉强度计算值和耐久性（表 15-46）两者要求的水灰（胶）比中取小值。

3) 选取砂率

砂率 S_p 应根据砂的细度模数和粗集料种类，查表 15-46 取值。

4) 计算单位用水量

根据粗集料种类和坍落度要求，按以下公式计算单位用水量：

碎石

$$W_0 = 104.97 + 0.309S_L + 11.27\frac{C}{W} + 0.61S_P \tag{15-44}$$

卵石

$$W_0 = 86.89 + 0.370S_L + 11.24\frac{C}{W} + 1.00S_P \tag{15-45}$$

掺外加剂的混凝土单位用水量

$$W_{0w} = W_0\left(1 - \frac{\beta}{100}\right) \tag{15-46}$$

式中，W_0 为不掺外加剂与掺合料混凝土的单位用水量，kg/m³；S_L 为坍落度，mm；S_P 为砂率，%；W_{0w} 为掺外加剂混凝土的单位用水量，kg/m³；β 为所用外加剂剂量的实测减水率，%；

表 15-46 水泥混凝土的砂率

砂细度模数		2.2～2.5	2.5～2.8	2.8～3.1	3.1～3.4	3.4～3.7
砂率 S_P/%	碎石	30～34	32～36	34～38	36～40	38～42
	卵石	28～32	30～34	32～36	34～38	36～40

注：① 相同细度模数时，机制砂的砂率宜偏低限取用；
② 碎卵石可在碎石和卵石混凝土之间内插取值。

当单位用水量计算值大于表 15-47 最大用水量的规定时，应通过采用减水率更高的外加剂降低单位用水量。

表 15-47 面层水泥混凝土最大单位用水量 （单位：kg/m³）

施工工艺	碎石混凝土	卵石混凝土	施工工艺	碎石混凝土	卵石混凝土
滑模摊铺机摊铺	160	155	小型机具摊铺	150	145
三辊轴机组摊铺	153	148			

注：破碎卵石混凝土最大单位用水量可在碎石与卵石混凝土之间内插取值。

5) 计算单位水泥用量

可根据以下公式计算。当计算结果小于表 15-45 中满足耐久性要求的最小水泥用量时，应取表中的规定值。

$$C_0 = \frac{C}{W}W_0 \tag{15-47}$$

式中，C_0 为单位水泥用量，kg/m³。

6) 计算单位集料用量

可采用密度法，即单方混凝土的总质量等于各种材料质量之和。

$$\begin{cases} m_{c0} + m_{w0} + m_{s0} + m_{g0} = m_{cp} \\ \dfrac{m_{s0}}{m_{s0} + m_{g0}} \times 100\% = S_P \end{cases} \tag{15-48}$$

式中，m_{g0}、m_{s0} 分别为粗、细集料单位用量，kg/m³；m_{cp} 为每立方米混凝土的假定质量，kg/m³，可取 2400～2450kg/m³；

也可采用体积法，即单方混凝土的总体积等于各种材料体积与含气量之和。

$$\begin{cases} \dfrac{m_{c0}}{\rho_c} + \dfrac{m_{w0}}{\rho_w} + \dfrac{m_{s0}}{\rho_s} + \dfrac{m_{g0}}{\rho_g} + 0.01\alpha = 1 \\ \dfrac{m_{s0}}{m_{s0} + m_{g0}} \times 100\% = S_P \end{cases} \tag{15-49}$$

式中，m_{g0}、m_{s0} 分别为粗、细集料单位用量，kg/m³；ρ_c 为水泥密度，kg/m³，可取 2900～3100kg/m³；ρ_w 为水的密度，kg/m³，可取 1000kg/m³；ρ_g、ρ_s 分别为粗、细集料的表观密度，kg/m³；α 为混凝土的含气量，当不使用引气剂或引气型外加剂时，α 可取 1。

经计算得到的配合比，应验证粗集料填充体积率。粗集料填充率不宜小于 70%。

以目标配合比设计结果为基础，经过试拌，进行混凝土的弯拉强度、工作性和耐久性检验。总结试验数据，提出施工配合比，确定设备参数，明确施工中根据集料实际含水率调整拌和楼(机)上料参数和加水量的有关要求。

复习思考题

1. 简述土的分类依据及其含义。
2. 简述土的粒组的定义及其种类。
3. 巨粒土的具体分类依据和类型包括哪些？
4. 简述粗粒土的具体分类依据和种类。
5. 什么是塑性图？它的主要作用是什么？
6. 简述土的主要技术性质及影响因素。
7. 简述土的颗粒级配的评价指标及级配对于工程的意义。
8. 简述无机结合料稳定材料的主要种类及各自特点。
9. 简述水泥稳定土的强度形成机理及其影响因素。
10. 试比较石灰稳定土、二灰稳定土和水泥稳定土对其组成材料要求的差异。
11. 请指出水稳定土和石灰稳定土组成设计的不同之处。
12. 简述二灰稳定土的组成设计步骤。
13. 简述石灰稳定土的强度形成机理及其影响因素。
14. 稳定细粒土(如石灰土、二灰土和水泥土)为什么不宜用做高等级道路基层？
15. 简述土工合成材料的特点，并指出其在公路工程应用中的优势。
16. 简述土工合成材料的定义及种类。
17. 土工合成材料的性质包括哪些方面？
18. 土工合成材料具有哪些功能？
19. 简述土工合成材料与土的相互作用特性及其影响因素。
20. 土工合成材料的耐久性定义及其影响因素？
21. 试比较土工织物、土工膜和土工复合材料的性能差异。
22. 简述沥青混合料的组成结构类型并分析各自特点？
23. 简述沥青混合料组成材料的技术要求。
24. 分析沥青混合料强度形成机理及其影响因素。
25. 简述沥青混合料的主要技术性质、评价指标及其影响因素。

26. 简述热拌沥青混合料组成设计方法。
27. 如何确定最佳沥青用量？
28. 分析空隙率对沥青混合料性能的影响。
29. 路面水泥混凝土为什么优先选用道路水泥？
30. 路面水泥混凝土性能要求与普通混凝土有什么不同？
31. 简述路面混凝土组成材料的技术要求。
32. 简述路面混凝土的主要技术性质及其影响因素。
33. 请解释路面混凝土配合比设计指标与普通混凝土设计指标不同的原因。
34. 路面混凝土配合比设计中为什么要控制最大水灰比和最小水泥用量？
35. 简述路面普通水泥混凝土的配合比设计步骤。

第 16 章 隧道与地下工程专用材料

隧道与地下工程包括在岩体或土层中修建的通道和各种类型的地下建筑物,包括交通运输方面的铁路隧道、公路隧道与运河隧道,市政工程的地下铁道和水底隧道,工业和民用方面的市政、防空、采矿、储存和生产等用途的地下工程,军用方面的各种国防坑道,水力发电工程方面的地下发电厂房及其他各种水工隧洞等。这些工程除了需要使用土木工程通用材料,还用到一些隧道与地下工程专用材料,包括注浆材料、锚喷支护材料、隧道盾构管片等。

16.1 注 浆 材 料

凡向地层岩土裂隙、溶洞、采空区中注进的浆液和物质能起到充填或包裹作用,固结后具有一定强度的材料都可称为注浆材料。隧道或地下工程施工中运用注浆材料有四个目的:①堵水;②提高围岩强度;③减小衬砌的变形;④防火或者灭火。根据注浆目的的不同,注浆材料固结后的强度一般为 0.5~10MPa 不等,个别可能超过 20MPa。

注浆材料必须是能够固化的材料,其固化为结石体的过程如图 16-1 所示。

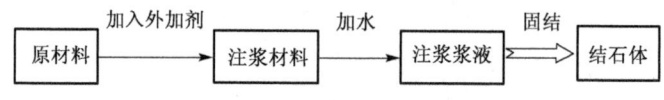

图 16-1 注浆材料固结示意图

注浆材料包括主剂(原材料)和外加剂(也可称为助剂)。主剂可能是一种、两种或几种,而外加剂(助剂)则可能没有,也可能有一种、两种或几种,根据外加剂在浆液中所起的作用,习惯地称为固化剂、催化剂、速凝剂、缓凝剂、悬浮剂等。

注浆浆液是将原材料与水或其他溶剂混合后所配成的液体,有的为真溶液,有的为悬浊液,有的为乳化液;按工艺性质不同,又分为单浆液和双浆液。

结石体是注浆浆液经过一定的化学或物理变化后所形成的固体产物,它在地层中充填堵塞裂隙或孔隙,起到加固、堵水或包裹密闭等作用。

注浆材料一般通过气压、液压或电化学原理,把浆液注入各种介质的裂隙或孔隙中。

16.1.1 注浆材料的基本要求

由于注浆目的和对注浆效果的要求不同,采用的注浆材料也不同,注浆材料应满足以下要求。

(1)注浆浆液的稳定性好,在常温、常压下较长时间存放不改变其基本性质,不发生强烈的化学反应。

(2)注浆浆液黏度低、流动性好、可注性强,能渗入细小裂缝或粉细砂层中。

(3)注浆浆液的凝结时间在一定范围内可调,并能准确控制。

(4)注浆浆液不污染环境,并对操作人员无伤害。

(5)注浆浆液固化时收缩小,固化后与岩土体、混凝土等有一定的黏结性。

(6)结石体具有一定的抗折抗压强度,不龟裂,抗渗性能、防冲刷性及耐老化性能好,能长期耐酸、碱、盐、生物细菌等腐蚀,并且不受温度、湿度变化的影响。

(7)原材料来源广泛,价格低廉,注浆浆液配制方便,操作简便。

16.1.2 注浆材料的分类

按照浆液性态,可把注浆材料浆液分为"颗粒浆液"和"溶液浆液",如表16-1。颗粒浆液是由水泥及黏土等颗粒材料配制而成的;溶液浆液(化学浆液)则是以溶液中两种或两种以上化学物质产生化学反应来形成凝胶体。按照化学浆液所用原材料化学成分,又可分为两类:无机注浆材料和有机化注浆材料,如表16-2所示。

表16-1 按浆液性态对注浆材料分类

注浆材料	颗粒浆液	水泥浆
		黏土浆
		水泥黏土浆
		水泥粉煤灰浆
		水泥-水玻璃浆
	溶液浆液	水玻璃类
		环氧树脂类
		甲基丙烯酸酯类
		聚氨酯类
		丙烯酸类
		木质素类
		脲醛树脂类
		其他类

表16-2 按化学成分对注浆材料分类

材料名称		浆液名称	应用范围
无机材料	水泥类	单一水泥浆及复合水泥浆	应用范围极广
	水玻璃类	水泥水玻璃双液浆	应用范围极广
	氯化钙类	水泥浆的外加剂	应用范围极广
	氯化钠	水泥浆的外加剂	应用范围极广
	铝酸钠	化学溶液	适用于砂土围岩
	五矾类	水泥-五矾类	适用于糊缝防水
有机材料	聚氨酯类	油溶性聚氨酯浆液、水溶性聚氨酯浆液	适用于水泥难注的细裂隙
	丙烯酰胺		适用于水泥难注的细裂隙
	铬木素类	纸浆废液-重铬酚钠浆液、过硫酸铵浆液	适用于水泥难注的细裂隙
	环氧树脂		适用于水泥难注的细裂隙
	脲醛树脂类	脲醛树脂-硫酸浆液、尿素-甲醛-三氯化铁浆液	适用于水泥难注的细裂隙

1. 颗粒浆液

颗粒浆液包括水泥浆液、黏土类浆液水泥黏土类浆液、水泥水玻璃类浆液,粉煤灰水泥浆液、沥青浆液等,这些浆材容易取得,成本低廉,各类工程中应用最为广泛。为了改善颗粒浆液的性质,以适应各种自然条件和不同注浆目的的需要,还常在浆液中掺入各种外加剂。

1)水泥浆液

以水泥为主,添加一定量的外加剂,用水调成浆液,采用单液方式注入,这样的浆液称为水泥浆液。

水泥浆液是颗粒浆液的典型代表,其具有结石体强度高和抗渗性强的特点,可用于防渗和加固,而且来源广泛、价格便宜、黏结力强,无毒无污染,运输储存方便且注浆工艺简单;但凝结时间较长且难以控制,在地下水流速度较大的条件下,浆液易受冲刷和稀释,影响注入效果。由于颗粒粒径为5~85 m,一般只能灌注岩土的大孔隙或裂隙(0.2~0.3mm),注入能力有限,在中、细、粉砂层(粒径小于1.1mm)、细裂隙(宽度小于0.1mm)及渗透系数低于 10^{-2} cm/s 的地层中注浆非常困难;具有一定的沉淀析水性,结石率一般都小于100%,在防渗堵漏等工程中应用受到限制。

水泥浆液的基本性能见表16-3。

表16-3 水泥浆液的基本性能

水灰比 (重量比)	黏度/×10^{-3}Pa·s	密度/(g/cm³)	凝结时间/h:min		结石率/%	抗压强度/MPa			
			初凝	终凝		3d	7d	14d	28d
0.5:1	139	1.86	7:41	12:36	99	4.1	6.5	15.3	22.0
0.75:1	33	1.62	10:47	20:36	97	2.4	2.6	5.5	11.3
1.0:1	18	1.49	14:56	24:27	85	2.0	2.4	2.4	8.9
1.5:1	17	1.37	16:52	34:47	67	2.0	2.3	1.8	2.3
2.0:1	16	1.30	17:07	48:15	56	1.7	2.6	2.1	2.8

注:表中数据采用42.5普通硅酸盐水泥;测定数据为平均值。

水泥浆液在实际工程应用中,常掺加水玻璃、氯化钙等化学外加剂以加快其凝结硬化速度,而其强度降低较小,如表16-4所示。

表16-4 掺入外加剂后的水泥浆液基本性能

水灰比	外加剂		初凝时间/h:min	终凝时间/h:min	抗压强度/MPa			
	名称	用量/%			1d	2d	7d	28d
1:1	—	—	14:15	25:00	0.8	1.6	5.9	9.2
	水玻璃	3	7:20	14:30	1.0	1.8	5.5	—
	氯化钙	2	7:10	15:04	1.0	1.9	6.1	9.5
	氯化钙	3	6:50	13:08	1.1	2.0	6.5	9.8

为提高水泥浆的可注性,可采用各种细水泥来提高浆液的注入能力。目前粒径最细的超细水泥掺入适当的分散剂后,可注入0.05~0.09mm的岩石裂隙,但超细水泥的高成本影响了其应用范围。为改善水泥浆液的析水性、稳定性、流动性和凝结特性,可掺入适当的外加剂(助剂)进行改性。某些方面的性能也可通过一定的工艺技术得以改善。

2)黏土类浆液

黏土的粒径一般极小(0.005mm),比表面积较大,遇水具有胶体化学特性。黏土矿物的特征是其原子呈层状排列,不同的排列形式组成了不同的黏土矿物,最常见的是高岭石、伊利石、蒙脱石,其性能指标见表16-5。

纯黏土浆液由于其广泛的来源和低廉的成本,在土工堤坝防渗注浆工程中得到了较多的应用。土工堤坝防渗注浆工程中,黏土浆液依靠应力条件下的脱水固结性能,可在充填注浆、劈裂注浆的过程中和后期的应力条件下，形成固结防渗体。黏土注浆多用于病险土工堤坝的防渗注浆工程。

表 16-5 黏土的性能指标

性能	物理性质							造浆性能		
	塑性指数/%	液限/%	吸水量/%	膨胀率(倍)	颗粒组成/mm			造浆能力		失水量/ml
					>0.1	<0.005	<0.001	浆量/(m³/t)	黏度/(Pa·s)	
数值	>20	<12	>150	>3	<6	>50	>20	>3	15	20~30

为了改善黏土浆液性能，可加入适量水玻璃和熟石灰，基本比例为：黏土 40%~60%，水玻璃占黏土浆的 10%~15%，熟石灰为黏土重量的 1%~3%，其余是水。其主要性能为：凝结时间为几十秒至几十分钟，黏度为 20~23s，渗透系数为 10^{-5}~10^{-6}cm/s。

3）水泥黏土类浆液

在水泥浆中，根据施工的目的和要求，可加入一定量的黏土，有时黏土掺量比水泥的用量还要多。水泥黏土浆兼有黏土浆与水泥浆的优点，成本低、流动性好、沉淀析水性较小、稳定性高、抗渗压和冲刷能力强。水泥黏土浆的性能取决于浆液中水泥、黏土和水的添加比例，一般有以下规律：

(1)浆液黏度随水灰比增大而减小，相同水灰比的浆液，黏土加量越多，黏度越大，凝结时间越长、结石率越高、离析率越差，强度降低。

(2)浆液中干料(水泥+黏土)越多，或在不改变水与干料配比的情况下，增加黏土量可提高浆液稳定性。

(3)浆液中水泥与黏土的比例一般为 1:1~1:4（临时性防渗工程还可适当增加黏土量），水与干料的比例一般为 5:1~1:1。

(4)作为加固注浆时，黏土掺量不宜过多，一般掺量为 5%~15%（占水泥重量）。在水泥黏土类浆液中，也可以加入外加剂以改善其性能。

水泥黏土浆液的配比与性能见表 16-6。

表 16-6 黏土用量对浆液性能的影响

水灰比	黏土用量/%	黏度/(Pa·s)	密度/(g/cm³)	凝胶时间/h:min		结石率/%	抗压强度/MPa			
				初凝	终凝		3d	9d	14d	28d
0.5:1	5	滴流	1.84	2:42	5:52	99	11.8	—	33.2	13.6
0.75:1	5	40	1.65	7:50	13:01	93	4.0	7.0	7.9	7.9
10:1	5	19	1.52	8:30	14:30	87	2.4	5.2	4.3	8.1
1.5:1	5	16.5	1.37	11:05	23:50	66	1.3	3.4	3.2	7.4
2.0:1	5	15.8	1.28	13:53	51:52	57	1.2	2.6	2.6	7.8
0.5:1	10	不流动	—	2:24	5:29	100	—	—	20.3	—
0.75:1	10	65	1.68	5:15	9:38	99	2.9	4.0	5.1	—
1.0:1	10	21	1.56	7:24	14:10	91	1.7	4.6	2.9	—
1.5:1	10	17	1.43	8:12	20:15	79	1.6	2.8	3.3	—
2.0:1	10	16	1.32	9:16	30:24	58	1.2	1.6	2.5	—
0.75:1	15	71	1.70	4:35	8:50	99	0.4	2.4	3.0	—
1.0:1	15	23	1.62	6:20	14:13	95	1.3	1.6	2.2	—
1.5:1	15	19	1.51	7:45	24:05	80	0.8	1.0	1.4	—
2.0:1	15	16	1.34	9:50	29:16	60	0.7	1.1	2.2	—

4) 水泥-水玻璃类浆液

水泥-水玻璃类浆液，亦称 CS 浆液。它是以水泥和水玻璃为主剂，两者按一定的比例采用双液方式注入，必要时加入速凝剂或缓凝剂所组成的注浆材料。其性能取决于水泥浆水灰比、水玻璃浓度和加入量、浆液养护条件等。

这种浆液克服了单液水泥浆的凝结时间长且不能控制、结石率低等缺点，提高了水泥注浆的效果，扩大了水泥注浆的适用范围。广泛用于地基、隧道、砂井等工程的防渗和加固注浆，尤其在地下水流速度较大的地层中采用这种混合型浆液可达到快速堵漏的目的。这是一种用途极广、使用效果良好的注浆材料。

水玻璃能显著加快水泥的凝胶时间。凝胶时间随水玻璃浓度、水泥浆的浓度(水灰比)、水玻璃与水泥浆的体积比等因素的变化而变化。一般情况下，水玻璃浓度减小，凝胶时间缩短，并呈直线关系；水灰比 W/C 越小，水泥与水玻璃之间的反应越快，凝胶时间越短。总体说来，水泥浆越浓，反应越快；水玻璃则越稀反应越快。

决定水泥-水玻璃浆液结石体抗压强度的主要因素是水泥浆的浓度(水灰比)。当其他条件一定时，水泥浆越浓，其抗压强度越高。水玻璃浓度对结石体抗压强度的影响较复杂。研究表明：当水泥浆浓度较大时，随着水玻璃浓度的增加，抗压强度增高；当水泥浆浓度较小时，随着水玻璃浓度的增加，抗压强度降低。但当水泥浆浓度处于中间状态时，其抗压强度变化不大。水泥浆与水玻璃体积比对结石体抗压强度有一定影响。当水泥浆与水玻璃体积比在 1:0.4～1:0.6 时，其抗压强度最高，说明水泥浆与水玻璃有一个适当的配合比，在这个配合比的范围内，反应进行得最完全，强度也最高。

总结水泥-水玻璃浆液的特点为：①浆液凝胶时间可控制在几秒至几十分钟范围内；②结石体抗压强度较高，可达 10～20MPa，凝结后结石率可达 100%；③结石体渗透系数为 10～30cm/s，可用于裂隙为 0.2mm 以上的岩体或粒径 1mm 以上的砂层；④材料来源丰富，价格较低；⑤对环境及地下无毒性污染，但有 NaOH 碱溶出，对皮肤有腐蚀性；⑥结石体易粉化，有碱溶出，化学结构不够稳定。

水泥-水玻璃浆液的较合理组成及配方见表 16-7。

表 16-7 水泥-水玻璃浆液组成及配方

原料	规格要求	作用	用量	主要性能
水泥	42.5 或 52.5 普通硅酸盐水泥	主剂	1	凝胶时间可控制在十几秒至几十分钟范围内。抗压强度为 5～20MPa
水玻璃	模数：2.4～3.4；浓度：(30～45)^{0}Bé	主剂	0.5～1	
氢氧化钙	工业品	速凝剂	0.05～0.20	
磷酸氢二钙	工业品	速凝剂	0.01～0.03	

5) 粉煤灰水泥浆液

粉煤灰由于本身具有一定活性，可以代替部分水泥，同时也可以增加配浆时用水量，从而降低浆液的密度。通常粉煤灰水泥浆密度为 1.6g/cm³ 左右，在配制浆液时，应尽量选用 SiO_2 和 Al_2O_3 含量高的、颗粒细的优质粉煤灰。

粉煤灰水泥浆液是以粉煤灰为主剂加入一定量的水泥配制而成的，水灰比一般为 1:1 的浆液，粉煤灰黏度一般为 25～30cP(cP 为厘泊，1cP=10^{-3}Pa·s)。必要时加入速凝剂和缓凝剂，以调节浆液的凝胶时间。

实践表明，适量掺加粉煤灰可使水泥水玻璃浆液结石体后期强度提高，当大量掺加粉煤灰时，水泥水玻璃浆液仍具有凝结时间可调、结石率高等特点。

6) 沥青浆液

沥青注浆的实质是通过钻好的注浆孔，向岩石裂隙中灌注熔融的沥青，在裂隙中冷却，凝固后使岩石具有不透水性。在含裂隙坚硬或半坚硬、地下水渗流速度大的岩层中，当不能采用水泥与黏土注浆时，可利用热沥青注浆。

沥青注浆的优点是：由于沥青与水不混合，所以当沥青与水接触时形成导热性不好的薄膜，即使在地下水流速很大的情况下，这种浆液也能将地层中的空洞、孔隙充填密实。另外，由于沥青导热性不好，在裂隙与空洞中冷却很慢，有利于浆液的扩散运动。

沥青注浆的缺点是：在地下水压力作用下沥青可能被挤出。实践表明，当裂隙张开度小于 1mm 时，由于黏度大，沥青不能将裂隙全部充填，沥青注浆扩散半径在 0.75~1.5m，透水性很难完全消除；其次，浆液的收缩率较大，这也使其不透水性降低。

2. 溶液浆液

溶液型注浆材料的品种很多，包括水玻璃类、丙烯酰胺类、聚氨酯类、木质素类、脲醛树脂类、不饱和聚酯类、环氧树脂类等。

1) 水玻璃类浆液

水玻璃在某些固化剂作用下，可以瞬时产生凝胶，因此可作为注浆材料。水玻璃类浆液以水玻璃为主剂，加入凝胶剂，反应生成凝胶。它因为来源广泛，价格便宜，对环境无害而被广泛采用。它既可作为单一浆液灌注，又可用做水泥注浆的速凝剂。一般用于注浆的水玻璃模数以 2.4~3.4 为宜。

水玻璃浆液用做主剂时，可以根据工程需要采用不同的固化剂，其凝胶时间及性能可通过不同的配方试验来确定。下面是几种应用较多的水玻璃类浆液。

(1) 单液水玻璃浆液。

单液水玻璃浆液注浆也称为单液硅化注浆。由于双液注浆工艺复杂、浆液黏度大、可注性较差，因此单液硅化注浆应用仍较广泛。其原理是硅酸钠溶液与粉状土本身起化学反应，形成不透水固结体。

单液硅化注浆适用于化学活性黄土，在地下工程中，有的黄土沉降量很大(达 60cm)，为了防止下沉且克服下沉的不均匀性，可采用单液硅化注浆。

单液硅化注浆也可用于非活性砂土，这时需要研究浆液的合理配方。硅酸钠溶液与这些酸混合后再注入地层，经一定时间凝固形成硅酸胶。

(2) 水玻璃氯化钙浆液。

水玻璃和氯化钙两种浆液在土体中相遇时发生反应而生成二氧化硅胶体，与土颗粒一起形成整体，起到防渗和加固的作用。这种化学浆液即通常所称的硅化注浆。硅化注浆加固的土体还具有较高的不透水性。加固土的强度，即使在有腐蚀性水作用下也不会降低强度。

(3) 水玻璃铝酸钠浆液。

水玻璃与铝酸钠反应生成的凝胶物——硅胶和硅酸铝盐可以胶结土颗粒。改变水玻璃模数、浓度、铝酸钠含铝量可调节凝胶时间。水玻璃模数越高，凝胶时间越短；浓度越高，凝胶时间越短；铝酸盐含铝量增加，凝胶时间缩短。高浓度浆液的黏度虽高，若被地下水稀释，反而具有凝胶时间缩短的性质。其次，铝酸盐含量的多少会影响结石体的抗压强度。

总结起来，水玻璃凝胶剂的品种较多，有些凝胶剂与水玻璃的反应速度很快，如氯化钙、磷酸和硫酸铝等，它们和主剂必须在不同的注浆管或不同的时间内分别注入，所以称双液注浆法，双液法中两种化学剂的反应几乎立即发生；另一些凝胶剂（如盐酸、碳酸氢钠和铝酸钠等）与水玻璃的反应速度减慢，因而主剂与凝胶剂能在注浆前预先混合后注入同一钻孔中，所以称为单液注浆法。单液法中浆液的凝胶时间较长，黏度增长速度较慢。故单液法的有效扩散半径比双液法大，但单液法的凝胶强度一般比双液法低。

2) 丙烯酰胺类浆液

丙烯酰胺类浆液，国内简称丙凝浆液，国外称为 AM-9。它是以有机化合物丙烯酰胺为主剂，配合其他药剂而制成的液体。其黏滞性与水接近，且凝结前维持基本不变。以水溶液状态注入土中，发生聚合反应后形成具有弹性的、不溶于水的聚合物。

丙烯酰胺类浆液及凝胶体的特点如下：

(1) 浆液黏度小，与水接近，且在凝胶前保持不变，因此具有良好的可注性。

(2) 凝胶时间可准确地控制在几秒至几十分钟，且凝胶是在瞬间发生并在几分钟之内就达到其极限强度，聚合体体积基本上为浆液体积的 100%。

(3) 凝胶体抗渗性好，其渗透系数为 $10^{-9} \sim 10^{-10}$ cm/s。

(4) 凝胶体抗压强度较低，为 0.2～0.6MPa，一般不受配方的影响，在较大裂隙内的凝胶体易被挤出，因此仅适用于防渗注浆。

(5) 丙凝浆液及凝胶体耐久性较差，且具有一定的毒性，对人的神经系统有毒害，对空气和地下水有污染。

(6) 丙烯酰胺浆液价格较贵，材料来源也较少。

(7) 丙凝浆液与铁易起化学作用，具有腐蚀性，凡浆液所流经的部件均宜采用不与浆液发生化学作用的材料制成。

3) 聚氨酯类浆液

聚氨酯类浆液采用多异氰酸酯和聚醚树脂等作为主要原材料，掺入各种外加剂配制而成。浆液注入地层后，遇水即发生反应生成聚氨酯泡沫体，起加固土壤和防渗堵水作用。聚氨酯浆材有非水溶性（PM）和水溶性（SPM）两类。

聚氨酯类浆液的特点如下：

(1) 浆液黏度低，可灌注性好，结石体有较高的强度，可与水泥注浆相结合，建立高标准的防渗帷幕。

(2) 浆液遇水即反应，不易被地下水冲稀，可用于动水条件下堵漏，封堵各种形式的地下、地面及管道漏水，封堵牢固，止水见效快、效果好。

(3) 浆液遇水反应时，放出 CO_2 气体，使浆液产生膨胀，向四周渗透扩散，直至反应结束。由于膨胀而产生了二次扩散现象，所以有较大的扩散半径和凝固体积比。

(4) 固结体抗压强度高，一般在 0.6～1MPa，渗透系数可达 $10^{-6} \sim 10^{-8}$ cm/s。

(5) 安全可靠，不污染环境。

(6) 耐久性好。

(7) 采用单液系统注浆，工艺设备简单，经济效益高。

(8) 浆液遇水开始反应，所以受外部水或水蒸气影响较大，在存储或施工时应防止外部水进入浆液中。

(9) 注浆后，管道、设备需用丙酮、二甲苯等溶液清洗。

4) 木质素类浆液

木质素类浆液是以纸浆废液为主剂，加入一定量固化剂所组成的浆液。为了加快凝胶速度和提高结石体抗压强度，往往加入促进剂。木质素类浆液包括铬木素和硫木素两种。

铬木素浆液的固化剂是重铬酸钠，由于重铬酸钠的毒性较大，所以这种浆材难以大规模使用。最早的铬木素浆液只有纸浆废液和重铬酸钠两种组成。由于这种浆液胶凝时间较长，为缩短其凝胶时间，采用三氯化铁作为促进剂。为提高其强度，又用铝盐和铜盐作为促进剂，但未减小其毒性。

硫木素浆液是在铬木素浆液的基础上发展起来的，是采用过硫酸铵完全代替重铬酸钠，使之成为低毒、无毒木质素浆液，这是一种很有发展前途的注浆材料。纸浆废液亦可以采用氢氧化钠调节值，之后直接用过硫酸铵进行固化。

5) 脲醛树脂类浆液

以脲酸树脂或脲-甲醛为主剂，加入一定量的酸性固化剂所组成的浆液材料称为脲醛树脂类浆液。该浆液具有水溶性、强度高（但较脆）、材料来源丰富、价格便宜等优点，但其黏度变化较大，质量不够稳定，不能长期存放，且必须在酸性介质中固化，对设备有腐蚀，对人体不安全，因此限制了它的使用范围。

为了克服脲醛树脂类浆液的缺点，有时在脲醛树脂生产过程中加入一种或几种能参与反应的化合物，或在该浆液中加入另一种注浆材料混合使用，以达到改变浆液性质的目的。

6) 糠醛树脂类浆液

糠醛是非水溶性油状液体，加入 0.01%～0.1%的表面活性剂后即可产生稳定的乳浊液，在酸性固化剂作用下与脲发生反应生成树脂状固体，因此可用于注浆。该浆液固化时间长，且不能准确控制，固结土的强度与固化剂的种类有关，主要用于固砂。

7) 环氧树脂类浆液

环氧树脂类是一种高分子材料，具有强度高、黏结力强、收缩性小、化学稳定性好、能在常温下固化等性能。作为注浆材料则存在一些问题，如浆液黏度大、可注性小、憎水性强、与潮湿裂缝黏结力差等。

8) 甲凝浆液

甲凝是以甲基丙烯酸甲酯为主要成分，加入引发剂等组成的一种低黏度的注浆材料。甲基丙烯酸甲酯是无色透明液体，黏度很低，渗透力很强，可注入 0.05～0.1mm 的细微裂隙。聚合后的强度和黏结力较高。但甲凝是憎水性材料，在液态时，它怕水，也怕氧，同时浆液黏度的增长和聚合速度都较快，在湿度较高的环境中更是如此。

9) 丙强浆液

丙强浆液是在丙凝浆液基础上发展起来的，主要以丙凝与脲醛树脂作为注浆材料的一种化学注浆浆液。丙强浆液及其聚合体既基本保存了丙凝的特性，又因脲醛树脂的存在而提高了强度。因此，丙强具有防渗和加固的双重作用。与丙凝相比，丙强浆液具有黏度大、渗透系数强、聚合体抗压强度较高的特性。

综上所述，注浆材料品种非常繁多，但渗透性强、价格便宜、结石体强度高、凝胶准确可控、耐久性好，且无毒无污染的注浆材料是工程界从现在到未来的不断追求。工程中常用的几种注浆材料的基本性能、应用范围、主要成分等列于表16-8。

表 16-8 常用各种注浆材料基本性能、成分及适用范围

浆液名称	黏度 /×10³Pa·s	可注最小粒径/mm	渗透系数 /(cm/s)	凝胶时间	抗压强度 /MPa	注入方式	扩散半径 /cm	适用范围	主要成分	备注
水泥浆	15～140	1	10^{-1}～10^{-3}	6～15h	10～25	单液	20～30	地面、工作面预注浆，岩石裂隙注浆	水泥加其他附加剂	
水泥水玻璃浆	15～140	1	10^{-2}～10^{-3}	数秒至几十分钟	5～20	双液	20～30	地面、工作面预注浆，岩石裂隙注浆及壁后注浆、堵水，地基加固等	水泥及水玻璃	
水玻璃类	3～4	0.1	10^{-2}	瞬间至几十分钟	<3	双液	30～40	地基加固、冲积层注浆	水玻璃及外加剂	有些外加剂成本高
铬木素类	3～4	0.03	10^{-3}～10^{-5}	十几秒至几十分钟	0.4～2	单液或双液	30～40	冲积层注浆、壁内或壁后注浆	纸浆废液、重铬酸钠、过硫酸铵等	重铬酸钠对地下水有污染
丙烯酰胺类	1.2	0.01	10^{-5}～10^{-6}	几十秒至几十分钟	0.4～0.6	双液	50～60	冲积层注浆、壁内或壁后注浆	丙烯酰胺、过硫酸铵、N-N'-甲基双丙烯酰胺	

16.1.3 注浆材料基本性质

1. 密度

注浆材料在测定密度时，最好在该浆液的所有成分混合后，在凝胶之前测定完毕。若凝胶时间太短，可对甲、乙液分别测定，然后按其在配方中的多少来计算密度。由于浆液配方的改变，有些浆液密度可能会有一个变化范围，这时需要测出最大值和最小值。

水泥浆、黏土浆、水泥黏土浆等悬浊液的密度除按上述方法在室内测定，也可用理论公式计算。纯水泥浆的密度 ρ_q 与水灰比 W（重量比）之间的关系如下：

$$\rho_q = \frac{\rho_c \rho_w (1+W)}{\rho_W + \rho_c W} \tag{16-1}$$

2. 浆液的浓度

不同浆液浓度的表示方式是不同的，下面分别介绍几种常用浓度表示方法。
一般浆液的浓度用百分比来表示，表达式为

$$(溶质质量/浆液质量) \times 100\% \tag{16-2}$$

水泥浆液浓度用水灰比来表示。水灰比与密度的关系为

$$\rho = 1 + \frac{2}{1 + 3 \cdot \frac{W}{C}} \tag{16-3}$$

水玻璃溶液的浓度用波美度 Bé 表示：

$$Bé = 145 - 145/\rho \tag{16-4}$$

3. 浆液的黏度

黏度是量度浆液黏滞性大小的物理量。它表示浆液在流动时由于相邻之间流动速度不同而发生的内摩擦力的一种指标。内摩擦力 t 与沿接触面法线方向 n 的速度梯度 dv/dn 成正比，

与流体本身的性质有关，而与接触面上的压力无关，即：

$$t = \mu \cdot dv/dn = \mu v \tag{16-5}$$

式中，t 为单位面积上的内摩擦力（或称剪切力），Pa；μ 为黏度系数，简称黏度，Pa·s；v 为剪切速率。

测定浆液黏度一般用旋转式黏度计，黏度常采用帕秒（Pa·s）表示。几种常用注浆材料的黏度及其测定方法见表 16-9。

表 16-9 几种注浆材料的黏度及测定方法

浆液名称		黏度/×10^{-3}Pa·s	测定方法
颗粒浆液	单液水泥浆	15~140	常用 ZNN 型泥浆黏度计
	水泥-水玻璃类	15~140	
溶液浆液	水玻璃类	3~4	使用旋转式黏度计，落球式黏度计
	丙烯酰胺类	1.2	
	铬木素类	3~4	
	脲醛树脂类	5~6	
	聚氨酯类	十几至几百	
	糠醛树脂类	<2	
	环氧树脂类	>6	

浆液黏度的大小直接影响浆液的扩散半径，同时也决定着浆液的压力、流量等参数的确定，从而影响到注浆效果。黏度小，则扩散半径大。但为了防止浆液扩散太远而造成浪费，有时还要增加浆液的黏度。因此，对理想浆液黏度的要求是：初始黏度低，一旦凝胶则黏度急剧增大，且浆液黏度可调。

4. 凝胶时间和凝结时间

凝胶时间一般是指在一定温度下，从化学浆液的全部成分混合后至浆液失去流动性所经过的时间。凝胶时间再细分可分为：初凝时间——浆液凝胶至部分失去塑性所经历的时间；终凝时间——浆液凝胶体已达到最终固有的性质，化学反应已终止。测定浆液凝胶时间的常用方法有黏度计法、倒杯法。凝结时间是指水泥浆液水化反应所需的时间。由于水化反应缓慢，水泥浆液的凝结时间较长，水泥浆液的凝结时间可用试锥稠度仪测定。

凝胶时间除与参加反应的成分有关，还受浆液的配比、浓度、催化剂、溶剂、水的 pH 及温度的影响。几种常用注浆浆液的凝胶时间示于表 16-10。

表 16-10 几种常用浆液的凝胶时间

浆液名称	凝胶时间	浆液名称	凝胶时间	浆液名称	凝胶时间
纯水泥浆	12~24h	水玻璃类	瞬间至十几分钟	丙烯酰胺类	十几秒至十几分钟
水泥添加剂	6~15h	铬木素类	十几秒至十几分钟	聚氨酯类	十几秒至十几分钟
水泥水玻璃双液	十几秒至十几钟	脲醛树脂类	十几秒至十几分钟		

注浆过程中，当希望浆液渗透或扩散半径（或距离）较远时，要求浆液的凝结时间或凝胶时间应足够长。当有地下水运动时，防止浆液过分稀释或被冲走，要求浆液在注入过程中速凝。另外，在加固过程中，为减少瞬时沉降，也希望缩短水泥浆液的凝结时间，浆液的凝胶时间和凝结时间可以通过改变浆液组合比例或加入附加剂来调节其长短。

5. 结石率

结石率 a 定义为浆液固结后结石体体积（V_1）与浆液体积（V_2）之比的百分数。表达式为

$$a = \frac{V_2}{V_1} \times 100\% \qquad (16\text{-}6)$$

若 $a<1$，则为收缩；若 $a>1$，则为膨胀。

颗粒浆液的水灰比或浆液含水量是影响结石率的主要因素。另外，结石的收缩性还受环境条件的影响，潮湿养护的浆液只要长期维持其潮湿条件，不仅不会收缩还可能随时间而略有膨胀；反之，干燥养护的浆液或潮湿养护后又处于干燥环境中，就可能发生收缩，一旦发生收缩导致结石率降低，就将在注浆体中形成微细裂隙，使注浆效果降低，因而在注浆设计时应采取预防措施。

6. 固结体的强度

对于水泥类悬浊液，用纯浆液固结体试件进行强度试验，而对化学浆液常在室内用标准砂注浆制成凝胶体试件，再进行强度试验。注浆材料主要测试的是其抗压强度。工程中常用注浆材料抗压强度见表16-11。

表16-11 几种注浆材料的抗压强度

浆液名称	试块成型方法	抗压强度/MPa	测定方法
水泥浆类	结石体为脆性，使用纯浆液，以 4cm×4cm×16cm 或 4cm×4cm×4cm 试模成型	5～25	成型试块放在 20±℃水中养护，测定(1d)、3d、7d、(14d)及28d的抗压强度，每组3个试块，取其平均值
水泥-水玻璃类		5～20	
脲醛树脂类		2～8	
糠醛树脂类		1～6	
水玻璃类	结石体为弹性，使用浆液加标准砂，以 4cm×4cm×4cm 试模成型	<3	
丙烯酰胺类		0.4～0.6	
铬木素类		0.4～2	
聚氨酯类	在内径40mm有机玻璃管内放入标准砂并用水饱和，浆液从下面有孔板压入，固化后取出进行试验	6～10	

抗挤出强度是化学浆液的凝胶体承受水头压力的能力。它的试验方法是用由几根外径和长度相同而内径不同厚壁的玻璃和耐压保护装置组成试验装置，把浆液倒入玻璃管内凝胶，再将玻璃管装入耐压装置中加压，每加压 0.1MPa，稳定 10min，直至玻璃管中的凝胶体全部挤出，挤出的最小压力为该凝胶体的抗挤出强度。

7. 可注性

浆液的可注性（渗透性，亦称渗透能力）是指浆液注入裂隙或土体的难易程度，也指浆液在一定的裂隙或空隙中的渗透性能。水泥类颗粒浆材的注入能力主要由浆液的流动性、稳定性和颗粒粒径等因素决定，主要取决于颗粒的大小；化学浆材则主要由浆液的流动性决定，取决于黏度的大小。各种注浆材料在砾石、砂粒、粉粒和黏粒土中的可注性见表16-12～表16-14。

表 16-12 各种浆液材料的可注性

浆液名称	砾石			砂粒			黏土	
	粗砾土体	中砾土体	小砾土体	粗砂土体	中砂土体	细砂土体	粉粒土体	黏粒土体
单液水泥浆	√	√	√	×	×	×	×	×
水泥黏土类	√	√	√	×	×	×	×	×
水泥-水玻璃类	√	√	√	×	×	×	×	×
水玻璃类	√	√	√	√	×	×	×	×
丙烯酰胺类	√	√	√	√	√	√	×	×
铬木素类	√	√	√	√	√	√	×	×
脲醛树脂类	√	√	√	√	√	×	×	×
聚氨酯类	√	√	√	√	√	√	×	×
糠醛树脂类	√	√	√	√	√	√	×	×

注：√表示可注性好；×表示可注性差。

表 16-13 几种注浆材料的可注入最小粒径

浆液名称	可注入最小粒径/mm	浆液名称	可注入最小粒径/mm	浆液名称	可注入最小粒径/mm
单液水泥浆	1.1	丙烯酰胺类	0.01	聚氨酯类	0.03
水泥-水玻璃类	1.0	铬木素类	0.03	糠醛树脂类	0.01
水玻璃类	0.1	脲醛树脂类	0.06		

表 16-14 几种注浆材料的渗透系数

浆液名称	渗透系数/(cm/s)	测定方法	浆液名称	渗透系数/(cm/s)	测定方法
单液水泥浆	$10^{-1} \sim 10^{-3}$	混凝土渗透仪或土工渗透仪	铬木素类	$10^{-3} \sim 10^{-5}$	混凝土渗透仪或土工渗透仪
水泥-水玻璃类	$10^{-2} \sim 10^{-3}$		脲醛树脂类	$10^{-3} \sim 10^{-4}$	
水玻璃类	10^{-2}		聚氨酯类	$10^{-4} \sim 10^{-6}$	
丙烯酰胺类	$10^{-5} \sim 10^{-6}$		糠醛树脂类	$10^{-4} \sim 10^{-5}$	

8. 浆液的稳定性

浆液的稳定性（亦称沉淀析水性）是针对悬浊型浆液而言的，是指浆液在其流动速度减慢及完全静止以后其均匀性变化的快慢。它是搅拌好的浆液在停止搅拌和流动后，其继续保持原有分散度和流动的时间。维持的时间越长，稳定性越好；时间越短，稳定性越差。

稳定性测定方法是将刚搅拌均匀的浆液倒入特制的量筒中，静置 24h 后测量上半部与下半部浆液的比重，算出差值，其差值即稳定性。

反映稳定性的另一个指标是浆液的初始析水速度 V_e，用斯托克斯公式近似表示为

$$V_e = g(\rho_R - \rho_o)d_R^2 / 18\mu \tag{16-7}$$

式中，V_e 为初始析水速度，cm/s；g 为重力加速度；ρ_o 为球形颗粒的密度，g/cm³；ρ_R 为球形颗粒在水中的密度，g/cm³；d_R 为水泥颗粒的直径，cm；μ 为浆液黏性系数，Pa·s。

颗粒的初始析水速率（颗粒的下沉速度）越小，稳定性越好；初始析水速率越大，稳定性越差。

不稳定浆液的颗粒沉淀分层将引起机具管路和地层孔隙的堵塞，严重时会造成注浆过程过早结束。注浆结束后，颗粒的沉淀分层使浆液在垂直方向上的密度发生变化，使浆体的均

匀性降低，结石率降低，上部形成空隙。因此在选用悬浊液时一定要考虑浆液的稳定性。

也可用析水率反映浆液的稳定性(亦称沉淀析水性)。析水率是反映注浆浆液稳定性的一项重要指标。

9. 毒性和腐蚀性

有些化学浆液或其固结体的浸出液具有毒性及腐蚀性，用其注浆将会产生环境和地下水污染，这方面已有沉痛的教训，早已引起各国的重视。

毒性的衡量指标，通常用半数致死剂量 LD_{50}、半数致死浓度 LC_{50} 表示。LD_{50}(或 LC_{50})是指在给定时间内，使一组实验动物 50%发生死亡的毒物剂量。LD_{50} 的单位是 mg/kg，LC_{50} 的单位是 mg/L 或 ppm($\times 10^{-6}$)。$LD_{50}(LC_{50})$ 值越小，毒性越大。

由于浆液结石体长期存在于岩土体中并受到水的浸泡，有毒性的浆液或结石体离子会溶于地下水中，从而引起污染和公害，这关系到注浆材料的选取问题，因此应进行这方面的试验。

16.2 锚喷支护材料

锚喷支护是由锚杆或锚索与喷射混凝土形成复合体以加固岩体的措施，在锚喷支护中用到的材料包括锚杆或锚索、喷射混凝土、固定锚杆的水泥灌浆材料，以及用于防止岩块掉落、提高锚杆支护整体效果的网。

锚杆和喷射混凝土与围岩共同形成一个承载结构，可有效地限制围岩变形的自由发展，调整围岩的应力分布，防止岩体松散坠落。它可用做施工过程中的临时支护，在有些情况下，也可以不必再做永久支护或衬砌。

根据围岩的地质条件，可以采用多种支护形式：①单独采用锚杆，一般只用于局部；②单独采用喷射混凝土，有时也只用于局部；③锚杆结合喷射混凝土，多用于地下洞室的顶拱和边墙；④锚杆和喷射混凝土，加设单层或双层钢筋网，可提高喷层抗拉强度和抗裂能力，从而提高支护能力；⑤锚喷加金属网，并在喷层内加设工字钢等型钢做成的肋形支撑。

上述各种形式的锚喷支护，所采用的锚杆根数、深度、间距，喷层的厚度及金属网和肋形支撑的尺寸等，均要根据实际情况确定。锚喷支护常紧跟开挖掘进，平行作业，特别是在隧洞或地下厂房施工中采用分部开挖的方式时，可随着开挖断面的扩大，边挖边喷，直至全断面完成。

16.2.1 锚杆材料

锚杆是固定在地层钻孔中或直接打入地层中起约束地层变形作用的细长杆件。它的一端与工程构筑物相连，另一端则锚固在稳定的岩土层中(必要时可对其施加预应力)，以承受岩土压力、水压力或地震力等外荷载所产生的拉力，再将拉力传递到深处的稳定岩土层中，以达到防止结构变形、维护构筑物稳定的目的。

锚杆一般由外锚头、拉杆(索)和内锚段三大部分组成，见图16-2，沿轴线方向可分为自由段和锚固段，其中自由段一般处于需要加固的岩层中，而锚固段则处于稳定岩层中以提供抗力。对于一般的锚杆来说，锚杆的承载能力与其锚固段的性质相关程度更大，而锚杆的变形量则主要受其自由段的影响。

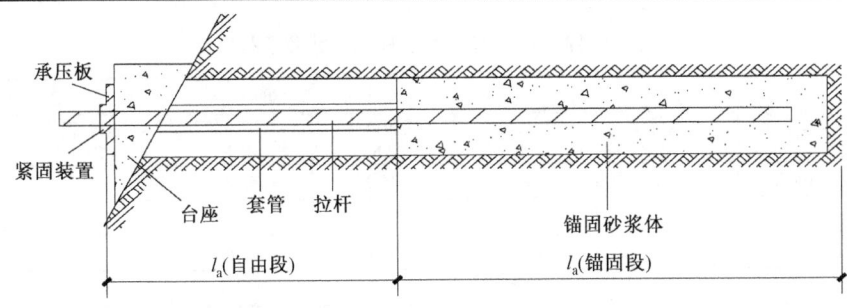

图 16-2 普通锚杆的构造图

锚杆按锚固方式可分为两种形式：机械锚固型和粘接锚固型。锚固装置或杆体与锚孔壁接触，以摩擦阻力为主起锚固作用的锚杆，称为机械锚固型锚杆。杆体部分或全长利用胶结材料把杆体和锚孔壁粘接住，以粘接力为主起锚固作用的锚杆，称为粘接锚固型锚杆。

按上述定义，锚杆的大致分类见表 16-15。

表 16-15 锚杆类型

分　类	锚杆名称
机械锚固型锚杆	楔缝锚杆、倒楔锚杆、胀壳锚杆
粘接锚固型锚杆	砂浆锚杆、快硬水泥卷锚杆、树脂药卷锚杆
全长锚固类锚杆	树脂锚杆、砂浆锚杆、缝管锚杆
摩擦型锚杆	缝管锚杆、楔管锚杆
其他类型锚杆	屈服锚杆、可回收式锚杆、自钻式锚杆、迈式锚杆、钢花管式锚杆

锚杆材料由杆体材料、粘接材料（锚固剂）、锚索材料等构成，一些施工方法还用到锚头和垫板等。

1. 杆体材料

锚杆杆体材料一般使用各种类号的热轧钢筋，杆体材料和规格要根据锚杆锚固力的大小进行计算或查表 16-16 和表 16-17 来确定。

表 16-16 常用杆体毛断面承载力

杆体直径 /mm	毛断面积 /mm^2	3 号钢		16 锰、20 锰硅		25 锰硅	
		屈服荷载 /kN	极限荷载 /kN	屈服荷载 /kN	极限荷载 /kN	屈服荷载 /kN	极限荷载 /kN
14	153.9	36.2	57.3	51.3	78.5	57.3	87.4
16	201	47.2	74.8	66.9	102.5	74.8	114.2
18	254.5	59.8	94.7	84.7	129.8	94.7	144.5
20	314.2	73.8	117.9	104.6	160.2	116.9	178.4
22	380.1	89.3	141.4	126.6	193.9	141.4	215.9
25	490.9	115.4	182.6	163.5	250.3	182.6	278.8
28	615.8	144.7	229.1	193.3	301.7	229.1	349.7
30	706.1	166.1	263	222	346.3	263	401.5

表 16-17 端头有螺纹的杆体净截面承载力

杆体直径 /mm	毛断面积 /mm²	3 号钢		16 锰、20 锰硅		25 锰硅	
		屈服荷载 /kN	极限荷载 /kN	屈服荷载 /kN	极限荷载 /kN	屈服荷载 /kN	极限荷载 /kN
14	104.7	24.6	39	34.9	53.4	39	51 5
16	144.1	33.9	53.6	48	73.5	53.6	81.8
18	174.4	41	64.9	58.1	88.8	65	99.1
20	225.2	52.9	83.8	75	114.9	83.8	127.9
22	281.5	66.2	104.7	93.7	143.6	104.7	160
25	324.3	76.2	120.6	108	165.4	120.6	184.2
28	427.1	100.5	158.9	134.1	209.3	158.9	242.6
30	518.9	121.9	193	162.9	254.3	193	294.7

2. 粘接材料

1) 水泥质粘接材料

水泥质粘接材料是指水泥砂浆或纯水泥浆，在一般情况下水泥质粘接材料所使用的水泥是普通硅酸盐水泥，对于要求及时提供锚固力的砂浆锚杆，可以使用快硬水泥或硫铝酸盐早强水泥，硫铝酸盐早强水泥的主要矿物组成是无水硫铝酸钙和铝酸二钙，通过调整二水石膏的掺入比例可获得早强。锚杆用砂的细度模数一般为 2.4~2.8，最大粒径为 2.5~3.5mm，砂中不应含有软弱颗粒，含泥量不应大于 2%。可按要求掺入减水剂、早强剂、速凝剂等外加剂，但掺入的外加剂不得对锚杆和水泥产生化学腐蚀作用。

水泥质粘接材料可以"先插杆后注浆"，采用灌浆形式施工，更适合"先注浆后插杆"注浆形式。此时，粘接材料一般采用药卷式形式。药卷式粘接材料结构图见图 16-3。

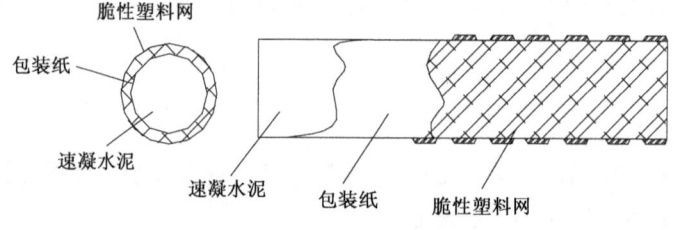

图 16-3 药卷式锚固剂结构图

2) 树脂类粘接材料

树脂类粘接材料分为药卷式树脂和灌注式树脂。锚杆施工时常采用药卷式树脂。按使用型号可分为：① 不饱和聚酯树脂；② 环氧树脂；③ 聚氨酯树脂。用做锚杆粘接材料最适宜的树脂是不饱和聚酯树脂。这类树脂凝固时对低温和水分最不敏感，同时能掺入较多的无机填充料。这类树脂具有触变性，锚杆插入过程中其黏度降低，且流出孔外的可能性最小。这种树脂与适宜的过氧化物催化剂混合后能在水中固化，通过调整催化剂用量控制其固化与凝固时间。

树脂锚固剂主要规格及特点见表 16-18。

3. 锚索材料

制作锚索的材料主要有不同规格的钢绞线、高强钢丝和精轧螺纹钢，这些材料的强度比锚杆用的普通钢筋要高 5 倍左右。要选取锚索用材料时，应考虑材料的特点、锚固力大小、锚索长度和施工场地等因素。

表 16-18　树脂锚固剂主要规格及特点

型号	规格（直径×长度）/mm×mm	体积/cm³	重量/g	特　点
761	36×320	310	620	适用于锚固长度 200～220mm、Φ16～18mm 的钢杆体
762	38×220	210	400	适用于端锚木杆体
763	38×380	420	840	适用于锚固长度 300～350mm、Φ25mm 的钢杆体
Z2335	23×350	—	300	巷道小直径支护及全长锚固；适用钻孔直径 28mm
Z2835	28×350	—	400	巷道锚喷支护及其他；适用钻孔直径 32mm
Z2850	28×500	—	640	巷道支护及全长锚固；适用钻孔直径 32mm
Z3530	35×300	—	550	巷道锚喷支护端锚；适用钻孔直径 42mm
Z3537	35×370	—	700	井筒装备安装；适用钻孔直径 42mm

精轧螺纹钢的长度比钢绞线和高强钢丝略低，其屈服强度可达 735kN、极限强度可达 1080kN，精轧螺纹钢具有制作锚索简单、施工方便、锚固简单可靠等特点，但用在坡面上或较小的洞室中可能会受到施工场地和空间的限制而不易推送锚索。

钢绞线和高强钢丝具有柔性好、强度高和运输方便的特点，适用于制作大吨位的长锚索，特别是便于安装，且可插入钻孔达数十米，即使在比较小的操作平台上，不管钻孔的方向如何，都可使用这种类型的锚杆。就功能而言，要将结构物锚固于岩体或土层中，使用高强度的预应力钢绞线也是最为合适的。因为这种锚杆降低了用钢量，而且最大限度地减少了钻孔和预加应力方面的要求，同时也能减少地层徐变引起的锚杆的预应力损失。这是因为对高强高绞线进行预应力处理，使其达到屈服点，产生的延伸率要比普通钢筋大 6～7 倍。

由于锚索通常长时间工作在高应力状态下，其质量的好坏将严重影响锚索的加固效果和永久性，所以对使用的材料应按规定进行严格的检验和捡查。

无黏结钢绞线常采用 7 股 Φ5mm 或 Φ4mm 的钢丝绞成的钢绞线为母材，外包挤压涂塑而成的聚乙烯或聚丙烯套管，内涂防腐建筑油脂，经挤压后，塑料包裹层一次成型在钢纹线上。随着永久性岩土锚固工程防腐要求的不断提高，以及压力分散锚杆、对拉型锚杆及可拆除锚杆应用的日益广泛，用无黏结钢绞线制作锚杆杆体也在与日俱增。

4. 网

网的作用是维护锚杆间比较破碎的岩石，防止岩块掉落，同时对提高锚杆支护的整体效果也有一定的作用。目前网的形式与品质很多，主要有铁丝网、钢筋网与塑料网等。

1) 铁丝网

铁丝网一般采用 Φ3mm～Φ4mm 的镀锌铁丝编织而成。根据金属网网格的特征不同，可将金属网分为经纬网和菱形网。经纬网矩形网孔尺寸一般为 20mm×20mm～60mm×60mm，其主要作用是防止松动岩块掉落，但对巷道顶板的主动支护能力差；菱形网网孔尺寸为 40mm×40mm～100mm×100mm，菱形网具有强度高、连接方便等优点，因此现在正逐步代替经纬网。

2) 钢筋网

钢筋网是由钢筋焊接而成的大网格金属网。它由受力筋和分布筋构成。钢筋网横向筋一一般为受力筋，直径为 8～10mm；纵向筋一般直径为 6mm；网孔约 100mm×100mm。这种网强度和刚度都比较大，不仅能阻止松动岩块掉落，而且能有效地增加锚杆支护的整体效果，适用于大变形、高地应力巷道。

3) 塑料网

为降低巷道的支护成本，有些矿区采用了塑料网，这种塑料网具有成本低、轻便、抗腐蚀等特点，但是强度和刚度较低，可以与钢筋网配合使用。目前国外已用聚酯网代替塑料网，聚酯网具有强度大、质量轻、刚度大等优点。

16.2.2 喷射混凝土

喷射混凝土是借助喷射机械，利用压缩空气或其他动力，将按一定比例配合的水泥、砂、石等拌和料，通过管道以高速喷射到受喷面(岩石、土层、建筑结构物或模板)上凝结硬化而成的一种混凝土，如图 16-4 所示。

图 16-4 喷射混凝土施工

喷射混凝土不是依赖振动来捣实混凝土，而是在高速喷射时，由水泥与骨料的反复连续撞击而使混凝土压密，同时又可采用较小的水灰比(常为 0.4～0.45)，因而它具有较高的强度和良好的耐久性。特别是与岩层、混凝土、砖石、钢材有高的黏结强度，可以在结合面上传递拉应力和剪应力。喷射法施工还可在拌和料中加入各种外加剂和外掺料，大大改善喷射混凝土的性能，喷射法施工可将混凝土的运输、浇筑和捣固结合为一道工序，不要或只要单面模板；可通过输料软管在高空、深坑或狭小的工作区间向任意方位施作薄壁的或复杂造型的结构，工序简单，机动灵活，具有广泛的适应性。

喷射混凝土一般要使用速凝剂。使用速凝剂的主要目的是使喷射混凝土速凝快硬，减少回弹损失，防止喷射混凝土因重力作用所引起的脱落，提高它在潮湿或含水岩层中使用的适应性能，以及可适当加大一次喷射厚度和缩短喷射层间的间隔时间。国内目前使用较为广泛的是铝酸钠型速凝剂，属于高碱性外加剂，其缺点是混凝土后期强度损失大，易引发混凝土碱骨料反应，对人体腐蚀性大。近年来，研制与应用的无碱或低碱速凝剂已有较快的发展。

喷射混凝土中掺入微粒尺寸仅为水泥颗粒 1/60 的硅粉是喷射混凝土的最新成就之一。它的好处是减少回弹，增加强度，降低渗透性和显著增强黏结效应而增加一次喷层厚度，此外，在雨中喷射时不会将表面的细度材料冲走，且可以黏结到潮湿基层上。还可显著减少干拌法喷射混凝土的施工粉尘，通常硅粉的用量为水泥重量的 8%～12%。

喷射混凝土施工方法有干拌法和湿拌法两种。与干拌法喷射混凝土相比，湿拌法喷射混凝土的明显优点是施工效率高、施工粉尘小和回弹量低。特别是包括混凝土泵、活塞式速凝剂计量泵和喷射臂（喷射机械手）在内的稠密流型湿拌喷射技术的出现，使湿拌喷射法的应用大大拓宽。

喷射混凝土在力学与工艺方面具有一系列现浇混凝土不能比拟的特点与优点，使得它的应用领域极为广泛，除在地下工程，如矿山巷道、交通隧道、水工隧洞、地下铁道及各类用途的洞室（地下电站、仓库等）的支护衬砌中得到应用外，还被用于以下工程：

(1) 岩土工程：边坡、基坑、水库、堤岸渠道、水池等工程的护壁。

(2) 异形薄壁结构工程：各类用途（商场、仓库、天文馆、医院、飞机场集散站、展览厅等）的薄壳屋顶的建造。

(3) 修复加固工程：桥梁、海堤、大坝、码头、冷却塔、烟囱及房屋建筑的加固，以及由于化学腐蚀、火灾、地震、爆破冲击、超载或施工不良等因素造成损伤的建筑结构的修补。

(4) 防护工程：各类钢结构的防火防腐层。

(5) 耐火工程：烟囱及各种热工炉窑的建造与修补。

16.2.3 喷射纤维混凝土

在混合料中掺加纤维，能显著改善喷射混凝土的性能，因而近年来发展迅速，应用量也在不断增加。最常用的是钢纤维，近年来，掺加合成纤维的喷射混凝土在世界各国也得了较快推广。用于喷射混凝土的合成纤维主要有聚丙烯腈（腈纶）纤维、聚丙烯（丙纶）纤维、改性聚酯（涤纶）纤维和聚酰胺（尼龙）纤维。

喷射混凝土中掺入纤维的作用包括：①能增大一次喷层厚度；②具有更高的黏稠性，能降低回弹和降低成本；③能阻止混凝土收缩开裂；④增大抗冲击力；⑤疲劳强度有明显提高；⑥泵送容易，不会损伤喷射机械设备；⑦纤维能抵抗酸碱腐蚀，无锈蚀、老化问题等。

国内外的资料表明，在喷射混凝土中掺入直径为 0.25~0.4mm、长度为 20~30mm 的钢纤维（掺量为每 $1m^3$ 混凝土 80~100kg），可以明显改善喷射混凝土性能，即抗压强度提高 50%，抗拉强度提高 50%~80%，抗弯强度提高 60%~100%，韧性提高 20~50 倍，抗冲击性提高 8~30 倍。此外，它的早期强度、抗冻融能力、疲劳强度、耐磨和耐热性能都有明显改善。已在矿山工程、隧道工程、边坡加固、堤坝建筑、建筑结构补强、磨损表面及拱桥返修、防火涂层、薄壳圆顶结构等工程中得到日益广泛的应用，并收到了明显的技术经济效果。

16.3 混凝土管片

盾构隧道一般采用管片衬砌作为永久支护结构。作为永久支护结构的管片的制造、安装技术是隧道建设的关键技术之一。管片类型基本上分为钢管片、铸铁管片、复合管片、钢筋混凝土预制管片等。管片的连接主要有螺栓连接、销接等连接方式。随着盾构隧道衬砌技术的快速发展，由于钢管片、球墨铸铁管片的成本高，资源耗费大，使用比例越来越少，只在少数特殊衬砌中使用（如隧道连通道、急转弯处等），国内外大量的隧道衬砌技术均采用钢筋混凝土预制管片，如图 16-5 所示。

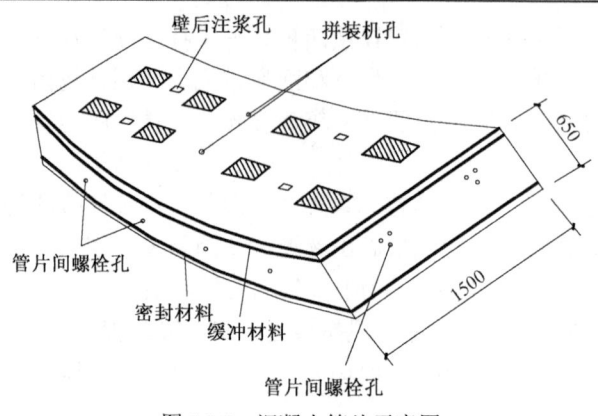

图 16-5 混凝土管片示意图

16.3.1 混凝土管片结构型式

1. 管片形状

隧道断面形状可分为圆形、椭圆形、矩形、复合圆形等多种断面。管片的形状根据各种断面的形状来设计。我国地下隧道通常为单圆形、箱形等，因而钢筋混凝土管片结构型式主要有箱型管片和平板型管片。

箱型管片主要用于大直径隧道，手孔较大利于螺栓的穿入和拧紧，同时节省了大量的混凝土材料，减轻了结构自重，但在千斤顶的作用下容易开裂，国内应用很少。对于中小直径的圆形盾构隧道，国内外普遍采用平板型管片，因其手孔小对管片截面削弱相对较少，对千斤顶推力有较大的抵抗能力，正常运营时对隧道通风阻力也较小。现在国内外很多大直径隧道也采用平板型管片。

2. 管片分块

早期在上海地铁试验段曾进行过四分块的试验，但是，由于管片较大，运输、拼装作业相对不便。而盾构施工的一个发展趋势是快速拼装，因此四分块方案现在已经淘汰。现在国内的隧道一般采用六分块方案：一块封顶块+两块邻接块+三块标准块。而且从有利于管片拼装考虑，一般皆采用小封顶块。这种分块方法也与国外经验相吻合，国外中等直径的盾构隧道一般采用 5～7 分块方案，而且封顶块的设计以利于减小千斤顶的行程(减短盾构机长度、增加灵敏性)和管片运输、拼装为前提。随着大型盾构隧道的施工，管片分块也有向大分块形式发展的趋势，先后出现 8、9、10、11 块等分块方案的，管片外弧长也有所加大。

3. 管片宽度

在整个机械系统配备合理协调的情况下，随着设计、施工经验的成熟，管片宽度有逐渐增大的趋势。而且从结构防水、加快施工进度考虑，管片加宽是有利的；从经济性出发，管片加宽可节约综合造价。管片宽度由于受到机械系统的约束，其最大宽度有一定的限制，从国内外的资料看，对于中等直径的地铁区间隧道，一般不超过 1.5m。总体来说，在国内现有的设计和施工水平下，管片有条件取较大的宽度，可在 1200～2000mm 根据具体工程条件进行选择。

4. 管片厚度

管片的厚度一般为管片外径的 5%～6%。按照国内的设计经验，一般在富水的软流塑地层中管片采用 350mm 的厚度；在地基承载力较高的地层中采用 300mm 的厚度。按照国内地铁区间的埋深和地质情况，软土地层中管片的厚度并不取决于管片的结构受力，主要取决于管片的耐久性要求，若单纯从受力分析，管片厚度有减薄的可能性。

对于大直径、埋深及深水头压力下的公路隧道，管片的厚度比地铁区间大。与国外的相似条件下的工程进行比较，管片厚度差别很小。大体上，与欧洲相比，我国的管片相对厚一点，与日本相比我国又相对薄一点。但我国在对结构耐久性的研究和相关规范的制定方面却落后于国外，在国外对于结构的耐久性从设计到施工都有着比较详细的规定，而我国的相关规范可操作性较差。管片厚度能否减薄主要取决于结构耐久性方面的研究。

5. 管片连接方式

国内区间隧道的管片连接一般采用螺栓连接，而且螺栓是永久性的。这与欧洲的设计习惯"管片的接缝一般只在管片拼装时采用螺栓，工程竣工后大部分螺栓取消"差异很大。这种情况主要取决于结构计算模式及设计习惯的差异。在欧洲，管片接缝不考虑螺栓的作用，而是按弹性铰接接头进行整个结构的受力分析；在国内，管片接头基本按与结构等强进行考虑，按匀质圆环进行分析，因此接头设计相对较强。增加管片接头的连接刚度有利于增强结构的整体性和控制结构的变形，但盾构隧道施工和运营期间的一些问题与接头设计有一定的关系，如曲线施工中管片的开裂和结构后期变形造成的结构的附加应力等。

对于管片连接可否减弱或减弱到何种程度，国内现在还没有一个一致的看法。从国外经验看，环、纵缝的连接都有减弱的余地。而且，国内施工采用的机械都很先进，设计施工技术已日趋完善，部分工程的施工质量可以与国外相提并论。

为了管片螺栓的拆卸方便，国外经常采用临时的斜螺栓连接，因此易于拆卸的管片连接方式也是管片设计的一个发展方向。另外，快速连接接头(销钉连接)在国外也有使用，这有利于加快管片的拼装速度。国内现在在小型的盾构隧道中正在进行这方面的尝试。

6. 管片拼装方式

管片的拼装方式有两种：通缝拼装和错缝拼装，如图 16-6 所示。在国内，通缝和错缝拼装都有采用。在国外，不管是欧美，还是日本，一般皆采用错缝拼装。错缝拼装可提高管片接头刚度，加强结构的整体性。从结构受力分析考虑，相对于通缝拼装，采用错缝拼装的管片一般结构计算内力要大一些，但管片配筋经常由最小配筋率控制，因此整个结构的配筋量未必会加大。从具体的施工管理看，错缝拼装相对复杂一些，管片的拼装需要按三维进行，环面的平整度及千斤顶的行程控制相对难一些。若施工中部分环节控制不当，管片错台会大一些，开裂也相对多一些。但现在管片生产一般采用高精度钢模，盾构机系统配备也很先进，施工技术也日趋完善，错缝拼装的经验越来越丰富。预计在以后的盾构工程中，错缝拼装将是主流趋势。

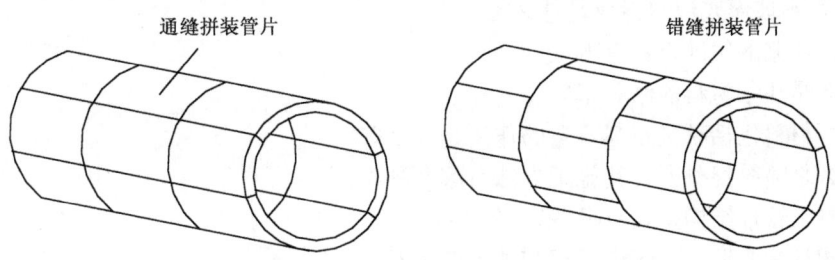

图 16-6 混凝土管片拼装方式

16.3.2 管片混凝土技术

1. 混凝土性能要求

混凝土配制技术是管片制作的关键技术之一。管片混凝土具有高强度、高抗渗的要求；同时由于施工需要，它又要求具有低流动性、早期强度高等特点；同时预制施工可能经历冬夏。根据国内外的施工经验，用于盾构管片的高性能混凝土应满足如下基本要求：①水胶比不大于 0.35，混凝土坍落度不宜大于 70mm，易于浇筑和振捣；②抗压强度等级大于 C50；③为满足模具尽快周转，要求混凝土浇筑后 10h 即达脱模强度 20MPa 以上；④具有高抗渗性，抗渗等级大于 P8，直至 P12；⑤低碱集料反应性。

2. 混凝土原材料

混凝土的配制考虑采用优质、早强、低热水泥，水泥等级不低于 42.5 级，在满足设计要求和施工性能的前提下，可适当减少水泥用量；级配良好的粗、细集料；优质粉煤灰（矿粉）；缓凝型高效减水剂；抗渗剂等组分；配制时考虑低水灰比、小坍落度控制；同时，根据季节特征配制不同性质混凝土。选择合理的混凝土配制方案对保证混凝土良好的工作性能，结构强度，防止结构有害裂纹的产生，对提高混凝土的抗渗性有着直接的意义。

3. 管片混凝土生产技术

混凝土的搅拌国内外基本均采用微电脑控制、电子计量、强制式搅拌生产的技术。混凝土的振捣成型技术，目前国内外基本有两种方式：整体成型技术和人工振捣成型技术。管片混凝土浇筑完成后，在上表面要进行精心的收面光面工作，使成型后的管片外表面光滑、平整、密实。表面收光包括以下三个步骤：

① 粗光面：使用刮尺将模具内多余的混凝土刮去（多刮少补）并磨平。
② 中光面：在混凝土收水后，利用抹刀将混凝土表面抹平、压光。
③ 精光面：在混凝土初凝时，使用长匙精工抹面，力求表面平滑，无收面匙印。

一般而言，混凝土管片养护可分为脱模前养护和脱模后养护。脱模前养护有的采取自然养护方式，有的则采取蒸汽养护方式，后者的优点是能加快钢模的周转速度，但必须对蒸养最高温度、内外温差、升温和降温梯度给以严格控制。

复习思考题

1. 什么是注浆材料，其作用时什么？
2. 注浆材料基本要求是什么？
3. 水泥-水玻璃浆液的特点是什么？
4. 沥青注浆的优缺点各有哪些？
5. 什么是注浆材料的结石率？
6. 锚杆材料包括哪些？其各自的作用是什么？
7. 什么是喷射混凝土，其施工方法有哪两种？
8. 混凝土管片结构型式有哪些？
9. 盾构管片的混凝土应满足哪些基本要求？

第17章 水利水电工程专用材料

17.1 低 热 水 泥

水利水电工程混凝土结构一般体型较大，若水泥水化热过大、水化速度过快，极易导致混凝土绝热温升过高而引起混凝土开裂。因此，低热水泥在水利水电工程中应用非常广泛。

工程中常用低热水泥包括中热硅酸盐水泥、低热硅酸盐水泥、低热矿渣硅酸盐水泥及低热微膨胀水泥等。

17.1.1 普通低热水泥

1. 低热硅酸盐水泥

在国家标准《中热硅酸盐水泥、低热硅酸盐水泥、低热矿渣硅酸盐水泥》（GB 200—2003）中，低热硅酸盐水泥被定义为，以适当成分的硅酸盐水泥熟料加入适量石膏，经磨细制成的具有低水化热的水硬性胶凝材料。简称低热水泥，又称高贝利特水泥，代号为 P·LH。

低热硅酸盐水泥是一种以硅酸二钙为主导矿物，铝酸三钙含量较低的水泥，其硅酸二钙的含量应不小于 40%，铝酸三钙的含量应不超过 6%，游离氧化钙的含量应不超过 1.0%。

生产该品种水泥具有耗能低、有害气体排放少、生产成本低的特点。经大量研究和实验证实，该品种水泥具有良好的工作性、低水化热、高后期强度、高耐久性、高耐侵蚀性等通用硅酸盐水泥无可比拟的优点。

低热硅酸盐水泥的水化热低，3d、7d 水化热比中热水泥低 15%~20%，而且水化放热平缓，峰值温度低。其早期强度较低，但后期强度增进率大，28d 强度与硅酸盐水泥相当，3~6 个月龄期强度高于硅酸盐水泥 10~20MPa。实现了水泥性能的低热高强。

2. 中热硅酸盐水泥

中热硅酸盐水泥也是常用的大坝水泥的一种，简称中热水泥，是指由适当成分的硅酸盐水泥熟料加入适量石膏，经磨细制成的具有中等水化热的水硬性胶凝材料。代号为 P·MH。

中热硅酸盐水泥熟料中，硅酸三钙的含量应不超过 55%，铝酸三钙的含量应不超过 6%，游离氧化钙的含量应不超过 1.0%。强度等级为 42.5，是根据其 3d、7d 和 28d 抗折强度和抗压强度，以及 3d 和 7d 的水化热共同来确定的。中热水泥在水利水电工程所用水泥中的比例约为 30%，是我国目前用量最大的特种水泥之一。中热水泥具有水化热低、抗硫酸盐性能强、干缩低、耐磨性能好等优点。

3. 低热矿渣硅酸盐水泥

以适当成分的硅酸盐水泥熟料，加入粒化高炉矿渣、适量石膏，磨细制成的具有低水化热的水硬性胶凝材料，称为低热矿渣硅酸盐水泥，简称低热矿渣水泥，代号为 P·SLH。低热矿渣硅酸盐水泥熟料中，铝酸三钙的含量应不超过 8%，游离氧化钙的含量应不超过 1.2%，氧化镁的含量不宜超过 5.0%；如果水泥经压蒸安定性试验合格，则熟料中氧化镁的含量允许放宽到 6.0%。

按质量分数计，低热矿渣水泥中矿渣掺入量为 20%～60%，允许用不超过混合材总量 50% 的磷渣或粉煤灰代替部分矿渣，其强度等级为 32.5。

低热矿渣水泥具有水化热低、抗硫酸盐性能良好、干缩小等性能。一般用在大体积混凝土的内部。

三种常用的普通低热水泥的强度等级与水化热技术要求分别见表 17-1 与表 17-2。

表 17-1 普通低热水泥的强度等级（GB 200—2003）

品种	强度等级	抗压强度/MPa			抗折强度/MPa		
		3d	7d	28d	3d	7d	28d
低热硅酸盐水泥	42.5	—	13.0	42.5	—	3.5	6.5
中热硅酸盐水泥	42.5	12.0	22.0	42.5	3.0	4.5	6.5
低热矿渣硅酸盐水泥	32.5	—	12.0	32.5	—	3.0	5.5

表 17-2 低热水泥水化热要求（GB 200—2003）

品种	强度等级	水化热/(kJ/kg)，≯	
		3d	7d
低热硅酸盐水泥	42.5	230	260
中热硅酸盐水泥	42.5	251	293
低热矿渣硅酸盐水泥	32.5	197	230

17.1.2 低热微膨胀水泥

凡以粒化高炉矿渣为主要组分，加入适量硅酸盐水泥熟料和石膏，磨细制成的具有低水化热和微膨胀性能的水硬性胶凝材料，称为低热微膨胀水泥。低热微膨胀水泥主要适用于要求较低水化热和要求补偿收缩的混凝土、大体积混凝土，也适用于要求抗渗和抗硫酸盐侵蚀的工程。

低热微膨胀水泥要求其三氧化硫的含量（质量分数）应为 4.0%～7.0%，比表面积不得小于 $300m^2/kg$，初凝不得早于 45min，终凝不得迟于 12h。1d 线膨胀率不得小于 0.05%；7d 线膨胀率不得小于 0.10%；28d 线膨胀率不得大于 0.60%。水泥的氯离子含量（质量分数）不得大于 0.06%。

低热微膨胀水泥的强度等级与水化热要求分别见表 17-3 与表 17-4。

表 17-3 低热微膨胀水泥的强度等级（GB 2938—2008）

强度等级	抗折强度/MPa		抗压强度/MPa	
	7d	28d	7d	28d
32.5	5.0	7.0	18.0	32.5

表 17-4 低热微膨胀水泥水化热要求（GB 2938—2008）

强度等级	水化热/(kJ/kg)，≮	
	3d	7d
32.5	185	220

17.2 水工混凝土

凡经常或周期性地受环境水作用的水工建筑物所用的混凝土称为水工混凝土，主要用于堤坝、水电站、水闸、桥墩及涵洞等。水工混凝土经常承受淡水、海水或冰块的冲刷、侵蚀、渗透和撞击作用，结构体积一般较大，常用于水上、水下和水位变化等部位。由于使用条件较恶劣，所以在原材料选择、配合比设计、物理力学性能上有一些特殊要求。

17.2.1 水工混凝土分类

经常位于水中的称为水下混凝土；处于水位变动区域的称为水位变动区混凝土；水位变动区域以上的称为水上混凝土。除此之外，还分为大体积及非大体积混凝土、有压头及无压头等。水工混凝土的分类方法见表 17-5。

表 17-5 水工混凝土的分类

分类原则	水工混凝土名称	
按水工混凝土与水位的关系	经常处于水中的水下混凝土	
	水位变动区域的混凝土	
	水位变动区域以上的水上混凝土	
按建筑物建成结构的体积大小	大体积混凝土	外部区域的混凝土
		内部区域的混凝土
	非大体积混凝土	
接受水压的情况	受水压力作用的结构或建筑物的混凝土	
	不受水压力作用的结构或建筑物的混凝土	
接受水流冲刷的情况	受冲刷部分的混凝土	
	不受冲刷部分的混凝土	

17.2.2 水工混凝土的性能特点

水工混凝土工程施工，一般具有以下几个特点：

(1) 工程量大、工期长。大中型水利水电工程的混凝土工程量通常都有几十万立方米至几百万立方米，从浇筑基础混凝土开始到工程建成蓄水(或第一台机组投产)，一般需要经历 2～5 年或更多时间。为了保证混凝土质量和加快施工速度，必须采用机械化施工手段，选择技术先进、经济合理的施工方案。

(2) 施工条件困难。水工混凝土施工多为大范围、露天高空作业，其工程多位于高山峡谷地区，施工运输和施工机械布置受到地形地质、水文气象等自然条件的限制，施工条件比较困难。

(3) 施工季节性强。水工混凝土施工，往往由于气温、降水、施工导流和拦洪度汛等因素的制约，不能连续均衡施工。有时为了使建筑物能挡水拦洪或安全度汛，汛前必须达到一定的工程形象面貌，因而使得施工的季节性强，施工强度高。

(4) 温度控制要求严格。水工混凝土多属大体积混凝土，通常需要采用分缝分块进行浇筑。为了防止混凝土(特别是基础约束部位的混凝土)温度裂缝，保证建筑物的整体性，必须根据当地的气温条件，对混凝土采取严格的温度控制、表面保护和接缝灌浆等技术措施。

(5) 施工技术复杂。水工建筑物因其用途和工作条件不同，一般体形复杂多样，常采用多种强度等级的混凝土。另外，混凝土浇筑又常与地基开挖、处理及一部分安装工程发生交叉作业，且由于工种工序繁多，相互干扰，矛盾很大。因此在设计和实施中，要很好地分析研究各工序的衔接配合关系，分清主次，合理进行组织安排。

17.2.3 水工混凝土主要技术要求

1. 施工性能要求

水工混凝土在满足设计要求的前提下还应满足施工性能要求，包括混凝土的坍落度、泌水率、凝结时间等性能。普通混凝土应具有一定的流动性，以便于施工时浇筑振捣密实。

2. 强度等级

水工混凝土强度等级有 C7.5、C10、C15、C20、C25、C30、C35、C40、C45、C50 和 C60，其浇筑完毕至承受全部荷载需要很长时间，这就为利用混凝土后期强度提供了可能，而且大坝混凝土基本上掺外加剂和掺合材料，采用 28d 龄期不能很好地反映和有效地利用外加剂和掺合料的特性。因此，大坝混凝土的强度设计龄期应比普通混凝土长。我国大坝混凝土设计龄期多采用 90d。

3. 抗渗性能

有抗渗要求的水工混凝土应满足相应抗渗等级要求。抗渗等级用 W 来表示，分为 W2、W4、W6、W8 和 W10 等。根据水工混凝土建筑物的水头大小、水力坡降及建筑物重要性来确定抗渗等级。坝体混凝土抗渗等级的最小允许值按表 17-6 采用。

表 17-6 坝体混凝土抗渗等级的最小允许值

项次	部 位	水力坡降	抗渗等级
1	坝体内部		W2
2	坝体其他部位按水力坡降考虑时	$i \leq 10$	W4
		$10 \leq i < 30$	W6
		$30 \leq i < 50$	W8
		$i \geq 50$	W10

注：①表中 i 为水力坡降。
②承受腐蚀水作用的建筑物，其抗渗等级应进行专门的试验研究，但不得低于 W4。

4. 抗冻性能

混凝土抗冻等级应根据建筑物所在地的气候、年冻融循环次数，建筑物表面局部小气候条件、水分饱和程度、结构物重要性和检修的难易程度等因素选用。《水工建筑物抗冻设计规范》(SL 211—2006) 将抗冻等级分为 F50、F100、F150、F200、F250、F300 和 F400 七个级别。坝体混凝土抗冻等级按表 17-7 选用。

表 17-7 大坝混凝土抗冻等级

气候分区	严 寒		寒 冷		温 和
年冻融循环次数/次	≥100	<100	≥100	<100	—
结构重要，受冻严重且难于检修部位	F400	F300	F300	F200	F100
受冻严重但有检修条件的部位	F300	F250	F200	F150	F50
受冻较重部位	F250	F200	F150	F150	F50
受冻较轻部位	F200	F150	F100	F100	F50
水下、土中、大体积内部混凝土	F50	F50	—	—	—

5. 混凝土抗侵蚀性能

环境水有侵蚀性时,水工混凝土还应具有抗侵蚀性能。应选择抗侵蚀性能较好的水泥品种,并且在混凝土配合比选择中采用较小的水胶比,一般比常规同强度等级混凝土水胶比减小 0.05。

6. 混凝土抗冲磨和抗空蚀性能

高速水流区的混凝土应采用具有抗冲耐磨性的低流态高强度混凝土或高强度硅粉混凝土。当采用耐磨材料衬护时,如钢纤维混凝土、钢衬、铸石板等,应与混凝土可靠结合。

设计时应优化设计水工建筑物体形,并保证过流面混凝土表面的平整度,防止发生混凝土空蚀现象。

7. 防止发生危害性碱骨料反应

当怀疑骨料中含有活性或潜在活性成分骨料时,应进行专门试验,以确定是否可用,防止发生危害性碱骨料反应,导致混凝土膨胀开裂而失去设计性能。

17.2.4 水工混凝土材料与配合比的特殊性

由于水工混凝土的特殊性,其对原材料的要求较为严格,所以,要求技术人员需根据有关规定进行合理的选择。

1. 水泥

水位变化区外部混凝土、溢流面和经常受水流冲刷部位的混凝土及有抗冻要求的混凝土,宜选用中热硅酸盐水泥或硅酸盐水泥,也可选用普通硅酸盐水泥。

内部混凝土、水下混凝土和基础混凝土,宜选用中热硅酸盐水泥,也可选用低热矿渣硅酸盐水泥、矿渣硅酸盐水泥、火山灰质硅酸盐水泥、粉煤灰硅酸盐水泥、普通硅酸盐水泥和低热微膨胀水泥。

当环境中 SO_4^{2-} 含量超过标准时,应选用 C_3A 含量少的抗硫酸盐水泥,以防止硫酸盐侵蚀造成水工混凝土破坏。

选用的水泥强度等级应与混凝土设计强度等级相适应。水位变化区、溢流面及经常受水流冲刷部位、抗冻要求较高的部位,宜使用较高强度等级的水泥。

选用的水泥必须符合现行国家标准的规定,并可根据工程的特殊需要对水泥的化学成分、矿物组成和细度等提出专门要求。

2. 骨料

砂应质地坚硬、清洁、级配良好,细度模数在 2.4~2.8 为好,砂粒中不含有碱骨料反应物质。

粗骨料要具有较高的密实度,骨料的级配要求较高,一般采用间断级配,以降低骨料的空隙率,这样不仅可节约水泥,而且对减少体积变形非常有利。除具有较好级配,骨料的抗压强度要高,一般要求骨料的极限抗压强度不得小于混凝土强度等级的 1.5~2.0 倍。骨料中不含有活性组分,以避免碱骨料反应。

3. 外加剂

水工混凝土常用的外加剂有减水剂、缓凝剂、引气剂等。

减水剂选择的原则是：①水泥与减水剂的相容性；②不增加水泥的水化热；③提高水工混凝土的强度及耐久性。

缓凝剂选择的原则是：①水泥与缓凝剂的相容性；②延缓水泥的凝结，降低水泥的水化热或降低水化速度。

引气剂选择的原则是：①能引入直径为 0.025～0.25mm 的微气泡，增加混凝土拌和物的和易性，提高水工混凝土的耐久性；②引入的气泡对混凝土强度不产生显著影响。

基于水工混凝土的特点，实际施工中常将减水剂、缓凝剂、引气剂复合使用。

4. 掺合料

掺合料的作用主要是降低水泥的水化热及预防碱骨料反应。常用的掺合料主要是粉煤灰。

水工混凝土配合比设计原则基本与普通混凝土相同，但也有其一定的特殊性，因此在进行配合比设计时，要注意以下问题：

(1) 除选用合适的水泥，还应尽量降低水泥用量，以减少水泥的水化热。

(2) 不仅要根据强度条件，同时要根据抗渗性和抗冻性来确定水胶比。

(3) 在满足施工和易性的条件下，力求单位用水量最小。

(4) 使混凝土结构密实，提高水工混凝土的耐久性。

17.2.5　特殊水工混凝土品种

1. 水工补偿收缩混凝土

混凝土的开裂主要是收缩引起的。因此，具有适度膨胀来补偿收缩，即用膨胀抵消全部或大部分收缩，这种混凝土称为补偿收缩混凝土。如果具有上述功能的混凝土又具有极低收缩量如极低干缩率和极低的水化热温升，较高的抗裂能力，较高的早后期强度，特别是抗拉强度和较大的极限拉伸值，这种混凝土称为"水工补偿收缩混凝土"。

应用水工补偿收缩混凝土具有下列几方面的优点：

(1) 降低了坝体最高温度。在建坝过程中为防止裂缝，降低水化热温升是一个重要目标。由于低热微膨胀水泥极低的低热性能，和相同条件下的低热硅酸盐水泥混凝土相比，能够使最高温度降低 8～11℃。

(2) 简化了基础温差控制所需要的冷却措施。由于低热和补偿收缩及连续冷却等同时发挥作用，大坝可采用取消纵缝进行整体设计、大仓面连续浇筑施工。可以大大简化工地冷却设备，降低冷却混凝土的成本，达到简化温度控制及快速施工的目的。

(3) 提高了大坝抗御气温骤降的能力。根据已建大坝的资料，多数的表面裂缝是由气温骤降引起的，而水工补偿收缩混凝土坝块表面所具有的预压应力，可以减少表面裂缝的发生。

(4) 水工补偿收缩混凝土还具有抗裂、抗渗等耐久性高的优点。其干缩率低(40×10^{-6})，仅为硅酸盐水泥 400×10^{-6}～600×10^{-6} 的 1/10～1/15，故国内外补偿收缩混凝土都在为干缩进行补偿收缩，低热微膨胀水泥混凝土经 7d 养护后置于空气中不仅不产生收缩变形，而且遇雨或水，其膨胀量又会恢复至原始值。

2. 过水表面混凝土

泄水建筑物过水表面混凝土所遇到的一个特殊问题是水流对过水边界混凝土的磨蚀，即泥沙磨损和空蚀。对质量密实的混凝土，可以承受流速达 40m/s 的清水冲刷，不致引起表面混凝土损坏。对挟带砂砾石的水流，由于砂砾石运动摩擦和跳跃冲击，流速不要太大，就能够对过水表面的混凝土造成严重的破坏。

泄水建筑物流速到多大才需对边界混凝土提出抗空蚀要求？国内外资料一致认为：当水流流速超过 12～15m/s 时，应对边界混凝土提出抗空蚀要求，其中包括混凝土强度、配合比、表面不平整度控制和处理等。

工程运用经验表明，防止泄水建筑物空蚀，主要从合理设计建筑物过水曲线、采取掺气减蚀措施、提高过水表面混凝土材料抗空蚀强度和严格控制施工表面不平整度四个方面着手。若处理得当，空蚀破坏是完全可以防止的，国内外不少工程实例已得到了证实。

混凝土抗磨损强度和抗空蚀强度均随混凝土抗压强度提高而增加，因此从混凝土原材料、配合比和施工工艺上设法提高混凝土强度，都相应增加了混凝土抗泥沙磨损和抗空蚀的强度。所以，从原材料和配合比选择考虑，抗冲磨和抗空蚀混凝土可视为同一类混凝土，统称为高流速过水表面混凝土，在过水表面设置一层厚度为 0.5～1.0m 的混凝土是完全必要的。

被砂砾石严重磨损的部位应采用特种材料镶护。空蚀破坏区域的修复，首先应查明产生空蚀的原因，并设法加以消除，否则修复后仍然会再次破坏。

3. 水下不分散混凝土

水下工程常遇到水下浇筑混凝土，但水泥混凝土拌和物直接倒入水中进行浇筑水下混凝土是不可能的，这是因为水泥混凝土拌和物穿过水层时，骨料与水泥就分离了，所以无法浇筑成型水下混凝土。为此，要求与环境水隔离条件下进行水下混凝土浇筑，常用导管法施工，即将导管埋入混凝土中，导管随混凝土面上升而逐渐上提，但要保证导管埋在混凝土中一定深度，这种施工方法混凝土表面与水接触部位易发生水泥浆流失，使其强度降低，底层与基础黏结强度不高。据有关文献介绍，用导管法施工，其表层混凝土强度损失可达 50%，因而常常要清除 15～45cm 厚表层低强水下混凝土，或每边富裕 15cm 左右厚混凝土，这样造成了较大浪费。

上述施工方法在很长一段时间广泛应用，但存在表层混凝土低强等问题。为此，1970 年起联邦德国开始研究改善混凝土本身性能（水下不分散）来提高水下混凝土质量，1974 年联邦德国率先在工程中应用，并定名为水下不分散混凝土（NDC）。水下不分散混凝土的原材料与普通混凝土相同，其不同是必须掺用抗分散剂，以及粗骨料粒径不宜超过 20mm。常用抗分散剂可分成聚丙烯酰胺类和纤维素类两种。

掺抗分散剂水下不分散混凝土性能应满足表 17-8 的要求。

水下不分散混凝土配合比的特点主要包括以下几个。

(1) 水下不分散混凝土中必须掺用水下不分散剂。

(2) 水下不分散混凝土水泥用量比普通混凝土大，一般均在 350kg/m^3 以上；

(3) 水下不分散混凝土骨料最大粒径不宜大于 20mm，因为水下不分散混凝土属自流平自密实混凝土，粗骨料粒径大于 20mm 易发生骨料沉淀，流动困难，影响混凝土流动性、均匀性。因此，一般水下不分散混凝土最大骨料粒径为 20mm，个别的也用到 40mm。

(4) 混凝土配合比设计应采用水下成型与养护的混凝土抗压强度，不能采用大气环境成型与标准养护室养护的混凝土抗压强度。

表 17-8 掺抗分散剂水下不分散混凝土性能要求

检测项目		普通型	缓凝型
泌水率/%		<0.5	<0.5
含气量/%		<4.5	<4.5
坍落度损失/cm	30min	<3.0	<3.0
	120min	—	<3.0
抗分散性	水泥流失量/%	<1.5	<1.5
	悬浊物含量/(mg/L)	<50	<50
	pH	<12	<12
凝结时间	初凝/h	>5	>12
	终凝/h	<24	<36
水气强度比/%	7d	>60	>60
	28d	>70	>70

注：水气强度比为水中与大气中成型试件抗压强度之比。

4. 变态混凝土（碾压混凝土变态）

在摊铺（之前、之中或之后）的碾压混凝土中注入适量水泥类浆材，使碾压混凝土中净浆量达到低塑性混凝土的浆量水平，然后用插入式高频振捣器振捣密实，即为碾压混凝土变态。相应地经加浆振实的碾压混凝土称为变态混凝土（GEV-RCC）。

使用变态混凝土的初始目的是解决近坝面模板区的碾压混凝土难于碾压密实的技术难点。以后，其使用范围逐渐扩大到模板周边、竖井、廊道及岸坡周边等，以代替非关键部位的常规混凝土。近期，龙滩碾压混凝土重力坝上游面成功地采用变态混凝土与二级配碾压混凝土联合防渗，更扩大了变态混凝土的应用范围。

17.3 水工沥青混凝土

沥青混凝土在道路工程中被广泛用于路面材料，此外，还可以利用沥青的不透水性和憎水性，将其用于水工结构的防渗。

17.3.1 水工沥青混凝土的特性

由于沥青具有较好的不透水性、柔性和黏附性，它很早就被应用于水利工程中。沥青的混合物——沥青混凝土是一种由沥青、适当级配的砂石和矿质填料组成的混合物。沥青混凝土不仅具有良好的柔性，能较好地适应结构的变形，同时沥青混凝土也具有优越的耐久性和防渗性，因此，非常适宜作为水工结构的防渗体。

17.3.2 水工沥青混凝土防渗结构的技术特点

水工沥青混凝土防渗结构的型式有沥青混凝土防渗面板（包括沥青混凝土斜墙、蓄水池护面和渠道衬砌）和沥青混凝土心墙。沥青混凝土无论作为水库、大坝的防渗面板还是作为心墙防渗体都是比较可靠和经济的，它的优越性表现在对土石坝不均匀沉陷的适应、渗漏的严格控制、易于修缮，同时在严寒地区、高山或潮湿多雨地带都可迅速施工，促使工程效益早日发挥。

沥青混凝土防渗体的另一个重要特点是其内部无需任何变形缝。对有变形缝的防渗体，如钢筋混凝土防渗面板、渠道混凝土衬砌等，防渗体的连续性遭到中断，为保证变形缝处的防渗效果，必须进行接缝处理。相对于完整的沥青混凝土防渗体系，那些有接缝的防渗体在接缝处的安全度较小。

相对于其他防渗体，沥青混凝土防渗体的主要技术特点如下：①环保性，沥青混凝土无毒，能应用于饮水水库和渠道；②沥青混凝土采取热施工，其摊铺和碾压必须在合适的温度下进行；③良好的柔性，可以较好地适应坝体的变形；④防渗性能好，当孔隙率小于3%时，渗透系数小于 10^{-7}；⑤施工对环境的适应性好，施工速度快，铺筑后一经压实即可防水，特别在潮湿季节施工时，尤为重要；⑥抗冻性好，因充分压实后沥青混凝土的孔隙率非常小，没有水进入内部，所以冰冻作用不会影响沥青混凝土。

17.3.3 水工沥青混凝土分类

沥青混凝土按施工方法分为碾压式和浇筑式两大类。碾压式沥青混凝土主要采用碾压机械进行压实，其施工工艺包括沥青混合料拌和、摊铺和碾压。通过调整骨料级配和沥青的含量，可获得不同孔隙率的沥青混凝土。孔隙率大的沥青混凝土可作为整平胶结层或排水层，孔隙率小的沥青混凝土可作为防渗层。

碾压式和浇筑式沥青混凝土的主要技术要求分别见表17-9～表17-11。

表17-9　碾压式沥青混凝土面板防渗层技术要求(DL/T 5411—2009)

序号	项目	单位	指标	说明
1	孔隙率	%	≤3	芯样
			≤2	马歇尔试件
2	渗透系数	cm/s	≤1×10^{-8}	
3	水稳定系数		≥0.90	
4	斜坡流淌值	mm	≤0.8	马歇尔试件(1:1.7坡或按设计坡度，70℃，48h)
5	冷断温度	℃		按当地最低气温确定
6	弯曲或拉、压强度与应变			根据温度、工程特点和运用条件等通过计算提出要求

表17-10　碾压式沥青混凝土心墙沥青混凝土主要技术要求(DL/T 5411—2009)

序号	项目	单位	指标	说明
1	孔隙率	%	≤3	芯样
			≤2	马歇尔试件
2	渗透系数	cm/s	≤1×10^{-8}	
3	水稳定系数		≥0.90	
4	弯曲强度	kPa	≥400	
5	弯曲应变	%	≥1	
6	内摩擦角	(°)	≥25	
7	黏结力	kPa	≥300	
8	抗拉、抗压、变形模量等力学性能			根据当地温度、工程特点和运用条件等通过计算提出要求

浇筑式沥青混凝土是依靠自重达到密实的一种沥青混凝土，该种混凝土沥青含量高，沥青除填充矿料孔隙，其余量应能在适宜的温度下自由流动。碾压式沥青混凝土便于机械化施工，施工质量易于保证，因而发展较快。浇筑式沥青混凝土沥青含量高，造价较高，且施工

主要采用人工，难以保证质量的稳定性，但碾压式沥青混凝土不宜在低温气候条件下施工，而浇筑式沥青混凝土则可在冬季施工。因此，选用碾压式沥青混凝土还是浇筑式沥青混凝土作为防渗体取决于工程的规模、环境条件、资金情况等多种因素。目前的趋势是多采用碾压式沥青混凝土作为防渗体。

表 17-11 浇筑式沥青混凝土的主要技术要求（DL/T 5411—2009）

序号	项目	单位	指标
1	孔隙率	%	≤3
2	渗透系数	cm/s	≤1×10^{-8}
3	水稳定系数		≥0.90
4	分离度	mm	≤1.05
5	施工黏度	Pa·s	$1×10^2 \sim 1×10^4$
6	流变结构黏度、异变系数		根据温度、工程特点和运用条件等通过流变计算进行选择

17.3.4 水工沥青混凝土对原材料的要求

1. 沥青

国外没有专门的水工沥青，水利工程直接采用道路沥青。国内沥青牌号比较混杂，因此，行业标准《土石坝沥青混凝土面板和心墙设计规范》（DL/T 5411—2009）等技术规范中针对性地提出了水工沥青混凝土所用沥青的技术要求，如表 17-12 所示。

表 17-12 水工沥青混凝土所用沥青技术要求（DL/T 5411—2009）

质量指标	单位	质量指标		
		SG90	SG70	SG50
针入度（25℃，100g，5s）	1/10mm	80～100	60～80	40～60
延度（15℃，5cm/min）	cm	≥150	≥150	≥150
延度（4℃，1cm/min）	cm	≥20	≥10	—
软化点（环球法）	℃	45～52	48～55	53～60
溶解度（三氯乙烯）	%	≥99.0	≥99.0	≥99.0
脆点	℃	≤-12	≤-10	≤-8
含蜡量	%	≤2	≤2	≤2
闪点（开口）	℃	230	260	260

注：SG90 沥青主要用于寒冷地区碾压式混凝土面板防渗层，SG70 沥青主要用于碾压式沥青混凝土心墙和面板，SG50 沥青主要用于碾压式沥青混凝土面板封闭层和浇筑式沥青混凝土。

2. 粗骨料

粗骨料应尽量采用质地坚硬、洁净新鲜、热稳定性好，耐久性和黏附性量好的碱性岩石（石灰岩、白云岩等）加工而成；当采用酸性岩石时，应采取增强骨料与沥青黏附性的措施，并经试验研究论证。

水工沥青混凝土对粗骨料的技术要求如表 17-13 所示。

3. 细骨料

细骨料可选用人工砂、天然砂等。人工砂可单独使用或与天然砂混合使用。

细骨料要求质地坚硬、新鲜，不因加热而引起性质变化，其技术要求应符合表 17-14 的要求。

表 17-13　水工沥青混凝土用粗骨料技术要求（DL/T 5411—2009）

序号	项目	单位	指标	说明
1	表观密度	g/cm³	≥2.6	
2	与沥青黏附性	级	≥4	水煮法
3	针片状颗粒含量	%	≤25	颗粒最大、最小尺寸比大于3
4	压碎值	%	≤30	压力400kN
5	吸水率	%	≤2	
6	含泥量	%	≤0.5	
7	耐久性	%	≤12	硫酸钠干湿循环5次的质量损失

表 17-14　水工沥青混凝土用细骨料技术要求（DL/T 5411—2009）

序号	项目	单位	指标	说明
1	表观密度	g/cm³	≥2.55	
4	吸水率	%	≤2	
5	水稳定性	级	≥6	硫酸钠溶液煮沸1min
6	有纸质及泥土含量	%	≤2	
7	耐久性	%	≤15	硫酸钠干湿循环5次的质量损失

4. 填料

填料应采用石灰岩粉、白云岩粉等碱性岩石加工的石粉。滑石粉、普通硅酸盐水泥、粉煤灰等粉状矿质材料也可用于填料，但需经试验研究论证。填料应不结块，不含有机质及泥土。其技术要求应符合表17-15的规定。

表 17-15　水工沥青混凝土所用填料技术要求（DL/T 5411—2009）

序号	项目		单位	指标	说明
1	表观密度		g/cm³	≥2.5	
2	亲水系数			≤1.0	煤油与水沉淀法
3	含水率		%	≤0.5	
4	细度	<0.6mm	%	100	
		<0.15mm		>90	
		<0.075mm		>85	

17.3.5　沥青混凝土防渗结构的应用

采用机械化施工的碾压式沥青混凝土防渗最早始于美国，随后欧洲一些国家如德国、法国、西班牙、挪威等开始大力推广。随着沥青加工技术水平的不断提高，沥青的品质不断改善，性能越来越稳定可靠。沥青混凝土配合比的优化设计和关于沥青混凝土性能研究的长足进步使沥青混凝土的性能不断改进。但推动水工沥青混凝土快速发展的最大动力是专用施工机械的发展和完善。专业化和专用施工机械的应用，极大地提高了水工沥青混凝土的施工速度和施工质量。目前，沥青混凝土作为防渗体已广泛应用于沥青混凝土面板堆石坝、沥青混凝土心墙堆石坝、蓄水库的防渗护面及渠道防渗衬砌中。

水工沥青混凝土防渗理论研究的进步和施工技术水平的提高，促进了众多工程的兴建。据不完全统计，全世界共修建了80余座沥青混凝土心墙坝，最高的坝为128m的Storglomrath坝。我国四川省的冶勒大坝坝高126m，是目前在建的最高的沥青混凝土心墙坝。已建的沥青混凝土面板土石坝 78 座，其中最高的坝为日本的 Sabigawa Yashio 坝，最大坝高 91m。用沥青混凝土作为防渗体的蓄水库超过 60 余座。随着众多工程的成功建设，又推动了此项技术的进一步发展，其特征是防渗形式多样化、设计结构简单化、施工高度机械化。沥青混凝土防渗面板的结构由早期设有排水层的复式断面发展到分层铺设的简式断面，最后是单层铺设的简式断面，面板结构和施工工艺不断简化。

沥青混凝土心墙堆石坝在其发展过程中也出现了不同的施工方法，大致有三种：①碾压式沥青混凝土防渗心墙；②浇筑式沥青混凝土防渗心墙；③块石沥青混凝土。

复习思考题

1. 水工混凝土中为何要用低热水泥？
2. 常用低热水泥包括哪三个品种？其各自的特点是什么？
3. 什么是低热微膨胀水泥？其主要技术指标要求有哪些？
4. 水工混凝土的性能特点是什么？
5. 与普通结构用混凝土相比，水工混凝土的主要技术要求有何不同？
6. 与普通结构用混凝土相比，水工混凝土对原材料的要求有何不同？
7. 什么是水工补偿收缩混凝土？
8. 水下不分散混凝土配合比的特点有哪些？
9. 水工沥青混凝土的特性有哪些？
10. 水工沥青混凝土有哪些类型？

第18章 其他材料

18.1 新型胶凝材料

18.1.1 碱矿渣水泥

1. 碱矿渣水泥的发明

碱矿渣水泥是以碱金属化合物作为碱组分,激发矿渍等铝硅酸盐材料而得到的一种新型水硬性胶凝材料。碱矿渣水泥与混凝土为前苏联(现乌克兰)基辅建筑工程学院工学博士 В.Д.Глуховский 教授于 1957 年发明。他在分析了沉积岩和变质岩起源的地质资料和组成这些岩石的造岩矿物的资料之后,得出结论,碱金属质的水化物比钙质的水化物有更高的抗风化能力,并且,沉积岩生成的某些过程的温度和压力条件近似于制造水化硬化的建筑材料的温度和压力条件。因此,在建筑材料工业中可以模拟,例如,沉积成矿的沸石类矿物,如方沸石、钙十字石、丝光沸石、片沸石、菱沸石、交沸石、斜方束沸石、钠沸石、钙沸石等,这些矿物都是由低温水热反应在风化地壳中生成的。

2. 碱矿渣水泥的特点

(1) 硬化速度快。在不用早强剂的情况下,1d 强度可以达到 20~68MPa,3d 强度可以达到 65~96MPa,这样的硬化速度,普通硅酸盐水泥混凝土不能与之相比。

(2) 水化热低。碱矿渣水泥的水化热,仅为硅酸盐水泥的 1/2~1/3,所以,碱矿渣水泥又是低热水泥。

(3) 抗渗性极好。抗渗等级一般为 P10~P30,甚至可以达到 P40 以上,而普通硅酸盐水泥混凝土为 P6~P12。所以碱矿渣混凝土属于高抗渗混凝土。

(4) 抗冻性高。碱矿渣混凝土可以抗冻融 300~1000 次循环,普通硅酸盐水泥混凝土为 300 循环以下。所以碱矿渣混凝土又称高抗冻混凝土。

(5) 抗侵蚀性优良。在海水里放置 1 年,普通硅酸盐水泥混凝土强度降低,而碱矿渣混凝土强度增高。在 1% 的 $MgSO_4$ 溶液中放置 1 年,碱矿渣混凝土强度增高,普通硅酸盐水泥混凝土经 6 个月后破坏;在稀酸溶液中放置 1 年,碱矿渣混凝土强度不变,而普通水泥硅酸盐水泥混凝土经 3~6 个月即破坏。

(6) 护筋优良。碱矿渣混凝土具有较高的碱度(pH=11.5~12.9),加之,结构致密,抗渗性好,因之,具有优良的保护钢筋的能力。

(7) 碱矿渣混凝土与钢筋有良好的黏结力。比同标号的硅酸盐水泥混凝土高出 15%~30%,能保证混凝土与钢筋共同工作。

(8) 用碱矿渣水泥制成的混凝土混合料具有良好的流动性。当不掺塑化剂或流化剂时,其塌落度即可达到 1~22cm。

(9) 在不掺入减水剂和不采取特殊成型措施的情况下,用现在广泛应用的振动密实(振动棒、振动台)方法，即可以制成 C50~C90 的高强混凝土和 C100~C150 的超高强混凝土。

3. 碱矿渣水泥工程应用面临的主要问题

(1)碱矿渣水泥碱含量极多，数倍或十数倍高于硅酸盐水泥中允许的碱含量(<0.6%)。在硅酸盐水泥混凝土的发展与应用过程中，人们对碱骨料反应的危害十分恐惧，而碱矿渣水泥的碱含量如此之多，自然存在对这种反应的恐惧。

(2)碱矿渣水泥凝结进程过快，凝结时间很短，长期缺乏有效的应对措施。因此，在前苏联长期的使用中，主要用于预制构件领域，难以实现大规模现场施工。

(3)碱矿渣水泥收缩大，特别是早期收缩值大，这样的收缩特征，对预制构件的影响较小，对现场浇筑的整体式结构影响很大，使工程容易产生裂缝，影响建筑物的耐久性。

4. 碱矿渣水泥应用现状

前苏联从 1962 年开始在工程中批量试用碱矿渣混凝土，到 1990 年，已在各种建筑工程中累计使用了 30 多万 m^3 碱矿渣混凝土，成功地用于预制构件、砌块及现场浇筑的民用和工业建筑、海港工程、道路工程等，这些工程已经受 20 年以上的实际考验，均效果良好。

我国自 20 世纪 60~70 年代开始碱矿渣水泥的技术研究，并在北京市生产加气混凝土制品和建筑中应用了这种材料的砂浆，使用效果良好。80 年代后，我国不少科研单位和大专院校，例如，南京化工大学对矿渣的结构、碱矿渣水泥的水化机理进行了研究，原重庆建工学院(2000 年合并为现在的重庆大学)对高强碱矿渣水泥及混凝土的制备、耐久性、缓凝技术及相关问题进行了系统研究。但目前，我国仍处于试验研究阶段，虽然相继制定了碱矿渣水泥及其混凝土的标准规范。尚未能广泛推广生产和应用。

18.1.2　地聚合物

按照相关理论，地聚合物(geopolymer，也称为地质聚合物)是一种以无机$[SiO_4]$、$[AlO_4]$四面体为主要组成，结构上具有空间三维网络状键接结构的新型无机硅铝胶凝材料。其实质也是一种碱性胶凝材。

法国学者 Daviovits 于 1976 年成功开发了地质聚合物水泥(geopolymeric cement)，此种胶结材由煅烧石灰石、白云石和高岭土等单个工序组成，产生了 CaO、MgO、偏高岭土($Al_2O_3 \cdot 2SiO_2$)，然后掺入氧化硅及苏打(Na_2CO_3)或苏打和 K_2CO_3，拌以水后，生成了 NaOH 和 KOH，他们激发了水泥各组成分之间的反应，导致方沸石、方钠石等地质聚合物的合成。它是在研究了古代石灰火山灰水泥特殊的高耐久性，并确定了这种高耐久性的原因之后，对古代水泥的复活。这种水泥也引起许多学者的关注。他们认为，此种水泥有应用于特殊目的的无限可能性，因为在其新生物组成中，形成了钠质沸石和钠-钙沸石。

这种水泥的独特性能是：高早强、低收缩、抗冻融、抗硫酸盐、抗腐蚀和低碱骨料膨胀。此外，还具有原材料来源广泛、制备方便、能耗小、基本不排放 CO_2，同时具有较高的力学性能和非常优异的耐高温性能等特定性能。

18.1.3　磷酸盐水泥

磷酸盐水泥是一种适用于快速抢修机场跑道、高速公路、桥梁等建筑工程的新型胶凝材料。磷酸盐水泥由 MgO、磷酸盐、缓凝剂及矿物掺合料按一定比例配制而成。其中，作为原料之一的 MgO 由 MgCO$_3$ 经高温煅烧而成，煅烧温度一般在 1700℃左右。磷酸盐是生产磷酸盐水泥的另一种重要原材料，主要为水化反应提供氢离子和磷酸根离子。为了使材料具有较充分的施工操作时间，缓凝剂也是磷酸盐水泥必不可少的组分之一。制备磷酸盐水泥时还可掺入粉煤灰，主要起降低其成本，调整其颜色及性能的作用。

磷酸盐水泥的水化反应实质上是一个以酸碱中和反应为基础的放热反应。磷酸盐水泥的水化反应机理有局部化学反应机理和溶液-扩散机理两种解释，目前，多数学者更赞同磷酸盐水泥是通过溶液-扩散机理而进行的。磷酸盐水泥水化产物的种类、特征及水化产物与材料性能之间的关系一直是众多研究者所关注的问题。磷酸盐水泥水化产物主要是 $MgNH_4PO_4 \cdot 6H_2O$，它黏结性能最好，其结构与性能的变化直接影响到磷酸盐水泥强度。

磷酸盐水泥的早期强度发展很快，且强度随龄期增长不断提高，但到 7d 以后就基本上趋于稳定，之后的强度发展比较缓慢。磷酸盐水泥的强度尤其是早期强度非常高，当采用合适配方时，其 1h 抗压强度高达 30MPa，28d 抗压强度高达 80MPa 以上。

影响磷酸盐水泥强度的因素主要包括以下几方面：

(1) 磷酸盐/氧化镁比值。过大或过小的磷酸盐/氧化镁比值都会降低磷酸盐水泥的强度。

(2) 缓凝剂掺量。随着缓凝剂掺量的增加，磷酸盐水泥的强度尤其是早期强度迅速降低。

(3) 氧化镁细度。氧化镁细度主要对磷酸盐水泥的早期强度产生影响，随着细度的增加，早期强度增加，但细度对后期强度影响不大。

(4) 用水量。水固比的增加会使强度迅速下降。

(5) 矿物掺合料。粉煤灰虽然会造成早期强度降低，但合适的掺量对磷酸盐水泥后期强度还有提高的效果。

(6) 环境温度。温度的增加可提高磷酸盐水泥的早期强度，但对后期强度影响不大，过高的温度反而不利于磷酸盐水泥强度的发展。

18.2 工程抢修抢建材料

工程抢修抢建材料是指在自然灾害与局部战争后工程抢修抢建中使用的各种材料及制品。由于组分、结构和构造的不同，抢修抢建材料品种门类繁多，性能各不相同，价格相差悬殊。

18.2.1 抢修抢建材料的分类

抢修抢建材料可按不同的原则进行分类。根据材料来源，可分为天然及人工抢修抢建材料；根据组成物质的种类及化学成分，可分为无机、有机和复合三大类；根据材料形式与施工方式，可分为现场浇筑和预制品等。现场浇筑是指利用各种特种水泥、沥青材料在现场配入砂石等材料制成快硬早强混凝土用于工程抢修抢建，其技术关键是选用合适的快硬早强水泥；预制品是指各种事先已经制成的混凝土道面板制品、金属道面板与桥梁制品及各种复合材料制品。

18.2.2 抢修抢建材料的性能要求

鉴于工程抢修抢建具有时间短、时效性要求高的特点，抢修抢建材料必须具备如下性能：

(1) 强度高。不论是预制构件还是现场配制的混凝土抢修材料，都要求具有足够的强度以满足使用功能，由于使用场合的不同，其具体强度指标应参考相应的国家标准。对于现场配制的混凝土抢修材料，不但要求其强度高，通常还要求该材料的强度发展要快，具有较高的早期强度。用于工程抢修抢建的胶凝材料的强度通常是要求 6h、2h 甚至半小时就满足要求，迅速恢复工程使用功能。

(2) 便于施工。对于预制构件，要求构件便于运输、施工装配和固定，要有相对完善的配件。用于现场配制的混凝土抢修材料，则要求其工作性要好，这样就可以加快施工速度、减少抢修时间，同时又能保证施工质量。

(3) 体积稳定性好。要求用于修补的预制构件和混凝土要与被修补材料具有相一致的变形协调性。对于现场配制的混凝土抢修材料，还要求其具有较低的收缩性，甚至要求具有一定的微膨胀性，这样就可以减少收缩裂缝的产生，保证抢修材料与被修补材料之间具有较高的界面黏结力。

(4) 具有良好的界面黏结能力及耐久性能。对于抢修材料，必须保证新旧混凝土界面间具有较高的黏结强度。在满足强度等功能的前提下，还要考虑抢修工程的耐久性。

18.2.3 工程抢修抢建特种胶凝材料

快硬高强水泥是工程抢修抢建的重要原材料，其性能直接影响抢修抢建工程的质量。按水泥熟料矿物的组成特征可分为硅酸盐类、铝酸盐类、硫铝酸盐类、磷酸盐类及氟铝酸盐类等。

1. 快硬硅酸盐水泥

快硬硅酸盐水泥是一种以硅酸盐水泥熟料和适量的石膏磨细制成的，通常以 3d 抗压强度表示强度等级的水硬性胶凝材料，简称为快硬水泥。

快硬硅酸盐水泥早期强度较高，1d 抗压强度为 28d 强度的 30%～35%，后期强度呈持续增长趋势；其初凝时间一般为 2～3h，终凝时间为 3～4h；水泥的水化热较高，早期干缩率亦较大；由于该水泥的水泥石比较致密，所以不透水性和抗冻性往往优于普通硅酸盐水泥；该水泥的低温性能较好，在 10℃时各龄期强度明显高于普通硅酸盐水泥。

快硬硅酸盐水泥适用于要求早期强度高的工程、紧急抢修抢建工程、抗冲击及抗震工程，在冬季施工、制作混凝土及预应力混凝土预制构件方面也有广泛应用价值。

2005 年 10 月，国家标准《快硬硅酸盐水泥》(GB199—1990)已正式废止，尚无新的快硬硅酸盐产品标准颁布。

2. 铝酸盐水泥

铝酸盐水泥的最大特点是凝结硬化速度快，因此主要用于以下抢修抢建工程：

(1) 适用于紧急抢修抢建工程和需要早期强度的工程，如机场跑道、桥梁与道路、码头等工程的施工与抢修，也可用于设备基础的抢修、二次灌浆等，不适宜用于长期承重的工程。

(2) 适用冬季及低温下施工。铝酸盐水泥在 5～10℃温度下养护时，常温环境下 1d 强度只降低 30.6%，3d 强度只降低 1.6%，而普通硅酸盐水泥在这种低温环境下必须采取保温养护。

(3) 适用含硫酸盐的地下水、矿物水侵蚀的工程。与普通硅酸盐水泥相比较，铝酸盐水泥的耐硫酸性是突出的。

3. 硫铝酸盐水泥

硫铝酸盐水泥早期强度高发展快，后期强度发展缓慢，但不倒缩，以及具有良好的抗冻性和低温硬化性能。用这种水泥配制的砂浆或混凝土，拌和后立即受冻，再恢复正温养护，最终强度基本上不降低，因此可在负温条件下使用。

硫铝酸盐水泥可用于抢修工程、冬季施工工程、地下工程，也可用于堵漏工程和预制件拼装接头等。

硫铝酸盐水泥应用时应注意以下问题：

(1) 用快硬硫铝酸盐水泥配制混凝土，每立方米混凝土水泥最低用量不宜小于280kg，采用的水灰比一般为0.38~0.65。

(2) 施工时，特别是夏天，混凝土硬化后应及时保湿养护，养护期不宜少于3d；冬季施工时，适当提高混凝土入模温度，进行蓄热养护；不得用于耐热工程或使用环境温度经常处于100℃的混凝土工程，制作水泥制品或构件的蒸养温度不宜超过80℃，时间不宜超过2h。

(3) 该水泥早期对钢筋有轻微锈蚀，用于防锈要求较高的工程，可加入适量的阻锈剂。

(4) 硫铝酸盐水泥砂浆或混凝土失去流动性后，不得第二次加水拌和使用；严防在该水泥或混凝土搅拌机中混入其他品种的水泥和石灰等高碱性物质；硫铝酸盐水泥混凝土不得与其他水泥混凝土混合使用，但可以浇筑在已硬化的其他水泥混凝土上。

4. 磷酸盐水泥

磷酸盐水泥是一种适用于快速抢修机场跑道、高速公路、桥梁等建筑工程的新型胶凝材料。磷酸盐水泥的水化反应速度非常快，如果不掺入缓凝剂或采取其他缓凝措施，其凝结时间只有几分钟。

与其他快硬水泥相比，磷酸盐水泥具有自己独特的性能，具体可概括为以下几个点：

(1) 凝结速度快，凝结时间可控。磷酸盐水泥的凝结速度很快，且初终凝的时间间隔很短，温度在20℃以上时一般在几分钟内就会迅速凝结硬化，其凝结时间可通过加入缓凝剂、调整水泥细度等措施进行控制。

(2) 早期强度高。磷酸盐水泥强度发展迅速，早期强度尤其是小时强度非常高，这是普通硅酸盐水泥所不能相比的。磷酸盐水泥的1h抗压强度可达20MPa以上，3h抗压强度可达到40MPa以上，并且后期强度还会增长。

(3) 环境温度适应性强。磷酸盐水泥既能在常温下保持快硬高强的特性，在负温环境下同样可迅速凝结硬化。

(4) 磷酸盐水泥与旧混凝土的黏结强度高。磷酸盐水泥中的磷酸盐能与普通硅酸盐水泥配制的混凝土中的水化产物或未水化的熟料颗粒反应，生成同样具有胶凝性的磷酸钙类产物，因此在黏结界面附近，除了物理黏结，还存在很强的化学黏结作用，所以磷酸盐水泥与旧混凝土的黏结强度高。

(5) 体积变形小。磷酸盐水泥表现出完全不同于普通硅酸盐水泥的水化机理及水化生成产物，水泥水化后表现出较好的体积稳定性，收缩值只有普通硅酸盐水泥的1/10左右。

(6) 耐磨性及抗冻性好。由于配制磷酸盐水泥的过烧MgO中含有大量的粗颗粒，这些MgO粗颗粒本身具有很高的耐磨性，可作磨料使用。大量未水化的MgO颗粒可起到耐磨细骨料的作用，从而使磷酸盐水泥基材料具有高的耐磨性。另外，磷酸盐水泥还具有较高的抗冻性。

(7) 耐硫酸盐和耐海水性能好。由于磷酸盐水泥不会生成产生侵蚀破坏的$Ca(OH)_2$，加上其水化结构致密，因此其具有良好的耐硫酸盐侵蚀与海水侵蚀的能力。

(8) 存放时间长。磷酸盐水泥采用合适的包装方式存放 1 年后强度降低不超过 10%，这是普通硅酸盐水泥尤其是快硬硫铝酸盐水泥所不能比拟的。

鉴于磷酸盐水泥的上述优良性能，其在工程的抢修抢建方面有着非常重要的应用价值，用磷酸盐水泥抢修公路或机场，0.5h 即可通车，1.5h 即可供飞机起降，若优化材料的配合比和施工工艺，抢修的时间还可大大缩短。

5. 沥青混合料

沥青混合料是用适量的沥青材料与一定级配的矿质集料经过充分拌和而形成的混合物，将这种混合物加以摊铺、碾压成型，即成为各种类型的沥青路面。沥青混合料是一种黏、弹、塑性材料，具有良好的力学性质；用它铺筑的路面平整、无接缝、无强反光，具有一定的粗糙度和较好的减震、吸声作用，使行车舒适，有利于行车安全；可使飞机滑跑较为平稳，不会产生在刚性道面上由于邻板高差在接缝处产生的不舒适感，同时沥青混凝土道面对基础或地基产生的不均匀沉陷有一定的适应性，并易于修整。此外，沥青混合料施工方便，不需养护，能及时开放交通，铺筑好的沥青混凝土道面只需短时间冷却后便可立即使用。

18.2.4 工程抢修抢建预制件材料

预制件材料是指各种事先已经制成的混凝土道面板制品、金属道面板与桥梁制品及各种复合材料制品。由于预制件材料均为事先按照一定规格预制好的，所以在工程抢修抢建时可以加快抢修速度、缩短抢修时间。但预制件材料较为笨重，需专门的吊装设备，同时要注意预制件之间的拼结与固定。

1. GRC 预制件材料

玻璃纤维增强水泥(GRC)是以玻璃纤维为增强材料，以水泥净浆或水泥砂浆为基体而形成的一种复合材料。GRC 复合材料弥补了水泥混凝土制品的自重大、抗拉强度低、抗冲击性能差等缺陷，其优点具体表现为以下几个：

(1) 重量轻。一是其容重只有 $1.8\sim2.1g/cm^3$，约比钢筋混凝土轻 1/5；二是制品可以做得很薄，整个制品比较轻。一般使用厚度仅 6~10mm，最薄可做到 3mm。以 1cm 厚的制品单位面积可承受抗折荷载来衡量，甚至可与预应力混凝土相比。

(2) 强度高。GRC 的比例极限抗拉强度可达 4~6MPa，破坏强度可达 9MPa，比例极限抗弯强度可达 9MPa，破坏强度可达 20~30MPa。

(3) 抗裂性好。GRC 制品变形能力大，阻裂作用好。而且属多缝开裂，裂缝微细，因此抗爆性、抗震性好，在防爆和抗震工程中有突出的优越性。

(4) 抗冲击强度高。一般可达 $15000\sim30000J/m^2$，而混凝土只有 $1000\sim2000J/m^2$。可大大提高防爆工程的抗冲击能力。

(5) 耐久性好。GRC 按冻融后强度损失不超过 25%、材料不分层、重量损失不超过 5%的标准来衡量，直接喷射工艺制成的 GRC，其抗冻融循环可达 1000 次以上。GRC 材料有适应骤冷骤热、干湿交替的能力。

(6) 可模性与可加工性好。可模性又称易成型性，刚成型的薄板可弯折、可卷缠，可以制得形状复杂的制品；GRC 制品锯、切、钉、粘均可。

鉴于上述优点，GRC复合材料与制品已广泛应用于土木建筑、农牧渔业、环境艺术、抢险救灾工程。

2. 玻璃钢道面板材料

玻璃钢是由2～3层玻璃纤维组成，层间由聚酯树脂黏合。折叠式道面板由多块板组成，这些板边缘用玻璃纤维铰接在一起，并灌注易伸缩的聚氨酯。可伸缩的铰接使板可以折叠，因此容易空运。必要时，折叠式玻璃钢道面板可以黏结在一起或切割成小块，这种板施工过程与FRP相同。

3. 金属道面板材料

金属道面板的品种很多，其中铝合金道面板是用隔框式空心结构板焊接而成的，其表面为平面，而且在上表面用环氧聚酰胺黏结砂料以提高其粗糙度，作防滑层，下表面涂有防腐剂，板的两侧边采用铰接式结构，板的端头采用插锁条结构。该铝合金道面板宽61cm，长分为3.66m和1.83m两种，厚3.81cm，每平方约重30kg。拼装一块23.6m×16.5m的铝合金道面板需20人花2h。该板在使用时可现场拼装所要的面积。为了改善道面板的性能，将铝合金道面的隔板式结构改成为蜂窝状结构，改进后的道面板具有重量轻、结构牢固、便于装配等优点。

18.3 生态环境材料

人类自诞生以来，就开始从周围环境中获取各种生活资料和生产资料。在材料的提取、制备、生产、使用及废弃的过程中，常消耗大量不可再生的资源和能源，并排放大量的污染物，造成环境污染，影响人类健康。人类在创造社会文明的同时，也在不断破坏人类赖以生存的环境空间。受人类生存活动的影响，大自然必然会发生重大变化，有些变化人们已感受到，而有些变化暂时还无法预料。

18.3.1 生态环境材料的含义

生态环境材料应是同时具有满意的使用性能和优良的环境协调性，或者是能够改善环境的材料。所谓环境协调性是指对资源和能源消耗少、对环境污染小和循环再生利用率高。生态环境材料包括环境材料、环境友好型材料、环境兼容性材料。

生态环境材料对资源和能源消耗少、对生态和环境污染小、再生利用率高或可降解和可循环利用，而且要求从材料制造、使用、废弃直至再生利用的整个寿命周期中，都必须具有与环境的协调共存性。因此，生态环境材料实质上是赋予传统结构材料、功能材料以特别优异的环境协调性的材料，它是由材料工作者在环境意识指导下，或开发新型材料，或改进、改造传统材料所获得的。

18.3.2 材料的环境影响评价

20世纪90年代初，生命周期评价((life cycle assessment，LCA)方法提出并逐渐被科学工作者所接受，成为全世界通行的材料环境评价方法，LCA方法作为一种管理工具，被列入ISO 14000的第4系列标准中，标准号为14040～14049，成为ISO 14000中6大系列标准之一，并已在ISO国际环境认证标准中规范化。

1. 材料生命周期评价方法

按国际标准化组织定义："生命周期评价是对一个产品系统的生命周期中输入、输出及其潜在环境影响的汇编和评价"。

材料生命周期评价(materials lift cycle assessment, MLCA)方法，是通过确定和量化相关的资源、能源消耗、废弃排放等来评价某种材料的环境负荷，评价过程包括该材料的寿命全过程，即原材料的提取与加工、材料的制造、运输分发、使用、废弃、循环再利用等整个生命循环过程。

生命周期评价的过程是：首先辨识和量化整个生命周期阶段中能量和物质的消耗及环境释放，然后评价这些消耗和释放对环境的影响，最后辨识和评价减少这些影响的机会。生命周期评价注重研究系统在生态健康、人类健康和资源消耗领域内的环境影响。

LCA 评价方法的技术框架一般包括四部分：目标与范围定义、编目分析、环境影响评估和结果解释。

1) 目标与范围定义

在开始进行 LCA 评价之前，必须明确地表述评估的目标和范围，以界定该材料对环境影响的大小，这是整个评估过程的出发点和立足点。

LCA 评价目标主要包括界定评价对象、实施 LCA 评价的原因、确定研究的范围和深度、研究方法、编目分析项目、确定数据类型及评价结果的输出方式。

2) 编目分析

针对评价对象收集材料系统中定量或定性地输入输出数据，并对这些数据进行分类整理和计算的过程称为编目分析，即对产品整个生命周期中消耗的原材料、能源及固体废弃物、大气污染物、水体污染物等，根据物质平衡和能量平衡进行正确的调查并获取数据的过程。需要收集的输入数据包括资源和能源消耗状况，输出数据则主要考虑具体的系统或过程对环境造成的各种影响。编目分析在 LCA 评价中占有重要的地位，后面的环境影响评估部分就是建立在编目分析的数据结果基础上的。另外，LCA 用户也可以直接从编目分析中得到评价结论，并做出解释。

3) 环境影响评价

环境影响评价是 LCA 的核心部分，也是最大的一部分。环境影响评价建立在编目分析的基础上，其目的是更好地理解编目分析数据与环境的相关性，评价各种环境损害造成的总的环境影响的严重程度，即采用定量调查所得的环境负荷数据，定量分析对人体健康、生态环境、自然环境的影响及其相互关系，并根据这种分析结果再借助于其他评价方法对环境进行综合的评价。

目前，环境影响评价方法可分成两类，即定性法和定量法。

(1) 定性影响评估方法。定性法操作简单，主要依靠专家打分，评价结果有一定的随意性和不可比性。

美国贝尔实验室评估法为典型定性评估法，此法是将产品生命周期分为 5 个阶段，即原料加工、产品制造、包装运输和销售、使用、再生处理。环境问题归纳为 5 类，即原材料选择、能源消耗、固体废弃物、废气排放、废液排放。由 5 个生命周期阶段和 5 类环境问题构成 5×5 的矩阵，并规定矩阵中元素的评分为 0～4。所有元素的和是在 0～100 的一个数值。评分是由企业提供资料，专家进行评定。

(2) 定量影响评估方法。定量方法基本上包含 4 个步骤：分类、表征、归一化和评价。

① 分类。分类是将编目条目与环境损害种类相联系并分组排列的过程，它是一个定性的、基于自然科学知识的过程。在 LCA 中将环境损害分为三类，即资源消耗、人体健康和生态环境影响。然后，又细分为许多具体的环境损害种类，如全球变暖、酸雨、臭氧层减少、沙漠化、富营养化等。一种编目条目可能与一种或多种具体的环境损害有关。

② 表征。不同编目种类造成同一种环境损害的程度不同，例如，二氧化硫和氧化氮都能引起酸雨，但同样的量引起的酸雨的浓度并不相同。表征就是对比分析和量化这种程度的过程。它是一个定量的、基本上基于自然科学的过程。

③ 归一化。由于环境影响因素有很多种，每一种影响因素的计量单位都不相同，为实现量化，通常对编目分析和表征结果数据采用加权或分级的方法进行处理，以简化评价过程，使评价结果一目了然。这个量化的处理在 LCA 应用中被称为归一化处理。该方法主要是将环境因素简化，用单因子表示最后的评价结果。

④ 评价。为了从总体上概括某一系统对环境的影响，将各种因素及数据进行分类、表征、归一化处理后，最后进行环境影响评价。这个过程主要是比较和量化不同种类的环境损害，并给出最后的定量结果。环境评价是一个典型的数学物理过程，经常要用到各种数学物理模型和方法。

4) 评价结果解释

将编目分析和环境影响评价的结果进行综合，对该过程、事件或产品的环境影响进行阐述和分析，最终给出评价的结论及建议。例如，对于决策过程，依据第一部分中定义的评价目标和范围，向决策者提供直接需要的相关信息，而不仅仅是单纯地评价数据。

以上几个阶段是相互独立的，也是相互联系的。可以完成所有阶段工作，也可以完成部分阶段的工作，几个阶段在事实中通过反馈对前一阶段进行修正。经过 10 多年的发展，作为一种有效的环境管理工具，LCA 方法已广泛地应用于生产、生活、社会、经济等各个领域和活动中，评价这些活动对环境造成的影响，寻求改善环境的途径，在设计过程中为减小环境污染提供最佳判断。

LCA 评价过程中，常需要用到一定的数学模型和数学方法(LCA 评价模型)。一般有输入输出法、线性规划法、层次分析法等。

2. LCA 的特点和存在的问题

与众多的环境评估方法相比较，LCA 无疑是更为全面的评估方法，表现在评估的科学性、评估的深度和广度：①可以进行从定性到定量的评估；②考虑产品的整个生命周期对环境的影响，而不单纯是产品生产阶段对环境的影响；③不但考虑对一个地域的影响，更考虑对生物圈的影响，同时考虑对将来潜在的影响，可全面、完整地反映当前的生态环境问题。

LCA 在评价范围、评价方法上也有局限性，包括以下几点：①LCA 所做的假设与选择可能带有主观性，同时受假设的限制，可能不适用所有潜在的影响；②研究的准确性可能受到数据的质量和有效性的限制；③由于影响评估所用的清单数据缺少空间和时间尺度，使影响结果产生不确定性。

18.3.3 土木工程材料的生态化

1. 水泥

当今发达国家非常重视开发生态水泥，在水泥生产时，改善矿物组成成分，充分利用粉煤灰等废弃物及废料做燃料燃烧等，水泥可以实现生态化要求。

(1) 高性能水泥。高性能水泥的三大特征为高强度、优异耐久性和低环境负荷。从提高熟料和辅助胶凝材料的胶凝性等方面来提高水泥性能，包括强度性能和耐久性能，大幅度降低水泥熟料的用量。充分利用工业废渣的潜在胶凝性，使其在水泥混凝土中的利用从单纯的增加产量为目的，转化为既降低环境负荷又使之作为高性能水泥中不可或缺的性能调节组分。

(2) 高贝利特水泥。国际上水泥工业节能技术的另一个重大突破表现在研究开发低钙硅比的以贝利特为主要成分的高贝利特硅酸盐水泥。该水泥以硅酸二钙为主要矿物成分，除具有高耐久性的优点(改善混凝土脆性、降低水化热、提高混凝土工作性等)，还具有显著的节能和节约资源的效果。日本、印度已有小规模化生产并成功地将高贝利特水泥制成高性能混凝土应用于各种工程。我国对高贝利特水泥的研究开发已达到国际先进水平，熟料烧成温度比传统硅酸盐水泥低，节煤20%～30%，CO_2的总排放量减少20%～25%，且可利用低品位石灰石矿石。

(3) 生态水泥。水泥工业利用废弃物及生活垃圾生产所谓"生态水泥"的研究已成为世界范围的"热点"。国际上出现将垃圾、污泥等焚烧和水泥煅烧相结合，在利用垃圾可燃热量的同时以焚烧灰做原料的生产技术，该技术不仅替代了部分燃料，而且燃烧产生的灰渣作为水泥原料被加以利用。利用水泥回转窑处理生活垃圾是一种有效的方式。

2. 混凝土

混凝土的生态化技术应用相对已比较成熟，其中包括如下。

(1) 生态混凝土。大量利用工业固体废弃物作为高活性细掺料，直接作为"第六组分"大量替代(最多可达到60%～80%)高能耗的水泥熟料，制成的"绿色混凝土"，环保效果非常显著，是混凝土生态化的发展方向。

(2) 植物相容型生态混凝土。利用多孔混凝土空隙部位的透气、透水等性能来种植小草、低的灌木等植物，可绿化河川护堤、美化环境。

(3) 透水混凝土。与传统混凝土相比，其最大特点是具有15%～30%的连通孔隙，具有透气性和透水性，用于铺筑道路，能够扩大城市的透水、透气面积，减少噪声，对调节城市空间的温度和湿度、维持地下水位和生态平衡、减少热岛效应等非常有意义。

(4) 再生混凝土。以经破碎的建筑废弃混凝土作为集料而制备的混凝土称为再生混凝土。再生混凝土利用了大量的难以处理的建筑废弃物，从而节约资源、保护城市环境。

3. 节能保温玻璃

门窗玻璃是不可替代的住宅建筑材料。传统门窗玻璃一方面具有采光和挡风避雨的优点，另一方面又是散热的主要建筑部件。发展先进的门窗材料和门窗结构是建筑节能的重要方面，所以玻璃材料的保温隔热技术至关重要。目前节能保温玻璃品种主要有夹层玻璃、中空玻璃、吸热玻璃、镀膜玻璃等。随着现代化科技的不断发展，在这一领域陆续出现了许多玻璃深加工产品，除上述玻璃，还有低辐射玻璃、电敏感玻璃、调光玻璃、电磁屏蔽玻璃、真空玻璃等，赋予玻璃隔声、吸声、隔热、不燃等特性。可将它们组合成复合的构造形式，来达到绿色建筑的保温和采光要求。

(1) 吸热中空玻璃或热反射中空玻璃。吸热玻璃或热反射玻璃都是以吸收或反射的方式遮蔽太阳辐射热，但传热系数较高。将这两种玻璃与普通玻璃组合，中间封入特种气体做成中空玻璃，其传热系数大大降低。这种复合玻璃既能使太阳辐射的进入量得到适当控制，又有较好的保温性能。

(2) 低辐射-热反射中空玻璃。将热反射玻璃放置在外侧，低辐射玻璃放置在内侧复合而成。它既能极好地遮蔽太阳的辐射热，又具有极低的传热系数，是一种理想的组合。

(3) 硅气凝胶特种玻璃。硅气凝胶是一种聚合物，外观如同有机玻璃，轻质透明而坚硬，是一种效能特别高的保温隔热材料，其保温性能比同样厚度的泡沫塑料大 4 倍，在未来的玻璃产品中掺入硅气凝胶，可使门窗的保温性能大幅度提高。

4. 墙体材料

墙体材料的绿色化主要表现在大量利用工业废渣替代天然资源生产墙体材料。

(1) 用工业废渣代替黏土制造空心砖(粉煤灰砖、煤矸石砖、页岩砖、矿渣砖、煤渣砖等)。

(2) 工业废渣替代水泥制造混凝土砌块、加气混凝土砌块与墙板、纤维水泥板、硅酸钙板等。其中最值得利用的是粉煤灰。事实上，粉煤灰经适当处理后，可制造价值更高的墙体材料，如高性能混凝土砌块、压蒸纤维增强粉煤灰水泥墙板、加气混凝土砌块与条板等。

(3) 用粉煤灰烧结陶粒或非烧结的轻集料。

(4) 磷石膏、氟石膏、排烟脱硫石膏等废渣可代替天然石膏制石膏板、石膏砌块等。

(5) 废弃的泡沫聚苯乙烯经破碎后作为轻集料，与水泥、粉煤灰制成的砌块或墙板，其防火性能显著高于大块的泡沫聚苯乙烯板。

5. 陶瓷材料

陶瓷材料绿色化的很重要的发展方向是推广使用节水型卫生瓷产品，以最大限度地节约水资源。

新型蓄光性自发光陶瓷是陶瓷材料中一个很有特色的节能型产品。蓄光性自发光材料在有可见光、紫外线等光源照射时，该材料能将其光能储蓄起来，当光源撤离后在黑暗状态下，再将所储蓄的光能缓慢释放而产生荧光现象，既保持了自发光材料的功能，又具有耐久性好等陶瓷材料的特性。而且与传统自发光材料不同的是，新型自发光陶瓷无毒无放射性。可用于紧急疏散指示标志及高速公路、立交桥、地下交通等场所的夜视标志。

土木工程材料实验

实验 1　材料的基本物理性质实验

1. 密度

1) 实验目的

掌握材料密度的测试方法，实验以普通黏土砖、灰砂砖或石材等材料为例。

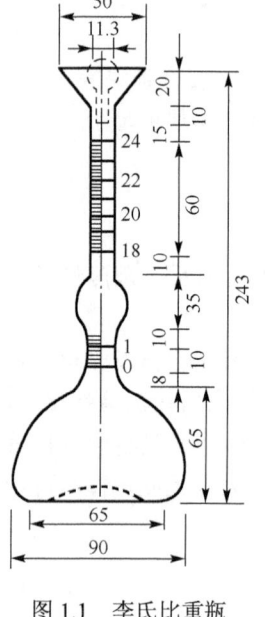

图 1.1　李氏比重瓶

2) 主要仪器

①李氏瓶(如图 1.1)；②天平(称量 500g，感量 0.01g)；③筛子(孔径 0.2mm 或 900 孔/cm²)；④烘箱；⑤干燥器；⑥温度计等。

3) 实验步骤

(1) 将试样磨细、过筛后放入烘箱内，以 105～110℃的温度烘至恒重，然后放入干燥器中，冷却至室温备用。

(2) 向李氏瓶中注入对试样不起化学反应的液体至突颈下部，记下刻度数。将李氏瓶放在恒温水浴锅中，实验过程中水温为 20℃。

(3) 用天平称取 60～90g 试样。用小勺和漏斗将试样徐徐送入李氏瓶内(不可大量倾倒，否则会妨碍李氏瓶中的空气排出或使咽喉部位堵塞)，至液面上升接近 20ml 的刻度。称量剩余试样，计算送入李氏瓶中试样的质量 m(g)。

(4) 将注入试样后的李氏瓶中液面的读数，减去未注前的读数，得出试样的绝对体积 V(cm³)。

4) 结果计算

(1) 按下式计算密度 ρ (精确至 0.01g/cm³)：

$$\rho = \frac{m}{V} \tag{1.1}$$

(2) 按规定以两次实验结果的平均值表示，两次相差不应大于 0.02g/cm³，否则重做。

2. 表观密度

1) 实验目的

掌握一般材料表观密度的测试方法。

2) 主要仪器

①天平(称量 1000g，感量 0.1g)；②游标卡尺(精度 0.1mm)；③烘箱；④直尺(精度为 1mm)。如试样较大时可用台秤(称量 10kg，感量 50g)。

3) 实验步骤

(1) 将试件放入烘箱内，以 105～110℃的温度烘至恒重，然后放入干燥器中，冷却至室温备用。

(2) 用游标卡尺量出试件尺寸。当试件为正方体或平行六面体时，在长、宽、高(a、b、c) 各方向量上、中、下三处，各取三次平均值，按下式计算体积：

$$V_0 = \frac{a_1+a_2+a_3}{3} \times \frac{b_1+b_2+b_3}{3} \times \frac{c_1+c_2+c_3}{3} \quad (\text{cm}^3) \quad (1.2)$$

当试件为圆柱体时，以两个互相垂直的方向量直径，各方向量上、中、下三处，取六次的平均直径 d，以互相垂直的两直径与圆周交界的四点上量高度，取四次的平均高度 h。按下式计算体积：

$$V_0 = \frac{\pi d^2}{4} \times h \quad (\text{cm}^3) \quad (1.3)$$

(3) 用天平或台秤称质量 m(g)。

4) 结果计算

(1) 按下式计算表观密度 ρ_0：

$$\rho_0 = \frac{m}{V_0} \times 1000 \quad (\text{g/cm}^3) \quad (1.4)$$

(2) 按规定以三次实验结果的平均值表示。

3. 孔隙率

将密度和表观密度代入下式计算孔隙率 P（精确至 0.01%）：

$$P = \left(1 - \frac{\rho_0}{\rho}\right) \times 100\% \quad (1.5)$$

4. 吸水率

1) 实验目的

掌握一般材料吸水率的测试方法。

2) 主要仪器

①天平（称量 1000g、感量 0.1g）；②游标卡尺（精度 0.1mm）；③烘箱；④玻璃（或金属）盆等。

3) 实验步骤

(1) 将试件放入烘箱中，以 105~110℃ 的温度烘至恒重，然后放入干燥器中，冷却至室温备用。

(2) 用天平称其质量 m(g)，将试件放入金属盆或玻璃盆中，可在盆底放置垫条，如玻璃管或玻璃杆，使试件底面不致与盆底紧贴，试件之间相隔 1~2cm，使水能够自由进入。

(3) 加水至试件高的 1/3 处；过 24h 后，再加水至高度的 2/3 处；再过 24h，又再加满水至试件上表面 2cm 以上，再放置 24h。逐次加水可使试件孔隙中的空气逐渐逸出。

(4) 取出试件，抹去表面水分，称其质量 m_1(g)。

(5) 为检查试件是否吸水饱和，可将试件再浸入水中至高度的 3/4 处，过 24h 重新称量，两次质量之差不得超过 1%。

4) 按下列公式计算吸水率 W：

$$W_{质量} = \frac{m_1 - m}{m} \times 100\%; \quad (1.6)$$

$$W_{体积} = \frac{m_1 - m}{V_0} \times 100\% = W_{质量} \times \rho_0 \tag{1.7}$$

按规定以三个试件吸水率的平均值表示(精确至 0.01%)。

实验 2　水泥性能实验

本实验根据国家标准《通用硅酸盐水泥》(GB 175—2007)、《水泥细度检验方法　筛析法》(GB/T 1345—2005)、《水泥比表面积测定方法　勃氏法》(GB/T 8074—2008)、《水泥标准稠度用水量、凝结时间、安定性检验方法》(GB/T 1346—2011)及《水泥胶砂强度检验方法》(GB/T 17671—1999)测定水泥的有关物理和力学性能。

水泥性能实验的一般规定如下:

(1)取样方法:以同一水泥厂同期到达同品种、同标号的水泥为一个取样单位,散装水泥一批的总量不得超过 500t,袋装水泥一批的总量不得超过 200t,取样要有代表性,可连续取样,也可从 20 个不同部位取等量样品,总量不少于 12kg。

(2)取得的试样应充分搅拌,通过 0.9mm 方孔筛,记录筛余百分数及性质。

(3)实验室的温度为(20±2)℃,相对湿度大于 50%。养护箱的温度为(20±1)℃,相对湿度大于 90%。

(4)实验室用水必须是干净的淡水。

实验目的

根据国家相关标准进行水泥的细度测定(包括筛余量与比表面积)、水泥标准稠度用水量测定、水泥凝结时间的测定、水泥安定性的测定和水泥胶砂强度实验,掌握相应的测试方法。

1. 水泥细度(筛析法)

按照国家标准《通用硅酸盐水泥》(GB 175—2007)的规定,水泥细度检验有筛析法和比表面积法。比表面积法适合于硅酸盐水泥和普通硅酸盐水泥,筛析法适合于其他水泥。

筛析法又分负压筛法、水筛法和手工筛析法,在检验中,当其他方法与负压筛法发生争议时,以负压筛法为准。下面分别介绍负压筛法、手工筛析法、水筛法。

1) 负压筛法

(1)主要仪器设备。

①负压筛:负压筛由圆形筛框和筛网组成,筛孔为 0.080mm;②负压筛析仪:它由筛座、负压筛、负压源及收尘器组成。

(2)实验方法。

①筛析前,把负压筛放在筛座上,盖上筛盖,接通电源,调节负压为 4000~6000Pa。

②称取试样 25g,放入负压筛中,盖上盖,置于筛座上。

③开动筛析仪连续筛析 2min,轻轻地敲打盖上附着的试样,停机后,用天平称量筛余物。

④水泥试样筛余百分数按下式计算(准确至 0.1%)。

$$F = \frac{R}{W} \times 100\% \tag{2.1}$$

式中,F 为水泥试样的筛余百分数,%;R 为水泥筛余物的质量,g;W 为水泥试样的质量,g。

2)水筛法

(1)主要仪器设备。

①标准筛:方孔筛筛孔直径 0.080mm,筛板框有效直径 125mm,高 80mm;②筛支座:能带动筛子转动,转速为 50r/min;③喷头:直径 55mm,上面分布 90 个孔,孔径 0.5~0.7mm;④天平,最小分度值不大于 0.01g;⑤烘箱等。

(2)实验方法。

①称取水泥试样 25g,倒入水筛内,立即用洁净的自来水冲洗至大部分细粉通过,再将筛子置于筛座上用(0.05±0.02)MPa 水压连续冲洗 3min。

②筛毕取下,将筛余物用水冲到一边,把筛余物全部移动到蒸发皿上将水倒出。

③烘干,称量(精确至 0.1g),以其读数乘以 2,即得筛余百分数。

④结果评定以一次检验所得的结果作为最后的结果。

3)手工筛析法

(1)主要仪器设备。

标准筛:筛布同水筛法,筛框有效直径 150mm,高 50mm。

(2)实验方法。

①称取试样 25g 倒入筛内,并加盖,用手执筛往复摇动,另一只手轻轻拍打,拍打速度为 120 次/min,每 40 次向同一方向转动 60°,使试样均匀分布在筛网上,直至每分钟通过的试样量不超过 0.03g,称筛余量。

②实验结果按下式计算筛余百分数(准确至 0.1%):

$$F = \frac{R}{W} \times 100\% \tag{2.2}$$

式中,符号的意义同负压筛法。

2. 水泥细度(比表面积法)

1)试验设备及条件

(1)试验仪器与设备。

①透气仪:勃氏比表面积透气仪,分手动和自动两种,均应符合 JC/T 956 的要求;②烘箱:控制温度灵敏度±1℃;③分析天平:分度值为 0.001g;④秒表:精确至 0.5s。

(2)水泥样品。

水泥样品按 GB 12573 进行取样,先通过 0.9 mm 方孔筛,再在(110±5)℃下烘干 1h,并在干燥器中冷却至室温。

(3)基准材料。

GSB 14—1511 或相同等级的标准物质。有争议时以 GSB 14-1511 为准。

(4)压力计液体。

采用带有颜色的蒸馏水或直接采用无色蒸馏水。

(5)滤纸。

采用符合 GB/T 1914 要求的中速定量滤纸。

(6)汞。

分析纯汞。

(7) 试验室条件。

相对湿度不大于 50%。

2) 操作步骤

(1) 测定水泥密度。

按 GB/T 208 测定水泥密度。

(2) 漏气检查。

将透气圆筒上口用橡皮塞塞紧,接到压力计上。用抽气装置从压力计一臂中抽出部分气体,然后关闭阀门,观察是否漏气。如果发现漏气,可用活塞油脂加以密封。

(3) 空隙率(ε)。

PI、PII 型水泥的空隙率采用 0.500±0.005,其他水泥或粉料的空隙率选用 0.530±0.005。

当按上述空隙率不能将试样压至 7.5 条规定的位置时,则允许改变空隙率。

空隙率的调整以 2000g 砝码(5 等砝码)将试样压实至步骤(5)规定的位置为准。

(4) 确定试样量。

试样量按下式计算:

$$m = \rho V(1-\varepsilon) \tag{2.3}$$

式中,m 为需要的试样量,g;ρ 为试样密度,g/cm³;V 为试料层体积,按 JC/T 956 测定,cm³;ε 为试料层空隙率。

(5) 试料层制备。

① 将穿孔板放入透气圆筒的突缘上,用捣棒把一片滤纸放到穿孔板上,边缘放平并压紧。称取按式(2.3)确定的试样量,精确至 0.001g,倒入圆筒。轻敲圆筒边缘,使水泥层表面平坦。再放入一片滤纸,用捣器均匀捣实试料直至捣器的支持环与圆筒顶边接触,并旋转 1~2 圈,慢慢取出捣器。

② 穿孔板上的滤纸为 Φ12.7mm 边缘光滑的圆形滤纸片。每次测定需用新的滤纸片。

(6) 透气试验。

① 把装有试料层的透气圆筒下锥面涂一薄层活塞油脂,然后把它插入压力计顶端锥型磨口处,旋转 1~2 圈。要保证紧密连接不致漏气,并不振动所制备的试料层。

② 打开微型电磁泵慢慢从压力计一臂中抽出空气,直到压力计内液面上升到扩大部下端时关闭阀门。当压力计内液体的凹月面下降到第一条刻线时开始计时,当液体的凹月面下降到第二条刻线时停止计时,记录液面从第一条刻度线到第二条刻度线所需的时间。以秒记录,并记录试验时的温度(℃)。每次透气试验,应重新制备试料层。

3) 计算

(1) 当被测试样的密度、试料层中空隙率与标准样品相同,且试验时的温度与校准温度之差不大于 3℃时,可按下式计算:

$$S = \frac{S_S \sqrt{T}}{\sqrt{T_S}} \tag{2.4}$$

如试验时的温度与校准温度之差大于 3℃时,则按下式计算:

$$S = \frac{S_S \sqrt{\eta_S} \sqrt{T}}{\sqrt{\eta} \sqrt{T_S}} \tag{2.5}$$

式中，S 为被测试样的比表面积，cm^2/g；S_S 为标准样品的比表面积，cm^2/g；T 为被测试样试验时，压力计中液面降落测得的时间，s；T_S 为标准样品试验时，压力计中液面降落测得的时间，s；η 为被测试样试验温度下的空气黏度，$\mu Pa \cdot s$；η_s 为标准样品试验温度下的空气黏度，$\mu Pa \cdot s$。

(2) 当被测试样的试料层中空隙率与标准样品试料层中空隙率不同，试验时的温度与校准温度之差不大于 3℃时，可按下式计算：

$$S = \frac{S_S \sqrt{T}(1-\varepsilon_S)\sqrt{\varepsilon^3}}{\sqrt{T_S}(1-\varepsilon)\sqrt{\varepsilon_S^3}} \tag{2.6}$$

当试验时的温度与校准温度之差大于 3℃时，则按下式计算：

$$S = \frac{S_S \sqrt{\eta_S}\sqrt{T}(1-\varepsilon_S)\sqrt{\varepsilon^3}}{\sqrt{\eta}\sqrt{T_S}(1-\varepsilon)\sqrt{\varepsilon_S^3}} \tag{2.7}$$

式中，ε 为被测试样试料层中的空隙率；ε_S 为标准样品试料层中的空隙率。

(3) 当被测试样的密度和空隙率均与标准样品不同，试验时的温度与校准温度之差不大于 3℃时，可按下式计算：

$$S = \frac{S_S \rho_S \sqrt{T}(1-\varepsilon_S)\sqrt{\varepsilon^3}}{\rho \sqrt{T_S}(1-\varepsilon)\sqrt{\varepsilon_S^3}} \tag{2.8}$$

当试验时的温度与校准温度之差大于 3℃时，则按下式计算：

$$S = \frac{S_S \rho_S \sqrt{\eta_S}\sqrt{T}(1-\varepsilon_S)\sqrt{\varepsilon^3}}{\rho \sqrt{\eta}\sqrt{T_S}(1-\varepsilon)\sqrt{\varepsilon_S^3}} \tag{2.9}$$

式中，ρ 为被测试样的密度，g/cm^3；ρ_S 为标准样品的密度，g/cm^3。

4) 结果处理

(1) 水泥比表面积应由二次透气试验结果的平均值确定。如二次试验结果相差 2%以上时，应重新试验。计算结果保留至 $10cm^2/g$。

(2) 当同一水泥用手动勃氏透气仪测定的结果与自动勃氏透气仪测定的结果有争议时，以手动勃氏透气仪测定结果为准。

根据国家标准《通用硅酸盐水泥》(GB/T 175—2007) 的规定，硅酸盐水泥与普通硅酸盐水泥的比表面积大于 $300m^2/kg$ 为合格，否则为不合格。

3. 水泥标准稠度用水量测定

1) 实验材料

水泥、水，其要求见水泥检验的一般规定。

2) 仪器及设备

(1) 标准稠度测定仪。

① 代用法维卡仪：如图 2.1 所示，滑动部分的质量为 (300±1)g，试锥锥底直径为 40mm，高为 (50±1.0)mm，装净浆用的锥模上口径 60mm，高 70mm。

② 标准法维卡仪：如图 2.1 所示，标准试杆由有效长度为 (50±1)mm、有效直径为 (10±0.05)mm 的圆柱形耐腐蚀金属制成。试模由耐腐蚀并有足够硬度的金属制成。试模为深

(40±0.2)mm、顶内径(65±0.5)mm、底内径(75±0.5)mm的截顶圆锥体。每只试模配一个厚度4～5mm的平板玻璃片。

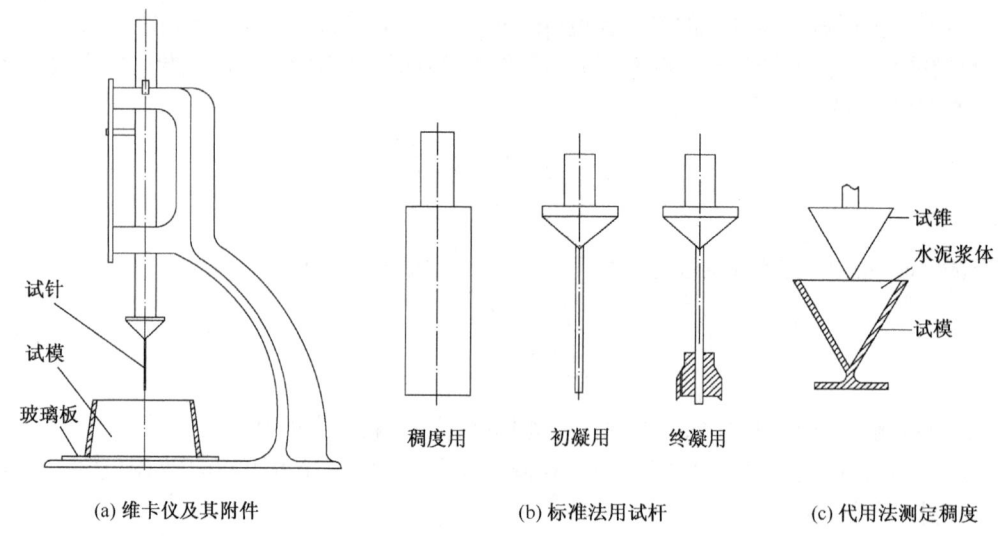

图 2.1　维卡仪及其附件

(2)水泥净浆搅拌机由搅拌锅和搅拌叶片组成。

(3)量水器(精度±0.5 ml)、天平(最大称量不小于1000 g，分度值不大于1 g)。

3)实验步骤

(1)代用法。

① 调整用水量方法。

实验前需检查仪器：金属棒应能自由滑动，当试锥降至顶面位置时，指针应对准标尺零点，搅拌机运转正常。

水泥净浆的拌制：用湿布将水泥净浆搅拌机的搅拌锅及叶片擦湿，将称好的500g水泥试样倒入锅内。将锅固定在搅拌机的锅座上，升至搅拌位置。

开动机器，同时慢慢地加水，慢速搅拌120s，停拌15s，接着快速搅拌120s停机。

拌和结束后，立即将拌制好的水泥净浆装入锥模中，用宽约25 mm的直边刀在浆体表面轻轻插捣5次，再轻振5次，刮去多余的净浆；抹平后迅速放到试锥下面固定的位置上，将试锥降至净浆表面拧紧螺丝，然后突然放松，让试锥自由沉入净浆中，到试锥停止下沉时记录试锥下沉的深度。全部操作应在1.5min内完成。

② 固定用水量法。

水泥用量为500g，拌和用水量为142.5ml。测定方法与调整用水量法相同。

(2)标准法。

拌和结束后，立即取适量水泥净浆一次性将其装入已置于玻璃底板上的试模中，浆体超过试模上端，用宽约25mm的直边刀轻轻拍打超出试模部分的浆体5次以排除浆体中的孔隙，然后在试模上表面约1/3处，略倾斜于试模分别向外倾；轻锯掉多余净浆，再从试模边沿轻抹顶部一次，使净浆表面光滑。在锯掉多余净浆和抹平的操作过程中，注意不要压实净浆；抹平后，将试模放到维卡仪上，并将中心定在试杆下，降低试杆至与水泥接触，拧紧螺丝1～2s后，突然放松，使试杆自由地沉入水泥浆中。在试杆停止沉入或释放试杆30s时记录试杆与底板的距离，升起试杆后，将试杆擦净，整个过程在1.5min内完成。

4) 实验结果

(1) 代用法。

① 调整用水量法。

试锥下沉的深度为(30±1)mm时的拌和用水量为水泥的标准稠度用水 P，以水泥质量的百分数计，按下式计算：

$$P = \frac{W}{500} \times 100\% \tag{2.10}$$

式中，W 为拌和用水量，ml。

如果试锥下沉的深度超出上述范围，实验需重做至达到(30±1)mm。

② 固定用水量法。

根据测得试锥下沉的深度 S(mm) 按下式（或仪器上对应标尺）计算得到标准稠度用水 P(%)：

$$P = 33.4 - 0.185S \tag{2.11}$$

式中，S 为试锥下沉的深度，mm。

当试锥深度 S 小于 13mm 时，应用调整用水量法。

(2) 标准法。

试杆沉入净浆与底板距(6±1)mm的水泥净浆为标准稠度净浆。其拌和用水量为该水泥标准稠度用水量 P，按水泥质量的百分比计。

4. 水泥凝结时间的测定

1) 实验材料

水泥、水，其要求同水泥检验的一般规定。

2) 仪器及设备

①凝结时间测定仪：同用标准法测定标准稠度时所用仪器相同，但试杆（试锥）换成试针，见图 2.1；②水泥净浆搅拌机；③标准养护箱。

3) 实验步骤

(1) 将圆模放在玻璃板上，在内侧涂上一层机油，调整凝结时间测定仪的试针接触玻璃板时，指针应对准标尺零点。

(2) 称取水泥试样 500g，按标准稠度用水量加水制备标准稠度的水泥净浆，方法同前。立即一次装入圆模，用手振动数次刮平，放入湿气养护箱内。记录开始加水的时间作为凝结时间的起始时间。

(3) 凝结时间的测定：试样在潮湿汽养护箱中养护至加水后 30min 时进行第一次测定。

(4) 测定时，从湿气养护箱取出圆模放到试针下，使试针与圆模接触，拧紧螺丝 1~2s 后放松，试针垂直自由沉入净浆，观察试针停止下沉的指针读数。当试针沉至距底板(4±1)mm时，即水泥达到初凝状态；由水泥全部加入水中至初凝状态的时间为水泥的初凝时间。

(5) 终凝时间测定时，为了准确观察试针沉入的情况，在终凝试针上安装一个环形附件（图 2.1）。在完成初凝时间测定后，将试模连同浆体以平移的方式从玻璃板取下，翻转 180°，直径大端朝上，小端朝下，放在玻璃板上，再放入湿气养护箱内继续养护，至试针沉入试体0.5mm 时，即环形附件开始不能在试体上留下痕迹时，水泥达到终凝状态，由水泥全部加入水中至终凝状态为水泥的终凝时间。

注意事项：在最初测定的操作时，应轻轻地扶持金属棒，使其徐徐下降以防试针撞弯，但结果以自由下落为准；在整个操作过程中试针沉入的位置至少要距圆模内壁 10mm。临近初凝时，每隔 5min 测定一次，临近终凝时每隔 15min（或更短时间）测定一次，到达初凝时应立即重复测一次，当两次结论相同时才能确定到达初凝状态，到达终凝时，需要在试体另外两个不同点测试，确认结论相同才能确定到达终凝状态。每次测定不得让试针落入原针孔，每次测定完毕须将试针擦净并将圆模放回湿气养护箱内。

国家标准《通用硅酸盐水泥》（GB 175—2007）规定：硅酸盐水泥的初凝时间不得小于 45min，终凝时间不得大于 390min，根据国家标准评定水泥凝结时间是否合格。

5. 水泥安定性的测定

1）实验材料

水泥、水，其要求同水泥检验的一般规定。

2）仪器及设备

①雷氏夹膨胀值测定仪：标尺最小刻度为 0.5mm；②雷氏夹：由铜质材料制成，其结构如图 2.2 所示，雷氏夹必须符合如下要求：当一根指针的根部用尼龙丝或金属丝悬挂有 300g 砝码时，两针的间距增加值 2x 应为 (17.5±2.5)mm，当卸掉砝码时，指针应回到初始状态，见图 2.3；③沸煮箱：有效容积为 410mm×240mm×310mm，内设箅板和加热器，能在 (30±5)min 内将水箱内的水由室温升至沸腾，并可保持沸腾 3h 而不加水；④水泥净浆搅拌机；⑤标准养护箱；⑥其他：天平、量水器。

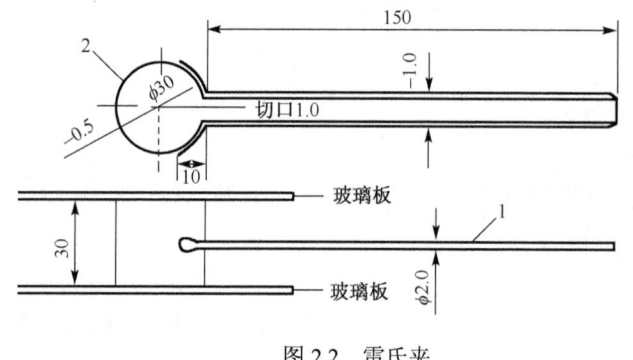

图 2.2　雷氏夹

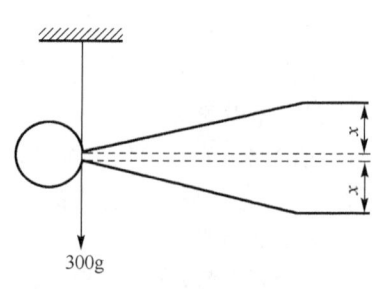

图 2.3　雷氏夹受力示意图

3）实验步骤

(1) 测定前的准备工作。

若采用雷氏法，每个雷氏夹需配备两个边长或直径约 80mm、厚度 4~5mm 的玻璃板，凡与水泥净浆接触的玻璃板和雷氏夹表面都要涂上一层油。

(2) 水泥标准稠度净浆的制备。

称取 500g（精确至 1g）水泥，以标准稠度用水量，用水泥净浆搅拌机搅拌水泥净浆，方法同前面一样。

(3) 试饼的成型方法。

将制好的净浆取出一部分后分成两等份，使之成球形，放在准备好的玻片上，将其做成直径 70~80mm、中心厚约 10mm、边缘渐薄、表面光滑的试饼，接着将试饼放入养护箱内养护 (24±2)h。

(4)雷氏夹试件的制备方法。

将雷氏夹放在已擦油的玻璃上,并将已制好的标准稠度净浆装满试模,装模时一只手轻轻地扶持试模,另一只手用宽约 25 mm 的直边刀在浆体表面轻轻插捣 3 次,然后抹平,盖上涂油的玻璃板,移到养护箱内养护(24±2)h。

(5)沸煮。

调整沸煮箱内的水位,保证在整个沸煮过程中都漫过试件,中途不需加水,同时又能在(30±5)min 内升至沸腾。

(6)试件的检验。

脱去玻璃板取下试件。当用试饼法时先检查试饼是否完整(如已开裂翘曲要检查原因,确证无外因时,试饼已属不合格产品不必沸煮),在试饼无缺陷的情况下,将试饼放在沸煮箱的水中篦板上,然后在(30±5)min 内加热至沸腾,并恒沸(180±5)min;当用雷氏法时,先测量指针之间的距离(A),精确至 0.5mm,接着将试件放到水中篦板上,然后在(30±5)min 内加热至沸腾,并恒沸(180±5)min。沸煮结束,放掉箱中热水,打开箱盖,待箱体冷却至室温,取出试件进行判定。

4)实验结果

(1)试饼法。

目测未发现裂缝,用直尺检查也没有弯曲的试饼为安定性合格,反之为不合格。当两个试饼判定结果有矛盾时,该水泥的安定性为不合格。

(2)雷氏夹。

测量试件指针尖端间的距离(C),准确至 0.5mm。当两个试件煮后增加的距离($C-A$)的平均值不大于 5.0mm 时,即认为该水泥安定性合格,当两个试件煮后增加距离($C-A$)的平均值大于 5.0 mm 时,应用同一样品立即重做一次实验。

5)实验结论

根据国家标准评定水泥安定性是否合格。

6. 水泥胶砂强度实验

1)实验材料

水泥、标准砂、水,其要求同水泥检验的一般规定。

2)仪器及设备

(1)水泥胶砂搅拌机。水泥胶砂搅拌机为双转叶片式,搅拌锅和搅拌叶做相反转动。叶片和锅由耐磨金属材料制成,叶片与锅底、锅壁之间的间隙为(1.5±0.5)mm。

(2)胶砂振实台。胶砂振实台应符合 JC/T682 要求。

(3)试模及下料漏斗。①试模:试模为可装卸的三联模,由隔板、端板、底座组成,模槽高、宽均为(40±0.2)mm;②下料漏斗:下料漏斗由漏斗和模套组成。

(4)抗折实验机。抗折实验机为杠杆电动抗折实验机,两支承圆钢柱的距离为 100mm,游码在丝杆的带动下移动。

(5)抗压实验机及抗压夹具。抗压实验机在较大的(即 4/5)量程范围内使用时荷载的误差为±1%,并按(2400±200)N/s 的加荷速率加荷。抗压夹具由硬质钢材组成,其长度不小于40mm,宽度不小于(40±0.1)mm,加压面必须平整。

(6)三角刮刀。断面为三角形,有效长度为 26mm。

(7)天平等。

3）实验方法

(1)试件成型。

① 成型前将试模擦净，四周的模板与底座的接触面上应涂黄油，紧密装配，防止漏浆，内壁均匀涂一薄层机油。

② 水泥与标准砂的质量比为1:3.0，水灰比为0.50。每成型3条试件需称量水泥(450±2)g，标准砂(1350±5)g，拌和用水量(225±1)g。

③ 先将水加入锅里，再加入水泥，把锅放在水泥胶砂搅拌机固定架上，上升至固定位置。立即开动机器，低速搅拌30s后，在第二个30s开始的同时均匀地将砂子加入，把机器转至高速再拌30s。停拌90s，在第一个15s内用一胶皮刮具将叶片和锅壁上的胶砂刮入锅中间。在高速下继续搅拌60s。各个搅拌阶段，时间误差应在±1s以内。

④ 将空试模和模套固定在振实台上。用勺子直接从搅拌锅里将胶砂分两层装入试模，装第一层时，每个槽里约放300g胶砂，用大播料器垂直架在模套顶部，沿每个模槽来回一次将料层播平，接着振实60次。再装第二层胶砂，用小播料器播平，再振实60次。移走模套，从振实台上取下试模，用一金属直尺以近似90°的角度架在试模顶的一端，然后沿试模长度方向以横向锯割动作慢慢向另一端移动，一次将超过试模部分的胶砂刮去，并用同一直尺以近乎水平的情况下将试件表面抹平。

在试模上做标记或加字条标明试件编号。

(2)试件的脱模及养护。

① 脱模前的处理和养护。

去掉留在模子四周的胶砂。立即将做好标记的试模放入雾室或湿箱的水平架子上养护，湿空气应能与试模各边接触。养护时不应将试模放在其他试模上。一直养护到规定的脱模时间取出脱模。脱模前，用防水墨汁或颜料笔对试件进行编号和做其他标记。两个龄期以上的试件，在编号时应将同一试模中的三条试件分在两个以上龄期内。

② 脱模。

脱模时应非常小心。对于24h龄期的，应在破型试验前20min内脱模；对于24h以上龄期的，应在成型后20~24h脱模。已确定作为24h龄期(或其他不下水直接做试验)的已脱模试件，应用湿布覆盖至做试验时。

③ 水中养护。

将做好标记的试件立即水平或竖直放在(20±1)℃水中养护，水平放置时刮平面应朝上。试件放在不易腐烂的篦子上，并彼此间保持一定间距，以让水与试件的六个面接触。养护期间试件之间间隔或试件上表面的水深不得小于5mm。

4）强度实验

(1)龄期。

根据各龄期的抗折强度和抗压强度实验结果评定水泥的强度等级。各龄期的试体必须在表2.1要求的时间内进行强度实验。

表2.1 水泥胶砂强度测试时间要求

龄期	时间
3d	3d±45min
28d	28d±8h

(2)抗折实验。

每龄期取出三条试体先做抗折强度实验。实验前擦去试体表面的水分和砂粒，清除夹具上的杂物，试体放入抗折夹具内，应使侧面与圆柱接触。试体放入前应使杠杆成平衡状态。试体放入后调整夹具，使杠杆在试体折断时尽可能地接近平衡位置。抗折实验加荷速度为 (50±10) N/s。

(3) 抗折强度计算。

抗折强度按下式计算：

$$R_f = 1.5 F_f L / b^3 \tag{2.12}$$

式中，R_f 为抗折强度，MPa（精确至 0.1MPa）；F_f 为破坏荷载，N；L 为支撑圆柱中心距，即 100mm；b 为棱柱体正方形截面的边长，mm。

根据式 (2.12) 计算出的抗折强度，以三块试体的平均值为实验结果。当三个强度值中有一个超过平均值±10%时，应予以剔除，以余下的两块计算平均值，并作为抗折强度实验结果。

(4) 抗压强度实验。

① 抗折强度实验后的六个断块应立即进行抗压强度实验。抗压实验需用抗压夹具做。实验前应清除试体受压面与加压板间的砂粒或杂物。实验时以试体的侧面作为受压面，试体的底面靠紧夹具，并使夹具对准压力机压板中心。

② 压力机加荷速度应控制在 (2400±200) N/s，在接近破坏时更应严格控制。

③ 抗压强度按下式计算：

$$R_c = F_c / A \tag{2.13}$$

式中，R_c 为抗压强度，MPa（精确至 0.1MPa）；F_c 为破坏荷载，N；A 为受压面积，mm² (40mm×40mm=1600mm²)。

5) 实验结果

抗压强度六个测定值的算数平均值作为抗压强度实验结果。如果六个测定值中有一个超出六个平均值的±10%，就应剔除这个结果，用剩下的五个值进行算数平均，如果五个测定值中再有超出它们平均数±10%的，则此组结果作废。

6) 实验结论

根据各龄期的抗折强度和抗压强度实验结果，评定水泥强度等级。

实验 3　混凝土用砂、石骨料实验

本实验根据国家标准《建设用砂》(GB/T 14684—2011)、《建设用卵石、碎石》(GB/T 14685—2011) 进行。主要实验内容包括砂的筛分析实验、砂的表观密度和堆积密度实验、碎石或卵石的表观密度及堆积密度实验。

1. 砂的筛分析实验

本方法适用于测定普通混凝土用天然砂的颗粒级配及细度模数。

1) 实验目的

测定砂的颗粒级配和粗细程度，作为混凝土用砂的技术依据。

2) 主要仪器设备

① 实验筛：孔径为 9.50mm、4.75mm、2.36mm、1.18mm、0.60mm、0.30m、0.15mm 的方孔筛，以及筛的底盘和盖各 1 只，其筛的质量要求应符合《实验筛》(GB/T 6003.1—2012) 的规定；② 天平：天平称量 1kg，感量 1g；③ 摇筛机；④ 烘箱：能使温度控制在 (105±5)℃。⑤ 浅盘、硬 (软) 毛刷、容器、小勺等。

3)试样制备

样品经缩分后,先将试样筛除大于 9.5mm 的颗粒,并计算出筛余百分率。若试样中的含泥量超过 5%,应先用水洗烘干至恒重再进行筛分。取每份不少于 550g 的试样两份,分别倒入两个浅盘中,置于烘箱烘至恒重(间隔时间大于 3h 的两次称量之差小于该项实验所要求的称量精度)冷却至室温后备用。

4)测定步骤

(1)将实验筛由上至下按孔径大小顺序叠置,加底盘。

(2)称取烘干试样 500g,倒入最上层 4.75mm 筛内。加盖后,置于摇筛机上摇筛约 10min。

(3)将整套筛自摇筛机上取下,按孔径大小顺序在洁净浅盘上逐个进行手筛,至每分钟的筛出量不超过试样总量的 0.1%。通过的颗粒并入下一号筛中,并与下一号筛中的试样一起过筛,每个筛依次全部筛完为止。如果无摇筛机,也可用手筛。如果试样为特细砂,在筛分时应增加 0.08mm 的方孔筛一只。

(4)称量各号筛上的筛余试样(精确至 1g)。所有各筛的分计筛余量和底盘中剩余量的总和与筛分前的试样总量相比,其差值不得超过试样总量的 1%,否则必须重做实验。

5)测定结果

(1)计算分计筛余百分率 α,即各号筛上的筛余量除以试样总量的百分率(精确到 0.1%)。

(2)计算累计筛余百分率 β,即该号筛上分计筛余百分率与大于该号筛的各号筛上分计筛余百分率的总和(精确至 0.1%)。

(3)根据各筛的累计筛余百分率 β,查表或绘制筛分曲线,评定该试样的颗粒级配分布情况。

(4)按下式计算砂的细度模数(精确至 0.01),即

$$\mu_f = \frac{(\beta_2 + \beta_3 + \beta_4 + \beta_5 + \beta_6) - 5\beta_1}{100 - \beta_1} \tag{3.1}$$

式中,β_1、β_2、β_3、β_4、β_5、β_6 依次为 4.75mm、2.36mm、1.18mm、0.60mm、0.30mm、0.15mm 筛上的累计筛余百分率。

(5)累计筛余百分数取两次实验结果的算术平均值,精确至 1%;细度模数取两次结果的算术平均值,精确至 0.1。若两次实验所得的细度模数之差大于 0.20,应重新取样实验。

2. 砂的表观密度实验

1)实验目的

测定砂的表观密度,是评价砂的质量及进行混凝土配合比设计的重要依据。

2)主要仪器设备

①天平(称量 1000g,感量 0.1g);②容量瓶(容量 500ml);③烘箱;④干燥器;⑤浅盘;⑥铝制料勺;⑦温度计等。

3)实验步骤

将试样缩分至约 660g,在温度(105±5)℃烘箱中烘干至恒重,冷却至室温。

(1)称取烘干试样 300g(m_0),装入盛有半瓶冷开水的容量瓶中。

(2)摇转容量瓶,使试样在水中充分搅动以排除气泡,塞紧瓶塞,静置 24h;然后打开瓶塞,用滴管添水使水面与瓶颈刻度线平齐,塞紧瓶塞,擦干瓶外水分,称其质量 m_1(g),精确至 1g。

(3) 倒出容量瓶中的水和试样,洗净瓶内外,再注入与上项水温相差不超过 2℃(并在 15～25℃)的冷开水至瓶颈刻度线,塞紧瓶塞,擦干容量瓶外壁水分,称质量 m_2 (g),精确至 1g。

4) 实验结果

按下式计算表观密度(精确至 $10kg/m^3$):

$$\rho = \left(\frac{m_0}{m_0 + m_2 - m_1} - \alpha_t \right) \times \rho_w \tag{3.2}$$

式中,ρ 为表观密度,kg/m^3;ρ_w 为水的密度,$1000kg/m^3$;m_0 为烘干试样质量,g;m_1 为试样、水及容量瓶总质量,g;m_2 为水及容量瓶总质量,g。α_t 为水温对砂的表观密度影响的修正系数,见表 3.1。

表 3.1 不同水温对砂的表观密度影响的修正系数

水温/℃	15	16	17	18	19	20
α_t	0.002	0.003	0.003	0.004	0.004	0.005
水温/℃	21	22	23	24	25	—
α_t	0.005	0.006	0.006	0.007	0.008	—

表观密度取两次试验结果的算术平均值,精确至 $10 kg/m^3$;当两次结果之差大于 $20kg/m^3$ 时,应重新取样进行实验。

3. 砂的堆积密度实验

1) 实验目的

测定砂的堆积密度,作为混凝土用砂的技术依据。

2) 主要仪器设备

①天平:称量 10kg,感量 1g;②容量筒:金属制圆柱形筒,容积约 1L,筒底厚 5mm,内径 108mm,净高 109mm,壁厚 2mm;③烘箱:能使温度控制在 $(105±5)$ ℃;④料勺或标准漏斗、直尺、浅盘等。

容量筒应先校正其容积。以温度为 $(20±2)$ ℃的饮用水装满容量筒,用玻璃板沿筒口滑行,使其紧贴水面,不能夹有水泡,擦干筒外壁水分后称量。用式(3.3)计算筒的容积 V_0'(L),即

$$V_0' = m_2' - m_1' \tag{3.3}$$

式中,m_1' 为筒和玻璃板质量,kg;m_2' 为筒、玻璃板和水的质量,kg。

3) 试样制备

用浅盘装样品约 3L,置于烘箱中烘至恒重,取出冷却至室温,再用 4.75mm 筛过筛,分成大致相等的两份试样备用(若出现结块,实验前先予捏碎)。

4) 测定步骤

称量筒质量(m_1),将筒置于不受振动的桌上浅盘中,用料勺将试样徐徐装入容量筒内,料勺口距容量筒口不超过 50mm,装至筒口上面成锥形;或通过标准漏斗,按上述步骤进行。

用直尺将筒口上部的试样沿筒口中心线向两个相反方向刮平,称其质量(m_2)。

5) 测定结果

砂的堆积密度 $\rho_{L,s}$ 按下式计算(精确至 $10kg/m^3$):

$$\rho_{\mathrm{L,S}} = \frac{m_2 - m_1}{V_0'} \times 1000 \tag{3.4}$$

式中，m_1 为容量筒质量，kg；m_2 为容量筒、砂的质量，kg；V_0' 为容量筒容积，L。

砂的堆积密度实验以两次实验测定结果的算术平均值作为测定值。

4. 卵石的筛分析实验

1) 实验目的

测定碎石或卵石的颗粒级配。

2) 主要仪器设备

①实验筛：筛孔直径为 90mm、75.0mm、63.0mm、53.0mm、37.5mm、31.5mm、26.5mm、19.0mm、16.0mm、9.5mm、4.75mm 和 2.36mm 的方孔筛及筛的底盘和盖各一只，筛框直径为 300mm；②天平(称量不小于 5kg，感量 1g)；③烘箱；④其他：浅盘等。

3) 实验步骤

(1) 实验前，应将样品缩分至表 3.2 所规定的试样最少质量，烘干或风干后备用。

表 3.2　石子筛分析实验所需试样的最小质量

公称粒径/mm	9.5	16.0	19.0	26.5	31.5	37.5	63.0	75.0
试样最小质量/kg	1.9	3.2	3.8	5.0	6.3	7.5	12.6	16.0

(2) 按表 3.2 的规定称取试样。

(3) 将试样按筛孔大小过筛，当筛上的筛余层厚度大于试样的最大粒径值时，应将该筛上的筛余试样分成两份，再次进行筛分，直至各筛每分钟的通过量不超过试样总量的 0.1%。

(4) 称取各筛筛余的质量，精确至试样总质量的 0.1%。各筛的分计筛余量和筛底剩余量的总和与筛分前测定的试样总量相比，其相差不得超过 1%，否则必须重新实验。

4) 实验结果

(1) 计算分计筛余，精确至 0.1%。

(2) 计算累计筛余，精确至 1%。

(3) 根据各筛的累计筛余，评定该试样的颗粒级配。

5. 碎石或卵石的表观密度实验(广口瓶法)

本方法不宜用于最大粒径大于 40mm 的碎石或卵石。

1) 实验目的

测定石子的表观密度，作为评定石子的质量和混凝土用石的技术依据。

2) 主要仪器设备

①天平：称量 5kg，感量 5g；② 广口瓶：1000ml，磨口并带玻璃片；③ 实验筛：孔径 4.75mm 方孔筛一只；④ 烘箱：能使温度控制在 105±5℃；⑤ 毛巾、刷子、浅盘等。

3) 试样制备

将样品筛去 4.75mm 以下的颗粒，用四分法缩分至不少于表 3.3 规定的用量，洗刷干净，分成两份备用。

4) 测定步骤

(1) 称量并记录试样质量(kg)。

表3.3 石子表观密度实验的最少试样质量

最大粒径/mm	16.0以下	19.0	26.5	31.5	37.5	63.0	75.0
试样质量/kg	≥2.0	≥2.0	≥2.0	≥3.0	≥4.0	≥6.0	≥6.0

(2)将试样浸水饱和后装入广口瓶中。装试样时广口瓶应倾斜放置,然后注入饮用水并用玻璃片覆盖瓶口,上下左右摇晃以排除气泡。

(3)待气泡排尽,向瓶中添加饮用水直至水面凸出瓶口边缘,用玻璃片沿瓶口迅速滑行,使其紧贴瓶口水面。擦干瓶外水分称取试样、水、瓶和玻璃片的质量(m_1)。

(4)将瓶中试样倒入浅盘中,置于烘箱中烘至恒重后取出,放在带盖的容器中冷却至室温后,称其质量(m_0)。

(5)将瓶洗净,重新注入饮用水,用玻璃片紧贴瓶口水面,擦干瓶外水分后称其质量(m_2)。

5)测定结果

石子的表观密度 $\rho_{a,G}$ 按下式计算(精确至 10kg/m^3)

$$\rho_{a,G} = \left(\frac{m_0}{m_1 + m_2 - m_1} - a_t \right) \times 1000 \tag{3.5}$$

式中,m_0 为烘干后试样质量,g;m_1 为试样、水、瓶和玻璃片的质量,g;m_2 为水、瓶和玻璃片质量,g;a_t 为考虑称量时的水温对表观密度影响的修正系数,见表3.1。

石子的表观密度实验以两份实验测定结果的算术平均值作为测定值,两次实验结果值之差应小于 20kg/m^3,否则,应重新取样实验。

对颗粒材质不均匀的试样,若两次实验结果之差值超过 20kg/m^3,可取4次测定结果的算术平均值作为测定值。

6. 碎石或卵石的堆积密度实验

1)实验目的

测定石子的堆积密度,作为混凝土配合比设计和一般使用的依据。

2)主要仪器设备

①台秤:称量不小于10kg,分度值不大于10g;②容量筒:金属制,规格见表3.4;③烘箱:能使温度控制在(105±5)℃;④其他:平头铁锹、浅盘等。

表3.4 石子堆积密度实验用容量筒规格要求

石子最大粒径/mm	容量体积/L	容量筒规格/mm		筒壁厚/mm
		内径	净高	
9.5、16.0、19.0、26.5	10	208	294	2
31.5、37.5	20	294	294	3
53.0、63.0、75.0	30	360	294	4

容量筒应先校正其容积。以温度为(20±2)℃的饮用水装满容量筒,用玻璃板沿筒口滑行,使其紧贴水面,不能夹有气泡,擦干筒外壁水分后称量。用下式计算筒的容积 V_0'(L):

$$V_0' = m_2' - m_1' \tag{3.6}$$

式中,m_1' 为筒和玻璃板质量,kg;m_2' 为筒、玻璃板和水的质量,kg。

3)试样制备

从样品中按表 3.5 规定用量称取试样放入浅盘,置于烘箱烘干,也可摊在清洁地面上风干拌匀后备用。

表3.5 石子堆积密度实验取样数量

最大粒径/mm	9.5	16.0	19.0	26.5	31.5	37.5	63.0	75.0	53.0
取样质量/kg	≥40.0				≥80.0		≥120.0		

4)测定步骤

(1)称量容量筒质量(m_1)。

(2)取一份试样置于平整、干净的地面或铁板上,用铁锹将试样铲起,保持石子自由落入容量筒的高度约 50mm,装满容量筒并除去凸出筒口表面的颗粒,再用合适的颗粒填入凹陷部净使其表面大致平整,称取试样和容量筒的总量(m_2)。

5)测定结果

石子的堆积密度 $\rho_{L,G}$ 按下式计算(精确至 $10kg/m^3$):

$$\rho_{L,G} = \frac{m_2 - m_1}{V_0'} \times 1000 (kg/m^3) \tag{3.7}$$

式中,m_1 为容量筒质量,kg;m_2 为试样和容量筒质量,kg;V_0' 为容量筒容积,L。

石子的堆积密度实验以两次实验测定结果的算术平均值作为测定值。

实验4 混凝土外加材料实验

本实验根据国家标准《混凝土外加剂》(GB 8076—2008)和《高强高性能混凝土用矿物外加剂》(GB/T 18736—2002)进行。其主要实验内容包括混凝土减水剂的减水率、坍落度经时变化,以及矿物外加剂胶砂需水量比及活性指数的测定。

1. 混凝土减水剂的减水率

本方法适用于测定混凝土减水剂的减水率。

1)实验目的

测定混凝土减水剂的减水率,作为使用混凝土减水剂的重要技术依据。

2)主要仪器设备

60L 强制式混凝土搅拌机。

3)试样制备

(1)材料。

水泥:采用《混凝土外加剂》(GB 8076—2008)规定的基准水泥。基准水泥是统一检验混凝土外加剂性能的材料,是由符合下列品质指标的硅酸盐水泥熟料与二水石膏共同粉磨而成的 42.5 强度等级的 P·I 型硅酸盐水泥。基准水泥必须由中国建材联合会混凝土外加剂分会与有关单位共同确认具备生产条件的工厂供给。

基准水泥的品质指标(除满足 42.5 级硅酸盐水泥技术要求外):铝酸三钙(C_3A)含量为 6%~8%;硅酸三钙(C_3S)含量为 55%~60%;游离氧化钙(fCaO)含量不得超过 1.2%;碱($Na_2O+0.658K_2O$)含量不得超过 1.0%;水泥比表面积为 $(350\pm10) m^2/kg$。

在因故得不到基准水泥时，允许采用 C_3A 含量 6%～8%，总碱量($Na_2O+0.658K_2O$)不大于 1%的熟料和二水石膏、矿渣共同磨制的强度等级大于(含)42.5 级普通硅酸盐水泥。

砂：符合国家标准《建设用砂》(GB/T 14684—2011)要求的细度模数为 2.6～2.9 的中砂。

石子：符合国家标准《建设用卵石、碎石》(GB/T 14685—2011)，公称粒径为 5～20mm，采用二级配，其中 5～10mm 占 40%，10～20mm 占 60%。

水：符合《混凝土用水标准》(JGJ 63—2006)要求。

(2) 配合比。

基准混凝土配合比按《普通混凝土配合比设计规程》(JGJ 55—2011)进行设计。掺非引气型减水剂混凝土和基准混凝土的水泥、砂、石的比例不变。配合比设计应符合以下规定。

水泥用量：掺高性能减水剂或泵送剂的基准混凝土和受检混凝土的单位水泥用量为 360kg/m³；掺其他外加剂的基准混凝土和受检混凝土单位水泥用量为 330kg/m³。

砂率：掺高性能减水剂或泵送剂的基准混凝土和受检混凝土的砂率均为 43%～47%；掺其他外加剂的基准混凝土和受检混凝土的砂率为 36%～40%；但掺引气减水剂或引气剂的受检混凝土的砂率应比基准混凝土的砂率低 1%～3%。

减水剂掺量：按科研单位或生产厂推荐的掺量。

用水量：掺高性能减水剂或泵送剂的基准混凝土和受检混凝土的坍落度控制在 (210±10)mm，用水量为坍落度在 (210±10)mm 时的最小用水量；掺其他外加剂的基准混凝土和受检混凝土的坍落度控制在 (80±10)mm。

(3) 搅拌。

采用 60L 单卧轴式强制搅拌机，全部材料及外加剂一次投入，拌和量应不少于 20L，不大于 45L，搅拌 2min，出料后在铁板上用人工翻拌 2～3 次再进行实验。

各种混凝土材料及实验环境温度均应保持在 (20±3)℃。

(4) 试样数量。

应符合表 4.1 的规定。

表 4.1 取样数目

混凝土拌和批数	每批取样数目	掺减水剂混凝土总取样数目	基准混凝土总取样数目
3	1次	3次	3次

4) 测定步骤

(1) 按基准混凝土配合比拌制基准混凝土。

(2) 控制用水量，按《普通混凝土拌和物性能实验方法》(GB/T 50080—2002)测定基准混凝土的坍落度。使基准混凝土的坍落度达 (80±10)mm，记录此时的单位用水量 W_0。

(3) 按掺减水剂混凝土的配合比拌制掺减水剂的混凝土。

(4) 控制用水量，按《普通混凝土拌和物性能试验方法标准》(GB/T 50080—2002)测定基准混凝土的坍落度。使掺减水剂混凝土的坍落度达 (80±10)mm，记录此时的单位用水量 W_1。

(5) 按上述实验步骤再重复做 2 批次。

5) 测定结果

减水率为坍落度基本相同时基准混凝土和掺外加剂混凝土单位用水量之差与基准混凝土单位用水量之比。减水率按下式计算：

$$W_R = \frac{W_0 - W_1}{W_0} \times 100 \tag{4.1}$$

式中，W_R 为减水率，%；W_0 为基准混凝土单位用水量，kg/m³；W_1 为掺外加剂混凝土单位用水量，kg/m³。

W_R 以三批实验的算术平均值计，精确到 1%。若三批实验的最大值或最小值中有一个与中间值之差超过中间值的 15%，则把最大值与最小值一并舍去，取中间值作为该组实验的减水率。若有两个测试值与中间值之差均超过 15%，则该批实验结果无效，应该重做。

2. 坍落度经时变化

当要求测定此项时，应将按照要求搅拌的混凝土留下足够一次混凝土坍落度的试验数量，并装入用湿布擦过的试样筒内，容器加盖，静置至 1h（从加水搅拌时开始计算），然后倒出，在铁板上用铁锹翻拌至均匀后，再按照坍落度测定方法测定坍落度。计算出机时和 1h 之后的坍落度之差值，即得到坍落度的经时变化量。

坍落度 1h 经时变化量按下式计算：

$$\Delta Sl = Sl_0 - Sl_{1h} \tag{4.2}$$

式中，ΔSl 为坍落度经时变化量，mm；Sl_0 为出机时测得的坍落度，mm；Sl_{1h} 为 1h 后测得的坍落度，mm。

3. 矿物外加剂胶砂需水量比及活性指数的测定

本方法适用于测定磨细矿渣、硅灰、粉煤灰、磨细天然沸石等及其复合的混凝土矿物外加剂胶砂的需水量比及活性指数。

1) 实验目的

测定混凝土矿物外加剂胶砂的需水量比及活性指数，作为使用混凝土矿物外加剂的主要技术依据。

2) 主要仪器设备

采用《水泥胶砂强度检验方法(ISO 法)》(GB/T 17671—1999)中所规定的实验用仪器。

3) 试样制备

(1) 实验用材料。

水泥：采用《混凝土外加剂》(GB 8076—2008)附录 A 中规定的基准水泥。在因故得不到基准水泥时，允许采用 C_3A 含量 6%~8%，总碱量(Na_2O%+0.658K_2O%)不大于 1% 的熟料和二水石膏、矿渣共同磨制的强度等级大于(含)42.5 普通硅酸盐水泥。

砂：符合《水泥胶砂强度检验方法(ISO 法)》(GB/T 17671—1999)规定的标准砂。

水：采用自来水或蒸馏水。

矿物外加剂：符合《高强高性能混凝土用矿物外加剂》(GB/T 18736—2002)的矿物外加剂。

(2) 实验条件

实验条件：实验室应符合《水泥胶砂强度检验方法(ISO 法)》(GB/T 17671—1999)中 4.1 的规定。实验用各种材料和用具应预先放在实验室内，使其达到实验室相同的温度。

(3) 胶砂配比。

砂胶配合比见表 4.2。

表 4.2　胶砂配比（一次搅拌量）　　　　　　　　　　　　（单位：g）

材料	基准胶砂	受检胶砂			
		磨细矿渣	磨细粉煤灰	磨细天然沸石	硅灰
水泥	450±2	225±1	315±1	405±1	405±1
矿物外加剂	—	225±1	135±1	45±1	45±1
ISO 砂	1350±5	1350±5	1350±5	1350±5	1350±5
水	225±1	使受检胶砂流动度达基准胶砂流动度值±5mm			

4) 测定步骤

(1) 搅拌。把水加入搅拌锅里，再加入预先混匀的水泥和矿物外加剂，把锅放置在固定架上，上升至固定位置。然后按《水泥胶砂强度检验方法(ISO法)》(GB/T 17671—1999)中6.3进行搅拌，开动机器后，低速搅拌30s后，在第二个30s开始的同时均匀地将砂子加入。当各级砂是分装时，从最粗粒级开始，依次将所需的每级砂量加完。把机器转至高速再拌30s。停拌90s，在第一个15s内用一个胶皮刮具将叶片和锅壁上的胶砂刮入锅中间。在高速下继续搅拌60s。各个搅拌阶段，时间误差应在±1s以内。水泥胶砂流动度测定参照《水泥胶砂流动度测定方法》(GB/T 2419—2005)进行。

(2) 试件的制备。按《水泥胶砂强度检验方法(ISO法)》(GB/T 17671—1999)中第7章进行。

(3) 试件的养护。试件脱模前处理和养护、脱模、水中养护按《水泥胶砂强度检验方法(ISO法)》(GB/T 17671—1999)中8.1、8.2和8.3进行。

(4) 强度和实验龄期。试体龄期是从水泥加水搅拌开始实验时算起的，不同龄期强度实验在下列时间里进行：①72h±45min；②7d±2h；③28d±8h。

5) 测定结果

(1) 需水量比。

根据表4.2配比，测得受检胶砂的需水量，按下式计算相应矿物外加剂的需水量之比：

$$R_W = \frac{W_t}{225} \times 100 \tag{4.3}$$

式中，R_W 为受检胶砂的需水量比，%；W_t 为受检胶砂的用水量，g；225为基准胶砂的用水量，g。

计算结果取为整数。

(2) 矿物外加剂活性指数计算。

在测得相应龄期基准胶砂和实验胶砂抗压强度后，按下式计算矿物外加剂的相应龄期的活性指数：

$$A = \frac{R_t}{R_0} \times 100 \tag{4.4}$$

式中，A 为矿物外加剂的活性指数；R_t 为受检胶砂相应龄期的强度，MPa；R_0 为基准胶砂相应龄期的强度，MPa。

计算结果取为整数。

实验5 混凝土性能实验

本实验根据国家标准《普通混凝土拌和物性能试验方法标准》(GB/T 50080—2002)与《普通混凝土力学性能试验方法标准》(GB/T 50081—2002)进行。

主要内容包括：混凝土拌和物和易性实验、混凝土拌和物表观密度实验、混凝土立方体抗压强度实验、混凝土劈裂抗拉强度实验、混凝土抗折强度实验。

1. 混凝土拌和物和易性实验

1) 拌和物坍落度与坍落扩展度法实验

本方法适用于测定骨料最大粒径不大于 40mm、坍落度不小于 10mm 的混凝土拌和物稠度测定。

(1) 实验目的。

通过测定拌和物流动性，观察其黏聚性和保水性，综合评定混凝土的和易性，作为调整配合比和控制混凝土质量的依据。

(2) 主要仪器设备。

①台秤：称量 50kg，感量 50g；②天平：称量 5kg，感量 1g；③拌板(1.5m ×2.0m 左右)；④标准坍落度筒：金属制圆锥体形，底部内径 200mm，顶部内径 100mm，高 300mm，壁厚大于或等于 1.5mm(图 5.1)；⑤弹头形捣棒：$\phi 16\times 650$mm(图 5.1)；⑥装料漏斗：与坍落度筒配套；⑦直尺、抹刀、小铲、量筒(200ml、1000ml)、拌铲等。

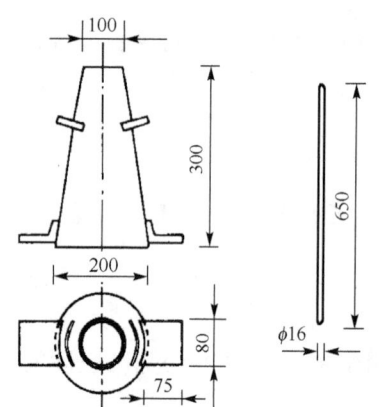

图 5.1 坍落度筒及捣棒(单位：mm)

(3) 试件制备。

称量精度要求：砂石为±1%，水泥、水、掺合料、外加剂为±0.5%。

配制用料与工程实际用料相符，同时满足技术标准。拌和时，环境温度宜处于 20±5℃。

根据所设计的计算配合比，称取 15L 混凝土拌和物所需各材料用量。

(4) 测定步骤。

① 用湿布将拌板、拌铲等搅拌工具、坍落度筒擦净并润湿，置于适当的位置，按砂、水泥、石子、水的投放顺序，先把砂和水泥在拌板上干拌均匀(用铲在拌板一端均匀翻拌至另一端，再从另一端又均匀翻拌回来，如此重复)。再加石子干拌成均匀的干混合物。

② 将干混合物堆成堆，其中间做一凹槽，将已称量好的水一半左右倒入凹槽内(不能让水流淌掉)，仔细翻拌、铲切，并徐徐加入另一半剩余的水，继续翻拌、铲切，直至拌和均匀。

从加水到搅拌均匀的时间控制参考值：拌和物体积为 30L 以下时为 4~5min；拌和物体积为 30~50L 时 5~9min；拌和物体积为 50~75L 时为 9~12min。

③ 将润湿后的坍落度筒放在不吸水的刚性水平底板上，然后用脚踩住两边的脚踏板，使坍落度筒在装料时保持位置固定。

④ 将已拌匀的混凝土试样用小铲分三层装入筒内，数量控制在经插捣后层厚为筒高的1/3

左右。每层用捣棒插捣 25 次。插捣应沿螺旋方向由外向中心进行,各次插捣点在截面上均匀分布,插捣筒边混凝土时,捣棒可以稍稍倾斜。插捣底层时,捣棒应贯穿整个深度,插捣第二层和顶层时,捣棒应插透本层至下一层的表面以下。

插捣顶层前,应将混凝土灌满高出坍落度筒,如果插捣使拌和物沉落到低于筒口,应随时添加使之高于坍落度筒顶,插捣完毕后,刮去多余的混凝土,用抹刀抹平。

⑤ 清理筒周围的散落物,小心地垂直提起坍落度筒,特别注意平稳,不让混凝土试体受到碰撞或震动,筒体的提离过程应在 5~10s 内完成。从开始装料于筒内到提起坍落度筒的操作不得间断,并应在 150s 内完成。

将筒安放在拌和物试体一侧(注意整个操作基面要保持同一水平面),立即测量筒顶与坍落后拌和物试体最高点之间的高度差,以 mm 表示,即为该混凝土拌和物的坍落度值。

⑥ 保水性目测。坍落度筒提起后,如果有较多稀浆从底部析出,试体则因失浆使骨料外露,表示该混凝土拌和物保水性能不好。若无此现象,或仅有少量稀浆自底部析出,而锥体部分混凝土试体含浆饱满,则表示保水性良好,并做记录。

⑦ 黏聚性目测。用捣棒在已坍落的混凝土锥体一侧轻轻敲打,锥体渐渐下沉表示黏聚性良好,反之,锥体突然倒坍,部分崩裂或发生石子离析,表示黏聚性不好,并做记录。

⑧ 和易性调整。按计算备料的同时,另外还需备好两份调整坍落度所需的材料量,该数量应是计算试拌材料用量的 5%或 10%。

若测得的坍落度小于施工要求的坍落度值,可在保持水灰比 W/B 不变的同时,增加 5%或 10%的水泥、水的用量;若测得的坍落度大于施工要求的坍落度值,可在保持砂率 S_p 不变的同时,增加 5%或 10%(或更多)的砂、石用量。若黏聚性或保水性不好,则需适当调整砂率,并尽快拌和均匀,重新测定,直至和易性符合要求。

注:当坍落度筒提起后,若发现拌和物崩坍或一边剪坏,应立即重新拌和重复实验测定;若第二次实验又出现上述现象,则表示该混凝土拌和物和易性不好,应予记录备查。

⑨ 当混凝土拌和物的坍落度大于 220mm 时,用钢尺测量混凝土扩展后最终的最大直径和最小直径。

(5)测定结果。

① 混凝土拌和物坍落度和坍落扩展度值以毫米为单位,测量精确至 1mm,结果表达修约至 5mm。

② 混凝土拌和物和易性评定,应按实验测定值和实验目测情况综合评议。其中坍落度至少要测定两次,并以两次测定值之差不大于 20mm 的测定值为依据,求算术平均值作为本次实验的测定结果。在混凝土拌和物扩展后最终的最大直径和最小直径之差小于 50mm 的条件下(否则此次实验无效),用其算术平均值作为坍落扩展度值测定结果。

③ 记录调整前后拌和物的坍落度、保水性、黏聚性及各材料实际用量,并以和易性符合要求后的各材料用量为依据,对混凝土配合比进行调整,求基准配合比。

2)拌和物维勃稠度法实验

本方法适用于测定骨料最大粒径不大于 40mm、维勃稠度在 5~30s 的混凝土拌和物稠度。

(1)实验目的。

测定拌和物维勃稠度值,作为调整混凝土配合比和控制其质量的依据。

(2)主要仪器设备。

① 维勃稠度仪:见图 5.2。维勃稠度仪由下述部分组成。

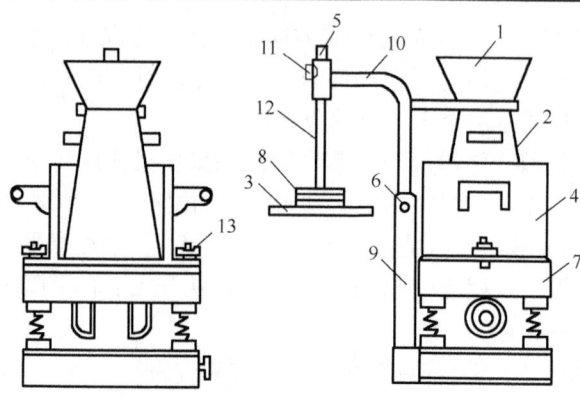

图 5.2 维勃稠度仪

1—容器；2—坍落度筒；3—透明圆盘；4—喂料斗；5—套筒；6—定位螺丝；7—震动台；8—荷重；
9—支柱；10—旋转架；11—测杆螺丝；12—测杆；13—固定螺丝

(a)振动台：台面长(380±5)mm，宽(260±5)mm、支承在4个减震器上。振动台应为定向垂直振动，频率为(50±3)Hz，在装有空容器时，台面各点的振幅为(0.5±0.5)mm，水平振幅应小于0.15mm。

(b)容器：钢板制成，内径为(240±3)mm，高为(200±2)mm，筒壁厚3mm，筒底厚7.5mm。

(c)坍落度筒同坍落度筒法的要求和构造，但应去掉两侧的踏板。

(d)旋转架：与测杆及喂料斗相连。测杆下部安装有透明而水平的圆盘，并用测杆螺丝把测杆固定在套管中。旋转架安装在支柱上，通过十字凹槽来转换方向，并用定位螺丝来固定其位置。就位后，测杆或喂料斗的轴线均应与容器的轴线重合。

透明圆盘直径为(230±2)mm，厚度为(10±2)mm。荷重直接放在圆盘上。由测杆、圆盘及荷重组成的滑动部分总质量应调至(2750±50)g。测杆上有刻度以便读出混凝土的数据。

②秒表：精度0.5s。

③其他同坍落度实验。

(3)试样制备。

配制混凝土拌和物约15L，备用。计算、配制方法等同于坍落度实验。

(4)测定步骤。

①将维勃稠度仪平放在坚实的基面上，用湿布把容器、坍落度筒及喂料斗内壁湿润。

②将喂料斗提到坍落度筒上方扣紧，校正容器位置，其中心与喂料斗中心重合，然后拧紧固定螺丝。

③装料、插捣方法同坍落度筒法。

④把圆盘喂料斗转离坍落度筒，垂直地提起坍落度筒，此时注意不使混凝土试体受到碰撞或震动。

⑤把透明圆盘转到锥体顶面，放松螺丝，降下圆盘，使其轻轻接触到混凝土顶面，防止坍落的混凝土倒下与容器壁相碰。

⑥拧紧定位螺丝，并检查测杆螺丝是否已经放松。开启振动台，同时以秒表计时。在振动的作用下，透明圆盘的底面被水泥浆布满的瞬时停表计时，并关闭振动台。

(5)测定结果。

①记录秒表上的时间(精确至1s)。由秒表读出的时间数表示该混凝土拌和物的维勃稠度值。

②如果维勃稠度值小于 5s 或大于 30s，说明此种混凝土所具有的稠度已超出本实验仪器的适用范围(可用增实因数法测定)。

2. 混凝土拌和物表观密度

1)实验目的

测定拌和物捣实后单位体积的质量，作为调整混凝土配合比的依据。

2)主要仪器设备

①容量筒：对骨料最大粒径不大于 40mm 的拌和物采用容积为 5L 的容量筒，金属制带底，内径和高均为(186±2)mm，筒壁厚 3mm；②台秤：称量 50kg，感量 50g；③振动台：频率 50±3Hz，空载振幅 0.5±0.02mm；④弹头形捣棒Φ16×650mm；⑤小铲、抹刀、金属直尺等。

容量筒使用前应以校正，即用一块玻璃板盖住筒口，称出玻璃板和空筒的总质量。然后向筒内灌入清洁的水，水满至筒口时用玻璃板沿筒口徐徐推过，并继续加水以排除玻璃板底部的气泡，达到盖严的目的，再擦净筒外壁水分，将容量筒连同玻璃板抬上磅秤称其总质量，两次质量的差即容量筒的容积。当骨料最大粒径大于 40mm 时，容量筒的内径与内高均应大于骨料最大粒径的 4 倍。

3)试件制备

从满足混凝土和易性要求的拌和物中取样，及时连续实验。

4)测定步骤

①用湿布将容量筒内外擦净，称其质量 m_1(kg)，精确至 50g。

②将拌和物一次装入容量筒，稍加插捣，并稍高于筒口，再移至振动台上振实至拌和物表面出现水泥浆。

③用金属直尺沿筒口将捣实后多余的拌和物刮去，仔细擦净筒外壁。再称出容量筒和筒内拌和物的总质量 m_2(kg)，精确至 50g。

注：坍落度值超过 70mm 的拌和物，可用捣棒人工捣实，用 5L 容量筒时，将拌和物分两层装入容量筒，每层插捣 25 次，并在筒外壁拍打 5~10 次。

5)测定结果

混凝土拌和物的实测表观密度 $\rho_{b,c}$。按下式计算(精确至 $10kg/m^3$)：

$$\rho_{b,c} = \frac{m_2 - m_1}{V_0} \times 1000 (kg/m^3) \tag{5.1}$$

式中，V_0 为容量筒的容积，L。

3. 普通混凝土立方体抗压强度

1)实验目的

学会混凝土抗压强度试件的制作及测试方法，用于检验混凝土强度，确定、校核混凝土配合比，并为控制混凝土施工质量提供依据。

2)一般规定

(1)实验采用立方体试件，以用一龄期至少三个同时制作、同样养护的混凝土试件为一组。

(2)每一组试件所用的拌和物应从同盘或同一车运送的混凝土拌和物中取样，或在实验室用人工或机械单独制作。

(3)检验工程和构件质量的混凝土试件成型方法应尽可能与实际施工采用的方法相同。

(4)试件尺寸按粗骨料的最大粒径来确定,见表5.1。

表 5.1 不同集料最大粒径选用的试件尺寸、插捣次数及抗压强度换算系数

试件尺寸/mm×mm×mm	骨料最大粒径/mm	每层插捣次数/次	抗压强度换算系数
100×100×100	31.5	≥12	0.95
150×150×150	40.0	≥27	1
200×200×200	63.0	≥48	1.05

3)主要仪器设备

①压力实验机:测量精度应为±1%,试件破坏荷载值应在压力机全量程的 20%～80%;②振动台:振动台的振动频率为(50±3)Hz,空载振幅约为 0.5mm;③试模、捣棒、小铁铲、金属直尺、镘刀等。

4)试件的制作

(1)在制作试件前,首先要检查试模、拧紧螺栓,并清刷干净,同时在其内壁涂上一薄层矿物油或其他不与混凝土发生反应的脱模剂。

(2)混凝土抗压强度实验以三个试件为一组,试件所用的混凝土拌和物应从同一次拌和物中取出。

(3)混凝土试件的成型方法根据混凝土拌和物的稠度来确定。

① 坍落度不大于 70mm 的混凝土用振动台振实。将混凝土拌和物一次装入试模,,装料时应用抹刀沿各试模壁插捣,并使混凝土拌和物高出试模口。然后将试模放在振动台上,试模应附着或固定在振动台上。开动振动台,振动时试模不得有任何跳动,振动应持续至表面出浆。刮除试模上口多余的混凝土,用抹刀抹平。

② 坍落度大于 70mm 的混凝土采用人工捣实。混凝土拌和物分两层装入试模内,每层的装料厚度大致相等。插捣按螺旋方向从边缘向中心均匀进行。插捣底层时,捣棒应达到试模底部,插捣上层时,捣棒应贯穿上层插入下层 20～30mm。插捣时捣棒保持垂直不得倾斜,并用抹刀沿试模内壁插拔数次,以防止试件产生麻面。每层插捣次数按每 10000mm^2 面积不少于 12 次。插捣后应用橡皮锤轻轻敲击试模四周,直至插捣棒留下的空洞消失。刮除试模上口多余的混凝土,用抹刀抹平。

5)试件的养护

(1)采用标准养护的试件,成型后应立即用不透水薄膜覆盖表面,以防止水分蒸发。并应在温度为(20±5)℃的环境中静置 1～2d,然后编号、拆模。

拆模后的试件应立即放入温度为(20±2)℃、相对湿度为 95%以上的标准养护室中养护。标准养护室内试件应放在支架上,彼此间隔为 10～12mm,试件表面应保持潮湿,并不得被水直接冲淋。

当无标准养护室时,混凝土试件可在温度为(20±2)℃的不流动的 $Ca(OH)_2$ 饱和溶液中养护。

(2)与构件同条件养护的试件成型后,应覆盖表面。试件的拆模时间可与实际构件的拆模时间相同。拆模后,试件仍需保持同条件养护。

(3)标准养护龄期为 28d(从搅拌加水开始计时)。

6)抗压强度测定

(1)试件从养护地点取出后,应及时进行实验,以免试件内部的温、湿度发生显著变化。

试件在试压前应先擦拭干净,测量尺寸,并检查其外观。试件尺寸测量精确至 1mm,并据此计算试件的承压面积。如果实测尺寸与公称尺寸之差不超过 1mm,可按公称尺寸进行计算。

(2)将实验机上下承压板面擦干净,把试件安放在下承压板上,试件的承压面应与成型时的顶面垂直。试件的中心应与实验机下压板中心对准。开动实验机,当上压板与试件接近时,调整球座,使接触均衡。

(3)在实验过程中应连续均匀地加荷,加荷速度:当混凝土强度等级小于 C30 时,取 0.3~0.5MPa/s;当混凝土强度等级大于或等于 C30 且小于 C60 时,取 0.5~0.8MPa/s;当混凝土强度等级大于或等于 C60 时,取 0.8~1.0MPa/s。当试件接近破坏开始急剧变形时,应停止调整实验机油门,直至试件破坏,记录破坏荷载 F。

7)实验结果计算

(1)混凝土立方体试件抗压强度 f_{cu} 按下式计算(精确至 0.1MPa):

$$f_{cu} = \frac{F}{A} \tag{5.2}$$

式中,F 为试件破坏荷载,N;A 为试件承压面积,mm^2;f_{cu} 为混凝土立方体试件抗压强度,MPa。

(2)以三个试件测定值的算术平均值作为该组试件的抗压强度值,精确至 0.1MPa。

如果三个测定值中的最小值或最大值中有一个与中间值的差值超过中间值的 15%,则把最大值及最小值一并舍去,取中间值作为该组试件的抗压强度值。如果最大值和最小值与中间值的差均超过中间值的 15%,则该组试件的实验结果无效。

(3)混凝土的抗压强度是以 150mm×150mm×150mm 的立方体试件的抗压强度值为标准值。用其他尺寸试件测得的强度,均应乘以尺寸换算系数(表 5.1)换算成 150mm 的立方体试件的抗压强度值。

4. 混凝土轴心抗压强度实验

本实验方法适用于测定棱柱体混凝土试件的轴心抗压强度。

1)实验目的

测定混凝土轴心抗压强度,作为钢筋混凝土结构设计中计算轴心受压构件(如柱、桁架的腹杆等)的依据。

2)主要仪器设备

①压力实验机或万能实验机:其测量精度为 ±1%,实验时由试件最大荷载选择压力机量程,使试件破坏时的荷载位于全量程的 20%~80%;②钢垫板:平面尺寸不小于试件的承压面积,厚度应不小于 25mm,承压面的平面度公差为 0.04mm,表面硬度不小于 55HRC,硬化层厚度约为 5mm;③试模与试件:试模由铸铁或钢制成,标准试件为 150mm×150mm×300mm 的棱柱体。

3)测定步骤

与混凝土立方体抗压强度实验相同。

4)测定结果

混凝土试件轴心抗压强度应按下式计算:

$$f_{cp} = \frac{F}{A} \tag{5.3}$$

式中，f_{cp} 为混凝土轴心抗压强度，MPa；F 为试件破坏荷载，N；A 为试件承压面积，mm^2。

取三个试件测值的算术平均值作为该组试件的强度值(精确至 0.1MPa)，其异常数据的取舍与混凝土立方体抗压强度实验相同。

当混凝土强度等级小于 C60 时，用非标准试件测得的强度值均应乘以尺寸换算系数，对于尺寸为 200mm×200mm×400mm 的试件，其值为 1.05；对于尺寸 100mm×100mm×300mm 试件，其值为 0.95。当混凝土强度等级不小于 C60 时，宜采用标准试件；当使用非标准试件时，尺寸换算系数应由实验确定。

5. 混凝土劈裂抗拉强度

1）实验目的

通过测定混凝土劈裂抗拉强度，确定混凝土抗裂度，间接衡量混凝土的抗冲击强度以及混凝土与钢筋的黏结强度。

2）主要仪器设备

①压力机：量程 200～300kN；②垫块：采用直径为 150mm 的钢制弧形垫块，其长度不短于试件的边长；③垫条：加放于试件与垫块之间，为三层胶合板制成，宽度为 20mm，厚 3～4mm，长度不短于试件的边长。垫条不得重复使用。混凝土劈裂抗拉实验装置见图 5.3。

试件成型用试模及其他需用器具同混凝土抗压强度实验。

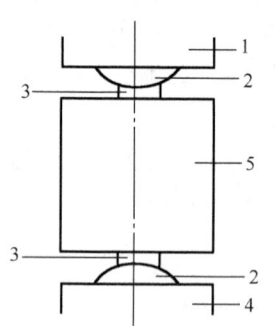

图 5.3 混凝土劈裂抗拉实验装置

1、4—压力机上、下压板；2—垫块；3—垫条；5—试件

3）实验步骤

(1) 按制作抗压强度试件的方法成型试件，每组三块。

(2) 从养护室取出试件后，应及时进行实验。将表面擦干净，在试件成型面与底面中部划线定出劈裂面的位置，劈裂面应与试件的成型面垂直。

(3) 测量劈裂面的边长(精确至 1mm)，计算出劈裂面积 $A(mm^2)$。

(4) 将试件放在实验机下压板的中心位置，降低上压板，分别在上、下压板与试件之间加垫条与垫层，使垫条的接触母线与试件上的荷载作用线准确对正。宜把垫条及试件安放在定位架上使用。

(5) 开动实验机，使试件与压板接触均衡后，连续均匀地加荷，加荷速度：当混凝土强度等级小于 C30 时，取 0.02～0.05MPa/s；强度等级大于或等于 C30 且小于 C60 时，取 0.05～0.08MPa/s；当混凝土强度等级大于或等于 C60 时，取 0.08～0.10MPa/s。加荷至破坏，记录破坏荷载 $P(N)$。

4）结果计算

按下式计算混凝土的劈裂抗拉强度 f_{st}：

$$f_{st} = \frac{2P}{\pi A} = 0.637 \frac{P}{A} \tag{5.4}$$

以三个试件测值的算术平均值作为该组试件的劈裂抗拉强度值(精确到 0.01MPa)。其异常数据的取舍与混凝土抗压实验相同。

采用 150mm×150mm×150mm 的立方体试件作为标准试件，如果采用 100mm×100mm

×100mm 立方试件时，实验所得的劈裂抗拉强度值，应乘以尺寸换算系数 0.85。当混凝土强度等级大于或等于 C60 时，宜采用标准试件；当使用非标准试件时，尺寸换算系数由实验确定。

6. 混凝土抗折强度实验

1) 实验目的

测定混凝土抗折强度，为道路混凝土强度设计提供依据。

2) 主要仪器设备

①压力实验机或万能实验机：其测量精度为 ±1%，实验时由试件最大荷载选择压力机量程，使试件破坏时的荷载位于全量程的 20%～80%。实验机应能施加均匀、连续、速度可控的荷载，并带有能使两相等荷载同时作用在试件跨度 3 分点处的抗折实验装置，见图 5.4。

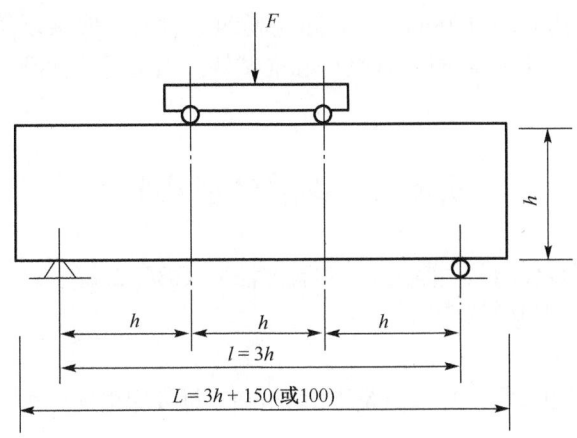

图 5.4 抗折实验装置

②试件的支座和加荷头应采用直径为 20～40mm、长度不小于 b+10mm 的硬钢圆柱，支座立脚点固定铰支，其他应为滚动支点。

③试模与试件：试模由铸铁或钢制成；标准试件采用尺寸为 150mm×150mm×600mm（550mm）的棱柱体试件，尺寸为 100mm×100mm×400mm 的棱柱体试件是非标准试件。此外，在长向中部 1/3 区段内不得有表面直径超过 5mm、深度超过 2mm 的孔洞。

3) 实验步骤

(1) 按制作抗压强度试件的方法成型试件。

(2) 试件从养护地取出后应及时进行实验，将试件表面擦干净。

(3) 按图 5.4 装置试件，安装尺寸偏差不得大于 1mm。试件的承压面应为试件成型时的侧面。支座及承压面与圆柱的接触面应平稳、均匀，否则应垫平。

(4) 施加荷载应保持均匀、连续。当混凝土强度等级小于 C30 时，加荷速度取 0.02～0.05MPa/s；当混凝土强度等级大于或等于 C30 且小于 C60 时，取 0.05～0.08MPa/s；当混凝土强度等级大于或等于 C60 时，取 0.08～0.10MPa/s。当试件接近破坏时，应停止调整实验机油门，直至试件破坏，然后记录破坏荷载。

(5) 记录试件破坏荷载的实验机示值及试件下边缘断裂位置。

4) 测定结果

(1) 若试件下边缘断裂位置处于两个集中荷载作用线之间，则试件的抗折强度 f_f 按下式计算：

$$f_{\mathrm{f}} = \frac{Fl}{bh^2} \tag{5.5}$$

式中，f_{f} 为混凝土抗折强度，MPa；F 为试件破坏荷载，N；l 为支座间跨度，mm；h 为试件截面高度，mm；b 为试件截面宽度，mm；

(2) 取三个试件测值的算术平均值作为该组试件的强度值（精确至 0.1MPa），其异常数据的取舍与混凝土抗压实验相同。

(3) 三个试件中若有一个折断面位于两个集中荷载之外，则混凝土抗折强度值按另两个试件的实验结果计算。若这两个测值的差值不大于其较小值的 15%，则该组试件的抗折强度值按这两个测值的平均值计算，否则该组试件的实验无效。若有两个试件的下边缘断裂位置位于两个集中荷载作用线之外，则该组试件实验无效。

(4) 当试件尺寸为 100mm×100mm×400mm 非标准试件时，应乘以尺寸换算系数 0.85；当混凝土强度等级大于或等于 C60 时，宜采用标准试件；当使用非标准试件时，尺寸换算系数应由实验确定。

实验 6　钢筋性能实验

本实验分别根据《金属材料　室温拉伸实验方法》（GB/T 2281—2010）和《金属材料　弯曲实验方法》（GB/T 232—2010）进行。

取样方法如下。

钢筋按批进行检查和验收，每批重量不大于 60t，每批应由同一牌号、同一炉罐号、同一规格的钢筋组成。

热轧带肋钢筋：拉伸试件 2 根，弯曲试件 2 根。要求分别从 2 根钢筋上切取。

热轧圆盘条钢筋：拉伸试件 1 根，弯曲试件 2 根。要求分别从 2 根钢筋上切取。

拉伸实验试件长度 $L \geqslant 2h + L_0 + 3a$。其中，$a$ 为钢筋直径；$L_0 = 10a$（或 $5a$）；h 为每端夹持长度。

冷弯实验试件长度 $L = 0.5\pi(d+a) + 140$（mm）。其中，a 为钢筋直径；d 为弯心直径。

1. 拉伸实验

1) 实验目的

拉伸性能是钢材的重要性能，通过拉伸实验掌握钢材屈服强度、抗拉强度和伸长率的测定方法。验证、评定钢材力学性能。

2) 主要仪器

①万能材料实验机：测量精度为±1%，试件破坏荷载值应大于压力机全量程的 20%，且小于压力机全量程的 80%；②游标卡尺、千分尺等。

3) 试件制备

(1) 钢筋截取后，8~40mm 的钢筋可不经加工直接作为试件。若受实验机量程限制，22~40mm 的钢筋可车削加工后作为试件，如图 6.1 所示。

(2) 在试件表面平行轴向方向划直线，在直线上冲击标距端点，两端点间划分 10 等分标点。

4) 实验步骤

(1) 车削试件分别测量标距两端点和中部的直径，求出截面面积，取三个面积中最小面积

为截面面积 S_0。不经车削的试件的截面面积 S_0 按钢筋的公称直径计算。测量尺寸准确至±0.5%。计算截面面积 S_0 至少保留 4 位有效数字。

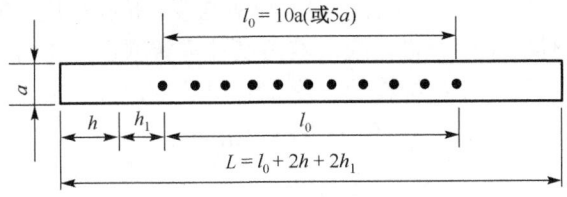

图 6.1 钢筋拉力试件

a-试件直径；l_0-标距长度；h_1-(0.5～1)d；h-夹具长度

(2) 将试件固定在实验机夹头内，开动实验机加荷。试件屈服前，加荷速度为 6～60MPa/s；屈服阶段，夹头移动速度为 (0.00025～0.0025)L_c/s，L_c 为两夹头间的自由长度（$L_c = L_0 + 3a$）。屈服后直至破坏，夹头移动速度不应超过 $0.008 L_c$/s。

(3) 加荷拉伸时，在屈服阶段不计初始瞬时效应指针回转时的最小荷载，就是屈服荷载 F_s。

(4) 继续加荷至试件拉断，记录刻度盘指针的最大荷载 F_b。

(5) 将拉断试件在断裂处对齐，测量拉伸后标距两端点间的长度 L_u，精确至 0.1mm。

如果试件拉断处到邻近的标距端点距离小于或等于 $L_0/3$，应按移位法确定 L_u，如图 6.2 所示。如果拉断后直接量测所得伸长率已满足技术要求规定，可不采用移位法。

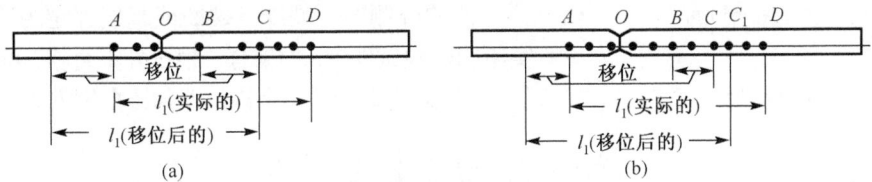

图 6.2 用移位法计算标距

5) 实验结果

(1) 屈服强度 σ_s 按下式计算，修约间隔 5MPa：

$$\sigma_s = \frac{F_s}{S_0} \qquad (6.1)$$

式中，F_s 为屈服点荷载，N；S_0 为试件原截面面积，mm^2。

(2) 抗拉强度 σ_b 按下式计算，修约间隔 5MPa：

$$\sigma_b = \frac{F_b}{S_0} \qquad (6.2)$$

式中，F_m 为最大荷载，N。

(3) 断后伸长率 A 按下式计算，修约间隔 0.5%：

$$A = \frac{L_u - L_0}{L_0} \times 100 \qquad (6.3)$$

式中，A 为断后伸长率，%；L_0 为试件原始标距长度，$L_0 = 10a$ 或 $L_0 = 5a$，mm；L_u 为试件拉断后直接量出或移位法确定的标距长度，mm。

6)拉伸实验结果评定

(1)屈服强度、抗拉强度、伸长率均应符合相应标准规定的指标。

(2)拉伸实验的两根试件中,如果有一根的屈服强度、抗拉强度、伸长率三个指标中有一个不符合标准,即为拉伸实验不合格,应取双倍试件重新测定;在第二次拉伸实验中,如果仍有一个不符合规定,不论这个指标在第一次实验中是否合格,拉伸实验项目定为不合格,表示该批钢筋为不合格品。

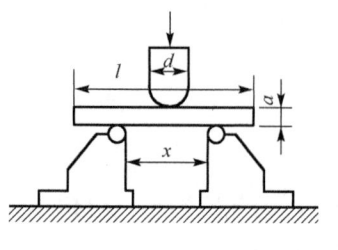

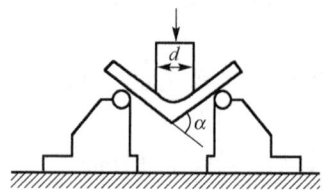

图6.3 冷弯试验示意图

l-试件长度;a-试件长度;
α-弯曲角度;x-两支辊间的距离

2. 冷弯实验

1)实验目的

掌握钢材冷弯实验方法,评定钢材冷弯性能。

2)主要仪器

压力机、特殊实验机或万能实验机等设备。

3)实验步骤

(1)根据钢材技术标准选择弯心直径和弯曲角度。

(2)根据弯心直径选择压头并调整支辊间距,将试样放在实验机上,如图6.3所示。

(3)开动实验机缓慢加荷,使试样弯曲达到规定的弯曲角度。

4)实验结果及评定

以试样弯曲的外侧面无裂纹、裂断或起层评定为冷弯合格。

冷弯实验的两根试件中,如果有一根试件不合格,可取双倍数量试件重新做冷弯实验,第二次冷弯实验中,如果仍有一根不合格,即判该批钢筋为不合格品。

实验7 沥青性能实验

本实验根据国家标准《沥青针入度测定法》(GB/T 4509—2010)、《沥青延度测定法》(GB/T 4508—2010)、《沥青软化点测定法(环球法)》(GB/T 4507—2014)测定石油沥青的针入度、延度及软化点。

1. 针入度测定

本方法适用于测定(0~500)1/10mm 的固体和半固体沥青材料的针入度,也适用于测定350~500 的沥青材料的针入度。对于这样的沥青,需采用深度为60mm、装样量不超过125ml 的盛样皿测定针入度或采用50g 载荷下测定的针入度乘以2 的二次方根得到。

石油沥青的针入度以标准针在一定的载荷、时间及温度条件下垂直穿入沥青试样的深度来表示,单位为 1/10 mm。除非另行规定,标准针、针连杆与附加砝码的总质量为(100 ± 0.05)g,温度为(25 ± 0.1)℃,时间为5 s。特定实验可采用的其他条件,见表7.1。

表7.1 针入度特定实验条件规定

温度/℃	荷重/g	时间/s
0	200	60
4	200	60
46	50	5

注:特定实验报告中应注明实验条件。

1) 主要仪器设备

① 针入度仪：针入度仪(图7.1)能使针连杆在无明显摩擦下垂直运动。能指示穿入深度精确到 0.1mm 的仪器均可使用。针连杆质量为 (47.5 ±0.05)g，针和针连杆的总质量为 (50±0.05)g。另外，仪器附有(50 ±0.05)g 和(100 ±0.05)g 的砝码各一个，可以组成(100 ± 0.05)g 和(200±0.05)g 的载荷以满足实验所需的载荷条件。仪器设有放置平底玻璃皿的平台，并有可调水平的机构，针连杆应与平台垂直。仪器设有针连杆制动按钮，紧压按钮针连杆可自由下落。针连杆要易于拆卸，以便定期检查其质量。

② 标准针：标准针应由硬化回火的不锈钢制造，钢号为 440-C 或等同的材料，洛氏硬度为 54~60。针长约 50mm，直径为 1.00~1.02mm。针的一端必须磨成 8.7°~9.7°的锥体，锥体必须与针体同轴，圆锥表面和针体表面交界线的轴向最大偏差不大于 0.2mm，切平的圆锥端直径应在 0.14~0.16mm，与针轴所成角度不超过 2°。切平的圆锥面的周边应锋利没有毛刺，圆锥表面的粗糙度的算术平均值应为 0.2~0.3μm，针应装在一个黄铜或不锈钢的金属箍中，针露在外面的长度应为 40~50mm，金属箍的直径为 (3.20 ±0.05)mm，长度为 (38±1)mm，针应牢固地装在箍里，针尖及针的任何其余部分均不得偏离箍轴 1mm 以上。针箍及其附件总质量为(2.50 ± 0.05)g。每个针箍上打印单独的标志号码。

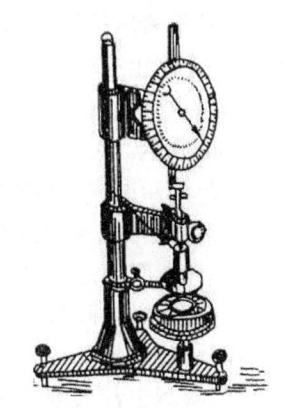

图 7.1　针入度仪

③ 试样皿：金属或玻璃的圆柱形平底皿，尺寸如表 7.2 所示。

表 7.2　试样皿尺寸

针入度	直径/mm	深度/mm
<40	33~55	8~16
<200	55	35
200~350	55~75	45~70
350~500	55	70

④ 恒温水浴：容量不小于 10L，能保持温度在实验温度的±0.1℃范围内。

⑤ 温度计：液体玻璃温度计，刻度为 8~50℃，分度值为 0.1℃。

⑥ 平底玻璃皿：容量不小于 350ml，深度要浸过最大的样品皿，内设一个不锈钢三角支架，以保证试样皿稳定。

⑦ 计时器：刻度为 0.1s 或小于 0.1s，60s 内的准确度达到±0.1s 的任何计时装置均可。直接连到针入度仪上的任何计时设备应进行精确校正以提供±0.1s 的时间间隔。

2) 实验准备

(1) 小心加热样品，不断搅拌以防局部过热，加热到样品能够流动。焦油沥青的加热温度不超过软化点 60℃，石油沥青不超过软化点 90℃。加热时间在保证样品充分流动的基础上尽量少。加热、搅拌过程中避免试样中进入气泡。

(2) 将试样倒入预先选好的试样皿中，试样深度应大于预计穿入深度的 120%。同时将试样倒入三个试样皿。

(3) 松松地盖住试样皿，以防灰尘落入。在 15~30℃的室温下，冷却 45min~1.5h(小试样皿)、1~1.5h(中等试验皿)或者 1.5~2h(大试样皿)，然后将试样皿和平底玻璃皿一起放入恒温水浴中，水面应没过试样表面 10mm 以上。在规定的实验温度下冷却，小皿恒温 45min~1.5h，中等皿恒温 1~1.5h，大皿恒温 1.5~2h。

3)实验步骤

(1)调节针入度仪的水平,检查针连杆和导轨,确保上面没有水和其他物质。先用合适溶剂将针擦干净,再用干净的布擦干,然后将针插入针连杆中固定,按实验条件放好砝码。

(2)将已恒温到实验温度的试样皿和平底玻璃皿取出,放置在针入度仪的平台上慢慢放下针连杆,使针尖刚刚接触到试样的表面,必要时用放置在合适位置的光源的反射来观察。拉下活杆,使其与针连杆顶端相接触,调节针入度仪上的表盘读数指零。

(3)手紧压按钮,同时启动秒表,使标准针自由下落穿入沥青试样,到规定时间停压按钮,使标准针停止移动。

(4)拉下活杆,再使其与针连杆顶端相接触,此时表盘读针的读数即试样的针入度,用 1/10mm 表示。

(5)同一试样至少重复测定三次。每一实验点的距离和实验点与试样皿边缘的距离都不得小于 10mm。每次实验前都应将试样和平底玻璃皿放入恒温水浴中,每次测定都要用干净的针。当针入度超过 200 时,至少用三根针,每次实验用的针留在试样中,直到三根针扎完时再将针从试样中取出。当针入度小于 200 时,可将针取下,用合适的溶剂擦净后继续使用。

4)实验结果

三次测定针入度的平均值,取其整数,作为实验结果。三次测定的针入度值相差不应大于表 7.3 数值。若差值超过表 7.3 的数值,利用第二个样品重复实验。如果结果再次超过允许值,则取消所有的实验结果,重新进行实验。

表 7.3　针入度测定允许最大差值

针入度	0~49	50~149	150~249	250~350	350~500
最大差值	2	4	6	8	20

2. 延度测定

本方法适用于测定石油沥青的延度,也适用于测定煤焦油沥青的延度。非经特殊说明,实验温度为 (25 ± 0.5) ℃,拉伸速度为 (5 ± 0.25) cm/min。

延度是指沥青试件在一定温度下以一定速度拉伸至断裂时的长度。

1)主要仪器设备

①延度仪:凡能将试件持续浸没于水中,按照 (5 ± 0.25) cm/min 速度拉伸试件的仪器均可使用,该仪器在开动时应无明显的振动;②试件模具:它由黄铜制造,由两个弧形端模和两个侧模组成,组装模具的尺寸变化范围如图 7.2 所示;③水浴:容量至少有 10L,能保持实验温度变化不大于 0.1℃,试件浸入水中深度不得小于 10cm,水浴中设置带孔搁架以支撑试件,搁架距浴底部不得小于 5cm;④温度计:0~50℃,分度 0.1℃和 0.5℃各一支;⑤隔离剂:以质量计,由两份甘油和一份滑石粉调制而成;⑥支撑板:金属板或玻璃板,一面必须磨光至表面粗糙度为 $Ra0.63$。

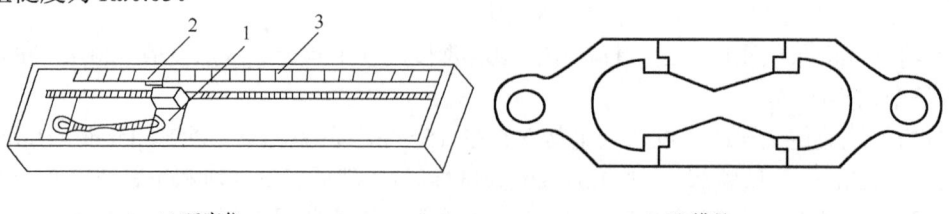

(a) 延度仪　　　　　　　　　　(b) 模具

图 7.2　延度仪及模具

2) 实验准备

(1) 将隔离剂拌和均匀，涂于支撑板表面和铜模侧模的内表面，将模具组装在支撑板上。

(2) 小心加热样品，以防局部过热，直到完全变成液体能够倾倒。石油沥青加热温度不超过预计沥青软化点 90℃，煤焦油沥青加热温度不超过煤焦油沥青预计软化点 60℃。样品的加热时间在不影响样品性质和保证样品充分流动的基础上尽量短。将熔化了的样品充分搅拌之后，把样品倒入模具中，在倒样时使试样呈细流状，自模的一端至另一端 往返倒入，使试样略高出模具，将试样在空气中冷却 30~40min，然后放在规定温度的水浴中保持 30min 取出，用热的直刀或铲将高出模具的沥青刮出，使试样与模具齐平。

(3) 将支撑板、模具和试样一起放入水浴中，并在实验温度下保持 85~95min，然后从板上取下试样，拆掉侧模，立即进行拉伸实验。

3) 实验步骤

(1) 将模具两端的孔分别套在实验仪器的柱上，然后以一定的速度拉伸，直到试件拉伸断裂。拉伸速度允许误差±5%，测量试件从拉伸到断裂所经过的距离(cm)。实验时，试样距水面和水底的距离不小于 2.5cm，并且要使温度保持在规定温度的±0.5℃的范围内。

(2) 如果沥青浮于水面或沉入槽底时，则实验不正常，应使用乙醇或氯化钠调整水的密度，使沥青材料既不浮于水面，又不沉入槽底。

(3) 正常的实验应将试样拉成锥形，直至在断裂时实际横断面面积接近于零。如果三次实验得不到正常结果，则报告在该条件下延度无法测定。

4) 实验结果

若三个试件测定值在其平均值的 5%以内，则取平行测定三个结果的平均值作为测定结果。若三个试件测定值不在其平均值的 5%以内，但其中两个较高值在平均值的 5%之内，则弃去最低测定值，取两个较高值的平均值作为测定结果，否则重新测定。

3. 软化点测定

本方法适用于环球法测定软化点为 30~157℃的石油沥青和煤焦油沥青试样，软化点在 30~80℃的，用蒸馏水做加热介质，软化点在 80~157℃的用甘油做加热介质。

软化点是试样在测定条件下，因受热而下坠达 25mm 时的温度，以℃表示。

1) 主要仪器设备

①环：两只黄铜肩环或锥环；②支撑板：扁平光滑的黄铜板，其尺寸约为 50mm×75mm；③球：两个直径为 9.5mm 的钢球，每个质量为(3.50±0.05)g；④钢球定位器：两只钢球定位器用于使钢球定位于试样中央；⑤浴槽：可以加热的玻璃容器，其内径不小于 85mm，离加热底部的深度不小于 120mm；⑥环支撑架和支架：一只铜支撑架用于支撑两个水平位置的环，其安装图形如图 7.3 所示，支撑架上的肩环的底部距离下支撑板的上表面为 25mm，下支撑板的下表面距离浴槽底部为(16±3)mm；⑦温度计：应符合 GB/T 514 中沥青软化点专用温度计的规格技术要求，即测温在 30~180℃，最小分度值为 0.5℃的全浸式温度计。合适的温度计应按图 7.3 悬于支架上，使得水银球底部与环底部水平，其距离在 13mm 以内，但不要接触环或支撑架，不允许使用其他温度计代替。

图 7.3　软化点测试

2) 实验准备

(1) 所有石油沥青试样的准备和测试必须在 6h 内完成,煤焦油沥青必须在 4.5h 内完成。小心加热试样,并不断搅拌以防止局部过热,直到样品变得流动;小心搅拌以免气泡进入样品中。石油沥青样品加热至倾倒温度的时间不超过 2h 其加热温度不超过预计沥青软化点 110℃。煤焦油沥青样品加热至倾倒温度的时间不超过 30min,其加热温度不超过煤焦油沥青预计软化点 55℃。如果重复实验,不能重新加热样品,应在干净的容器中用新鲜样品制备试样。

(2) 若估计软化点在 120℃以上,应将黄铜环与支撑板预热至 80~100℃,然后将铜环放到涂有隔离剂的支撑板上,否则会出现沥青试样从铜环中完全脱落。

(3) 向每个环中倒入略过量的石油沥青试样,让试件在室温下至少冷却 30min。对于在室温下较软的样品,应将试件在低于预计软化点 10℃以上的环境中冷却 30min。从开始倒试样时起至完成实验的时间不得超过 240min。

(4) 当试样冷却后,用稍加热的小刀或刮刀彻底地刮去多余的沥青,使得每一个圆片饱满且和环的顶部齐平。

3) 实验步骤

(1) 选择加热介质。新沸煮过的蒸馏水适于软化点为 30~80℃的沥青,起始加热介质温度应为 (5±1)℃。甘油适于软化点为 80~157℃的沥青,起始加热介质的温度应为 (30±1)℃。为了进行比较,所有软化点低于 80℃的沥青应在水浴中测定,而高于 80℃的在甘油浴中测定。

(2) 把仪器放在通风橱内并配置两个样品环、钢球定位器,并将温度计插入合适的位置,浴槽装满加热介质,并使各仪器处于适当位置。用镊子将钢球置于浴槽底部,使其与支架的其他部位达到相同的起始温度。

(3) 如果有必要,将浴槽置于冰水中,或小心加热并维持适当的起始浴温达 15min,并使仪器处于适当位置,注意不要玷污浴液。

(4) 再次用镊子从浴槽底部将钢球夹住并置于定位器中。

(5) 从浴槽底部加热使温度以恒定的速率 5℃/min 上升。为防止通风的影响,必要时可用保护装置。实验期间不能取加热速率的平均值,但在 3min 后,升温速率应达到 (5±0.5)℃/min,若温度上升速率超过此限定范围,则此次实验失败。

(6) 当两个试环的球刚触及下支撑板时,分别记录温度计所显示的温度。无需对温度计的浸没部分进行校正。

4) 实验结果

取两个温度的平均值作为沥青的软化点。如果两个温度的差值超过 1℃,则重新实验。

因为软化点的测定是条件性的实验方法,对于给定的沥青试样,当软化点略高于 80℃时,水浴中测定的软化点低于甘油浴中测定的软化点。

当软化点高于 80℃时,从水浴变成甘油浴时的变化是不连续的。在甘油浴中所显示的沥青的最低可能软化点为 84.5℃,而煤焦油沥青的最低可能软化点为 82℃。当甘油浴中软化点低于这些值时,应转变为水浴中的软化点,并在报告中注明。将甘油浴软化点转化为水浴软化点时,石油沥青的校正值为 -4.5℃,煤焦油沥青的校正值为 -2.0℃。采用此校正值只能粗略地表示出软化点的高低,欲得到准确的软化点应在水浴中重复实验。无论在任何情况下,如果甘油浴中所测得的石油沥青软化点的平均值为 80.0℃或更低,煤焦油沥青软化点的平均值为 77.5℃或更低,则应在水浴中重复实验。

将水浴中略高于 80℃的软化点转化成甘油浴中的软化点时,石油沥青的校正值为 ±4.5℃,

煤焦油沥青的校正值为±2.0℃。采用此校正值只能粗略地表示出软化点的高低,欲得到准确的软化点应在甘油浴中重复实验。在任何情况下,如果水浴中两次测定温度的平均值为85.0℃或更高,则应在甘油浴中重复实验。

实验8　沥青混合料性能实验

本实验根据国家行业标准《公路工程沥青及沥青混合料试验规程》(JTG E20—2011),测定沥青混合料的表观密度、空隙率等物理性能,以及马歇尔稳定度和车辙试验等。

1. 沥青混合料试件制作(击实法)

沥青混合料试件制作是按照设计的配合比,应用现场实际材料,在实验室内用小型拌和机,按规定的拌制温度制备成沥青混合料;然后将这种混合料在规定的成型温度下,用击实法制成直径为101.6mm、高为63.5mm的圆柱体试件。

1)实验目的

标准击实法制作沥青混合料试件,以供实验室进行沥青混合料物理力学性质实验使用。

2)仪器设备

①标准击实仪:由击实锤、(Φ98.5±0.5)mm 平圆形压实头及带手柄的导向棒组成。用人工或机械将压实锤举起,从(457.2±1.5)mm 高度沿导向棒自由落下击实,标准击实锤质量为(4536±9)g;②标准击实台:用以固定试模,在200mm×200mm×457mm的硬木墩上面有一块305mm×305mm×5mm的钢板,木墩用4根型钢固定在下面的水泥混凝土板上;③实验室用沥青混合料拌和机:能保证拌和温度并充分拌和均匀,可控制拌和时间,容量不少于10L,搅拌叶自转速度为70~80r/min,公转速度为40~50r/min;④脱模器:电动或手动,可无破损地推出圆柱体试件,备有与试件匹配的推出环;⑤试模:由高碳钢或工具钢制成,每组包括内径(101.6±0.2)mm;高约87.0mm的圆柱形金属筒,底座(直径约120.6mm)和套筒(内径104.8mm,高约70mm)各一个;⑥烘箱:大、中型各一台,装有温度调节器;⑦天平或电子秤:用于称量矿料的,感量不大于0.5g;用于称量沥青的,感量不大于0.1g;⑧布洛克菲尔德黏度计;⑨温度计:分度为1℃。宜采用有金属插杆的热电偶沥青温度计,量程0~300℃,数字显示或度盘指针的分度0.1℃,且有留置读数功能;⑩其他:插刀或大螺丝刀、电炉或煤气炉、沥青熔化锅、拌和铲、标准筛、滤纸(或普通纸)、胶布、卡尺、秒表、粉笔、棉纱等。

3)准备工作

(1)确定制作沥青混合料试件的拌和与压实温度。

①测定沥青黏度,绘制黏温曲线。对于石油沥青,当采用表观黏度时,以表观黏度为(0.17±0.02)Pa·s时的温度为拌和温度,以表观黏度为(0.28±0.03)Pa·s时的温度为压实温度。

②当缺乏沥青黏度测定条件时,试件的拌和与压实温度可按照表8.1选用,并根据沥青品种和标号做适当调整。针入度小、稠度大的沥青取高限;针入度大、稠度小的沥青取低限;一般取中值。

表8.1　沥青混合料拌和及压实温度参考表

沥青种类	拌和温度/℃	压实温度/℃
石油沥青	140~160	120~150
改性沥青	160~175	140~170

(2)将各种规格的矿料置于(105±5)℃的烘箱中烘干至恒重(一般不少于 4~6h)。根据需要,粗集料可先用水冲干净后烘干。也可将粗细集料过筛后,用水冲洗再烘干备用。

(3)分别测定不同粒径规格粗、细集料及填料(矿粉)的表现密度,并测定沥青的密度。

(4)将烘干分级的粗细集料,按每个试件设计级配成分要求称其质量,在一金属盘中混合均匀,矿粉单独加热,置烘箱中预热至沥青拌和温度以上约15℃(采用石油沥青时通常为163℃,采用改性沥青时通常为180℃)备用。一般按一组试件(每组 4~6 个)备料,但进行配合比设计时宜对每个试件分别备料。

(5)用沾有少许黄油的棉纱擦净试模、套筒及击实座等,然后将它们置于100℃左右烘箱中加热 1h 备用。常温沥青混合料用试模不加热。

4)沥青混合料的拌制

(1)将沥青混合料拌和机预热至拌和温度以上 10℃左右备用。

(2)将每个试件预热的粗细集料置于拌和机中,用小铲子适当混合,然后再加入需要数量的已加热至拌和温度的沥青,开动拌和机一边搅拌,一边将拌和叶片插入混合料中拌和 1~1.5min,然后暂停拌和,加入单独加热的矿粉,继续拌和至均匀,并使沥青混合料保持在要求的拌和温度范围内。标准的总拌和时间为3min。

5)试件成型

(1)将拌好的沥青混合料,均匀称取一个试件所需的用量(标准马歇尔试件约 1200g)。当已知沥青混合料的密度时,可根据试件的标准尺寸计算并乘以 1.03 得到要求的混合料数量。当一次拌和几个试件时,宜将其倒入经预热的金属盘中,用小铲拌和均匀分成几份,分别取用。在试件制作过程中,为防止混合料温度下降,应连盘放在烘箱中保温。

(2)从烘箱中取出预热的试模及套筒,用沾有少许黄油的棉纱擦拭套筒、底座及击实锤底面,将试模装在底座上,垫一张圆形的吸油性小的纸,按四分法从四个方面用小铲将混合料铲入试模中,用插刀或大螺丝刀沿周边插捣 15 次,中间 10 次。插捣后将沥青混合料表面整平成凸圆弧面。

(3)插入温度计,至混合料中心附近,检查混合料温度。

(4)待混合料温度符合要求的压实温度后,将试模连同底座一起放在击实台上固定,在装好的混合料上面垫一张吸油性小的圆纸,再将装有击实锤及导向棒的压实头插入试模中,然后开启电动机或人工将击实锤从 457mm 的高度自由落下,击实规定的次数(75 或 50)。

(5)试件击实一面后,取下套筒,将试模翻转,装上套筒,然后以同样的方式和次数击实另一面。

(6)试件击实结束后,用卡尺量取试件离试模上口的高度,并由此计算试件高度。如果高度不符合要求,试件应作废,并按下式调整试件的混合料质量,以保证高度符合(63.5±1.3)mm 的要求:

$$q = q_0 \times \frac{63.5}{h_0} \tag{8.1}$$

式中,q 为调整后沥青混合料用量,g;q_0 为沥青混合料实际用量,g;h_0 为试件的实际高度,mm。

(7)卸去套筒和底座,将装有试件的试模横向放置冷却至室温后(不少于12h),置脱模机上脱出试件。

(8) 将试件置于干燥洁净的平面上,供实验用。

2. 沥青混合料物理指标测定

1) 实验目的

用水中重法测定几乎不吸水的密实沥青混合料试件的表观密度,并据此计算沥青混合料试件的空隙率、矿料间隙率等物理指标。

2) 仪器设备

①浸水天平或电子秤:当最大称量在 3kg 以下时,感量不大于 0.1g;当最大称量在 3kg 以上时,感量不大于 0.5g,应有测量水中重的挂钩;②网篮、溢流水箱、试件悬吊装置,如图 8.1 所示;③秒表、电风扇或烘箱。

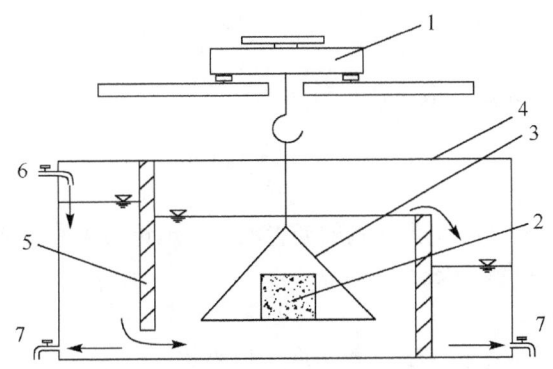

图 8.1 水中重法称重示意图

1-浸水天平或电子天平;2-试件;3-网篮;4-溢流水箱;5-水位隔板;6-注水口;7-防水闸阀

3) 实验步骤

(1) 选择浸水天平或电子秤,最大称量应满足试件质量要求。

(2) 除去试件表面的浮粒,称取干燥试件在空气中的质量(m_a),根据选择的天平的感量读数,准确至 0.1g 或 0.5g。

(3) 挂上网篮浸入溢流水箱的水中,调节水位,将天平调平或复零,把试件置于网篮中(注意不要使水晃动),待天平稳定后立即读数,称取水中质量(m_w)。若天平读数持续变化,不能在数秒钟内达到稳定,说明试件有吸水情况,不适合用此法测定,应改用表干法或封蜡法测定。

4) 计算物理指标

(1) 表现密度。

密实沥青混合料试件的表观密度,按下式计算,取 3 位小数:

$$\rho_a = \frac{m_a}{m_a - m_w} \times \rho_w \tag{8.2}$$

式中,ρ_a 为 25℃温度下试件的表观密度,g/cm³;m_a 为干燥试件在空气中的质量,g;m_w 为试件在水中的质量,g;ρ_w 为在 25℃温度条件下水的密度,取 0.997 1g/cm³。

(2) 理论最大密度。

① 当已知试件的油石比 P_a 时,试件的理论密度按下式计算,取 3 位小数:

$$\rho_{t} = \frac{100 + P_{a}}{\dfrac{P_{1}}{\gamma_{1}} + \dfrac{P_{2}}{\gamma_{2}} + \cdots + \dfrac{P_{n}}{\gamma_{n}} + \dfrac{P_{a}}{\gamma_{b}}} \rho_{w} \tag{8.3}$$

② 当已知试件的沥青含量 P_b 时，试件的理论密度按下式计算：

$$\rho_{t} = \frac{100}{\dfrac{P'_{1}}{\gamma_{1}} + \dfrac{P'_{2}}{\gamma_{2}} + \cdots + \dfrac{P'_{n}}{\gamma_{n}} + \dfrac{P_{b}}{\gamma_{b}}} \rho_{w} \tag{8.4}$$

式中，ρ_t 为理论密度，g/cm³；$P_1,\cdots,P_n$ 为各种矿料占矿料总质量的百分率，%；$P'_1,\cdots,P'_n$ 为各种矿料占混合料总质量的百分率，%；$\gamma_1,\cdots,\gamma_n$ 为各种矿料与水的相对密度；P_a 为油石比(沥青与矿料的质量比)，%；P_b 为沥青含量(沥青质量占沥青混合料总质量的百分率)，%；γ_b 为沥青的相对密度(25℃/25℃)。

(3) 空隙率。

试件的空隙率按下式计算，取 1 位小数：

$$VV = \left(1 - \frac{\rho_a}{\rho_t}\right) \times 100\% \tag{8.5}$$

式中，VV 为试件的空隙率，%；ρ_t 为实测的沥青混合料理论最大密度或计算的理论最大密度，g/cm³；ρ_a 为试件的表观密度，g/cm³。

(4) 沥青体积百分率。

试件中沥青的体积百分率按下式计算，取 1 位小数：

$$VA = \frac{P_b \rho_a}{\gamma_b \rho_w} \tag{8.6}$$

或

$$VA = \frac{100 P_a \rho_a}{(100 + P_a)\gamma_b \rho_w} \tag{8.7}$$

式中，VA 为沥青混合料试件的沥青体积百分率，%。

(5) 矿料间隙率。

试件的矿料间隙率的按下式计算，取 1 位小数：

$$VMA = VA + VV \tag{8.8}$$

式中，VMA 为沥青混合料试件的矿料间隙率，%。

(6) 沥青饱和度。

试件沥青饱和度按下式计算，取 1 位小数：

$$VFA = \frac{VA}{VA + VV} \times 100\% \tag{8.9}$$

式中，VFA 为沥青混合料试件的沥青饱和度，%。

3. 沥青混合料马歇尔稳定度实验

1) 实验目的

通过马歇尔稳定度实验进行沥青混合料的配合比设计或沥青路面施工质量检验。

2) 仪器设备

①沥青混合料马歇尔实验仪：最大荷载不小于 25kN，读数精确度为 0.1kN，加载速率应

能保持(50±5)mm/min，钢球直径为(16±0.05)mm，上下压头曲率半径为(50.8±0.08)mm；②恒温水槽：控温准确度为 1℃，深度不少于 150mm；③真空饱水容器、烘箱、天平、温度计，分度 1℃；④其他：卡尺、棉纱、黄油等。

3) 实验方法

(1) 标准马歇尔实验方法。

① 采用标准击实法成型马歇尔试件，试件尺寸应符合直径(101.6±0.2)mm、高(63.5±1.3)mm 要求。

② 量测试件的直径及高度：用卡尺测量试件中部的直径，用马歇尔试件高度测定仪或卡尺在十字对称的 4 个方向量测离试件边缘 10mm 处的高度，精确至 0.1mm，并以其平均值作为试件高度。如果试件高度不符合(63.5±1.3)mm 或两侧高度差大于 2mm，此试件应作废。

③ 将恒温水槽(或烘箱)调节至要求的实验温度，对黏稠石油沥青混合料为(60±1)℃。将试件置于已达规定温度的恒温水槽(或烘箱)中保温 30～40min。

④ 将马歇尔实验仪的上下压头放入水槽(或烘箱)中达到同样温度。将上下压头从水槽(或烘箱)中取出擦拭干净内面。为使上下压头滑动自如，可在下压头的导棒上涂少量黄油。再将试件取出置于下压头上，盖上上压头，然后装在加载设备上。

⑤ 在上压头的球座上放妥钢球，并对准荷载测定装置的压头。

⑥ 当采用自动马歇尔实验仪时，将自动马歇尔实验仪的压力传感器、位移传感器与计算机或 X-Y 记录仪正确连接，调整好适宜的放大比例。调整好计算机程序或将 X-Y 记录仪的记录笔对准原点。

⑦ 当采用压力环和流值计时，将流值计安装在导棒上，使导向套管轻轻地压住上压头，同时将流值计读数调零。调整压力环中百分表，对零。

⑧ 启动加载设备，使试件承受荷载，加载速度为(50±5)mm/min。计算机或 X-Y 记录仪自动记录传感器压力和试件变形曲线并将数据自动存入计算机。

⑨ 实验荷载达到最大值的瞬间，取下流值计，同时读取压力环中百分表读数及流值计的流值读数。

⑩ 从恒温水槽中取出试件至测出最大荷载值的时间，不应超过 30s。

(2) 浸水马歇尔实验方法。

浸水马歇尔实验方法与标准马歇尔实验方法的不同之处在于，试件在已达规定温度的恒温水槽中保温时间为 48h。其余均与标准马歇尔实验方法相同。

(3) 真空饱和马歇尔实验方法。

试件先放入真空干燥器中，关闭进水胶管，开动真空泵，使干燥器的真空度达到 97.3kPa(730 mmHg)以上，维持 15min，然后打开进水胶管，靠负压进入冷水流使试件全部浸入水中，浸水 15 min 后恢复常压，取出试件再放入已达规定温度的恒温水槽中保温 48h，黏稠石油沥青混合料为(60±1)℃，进行马歇尔实验。其余均与标准马歇尔实验方法相同。

4) 实验结果

(1) 试件的稳定度及流值。

① 当采用自动马歇尔实验仪时，将计算机采集的数据绘制成压力和试件变形曲线，或由 X-Y 记录仪自动记录的荷载-变形曲线，按图 8.2 所示的方法在切线方向延长与横坐标相交于 O_1 点，将 O_1 点作为修正原点，从 O_1 点起量取相应于荷载最大值时的变形作为流值(FL)，以 mm 计，精确至 0.1mm。最大荷载即稳定度(MS)，以 kN 计，精确至 0.01kN。

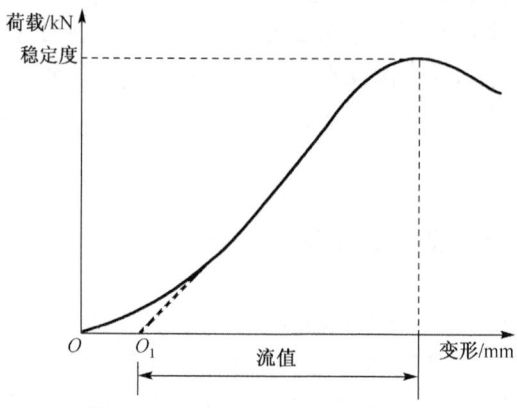

图 8.2 马歇尔试验结果的修正

②当采用压力环和流值计测定时,根据压力环标定曲线,将压力环中百分表的读数换算为荷载值,或者由荷载测定装置读的最大值即试件的稳定度(MS),以 kN 为单位,精确至 0.01kN。由流值计及位移传感器测定装置读取的试件垂直变形,即试件的流值(FL),以 mm 计,精确至 0.1mm。

(2)试件的马歇尔模数。

试件的马歇尔模数按下式计算:

$$T = \frac{MS}{FL} \tag{8.10}$$

式中,T 为试件的马歇尔模数,kN/mm;MS 为试件的稳定度,kN;FL 为试件的流值,0.1mm。

(3)试件的浸水残留稳定度。

根据试件的浸水马歇尔稳定度和标准马歇尔稳定度,可按下式求得试件浸水残留稳定度:

$$MS_0 = \frac{MS_1}{MS} \times 100 \tag{8.11}$$

式中,MS_0 为试件的浸水残留稳定度,%;MS_1 为试件浸水 48h 后的稳定度,kN。

(4)试件的真空饱水残留稳定度。

根据试件的真空饱水稳定度和标准马歇尔稳定度,可按下式求得试件真空饱水残留稳定度:

$$MS_0' = \frac{MS_2}{MS} \times 100 \tag{8.12}$$

式中,MS_0' 为试件的真空饱水残留稳定度,%;MS_2 为试件真空饱水后浸水 48h 后的稳定度,kN。

(5)实验结果报告。

① 当一组测定值中某个测定值与平均值之差大于标准差的 k 倍时,该测定值应予舍弃,并以其余测定值的平均值作为实验结果。当试件数目 n 为 3、4、5、6 时,k 值分别为 1.15、1.46、1.67、1.82。

② 采用自动马歇尔实验仪实验时,实验结果应附上荷载-变形曲线原件或自动打印结果,并报告马歇尔稳定度、流值、马歇尔模数,以及试件尺寸、试件的密度、空隙率、沥青用量、沥青体积百分率、沥青饱和度、矿料间隙率等各项物理指标。

4. 沥青混合料车辙实验

车辙实验的实验温度与轮压可根据有关规定和需要选用，非经注明，实验温度为60℃，轮压为0.7MPa。计算动稳定度的时间原则上为实验开始后45～60min。

1) 实验目的

测定沥青混合料的高温抗车辙能力，供沥青混合料配合比设计的高温稳定性检验使用。

2) 试件的制作（轮碾法）

车辙实验用的试件采用轮碾法制成，是尺寸为 300mm×300mm×(50～100)mm 的板块状试件。

(1) 仪器设备。

①轮碾成型机：轮碾成型机具有与钢筒式压路机相似的圆弧形碾压轮，轮宽300mm，压实线荷载为 300N/cm，碾压行程等于试件长度，碾压后试件可达到马歇尔实验标准击实密度的(100±1)%；②实验室用沥青混合料拌和机：能保证拌和温度并充分拌和均匀，可控制拌和时间，宜采用容量大于 30L 的大型沥青混合料拌和机，也可采用容量大于 10L 的小型拌和机；③试模：由钢板制成，内部平面尺寸为 300mm×300mm，高(50～100)mm；④烘箱：大、中型各一台，装有温度调节器；⑤台秤、天平或电子秤：称量15kg，感量不大于 5g；⑥布洛克菲尔德黏度计；⑦小型击实锤：钢制端部断面80mm×80mm，厚10mm，带手柄，总质量为 0.5kg 左右；⑧ 温度计：分度为 1℃。宜采用有金属插杆的热电偶沥青温度计，金属插杆的长度不小于 300mm，量程为 0～300℃，数字显示或度盘指针的分度 0.1℃，宜有留置读数功能；⑨其他：电炉或煤气炉、沥青熔化锅、标准筛、滤纸、卡尺、秒表、棉纱等。

(2) 试样制作方法。

① 按"沥青混合料试件制作（击实法）"的试件成型方法，确定沥青混合料的拌和温度与压实温度。

② 将金属试模及小型击实锤等置于100℃左右的烘箱中加热1h备用。

③ 计算出制作一块试件所需要的各种材料的用量。先按试件体积(V)乘以马歇尔标准击实密度(ρ_0)，再乘以系数 1.03，即得材料总用量($m=V\rho_0\times1.03$)，再按配合比计算出各种材料用量。分别将各种材料放入烘箱中预热备用。

④ 将预热的试模从烘箱中取出，装上试模框架，在试模中铺一张裁好的普通纸（可用报纸），使底面及侧面均被纸隔离，将拌和好的全部沥青混合料，用小铲稍加拌和后均匀地沿试模由边至中按顺序转圈装入试模，中部要略高于四周。

⑤ 取下试模框架，用预热的小型击实锤由边至中压实一遍，整平成凸圆弧形。

⑥ 插入温度计，待混合料冷却至规定的压实温度（为使冷却均匀，试模底下可用垫木支起）时，在表面铺一张裁好尺寸的普通纸。

⑦ 当用轮碾机碾压时，宜先将碾压轮预热至100℃左右（如果不加热，应铺牛皮纸）。然后，将盛有沥青混合料的试模置于轮碾机的平台上，轻轻放下碾压轮，调整总荷载为 9 kN（线荷载 300N/cm）。

⑧ 启动轮碾机，先在一个方向碾压两个往返（4 次），卸荷，再抬起碾压轮，将试件掉转方向，再加相同荷载碾压至马歇尔标准密实度(100±1)%。试件正式压实前，应经试压，决定碾压次数，一般 12 个往返（24 次）左右可达到要求。如果试件厚度为 100mm，宜按先轻后重的原则分两层碾压。

⑨ 压实成型后,揭去表面的纸,用粉笔在试件表面标明碾压方向。
⑩ 盛有压实试件的试模,置室温下冷却至少 12h 后方可脱模。

3) 沥青混合料车辙实验

(1) 仪器设备。

① 车辙实验机:构造图如图 8.3 所示,主要由试件台、实验轮、加载装置、试模、变形测量装置和温度检测装置组成;② 恒温室:车辙实验机必须整机安放在恒温室内,装有加热器、气流循环装置及自动温度控制设备,能保持恒温室温度(60±1)℃(试件内部温度(60±0.5)℃),根据需要亦可为其他需要的温度,用于保温试件并进行实验,温度应能自动连续记录;③ 台秤:称量 15kg,感量不大于 5g。

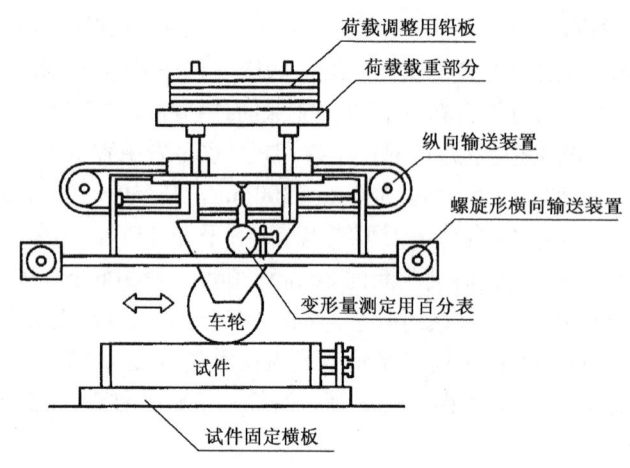

图 8.3 车辙试验机

(2) 实验方法。

① 实验轮接地压强测定:在 60℃进行,在实验台上放一块 50mm 厚的钢板,其上铺一张毫米方格纸,上铺一张新的复写纸,以规定的 700N 荷载后实验轮静压复写纸,即可在方格纸上得出轮压面积,并由此求得接地压强。压强应符合 (0.7±0.05) MPa,否则荷载应予适当调整。

② 将试件连同试模一起,置于已达到实验温度(60±1)℃的恒温室中,保温不少于 5h,也不得多于 12h。在试件的实验轮不行走的部位上,粘贴一个热电偶温度计(也可在试件制作时预先将热电隅导线埋入试件一角),控制试件温度稳定在(60±0.5)℃。

③ 将试件连同试模移置于车辙实验机的实验点上,实验轮在试件的中央部位,其行走方向需与试件碾压方向一致。开动车辙变形自动记录仪,然后启动实验机,使实验轮往返行走,时间约 1h,或最大变形达到 25mm 时为止。实验时,记录仪自动记录变形曲线(图 8.4)及试件温度。对于 300mm 宽且实验时变形较小的试件,也可对一块试件在两侧 1/3 位置上进行两次实验取平均值。

(3) 结果计算。

① 从图 8.4 上读取 45min(t_1) 及 60min(t_2) 时车辙变形 d_1 及 d_2,精确至 0.01mm。当变形过大,在未到 60min 变形已达 25mm 时,以达 25mm(d_2)时的时间为 t_2,取其前 15min 为 t_1,此时的变形量为 d_1。

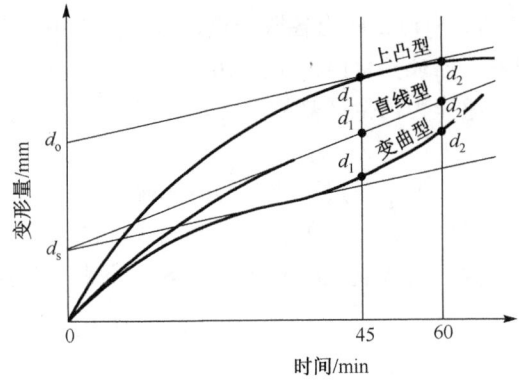

图8.4 车辙试验变形曲线

② 沥青混合料试件的动稳定度按下式计算:

$$DS = \frac{(t_2 - t_1) \times N}{d_2 - d_1} \times C_1 \times C_2 \tag{8.13}$$

式中,DS 为沥青混合料的动稳定度,次/mm;d_1 为对应于时间 t_1 的变形量,mm;d_2 为对应于时间 t_2 的变形量,mm;N 为实验轮往返碾压速度,通常为 42 次/min;C_1 为实验机类型修正系数,曲柄连杆驱动试件的变速行走方式为 1.0,链驱动实验轮的等速方式为 1.5;C_2 为试件系数,实验室制备的宽 300mm 的试件为 1.0,从路面切割的宽 150mm 的试件为 0.8。

③ 同一沥青混合料或同一路段的路面,至少平行实验 3 个试样,当三个试件动稳定度变异系数不大于 20%时,取其平均值作为实验结果;当变异系数大于 20%时,应分析原因,并追加实验。当计算动稳定度值大于 6000 次/mm 时,记作:>6000 次/mm。

④ 重复性实验动稳定度变异系数的允许差为 20%。

实验 9 防水卷材性能实验

本实验根据国家标准《建筑防水卷材试验方法 第 4 部分:沥青防水卷材 厚度、单位面积质量》(GB/T 328.4—2007)、《建筑防水卷材试验方法 第 8 部分:沥青防水卷材 拉伸性能》(GB/T 328.8—2007)、《建筑防水卷材试验方法 第 26 部分:沥青防水卷材 可溶物含量(浸涂材料含量)》(GB/T 328.26—2007),测定改性沥青防水卷材的厚度与面积、可溶物含量和拉伸性能。

1. 卷重、面积、厚度、外观

1)卷重

用最小分度值为 0.2kg 的台秤称量每卷卷材的质量。

2)面积

用最小分度值为 1mm 的卷尺在卷材两端和中部三处测量宽度、长度,以长乘宽度的平均值求得每卷卷材面积。若有接头,则以量出两段长度之和减去 150mm 计算。

当面积超出标准规定的正偏差时,按公称面积计算其卷重;当其符合最低卷重要求时,判为合格。

3)厚度

使用 10mm 直径接触面,单位面积压力为 0.02MPa,分度值为 0.01mm 的厚度计测量,保持时间 5s。沿卷材宽度方向裁取 50mm 宽的卷材一条(50mm×1000mm),在宽度方向测量

10点,距卷材长度边缘(150±15)mm 向内各取一点,在这两点中均分取其余三点。对砂面卷材必须清除浮砂后进行测量,记录测量值,计算10点的平均值作为该卷材的厚度,以所抽卷材数量的卷材厚度的总平均值作为该批产品的厚度,并报告最小单值。

4) 外观

将卷材立放于平面上,用一把钢板尺平放在卷材的端面上,用另一把最小分度值为1mm的钢板尺垂直伸入卷材端面最凹处,测得的数值即卷材端面的里进外出值。然后将卷材展开按外观质量要求检查。沿宽度方向裁取50mm宽的一条,胎基内不应有未被浸透的条纹。

2. 可溶物含量

1) 主要仪器

①分析天平;②萃取器;③电热干燥箱;④滤纸;⑤溶剂:四氯化碳、三氯甲烷或三氧乙烯、工业纯或化学纯。

2) 实验步骤

(1) 试件制备。试件在试样上距边缘100mm以上任意裁取,用模板帮助,或用裁刀,正方形试件尺寸为(100±1)mm×(100±1)mm。对于整个试验应准备三个试件。

(2) 切取的三块试件分别用滤纸包好并用棉线捆扎后,分别称量。

(3) 将滤纸包置于萃取器中,溶剂量为烧瓶容量1/2~2/3进行加热萃取,直至回流的溶剂呈浅色,取出滤纸包,使吸附的溶剂先挥发。放入预热至(105±2)℃的电热干燥箱中干燥1h,再放入干燥器中冷却至室温,称量滤纸包。

(4) 计算。可溶物含量按下式计算:

$$A = K(G - P) \tag{9.1}$$

式中,A 为可溶物含量,g/m^2;K 为系数,$K=100,1/m^2$;G 为萃取前滤纸包重,g;P 为萃取后滤纸包重,g。

以三个试件可溶物含量的算术平均值作为可溶物含量。

3. 拉力及最大拉力时延伸率

1) 主要仪器

拉力实验机。

2) 实验步骤

(1) 将切取的试件放置在实验温度下不少于20h。

(2) 校准实验机,拉伸速度为(100±10)mm/min,将试件夹持在夹具中心,不得歪扭,上下夹具间距离为(180±2)mm。

(3) 启动实验机,至试件拉断,记录最大拉力及最大拉力时的伸长值。

3) 计算

分别计算纵向或横向5个试件拉力的算术平均值作为卷材纵向或横向拉力,最大拉力单位为N/50mm;最大拉力时的延伸率按下式计算:

$$E = 100(L_1 - L_0)/L \tag{9.2}$$

式中,E 为最大拉力时的延伸率,%;L_1 为试件最大拉力时的标距,mm;L_0 为试件初始标距,mm;L 为夹具间距离,180mm;

分别计算纵向或横向5个试件最大拉力时延伸率的算术平均值作为卷材纵向或横向延伸率。

实验 10 无机结合料性能实验

本实验根据国家行业标准《公路工程无机结合料稳定材料试验规程》(JTG E51—2009)，测定无机结合料的含水量、击实试验和无侧限抗压强度。

1. 含水量实验方法(烘干法)

1) 目的和适用范围

本法是测定无机结合料稳定土含水量的标准方法。在 105~110℃ 的条件下烘干至恒重的稳定土称为干稳定土，湿稳定土和干稳定土质量之差与干稳定土质量之比的百分率称为稳定土的含水量。

2) 仪器设备

(1) 对于稳定细粒土。

①量程不小于 110℃，控温精度为±2℃；②铝盒(直径为 50mm，高为 25~30mm)或带有毛玻璃盖的玻璃量瓶；③量程不小于 150g 的天平 1 架，感量为 0.01g；④干燥器(直径为 200~250mm) 1 个以上，并用硅胶作干燥剂(用指示硅胶作干燥剂，而不用氯化钙。因为许多黏土烘干后能从氯化钙中吸收水分)。

(2) 对于稳定中粒土。

①量程不小于 110℃，控温精度为±2℃；②铝盒(能放样品 500g 以上)；③量程不小于 1000g 的天平 1 架，感量为 0.1g；④干燥器(同上)。

(3) 对于稳定粗粒土。

①量程不小于 110℃，控温精度为±2℃；②大铝盒(能放样品 2000g 以上)；③量程不小于 3000g 的天平 1 架，感量为 0.1g；④干燥器(同上)。

3) 实验步骤

(1) 对于稳定细粒土，其步骤如下：

①取清洁、干燥的铝盒或玻璃量瓶，称取其质量并精确至 $0.01g(m_1)$ (注：事先把铝盒的质量都校正成标准质量(即各铝盒的质等都相等)，称量时可在天平一端等质量的铝盒，使用比较方便)，取 50g 试样(对生石灰粉、消石灰和消石灰粉取 100g)经粉碎后松散地放在铝盒中，应尽快盖上盒盖，称取其质量并精确至 $0.01g(m_2)$。

②取下盒盖，并将盛有试样的铝盒放在盒盖上，然后一起放到温度已达 110℃ 的烘箱内进行烘干(某些含有石膏的土在烘干时会损失其结晶水，用此方法测定其含水量有影响。每 1% 石膏对含水量的影响约为 0.2%。如果土中有石膏，则试样应该在不超过 80℃ 的温度下烘干，并可能要烘更长的时间)，需要的烘干时间随土类和试样数量而变。当冷却试样连续两次称量的差值(每次间隔 4h)不超过原试样质量的 0.1% 时，即认为样品已烘干。

③烘干后，从烘箱中取出盛有试样的铝盒，并将盒盖盖紧。

④将盛有烘干试样的铝盒放入干燥器内冷却。然后称取铝盒和烘干试样的质量，并精确至 $0.01g(m_3)$。

(2) 对于稳定中粒土，其步骤如下：

①铝盒应该是清洁、干燥的，称取其质量并精确至 $0.1g(m_1)$。取 500g 试样(至少 300g)经粉碎后松松地放在铝盒中，盖上盒盖，称其质量并精确至 $0.1g(m_2)$。

②取下盒盖，并将盛有试样的铝盒放在温度已达 110℃ 的烘箱内进行烘干，需要的烘干时间随土类和试样数量而变。当冷却试样连续两次称量的差值(每次间隔 4h)不超过原试样质量的 0.1% 时，即认为已经烘干。

③烘干后，从烘箱中取出盛有试样的铝盒，并将盒盖盖紧，放置冷却。

④称铝盒和烘干试样的质量，并精确至 $0.1g(m_3)$。

(3) 对于稳定粗粒土，其步骤如下：

①铝盒应该是清洁、干燥的，称取其质量并精确至 $0.1g(m_1)$。取 2000g 试样经粉碎后松松地放在铝盒中，盖上盒盖，称其质量并精确至 $0.1g(m_2)$。

②取下盒盖，并将盛有试样的铝盒放到温度已达 110℃ 的烘箱内进行烘干，需要的烘干时间随土类和试样数量而变。当冷却试样连续两次称量的差值(每次间隔 4h)不超过原试样质量的 0.1% 时，即认为已经烘干。

③烘干后，从烘箱中取出盛有试样的铝盒，并将盒盖盖紧，放置冷却。

④将铝盒和烘干试样称取其质量并精确至 $0.1g(m_3)$。

4) 计算

用下式计算无机结合料稳定土的含水量 w：

$$w = \frac{m_2 - m_3}{m_3 - m_1} \times 100\% \tag{10.1}$$

式中，w 为无机结合料稳定材料的含水量，%；m_1 为铝盒的质量，g；m_2 为铝盒和湿稳定土的合计质量，g；m_3 为铝盒和干稳定土的合计质量，g。

2. 击实实验方法

1) 目的和适用范围

(1) 本实验方法适用于在规定的试筒内，对水泥稳定材料(在水泥水化前)、石灰稳定材料及石灰(或水泥)粉煤灰稳定材料进行击实实验，以绘制稳定材料的含水量-干密度关系曲线，从而确定其最佳含水量和最大干密度。

(2) 试验集料的公称最大粒径宜控制在 37.5mm 以内(方孔筛)。

2) 仪器设备

①击实筒：小型，内径 100mm、高 127mm 的金属圆筒，套环高 50mm，底座；大型，内径 152mm、高 170mm 的金属圆筒，套环高 50mm，直径 151mm 和高 50mm 的筒内垫块，底座；②击锤和导管：击锤的底面直径 50mm，总质量 4.5kg，击锤在导管内的总行程为 450mm，可设置击实次数，并保证击锤自由垂直落下，落高应为 450 mm，锤迹均匀分布于试样面上；③天平：量程 4000g，感量为 0.01g；④台秤：称量为 15kg，感量为 0.1g；⑤方孔筛：孔径 53mm、37.5mm、26.5mm、19mm、4.75mm、2.36mm 的筛各 1 个；⑥量筒：50ml、100ml 和 500ml 的量筒各 1 个；⑦直刮刀：长 200~250mm、宽 30mm、厚 3mm 且一侧开口的直刮刀，用以刮平和修饰粒料大试件的表面；⑧刮土刀：长 150~200mm、宽约 20mm 的刮刀，用以刮平和修饰小试件的表面；⑨工字型刮平尺：30mm×50mm×310mm，上、下两面和侧面均刨平；⑩测定含水量用的铝盒、烘箱等其他工具：约 400mm×600mm×70mm 的长方形金属盘、拌和用平头小铲、脱模器、游标卡尺等。

3) 试料准备

将具有代表性的风干试料(必要时，也可以在 50℃ 烘箱内烘干)用木槌或木碾捣碎。土团均应捣碎到能通过 4.75mm 的筛孔。但应注意不使粒料的单个颗粒破碎或不使其破碎程度超过施工中拌和机械的破碎率。

如果试料是细料土,将已捣碎的具有代表性的土过 4.75mm 筛备用(用甲法或乙法做实验)。

如果试料中含有粒径大于 4.75mm 的颗粒,则先将试料过 19mm 的筛,如果存留在筛孔 19mm 筛的颗粒的含量不超过 10%,则过 26.5mm 筛留作备用(用甲法或乙法做实验)。

如果试料中粒径大于 19mm 的颗粒含量超过 10%,则将试料过 37.5mm 筛;如果存留在 37.5mm 筛上的颗粒的含量不超过 10%,则过 53mm 的筛留作备用(用丙法试验)。每次筛分后,均应记录超尺寸颗粒的百分率 P。

在预定做击实实验的前一天,取有代表性的试料测定其风干含水量。对于细粒土,试样应不少于 100g;对于中粒土(粒径小于 25mm 的各种集料),试样应不少于 1000g;对于粗料土的各种集料,试样应不少于 2000g。

4) 实验步骤

(1) 甲法。

①将已筛分的试样用四分法逐次分小,至最后取出 10~15kg 试料。再用四分法将已取出的试料分成 5~6 份,每份试料的干质量为 2.0kg(细粒土)或 2.5kg(中粒土)。

②预定 5~6 个不同含水量,依次相差 0.5%~1.5%。且其中至少有两个大于和两个小于最佳含水量。对于细粒土,可参照其塑限估计素土的最佳含水量,一般其最佳含水量比塑限小 3%~10%,对于砂性土,其最佳含水量接近 3%;对于黏性土,其最佳含水量为 6%~10%;对于天然沙砾土,级配集料等的最佳含水量与集料中细土的含量和塑性指数有关,一般在 5%~12%;对于细土少的、塑性指数为零的未筛分碎石,其最佳含水量接近 57%;对于细土偏多的、塑性指数较大的沙砾土,其最佳含水量在 10%左右。水泥稳定土的最佳含水量与素土的接近,石灰稳定土的最佳含水量可能比素土大 1%~3%。

③按预定含水量制备试样。将 1 份试料平铺于金属盘内,将事先计算得的该份试料中应加的水量均匀地喷洒在试料上,用小铲将试料充分拌和到均匀状态(如果为石灰稳定材料和水泥、石灰综合稳定材料,可将石灰和试料一起拌匀),然后装入密闭容器或塑料口袋内浸润备用。

浸润时间:黏性土 12~24h;粉性土 6~8h;砂性土、沙砾土、红土沙砾、级配沙砾等可以缩短到 4h 左右;含土很少的未筛分碎石、沙砾和砂可缩短到 2h。浸润时间一般不超过 24h。

应加水量可按下式计算:

$$m_w = \left(\frac{m_n}{1+0.01w_n} + \frac{m_c}{1+0.01w_c}\right) \times 0.01w - \frac{m_n}{1+0.01w_n} \times 0.01w_n - \frac{m_c}{1+0.01w_c} \times 0.01w_c \qquad (10.2)$$

式中,m_w 为混合料中应加的水量,g;m_n 为混合料中素土(或集料)的质量,g,其原始含水量为 w_n,即风干含水量,%;m_c 为混合料中水泥或石灰的质量,g,其原始含水量为 w_c,%;w 为要求达到的混合料的含水量,%。

④将所需要的稳定剂水泥加入浸润后的试料中,并用小铲、泥刀或其他工具充分拌和到均匀状态。加入有水泥的试样拌和后,应在 1h 内完成下述击实实验,拌和后超过 1h 的试样应予作废(石灰稳定材料和石灰粉煤灰稳定材料除外)。

⑤试筒套环与击实底板应紧密连接。将击实筒放在坚实地面上,取制备好的试样(仍用四分法)400~500g(其量应使击实后的试样等于或略高于筒高的 1/5)倒入筒内,整平其表面并稍

加压紧,然后按所需击数进行第一层试样的击实。击实时,击锤应自由铅直落下,落高应为 45cm,锤迹必须均匀分布于试样面。第一层击实完后,检查该层高度是否合适,以便调整以后几层的试样用量。用刮土刀或改锥将已击实层的表面"拉毛",然后重复上述做法,进行其余四层试样的击实。最后一层试样击实后,试样超出试筒顶的高度不得大于 6mm,超出高度过大的试件应该作废。

⑥用刮土刀沿套环内壁削挖(使试样与套环脱离)后,扭动并取下套环。对齐筒顶细心刮平试样,并拆除底板。若试样底面略突出筒外或有孔洞,则应细心刮平或修补。最后用工字形刮平尺对齐筒顶和筒底将试样刮平。擦净试筒的外壁,称取其质量 m_1。

⑦用脱模器推出筒内试样。自试样内部从上到下取两个有代表性的样品(可将脱出试件用锤打碎后,用四分法采取),测定其含水量,计算至 0.1%。两个试样含水量的差值不得大于 1%。所取样品的数量见表 10.1(若只取 1 个样品测定含水量,则样品的质量应为表列数值的 2 倍)。

对于中粗粒土,在最佳含水量附近取 0.5%,其余取 1%;对于细料土,取 1%;对于黏土,特别是重黏土,可能需要取 2%。

烘箱的温度应事先调整到 110℃左右,以使放入的试样能立即在 105~110℃的温度下烘干。

表 10.1 测稳定土含水量的样品数量

最大粒径/mm	样品质量/g
2.36	约 50
19	约 300
37.5	约 1000

⑧进行其余含水量下稳定土的击实和测定工作。凡已用过的试样,一律不再重复使用。

(2) 乙法。

在缺乏内径 10cm 的试筒,以及在需要与承载比等实验结合起来进行时,采用乙法进行击实实验。本法更适宜公称最大粒径达 19mm 的集料。

① 将已过筛的试料用四分法逐次分小,至最后取出约 30kg 试料。再用四分法将取出的试料分成 5~6 份,每份试料的干重约为 4.4kg(细粒土)或 5.5kg(中粒土)。

② 其他实验步骤与甲法相同,但应该先将垫块放入筒内底板上,然后加料并击实。所不同的是,每层需取制备好的试样约 900g(水泥或石灰稳定细粒土)或 1100g(稳定中粒土),每层的锤击次数为 59 次。

(3) 丙法。

① 将已过筛的试料用四分法逐次分小,至最后取出约 33kg 试料。再用四分法将取出的试料分成 6 份(至少要 5 份),每份重约 5.5kg(风干质量)。

② 预定 5~6 个不同含水量,依次相差 0.5%~1.5%。在估计的最佳含水量可有 0.5%~1.0%浮动。

③ 按预定含水量制备试样,与甲法相同。

④ 将混合料拌和均匀,与甲法相同。

⑤ 将试筒、套环与夯击底板紧密地连接在一起,并将垫块放在筒内底板上。击实筒应放在坚实(最好是水泥混凝土)地面上,取制备好的试样 1.8kg 左右[其量应使击实后的试样略高于(高出 1~2mm)筒高的 1/3]倒入筒内,整平其表面,并稍加压紧。然后按所需击数进行第一层试样的击实(共击 98 次)。击实时,击锤应自由铅直落下,落高应为 45cm,锤迹必须均匀分布于试样面。第 1 层击实完后,检查该层的高度是否合适,以便调整以后两层的试样用量。用刮土刀或改锥将已击实的表面"拉毛",然后重复上述做法,进行其余两层试样的击实。最后一层试样击实后,试样超出试筒顶的高度不得大于 6mm,超出高度过大的试件应该作废。

⑥ 用刮土刀沿套环内壁削挖(使试样与套环脱离)后,扭动并取下套环。对齐筒顶细心刮平试样,并拆除底板,取走垫块。擦净试筒的外壁,称其质量 m_1。

⑦ 用脱模器推出筒内试样。自试样内部从上到下取两个有代表性的样品(可将脱出试件用锤打碎后,用四分法采取),测定其含水量,计算至 0.1%。两个试样含水量的差值不得大于 1%。所取样品的数量应不少于 700g,如只取 1 个样品测定含水量,则样品的数量应不少于 1400g。烘箱的温度应事先调整到 110℃ 左右,以使放入的试样能立即在 105～110℃ 的温度下烘干。擦净试筒,称其质量 m_2。

⑧ 按上述③～⑦步进行其余含水量下稳定土的击实和测定。凡已用过的试料,一律不再重复使用。

5)计算及制图

(1)按下式计算每次击实后稳定土的潮湿度:

$$\rho_w = \frac{Q_1 - Q_2}{V} \tag{10.3}$$

式中,ρ_w 为稳定土的湿密度,g/cm³;Q_1 为试筒与湿试样的合质量,g;Q_2 为试筒的质量,g;V 为试筒的容积,cm³。

(2)按下式计算每次击实后稳定土的干密度:

$$\rho_d = \frac{\rho_w}{1 + 0.01w} \tag{10.4}$$

式中,ρ_d 为试样的干密度,g/cm³;w 为试样的含水量,%。

(3)以干密度为纵坐标,以含水量为横坐标,在普通直角坐标系上绘制干密度与含水量的关系曲线,驼峰形曲线顶点的纵、横坐标分别为稳定土的最大干密度和最佳含水量。最大干密度用两位小数表示。

若实验点不足以连成完整的凸形曲线,则应该进行补充实验。将试验各点采用二次曲线方法拟合曲线,曲线的峰值点对应的含水量及干密度即最佳含水量和最大干密度。

(4)超尺寸颗粒的校正。

当试样中大于规定最大粒径的超尺寸颗粒的含量为 5%～30% 时,按下列各式对实验所得最大干密度和最佳水量进行校正(当超尺寸颗粒的含量小于 5% 时,可以不进行校正)。

最大干密度按下式校正(计算精确至 0.01g/cm³):

$$\rho'_{dm} = \rho_{dm}(1 - 0.01P) + 0.9 \times 0.01 p G'_a \tag{10.5}$$

式中,ρ'_{dm} 为校正后的最大干密度,g/cm³;ρ_{dm} 为实验所得的最大干密度,g/cm³;P 为试样中超尺寸颗粒的百分率,%;G'_a 为超尺寸颗粒的毛体积相对密度。

最佳含水量按下式校正:

$$w'_0 = w_0(1 - 0.01P) \times 0.01 P w_a \tag{10.6}$$

式中,w'_0 为校正后的最佳含水量,%;w_0 为实验所得的最佳含水量,%;P 为试样中超尺寸颗粒的百分率,%;w_a 为超尺寸颗粒的吸水量,%。

6)精密度或允许误差

应做两次平行实验,两次实验最大密度的差值不应超过 0.05g/cm³(稳定细粒土)或 0.08g/cm³(稳定中粒土和粗粒土),最佳含水量的差值不应超过 0.5%(最佳含水量小于 10%)或 1.0%(最佳含水量大于 10%)。

3. 无侧限抗压强度实验方法

1) 目的和适用范围

本实验方法适用于测定无机结合料稳定材料（包括稳定细粒土、中粒土和粗粒土）试件的无侧限抗压强度。

2) 仪器设备

①水槽：深度应大于试件高度 50mm；②压力机或万能试验机（也可用路面强度试验仪和测力计）：压力机应符合现行《液压式压力试验机》（GB/T 3722）及《试验机通用技术要求》（GB/T 2611）中的要求，其测量精度为±1%，同时应具有加载速率指示装置或加载速率控制装置，上下压板平整并有足够刚度，可以均匀地连续加载卸载，可以保持固定荷载，开机停机均灵活自如，能够满足试件吨位的要求，且压力机加载速率可以有效控制在 1 mm/min；③天平：量程 15kg，感量 0.1g，量程 4000g，感量 0.01g；④标准养护室；⑤球形支座；⑥其他：量筒、拌和工具、漏斗及大、小铝盒和烘箱等。

3) 试件制备和养护

(1) 细粒土，试模的直径×高=50mm×50mm；中粒土，试模的直径×高=100mm×100mm；粗粒土，试模的直径×高=150mm×150mm。

(2) 成型径高比为 1:1 的圆柱形试件。

(3) 按标准养生方法进行 7d 的标准养生。

(4) 将试件两顶面用刮刀刮平，必要时可用快凝水泥砂浆抹平试件顶面。

(5) 为保证试验结果的可靠性和准确性，每组试件的数目要求为：小试件不少于 6 个；中试件不少于 9 个；大试件不少于 13 个。

4) 试验步骤

(1) 根据试验材料的类型和一般的工程经验，选择合适量程的测力计和压力机，试件破坏荷载应大于测力量程的 20%且小于测力量程的 80%。球形支座和上下顶板涂上机油，使球形支座能够灵活转动。

(2) 将已浸水一昼夜的试件从水中取出，用软布吸去试件表面的水分，并称试件的质量 m_4。

(3) 用游标卡尺测量试件的高度 h，精确至 0.1mm。

(4) 将试件放在路面材料强度试验仪或压力机上，并在升降台上先放一扁球座，进行抗压试验。试验过程中，应保持加载速率为 1 mm/min。记录试件破坏时的最大压力 $P(N)$。

(5) 从试件内部取有代表性的样品（经过打破），用烘干法测定其含水量 w。

5) 计算

试件的无侧限抗压强度按下式计算：

$$R_c = \frac{P}{A} \tag{10.7}$$

式中，R_c 为试件的无侧限抗压强度，MPa；P 为试件破坏时的最大压力，N；A 为试件的截面积，mm²。

6) 结果整理

(1) 抗压强度保留 1 位小数。

(2) 同一组试件试验中，采用 3 倍均方差方法剔除异常值，小试件可以允许有 1 个异常值，中试件允许有 1~2 个异常值，大试件允许有 2~3 个异常值。异常值数量超过上述规定的实验重做。

(3) 同一组试验的变异系数 C_v(%) 符合下列规定,方为有效试验:小试件 $C_v \leq 6\%$;中试件 $C_v \leq 10\%$;大试件 $C_v \leq 15\%$。若不能保证试验结果的变异系数小于规定的值,则应按允许误差 10% 和 90% 的概率重新计算所需的试件数量,增加试件数量并另做新试验。新试验结果与老试验结果一并重新进行统计评定,直至变异系数满足上述规定。

实验 11 工程用土性能实验

本实验根据国家行业标准《公路土工试验规程》(JTG E40—2007),测定工程用土的含水率、液限和塑限,以及击实实验。

1. 含水率

含水率试验方法有烘干法、酒精燃烧法和比重法,常用的主要是烘干法与酒精燃烧法。
1) 烘干法
(1) 目的和适用范围。
本试验方法适用于测定黏质土、粉质土、砂类土、砂砾石、有机质土和冻土土类的含水率。
(2) 仪器设备。
①烘箱:可采用电热烘箱或温度能保持 105～110℃ 的其他能源烘箱;②天平:称量 200g,感量 0.01g;称量 1000g,感量 0.1g;③其他:干燥器、称量盒[为简化计算手续,可将盒质量定期(3～6 个月)调整为恒质量值等]。
(3) 试验步骤。
① 取具有代表性试样,细粒土 15～30g,砂类土、有机质土 50g,砂砾石 1～2kg,放入称量盒内,立即盖好盒盖,称其质量。称量时,可在天平一端放上与该称量盒等质量的砝码,移动天平游码,平衡后称量结果减去称量盒质量即湿土质量。
② 揭开盒盖,将试样和盒放入烘箱内,在温度为 105～110℃ 的恒温下烘干(烘干时间:对于细粒土,不得少于 8h;对于砂类土,不得少于 6h;对于含有机质超过 5% 的土或含石膏的土,应将温度控制在 60～70℃ 的恒温下,干燥 12～15h 为好)。
③ 将烘干后的试样和盒取出,放入干燥器内冷却(一般只需 0.5～1h)。冷却后盖好盒盖,称质量,精确至 0.01g。
(4) 结果整理。
① 按下式计算含水率:

$$w = \frac{m - m_s}{m_s} \times 100\% \tag{11.1}$$

式中,w 为含水率,%,精确至 0.1;m 为湿土质量,g;m_s 为干土质量,g。
② 精密度和允许差。
本试验须进行二次平行测定,取其算术平均值,允许平均差值应符合表 11.1 规定。

表 11.1 含水率测定的允许平行差值

含水率/%	允许平均差值/%	含水率/%	允许平均差值/%
5 以下	0.3	40 以上	≤2
40 以下	≤1	对层状和网状构造的冻土	<3

2)酒精燃烧法

(1)目的和适用范围。

本试验方法适用于快速简易测定细粒土(含有机质的土除外)的含水率。

(2)仪器设备。

①称量盒(定期调整为恒质量);②天平:感量0.01g;③酒精:纯度95%;④滴管、火柴、调土刀等。

(3)试验步骤。

① 取代表性试样(黏质土5~10g,砂类土20~30g),放入称量盒内,称湿土质量m,精确至0.01g。

② 用滴管将酒精注入放有试样的称量盒中,直至盒中出现自由液面。为使酒精在试样中充混合均匀,可将盒底在桌面上轻轻敲击。

③ 点燃盒中酒精,燃至火焰熄灭。

④ 将试样冷却数分钟,按本实验③、④步再重新燃烧两次。

⑤ 待第三次火焰熄灭后,盖好盒盖,立即称干土质量m_s,精确至0.01g。

(4)结果整理。

① 按下式计算含水率:

$$w = \frac{m - m_s}{m_s} \times 100\% \tag{11.2}$$

式中,w为含水率,%,,精确至0.1;m为湿土质量,g;m_s为干土质量,g。

② 精密度和允许差

本试验须进行二次平行测定,取其算术平均值,允许平均差值应符合表11.1规定。

2. 界限含水率

界限含水率试验包括液限和塑限联合测定法、液限碟式仪法、塑限滚搓法和缩限试验。

1)液限和塑限联合测定法

(1)目的和适用范围。

本试验的目的是联合测定土的液限和塑限,用于划分土类、计算天然稠度和塑性指数,供公路工程设计和施工使用。本试验适用于粒径不大于0.5mm、有机质含量不大于试样总质量5%的土。

(2)仪器设备。

①圆锥仪:锥质量为100g或76g,锥角为30°,读数显示形式宜采用光电式、数码式、游标式、百分表式;②盛土杯:直径50mm,深度40~50mm;③天平:称量200g,感量0.01g;④其他:筛(孔径0.5mm)、调土刀、调土皿、称量盒、研钵(附带橡皮头的研杵或橡皮板、木棒)、干燥器、吸管、凡士林等。

(3)试验步骤。

①取有代表性的天然含水率或风干土样进行试验。如果土中含大于0.5mm的土粒或杂物,应将风干土样用带橡皮头的研杵研碎或用木棒在橡皮板上压碎,过0.5mm的筛。

取0.5mm筛下的代表性土样200g,分开放入三个盛土皿中,加不同数量的蒸馏水,土样的含水率分别控制在液限(a点)、略大于塑限(c点)和二者的中间状态(b点)。用调土刀调匀,盖上湿布,放置18h以上。测定a点的锥入深度,对于100g锥应为(20±0.2)mm,对于76g

锥应为 17mm。测定 c 点的锥入深度，对于 100g 锥应控制在 5mm 以下，对于 76g 锥应控制在 2mm 以下。对于砂类土，用 100g 锥测定 c 点的锥入深度可大于 5mm，用 76g 锥测定 c 点的锥入深度可大于 2mm。

②将制备的土样充分搅拌均匀，分层装入盛土杯，用力压密，使空气逸出。对于较干的土样，应先充分搓揉，用调土刀反复压实。试杯装满后，刮成与杯边齐平。

③当用游标式或百分表式液限塑限联合测定仪试验时，调平仪器，提起锥杆（此时游标或百分表读数为零），锥头上涂少许凡士林。

④将装好土样的试杯放在联合测定仪的升降座上，转动升降旋钮，待锥尖与土样表面刚好接触时停止升降，扭动锥下降旋钮，同时开动秒表，经 5s 时，松开旋钮，锥体停止下落，此时游标读数即锥入深度 h_1。

⑤改变锥尖与土接触位置（锥尖两次锥入位置距离不小于 1cm），重复本试验 3.3 和 3.4 步骤，得锥入深度 h_2。h_1、h_2 允许平行误差为 0.5mm，否则，应重做。取 h_1、h_2 的平均值作为该点的锥入深度 h。

⑥去掉锥尖入土处的凡士林，取 10g 以上的土样两个，分别装入称量盒内，称质量（精确至 0.01g），测定其含水率 w_1、w_2（精确到 0.1%）。计算含水率平均值 w。

⑦重复本试验②～⑥步骤，对其他两个含水率土样进行试验，测其锥入深度和含水率。

⑧用光电式或数码式液限塑限联合测定仪测定时，接通电源，调平机身，打开开关，提上锥体（此时刻度或数码显示应为零）。将装好土样的试杯放在升降座上，转动升降旋钮，试杯徐徐上升，土样表面和锥尖刚好接触，指示灯亮，停止转动旋钮，锥体立刻自行下沉，5s 时，自动停止下落，读数窗上或数码管上显示键入深度。试验完毕，按动复位按钮，锥体复位，读数显示为零。

(4) 结果整理。

在双对数坐标上，以含水率 w 为横坐标，锥入深度 h 为纵坐标，点绘 a、b、c 三点含水率的 h-w 图，如图 11.1 所示。连此三点，应呈一条直线。如果三点不在同一直线上，要通过 a 点与 b、c 两点连成两条直线，根据液限（a 点含水率）在 h_P-w_L 图上查得 h_P，以此 h_P 再在 h-w 的 ab 及 ac 两直

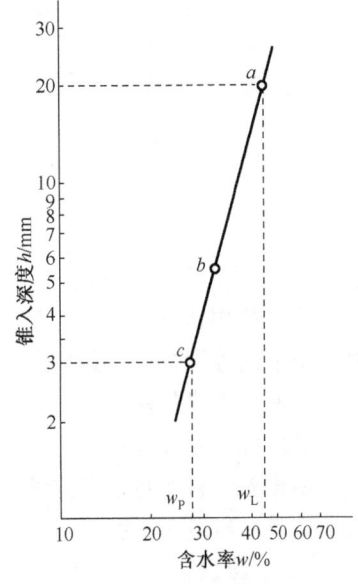

图 11.1 h-w 关系曲线

线上求出相应的两个含水率。当两个含水率的差值小于 2%时，以该两点含水率的平均值与 a 点连成一直线。当两个含水率的差值不小于 2%时，应重做试验。

(5) 液限的确定。

方法 1：若采用 76g 锥做液限试验，则在 h-w 图上，查得纵坐标入土深度 h=17mm 所对应的横坐标的含水率 w，即该土样的液限 w_L。

方法 2：若采用 100g 锥做液限试验，则在 h-w 图上，查得纵坐标入土深度 h=20mm 所对应的横坐标的含水率，即该土样的液限 w_L。

(6) 塑限的确定。

根据上述液限确定方法 1 求出的液限，通过 76g 锥入土深度 h 与含水率 w 的关系曲线（h-w 图），查得锥入土深度为 2mm 所对应的含水率即该土样的塑限 w_P。

根据上述液限确定方法 2 求出的液限，通过液限 w_L 与塑限时入土深度 h_p 的关系曲线（h_p-w_L 图），查得 h_p，再由 h-w 图求出入土深度为 h_p 时所对应的含水率，即该土样的塑限 w_p。查 h_p-w_L 关系图时，需先通过简易鉴别法及筛分法把砂类土与细粒土区别开来，再按这两种土分别采用相应的 h_p-w_L 关系曲线；对于细粒土，用双曲线确定 h_p 值；对于砂类土，则用多项式曲线确定 h_p 值。

若根据本试验(5)方法 2 求出的液限，当 a 点的锥入深度在 (20 ± 0.2) mm 时，应在以线上查得入土深度为 20mm 处相对应的含水率，此为液限 w_L。再用此液限在 h_p-w_L 关系曲线上找出与之相对应的塑限入土深度 h_p'，然后到 h-w 图 ad 直线上查得 h_p' 相对应的含水率，此为塑限 w_p（图 11.2）。

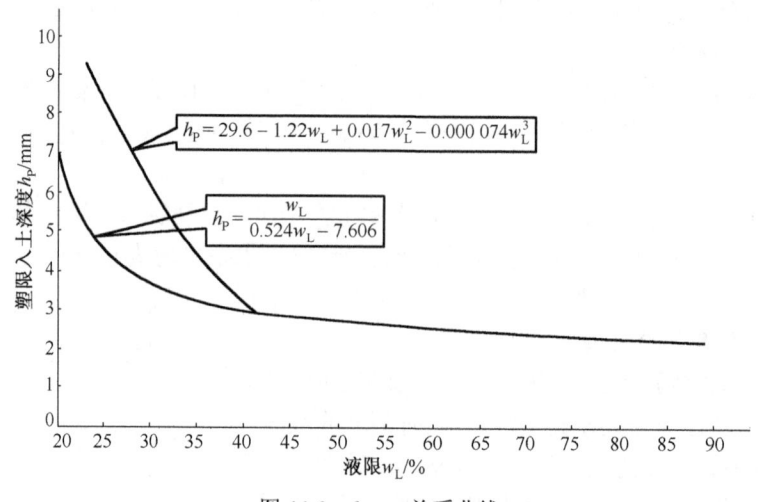

图 11.2　h_p-w_L 关系曲线

(7) 精密度和允许差。

本试验需进行两次平行测定，取其算术平均值，以整数(%)表示。其允许差值为：高液限土小于或等于 2%，低液限土小于或等于 1%。

2) 液限碟式仪法

(1) 目的和适用范围。

本试验的目的是按碟式液限仪法测定土的液限，适用于粒径小于 0.5mm 及有机质含量不大于试样总质量 5% 的土。

(2) 仪器设备。

① 碟式液限仪：由土碟和支架组成专用仪器，并有专用划刀，底座应为硬橡胶制成，如图 11.3 所示。

② 天平：称量 200g，分度值 0.01g；③ 其他：烘箱、干燥缸、铝盒、调土刀、筛(孔 0.5mm)等。

(3) 试验步骤。

① 取过 0.5mm 筛的土样(天然含水率的土样或风干土样均可)约 100g，放在调土皿中，按需要加纯水，用调土刀反复拌匀。

② 取一部分试样，平铺于土碟的前半部，如图 11.4 所示。铺土时应防止试样中混入气泡。用调土刀将试样面修平，使最厚处为 10mm，多余试样放回调土皿中。以蜗形轮为中心，用划刀从后至前沿土碟中央将试样划成槽缝清晰的两半。为避免槽缝边扯裂或试样在土碟中滑动，允许从前至后，再从后至前多划几次，将槽逐步加深，以代替一次划槽，最后一次从后至前的划槽能明显地接触碟底。但应尽量减少划槽的次数。

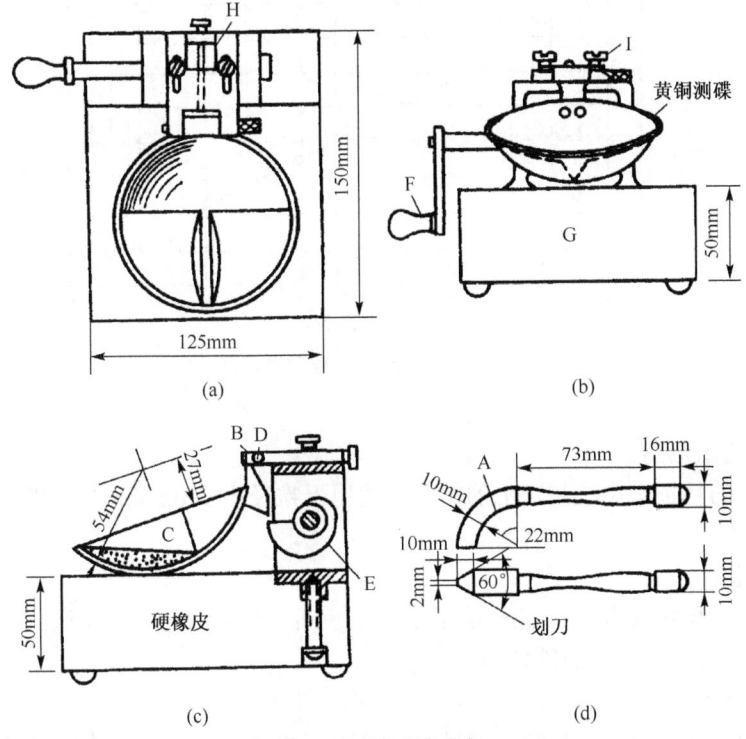

图 11.3 蝶式液限仪

A-划刀；B-销子；C-土碟；D-支架；E-蜗轮；F-摇柄；G-底座；H-调整板；I-螺丝

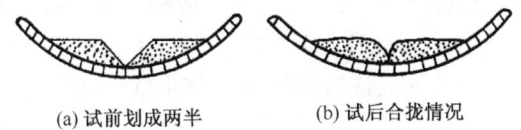

(a) 试前划成两半　　(b) 试后合拢情况

图 11.4 划槽及合拢状态

③以 $2r/s$ 的速率转动摇柄 F，使土碟反复起落，坠击于底座 G 上，数记击数，直至试样两边在槽底的合拢长度为 13mm，记录击数，并在槽的两边采取试样 10g 左右，测定其含水率。

④将土碟中的剩余试样移至调土皿中，再加水彻底拌和均匀，按本试验①～③的规定至少再做两次试验。这两次土的稠度应使合拢长度为 13mm 时所需击数在 15～35 次(25 次以上及以下各 1 次)。然后测定各击次下试样的相应含水率。

(4) 结果整理。

①按下式计算各击次下合拢时试样的相应含水率：

$$w_n = \left(\frac{m_n}{m_s} - 1\right) \times 100\% \tag{11.3}$$

式中，w_n 为 n 击下试样的含水率，%；m_n 为 n 击下试样的质量，g；m_s 为试样的干土质量，g。

②根据试验结果，以含水率为纵坐标，以击次的对数为横坐标，绘制含水率与击数关系曲线，如图 11.5 所示。查得曲线上击数 25 次所对应的含水率，即该试样的液限。

③精密度和允许差。

本试验须进行两次平行测定，取其算术平均值，以整数(%)表示。其允许差值为：高液限土小于或等于 2%，低液限土小于或等于 1%。

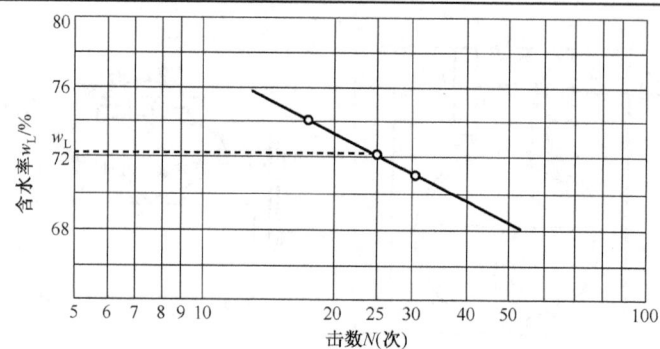

图 11.5 含水率与击数关系曲线

3) 塑限滚搓法

(1) 目的和适用范围。

本试验的目的是按滚搓法测定土的塑限,适用于粒径小于 0.5mm 及有机质含量不大于试样总质量 5%的土。

(2) 仪器设备。

①毛玻璃板:尺寸宜为 200mm×300mm;②天平:感量 0.01g;③其他:烘箱、干燥器、称量盒、调土皿、直径 3mm 的铁丝等。

(3) 试验步骤。

① 按液限和塑限联合测定法制备试样,一般取土样约 50g 备用。为在试验前使试样的含水率接近塑限,可将试样在手中捏揉至不粘手,或放在空气中稍为晾干。

② 取含水率接近塑限的试样一小块,先用手搓成椭圆形,然后再用手掌在毛玻璃板上轻轻搓滚。搓滚时需以手掌均匀施压力于土条上,不得将土条在玻璃板上进行无压力的滚动。土条长度不宜超过手掌宽度,并在滚搓时不应从手掌下任一边脱出。土条在任何情况下不允许产生中空现象。

③ 继续搓滚土条,直至土条直径达 3mm 时,产生裂缝并开始断裂。若土条直径为 3mm 时仍未产生裂缝及断裂,表示这时试样的含水率高于塑限,则将其重新捏成一团,重新搓滚;若土条直径大于 3mm 时即行断裂,表示试样含水率小于塑限,应弃去,重新取土加适量水调匀后再搓,直至合格。若土条在任何含水率下始终搓不到 3mm 即开始断裂,则认为该土无塑性。

④ 收集 3~5g 合格的断裂土条,放入称量盒内,随即盖紧盒盖,测定其含水率。

(4) 结果整理。

① 按下式计算塑限:

$$w_p = \left(\frac{m_1}{m_2} - 1\right) \times 100\% \tag{11.4}$$

式中,w_p 为塑限,%,精确至 0.1;m_1 为湿土质量,g;m_2 为干土质量,g。

② 精密度和允许差。

本试验需进行两次平行测定,取其算术平均值,以整数(%)表示。其允许差值为:高液限土小于或等于 2%,低液限土小于或等于 1%。

3. 击实试验

1) 目的和适用范围

本试验方法适用于细粒土。本试验分为轻型击实和重型击实。

当土中最大颗粒粒径大于或等于 40mm，并且大于或等于 40mm 颗粒粒径的质量含量大于 5%时，应使用大尺寸试筒进行击实试验，或按 5)条第④进行最大干密度校正。大尺寸试筒要求其最小尺寸大于土样中最大颗粒粒径的 5 倍以上，并且击实试验的分层厚度应大于土样中最大颗粒粒径的 3 倍以上。单位体积击实功能应控制在 2677.2～2687.0 kJ／m³。

当细粒土中的粗粒土总含量大于 40%或粒径大于 0.005mm 颗粒的含量大于土总质量的 70%（即 d_{30}≤0.005mm）时，还应做粗粒土最大干密度试验，其结果与重型击实试验结果比较，最大干密度取两种试验结果的最大值。

2) 仪器设备

①标准击实仪(图 11.6 和图 11.7)，击实试验方法和相应设备的主要参数应符合表 11.2 的规定；②烘箱及干燥器；③天平：感量 0.01g；④台秤：称量 10kg，感量 5g；⑤圆孔筛：孔径 40mm、20mm 和 5mm 各 1 个；⑥拌和工具：400mm×600mm、深 70mm 的金属盘，土铲；⑦其他：喷水设备、碾土器、盛土盘、量筒、推土器、铝盒、修土刀、平直尺等。

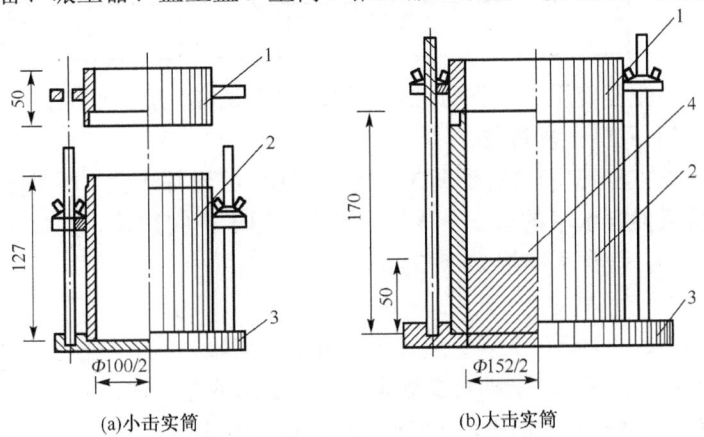

(a)小击实筒　　(b)大击实筒

图 11.6　击实筒(单位：mm)

1-套筒；2-击实筒；3-底板；4-垫板

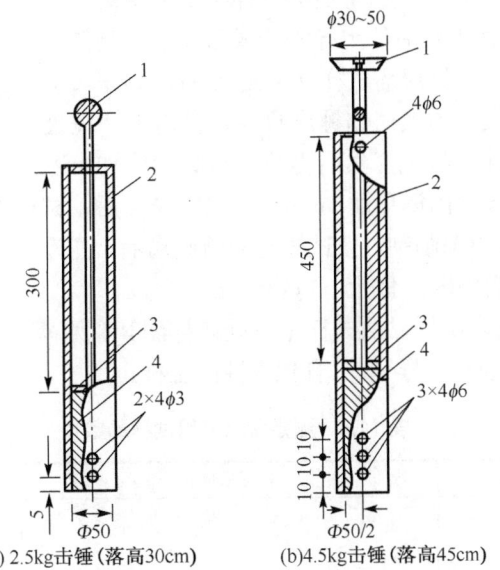

(a) 2.5kg击锤(落高30cm)　　(b)4.5kg击锤(落高45cm)

图 11.7　击锤和导杆(单位：mm)

1-提手；2-导筒；3-硬橡皮垫；4-击锤

表 11.2 击实试验方法种类

实验方法	类别	锤底直径/cm	锤质量/kg	落高/cm	试筒尺寸 内径/mm	试筒尺寸 高/cm	试样尺寸 高度/cm	试样尺寸 体积/cm³	层数	每层击数	击实功/kJ/m³	最大粒径/mm
轻型	I-1	5	2.5	30	10	12.7	12.7	997	3	27	598.2	20
	I-2	5	2.5	30	15.2	17	12	2177	3	59	598.2	40
重型	II-1	5	4.5	45	10	12.7	12.7	997	5	27	2687.0	20
	II-2	5	4.5	45	15.2	17	12	2177	3	98	2677.2	40

3) 试样

① 本试验可分别采用不同的方法准备试样。各方法可按表 11.3 准备试料。

表 11.3 试料用量

使用方法	类别	试筒内径/cm	最大粒径/cm	试料用量/kg
干土法(试样不重复使用)	b	10	20	至少 5 个试样,每个 3
		15.2	40	至少 5 个试样,每个 6
湿土法(试样不重复使用)	c	10	20	至少 5 个试样,每个 3
		15.2	40	至少 5 个试样,每个 6

② 干土法(土不重复使用)。按四分法至少准备 5 个试样,分别加入不同水分(按 2%~3% 含水率递增),拌匀后闷料一夜备用。

③ 湿土法(土不重复使用)。对于高含水率土,可省略过筛步骤,用手拣除大于 40mm 的粗石子即可。保持天然含水率的第一个试样,可立即用于击实试验。其余几个试样,将土分成小土块,分别风干,使含水率按 2%~3% 递减。

4) 试验步骤

① 根据工程要求,按表 11.2 规定选择轻型或重型试验方法。根据土的性质(含易击碎风化石数量多少、含水率高低),按表 11.3 规定选用干土法或湿土法。

② 将击实筒放在坚硬的地面上,在筒壁上抹一薄层凡士林,并在筒底(小试筒)或垫块(大试筒)上放置蜡纸或塑料薄膜。取制备好的土样分 3~5 次倒入筒内。对于小筒,按三层法,每次需试样 800~900g(其量应使击实后的试样等于或略高于筒高的 1/3);按五层法,每次需试样 400~500g(其量应使击实后的土样等于或略高于筒高的 1/5)。对于大试筒,先将垫块放入筒内底板上,按三层法,每层需试样 1700g 左右。整平表面,并稍加压紧,然后按规定的击数进行第一层土的击实,击实时锤应自由垂直落下,锤迹必须均匀分布于土样面,第一层击实完后,将试样层面"拉毛"然后再装入套筒,重复上述方法进行其余各层土的击实。小试筒击实后,试样不应高出筒顶面 5mm;大试筒击实后,试样不应高出筒顶面 6mm。

③ 用修土刀沿套筒内壁削刮,使试样与套筒脱离后,扭动并取下套筒,齐筒顶细心削平试样,拆除底板,擦净筒外壁,称量,精确至 1g。

④ 用推土器推出筒内试样,从试样中心处取样测其含水率,精确至 0.1%。测定含水率用试样的数量按表 11.4 规定取样(取出有代表性的土样)。

表 11.4 测定含水率用试样的数量

最大粒径/mm	试样质量/g	个 数
<5	15~20	2
约 5	约 50	1
约 20	约 250	1
约 40	约 500	1

⑤ 对于干土法(土不重复使用)和湿土法(土不重复使用),将试样搓散,然后按本试验第3条方法进行洒水、拌和,每次增加2%~3%的含水率,其中有两个大于和两个小于最佳含水率,所需加水量按下式计算:

$$m_w = \frac{m_i}{1+0.01w_i} \times 0.01(w-w_i) \tag{11.5}$$

式中,m_w 为所需的加水量,g;m_i 为含水率 w_i 时土样的质量,g;w_i 为土样原有含水率,%;w 为要求达到的含水率,%。

按上述步骤进行其他含水率试样的击实试验。

5) 结果整理

① 按下式计算击实后各点的干密度:

$$\rho_d = \frac{\rho}{1+0.01w} \tag{11.6}$$

式中,ρ_d 为干密度,g/cm³,精确至 0.01;ρ 为湿密度,g/cm³;w 为含水率,%。

② 以干密度为纵坐标,含水率为横坐标,绘制干密度与含水率的关系曲线(图 11.8),曲线上峰值点的纵、横坐标分别为最大干密度和最佳含水率。如果曲线不能绘出明显的峰值点,应进行补点或重做。

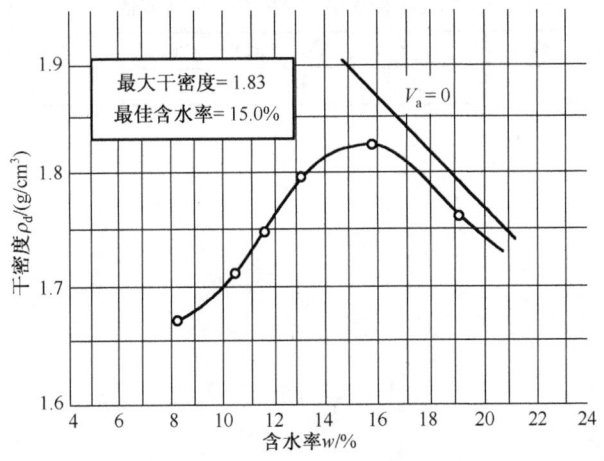

图 11.8 含水率与干密度的关系曲线

③ 按下式计算饱和曲线的饱和含水率,并绘制饱和含水率与干密度的关系曲线图。

$$w_{max} = \left[\frac{G_s \rho_w (1+w) - \rho}{G_s \rho}\right] \times 100\% \tag{11.7}$$

或

$$w_{max} = \left(\frac{\rho_w}{\rho_d} - \frac{1}{G_s}\right) \times 100\% \tag{11.8}$$

式中,w_{max} 为饱和含水率,%,精确至 0.01;ρ 为试样的湿密度,g/cm³;ρ_w 为水在 4℃时的密度,g/cm³;ρ_d 为试样的干密度,g/cm³;G_s 为试样土粒比重,对于粗粒土,则为土中粗细颗粒的混合比重;w 为试样的含水率,%。

④ 当试样中有大于 40mm 的颗粒时,应先取出大于 40mm 的颗粒,并求得其百分率 p,把小于 40mm 的颗粒做击实试验,按下面公式分别对试验所得的最大干密度和最佳含水率进行校正(适用于大于 40mm 颗粒的含量小于 30%时)。

最大干密度按下式试校正:

$$\rho'_{dm} = \frac{1}{\dfrac{1-0.01p}{\rho_{dm}} + \dfrac{0.01p}{\rho_w G'_s}} \tag{11.9}$$

式中,ρ'_{dm} 为校正后的最大干密度,g/cm³,精确至 0.01;ρ_{dm} 为用粒径小于 40mm 的土样试验所得的最大干密度,g/cm³;p 为试料中粒径大于 40mm 颗粒的百分率,%;G'_s 为粒径大于 40mm 颗粒的毛体积比重,精确至 0.01。

最佳含水率按下式校正:

$$w'_0 = w_0(1-0.01p) + 0.01pw_2 \tag{11.10}$$

式中,w'_0 为校正后的最佳含水率,%,精确至 0.01;w_0 为用粒径小于 40mm 的土样试验所得的最佳含水率,%;p 为同前;w_2 为粒径大于 40mm 颗粒的吸水量,%。

⑤ 精密度和允许差。

本试验含水率需进行两次平行测定,取其算术平均值,允许平行差值应符合表 11.5 规定。

表 11.5 含水率测定的允许平行差值

含水率/%	允许平行差值/%	含水率/%	允许平行差值/%	含水率/%	允许平行差值/%
5 以下	0.3	40 以下	≤1	40 以上	≤2

参 考 文 献

[1] 胶凝材料编写组. 胶凝材料学[M]. 北京：建筑工业出版社，1980.
[2] 湖南大学，天津大学，同济大学，东南大学. 土木工程材料[M]. 2版. 北京：中国建筑工业出版社，2011.
[3] 赵方冉. 土木工程材料[M]. 上海：同济大学出版社，2004.
[4] 彭小芹. 土木工程材料[M]. 3版. 重庆：重庆大学出版社，2013.
[5] 李书进. 建筑材料[M]. 重庆：重庆大学出版社，2010.
[6] 吴芳. 新编土木工程材料教程[M]. 北京：中国建材工业出版社，2007.
[7] 中华人民共和国工业和信息化部. 建筑生石灰(JC/T 479—2013)[S]. 北京：建材工业出版社，2013.
[8] 中华人民共和国国家质量监督检验检疫总局，中国国家标准化管理委员会. 建筑石膏(GB/T 9776—2008)[S]. 北京：中国标准出版社，2008.
[9] 中华人民共和国工业和信息化部. α型高强石膏(JC/T 92038—2010)[S]. 北京：建材工业出版社，2011.
[10] 中华人民共和国国家质量监督检验检疫总局，中国国家标准化管理委员会. 抹灰石膏(GB/T 28627—2012)[S]. 北京：中国标准出版社，2013.
[11] 国家发展和改革委员会. 镁质胶凝材料用原料(JC/T 449—2008)[S]. 北京：建材工业出版社，2008.
[12] 中华人民共和国国家质量监督检验检疫总局，中国国家标准化管理委员会. 通用硅酸盐水泥(GB 175—2007)[S]. 北京：中国标准出版社，2008.
[13] 国家质量技术监督局. 铝酸盐水泥(GB 201—2000)[S]. 北京：中国标准出版社，2004.
[14] 中华人民共和国国家质量监督检验检疫总局，中国国家标准化管理委员会. 硫铝酸盐水泥(GB 20472—2006)[S]. 北京：中国标准出版社，2007.
[15] 中华人民共和国国家质量监督检验检疫总局，中国国家标准化管理委员会. 抗硫酸盐硅酸盐水泥(GB 748—2005)[S]. 北京：中国标准出版社，2005.
[16] 中华人民共和国国家质量监督检验检疫总局，中国国家标准化管理委员会. 白色硅酸盐水泥(GB/T 2015—2005)[S]. 北京：中国标准出版社，2005.
[17] 中华人民共和国国家质量监督检验检疫总局，中国国家标准化管理委员会. 建设用砂(GB/T 14684—2011)[S]. 北京：中国标准出版社，2012.
[18] 中华人民共和国国家质量监督检验检疫总局，中国国家标准化管理委员会. 建设用卵石、碎石(GB/T 14685—2011)[S]. 北京：中国标准出版社，2012.
[19] 中华人民共和国建设部. 普通混凝土用砂、石质量及检验方法标准(JGJ 52—2006)[S]. 北京：中国建筑工业出版社，2007.
[20] 中华人民共和国住房和城乡建设部. 普通混凝土配合比设计规程(JGJ 55—2011)[S]. 北京：中国建筑工业出版社，2011.
[21] 中华人民共和国建设部. 混凝土用水标准(JG J63—2006)[S]. 北京：中国建筑工业出版社，2006.
[22] 中华人民共和国国家质量监督检验检疫总局，中国国家标准化管理委员会. 用于水泥和混凝土中的粉煤灰(GB 1596—2005)[S]. 北京：中国标准出版社，2005.
[23] 中华人民共和国国家质量监督检验检疫总局，中国国家标准化管理委员会. 用于水泥和混凝土中的粒化

高炉矿渣粉(GB/T 18046—2008)[S]. 北京：中国标准出版社，2008.

[24] 中华人民共和国建设部，国家质量监督检验检疫总局. 混凝土结构工程施工质量验收规范(2010版) (GB 50204—2002)[S]. 北京：中国建筑工业出版社，2011.

[25] 中华人民共和国建设部. 普通混凝土拌和物性能试验方法标准(GB/T 50080—2002)[S]. 北京：中国建筑工业出版社，2003.

[26] 中华人民共和国建设部，国家质量监督检验检疫总局. 普通混凝土力学性能试验方法标准(GB/T 50081—2002)[S]. 北京：中国建筑工业出版社，2003.

[27] 中华人民共和国住房和城乡建设部. 普通混凝土长期性能和耐久性能试验方法标准(GB/T 50082—2009)[S]. 北京：中国建筑工业出版社，2009.

[28] 中华人民共和国住房和城乡建设部. 混凝土强度检验评定标准(GB 50107—2010)[S]. 北京：中国建筑工业出版社，2010.

[29] 中华人民共和国住房和城乡建设部. 混凝土质量控制标准(GB 50164—2011)[S]. 北京：中国建筑工业出版社，2012.

[30] 中华人民共和国住房和城乡建设部，中华人民共和国国家质量监督检验检疫总局. 混凝土结构设计规范(GB 50010—2010)[S]. 北京：中国建筑工业出版社，2010.

[31] 中华人民共和国国家质量监督检验检疫总局，中国国家质量监督检验检疫总局. 碳素结构钢(GB/T 700—2006)[S]. 北京：中国标准出版社，2007.

[32] 国家质量技术监督局. 优质碳素结构钢(GB/T 699—1999)[S]. 北京：中国标准出版社，2000.

[33] 中华人民共和国国家质量监督检验检疫总局，中国国家标准化管理委员会. 低合金高强度结构钢(GB/T 1591—2008)[S]. 北京：中国标准出版社，2009.

[34] 中华人民共和国国家质量监督检验检疫总局，中国国家标准化管理委员会. 钢筋混凝土用钢 热轧光圆钢筋(GB 1499.1—2008)[S]. 北京：中国标准出版社，2008.

[35] 中华人民共和国国家质量监督检验检疫总局，中国国家标准化管理委员会. 钢筋混凝土用钢 热轧带肋钢筋(GB1499.2—2007)[S]. 北京：中国标准出版社，2008.

[36] 中国钢铁工业协会. 冷轧带肋钢筋(GB 13788—2008)[S]. 北京：中国标准出版社，2009.

[37] 中华人民共和国国家质量监督检验检疫总局，中国国家标准化管理委员会. 建筑用压型钢板(GB/T 12755—2008)[S]. 北京：中国标准出版社，2009.

[38] 国家质量监督检验检疫总局和标准化管理委员会. 热轧钢板和钢带的尺寸、外形、重量及允许偏差(GB/T 709—2006)[S]. 北京：中国标准出版社，2007.

[39] 国家能源局. 道路石油沥青(NB/SH/T 0522—2010)[S]. 北京：中国石化出版社，2010.

[40] 国家质量监督检验检疫总局，国家标准化管理委员会. 建筑石油沥青(GB/T 494—2010)[S]. 北京：中国标准出版社，2010.

[41] 中华人民共和国国家质量监督检验检疫总局，中国国家标准化管理委员会. 水泥基渗透结晶型防水材料(GB 18445—2012)[S]. 北京：中国标准出版社，2013.

[42] 中华人民共和国国家质量监督检验检疫总局，中国国家标准化管理委员会. 弹性体改性沥青防水卷材(GB 18242—2008)[S]. 北京：中国标准出版社，2009.

[43] 中华人民共和国国家质量监督检验检疫总局，中国国家标准化管理委员会. 塑性体改性沥青防水卷材(GB 18242—2008)[S]. 北京：中国标准出版社，2008.

[44] 钱觉时. 建筑材料学[M]. 武汉：武汉理工大学出版社，2007.

[45] 黄维蓉，杨德斌、李德军. 道路建筑材料[M]. 北京：人民交通出版社，2011.
[46] 王瑞燕. 建筑材料[M]. 重庆：重庆大学出版社，2009.
[47] 李立寒，张南鹭. 道路建筑材料[M]. 北京：人民交通出版社，2010.
[48] 中华人民共和国国家质量监督检验检疫总局，中国国家标准化管理委员会. 室内装饰装修材料 内墙涂料中有害物质限量(GB 18582—2008)[S]. 北京：中国标准出版社，2008.
[49] 中华人民共和国国家质量监督检验检疫总局，中国国家标准化管理委员会. 预拌砂浆(GB/T 25181—2010)[S]. 北京：中国标准出版社，2011.
[50] 中华人民共和国国家质量监督检验检疫总局，中国国家标准化管理委员会. 建筑材料及制品燃烧性能分级(GB 8624—2012)[S]. 北京：中国标准出版社，2013.
[51] 中华人民共和国交通部. 公路沥青路面施工技术规范(JTG F40—2004)[S]. 北京：人民交通出版社，2004.
[52] 中华人民共和国交通部. 公路土工试验规程(JTG E40—2007)[S]. 北京：人民交通出版社，2007.
[53] 中华人民共和国交通运输部. 公路工程沥青及沥青混合料试验规程(JTG E20—2011)[S]. 北京：人民交通出版社，2011.
[54] 中华人民共和国交通运输部. 公路水泥混凝土路面施工技术细则(JTG/T F30—2014)[S]. 北京：人民交通出版社，2014.
[55] 中华人民共和国交通部. 公路工程土工合成材料试验规程(JTG E50—2006)[S]. 北京：人民交通出版社，2006.
[56] 中华人民共和国交通运输部. 公路工程无机结合料稳定材料试验规程(JTG E51—2009)[S]. 北京：人民交通出版社，2009.
[57] 中华人民共和国交通部. 公路工程水泥及水泥混凝土试验规程(JTG E30—2005)[S]. 北京：人民交通出版社，2005.
[58] 中华人民共和国交通运输部. 公路路基施工技术规范(JTG F10—2006)[S]. 北京：人民交通出版社，2006.
[59] 中华人民共和国交通部. 公路路面基层施工技术规范(JTJ 034—2000)[S]. 北京：人民交通出版社，2000.
[60] 郭秉臣，李亚滨. 土工合成材料[M]. 北京：国防工业出版社，2006.
[61] 徐日庆，王景春. 土工合成材料应用技术[M]. 北京：化学工业出版社，2005.
[62] 刘文永，王新刚，冯春喜，等. 注浆材料与施工工艺[M]. 北京：中国建材工业出版社，2008.
[63] 关宝树. 隧道及地下工程喷混凝土支护技术[M]. 北京：人民交通出版社，2011.
[64] 杨晓东. 锚固与注浆技术手册[M]. 北京：中国电力出版社，2010.
[65] 张弛，蔡亚宁. 隧道盾构混凝土管片预支与模具[M]. 北京：中国建筑工业出版社，2010.
[66] 吴来峰，张锡祥. 水工补偿收缩混凝土[M]. 北京：中国水利水电出版社，2011.
[67] 李金玉，曹建国. 水工混凝土耐久性的研究和应用[M]. 北京：中国电力出版社，2004.
[68] 常焕生，张柏山，范建章. 水利水电工程锚喷支护施工[M]. 北京：中国水利水电出版社，2006.
[69] 姜福田. 水工混凝土性能及检测[M]. 郑州：黄河水利出版社，2012.
[70] 中华人民共和国水利部. 水工沥青混凝土施工规范(SL 514—2013)[S]. 北京：中国水利水电出版社，2013.
[71] 中华人民共和国交通运输部. 公路工程无机结合料稳定材料试验规程(JTG E51—2009)[S]. 北京：人民交通出版社，2009.
[72] 中华人民共和国交通运输部. 公路土工试验规程(JTG E40—2007)[S]. 北京：人民交通出版社，2007.

[73] 中华人民共和国国家质量监督检验检疫总局. 中热硅酸盐水泥、低热硅酸盐水泥、低热矿渣硅酸盐水泥(GB 200—2003)[S]. 北京：中国标准出版社，2004.

[74] 中华人民共和国国家质量监督检验检疫总局，中国国家标准化管理委员会. 低热微膨胀水泥(GB 2938—2008)[S]. 北京：中国标准出版社，2008.

[75] 国家能源局. 土石坝沥青混凝土面板和心墙设计规范(DL/T 5411—2009)[S]. 北京：中国电力出版社，2009.

[76] 蒲心诚. 碱矿渣水泥与混凝土[M]. 北京：科学出版社，2010.